隱藏的人群

近代中國的族群與邊疆

黃克武·主編

作者簡介

*依作者姓名筆劃排序

王明珂

　　美國哈佛大學博士，中央研究院院士。現為中研院歷史語言研究所特聘研究員。主要研究領域為中國民族史、游牧社會及其歷史、歷史記憶與族群認同、文本分析等等。曾長期在青藏高原東緣從事結合史學與人類學的羌、藏族田野考察，以此奠定其「華夏邊緣」之理論與研究方法基礎。由羌、藏族田野研究中「化奇特為熟悉」地了解歷史記憶、族群認同與人類生態之間的關係，藉此了解「化熟悉為奇特」地重新詮釋人們熟知的中國歷史與民族知識。主要著作有《華夏邊緣》、《羌在漢藏之間》、《英雄祖先與弟兄民族》、《游牧者的抉擇》、《反思史學與史學反思》等書。

吳啟訥

　　台灣大學歷史學博士，紐約市立大學博士研究，現任中央研究院近代史研究所副研究員。研究領域為近現代中國族群政治史、中華人民共和國史。近年來關注「族群政治與近代中國歷史轉型」、「中日戰爭中的族群政治與國族建構」、「跨越歷史分期的中國族群政治」、「冷戰時期的中國族群政治」等。

祁進玉

　　中央民族大學人類學博士，北京大學社會學博士後；中央民族大學民族學與社會學學院民族學系主任，教授、博士生導師，擔任中央民族大學東北亞民族文化研究所所長；兼任中國民族學學會常務理事兼秘書長、中國人類學民族學研究會副秘書長、中國民族學學會東北亞民族文化研究會秘書長、中國民族學學會生態民族學專委會常務副主任兼秘書長。主要研究領域為生態民族學、文化人類學與教育人類學、東北亞民族文化研究等領域。

楊奎松

　　北京大學歷史系退休教授、華東師範大學特聘教授，主要研究領域為中國現代史。著有《「邊緣人」紀事──幾個「問題」小人物的悲劇故事》、《忍不住的「關懷」──新中國建國前後的書生與政治》（增訂版）、《「中間地帶」的革命──從國際大背景看中共成功之道》、《中華人民共和國建國史研究》（一、二）、《國民黨的「聯共」與「反共」》、《西安事變新探──張學良與中共關係之研究》、《毛澤東與莫斯科的恩恩怨怨》等。

楊思機

　　廣州中山大學歷史學學士、博士，復旦大學歷史學博士後。現任華南師範大學歷史文化學院講師，主要從事中國近代史、中國教育史的教學與研究。2019 年 6-12 月，在中央研究院近代史研究所訪學。於《民族研究》（北京）、《學術研究》（廣州）、《思與言》（台北）、《中山大學學報》（廣州）發表論文十餘篇，參與編著《國學的歷史》、《近代國學編年史》。

馬健雄

　　香港科技大學人文學部副教授，從事與人類學相關之教研工作，重點集中在中緬邊疆的歷史建構、中國西南地理生態與文化及族群多樣性等方面。著有 *The Lahu Minority in Southwest China: A Respond to Ethnic Marginalization on the Frontier* (Routledge, 2013)、《再造的祖先：西南邊疆的族群動員與拉祜族的歷史建構》（香港：香港中文大學出版社，2013）等。

崔忠洲

　　美國佛羅里達大學人類學博士，現就職於西南科技大學拉丁美洲研究中心，副教授，研究興趣包括中國穆斯林、族群認同、拉美生態、拉美華人華僑以及中國在拉美投資。

陳乃華

　　北京大學社會學人類學研究所博士，曾任青海民族大學民族學與社會學院副教授，中研院史語所訪問學人，現為交通大學人文社會學系博士後，主要研究興趣為藏學人類學，西藏藝術，著有《無名的造神者：熱貢唐卡藝人研究》（北京：世界圖書出版社，2013）。

趙樹岡

國立清華大學人類學博士，內蒙古師範大學民族學人類學學院、安徽大學社會與政治學院教授，研究領域為歷史人類學。曾任國立清華大學兼任助理教授、中央研究院近代史研究所博士後研究學者、Columbia University, Weatherhead East Asian Institute, professional fellow，中央研究院主題研究計劃子計劃主持人、中國國家社科基金等課題負責人。出版專著兩部，學術論文 20 餘篇，專書《星火與香火：大眾文化與地方歷史視野下的中共國家形構》（聯經學術叢書），2014 年獲科技部人文社會科學中心專書出版獎。

黃克武

美國史坦福大學歷史學博士，現任中央研究院近代史研究所特聘研究員。主要研究領域為中國近代思想、文化史、知識分子研究。代表著作：《一個被放棄的選擇：梁啟超調適思想之研究》、《自由的所以然：嚴復對約翰彌爾自由思想的認識與批判》、*The Meaning of Freedom: Yan Fu and the Origins of Chinese Liberalism*、《惟適之安：嚴復與近代中國的文化轉型》、《近代中國的思潮與人物》、《言不褻不笑：近代中國男性世界中的諧謔、情慾與身體》、《顧孟餘的清高：中國近代史的另一種可能》、《反思現代：近代中國歷史書寫的重構》等，以及有關明清文化史、嚴復、梁啟超、胡適、蔣中正等之學術論文多篇。

賈建飛

中國社會科學院研究生院歷史學博士，現為山西財經大學晉商研究院副研究員，美國印第安那大學中央歐亞研究系博士候選人。主要研究興趣為清代及民國新疆史，尤其是移民史、法制史和中外關係史。已出版《清乾嘉道時期新疆的內地移民社會》（2012）和《清代西北史地學》（2010）等著作，並譯有米華健《嘉峪關外》（香港：香港中文大學出版社，2017）等著述。

華濤

南京大學歷史學博士。南京大學—霍普金斯大學中美文化研究中心教授、南京大學元史研究室/民族與邊疆研究中心教授、博士研究生導師，兼任中國民族史學會副會長。主要研究方向為中西交通史、中國西北民族史、中國邊疆發展史。完成國家社科基金專案三項，福特基金專案一項，澳門特區政府項目一項，承擔國家社科基金重大項目「中古時代阿拉伯—波斯等穆斯林文獻中有關中國記載的整理與研究」。主持

南京大學－哈佛大學文明對話國際會議（2002、2005、2006、2010）。發表論文數十篇，專著《西域歷史研究（八至十世紀）》（上海古籍出版社，2000）獲江蘇省第七次哲學社會科學優秀成果獎一等獎（2001）。

簡金生

　　台灣師範大學歷史學博士。以近代中藏關係為起點，探討近代中國之族群政治與民族國家想像。

劉目斌

　　北京師範大學民俗學博士，復旦大學社會學博士後。現為安徽大學社會與政治學院副教授，碩士研究生指導教師。從事民俗學與文化人類學研究。主持並完成國家社科基金青年項目、教育部人文社科基金項目、中國博士後基金特別資助及面上資助等課題。著有《中國節日誌・納頓節》、《民俗：在適應與變遷中傳承》（合著）。在《民俗研究》、《民族文學研究》、《西北民族研究》等期刊發表論文十餘篇。

蔡偉傑

　　政治大學民族學系學士、碩士，印第安那大學內陸歐亞學系碩士、博士。曾任國立政治大學民族學系博士後研究員。現任深圳大學人文學院歷史學系助理教授。研究方向為蒙古時代以降的歐亞世界史及內亞與中國關係史，著重於帝國、族群、移民與法制史領域。中、英、蒙文論文散見《中國邊政》、《台灣史研究》、《蒙藏季刊》、《蒙古學研究：美國蒙古學會學刊》、《國際關係》（蒙古國立大學）、《歷史人類學學刊》等期刊。

序

　　中國多元一體民族國家的形成，在學術與政治上都涉及許多爭議。這些爭議常因於人們（學者與當政者）的自我認同，影響人們（被研究及被識別為民族者）的自我認同，也持續造成一些社會與政治現實及其動盪。這樣的認識，一方面顯示民族研究的重要性，另一方面，也對此研究提出一些警惕：我們如何避免自身的文化與社會身份認同偏見影響我們的研究思考？如何在研究中關注現實，而非僅致力於學術價值與理論貢獻？

　　長久以來，中國民族研究常捲入歷史實體論與近代建構論之爭議中。前者沿續中國自晚清以來對中國民族的研究；完成於 1940 年代前後的各部中國民族史著作，代表這樣的民族歷史知識之總結。這些知識告訴我們，漢與各非漢邊疆民族經兩千多年的互動，終形成今日中國民族。後者，多少受到後現代主義解構學風影響，認為所謂多元一體之中國民族，實為近代中國民族國家建構中的國族想像，以及在國家政治霸權（以漢人為核心）下的實踐。也因此，前者確認與強化中國各民族的一體性。後者，則對此（特別是對新疆、內蒙及西藏等之政治屬性）直接或隱約地提出質疑。

　　這本關於中國邊疆民族的論文集，各篇文章議題的歷史時間雖集中在 19 世紀下半葉至 20 世紀上半葉，並不表示作者們都同意中國民族近代建構論。可以說，在相當程度上，作者們皆超越了上述的學術爭議，而進入關於中國邊疆民族更深入且重要的探討。那便是，專注於近代中國邊疆發生的一些變化，以及它們如何形成「當代」。這是關於形成過程（the process of becoming）的研究；一種邊緣研究。對變遷發生的「邊緣」進入深入地觀察、剖析。在本論文集中「邊緣」為：由帝制中國轉變到現代中國的邊緣時間（清末至 20 世紀上半葉）、空間（中國邊疆）與人群（苗蠻、西番、回民、土著民族、少數民族等等）。作者們探討各方人群接觸時發生的微觀社會互動，或以及其間個人的情感、意圖與作為。

　　由這些論文中讀者可以發現，這過程涉及的多元面相，如宗教、經濟、社會階層、歷史記憶等等，非僅在於近代民族主義下的民族概念。讀者也可發現此過程所涉之多方權力，知識、階級、性別、宗教，而非僅在於民族國家。總之，許多舊帝國邊疆的個人，基於不同的歷史與社會背景，經歷不同的社會過程，而成為少數民族——有些被識別而成為，有些主動爭取而成為，也有些不滿於其所成為，有些經爭取而

未能成為。藉此，我們對於「當代」由什麼樣的「過去」走來，以及這樣的「當代」的歷史與現實意義，應當有更深入的認識、體悟與反思。

王明珂　於南港　2020.11.30

序

　　族群與邊疆問題是近代中國的核心議題，也對當代政治產生重大的衝擊。本書是中央研究院主題計畫「文化、歷史與國家形構：近代中國族群邊界與少數民族的建構歷程」（2015-2017）的研究成果。本書之標題「隱藏的人群」一語意指在統一政治體與明確的國家邊界之內，有或隱或現、文化背景不同的各種人群，同時也有一些跨越邊界的人群；他們的互動影響到近代「國族建構」的複雜歷程。全書包括三大主題：近代中國族群邊界與國族建構、非漢族群的視角與中國伊斯蘭的近代演變。此一計畫由筆者與王明珂院士擔任主持人，計畫成員有王秀玉、趙樹岡、吳啟訥等。在本計畫執行的三年之內，除舉行數場學術演講外，在 2015 年 4 月與 2016 年 12 月，分別在台北的中央研究院與北京的中央民族大學各舉辦了「近代中國的族群、民族與邊界工作坊」，邀請了國內外相關研究領域學者共同討論。在這兩次工作坊會議的基礎上，2017 年 11 月在中央研究院近代史研究所舉辦「近代中國的族群邊界與民族建構歷程」研討會，邀請國內外五十餘位學者與會。本論文集主要即從此一會議論文編輯而成，希望能從多焦對話到逐漸形成共識。

　　近代中國的國族認同、國族建構有其歷史脈絡，牽涉到近代中國的「政治文化轉型」，並與鄰近國家或地區近代轉型之互動。所謂近代的政治與文化轉型在歐洲是指 15 世紀之後，隨著科學革命與資本主義的發展，而有「主權國家」（sovereign national state）的出現，此種國家有兩個特徵：第一，國家的出現：從中世紀分散的、封建的、邊界模糊交錯，以及受教會干預的政治體，轉為統一、中央集權、政教分離，並且有明確的線性的政治邊界之主權國家。第二、國民的出現，亦即國家之內人群的同質化。「國民」一語與英文中的 citizenship 頗為類似，意指個人在國家政治過程中具有主體性地位，以及與之相關的各項權利、義務。近代的主權國家主要以單一民族構成一個國家，亦即將「民族、國民與國家」三者合一，此一「單一民族國家」的構想對中、日等主權國家之形成的影響尤大。（參見王柯的《民族主義與近代中日關係》一書中的討論）或者是由不同群體逐漸發展為具有共識的「國族」、形成「國民」（citizen），成為一個國家。

　　上述國家性質的轉變還伴隨著兩項重要的變化，一、世俗化（secularization），即科學取代宗教或所謂「迷信」（如陰陽五行、天人感應、化身轉世等）成為知識的基

礎。二、政治正當性基礎的變化：傳統正當性的基礎是「天」或「天理」（如「君權神授」），近代之後出現「社會契約」（盧梭的理論）的正當性論證，亦即人民參與的「公治」為政治正當性的基礎。這也是「共和」國的理論根基。

如果藉此西方經驗之啟發，中國的近代政治文化轉型，最簡明的說法是對外來說，放棄自我為「天下」之中心的認知，成為一個「國家」，亦即中國為世界之中的眾國之一。對內來說，在生產方式與政治社會體制上採行西化，中國在清末以來所追尋的「民主」與「科學」即可具體說明國人對「近代轉型」之內涵。不過上述的轉型並非截然的與傳統斷裂，例如明清以來對於「公」、「私」問題的討論，以及追求「大公無私」、「合私以為公」的思路對中國自清末「走向共和」有重要的影響。只是明末的「私」是強調尊重個人欲望與私有財產，以此來重新定義「公」；清末的私是由全體國民私其國，來提倡國民的權利，而公則除了正義與公道，還包括現代國家的認同（參見溝口雄三與余英時的研究）。其次，如李文森（Joseph R. Levenson）所指出的，中國國家主義的特殊性在於它所環繞的問題不是民族滅亡的危險，而是中國的政治與文化在世界上遭到「邊緣化」的命運，中國人要「駕於歐美之上」。因為按照中國人的理想，「天下」應該是一個賢人在位的世界，而中國必須成為世界核心的一部分。換言之，中國人在從天下轉向國家的過程之中，從來不曾完全放棄「天下」的理想。

以上述的變化為背景，近代中國之轉型受到兩個因素的影響：一是革命、一是戰爭。首先、1911 的辛亥革命與 1949 年的共產革命，促成從滿清到「中華民國」，再到「中華人民共和國」的轉變。這也是從朝貢體制的帝國（empire），轉變為一個民族國家（nation-state）。此一轉變要從元代說起。現代中國與 13 世紀以來統治大致相同區域的元明清之間有重要的繼承關係。中國近代轉型的起點是元朝，經過明代的退縮、修正，至清中期趨於成型。明、清兩代繼承了元代開始一種所謂「多元」、「一體」的政治設計，藉著將藏傳佛教文化、漢傳儒家文化和伊斯蘭文化之多元共生的文化力量，構成一個天下的體系，此一體制表面上有層級差異，實質上各群體享有平等、自治之體制，而其中包含了漢人、滿人、蒙古人、藏人與新疆突厥語的穆斯林等。元以前的中國是「華夷秩序」、「多元多體」，元以後雖仍是邊界模糊的天下秩序，然已從「多元多體」轉為「多元一體」。元明清的連續性與近代中國疆域的形成有密切的關係。（此一部分之觀點主要參見吳啟訥，〈從多元多體到多元一體——族群政治型態的流變與中國歷史的近代轉型〉，中研院近史所討論會論文，2020 年 10 月 29 日）

20 世紀之後，中國嘗試將此一「多元一體」模式轉換到「民族國家」。此一近代轉型從清末「反滿革命」開始。本論文集中有關「中華民族」、「中國本部」的討論與此密切相關。亦即傳統華夷秩序到現代國際政治、國家邊界的過程中，如何建立

民族國家，又如何容納族裔上的「他者」？中國要建立「民族國家」之時，究竟要以漢人的「十八省」（即本部）為範圍，還是要包括「本部」之外，有時加入中國、有時脫離中國的「邊疆」？這也可以說是「小中國」與「大中國」的抉擇。這也牽涉到「漢族」、「中華民族」意識的形成與邊疆地區人群的「漢化」與「少數民族化」（也包括漢人的「少數民族化」）交織而成的過程。

　　中華民國成立之後革命派放棄了「小中國」的想法，採取立憲派所提出「五族共和」與「中華民族」。至蔣介石的《中國之命運》提出「同化論」與「同源說」的「中華民族宗族論」，此說與顧頡剛的「滾雪球」類似，是國民黨民族理論的核心。中共批判國民黨的民族理論，一方面根據毛澤東的「新民主主義」試圖以階級與民主來取代民族，另一方面承認族群之差異，認為「中國有很多民族……並不妨礙大家形成一個統一的政治體」。費孝通提出「中華民族多元一體格局」成為官方認可的理論。多元一體從歷史事實，經過轉化，成為「中華人民共和國」族群政策之基礎。在經過民族識別之後的當代中國，所謂的一體指中國的政治體與中華民族的概念，而「多元」指一體之內的「國民」，因為各種因歷史、文化、語言與血統而形成的諸多群體。多元之內涵不但包括滿、蒙、回、藏、苗等「少數民族」，也包括香港、澳門、台灣等以漢人為主體所形成的群體。

　　當然也有人認為中國的近代轉型並未完成，一方面制度上與理念上保存了傳統的色彩，而「國家」與「國族」二者未能合一，同時邊界許多地方（特別是香港、台灣、西藏等）仍有紛爭。

　　其次 1931-1945 年之間中日戰爭，以及其後 1945 至 1949 年國共內戰對近代中國邊疆與族群的發展有決定性意義。中日、國共的衝突促成東亞空間的重整，尤其牽涉到蒙、藏、新疆、滿州、朝鮮半島、沖繩、台灣等地的命運。1930 年代初期日本學者所提出的「滿蒙不屬於中國論」、「元清非中國論」與戰爭時期日本帝國主義出於擴張企圖所提出之「大東亞共榮圈」與此有關。然而此一企圖在 1945 年戰敗之後徹底瓦解。二次大戰後東亞國界重劃，在〈舊金山合約〉與〈中日和約〉（1952）中，日本承認朝鮮獨立、放棄台灣、澎湖、千島群島、庫頁島南部、南沙群島、西沙群島等地之主權。此外日本同意美國對於琉球群島等島嶼交付聯合國託管。戰後琉球群島被美國接管，至 1972 年 5 月 15 日，日本才重新恢復對琉球群島的治權。總之，中日戰爭不僅牽涉兩國之爭，還涉及中國內部的差異，如國共之爭，以及國民黨內部的蔣介石與汪精衛之爭。此一戰爭還涉及美國與蘇俄之角力，戰後東亞世界的分疆化界其實是韓戰之後美蘇冷戰的結果。

　　本論文集對邊疆議題的討論從近百年來思想與政治脈絡開始，重新思考清末以

來，上層知識菁英的論述如何建構或傳遞國族觀念、訴諸行動，而最終形成主權國家。同時也探討不同社會階層的知識分子或地方菁英，與居住在中國邊緣地區的非漢人群，是如何接受上述之論述而認識國族，又是如何在不同政治體制、政黨操作與各種現代思潮（如市場經濟、全球化）的影響下成為「少數民族」的過程。

近代中國族群邊界的形成一方面來自生態聚落，以及與生態環境相應的行政地理區劃，另一方面也來自不同族群互動，或是由他者建構的無形邊界。現代國家權力介入、國族觀念的滲透，各類異於「中原」、「中央」的特殊治理模式，對於邊緣或少數族群的不同行政措施，更是建構族群邊界的重大驅力，也使得原本複雜、游移的族群邊界，在近代國族建構與民族政策下，逐漸地被重新規整而確定。族群邊界確立的歷史過程對於邊緣非漢族言，更是重新認識自我、建構我群歷史與文化的過程。

本書的各篇文章分別以中華民族、漢族與各個少數民族為研究對象，從文化、歷史與國家三個面向，探討民國迄今，邊界劃定與少數民族治理體系對形構國族邊界的過程及影響。在研究視野上，希望跳脫以往著重族群認同、瑣碎的族源考據，或是抽象的少數民族研究，透過歷史的深度與跨地域、跨文化的廣度，從區域與族際互動、中央的統治政策，到少數民族社會文化結構的回應與變遷，以及少數民族自我文化覺醒的動力來研究此一過程。

本書的各篇論文所觸及的族群除了漢族外，尚包括滿、蒙、回、藏、苗與土族等民族，討論的區域分佈從中國西北到西南，乃至中國內地與東亞地區。論文主題一方面由上而下，從歷史宏觀與上層的角度，討論晚清時立憲與革命派的大小民族主義、民國以來國共兩黨民族政策的異同、階級與族群認同之糾結、少數民族文化認同與國民認同之張力等。另一方面則從下而上，探討各個民族如何因地理的混雜性、人口的流動性與物質的流通性，在政治變遷、市場經濟、全球化的衝擊下所產生的諸多變化，而從記憶與文化遺產之重塑來詮釋自我認同與我族文化之特質。透過這個過程，最終試圖理解國族觀念傳遞過程與方式，少數族群如何詮釋與形構來自政治、知識菁英建構的抽象國族觀念，又是如何透過日常語言與空間地景具象化，轉換為生活當中能夠感受，感官經驗能夠理解或想像的文本、行為、表徵。

本論文集最大的意義在於匯集了相關領域當前研究的最新成果，圍繞在「文化、歷史與國家形構」三個面向，對於國族建構與少數民族邊界與認同問題提出宏觀與具體的研究。筆者衷心地盼望讀者在閱讀本書之後，未來能夠在此一基礎上持續進行更深入的研究。

黃克武 於南港　2020.11.25

目次

第三篇　中國伊斯蘭的近代演變

第一篇

族群邊界與國族建構

民族與國民在邊疆：
以歷史語言研究所早期民族考察為例的探討[*]

王明珂

　　民族與國民這兩個詞彙及其所蘊含的概念，對於當代中國及中國人認同有無比的重要性。如今在中國，每一有中國國籍之人皆為其「國民」，且都有其「民族」歸屬，兩種身分所涉之權利義務都受種種制度、法令之規範與保障。目前學術界基本上都認為，「國民」與「民族」這兩個詞雖早見於中國古籍文獻，但它們得到其現代內涵，並在政治、社會層面造成深遠影響，卻為晚清民初之時代變遷所造成。這個時代變遷，也就是在歐美殖民主義國家全球性資源爭奪、擴張之陰影下，中國知識分子懍於其所挾之民族主義（nationalism）及社會達爾文主義，為救亡圖存而將中國打造為一民族與民主國家之過程；此變化過程，其內涵包括言論呼籲、革命行動、思想教育、制度建立等等，由清末綿延至 20 世紀 50-70 年代之民族識別與民主改革而大致底定。

　　然而這並非是說從此不再有變化。在中國，時至今日每個人以「國民」（或中國人）與某「民族」（通常指的是少數民族）身分所發之言行，或涉及這些身分的事件，皆不斷地塑造及改變「國民」與「民族」之定義。「國民」與「民族」之概念及其具體實踐是因時變易的，在世界所有國家皆然。[1]也正因為如此，我們今日討論「國民」與「民族」等概念，在中國，由引入、萌生、傳佈到化為政治社會現實之歷史過程，不僅是學術性、歷史性探討，也是期望能從對「過去」的認識與反思中得以更深入瞭解當代現實。

　　關於「國民」與「民族」等概念如何傳入中國，特別是清末民初的中國知識分子如梁啟超、康有為、章太炎、孫中山等人關於此之言論，如何透過報章媒體在知識分

[*]　本文原發表於《西北民族研究》，期 2（蘭州，2019），頁 79-98。

[1]　如當代有些學者開始注意，由於網路跨國溝通之便利，以及跨國經濟、資產、文化與人力流動之頻繁，和跨國經濟體之建立，在全球許多地方「國民」認同都開始發生改變。相關研究見 Damian Tambini, "Post-national Citizenship," in *Ethnic and Racial Studies*, 24:2 (2001), pp. 195-217; Antje Weiner, "Making Sense of the New Geography of Citizenship: Fragmented Citizenship in the European Union," *Theory and Society*, 26:4 (1997), pp. 529-560.

子間流傳，近代史學者們已有很多豐富而精湛的研究成果。[2]因而本文只引用而不再重複這些研究討論。這篇文章探討一個近代史學者們較少觸及的議題：在民國肇造之後的二、三十年間，學者們如何挾其「國民」與「民族」概念與身分，來從事邊疆人群及其文化考察，並經由與地方人士的親近接觸，將這些概念傳播到近代中國邊疆人群社會之中。當時中國邊疆的本土知識分子如何回應外界傳來之「民國」、「國民」與「民族」等新知，以及他們如何藉此得到相關的身分認同（民族與國民）。對此議題我多作一些說明。

清末民初許多學貫中西的政治思想家如梁啟超、嚴復等人，的確在以民主政治啟迪民智上有很大的貢獻。然而，深受其思想、言論及行動影響的社群，主要仍為居於中國政治空間核心及社會上層之主流知識分子。對於廣大的民眾，特別是居於社會底層及中國邊疆的民眾，在民國建立後的三十年或更長的時間裡，他們仍在學習、摸索與認識「民族」及「國民」等概念，也在學習及接受自身成為「中華民族」或某「少數民族」成員以及中國「國民」的過程中。在這樣的背景下，早年從事邊疆民族考察的學者們扮演了十分微妙的角色。他們的學術專業被認為具有認識及分辨「民族」的能力；事實上，此時他們從事的主要工作也便是釐清中國境內究竟有多少「民族」，以及劃分各「民族」間的邊界。他們深入研究物件人群中的研究方法，所謂田野考察，使得他們必須親身與邊疆人群接觸，以考察其社會文化。於是在與邊疆本土知識分子的接觸中，民族考察者本身成為民族知識的傳播者；被考察的本土知識分子，在習得民族知識後則成為本「民族」之建構者。另外，成長及生活在國族主義盛行的時代，這些民族考察者也帶著其「國民」認同來到邊疆，觀察這兒的「邊民」，邊疆國民，或「邊胞」，邊疆國族同胞。我們可以從他們與本地人的微觀互動，從他們留下的書寫文本中，瞭解當時來自國族核心的「國民」——國民概念在個人身上的體現（embodiment）——如何看待國族邊緣的「國民」，以及其言行與文字書寫之時代意義。[3]在本文中，我主要以兩位「歷史語言研究所」民族學者的田野考察，兩個在

---

[2]　相關研究如：沈松僑，〈國權與民權：晚清的國民論述，1895-1911〉，《中央研究院歷史語言研究所集刊》，73：4（台北，2002），頁 685-734；郭忠華，〈清季民初的國民語義與國家想像：以 citizen, citizenship 漢譯為中心的論述〉，《南京大學學報（哲學・人文科學・社會科學）》，6（南京，2012），頁 73-87、156。Joshua A. Fogel and Peter Zarrow ed., *Imagining the People: Chinese Intellectuals and the Concept of Citizenship, 1890-1920* (Armonk: M. E. Sharpe, 1997); Peter Harris, "The Origins of Modern Citizenship in China," *Asia Pacific Viewpoint*, 43:2 (2002), pp. 181-203；王柯，〈「民族」：一個來自日本的誤會〉，《二十一世紀雙月刊》，期6（香港，2003），頁 73-83。

[3]　由於數位資料庫在大筆資料處理上的便利，學者們在關於中國早期「民族」、「國民」等概念之研究中常利用資料庫之詞彙搜尋功能，來探索這些概念在中國的產生、流布與轉變。這樣的新研究工具的確產生許多很好的

「民族」與「國民」方面各有偏重的考察為例，說明這個微觀的社會互動與歷史變遷過程。以歷史語言研究所之民族學者為研究物件，不僅因為該所是近代中國最重要的人文學術機構，[4]更因它的組織架構及相關學術生產皆與近代中國國族建構密不可分。[5]

　　在這樣的微觀人際互動研究中，我們需要依賴特別的史料文本，以發掘及重建當時民族考察者在「田野」中的所言、所為、所想，以及其與他人之互動。一般來說，這些訊息都不會出現在其考察成果「民族志」（ethnographic monograph）書寫內容之中，而經常是「田野日誌」（ethnographic field notes）的主要內容。然而不是所有民族學、人類學者都有寫田野日誌的習慣，田野日誌亦無一定的書寫格式，且多雜亂無序。因此，寫成的田野日誌很少被出版流傳，已出版的此類作品其學術意義也常被忽略。[6]作為本文主要研究物件的兩位學者，於 1929 年到川西岷江上游考察當地「羌民」、「西番」與「猼玀子」等人群的黎光明，以及 1942-1943 年至川南敍永進行「川苗」考察的芮逸夫，都留有雜記及田野日誌之類的記錄，[7]因此我們可以據以瞭

　　研究成果。本文希望從另一角度、另些材料來探索此問題。也就是，到了 20 世紀 30-40 年代，「民族」、「國民」等概念已具體化入於部分知識分子的個人認同之中。這樣的個人，其一言一行都是我們探索那時代「民族」、「國民」概念與認同實踐的材料，而這樣的材料中不一定有可以被搜尋的「民族」、「國民」等詞彙。

4　關於歷史語言研究所的籌建歷史，以及其在中國近代人文學術上的重要性，近年來有幾本可讀性很高的著作出版。見：岳南，《陳寅恪與傅斯年》（西安：陝西師範大學出版社，2008）；岱峻，《發現李莊》（成都：四川文藝出版社；2009）。

5　王明珂，〈川西民俗調查記錄 1929 導讀〉，收入黎光明、王元輝著，王明珂編校、導讀，《川西民俗調查記錄 1929》（台北：中央研究院歷史語言研究所，2004），頁 11-25；王明珂，《華夏邊緣：歷史記憶與族群認同》（杭州：浙江人民出版社，2013〔增訂版〕），第 12 章。

6　有些學者已注意人類學田野日誌、雜記的學術價值與其利用，其看法約為：首先，在田野日誌與雜記的書寫中，記述者較不遮掩自己對周遭事物的感覺及看法，因此與其作為最終調查成果之「民族志」相比，更可以讓我們對人類學民族志的書寫及知識產生過程有所反思。其二，以自己所寫的田野日誌與雜記為研究參考物件，一位人類學者可以對自己如何選擇、如何忽略田野中所見之人事物有所反思，因而得以進一步瞭解自我及研究物件之社會文化。我認為，除此之外，透過田野日誌所選擇性記載的田野工作者之每日活動，我們可以探索他們與「土著」間的微觀互動，以及此互動及其造成的影響與本地社會變遷之間的關係。相關探討見：James Clifford and George Marcus ed., *Writing Culture: The Poetics and Politics of Ethnography* (Berkeley, CA: University of California Press, 1986); Päivi Eriksson, Elina Henttonen and Susan Meriläinen, "Ethnographic Field Notes and Reflexivity," in Loshini Naidoo ed., *An Ethnography of Global Landscapes and Corridors* (Published on line by InTech, 2012: https://www.intechopen.com/books/an-ethnography-of-global-landscapes-and-corridors/ethnographic-field-notes-and-reflexivity), pp. 9-22.

7　黎光明、王元輝著，王明珂編校、導讀，《川西民俗調查記錄 1929》。本書原手稿之封面標題為《川康民俗調查記錄》。芮逸夫之田野日誌見：芮逸夫著，王明珂編校、導讀，《川南苗族調查日誌 1942-43》（台北：中央研究院歷史語言研究所，2010）。另外，非歷史語言研究所成員的王元輝，也為其與黎光明的田野之行出版一本雜記，見：王天元（王元輝），《近西遊副記》（南京：南京拔提書店，1935）。本書內容部分與《川西民俗調查記錄 1929》重疊。

解他們在田野之旅中的活動，特別是他們與本地人士接觸、互動的情況。關於黎光明（及其同行夥伴王元輝）的川西民俗考察，及其著作《川西民俗調查記錄 1929》，我曾為文分析其意義，並與凌純聲、芮逸夫兩先生在 1934 年進行的湘西田野考察作比較。[8]該文的主旨為從學者與邊疆人群的互動，來重建近代中國邊疆之人「少數民族化過程」之一斑。本文將延續這些探討，重點在於兩位學者帶著「民族」與「國民」概念至邊疆進行考察時，他們的觀察與關注焦點為何，他們與本地人發生什麼樣的互動，以及在此期間所發生的事及其間之個人言行，在中國邊疆人群少數民族化過程中的意義。

一、黎光明的川西考察之旅

黎光明，1901 年出生於川西灌口鎮的一個回民家庭中。當時像他這樣的回民，「回」只是在宗教生活習慣上與他者有區分的群體，而無「民族」認同之意。至少我們由他遺下之《川西民俗調查記錄 1929》一書，見不到任何「回族」認同。《川西民俗調查記錄 1929》的另一作者，協同黎光明參與此考察的王元輝，也是四川灌縣人，與黎為灌縣高等小學同學。民國十年（1921），黎光明與朋友們一同出川至上海，準備考大學；此時同在上海的有王元輝、任覺五等川人，都是心懷革命之志的青年。次年（1922），黎光明考入南京東南大學史學系，王元輝進入天津的北洋大學。分隔兩地，但同樣的是兩人都參加反軍閥、反帝國主義學潮，而同樣因此被大學開除。

1924 年，黎與王以及其他因參與學潮而被退學的川籍朋友們至廣州，進入廣東大學（中山大學前身）就讀。在後來王元輝對黎光明的回憶性文章中，他稱，「他原來的老朋友們都已紛紛棄文習武，進入黃埔軍校，他因信奉回教，恐軍隊生活對他不方便，所以留在中大畢業」。[9]這應指的是，當時廣東大學收容了許多志切革命的青年學生；在五卅慘案及沙基慘案（1925）發生後，這些學生主動要求組成學生軍，在廣東大學中由黃埔軍校施以軍事訓練。後來這些學生軍中有不少人轉入黃埔軍校，王元輝便在此時成為黃埔軍校學生。[10]

8　王明珂，〈國族邊緣、邊界與變遷：兩個近代中國邊疆民族考察的例子〉，《新史學》，21：3（台北，2010），頁 1-54；本文亦改寫收入於王明珂，《華夏邊緣》（增訂版），第 13 章。

9　王元輝，《神禹鄉邦》（台北：川康渝文物館，1983），頁 95-96。

10　王元輝，〈學生軍頌——廣東大學學生軍抗暴記〉，《中外雜誌》，36：1（台北，1984），頁 95-96；〈北洋大學革新風潮〉，《中外雜誌》，35：3（台北，1984），頁 58-61。

　　黎光明於中山大學（1926 年由廣東大學改名）畢業後，在民國十七年（1928）受聘於剛成立的歷史語言研究所（時該所設於中山大學內）。歷史語言研究所在該年七月完成立所，黎光明於八月底便由上海啟程前往川西「作民物學調查」。他先至成都與王元輝會合。王於 1927 年曾隨北伐軍進攻上海，然而中途離開北伐隊伍返回四川，主要原因恐怕受「清黨」波及。[11]王元輝與黎光明同行前往岷江上游，獲得歷史語言研究所所長傅斯年之正式允許，此應與那次行程十分危險有關，有受過軍事訓練的黃埔軍校畢業生同行可增加幾分安全。

　　根據黎提交歷史語言研究所的考察計畫書，此原為兩年之考察計畫。[12]考察目標包括民族、社會、文化、軍政、經濟，乃至於風景名勝、實業展覽會等等。以此看來，這並非是一民族文化及民俗考察，更像一為整頓川西經濟、社會、軍政之整體勘查計畫。而黎的確在計畫書中稱，此成果可作為「治川者之一借鏡」。更值得注意的是，他原預備於考察結束後，在成都將所獲成績公佈於著名報紙，並到各學校演講，「以肆鼓吹」及「引起社會人士之注意」──此作為被傅斯年勸阻。與此有關的，王元輝在出發前，寫了一篇名為「辭別在成都的朋友們」之公開信，信中寫道：

　　　　我要去到荒寂的西邊。那西邊的地方少人識字，少人知道科學，更少人談得成
　　　　革命，我覺得有把握處處出風頭。[13]

　　此處王元輝所稱之「處處出風頭」，與前面黎所稱「以肆鼓吹」及「引起社會人士之注意」，這些用語都顯示他們傳播國族新知的強烈企圖：期望此行能以自身作為知識、訊息傳播的橋樑，將國人一向陌生的邊疆情況介紹到國族核心人群中，並將國族核心的情況訊息（特別是科學、進步、革命）帶給國族邊緣之人。事實上，種種跡象表明，黎光明等對岷江上游人群之文化與族群屬性的確所知很少。

　　此種對國人無知於國族「邊疆」的焦慮感，來自於當代人之「國家」及「國民」概念──既然邊疆之地為此國族國家領域，其人為我國族同胞，亦為國民，那麼國人便不應無知於邊疆之地與人。這樣的焦慮，也見於 1933 年廣西政界名人唐文佐為劉錫蕃著《嶺表紀蠻》一書所寫的序文。該序文稱：

---

[11] 此訊息為我得於王元輝之女：王女士稱，其父當年因知道自己有殺身之險，因此脫離革命軍之北伐隊伍。
[12] 〈川康調查計畫大綱〉，《中央研究院歷史語言研究所公文檔》，原檔號：元 115-20-1。
[13] 王天元（王元輝），《近西遊副記》（成都：四川文藝出版社，1997），頁 2。

國家以國民為主體，而吾人又為國民中的一份子，生於其地，而不知其民族之淵源所自，而不知其生活苦樂之情形，而不知其在內治國防之各方面，究竟將得若何之結果，若斯人也，其可以云愛國之士者乎？[14]

由此段文字中我們可以體會，作序者認為，既為「國民」又身在本地，吾人應對本地之「民族」有深入的認識。該序文提及美籍傳教士丁惠民在「蠻族」中所從事的民族學考察，對此他有如下感言：

夫以異邦之人，遠涉重洋，去國萬里，而適茲土，以考求吾國西南一般蠻族生活之狀態，而吾則對於存亡與共休戚相關之民族，反若視而不見，聽而不聞，且復大言炎炎，日以扶助弱小民族之說，號於天下，此豈非黨國之羞，而自欺欺人者乎。[15]

此感言所表露的仍是，「蠻族」既與我等皆為國族之人，存亡休戚與共，我等不應對其毫無所知。接著，作序者提及此書之著作緣由，稱劉錫蕃「嘗謂蠻人榛狉不化，使社會形成一種斑形之社會，此等斑形社會，絕對不許存留於今日」。以上這段話，更透露著《嶺表紀蠻》作者劉錫蕃與作序者在其國族認同下對邊疆國民的看法——「國民」是同質的個體，「蠻人」既為我國民，自然應受改變而成為國家中的一分子。

沈松僑在一篇論國民與國家的文章中指出，在關懷「國家」之救亡圖存大計下，中國近代之「國民」概念缺乏其西方源頭之詞 citizenship 所蘊含之個人政治主體性，因此「國民」如其字面所示，只是「國家的子民」。[16]這是十分精闢的看法。到了1930 年代，在一般中國知識分子心目中，「國民」與「國族同胞」幾乎是等義詞，且「國民」與「國族同胞」都指具有「同質性」的眾人。此同質性的基礎，是國民對於國族國家的共同普遍知識——包括國家疆域（地理），域內之人的特質（民族文化）及其來源（歷史），以及更重要的，國家現況（政治社會）等等的知識。這些，都是國民教育的基本內容。讓劉錫蕃進入「蠻疆」的動機，便是讓他深有所感的，當時中國國民普遍對於邊疆地理及當地國族同胞的無知。此種對於國族國家邊疆之認知

[14] 唐文佐，〈唐序〉，見於劉錫蕃，《嶺表紀蠻》（上海：商務印書館，1934），頁3。
[15] 唐文佐，〈唐序〉，見於劉錫蕃，《嶺表紀蠻》，頁3。
[16] 沈松僑，〈國權與民權：晚清的國民論述，1895-1911〉，《中央研究院歷史語言研究所集刊》，73：4，頁685-734。

焦慮，也見於 1934 年進入川康邊區的青年探險家與民俗考察者莊學本身上。在考察歸來後所寫的《羌戎考察記》一書之弁言中，他稱：

> 現在圖上對於四川的西北部，甘肅的西南部，青海的南部，西康的北部，還是一塊白地。民族學的研究者，關於這個地帶所得到的報告也是奇缺，我為了這樣大的使命更應該進去一探。[17]

早年至岷江上游作語言調查的學者聞宥，結合歷史記載將本地一些具有共性的語言稱為「羌語」，也因此認識「羌族」之存在。當時他也感慨地稱：

> 我儕今日茍未身至川西，固已不知版圖之內，尚有羌人。以一早見於先秦文獻之族類，亘數千年，歷無數之移徙混合，卒未滅絕，而並世竟無知之者，斯真學林之憾事已。[18]

這段文字，一方面表達當時知識分子對於國人無知於國家邊疆的遺憾與焦慮，另一方面，也顯示在透過多種學術之國族知識建構中，歷史學是遠走在語言學與民族學之前的。

當時深受國族主義感染的中國知識分子，一方面急切期望能認識國族國家邊緣之地與人，另一方面他們也為國族邊緣之人對國族國家的無知感到十分驚訝。此種「驚訝」，仍因「國民」概念所蘊含的國民「同質性」，與他們所見之「異質性」現實（邊疆國民對國事之無知）之間有很大的差距。劉錫蕃在《嶺表紀蠻》一書中論及「蠻人國家觀念異常薄弱」時，他以自己在廣西省三江縣任職時所作的一項調查為例；當時他以「我國第一二屆總統是誰」、「什麼叫做三民主義」等問題來讓 30 個「苗猺」男子作答，所得結論是：「結果皆令人失望之極」。[19]

邊疆之人對當代國家、國事的無知，在黎光明、王元輝看來也是十分值得注意且有趣的現象；在他們歸來後所寫的報告中多處提到這一點。以下是見於《川西民俗調查紀錄 1929》中的幾則記載：

---

[17] 莊學本，《羌戎考察記》（上海：良友圖書印刷公司，1937），頁 1。

[18] 聞宥，〈川西羌語之初步分析〉，《華西協合大學中國文化研究所集刊》，期 2（成都，1941），頁 40。

[19] 劉錫蕃，《嶺表紀蠻》，頁 255。

有一次，我們在大寨土官的家裡遇著一位林波寺的和尚。他向我們說：「據我們的喇嘛卜數推算起來，中華民國（意實單指元首）應該是個大耳朵的人，不然，他不能管領這樣大的地方，大眾一定不能服他的。」

楊喇嘛既知道孫中山，並且聽說過有蔣介石，但不知有南京也。更可惜的是他問我們道，「三民主義和中華民國到底誰個的本事大？」

凝戈也不懂漢話……他從不曾知道有大總統袁世凱，當然更不知道有主席蔣介石。同他談到南京，他問：「那是洋人地方不是？」[20]

　　若我們也覺得這些記載有趣，乃因我們皆經過國族主義教育洗禮，自然會覺得這些「西番」喇嘛無知得可笑。同樣值得注意的是，黎光明等人一方面認為凡「國民」應對國事有基本認知，此為國民之「同質性」，另一方面，他們也強調當時邊疆與國家本部之間的差異與差距。在田野之旅中，他們透過自身言行到處展示當代中國的科學、進步與現代化。他們經常對本地人炫耀他們的相機、話匣子（留聲機）、手電筒，並且常以糖精、用過的廢電池、洋燭、鉛筆、洋鐵煙筒等代表科學進步的產品作為饋贈禮物。相對於此的，他們在報告中常描述本地人的無知與迷信。

　　在民族考察方面，由典範的民族學、人類學觀點，黎光明等人此趟川西田野之旅可說是成果乏善可陳。黎光明遞交歷史語言研究所的成果報告，《川康民俗調查報告》被擱置數十年未能出版，且他自川邊返回南京後不久便離開歷史語言研究所，從此轉任於四川之軍政與教育界，如此種種皆證明其在民族考察、研究方面的成績未能讓他立足於主流學術界。我們看看黎光明、王元輝在報告中對各「民族」文化習俗的描述，便可略知為何他的考察會被認為是失敗的。在那時代的典範民族知識中，一民族是有其特定文化、語言與體質特徵的群體，民族學、人類學（含體質學）、語言學便是找尋、判別這些民族文化客觀特徵的學問。然而在黎、王的報告中，兩位原作者常表示無法分辨羌民、土民與西番的習俗差異，以及羌民、土民與漢人習俗間的差別。如他們描述一羌民的婚禮，稱「今天的婚禮，幾乎全和漢人的一樣，新郎也簪花掛紅，新婦也頂『蓋頂』，也有贊禮的，也要拜客」。[21]他們描述一土民的住家門前裝設，稱「我們到土民余雙喜的家裡去。這家人的門前也有『泰山石敢當』，門額上

---

[20] 黎光明、王元輝，王明珂編校、導讀，《川西民俗調查記錄 1929》，頁 29、106、120。
[21] 黎光明、王元輝，王明珂編校、導讀，《川西民俗調查記錄 1929》，頁 167。

也懸得有一個『珠砂判』」。[22] 在體質特徵上，他們稱「西番假如改著漢裝，其容貌沒有幾許顯著的點子與漢人不同」。[23]

　　在經過晚於黎光明川西之行的近代民族學、人類學調查研究後，羌族所戴頭帕、村寨建築與其巫師端公，都成為羌族傳統文化特色。而自聞宥以來的語言學家，也從語言內在邏輯證明「羌語」的客觀存在。然而當年黎光明、王元輝描述羌民與土民戴頭帕的習俗，稱：「以纏頭代帽，是川西漢人的習慣，並不是羌民或土民的特俗」。[24] 對於端公，他們稱：「端公是能夠驅鬼的一種巫師。四川境內各處都有，常常在病家鬧通宵，名為『打保福』」。如今羌族端公所奉之神被認為是天神木比塔（或稱阿爸木比、木比色），而黎光明、王元輝所見則是，「羌民的端公供奉多神，主要的神是《西遊記》上大鬧天宮的孫悟空」。[25] 至於語言，他們稱羌民的語言非常複雜「幾乎這一條溝的話，不能通到那一條溝」。[26] 這是由本地人之認知觀點所見的另一事實——無論各地「羌語」間有多少語言學上的相似性，對本地人而言，他們就是難以聽懂鄰近另一條溝的人所說的話。

　　在「民族」概念下，透過歷史、語言、民族等多學科之研究，最終是要證實一民族的客觀存在，並以語言、文化等客觀特徵來劃分各民族間的界線。但如前所言，黎、王所見不僅「羌民」、「土民」生活習俗沒有多大差別，他們與漢人在生活習俗上也十分相似。黎光明等對「西番」的描述，更稱「寨子也就可以說是『社會的』最大組織了；雖然是一個部落有若干寨子，但各寨之間互為仇殺的事實很多，引為同部而生出感情的卻很少。人們也似乎不需要比寨子更大的社會」。[27] 在此，他們用的名詞是「社會」，事實上指的是其成員彼此有根基性情感（primordial attachments）的認同群體。黎光明、王元輝的這說法，與今日羌族為一建立在認同上的民族有相當落差。但在當時，他們的說法是實情。在《羌在漢藏之間》一書中，我曾介紹並說明過去（指 1950 年代以前）這種極端分散、孤立的村寨人群認同；[28] 作為少數民族之羌族認同是 1950 或 1960 年代以後才逐漸形成的。

　　總之，黎光明並不具備民族學或人類學知識，其川西之行的主要動機乃在政治方面——為國家及國族認同而探索、認識邊疆，也讓邊疆之人認識今日中國。當年歷史

22 黎光明、王元輝，王明珂編校、導讀，《川西民俗調查記錄 1929》，頁 169。
23 黎光明、王元輝，王明珂編校、導讀，《川西民俗調查記錄 1929》，頁 29。
24 黎光明、王元輝，王明珂編校、導讀，《川西民俗調查記錄 1929》，頁 172。
25 黎光明、王元輝，王明珂編校、導讀，《川西民俗調查記錄 1929》，頁 175-176。
26 黎光明、王元輝，王明珂編校、導讀，《川西民俗調查記錄 1929》，頁 174。
27 黎光明、王元輝，王明珂編校、導讀，《川西民俗調查記錄 1929》，頁 58。
28 王明珂，《羌在漢藏之間》（台北：聯經出版公司，2003；北京：中華書局，2008），第三章、第四章。

語言研究所所長傅斯年對他知之甚詳。1929 年當黎正在田野旅次，傅給黎的一封信中指責他，「蓋兄未預備充分，兄之所知也」──指的是黎未有足夠的民族學專業知識。在同一信中，傅以「應盡捨其政治的興味」、「少發生政治的興味」、「少群居侈談政治大事」，三度提醒他勿涉政治。[29]這些都可說明黎光明在田野考察時心之所繫還主要為「國家」與邊疆「國民」，而對認識與區分「民族」感到困難且無力。

　　黎光明在離開史語所後，曾任中央軍校成都分校政治教官、中學校長、國民黨成都市黨部委員、成都臨時參議會參議員等職。1943 年他又回到岷江上游的茂縣，受命擔任十六區行政督察專員兼保安司令公署秘書（第十六行政督察區，管轄範圍是：茂縣、松潘縣、汶川縣、理番縣、懋功縣、靖化縣），1946 年轉任靖化縣縣長。這些任命應與當年和他一同在此考察的好友王元輝有關；王元輝時為保安處副處長兼十六區專員，其任務為建立及鞏固國民政府對川康邊區的掌控。他們兩人在此直接面對的敵人，則是其勢力在此盤根錯節的袍哥煙匪頭領們。在黎光明就任靖化縣長兩個多月後，他設宴刺殺本地袍哥頭領杜鐵樵，自己也在袍哥黨徒的報復性攻擊中遇害身亡。可以說，從青年時期開始，黎終其一生都在從事「國民革命」。

二、芮逸夫的川南苗族考察

　　芮逸夫，江蘇溧陽人，生於 1898 年。曾就讀於南京的東南大學外文系。1927年，就在他即將完成大學學業前，大學因捲入南北政爭而陷於停頓，芮先生只好離校。這是一個有趣的巧合。歷史語言研究所的三位早期民族學者，皆曾就讀東南大學，但命運不同。凌純聲早先畢業，並得留學法國，習人類學；黎光明在校參與政治運動而被學校開除，學校也迫於政治風潮而停課；芮逸夫則是政治風潮的受害者，無法完成其大學學業。

　　1929 年，黎光明川西行的那一年，時為北京清華大學圖書館館員的芮逸夫，經凌純聲之介紹而進入中央研究院社會學研究所，擔任助理員。他先在北京隨趙元任先生學習語言學及國際音標記音，為進行民族調查作準備。1934 年中央研究院內部改組，社會學研究所的民族學組併入歷史語言研究所，於是凌純聲、芮逸夫至歷史語言研究所任職。不久該所又聘英國倫敦大學生物統計學與人類學博士吳定良，以及德國漢堡大學體質人類學博士陶雲逵等學者。由以上學者組成之歷史語言研究所人類學

---

[29] 見傅斯年，〈傅斯年致黎光明的信〉，收入黎光明、王元輝，王明珂編校、導讀，《川西民俗調查記錄 1929》，「附錄一」，頁 183-184。

組，是當時國內陣容最強大的民族調查、研究團體。芮逸夫雖未受過學院式的人類學訓練，但其與凌純聲、陶雲逵等人長期共同進行田野考察，加上他十分勤於鑽研人類學典籍，因此後來成為中國人類學先驅學者之一。

　　1933 年芮逸夫與凌純聲赴湘西南鳳凰、乾城、永綏等地，進行歷時三個月的湘西苗族考察。1934 年，他又與凌純聲到浙江白門、麗水、青田一帶作畲民調查。1934-1937 年，歷史語言研究所受雲南省政府之邀，進行雲南省內的民族調查，參與學者有凌純聲、芮逸夫、陶雲逵等。此三年之間，他們的足跡遍及雲南大理、保山、騰沖、耿馬、班洪、孟連、蒙自等地。在此期間，芮逸夫、凌純聲又曾參與中英滇緬邊界南段勘界之旅，他們與中英雙方代表在軍隊護衛下至滇緬邊境之班洪、班老、南大等地。

　　1937 年中日戰爭爆發，歷史語言研究所輾轉遷徙至雲南昆明北郊的龍頭村，後又在 1940 年遷四川李莊。此一時期芮逸夫等人的民族調查工作並未中斷。1939 至 1940 年間，芮逸夫曾到貴州大定、花溪、青岩、貴陽、貴定、安順、鎮寧等地進行貴州苗族調查。1941 年歷史語言研究所與國立中央博物院合作進行川康調查，芮逸夫、凌純聲與馬長壽等一同至川西瑪律康、汶川、小金、松潘、康定等地進行有關「西番」與羌族考察。以上從 1934 至 1941 年，芮逸夫所從事的民族考察多為普查性質，而未對任何一族群或聚落作較長期且深入的考察，因此也未有具體報告或研究成果出版。

　　1942 至 1943 年，芮逸夫與胡慶鈞到川南敘永進行苗族考察[30]——這是在 1933 年湘西苗族調查之後，他所從事的又一停留時間較長的田野調查，並留下田野日誌，與一本專著《川南鴉雀苗的婚喪禮俗：資料之部》。[31]田野日誌於 2010 年以《川南苗族調查日誌 1942-43》之名出版。[32]日誌由 1942 年 12 月 1 日芮在敘永的長江邊上啟程記起，至田野調查結束後的第三日 1943 年 5 月 18 止；此日芮寫下日誌最後一句，「與王（案：古宋縣府科長）同至街上吃麵，蓋今日乃余之四十五生日也」。[33]

　　芮逸夫在這約半年的調查採訪中，在鄉間勤於學習及記錄苗語，採訪及觀察苗民婚喪禮儀，記錄當地人的經濟生活與老習俗。在城鎮中則與當地軍政首長、縣府職員應酬，到處為人照相、沖洗照片以廣結人緣。我們可以由其田野之旅初期的一日活

[30] 根據芮的田野日誌，1943 年 1 月 10 日起他與胡慶鈞分途進行田野，胡前往梘槽工作。2 月 25 日兩人會合於敘永，胡旋於 28 日經瀘州返回李莊，芮則續往馬家屯、大壩等地作調查。胡慶鈞對此之回憶與記錄，見氏著，〈川南苗鄉紀行〉，收入胡慶鈞，《漢村與苗鄉——從 20 世紀前期滇東漢村與川南苗鄉看傳統中國》（天津：天津古籍出版社，2006），頁 191-203。

[31] 芮逸夫、管東貴，《川南鴉雀苗的婚喪禮俗：資料之部》（台北：中央研究院歷史語言研究所，1962）。

[32] 芮逸夫著，王明珂編校、導讀，《川南苗族調查日誌 1942-43》。

[33] 芮逸夫著，王明珂編校、導讀，《川南苗族調查日誌 1942-43》，頁 117。

動，窺見當時社會背景之一斑。

> （民國 31 年 12 月）十日，星期四，在敘永，晴，13°
>
> 　　七時半起，八時許早餐，購皮鞋一雙（價 200 元）而返。十一時與胡同至縣府拜訪何本初縣長，談西南兩鄉（一、三兩區）苗情頗詳。並為余等建議路線：由後山堡，梘槽溝，分水嶺，雙河場（在雲南威信），再返分水嶺，而至黃泥嘴、清水河，至大壩。後赴宴之主客陸續而到（敘永黨政機關法團士紳請客）。第廿四師廖師長、唐團長、徐團長亦先後到，此外尚有岳縣議長（年已六十七，曾任蔡松坡將軍之秘書）、李參議員鐵夫、衛生院何院長、縣黨部鄭書記長等。一時許入席，共四桌，廖師長中席首座，余左席首座，同席有李參（議）員、何校長、何院長、李副縣議長等。二時半席散，攝影兩幀辭出。與何校長同至省高中講中華民族之意議（義），胡講種族平等之意議（義）。五時畢，曹教員邀往晚餐後，即辭別返寓。何海德教育科長來談苗教頗久，袁亦來約明日偕人來談苗情云。十時睡。[34]

　　次日，十一日，兩人至縣中對全校兩百餘學生演講；芮逸夫講「談求學」，胡慶鈞講「中華民族的出路」。此兩日之活動，反映芮逸夫此半年田野考察中的幾點普遍情況。其一，在田野行程中芮經常與地方政界、教育界人往來應酬；其二，芮常受邀至地方政府、學校演講，講題多與「民族」有關；其三，芮經常接觸到一些有心於地方文化教育建設的本土知識分子。以下我就此三點作些說明。

　　首先，芮先生常與地方軍政首長交際，最簡單且直接的理由便是當時這些邊陲地區社會秩序混亂，多匪多兵，且常兵匪難分。芮逸夫在此下鄉進行田野考察，自然需賴本地駐軍、鄉團保護，因此也不得不與這些有力人士相應酬。然而，從湘西、雲南到川西、川南，當年歷史語言研究所之正式民族考察皆有軍隊相隨，以及成員們皆常受各級地方首長接待，此亦顯示當時從中央到地方政府對於「民族」考察之重視——此並非只是純學術的考察，而涉及如何建立一套包含歷史學、考古學、語言學、民族學、體質學等等的民族與民族史知識，將性質歸屬渾沌不明的邊疆之地與人納入整體國族與國家體系之中。在那中國國運艱難、內憂外患交煎的年代，史語所能夠積極從事相當耗費財力之考古發掘、民族考察，以及珍稀文書、典籍、文物之搜羅，皆因獲得當時國民政府之強力支持，而此也印證著學術與國族國家關係密切的時代背景。

---

[34] 芮逸夫著，王明珂編校、導讀，《川南苗族調查日誌 1942-43》，頁 5-6。

　　其次，與此相關的，是芮逸夫與胡慶鈞等在田野之旅中關於「民族」的演講。除了前面提及的兩場外，有一次，芮、胡與某團部連長以上軍官共二十餘人座談，「隨意談各民族問題」。還有一次，芮在古宋參議會之擴大紀念週會上演講，講題為「由古宋九族說到西南民族」。田野日誌中還提及幾場演講，但都未記錄講題。就這些以「民族」為主題的演講來說，芮逸夫等人以來自「中央」的民族學者身分，自然經常不能免俗地受邀作這方面的演說。不僅是在演講中，在他們與當地知識分子的社交言談中，「民族」也經常是重要主題（如後面提及的芮與韓介休交談之例）。此顯示民族學者及其田野考察工作，在近代中國邊疆人群之「少數民族化」過程中的微妙角色與功能——不僅民族學內蘊的「民族」概念與其內涵定義，導引學者們探尋、研究相關人群之語言、文化而讓他們得以認知與識別一個個的「民族」；在邊疆田野考察中經由與本地人的緊密接觸互動，民族學者們也對本地人群，特別是其知識分子，介紹、傳播及強化民族、少數民族、中華民族等概念，並與他們在本地「典範的歷史與民族文化知識」上彼此溝通、相互影響。

　　當然，此對於邊疆人群之「少數民族化」造成多大的影響，是因人、因情況而異的。一個特殊的例子見於芮逸夫、凌純聲的湘西田野。當時作為他們助手的本土知識分子石啟貴，因受兩位先生之啟發，投身於本民族文化之調查、保存與傳揚。後來他多次上書國民政府各黨政機構，附以其考察成果之專著，[35]來證明本地「土著民族」[36]為一有特定文化的民族，因此呼籲國民大會中應有南方「土著民族」代表席位。1947年他終成為第一屆國民代表大會之土著民族湖南代表。

　　石啟貴也與我們要提到的第三點有關——芮接觸到的一些有心於地方文化教育與社會建設的本土知識分子。芮在川南各苗鄉結識韓介休（震東鄉）、羅文才（梘槽）、羅承瑄、馬俊良（海壩）、馬俊森（海壩）、楊德明（海壩）、古元生（馬家屯）等人，並得到他們很多協助。據芮之田野日誌記載，韓介休於1941年籌組「敘蘭邊民文化促進會」，1942年創辦邊民學校八所，至芮來訪之時已建有十二所學校。馬俊良、馬俊森、楊德明等，都是邊民小學的老師，他們也都是邊民小學之支持機構基督教福音教會的信徒。芮逸夫與韓介休面談之後，在日誌中寫道：「與介休談苗族一切問題，頗有見地。以一耶穌教徒不為耶教所囿，尤為難能可貴」。他也寫下他們所談的問題，「邊校創辦之經過及其現況」、「苗人之政治地位（當公務之現

<hr>

[35] 此書即為石所著《湘西土著民族考察報告書》。該書後來以《湘西苗族實地調查報告》之名於1986年在長沙由湖南人民出版社出版。

[36] 由於當時在湘西，「苗」被認為是漢人對本地土著的辱稱，本地人不接受這樣的稱號，因此有一段時間國民政府以「土著民族」稱之。

狀）」、「苗人之社會地位（智識份子、士紳等）」、「漢人心理上鄙視苗人之例
（根骨不正等）」、「苗、夷、漢種族混雜之事例」、「余、楊、蘇、李、陸皆奢崇
明之後」等。[37]羅承瑄為福音灣邊民小學校長，非本地人，據芮日誌記載羅曾與裴牧
師之妻（Mrs. Birk）、楊馬可等以創制苗文編成《福音詩歌》。在田野中，芮逸夫以
其語言學知識協助羅承瑄等研究改良苗文拼音字母。如其日誌在 1943 年 1 月 22 日所
載，「早膳，將耶穌事蹟一詩復習一遍，並作母音分韻表，以各單詞繫之」；次日又
記道，「九時許早餐，即將福音詩歌翻閱，覓其尚未見用字母之字」。4 月 21 日記
載，「今日與羅承瑄將苗文字母，每一字母舉一例字，研究改良方法，直至晚上」。
韓介休、馬俊良、馬俊森、楊德明等人則協助芮考察本地語言、宗教、婚喪習俗。

　　這是很奇特的合作、互惠。一般而言，這些力圖以教育文化與經濟實業來讓本民
族「進步」的地方知識分子，對於苗鄉「舊習俗」是不感興趣的，甚至認為它們是應
被革除的物件。[38]民族主義強調人類以民族為體相互競爭、物競天擇，因而它蘊含著
「團結」與「進步」兩種特質；此讓「舊習俗」（或傳統文化）有些尷尬——它們既
代表能凝聚一民族的共同文化特色，又代表過去及不進步。受民族主義薰染的苗疆知
識分子也因此可略分為二類：一從事於以實業、教育來促成本地社會之「進步」，一
從事於考察及宣揚本民族固有文化來促成民族「團結」，以及證明及宣稱本民族的存
在。前述湘西石啟貴之一生事業轉折，便是很好的例子。他於大學畢業後，變賣家產
購織襪機、紡紗機、照相機及新品種水稻種子等返鄉，投身於教育及農業改革等多項
新事業，組織「乾城苗民文化經濟改進委員會」。然而在 1933 年協助凌、芮從事苗
族文化考察後，從此他將大部分心力放在苗族文化、語言資料搜集上，後來成為第一
屆國民大會之「土著民族」代表——此為湘西「土著民族」得到國家認可的表徵。[39]

　　川南敘永的韓介休等人，是借用或配合基督教的組織與力量，從教育著手來促成
苗鄉「進步」的本地知識分子。這一類型南方苗鄉知識分子，最著名的是貴州威甯人
朱煥章，一位由英籍傳教士柏格理（Samuel Pollard, 1864-1915）所辦教會學校培養出
來的苗鄉菁英。朱在 1943 年創立石門檻中學，其教育事業在苗鄉造成極深遠的影

---

[37] 芮逸夫著，王明珂編校、導讀，《川南苗族調查日誌 1942-43》，頁 89。
[38] 在凌純聲與芮逸夫 1933 年的湘西苗族考察之行結束後，即有本地知識分子對凌、芮兩人深入苗鄉採訪記錄本
地舊文化習俗十分不滿，而向「蒙藏委員會」提出控訴。資料見於南京第二檔案館，全宗號：三九三，案卷
號：280。以及，王明珂，〈國族邊緣、邊界與變遷：兩個近代中國邊疆民族考察的例子〉，《新史學》，
21：3，頁 1-54。凌、芮在此調查之成果專著中，也對這些苗鄉本土知識分子反唇相識，稱：「而苗中稍受教
育所謂有識之士，談及他們的鼓舞，常引為奇恥大辱，以為是暴露他們野蠻的特徵」；見凌純聲、芮逸夫，
《湘西苗族調查報告》（上海：商務印書館，1947），頁 202。
[39] 王明珂，〈國族邊緣、邊界與變遷：兩個近代中國邊疆民族考察的例子〉，《新史學》，21：3，頁 1-54。

響。[40]恰巧而具有深意的是，第一屆國民大會中之湖南「土著民族」代表有兩人，除了前述石啟貴外，另一人便是朱煥章——兩人分別代表上述兩種不同類型的苗鄉知識分子。無論如何，韓介休等追求「進步」之敘永苗鄉知識人，對芮逸夫的「苗俗」考察卻是多方協助，並無阻撓。另外一位芮逸夫川南考察之行的主要協助者，馬家屯人古元生，在芮返回李莊後，同年 9 至 12 月受邀至李莊的歷史語言研究所，繼續向芮逸夫等人提供苗語及苗俗訊息。[41]古元生原來想就此機會讀書、學習，以從事民族研究，但後來仍決定返鄉投入共產黨之革命活動。[42]古元生放棄民族研究而選擇的另一條道路，也是一種追求「進步」的努力。

　　另外，芮的日誌中常提及他隨手翻閱身邊的書。一次是 1943 年除夕前數日，在海壩鄉的寄居處他翻閱一本《國民政治教本》，錄下書中所載「耐饑法」之食物製作。隨後他又閱讀一本人類學著作，查理士・魏格雷（Charles Wagley）所著《一個瓜地馬拉村落的經濟情況》（*Economics of a Guatemalan Village*）之 Economic Cycle 章。前一書，《國民政治教本》，具有特殊的時代意義。首頁標題旁有「保訓合一幹部訓練適用」等字。「保訓合一」是國民政府為強化地方控制而定的一種辦法，讓地方保甲幹部（如鄉長）兼任軍事及訓政幹部，所謂保訓合一幹部，以建立地方保安武力以及推動政令。由其內容看來，本書可稱是一政治化的國民教本，它一方面對地方鄉里保甲幹部宣導、傳輸一些基本的國家、民族、歷史與國際常識，一方面教這些地方基層幹部如何應付如防疫、救災、治安、清匪等地方事務。如本書《政治訓育篇》之第二章為〈公民常識及國勢〉，其內容：第一課「第一次革命與中華民國之成立」、第二課「國旗黨旗黨歌」、第三課「中華民族」、第四課「黃帝」、第五課「民族英雄」等等，所述皆十分簡短（如第三、四課均只有三行文字）。芮逸夫覺得有趣而隨手抄下的「耐饑法」出於本書第四編《衛生訓練》，在介紹各種常見疾病如沙眼、蛔蟲之後有此「耐饑法」一節。[43]將「耐饑法」與流行病並列的編輯安排，顯然是將饑荒視為與各種流行病一樣的地方危難。由這些內容看來，此書應非芮逸夫所

---

[40] 關於柏格理在貴州的傳教、興學與創制苗文，石門檻教會之教育模式在川、滇、黔三省交界之苗鄉的傳播，以及朱煥章之生平及其貢獻，見張坦，《「窄門」前的石門檻》（昆明：雲南教育出版社，1992）；張慧真，〈教育與民族認同：貴州石門檻花苗族群認同的建構〉，《廣西民族學院學報（哲學社會科學版）》，2002：4（南寧，2002），頁 52-59；秦和平，《基督教在西南民族地區的傳播史》（成都：四川民族出版社，2003）。

[41] 見芮逸夫，〈自序〉，收入芮逸夫、管東貴，《川南鴉雀苗的婚喪禮俗：資料之部》，頁 3。

[42] 此訊息為我在 2007 年 11 月訪敘永馬家屯時得自於古元生之子。

[43] 中央軍學圖書館，《國民政治教本：保訓合一幹部訓練適用》（成都：中央軍學圖書館，1938），第四篇，頁 5；北京的國家圖書館有此書，見於中國國家數字圖書館，民國圖書。

有，而是主人家之物。

　　後一書，《一個瓜地馬拉村落的經濟情況》[44]，出版於 1941 年，也就是芮逸夫此田野之行的前一年。此書應為芮逸夫置於行囊隨身閱讀之人類學著作。目前史語所之傅斯年圖書館中仍藏有此書；很可能，這便是芮逸夫攜往田野的那本人類學田野報告專著。在為避日本侵華戰禍而遷於四川李莊山區期間，史語所（或其成員）仍有辦法自國外取得新近出版的學術專著，並攜至田野行旅中閱讀，可見當年如芮逸夫這樣的史語所民族研究者在汲取西方人類學知識上十分積極、快速。

　　還有一次，1943 年除夕，芮逸夫在海壩鄉馬俊良家中，翻閱馬家的書兩種。一為盧卡斯・里德（Lucas A. Reed）所著《埋藏的財寶》（Buried Treasure）；此書內容為勸勉基督徒應依從《聖經》中的教誨，即刻從個人及身之事開始有所作為，以追求上帝所賜財富（永恆喜悅）。[45]此書應是身為邊民小學教師及基督徒的馬俊良得於外籍傳教士。另一為顧頡剛、王鍾麒編的《本國史》。[46]芮並為後一書在其田野日誌中作以下筆記：

> 1. 中華民族是怎樣組合的？
> 2. 中國的文化受到外緣的影響怎樣？
> 3. 中國勢力影響到域外，起怎樣的變化？
> 4. 中國現有的領域，由怎樣的蛻變而成？
> 民族、社會、政治、學術的四方面
> 構成中國歷史的民族是華、苗、東胡、蒙古、突厥、藏、韓七族。七族之中，華族是主要份子。[47]

本書為初中歷史教科書，且芮在其田野日誌中抄錄其部分內容，皆顯示此書很可能亦非芮所有，而為馬俊良家中藏書。這些性質全然不同的書，於 1942-43 年同時出現在川南敘永鮮有人識字的鄉間，反映著基督教、國族政治、國族史學、人類學等外來知

---

[44] Charles Wagley, *Economics of a Guatemalan Village, Supplement to American Anthropologist, 43:3, Part 3* (Menasha, Wis.: The American Anthropological Association, 1941). 傅斯年圖書館所藏之此書（調查報告），與同年出版、同系列之三本調查報告於 1958 年共裝成冊。同一系列（由美國人類學學會出版）的田野專刊，史語所自創所第二年（1929）即開始訂購。

[45] Lucas A. Reed, *Buried Treasure* (Mountain View, CA: Pacific Press Publishing Association, 1927).

[46] 此書應為顧頡剛、王鍾麒編輯，胡適校訂，《現代教科書初中本國史》（上海：商務印書館，1924-1925），上中下三冊。該書於 1929 年為國民政府查禁。

[47] 芮逸夫著，王明珂編校、導讀，《川南苗族調查日誌 1942-1943》，頁 43-44。

識與相關權力體系在此匯合，相互呼應或彼此交鋒。芮逸夫便在此情況下來到敘永鄉間，受到「保訓合一幹部」之鄉長及其團丁們的保護，受志切提升本民族地位之苗鄉知識分子（包括邊民小學「耶教徒」教師們）之助，考察本地婚喪習俗，而其目的在於解答一些問題，以完成顧頡剛等學者之《本國史》、《中國民族史》所建構之中華民族拼圖中一重大缺環——整個中國南方與西南被稱為「苗」（或土著民族）的人群究竟是一個民族或是多個民族？在歷史上他們與漢族的淵源為何？在語言、文化上他們如何與漢共同構成中華國族？

三、中華國族之構造：芮逸夫川苗考察前後的著作

　　芮逸夫在 1943 年赴川南苗鄉進行田野考察前後，約在 1941 至 1944 年之間，他對於「中華國族」之構成發表了一系列文章，因此我們可以由此探索他當時心之所繫，以及此田野考察之意義。首先，他在 1941 年發表〈西南少數民族蟲獸偏旁命名考略〉一文。[48]在此兩年前，國民黨中央社會部曾函中央研究院，請相關學者對於西南少數民族帶有污衊意味之命名（如獠、猺）進行研究改正。此工作之成果，〈改正西南少數民族命名表〉，主要由芮逸夫完成；該文便為對此的後續補充說明。

　　1942 年他發表〈中華國族解〉一文。[49]該文首先化解「中華民族是一個」或其中仍可分析出多個民族之爭；[50]芮以中華民族是達名的類，蒙古民族、西藏民族等乃私名的類或次亞類，以此他認為從政治觀點中華民族不可分，「但由學術觀點來說，是可以析出不少個體的」。接著，他稱中華國族是中華國家、中華民族兩者結合之複合詞的簡稱；他認為有地域、人種、語言和文化等四種意義之中華國族，在此四種意義上中華國族都是多元的。最後他呼籲以「中庸之道」作為中華國族之國族性。在這篇文章中，他用力最深的便是提出「語言的」中華國族架構——包括兩大語族，支那或漢藏語族與阿勒泰語族；前者包括漢語、泰撣、藏緬、苗傜四個語系，後者有突厥、蒙古、通古斯三個語系。文末作者注記該文於 1942 年 6 月 12 日完成於李莊，此時約是他出發往敘永的半年前。

---

[48] 芮逸夫，〈西南少數民族蟲獸偏旁命名考略〉，《中央研究院歷史語言研究所人類學集刊》，2：1、2（成都，1941），頁 113-190。

[49] 芮逸夫，〈中華國族解〉，《人文科學學報》，1：2（昆明，1942），頁 133-139。

[50] 這是指 1939 年顧頡剛在《益世報》、《邊疆週刊》發表〈中華民族是一個〉一文而引起的一場關於中國民族問題的爭辯；見馬戎主編，《「中華民族是一個」——圍繞 1939 年這一議題的大討論》（北京：社會科學文獻出版社，2016）。

　　他在 1943 年發表的〈西南民族的語言問題〉[51]，寫成於 1942 年 3 月，初稿更早在 1938 年完成。在該文中他首先說明寫作目的——語言學家主張要從事並完成足夠的語言調查才能談語系分類問題，但民族學者想依語系分類來分辨族類，芮稱若要等到各族語言調查清楚豈非如「俟河之清」，所以他先就已發表之語言學家對中國南方及南亞語言分類之各家意見作比較，提出中國西南民族語言分類的大架構。他特別注意苗傜語的分類地位，主張它應和傣、藏緬、孟克語並列為中國西南民族的四種語系。在本文之末他也提出自己對於語言教育的看法，建議為西南各民族語言創造拼音文字，讓他們可用以記錄及閱讀，而且他建議要用「同一系統之文字或字母」來拼綴漢語及各西南民族語言。他以自己在雲南所見部分夷族以傳教士所創拼音文字讀經書的例子，說明此事不難達成。

　　他在 1946 年發表之〈再論中華國族的支派及其分佈〉[52]，初稿完成於 1942 年 8 月，約三個多月後他出發往敘永；此稿可能便是他發表於 1944 年的〈中華國族的支派及其分佈〉一文。[53]自敘永返回李莊一年多後的 1944 年底，他將之修訂改寫為〈再論〉一文。這篇文章首先指出，「中華國族大體來說，是同一血統、同一生活、同一語言文字、同一宗教、同一風俗習慣」。接著作者以「國父所講造成民族的五個因素」——血統、生活、語言文字、宗教、風俗習慣——來描述中華國族的多元性。然後，作者進一步以生活、語言、宗教來將中華國族分為六個支系共三十組。六支系之一為南方支系，分苗、傜、佘、蠻四組。

　　從以上幾篇完成於其川苗田野考察前後的文章來看，芮逸夫此時所從事的是宏觀的國族建構；建立一個主要基於語言學和民族學的知識體系，來說明中華國族中究竟有多少支系「民族」，以及這些支系如何彙集而聯結到整體中國民族之主幹上。這也是我所稱，中國近代「華夏邊緣再造」（或邊疆人群的少數民族化）——將過去華夏心目中的「夷戎蠻狄」轉變為國族內的少數民族——之過程的一部分。可以說，芮逸夫的這幾篇文章幾乎便是中國南方邊疆人群少數民族化過程的縮影；先是在對邊疆人群的稱號上去汙名化，然後主要透過語言分類系統來區分及識別本地各個少數民族群體，最後以打通語言障礙及教育來促成各民族間（特別是少數民族與漢族間）的團結。

　　由這些文章我們也可以知道，在學術與政治現實上，芮逸夫先生川南敘永考察之行的目的在於以人類學田野材料（主要為語言及婚喪禮俗）來證明苗族的存在，以此

---

[51] 芮逸夫，〈西南民族的語言問題〉，《民族學研究集刊》，期 3（重慶，1943），頁 44-45。

[52] 芮逸夫，〈再論中華國族的支派及其分佈〉，《民族學研究集刊》，期 5（重慶，1946），頁 29-40。

[53] 見於中國民族學會編，《中國民族學會十週年紀念論文集》（成都：中國民族學會，1944）。

應和語言學家所建立的「苗語」、「苗傜語」等語言人群範疇，也為其根據語系分類所建立之中華國族架構作一註腳。在另一方面，川南苗鄉之行或許是芮逸夫學術事業的一個轉捩點；由其 1945 年以後發表的文章來看，除了仍關懷邊疆民族問題外，他對於親屬體系研究產生很大的興趣。親屬體系是人類學的傳統研究領域。婚喪習俗是親屬關係下產生的儀式化表徵；芮在川南對「鴉雀苗」婚喪習俗及親屬稱謂的資料搜集、研究，應是他個人學術志業轉向的重要關鍵。在川南田野之行中，他攜帶一本美國人類學會新近出版的人類學田野調查報告隨身翻閱，此或也顯示他正在由著重民族識別、分類的民族研究，轉向重社會文化分析的人類學研究之中。

芮逸夫在對日抗戰結束後，以其對西南邊疆之熟悉，曾任國民政府之立法委員，因而在邊疆教育、少數民族自治、語言問題等等方面對國民政府作了許多建言。隨歷史語言研究所遷台後，除了繼續在該所從事其中國民族研究外，他也在臺灣大學人類學系教學，直到其去世之前，因而成為臺灣人類學之播種先驅學者之一。

四、結語

在發表於 1899 年的文章中，梁啟超對「國民」有如下的界定：「以一國之民，治一國之事，定一國之法，謀一國之利，捍一國之患；其民不可得而侮，其國不可得而亡，是之謂國民」。[54] 對於「民族」，在另一篇文章中他稱：「故夫民族者，有同一之言語風俗，有同一之精神性質，其公同心漸因以發達，是固建國之階梯也」。[55] 此時是 19 世紀之末，在往後三十年裡經過立憲改制與革命建國之爭衡，經過中國民族國家的「民族」內涵之辯駁，最後在辛亥革命後建立起「五族共和」的中華民族國家。這個民族國家承繼清帝國版圖內之地與人，但如何建立一套知識體系來說明「中華民族」內各人群有區別又為一體之關係，以及如何將邊疆之地與人納於國族國家之政治結構與秩序內，是政學界的共同關懷。

當時最有「民族」爭議的是南方與西南邊疆。由於長期漢化效應，雲貴川桂等省都有相當多漢與非漢區分模糊的人群；即使能分辨漢與非漢族，南方與西南中國廣泛被稱為「苗」的人群，他們究竟是一個民族或多個民族仍不清楚。更大的爭議在於，在南方及西南邊疆人群中進行調查研究終而劃分各個民族，是否會減弱「中華民族」

---

[54] 袁時客（梁啟超），〈論近世國民競爭之大勢及中國之前途〉，《清議報》，30，光緒 25 年（1899）9 月 11 日，頁 3b。

[55] 梁啟超，〈政治學大家伯倫知理之學說〉，《飲冰室合集》，冊 3，文集 13（北京：中華書局，1989），頁 72。

之一體性及其內部團結，這讓關心國事者不得不憂疑。芮逸夫所從事的苗鄉田野考察，與其關於中華國族的研究與論述，便是通過對湘、川、黔與滇各省「苗鄉」的實地考察，找尋及劃定西南與南疆「苗族」的範疇邊界，將他們與漢族及其他民族分別出來，同時以體質、語言、文化等將各民族由枝葉到主幹地聯結為一中華國族之巨樹。

　　由此衍生的問題是，邊疆之人是一「民族」群體或個別「國民」身分存在於國家之中？這問題在當時並未受到特別注意，今日仍然經常產生一些困擾。黎光明、王元輝在他們所留下的考察報告中雖然未有隻字提及「國民」，但由於兩人深切的「政治興味」（傅斯年語），他們實抱持著國家、國民等概念來觀察周邊的人與事，以此發抒其感想，以此與本地人互動。他們嘲弄喇嘛們對三民主義、中華民國、南京等國家符號之無知，相對於此，他們稱讚瓦寺土司索季皋「輒引報章雜誌」來談論政治時局。由是可知，民族學知識不足的黎光明與王元輝，雖從事的是「民族」考察，他們的主要關懷卻是邊疆「國民」。然而在此時，「國民」被人們簡化為具有國家（與民族）歷史、地理與政治基本常識之民，且應求新、求進步，以因應民族國家間優勝劣敗的生存競爭。因而除了嘲弄邊民對國家基本常識（元首、三民主義、首都等等）的無知外，黎、王兩人也嘲弄本地邊民的迷信、落伍，以及到處炫耀自身——來自國家本部之國民——的科學與進步。

　　最後，黎與王之考察目的，是想讓社會大眾認識國家之邊疆與邊民的情況，突顯國家本部與邊疆之間，在科學與迷信，進步與落伍，對國家之認識與無知，等等方面的對比與差距。王元輝在其此行之副產品《近西遊副記》一書中寫道，「有人問我『松潘離成都有多少遠』，我說『相隔四千年』。這雖是滑稽之談，確是事實如此」。這是以時間差距來形容邊疆的落後。同書另一段描述茂州（今茂縣）一帶羌民的文字稱，「他們的語言習慣，甚至面貌，都大概與漢人一樣了，直接做中華國民，雖然有時覺得資格不夠，但除卻一重土司的壓迫，又何樂而不為呢」。[56]此處作者所言「資格不夠」作為國民，應仍指的是他們在經濟生活、在對現代科技的認識、在對國家的認知等等方面的落後。

　　弭平這樣的差距是打造「國民」必要的步驟，其方法可能包括以軍事手段掃除障礙，在政治上建立全民參政之制度，以國家財政來均衡區域性經濟落差。以及更重要的，以教育來啟迪民智，讓每個人皆能從國民教育中獲得一些知識以培養其國民素質，和對國家、國族的認同與情感，知其社會權利、義務，因而能以行動對外維護國

---

[56] 王天元（王元輝），《近西遊副記》，頁 195、178。

家與民族利益、對內爭取及實踐其「國民」身分與地位。在當時，由黎與芮等人的田野雜記、日誌也可看出，國民政府在邊疆連掃除毒梟、軍閥以維持社會治安秩序都力有未逮，更遑論以教育啟迪民智了。雖然如此，由《國民政治教本》這種內容涵括歷史、地理、政治、軍事、公民素養、國民生活等層面的政府出版品，[57]出現在川南敘永鄉間百姓家中此一微觀社會現象，表示當時的國民政府一方面努力以鄉里保甲制度維持地方治安、鞏固政權，另一方面也透過鄉里保甲幹部傳播基本的國民「常識」——雖然相當初步及粗糙，但仍可說是「造國民」工作的一部分。值得深思的是，此時在川滇黔邊區推動平民教育最成功的是基督教會建立的學校。這樣的學校教育宗旨是讓人人能讀《聖經》，而從經義教誨中得到救贖——「個人」的而非某「民族」的救贖。對於在敘永鄉間協助芮逸夫的那些基督徒邊民學校校長、老師們來說，他們似乎也希望透過教育造成「個人」的提升，最後藉此促進本地苗人「民族」地位的提升。

　　過去我曾在一篇文章中提及，20世紀上半葉，「國民」與「民族」概念傳播於中國，也隨著民族考察者的腳步進入邊疆；在此造「國民」與建構「民族」同時進行。[58]芮逸夫及同時代之民族學者們所從事的邊疆調查研究，以及改正傳統上漢人對異族有污蔑意味之族稱，其主要意義便在於此：造民族。在另一方面，黎光明、王元輝之田野考察報告中流露的卻是對於邊疆民眾缺乏「國民」知識及素養深懷憂慮，感覺他們作為「國民」有些資格不夠（如王元輝之語）。此種對邊疆「國民」無知於國家、民族之事的憂慮，隨之而生的期許及呼籲便是以教育（邊民教育）來改造邊民，也就是造「國民」。芮逸夫在川南敘永苗人鄉民家中所見的《國民政治教本》，可以說，也是當時國民政府「造國民」工程的一種工具與表徵。

　　後來，造民族的工作持續進行；經由學術調查、研究，一個個的民族及其社會文化特色、歷史源流被確認，透過政治實踐，各邊疆人群被分類、識別而成為國族中的少數民族，國家並以種種政策來彌補其經濟、社會邊緣弱勢地位。此便為今日，如費孝通先生所稱，56個民族多元一體之中華民族體系。無論如何，這是一個能夠快速達成民族國家建構的辦法，且在相當程度上改變了傳統中原帝國之人將其南方邊疆人群視為「蠻夷」的人類生態。然而其缺失也十分明顯。刻板的少數民族（以及原住

57　公民素養是指關於公民之權利、義務以及會議規則等等之知識養成。國民生活則特別指當時國民政府所推動的「新生活運動」之國民生活規範。在《國民政治教本》中有許多這方面的內容，如第二章〈公民常識及國勢〉之中，即包括有一般性之國民史地知識與公民知識，第三章則為〈新生活須知〉。

58　王明珂，〈建「民族」易，造「國民」難——如何觀看與瞭解邊疆〉，《文化縱橫》，2014：3（北京，2014），20-30。

民）文化與宗教知識，讓接受此知識並以此建立其民族身分認同者（少數民族或原住民），難以擺脫其被主流社會邊緣化的命運。強調「純粹」與「典範」的民族文化、宗教，容易形成他我邊界分明的部落主義（tribalism），增添社會人群間的對立與衝突。與此相關但更嚴重的是，民族認同（無論是主體民族或少數民族、原住民），訴諸人類群體認同所繫之根基性情感（或想像的血緣關係），因而常在情感超越理性的情況下，讓民族內的性別、階級、世代、聖俗間之剝削、不平等與暴力被遮掩或被忽略。這些問題，不同程度地存在於當代許多民族國家之中。

　　在造國民方面，以當時國民政府推行的國民教育與「新生活運動」等等之社會教育來看，其所打造的主要是愛國、具民族使命感，因而能團結以禦外的「國民」（national），而非能對內行使其民權的「公民」（citizen），[59]或最多只是徒具形式民主能力的公民。近十餘年來在中國一直有檢討當前民族政策的議論，爭議關鍵在於是否仍將「民族」視為一政治化之人群範疇，或應將之視為「文化」之族群範疇而淡化之，以強化一體之國族與國民認同。[60]看來，面對如何將邊疆之地與人納於中國之民族國家政治結構與秩序內此一重大問題，當年中國政學界精英們共同踐行的是一條便捷的道路，也就是造「民族」，以此構建多元一體之中國。而造「國民」的工作，和以每一國民為單元的多元一體中國理想，雖然由國民政府時期到 1949 年以後一直進行著，無疑這是一條艱辛、漫長、曲折但仍必行的道路。[61]

---

[59] 一國之民在英文中有兩個詞 national 與 citizen；前者一般中譯為國民，後者被譯為公民。兩者有相當重疊但不盡相同，且在國際間因國而異。簡單地說，國民為具有某國之國籍者，而公民指有一國之公民權者；前者強調一個人對外的國際屬性，後者強調其在本國的政治權利與義務。一般來說，國民不一定有公民權而成為公民，然而在許多國家不具有或被剝奪部分公民權者（如女性及未成年人）亦被視為該國公民，因此公民與國民變得無別。

[60] 相關討論見，馬戎，〈理解民族關係的新思路──少數族群問題的「去政治化」〉，《北京大學學報》，2004：6（北京，2004），頁 122-133；胡鞍鋼、胡聯合，〈第二代民族政策：促進民族交融一體和繁榮一體〉，《新疆師範大學學報（哲學社會科學版）》，2011：5（烏魯木齊，2011），頁 1-12。前者之文倡議建立「國民」意識與認同，後者之文強調「個人的公民權利平等」，兩篇文章都指出近代中國國族建構中強化「民族」認同，而未注重邊疆人群的「國民」身分認同。對此之反對意見亦不少；其中之一，見郝時遠，〈中華民族建構問題的幾點思考〉，《中國民族報》，2012 年 4 月 13 日，版 6。

[61] 從某種角度來說，造就有認知與反思能力（而非僅具形式民主如投票能力）的國家公民，在全球國家中都相當艱難，而經常受到各種訴諸根基情感的群體認同干擾。特別是在網路傳媒普遍流行的時代，各種「部落主義」（tribalism）──宗教部落主義、民族部落主義、職業或階級群體部落主義──皆藉網路來凝聚與動員其群體。這樣的發展傾向，特別是各種網路群眾帶領者煽動的民粹主義（populism）盛行，近年來已明顯地逐漸侵蝕「公民社會」所賴的個人理性認知、判斷與反思能力。

徵引書目

中文資料

〈川康調查計畫大綱〉，《中央研究院歷史語言研究所公文檔》，館藏地：台北，中央研究院歷史語言研究所，原檔號：元 115-20-1。

中央軍學圖書館，《國民政治教本：保訓合一幹部訓練適用》，成都：中央軍學圖書館，1938。

中國民族學會編，《中國民族學會十周年紀念論文集》，成都：中國民族學會，1944。

王天元（王元輝），《近西遊副記》，南京：南京拔提書店，1935。

──，《近西遊副記》，成都：四川文藝出版社，1997。

王元輝，《神禹鄉邦》，台北：川康渝文物館，1983。

──，〈北洋大學革新風潮〉，《中外雜誌》，35：3（台北，1984），頁 58-61。

──，〈學生軍頌──廣東大學學生軍抗暴記〉，《中外雜誌》，36：1（台北，1984），頁 95-96。

王明珂，〈川西民俗調查記錄 1929 導讀〉，收入黎光明、王元輝著，王明珂編校、導讀，《川西民俗調查記錄 1929》（台北：中央研究院歷史語言研究所，2004），頁 11-25。

──，《羌在漢藏之間》，台北：聯經出版公司，2003；北京：中華書局，2008。

──，〈國族邊緣、邊界與變遷：兩個近代中國邊疆民族考察的例子〉，《新史學》，21：3（台北，2010），頁 1-54。

──，《華夏邊緣》（增訂版），杭州：浙江人民出版社，2013。

──，〈建「民族」易，造「國民」難──如何觀看與瞭解邊疆〉，《文化縱橫》，2014：3（北京），頁 20-30。

王柯，〈「民族」：一個來自日本的誤會〉，《二十一紀雙月刊》，期 6（香港，2003），頁 73-83。

沈松僑，〈國權與民權：晚清的國民論述，1895-1911〉，《中央研究院歷史語言研究所集刊》，73：4（台北，2002），頁 685-734。

岱峻，《發現李莊》，成都：四川文藝出版社；2009。

岳南，《陳寅恪與傅斯年》，西安：陝西師範大學出版社，2008。

芮逸夫，〈西南少數民族蟲獸偏旁命名考略〉，《中央研究院歷史語言研究所人類學集刊》，2：1、2（成都，1941），頁 113-190。

──，〈中華國族解〉，《人文科學學報》，1：2（昆明，1942），頁 133-139。

──，〈西南民族的語言問題〉，《民族學研究集刊》，期 3（重慶，1943），頁 44-45。

──，〈再論中華國族的支派及其分佈〉，《民族學研究集刊》，期 5（重慶，1946），頁 29-40。

芮逸夫、管東貴，《川南鴉雀苗的婚喪禮俗：資料之部》，台北：中央研究院歷史語言研究所，1962。

芮逸夫著，王明珂編校、導讀，《川南苗族調查日誌 1942-43》，台北：中央研究院歷史語言研究所，2010。

胡慶鈞，《漢村與苗鄉──從 20 世紀前期滇東漢村與川南苗鄉看傳統中國》，天津：天津古籍出版社，2006。

胡鞍鋼、胡聯合，〈第二代民族政策：促進民族交融一體和繁榮一體〉，《新疆師範大學學報（哲學社會科學版）》，2011：5（烏魯木齊，2011），頁 1-12。

秦和平，《基督教在西南民族地區的傳播史》，成都：四川民族出版社，2003。

馬戎，〈理解民族關係的新思路：少數族群問題的「去政治化」〉，《北京大學學報》，2004：6（北京，2004），頁 122-133。

馬戎主編，《「中華民族是一個」：圍繞 1939 年這一議題的大討論》，北京：社會科學文獻出版社，2016。

張坦，《「窄門」前的石門檻》，昆明：雲南教育出版社，1992。

張慧真，〈教育與民族認同：貴州石門檻花苗族群認同的建構〉，《廣西民族學院學報（哲學社會科學版）》，2002：4（南寧，2002），頁 52-59。

凌純聲、芮逸夫，《湘西苗族調查報告》，上海：商務印書館，1947。

梁啟超（哀時客），〈論近世國民競爭之大勢及中國之前途〉，《清議報》，光緒 25 年（1899）9 月 11 日，頁 3b-6b。

梁啟超，〈政治學大家伯倫知理之學說〉，《飲冰室合集》，冊 3，文集 13，北京：中華書局，1989，頁 67-89。

郝時遠，〈中華民族建構問題的幾點思考〉，《中國民族報》，2012 年 4 月 13 日，版 6。

莊學本，《羌戎考察記》，上海：良友圖書印刷公司，1937。

郭忠華，〈清季民初的國民語義與國家想像：以 citizen, citizenship 漢譯為中心的論述〉，《南京大學學報（哲學・人文科學・社會科學）》，期 6（南京，2012），頁 73-87、156。

聞宥，〈川西羌語之初步分析〉，《華西協合大學中國文化研究所集刊》，期 2（成都，1941），頁 39-71。

劉錫蕃，《嶺表紀蠻》，上海：商務印書館，1934。

傅斯年，〈傅斯年致黎光明的信〉，收入黎光明、王元輝，王明珂編校、導讀，《川西民俗調查記錄 1929》，「附錄一」，頁 183-184。

顧頡剛、王鍾麒編輯，胡適校訂，《現代教科書初中本國史》，上海：商務印書館，1924-1925。

英文資料

Clifford, James, and George Marcus ed. *Writing Culture: The Poetics and Politics of Ethnography*. Berkeley, CA: University of California Press, 1986.

Fogel, Joshua A., and Peter Zarrow ed. *Imagining the People: Chinese Intellectuals and the Concept of Citizenship, 1890-1920*. Armonk: M. E. Sharpe, 1997.

Harris, Peter. "The Origins of Modern Citizenship in China." *Asia Pacific Viewpoint*, 43:2 (2002), pp. 181-203.

Reed, Lucas A. *Buried Treasure*. Mountain View, CA: Pacific Press Publishing Association, 1927.

Tambini, Damian. "Post-national Citizenship." *Ethnic and Racial Studies*, 24:2 (2001), pp. 195-217.

Wagley, Charles. *Economics of a Guatemalan Village, Supplement to American Anthropologist, 43:3, Part 3*. Menasha, Wis.: The American Anthropological Association, 1941.

Weiner, Antje. "Making Sense of the New Geography of Citizenship: Fragmented Citizenship in the European Union." *Theory and Society*, 26:4 (1997), pp. 529-560.

網路資料

Eriksson, Päivi, Elina Henttonen, and Susan Meriläinen. "Ethnographic Field Notes and Reflexivity." In Loshini

Naidoo ed., *An Ethnography of Global Landscapes and Corridors,* Published on line by InTech, 2012: http://www.intechopen.com/books/an-ethnography-of-global-landscapes-and-corridors/ethnographic-field-notes-and-reflexivity, (2019/9/2 accessed) pp. 9-22.

民族主義的再發現：
抗戰時期中國朝野對「中華民族」的討論*

黃克武

一、前言

　　中國近代的民族主義包含對於「中國」所具有的民族、人種、國家與文化之認同，此一民族意識與「中華民族」一概念的創造、發展有密切的關係。「中華民族」不是一個本質性的信仰或意義確定的認同對象，而是一個經由辯論之激盪而衍生、變化的過程；同時「民族」與「國家」之關係也經過多次的重整。清末以來這一觀念經過幾次的轉折，首先，此詞由梁啟超所提出，主要指漢族與「炎黃遺族」等，不過也包含其他民族。對梁啟超等「立憲派」人士來說，中國境內各族群雖有差異，然因歷史與文化之關係，緊密連結，故應消除彼此之「畛域」，以塑造「同種合體」的現代民族國家。誠如楊度所說，「中華之名詞，不僅非一地域之國名，亦且非一血統之種名，乃為一文化之族名」。[1]這種觀點被梁任公稱為「大民族主義」。革命黨則採取不同的策略，主張「驅逐韃虜，恢復中華」，此處之中華實指漢人。梁啟超將革命黨的政治主張描述成「小民族主義」，又批評「小民族主義」鼓吹漢族獨立建國，而將他族排除在外。辛亥革命成功地肇建民國，為彌平革命所造成之創傷，提出了「五族共和」與「民族融合」的口號，此後「中華民族」之觀念廣為流傳。1924 年孫中山於《三民主義》演講之中提倡將漢、滿、蒙、回（維吾爾族）、藏五族歸成一個「中華民族」。在「民族主義」的演講中，他認為「就中國的民族說，總數是四萬萬人，當中參雜的不過是幾百萬蒙古人，百多萬滿洲人，幾百萬西藏人，百幾十萬回教之突厥人，外來的總數不過一千萬人。所以就大多數說，四萬萬中國人，可以說完全是漢人。同一血統，同一語言文字，同一宗教、同一習慣，完全是一個民族」。孫中山認

---

*　本文曾刊於中國社科院近代史研究所編，《近代史研究》，總 214 期（北京，2016），頁 4-26。

[1]　楊度，〈金鐵主義說〉，原刊《中國新報》，1：1-1：5（東京，1907），頁 9-60；1-95；1-57：1-32；1-55。轉引自吳啟訥，〈中華民族宗族論與中華民國的邊疆自治實踐〉，收入黃自進、潘光哲主編，《蔣介石與現代中國的形塑——第一冊：領袖的淬鍊》（台北：中央研究院近代史研究所，2013），頁 164。

為在受到國外壓迫之時，國人要將「一盤散沙」的四萬萬人團結起來，而團結的方法是「把各姓的宗族團體，先聯合起來，更由宗族團體，結合成一個民族的大團體」，來「抵抗外國人」。[2]總之，孫中山的根本理念是要以漢族為主體融合同化中國境內其它少數民族，形成一個統一的中華民族。清末民初可謂「中華民族」觀念的源生期，也是現代中國民族主義的萌芽期。1924 年底，孫中山又在日本神戶提出「大亞洲主義」，主張亞洲應復興王道文化，以亞洲王道文化為基礎，聯合亞洲各民族，解除基於功利強權之霸道文化的西方國家之壓迫，以完成亞洲各民族之獨立。

至 1920-40 年代，受到中日戰爭的影響，「中華民族」的討論再度勃興，並與日本所提出類似孫中山「大亞洲主義」的「東亞民族主義」或「東亞協同體論」對峙，此一討論涉及政治與學術的雙重背景。本文將描述抗戰時期中國朝野對於「中華民族」的討論，析論其背景、內涵與意義。此處所指之朝野意指當時的學術與政治菁英之討論，主要是學者在報刊上所發表之論調，此外也包括以中文（或透過翻譯）表達意見的外國學者之觀點；政治方面的討論則以蔣介石於 1943 年出版的《中國之命運》一書為例，探討此書有關中華民族之論點，及出版後所引發國內外各派人物之關注。

此一議題已有不少的研究成果，[3]在本文中筆者將選擇幾個以往為人忽略之個案，來探討這一問題。首先筆者將分析「日本因素」對此議題的影響，除了大家所熟知的帝國主義的侵略、威脅所造成「同仇敵愾」的情緒外，[4]筆者也將強調日本知識界對於戰爭性質與「中華民族」、「民族性」、「國民性」等課題討論對中國人造成的影響。其中特別以日本學者與外交官米內山庸夫（Yonaiyama Tsuneo, 1888-1969）及具有反抗意識的左派漫畫家柳瀨正夢（Yanase Masamu, 1900-1945）為例，探討他們的作品如何被引介（摘述、改寫）至中文報刊。其次筆者將討論中國知識界對「中華民族」議題之辯論，參與討論的學者包括歷史學者傅斯年、顧頡剛、翦伯贊，社會學家吳文藻、費孝通等。主要的分歧在於「中華民族是一個」，還是應承認各少數民族的生存、獨立與自由發展。再其次則以 1943 年蔣介石的《中國之命運》一書，探討該書所揭櫫中華民族的理念，及其所造成的巨大反響。蔣介石的觀念受到知識界

---

[2]　孫文原著、陳儀深導讀，《三民主義》，收入黃克武、潘光哲主編，《十種影響中華民國建立的書刊》，冊 10（台北：文景書局，2013），頁 7-8，62。

[3]　如黃興濤、鄭大華有關「中華民族」的相關著作。最近的一篇相關研究是葛兆光，〈納「四裔」入「中華」？——1920-1930 年代中國學界有關「中國」與「中華民族」的論述〉，《思想》，27（台北：聯經出版公司，2014），頁 1-57。

[4]　一個典型的觀點是賽珍珠在 1944 年所說的，「日本使中國的軍閥，共產黨和國民政府三者團結起來了。中國人是不由外國受到再難忍受的程度的威脅決不能團結的民族」。賽珍珠作，野雀譯，〈中日事變與中日的國民性〉，華北善鄰會編，《敦鄰》，1：1（北京，1944），頁 44。

「民族一元論」的「同化論」與「同源論」的影響，也與部分日本學者對中華民族之觀察頗為類似。根據此一理論「漢族」為中華民族之主體，依賴文化「同化」的方式而如滾雪球般地逐步拓展，而非漢的少數民族則為遠古以來綿延不斷的中華民族譜系之分支。筆者除了介紹大家所熟知的一般讀者與中共之反應外，也述及汪派知識分子對該書論點之討論與批判。最後則綜述抗戰時「中華民族」之討論所造成既團結、又分裂之狀況。

二、從國民性、民族性、民族主義理解戰時中國：日本學者的觀點[5]

在戰爭期間中日雙方都對戰爭發展、預期的結果、雙方應和還是應戰，乃至戰爭的本質等問題而有不少的討論。日本學者戶部良一指出：如果比較中日雙方對戰爭的認識，有一個重要的對照，亦即中國人的「戰爭觀」是比較一致的，這是一場抵抗日本帝國主義侵略的戰爭，[6]中國方面爭論較大的議題是和、戰問題。日本方面「對此戰的理解卻形形色色，常出現對立與矛盾」。[7]

在戰爭初期許多有豐富中國經驗的日本學者均強調中國民族性的負面特點（亦即中國人所謂的民族「劣根性」），這一點和日本人在明治、大正時期到中國旅行、調查的印象有類似之處。[8]如曾擔任東亞同文書院教授，著有《現代支那人精神構造の研究》（上海：東亞同文書院支那研究部，1935）、《支那国民性と経済精神》（東京：巖松堂，1943）的大谷孝太郎（Ōtani Kōtarō, 1900-?）於 1939 年 8 月，在〈事變與支那民族的世界觀〉一文認為，戰爭的本質是日本民族與中國民族「世界觀」的矛盾與衝突。他提出了當時很典型的一種對中國民族性的看法，他說中國「虛無、沒自信、不會感動、空虛又自大，熱衷於憎恨，擅長合理盤算，當走向極端就會做出不合

5　本節之內容受到戶部良一教授的 "How Japanese People Understood the Sino-Japanese War, 1937-41"一文之啟發，不敢掠美。該文收入呂芳上主編，《和與戰》（台北：國史館，2015），頁 9-41。筆者依循他的思路又補充了一些原始史料。

6　王一之在 1939 年所寫的〈中國民族主義的本質及其發展的過程〉，《新政治月刊》，1：5（重慶，1939），頁 42-45 是很好的代表，他說從九一八到七七「中國人民認清了日本是中國的唯一的敵人，中國民族非打倒日本帝國主義是不能生存的。所以纔由九一八的砲聲喚醒了沉睡的中華兒女；由七七的砲聲，燃起了中華民族主義的火焰」。頁 45。

7　戶部良一"How Japanese People Understood the Sino-Japanese War, 1937-41," 收入呂芳上主編，《和與戰》，頁 10。

8　有關此一議題研究成果不少，許多旅行的見聞錄都認為中國人保守、落後、骯髒、不衛生、身體衰弱（吸食鴉片所致）等。Che-chia Chang, "Health and Hygiene in Late Qing China as Seen through the Eyes of Japanese Travelers," in Pei-yin Lin and Weipin Tsai eds., *Print, Profit and Perception: Ideas, Information and Knowledge in Chinese Societies, 1859-1949* (Leiden: Brill, 2014), pp. 40-63.

理的盤算，即使陷入矛盾也不會感覺到矛盾的苦惱、樂天的」。此種對中國民族性的負面論述，對一般民眾很有說服力。

　　針對此一情況大谷孝太郎指出「合理的」處理對策是：整合日本國內的人力、物力與精神力之組織，徹底殲滅蔣政權，停止第三勢力的援蔣行動，掃蕩佔領區之游擊隊，恢復治安、振興經濟，建設政治的、經濟的、文化的「東亞新秩序」。然而上述工作只是「末」而非「本」。戰爭處理對策的根本在於一方面發揚日本民族的世界觀，亦即追求「力的擴充」與「信義之昂揚」，另一方面則需要改造上述中國的世界觀。如此方為建設東亞新秩序之基石。[9]

　　另一個類似的作品是 1942 年兼井鴻臣（Kanei Hiroomi）所著《赤裸の日華人》。他也對中日民族性的差異作系統的論述。本書從精神面、形上面說明「日本魂」與「支那魂」的不同，以增進「日華提攜親善」，而促進「大東亞大團結」的「聖業」。作者所指出的差異有一部分是生活習慣的不同，有些是性格的不同。如中國人重儲蓄、自保（自掃門前雪）；重吃、戲、賭、色、鴉片等享樂（中國人的飲食像雞尾酒一樣，是複合味、即使夏天也喝熱茶）；保守的命定論；自大而好面子；遲鈍而頑強等。他也指出日中兩國人性格相反之處：一是性急、一是性緩；一是是非分明、一是不分明；一是尚武、一是卑武；一是犧牲精神、一是利己精神；一是重榮譽與尊嚴（日文稱為「面目」）、一是重「面子」；一是簡明直捷、一是老謀深算等。作者也指出中國人（尤其漢民族）同化力很強，即使曾受到武力的征服，但不曾有整個民族受到絕對的征服。而且征服者最後都被漢民族所同化。[10]作者用蚯蚓國家來比喻中國的生命力，頭被切掉，頭可以繼續活、尾被切掉，尾可以繼續活。這些地方是日本人應仔細考慮之處。[11]以蚯蚓來比喻中國強勁的生命力在當時日本頗為流行，下文中還有另一個例子。

　　曾任日本駐杭州領事的米內山庸夫同樣對中國民族性有所批評。他強調「日支民族性」的差異，以及戰爭的原因在於中日「兩民族的生存競爭本能」。1937 年 10 月他所寫的〈日支兩民族之對峙〉一文認為「日支不親善」是兩國之宿命，並悲觀地指出未來雙方可能永遠不會親善。他從中國的歷史發展中發現，漢民族完成國家統一且國力強大之後，必定會想要征服周遭民族。在 1937 年 12 月的〈南京政府之將來〉一文，他也對中日和談表示悲觀，認為就算實現了和平，也只是一時的掩飾，將來有可

---

[9] 大谷孝太郎，〈事變と支那民族の世界觀〉，《外交時報》，832 號（1939 年 8 月 1 日），頁 1-23。

[10] 這一點與蔣介石 1943 年出版的《中國之命運》的論點完全一致。

[11] 兼井鴻臣，《赤裸の日華人》（東京：人文閣，1942）。

能會發生更嚴重的戰爭。[12]

隨著戰爭的持續發展，南京和武漢相繼失守。1938 年之後有些日本學者開始思考日本人對中國的認識是否有誤，因為戰爭開始之後日本人對中國政府、軍隊與民眾做出不少錯誤的估計。[13]較關鍵的問題是探究為何這場戰爭會「長期化」？曾任職南滿鐵道社的和田耕作（Wada Kōsaku, 1907-2006）認為其中一個解釋是外國勢力的援助，如英國與蘇聯在背後操縱。另一個解釋是中國所具有「封建性格」。中國能長期抵抗的原因在於中國未能以全國為單位建立統一的經濟體，所以即使部分地區被截斷，不會喪失整體的功能。這本來是一個弱點，卻反而增加了中國韌性。和田也以蚯蚓來做比喻，「正如同蚯蚓被切成兩段還能存活」。[14]

然而對「長期化」最普遍的解釋是歸之於戰爭造成中國人的團結。中國人團結的結果使「抗日民族意識」的高漲，此種意識可以解釋為何中國在經濟、軍事乃至現代化的程度落後於日本（亦即「近代化不夠徹底」），卻可以「長期抗戰」。亦即是中國人在戰爭之中「重新發現了」民族主義。因此對日本人而言，對於戰爭的深入理解的一個關鍵是確切地認識「中國的民族主義」。同時，中日之間的衝突是中國「抗日的民族主義」與日本所秉持的超國家的、抵抗西方帝國主義的「東亞協同體」之民族主義之對抗。對於日本評論家、記者尾崎秀實（Ozaki Hotsumi, 1901-1944）來說，解決中日戰爭的方法，是基於孫中山的「大亞細亞主義」的東亞協同體論，必須積極與中國民族主義合作，將重點放在「增加生產力」，協助中國脫離半殖民地狀態，達到「解放和福祉」。[15]日軍駐汪精衛政府最高代表影佐禎昭（Kagesa Sadaaki, 1893-1948）在 1933-34 年時即認識到深入理解中國民族主義的重要性。他區隔了中日合作、促進東亞和平的「穩健圓滿」的民族主義，以及中國另一種激烈偏狹的、排日的民族主義。他認為「對於中國的民族主義，要以十分的理解心來看待，期待其能圓滿發展希望中國能因此完成國家的統一，日本應該不吝予以協助……但是像這種以排日為骨幹的極端激進民族主義，對於東亞和平其實是非常有害的，故無條件地附和民族

---

[12] 米內山庸夫，〈日支兩民族の對峙〉，《外交時報》，788 號（1937 年 10 月 1 日），頁 30-46。米內山庸夫，〈南京政府の將來〉，《中央公論》，第 52 年 12 月號（東京，1937），頁 116-124。

[13] 在蘆溝橋事變之後，有些日本中國通輕視中國人的抗戰意志，提出「對支一擊論」，認為只要日本堅決出兵，中國人將如以往一樣不戰而屈服。後來中國人頑強抗戰，證明此一觀點是錯誤的。戶部良一，〈日本軍人的蔣介石觀〉，收入黃自進、潘光哲主編，《蔣介石與現代中國的形塑──第一冊：領袖的淬鍊》，頁 140-141。

[14] 和田耕作，〈長期戰の特質と大陸政策の方向〉，《中央公論》，第 53 年 7 月號（東京，1938），頁 27-35。

[15] 尾崎秀實，〈「東亞協同體」の理念とその成立の客觀的基礎〉，《中央公論》，第 54 年 1 月號（東京，1939），頁 4-18。

主義絕非樹立東亞大計之道。九一八事變就是起源於偏狹的民族主義」。[16]

以上是戰爭初期日本知識界與政、軍菁英對於戰爭的一些重要討論，這些討論都發表於日本的刊物上，對多數中國人來說，其實並不清楚他們的觀點。不過部分日本學者的論點在中國人的解讀之下，被認為可以用來鼓舞國人，因而被翻譯或改寫為中文，並影響到中國人對「民族性」與「民族主義」的認識。其中過去比較少人注意的是上述的外交官米內山庸夫與一位日本漫畫家柳瀨正夢。

三、被翻譯的民族主義：米內山庸夫與柳瀨正夢

米內山庸夫出生於日本青森縣上北郡七戶町。1907 年進入仙台第二高等學校，1908 年進入上海東亞同文書院讀書，為第八期的學生，1911 年畢業。其後進入日本外務省擔任外交官。他先任職於廣東，1924 至 1928 年擔任濟南副領事。1927 年 10 月，北洋政府國務院國務總理潘復（1883-1936）曾頒給他「四等嘉禾章」。[17]1928 至 1932 年任職領事於杭州的日本領事館，後又調至滿州海拉爾領事館。1936 年起改任外務部文化事業部。1940 年之時他是外務省「臨時本省勤務領事」。[18]他精通漢語，詩文造詣頗高，愛好陶瓷、古玩、繪畫等，並曾在中國內地旅行調查，著作頗豐。如《雲南四川踏查記》、《蒙古及蒙古人》、《蒙古風土記》、《支那風土記》等，也參與《支那省別全誌》的編纂工作。[19]並在日本報刊雜誌發表許多有關中國的言論，僅在《外交時報》上就有 20 餘篇作品，另在《朝日新聞》上也有一些評論文章。戰時他在日本雜誌上發表的三篇政論文章被引介到中文報刊。

第一篇文章是 1940 年二月，米內山庸夫在《外交時報》上發表的〈事變處理的基調〉。[20]《外交時報》創於 1898 年，由「外交時報社」發行，創刊者為國際法專家有賀長雄（Ariga Nagao，1860-1921）。此刊是二十世紀前半日本有關國際關係與外交問題的專業雜誌。[21]〈事變處理的基調〉發表之次日，即 1940 年 2 月 2 日，立

---

[16] 影佐禎昭，〈曾走路我記〉，《現代史資料 13：日中戰爭 5》（東京：みすず書房，1966），頁 353；戶部良一，〈日本軍人的蔣介石觀〉，收入黃自進、潘光哲主編，《蔣介石與現代中國的形塑——第一冊：領袖的淬鍊》，頁 150。

[17] 《政府公報》，4128 號（1927 年 10 月 21 日），頁 4。

[18] 〈米內山領事，筆禍で辭意〉，《朝日新聞》（朝刊），1940 年 3 月 1 日。

[19] 中村亜希子，〈米內山庸夫コレクションの瓦〉，《東京大学総合文化研究科・教養学部 美術博物館資料集 4：米內山庸夫コレクション（瓦）》（東京：東京大学教養学部美術博物館，2010），頁 7。

[20] 米內山庸夫，〈事變處理の基調〉，《外交時報》，844 號（1940 年 2 月 1 日），頁 1-17。

[21] 伊藤信哉，〈解題〉，收入伊藤信哉編，《外交時報総目次・執筆者索引 戰前編》（東京：日本図書センタ

憲民政黨之議員齋藤隆夫（Saitō Takao，1870-1949）在帝國議會的眾議院本會議發表演說，此即著名的「反軍演說」。演說中對於中日戰爭提出根本的質疑與批判。[22]因齋藤演說的內容與米內山庸夫的〈事變處理的基調〉一文之觀點很類似。米內山為避免此事對其上司造成困擾，乃提出辭職，並於 3 月 2 日獲准；[23]3 月 7 日齋藤被眾議院除名。

這一件事情在 1940 年 3 月 4 日的《申報》亦有報導。其標題為「米內山庸夫辭職照准；逐出齋藤主張，引起議會反響」。內容則為：

> 香港東京電：日外務省領事米內山庸夫，現服務於文化事業部，因於二月廿〔應為一〕日《外交時報》撰〈處理事變之基調〉一文，否認近衛聲明，並謂東亞共同體之理想，究非中國民族所能接受，致與齋藤之質問演說，引起關聯問題。該氏懼牽累上峯，自動呈辭，現在照准。（二日電）
>
> 東京：登載米內山庸夫一文之《外交時報》，現已不復在市上出售，即未售出之部份，亦由警察將該文刪去（三日合眾電）。[24]

這一篇文章因公開反對近衛宣言（如「不割地、不賠款」之看法），並質疑「東亞共同體」之理想，又呼籲實現議和停戰（如割地賠款），此一論點在日本受到批判，卻頗受中國人歡迎。出版之後立刻出現了三個中文版本。第一個版本摘述該文之大要，刊登在商務印書館發行的《東方雜誌》上，篇名為〈世界各國著名雜誌論文摘要：事變處理的基調〉，篇首的簡介即指出：「本文載在本年二月一日出版的日本《外交時報》，對於近衛聲明表示不滿，主張日本應該提出具體條件，尤其應該向中國要索割地賠款，以收得戰爭的效果。文中暗示著中國不能征服，應該和中國正式政

一，2008），頁 5-6。

[22] 臼井勝美編，〈齋藤隆夫代議士質問演說速記（昭和十五年二月二日）〉，《現代史資料 13：日中戰爭 5》（東京：みすず書房，1966），頁 336-348。要點有五點：第一，質疑近衛聲明等觀點是否是事變處理的最妥善的方法。第二，所謂東亞新秩序建設的內容，究竟為何？第三，世界戰爭史說明，東亞和平才能帶來世界和平。第四，對新建的中國政權（汪精衛政權）的幾個疑問。第五，論事變以來政府的責任，以及對現內閣的警告等。

[23] 〈米內山領事，筆禍で辭意〉，《朝日新聞》（朝刊），1940 年 3 月 1 日；〈米內山氏依願免官〉，《朝日新聞》（夕刊），1940 年 3 月 2 日。米內山辭職後仍任職於外務省，擔任調查局第二課「囑託」。見〈解明される支那　血滲む学徒の踏查を基礎に尨大な編纂計画進む〉，《朝日新聞》（夕刊），1940 年 11 月 19 日；〈半生の支那研究　あたら灰燼に　再起する老篤学者　外務省出火余聞〉，《朝日新聞》（夕刊），1942 年 2 月 20 日；〈重慶が頼みの穀倉、陷つ常德は蒋軍蠢動の大動脈〉，《朝日新聞》（朝刊），1943 年 12 月 5 日。

[24] 《申報》，1940 年 3 月 4 日，4 版。

府講和的意思。茲錄其要旨。作者係日本外務省事務員，熟悉中國事情。編者識」。[25]

　　第二種版本是全譯本，刊於《建國旬刊》之上，譯者青園，篇名為〈中國事變處理之基調〉。《建國旬刊》，1940 年創刊，社址在四川成都，根據稿約，其宗旨為刊登有關「闡揚三民主義及抗戰建國理論」、「國內現狀之敘述與各種生產建設之具體方案」、「國際情勢與敵情之分析各國戰時政策」等方面的文章。[26]在該譯文之前有一說明：「此篇原為載在日本《外交時報》二月號，為日本外務省領事米內山庸夫所作，著者居留中國，垂三十年，熟識中國歷史國情，關於中國著述頗多。自此篇論文發刊之後，即引起軒然大波，又因齋藤失言事件影響，誠恐株連上官，外務省已將他免職，其內容根本否認近衛聲明，主張收穫絕大戰果，但又認為絕少可能，此種思想，直無異否定中國可用武力征服或可用傀儡過渡而征服者，特譯之以告讀者」。[27]

　　第三種版本也是全譯本，刊登於香港的《國際週報》，由周景翻譯，篇名為〈事變之基調〉，分兩期刊出。《國際週報》為汪精衛派所辦的刊物，由樊仲雲（1901-1989）主編。[28]樊仲雲於 1938 年春由上海赴香港，在此擔任《青島日報》總主筆，並主編《國際週報》（後出任汪精衛南京國民政府教育部政務次長、中央大學校長）。該週報是由周佛海（1897-1948）所主持的「藝文研究會」在香港的分會「國際編譯社」之下的一個刊物，每週出版一期，主要刊登翻譯文章。根據朱樸（1901-1970）的回憶，該社之組織為「柏生主持一切總務，思平主編國際叢書，仲雲主編國際週報，我則主編國際通訊。……國際編譯社遍定各國時事雜誌，每星期出版國際週報一期，國際通訊兩期，選材謹嚴，為研究國際問題一時之權威」。[29]在《國際週報》所刊登的〈事變之基調〉之前有譯者之說明「三月三日東京合眾社電：日本外務省領事米內山庸夫，現服務於文化事業部，因於二月一日《外交時報》著〈事變處理之基調〉一文，否認近衛聲明，致被認為與齋藤隆夫之演說有連帶關係，於是米內山立即自動引咎辭職，登載該文之《外交時報》亦停止出售。茲覓得原文，特為譯出，想為國人所樂觀也」。[30]

25　米內山庸夫，〈世界各國著名雜誌論文摘要：事變處理的基調〉，《東方雜誌》，37：6（香港，1940），頁 48-49。

26　〈本刊投稿簡章〉，《建國旬刊》，期 2（成都，1940），頁 17。

27　米內山庸夫著、青園譯，〈中國事變處理之基調〉，《建國旬刊》，期 7（成都，1940），頁 11-14。

28　有關樊仲雲之生平，請參考蔡登山，〈政論家樊仲雲的人間蒸發〉，收入蔡登山，《叛國者與「親日」文人》（台北：獨立作家，2015），頁 371-387。

29　朱樸，〈記蔚藍書店〉，《古今半月刊》，期 13（上海，1942），頁 19-20；蔡登山，〈文史雜誌的尤物—朱樸與《古今》及其他〉，收入蔡登山主編，《古今（一）》（台北：秀威資訊科技，2015），頁 iv。

30　米內山庸夫著、周景譯，〈事變之基調（下期續完）〉，《國際週報》，期 9（香港，1940），頁 9-11；〈事

　　這三種中譯版本分別刊登於上海的《東方雜誌》、成都的《建國旬刊》與香港的《國際週刊》，分別代表不同地區與不同政治立場之觀點，卻不約而同地選譯米內山庸夫的作品，顯示該文之觀點為國人所歡迎。三者大致將米內山的觀點譯介到中文世界，然就其細節與品質來說，香港汪派《國際週刊》的資訊最完整與正確。

　　米內山庸夫第二篇被翻譯為中文的作品是〈世界之大勢與中日兩民族〉，原文刊於東京《東洋》雜誌五月號，中譯刊登於 1941 年的《譯叢》月刊之上。此一雜誌從 1941 年延續到 1943 年，是南京汪精衛政府之下的「中日文化協會」所辦的刊物，由褚民誼委託作家張資平（1893-1959）主編。[31]行政院宣傳部長林柏生（1902-1946）在該刊的〈卷首語〉有如下的說明：

> 中日兩國之真誠合作，中日和平之真正實現，有待於兩國國民心理之刷新建設；⋯⋯本會成立後，鑑於所負責任之重大，特發行中日文化雜誌，為中日文化界共同之園地，謀彼此意見之交流。茲復奉名譽理事長汪主席之命，創辦《譯叢》月刊，綜合選譯日本各大雜誌言論精華，介紹國人。[32]

米內山的文章刊登在該刊物 1941 年第一卷第 5 期之上，譯者為不二。這一篇文章之主旨與上述 1937 年所刊登的〈日支兩民族之對峙〉在觀點上類似。作者首先指出世界之大勢「其基礎是民族主義，漸次成為民族對峙之形式」。在東洋，民族對峙有兩種形式，一是「東洋人與白人之對峙」，一是「東洋各民族之對峙」。對於第一點，他說東洋人「想要把白人的勢力，從東洋驅逐出去，建設東洋人的東洋。這是覺悟的東洋人，都抱有此心，也是大多數人所贊成的思想」。此一觀點與汪精衛政權的想法接近，應該也是編者選譯此文之原因。但是另一方面，東洋內的對峙也不容忽略，而中日之關係，因「日本民族之勃興，日本民族之大陸進出」出現對峙。米內山在本文中特別強調「中日親善之難實現」。其原因在於中國人自大之性格，「不願居於同種之黃色人之下」。作者的結論是「中國民族」有強勁的吸引力與黏著力：

變之基調（續完）〉，《國際週報》，期 10（香港，1940），頁 17-20。

[31]　「中日文化協會」是汪精衛政府成立的文化機構。1940 年 7 月 28 日在南京成立。汪精衛和日本駐國民政府大使阿部信行出席了成立會議，並擔任名譽理事長，褚民誼代理事長，陳群、江亢虎、林柏生等 14 人為理事，陳公博、梁鴻志、周佛海、津田靜枝、兒玉謙次等 15 人為名譽理事。傅式說為總幹事。該協會成立之經緯可參考羅君強，〈偽廷幽影錄——對汪偽政權的回憶紀實〉，收入黃美真編，《偽廷幽影錄——對汪偽政權的回憶紀實》（北京：東方出版社，2010），頁 47。

[32]　林柏生，〈卷首語〉，《譯叢》，1：1（南京，1941），頁 3。

中國既存有這種性格，心裏總是不肯受異民族之支配的。漢民族雖曾受滿洲族之清朝所支配，約有一〔應為二〕百六十年，然其實清朝僅有了國家的名義，漢民族反吸了滿洲族之血而滋大起來。支配異民族時，則傲然自大；為異民族所支配時，則於受支配之間，反吸其血以自滋大，中國民族黏著力之強大，誠足驚異。現在日本民族，正與此具有驚異的強大黏著力之中國民族，在大陸上相與角逐，不可不知。[33]

　　米內山庸夫第三篇被翻譯為中文的作品是〈支那民族之將來〉，此文原刊於 1943 年一月《外交時報》，討論中國的「強處」（日文之原文是「強味」）在於土地廣大、人口眾多與中國文化等三方面，因此難以為外族所征服，也難以加以同化。同時中華民族具有吸收同化他民族，而日益膨脹的強大力量。其同化力之根源在於該民族堅韌的生存力與中國文化。[34]這一篇文章有兩種翻譯本。第一種是刊登於 1943 年汪政權統治下於南京所出版的一個文學雜誌《新流》之上，名為〈中國民族的將來〉。[35]該刊強調處於戰爭之中，「要在荒蕪文壇上，握住時代的使命，負起時代的重任，披榛斬棘的開拓文藝之路，建設新文藝」。[36]該文刊登在第 1 卷第 2 期之上，翻譯者天孫。只是此文只刊登了前半部，至「廣漠的平原」一節，後來似乎沒有再繼續譯出下半部。

　　第二種譯本影響力較大，刊登於《中央週刊》，為堅甌所摘譯，篇名為〈敵人論中華民族的將來〉。[37]《中央週刊》為中國國民黨的刊物，主旨是宣導黨務，探討革命理論、實際方案、國際問題等。在該文之前有編者案語：

本文題名為〈支那民族之將來〉，載在本年一月份的日本《外交時報》第百五卷第一號，作者為米內山庸夫，是一個相當有名的評論家。他這篇文章一方面表示他對於中華民族衷心的驚嘆與感服，一方面卻暗示敵國人民要征服中國，不但要征服中國全領土，而且要征服中國全體人民，不但要征服中國人民，而且要征服中國的文化，否則必將為中國民族所同化，而自己將無影無蹤的消滅。這是中國六年來的英勇抗戰，使敵人方才認識中華民族這一巨人的偉大。

---

[33] 米內山庸夫，〈世界之大勢與中日兩民族〉，《譯叢》，1：5（南京，1941），頁 35。

[34] 米內山庸夫，〈支那民族の將來〉，《外交時報》，914 號（1943 年 1 月 1 日），頁 105-120。

[35] 米內山庸夫著，天孫譯，〈中國民族的將來〉，《新流》，1：2（南京，1943），頁 9-11。

[36] 依山，〈卷頭語〉，《新流》，1：3（南京，1943），頁 1。

[37] 堅甌譯，〈敵人論中華民族的將來〉，《中央週刊》，5：33（重慶，1943），頁 151-158。

這種意見，不僅是米內山一個人的意見，敵國大多數人，也都有這種感想。中華民族是不可征服的，敵人也就不得不老實地承認了。

《中央週刊》的編者刊登此文之意圖，無疑地希望藉著日本學者之觀點來鼓舞國人之士氣。這一篇文章顯然達到了他的目的。1943 年初也正是蔣介石發表《中國之命運》一書的時候，蔣的書與米內山的文章成為當時知識分子思考民族問題的重要參考。1943 年 4 月 8 日，當時擔任行政院參事的陳克文（1898-1986）在日記中寫到：「與敦偉、衡夫談中國民族問題，係因《中國之命運》與敵方米內山庸夫近著〈支那民族之將來〉一文而起。米內山此文頗有見解，當係我國抗戰六年，始令彼邦學者有此認識」。[38]這顯然是因為閱讀到《中央週刊》中此篇譯文之後而引發的感想。

米內山庸夫的文章雖被譯為中文，並被許多人認為他「對於中華民族衷心的驚嘆與感服」，然而我們必須注意米內山任職於日本外務省，他的觀點其實並不能說同情中國，而是根據其親身體驗，務實地站在日本立場所做的思考。他一貫的看法是中日兩民族因「民族性」的不同，處於對峙狀態。他一再預言「中國人不會屈服」、「中國人完全不了解亞細亞主義的理想」，而其根柢是中國人對日本人的「輕侮」，這使得日中的「親善提攜」難以達成。他認為：現在只有兩種中國人，一種是拿武器和日本作戰的中國人，一種是偽裝親善而在骨子裡打仗的中國人。他悲觀地認為中日兩國只有日本武力支配中國，或日本屈服於中國，除此之外沒有第三條路。[39]米內山的重點在於以中國專家的身分警告日本人戰爭的危險，此一面向與中國人所強調的「中華民族」之堅忍偉大、同化他族的那一面有所不同。

然而上述米內山庸夫的文章對中華民族為一「巨人的偉大」，是不會被征服的看法，卻是抗戰時期各種文宣反覆出現的主題。其中張文元（1910-1992）依賴日本漫畫家而改繪的四格漫畫，頗能表現出此一特色。此一漫畫刊登於 1939 年的《抗戰畫刊》之上。該刊創刊於 1938 年，由馮玉祥主辦，趙望雲與汪子美等人擔任編輯，該社隨著戰事之發展從武漢遷到長沙，又遷到桂林。其主旨是以漫畫作為「文化武器」向「敵人投刺」。[40]

張文元為抗戰時著名的漫畫家。他的「中華民族潛在的力量，終於被敵人發掘出來了」四格漫畫，刊於《抗戰畫刊》26 期之上，也刊登於《抗建》三日刊（為地方

---

[38] 陳克文著、陳方正編輯校訂，《陳克文日記 1937-1952》（台北：中央研究院近代史研究所，2012），1943 年 4 月 8 日，頁 738。

[39] 米內山庸夫，〈興亞院の設立と我カ對支政策〉，《外交時報》，819 號（1939 年 1 月 15 日），頁 1-13。

[40] 汪子美，〈編後記〉，《抗戰畫刊》，期 21（桂林，1938），頁 22。

政府印製之宣傳品，發放學校與機關）。[41]其內容如下：

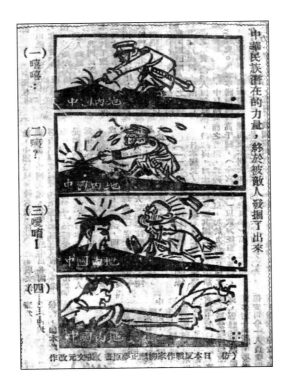

根據作者張文元，這一個漫畫是模仿「日本反戰作家柳瀨正夢原畫」，其內容描繪日本軍人進入中國內地，想要肆行侵略。結果他卻挖出了一個「中華民族」之巨人，最終被此巨人之巨拳還擊所打敗。在畫作之旁的說明是「中華民族潛在的力量，終於被敵人發掘出來了」。柳瀨正夢（Yanasei Masamu,1900-1945）是日本大正末期到昭和初期左翼漫畫的領導人。他生於愛媛縣松山市，小學畢業後離開家鄉，15 歲到東京學習繪畫。16 歲時以油畫之風景畫入選重要的畫展，被認為是一個具有天才的畫家。不過他卻不願朝此方向發展。出於強烈的正義感，他於第一次大戰之後受到革命風潮之影響，開始學習社會主義，獻身於勞工與農民的解放運動。他將全部的精力用來為「大眾」畫漫畫，創作了許多具有戰鬥力的政治漫畫。他曾被捕入獄，也曾遭到禁止繪畫的處分。他的漫畫從 1930 年代開始就多次被引介到中國的刊物上，並

---

[41] 張文元（改作），〈中華民族潛在的力量，終於被敵人發掘了出來〉，《抗戰畫刊》，期 26（重慶，1939），頁 13；《抗建》，期 12（西安，1939），頁 6。

對中國漫畫有所影響。1945 年 5 月 25 日，在東京新宿車站前，因美國飛機之空襲而犧牲，當時才 45 歲。[42]

　　上述張文元模仿之原畫名為「拔除雜草」，內容如下：

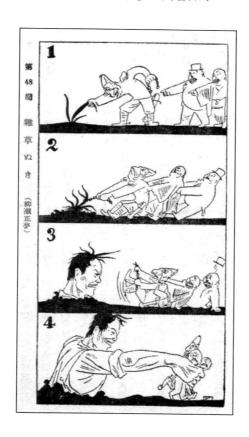

　　這一幅漫畫其實與中國無關，圖中戴著大禮帽的人是資本家，穿和服的人是地主，而在前面拔草的人是資本家與地主的手下。被踐踏的雜草則比喻勞動者。柳瀨正夢相信，這些被奴役的底層勞動者，最後必將取得勝利。[43]然而經過張文元之改繪，他將地主、資本家聯手的剝削者改為日本軍人，而被奴役的勞動者則成為他們在中國內地所挖掘出來的「中華民族」，這一漫畫很貼切地表達出當時的國族情感與抗戰必勝的信念，以及「中華民族」是被日本人之侵略所激發出來的。

---

[42] 松山文雄，《漫画学校》（東京：大雅堂，1950），頁 154-159。
[43] 松山文雄，《漫画学校》，頁 158-159。

　　抗戰時期因日軍之入侵，激發起國人的團結精神，而強調「中華民族」堅忍與強大。然而這種民族主義的昂揚及其表達，不僅受到日本因素如米內山庸夫的論述與改編自柳瀨正夢之漫畫的影響，更重要的是中國知識分子在受到日人的侵略之下自覺地提倡、討論此一議題。

四、抗戰時知識分子有關「中華民族」之討論：以歷史學家為中心

　　中日戰爭開始後，中國知識分子受戰事影響紛紛遷移，由北平、天津、山東、湖廣等地向西南大後方雲南、四川等地集中，在動盪中，這一群知識分子仍堅守崗位，克服環境干擾，從事學術研究。其中許多歷史學家的學術研究工作都涉及「中華民族」之議題。此處的「史學」是廣義的，包括歷史學、人類學與考古學等。下文分別敘述中研院歷史語言研究所（以下簡稱史語所）有關西南邊疆之考察、傅斯年與吳文藻等學者有關「中華民族」之辯論。從這類活動可窺見戰爭對學術活動之影響，以及知識分子學術報國的心態。

（一）中央研究院歷史語言研究所的邊疆調查

　　中研院史語所成立於 1928 年，直到 1937 年的十年間，因大環境的安定，而在考古、語言調查等方面獲得不錯的發展，尤其是十五次河南安陽的殷墟發掘，更是傲視世界的重大考古發現，如同國家的十年黃金建設期一般，這是史語所在前期最為蓬勃發展的時期。[44]隨著抗戰軍興，史語所遷移到雲南昆明，停留三年，後因安南被日軍攻佔，而奉命轉移，最後在四川李莊落腳，並在此度過五年。這段時期研究人員飽受山坳酷熱、氣候潮濕之苦。雖然物質極其匱乏，生活艱難困頓，研究人員卻仍勉力繼續研究工作，完成學術任務。史語所在傅斯年的領導下，度過八年抗戰，無論是考古、語言與古建築等方面均有貢獻。

　　此時由於侷限於西南邊陲，促使對西南邊疆的研究，這些研究一方面劃定了國族邊界，另一方面則從少數民族調查開始，將帝國邊緣之蠻夷轉化為共和國內「少數民族」之國民，並進而建立起「中華民族」之譜系。其中西南少數民族的調查由芮逸夫（1898-1991）、凌純聲（1902-1981）領軍。芮逸夫等人 1933 年開始從事湘西苗族的調查，蒐集了大量的民俗文化資料。1934 年因為英國覬覦滇南之礦產，引起當地

44　〈本所簡史〉，收錄於「中央研究院歷史語言研究所」：http://www2.ihp.sinica.edu.tw/intro1.php?TM=2&M=1，（2015/5/20 檢閱）。

土司、頭人之抵抗，英國遂要求共同勘定國界。1935 年至 1936 年，芮逸夫與凌純聲參與了滇緬南段界務會勘。此事雖沒有立即達到共識，然在此過程中蒐集了不少田野資料，了解各族群的分布情況。自 1939-40 年間，芮逸夫曾到過貴州的大定、花溪等苗區進行調查。1940 年芮逸夫又接受國民政府行政院之委託訂定「改正西南少數民族命名表」，將帶有污辱性的稱謂（如「犬」偏旁之字眼），改為「人」字之偏旁，「以期泯除界線，團結整個中華民族」。[45]緊接著在 1941 年，史語所與中央博物院合作進行川康調查，芮逸夫、凌純聲等人進入汶川、康定等地，調查「西番」與羌族；1942-43 年，芮逸夫等人又進入川南的敘永進行苗族考察，這一次較長時間停留在苗區，參與並訪查許多苗民的生老病死的典禮、參觀其生活作息及觀看家譜等，發現有些家族的源流可上溯到明朝，輾轉遷移至川南，[46]這些研究對於理解家族與民族遷移過程頗有助益。根據田野調查，1941-46 年間芮逸夫發表一系列關於「中華國族」的文章，包括〈中華國族解〉（1942）、[47]〈中華國族的分支及其分佈〉（1944）、[48]〈再論中華國族的支派及其分佈：訂正在中國民族學會十週年紀念論文集發表之文〉（1946）等。[49]在這些文章中他認為民族、國家與國族是三位一體的，而所謂「中華國族」一詞即結合了民族與國家，而具有社會、文化、政治、法律等方面的綜合意涵。他強調「這四億五千萬中國人，可以說完全是一個民族……綜合起來說，它是經過幾千年，融和古今來各種不同的族類及其思想、感情、和意志，混凝同化而歸於一的」。[50]整體考察芮逸夫的學術工作，他提出界定民族的六項特質準據，包括區位、人種、語言、生業、群居、觀念，再描述中國民族各支系上述特質之情況或有無。藉此，他「試圖建立一個知識體系，來說明中華民族中究竟有多少『民族』，他們又如何構成一整體的中華民族」，進而了解其整體結構，再納入世界民族分類體系。芮逸夫等人所做的西南苗族的田野調查具有重構華夏邊族及其文化之新義，將舊帝國時代被統轄非漢的異族，經過近代的「國族邊緣再造」後，使之成為中

---

[45] 芮逸夫，〈西南少數民族蟲獸偏旁命名考略〉，《中央研究院歷史語言研究所人類學集刊》，2：1、2（成都，1941），頁 113-190。

[46] 王明珂，〈簡介芮逸夫先生〉，《川南苗族調查日誌 1942-1943》（台北：中央研究院歷史語言研究所，2010），頁 VI-IX。

[47] 芮逸夫，〈中華國族解〉，《人文科學學報》，1：2（昆明，1942），頁 133-139。

[48] 芮逸夫，〈中華國族的分支及其分佈〉，收入中國民族學會編，《中國民族學會十週年紀念論文集》（成都：中國民族學會，1944），頁 3-13。

[49] 芮逸夫，〈再論中華國族的支派及其分佈：訂正在中國民族學會十週年紀念論文集發表之文〉，《民族學研究集刊》，期 5（重慶，1946），頁 29-40。

[50] 芮逸夫，〈再論中華國族的支派及其分佈：訂正在中國民族學會十週年紀念論文集發表之文〉，《民族學研究集刊》，期 5，頁 30-32。

華民族一分支，亦即成為具「少數民族」身分之國民，以重新定義中華民族的概念，可說是「華夏工程」的一部分。[51]

（二）傅斯年、顧頡剛等人關於「中華民族」之討論

　　傅斯年曾是五四運動學生領袖之一，也是中研院歷史語言研究所創辦者，還曾代理北京大學校長、後出任台灣大學校長，1950 年病逝台灣。他的重要著作之一是《東北史綱：第一冊古代之東北》（北平：國立中央研究院，1932）。該書原計畫完成五卷，由傅斯年、方壯猷、徐中舒、蕭一山、蔣廷黻五人各以其專業領域寫就，依次是傅斯年負責古代的東北史，方壯猷是隋代至元末，徐中舒寫明清之東北，蕭一山寫清代東北之官制及移民，蔣廷黻寫東北的外交。[52]目前只看到傅斯年的部分，即古代東北史，以及李濟依據各篇內容之稿本所寫的一個英文節略本（*Manchuria in History: A Summary with Maps and a Chronological Table,* Peking: Peking Union Bookstore, 1932），[53]其他部分則未能完成。此書的寫作動機是傅斯年感慨「持東北事每問國人，多不知其蘊」。[54]本書以考古為骨幹，縱論東北古代歷史，其主旨在說明東北與中國關係之演變，在歷代即與中原及各朝代有語言、文化相連的關係，藉此反駁日本學者所謂東北是大陸政策下的滿蒙生命線，或「滿蒙在歷史上非支那國土」等論調。[55]傅斯年的《東北史綱》以考古為主軸縷述其與中原王朝關係的紀史方式，結合了考古、歷史地理視角寫作地方歷史，並與中國歷朝之史作經緯相接。此書堅持東北與中國有密切的關係，反駁日本學者之觀念，表達出強烈的民族主義之關懷。當時在《申報》上該書之廣告聲稱：該書關於「滿蒙為中國領土之科學的與歷史的考證……為國難期中國民必不可少之常識」。[56]

---

[51] 王明珂，〈簡介芮逸夫先生〉，《川南苗族調查日誌 1942-1943》，頁 IV；王明珂，〈尋訪凌純聲、芮逸夫兩先生的足跡：史語所早期中國西南民族調查的回顧〉，《古今論衡》，期 18（台北，2008），頁 31；謝世忠，《國族論述：中國與北東南亞的場域》（台北：台大出版中心，2004），頁 261。

[52] 傅斯年等著、傅斯年編，〈引語〉，《東北史綱：第一冊古代之東北》（北平：國立中央研究院，1932），無頁碼。

[53] 此一英文版是為了控訴日本侵略東北而提交的部分資料，全部材料由顧維鈞總纂，交「李頓調查團」。葉碧苓，〈九一八事變後中國史學界對日本「滿蒙論」之駁斥─以《東北史綱》第一卷為中心之探討〉，《國史館學術集刊》，期 11（台北，2007），頁 120。

[54] 傅斯年等著、傅斯年編，〈引語〉，《東北史綱：第一冊古代之東北》，頁 1。

[55] 傅斯年等著、傅斯年編，〈引語〉，《東北史綱：第一冊古代之東北》，頁 1；參見葉碧苓，〈九一八事變後中國史學界對日本「滿蒙論」之駁斥─以《東北史綱》第一卷為中心之探討〉，《國史館學術集刊》，期 11，頁 105-142。

[56] 《申報》，1933 年 3 月 18 日，7 版。

　　此書出版之後國內有三篇書評，一篇是清華大學歷史系教授邵循正（1909-1973）的〈評傅斯年《東北史綱》第一卷古代之東北〉，邵同意該書之主旨「中國有東北之地久矣」，認為此文「就歷史之證明，做公允之敘述」，他只對其中一些歷史細節、史料根據有所保留。不過他認為如此之學術論述其實於事無補，「欲明東北之為中國領土，最有力之證據，莫如武力收復」。[57]

　　第二篇書評是出自柳詒徵的學生，南京大學歷史系教授繆鳳林。此篇書評與上篇書評均刊登於吳宓主編之《大公報》「文學副刊」，在某種程度上與當時學術界中的南北之爭有關，是南派對北派的抨擊。繆鳳林沒有就書中之主旨亦即東北自古屬於中國，提出討論，在這方面他並無質疑，不過他卻指出許多歷史方法與史料根據之錯誤。他說「傅君所著，雖僅寥寥數十頁，其缺漏紕謬，殆突破任何出版史籍之記錄」。他所舉出的錯誤包括引證不當、推論錯誤，又對國內外研究成果「了無所知」。他說：「有關漢代東北史之記載，傅君亦未能盡讀」；「書中所引史文，頗多不明文理，不通句讀之處」；「綜觀傅君之書，大抵僅據正史中與東北有關之東夷傳……故他紀傳中有關東北史事之重重材料，大都缺如，而又好生曲解，好發議論，遂至無往而不表現其缺謬」。在文章的結尾處，繆鳳林則以日本學者如白鳥庫吉、津田左右吉等在日俄戰爭之後開始對於東北、朝鮮「作學術上根本之研究」，獲得大量的研究成果。這些日本人的著作雖有缺點，然其「可供吾人指斥者」則遠遠不如傅著。繆鳳林語重心長地指出，中日民族處於「永久鬥爭之地位」，欲求勝利需與日人相抗衡，而「慎重立言」，寫出具有高學術水準之著作，我民族方有前途。[58]

　　第三篇書評為任職於國立編譯館的史學家鄭鶴聲於 1933 年底所寫的書評，〈傅斯年等編《東北史綱》初稿〉。鄭氏亦為柳詒徵之學生，他說繆鳳林的批評過於激烈，本書評則較為溫和，他也認識到此文「含有國際宣傳之重要性」。不過他和繆文一樣針對傅書的各種「缺漏舛誤」提出檢討，因為「不能不嚴加指摘，以期完善」。他的結論是「就傅君編著之第一卷論之，覺其剪裁議論頗有獨到之處，求之於吾國學者論述之東北史書中，尚屬少見，洵足以破日人之妄說，而感世人之興會」。[59]

　　在日本方面，傅著出版之後也立即有反應。日本京都大學東洋史教授矢野仁一（Yano Jinichi, 1872-1970）於 1933 年出版了《滿洲國歷史》一書。矢野一貫主張「滿

[57] 邵循正，〈評傅斯年《東北史綱》第一卷古代之東北〉，《大公報》，1933 年 5 月 1 日，11 版。
[58] 繆鳳林，〈評傅斯年君《東北史綱》卷首〉，《大公報》，1933 年 6 月 12 日、6 月 19 日、6 月 26 日、7 月 3 日、7 月 31 日、9 月 4 日、9 月 25 日，11 版。
[59] 鄭鶴聲，〈傅斯年等編《東北史綱》初稿〉，《圖書評論》，1：11（北京，1933），頁 7-18。

蒙藏非中國本來之領土」，而中國只是「中國本部」，滿蒙則是「邊疆」。[60]《滿洲國歷史》一書中第二章駁斥「李頓報告書」所謂「滿洲為中國完全之一體；滿洲與中國之關係為永久的且本質的」，故滿洲應歸還中國之見解。矢野認為報告書之基礎來自傅斯年與李濟，以及調查團成員楊格（Carl Walter Young）的《日本在滿洲之特殊地位》（*Japan's Special Position in Manchuria,* Baltimore: Johns Hopkins Press, 1931）一書。[61]矢野反對這些人所謂「滿洲是中國的一部分」的看法，力主「滿洲與中國是全然各別的存在」。他強調滿蒙自古即非漢民族居住之所，唐代以後設置都督府，其後各朝之統治均處於與「中國本部」不相同之統治體制。在清朝滿洲是封禁地，二十世紀開始才有漢人移入。[62]該書出版之後次年即由對東北問題十分關心、譯有《甲午戰前日本挑戰史》（田保橋潔著，南京：南京書店，1932）的王仲廉翻譯為中文，刊登於《圖書評論》之上。譯者表示矢野仁一戴著學者的面具，對中國發出荒謬之言論，而成為日本人侵略中國之根據。他為了「一以供傅氏等參考，一以使國人知日人於使用武力之外，尚有無聊文人為之宣傳焉」而翻譯此文。他並提醒讀者「其所引《東北史綱》及英文節略本之處，頗多隨意撮合，以便其駁擊者，殊不忠實」。[63]

邵循正、繆鳳林、鄭鶴聲及王仲廉等人無疑地都贊成傅斯年之主要觀點，認為東北為中國之一部份，只是他們認為對於民族問題之討論需奠立在紮實的學術基礎之上。傅斯年對於上述的評論，以及矢野仁一的批評似乎並無回應，[64]然而其著作已被納入「李頓報告書」而發揮了具體的影響，故對國家已有貢獻。

傅斯年對中華民族的看法終其一生是一以貫之的，並對顧頡剛產生影響。自第一次世界大戰之後，受到美國總統威爾遜（Thomas Woodrow Wilson, 1856-1924）提倡「民族自決」的影響，國內一些少數族群頗有「自立」之動因，而九一八事變後，部分滿人也以此名義，接受日本的扶植而成立「滿洲國」；在 1920-1940 年代，滿蒙受日本挑撥，企圖以民族自決的名義爭取脫離中國獨立。這些現象使傅斯年深有感觸，

---

[60] 矢野仁一，〈滿蒙藏は支那本來の領土に非る論〉，《外交時報》，412 號（1922 年 1 月 1 日），頁 56-70。

[61] 此書立刻被譯為日文，シー・ウオルター・ヤング原著，《滿洲に於ける日本の特殊地位》（東京：拓務大臣官房文書課，1932）。

[62] 矢野仁一，《滿洲國歷史》（東京：目黑書店，1933）。

[63] 王仲廉譯，〈傅斯年等編著《東北史綱》在日本所生之反響〉，《圖書評論》，2：8（南京，1934），頁 95。

[64] 他的學生陳槃曾為他辯護。陳槃說「東北事變，大局震盪，孟真師憂心如焚，百忙中而有《東北史綱》之作。這部用民族學、語言學的眼光和舊籍的史地資料，來證明東北原是我們中國的郡縣；我們的文化、種族，和這一塊地方有著不可分離的關係。這種史學方法和史識，是最現代的、科學的。但書出版以後，頗受人批評。其實這書的間架輪廓，非高手不能辨。批評的人從細枝末節著眼，當然不無話可說。但是能批評的人，卻不一定就能搭起這樣的間架，描繪出這樣的輪廓」。陳槃，〈懷故恩師傅孟真先生有述〉，《新時代》，3：3（台北，1963），頁 14。

他對於兩個名詞之使用很敏感，一是「民族」，一是「邊疆」。當史語所刊行凌純聲《赫哲族研究》〔《松花江下游的赫哲族》〕（1934）時，傅斯年即力求審慎而主張避免使用「赫哲民族」。[65]抗戰後退居西南，傅斯年對由顧頡剛主編的《益世報》副刊──《邊疆週刊》，[66]使用「邊疆」為刊名亦頗有意見。加上此報登了甘城發表的一篇文章，提到「漢人殖民雲南，是一部用鮮血來寫的爭鬥史。在今日，邊地夷民時有叛亂情事」，此文令傅斯年與友人「不勝駭怪」，於是他寫信給顧頡剛，提醒他謹慎使用「民族」一詞，並建議刊物名最好改為「雲南」、「地理」、「西南」而不要再用「邊疆」。[67]

顧頡剛雖受到傅斯年的批評，然而他對民族的看法其實與傅斯年十分類似。顧於1934 年創辦「禹貢學會」，發行《禹貢》半月刊。在〈發刊詞〉即說「我們的東鄰蓄意侵略我們，造了『本部』一名來稱呼我們的十八省，暗示我們邊陲之地不是原有的」，該刊的目的之一即對此謬論從學理上加以駁斥。[68]1937 年 1 月 10 日在《申報》「星期論壇」上顧頡剛曾寫〈中華民族的團結〉，主張「在中國的版圖裡只有一個中華民族……離之則兼傷，合之則並茂」。[69]1939 年 1 月 27 日，《中央日報》轉載了他在《益世報》上發表〈「中國本部」一名亟應廢棄〉，他認為此一詞彙源自日本教科書，具有政治目的，使用此詞「許多邊疆不成中國領土」，故應重視詞彙之使用（這也是為了回應矢野仁一所謂中國僅有中國本部的觀點）。1939 年 2 月 13 日他又寫了一篇〈中華民族是一個〉，登於《益世報》的《邊疆週刊》，開宗明義即說「凡是中國人都是中華民族，在中華民族之內我們絕不再析出什麼民族，從今以後大家應當留神使用這『民族』二字」。該文刊出之後，各地報紙紛紛轉載，成為人們關注之焦點。[70]一直到 1947 年在南京的《西北通訊》創刊時又轉載了一次，編者表示

---

[65] 傅斯年，〈傅斯年致顧頡剛〉，收入王汎森、潘光哲、吳政上主編，《傅斯年遺札》，卷 2（台北：中央研究院歷史語言研究所，2011），1939 年 2 月 1 日，頁 953；傅樂成，〈傅孟真先生的民族思想〉，收入氏著，《時代的追憶論文集》（台北：時報文化出版公司，1984），頁 149。

[66] 這個刊物是 1938 年天津《益世報》在雲南復刊，後遷至重慶，可惜因其創辦人雷鳴遠神父過世且因經濟因素，於 1940 年結束，直至 1945 年回到天津才再復刊；當 1938 年雲南復刊時，顧頡剛將副刊名定為《邊疆週刊》，12 月 15 日作發刊詞，12 月 19 日出第一期。參見顧頡剛，《顧頡剛日記》，卷 4（台北：聯經出版公司，2007），頁 173；顧潮編著，《顧頡剛年譜》（北京：中國社會科學出版社，1993），頁 291；宋稚青，〈雷鳴遠神父與天津益世報〉，《神學論集》，期 87（台北，1991），頁 49-62。

[67] 傅樂成，〈傅孟真先生的民族思想〉，收入氏著，《時代的追憶論文集》，頁 150。

[68] 顧頡剛，〈發刊詞〉，《禹貢》，1：1（北平，1934），頁 2。

[69] 顧頡剛，〈中華民族的團結〉，《申報》，1937 年 1 月 10 日，7 版。

[70] 顧頡剛，《顧頡剛日記》，卷 4，1939 年 4 月 15 日，頁 215。「前在《益世報》發表兩文，方神父告我，轉載者極多，如《中央日報》、《東南日報》、安徽屯溪某報、湖南衡陽某報、貴州某報皆是。日前得李夢瑛書，悉《西京平報》亦轉載，想不到此二文乃如此引人注意。又得萬章信，悉廣東某報亦載」。

「顧先生此文，引證詳博，議論正大，為促進民族團結最為有力之作。其熱情洋溢，感人尤深」。[71]

　　顧頡剛撰寫此文的近因是受到傅斯年的批評，他在日記中記載「昨得孟真來函，責備我在《益世報》辦《邊疆週刊》，登載文字多分析中華民族為若干民族，足以啟分裂之禍，因寫此文以告國人」。[72]再則，撰寫此文之遠因則是他對此一議題早有關心（他表示此一議題「久蓄我心」）。他在撰寫〈我為什麼要寫「中華民族是一個」〉一文中就表示，當 1922 年時商務印書館請他編中學歷史教科書，他參閱史料而反覆思考的一個問題是：為何其他古老的民族都滅亡了，而中國卻能支持下去？他的答案是中華民族一直處於「同化過程之中」，「使常有淺化而強壯的異族血液滲透進來，使衰老民族回復少壯」。七七事變之後，他又前往西北遊歷，目睹回漢衝突之慘況，「親身接觸到邊民受苦的經驗」，瞭解到族群衝突與分裂會讓帝國主義國家有機可乘，因而決定撰文，以從事民族心理建設。[73]

　　此文引起當時雲南大學教授也是社會學者吳文藻（1901-1985）的不滿，而由其學生費孝通（1910-2005）寫了〈關於民族問題的討論〉投稿《邊疆週刊》，提出了類似後來他所大力提倡的「中華民族多元一體格局」。他說中國有很多個民族，而這一種因為文化、語言、體質上的分歧，並不阻礙大家形成一個統一的政治體。費氏又認為「中國本部一名詞有其科學的根據，中華民族不能說是一個，即苗、猺、猓玀皆是民族」。[74]之後顧又再以萬餘字的一篇〈續論中華民族是一個〉回應費孝通的批評。[75]

　　另一位批評顧頡剛的學者是維吾爾族歷史學家翦伯贊（1898-1968）。1937 年 5 月，翦伯贊加入中國共產黨。此後，在共產黨的領導下，長期從事統一戰線、理論宣傳和史學研究工作。他的文章刊登在重慶的《中蘇文化》之上，這是一個少數在國統區「能公開發表共產黨領袖的文章」，又能較為系統地宣傳馬列主義、社會主義的陣地。[76]他看了顧頡剛於 1939 年 5 月 29 日在《益世報》「邊疆副刊」所發表的〈續論

---

[71] 顧頡剛，〈中華民族是一個〉，《西北通訊》，期 1（南京，1947），頁 3-7。

[72] 顧頡剛，《顧頡剛日記》，卷 4，1939 年 2 月 7 日，頁 197。

[73] 顧頡剛，〈我為什麼要寫「中華民族是一個」?〉，《西北通訊（南京）》，期 2（南京，1947），頁 1-3。

[74] 這是傅斯年對他的觀點之轉述，傅斯年說吳文藻與費孝通「一切帝國主義殖民地的道理他都接受了」。傅斯年，〈傅斯年致朱家驊、杭立武〉，收入王汎森、潘光哲、吳政上主編，《傅斯年遺札》，卷 2，1939 年 7 月 7 日，頁 1015。

[75] 詳見傅樂成，〈傅孟真先生的民族思想〉，收入氏著，《時代的追憶論文集》，頁 148-152；黃天華，〈民族意識與國家觀念──抗戰前後關於「中華民族是一個」的爭論〉，收入中國社會科學院近代史研究所民國史研究室、四川師範大學歷史文化學院編，《一九四〇年代的中國》，下卷（北京：社會科學文獻出版社，2009），頁 1044-1061。

[76] 此一雜誌從 1936 年至 1949 年，宗旨為促進中蘇文化交流。會長原為孫科，1940 年改組之後中共成為主導力

中華民族是一個〉一文，而提出他的評論。

翦伯贊指出應「依據具體的客觀事實，科學地去理解」民族問題。他認為顧頡剛「中華民族是一個」的命題不正確，是「大漢民族主義的表現」，「包含著否定國內少數民族存在之意義」。他肯定在外患壓迫下「團結」有其重要性。但是團結不是「消滅」、「否定」其他民族，而是扶助他們獨立自由的發展，而形成自由、平等之結合。他覺得應該回到孫中山的理論，「以最大的真誠，以兄弟的友愛，以現實的利害，用革命與戰鬥在中山先生的民族主義的旗幟之下的把國內各民族真真的團結起來，反對日本法西斯侵略，爭取中華民族的自由」。

他認為顧頡剛的錯誤在於將民族與民族意識混淆在一起，認為民族是「心理現象」、「團結的情緒」。這樣一來民族沒有物質的基礎與客觀的存在，只是主觀的意識。其次，顧頡剛將民族與國家混同起來。再其次，顧頡剛把民族混合與民族消滅混為一談。他說顧頡剛所提出「滾雪球理論」，越滾越大，使漢族成為「世界上獨一無二的大民族」。這種看法只看到外族加入漢族，而沒有漢族加入外族。翦伯贊說「民族的混合，不是片面的，而是相互的，在混合過程中相互影響。不是所有的外族，一與漢族接觸，他便被同化於漢族了」、「一直到今日，在中國的境內除漢族之外還存在著滿蒙回藏苗……等少數民族，這是一個不可否認的實事」。總之，他認為應承認各民族之生存乃至獨立自由發展之權利，各族建立經濟和政治上平等的關係，才能實現真正的民族大團結。[77]

這次筆戰雙方壁壘清楚。傅與顧雖倡學術自由與學術不應為政治服務，卻皆考量到學術對政治之影響。傅斯年十分同意顧頡剛的觀點，他說顧所提出的兩個觀點，一是「中國本部」一名詞不通；一是「中華民族是一個」，「立意甚為正大，實是今日政治上對民族一問題惟一之立場」。傅斯年更批評吳文藻在雲南設立「民族學會」，「此地正在同化中，來了此輩『學者』」，乃拾「帝國主義在殖民地發達之科學之牙慧」，大談民族、打擊同化、刺激國族分化之意識，增加部落意識，「無聊之學問其惡影響及於政治，自當在取締之例」，[78]可見傅斯年史學思想中的民族主義。至於反對傅、顧「中華民族是一個」之主張者，一為吳文藻、費孝通等社會學者，一為翦伯

量。由郭沫若任研究委員會主任，王崑崙任雜誌委員會主任，侯外廬與翦伯贊為副主任。侯外廬，《韌的追求》（北京：生活・讀書・新知三聯書店，1985），頁92-95。

[77] 翦伯贊，〈論中華民族與民族主義——讀顧頡剛續論「中華民族是一個」以後〉，《中蘇文化》，6：1（重慶，1940），頁27-33。

[78] 傅斯年，〈傅斯年致朱家驊、杭立武〉，收入王汎森、潘光哲、吳政上主編，《傅斯年遺札》，卷2，1939年7月7日，頁1014-1016。

贊等少數民族出身之馬克思主義者。此一分歧繼續存在，至 1943 年蔣介石發表《中國之命運》而再度爆發爭論。蔣接受了傅斯年、顧頡剛以及上述芮逸夫等人以漢族為中心的同化論與「中華民族是一個」的觀點（又補充了其他觀點），而反對者則沿襲了吳、費與翦的看法。

五、蔣介石的《中國之命運》之民族觀及其爭議

《中國之命運》全書共八章，十萬餘字。此書為蔣中正所著，一般認為該書由陶希聖執筆，完成初稿，其後由蔣中正修改而成。初版發表於 1943 年 3 月，蔣又根據各種建議進行增訂，1944 年 1 月出版「增訂版」。日文版有兩部，一部由種村保三郎譯，由台北的東寧書局出版；[79]另一部由波多野乾一翻譯，日本評論社出版。[80]英文版也有兩部，一部由王寵惠據增訂版翻譯、林語堂寫序，麥克米倫出版公司出版；[81]另一部是由一家較小的出版社羅依出版公司（Roy Publishers）出版，由「查飛所編輯，由兩位不署名的中國教授」據 1943 年初版翻譯。[82]此外還有越南文版，由胡志明翻譯。[83]此書中心思想是孫中山的《三民主義》，認為《三民主義》的本質是國民革命，而國民革命以廢除不平等條約為重點，「國民革命的初步成功，即為建國工作真正的開始」。「國民革命的現階段，是由民族主義的完成，到民權主義民生主義的貫徹」。在民族問題方面也承襲了孫中山的觀點。

《中國之命運》一書總結中國的五千年歷史演變和儒家文化底蘊，主張中國只有一個民族，即中華民族；接著又回顧了中國近代史，論述了不平等條約之廢除是信仰三民主義的結果，其中又特別提出了國民革命軍北伐和抗戰。本書嚴厲批判了自由主義與共產主義，指出自由主義與共產主義均破壞中國傳統文化，二者之間的爭論實際上是英美思想與蘇俄思想的對立。國民革命之完成有賴中國國民黨依據三民主義，實

79 蔣中正著、種村保三郎譯，《中國の運命》（台北：東寧書局，1945）。

80 蔣中正著、波多野乾一譯，《中國の命運》（東京：日本評論社，1946）。

81 Chiang Kai-Shek, Authorized translation by Wang Chung-Hui; with an introduction by Lin Yutang, *China's Destiny* (New York: The Macmillan Co., 1947).

82 章麟譯，愛德華‧羅卜（Edward Rohbough）原著，〈「中國之命運」在美國的出版競賽〉，《文萃》，2：21（上海，1947），頁 24-25；未名，〈中國之命運在美國〉，《群眾》，期 6（香港，1947），頁 6-12；Chiang, Kai-shek, *China's Destiny & Chinese Economic Theory* (New York: Roy Publishers, 1947).最近 Brill 又將此書再版（Leiden: Brill, 2012）。查飛的英文名字是 Philip Jaffe。

83 〈文化消息：「中國之命運」已由胡志明譯成越文印行〉，《國立中央圖書館館刊》，復刊期 1（南京，1947），頁 57。

行民族復興的事業。[84]《中國之命運》是蔣一生政治、社會和文化觀念之總結，體現其反共、反帝之建國構想。《中國之命運》一書出版後，在國內外造成極大的影響。當時有人指出：此書是重慶國民政府「統治區域內銷行最廣的書籍。黨政教育機關均規定為工作人員及青年學生的必讀書籍，《中央週刊》等官方刊物及『三民主義青年團』並特設獎金以徵求青年對該書的讀書報告和研究報告」。[85]中共對此也有所回應，毛澤東甚至親自組織了一場批判行動，把《中國之命運》視為「掀起第三次反共高潮的宣傳書」，並攻擊蔣介石是「中國的法西斯」。[86]

　　有關《中國之命運》一書已有不少的研究，[87]本文將利用一些史料討論該書之中對於「中華民族」的看法及其引發之爭議。蔣介石在該書中所闡釋之理念是從「中華民族的成長與發達」開始討論。該書初版中提到類似上述顧頡剛等人所述「滾雪球」理論之「同化論」。他說：「就民族成長的歷史來說：我們中華民族是多數宗族融和而成的。……但其融和的動力是文化而不是武力，融和的方法是扶持而不是征服」（初版，頁 2）。「我們中華民族對於異族，抵抗其武力，而不施以武力，吸收其文化，而廣被以文化。這是我們民族生存與發展過程裏面，最為顯著的特質與特徵」（初版，頁 5）。

　　除了同化論之外，蔣介石又加上了「同源論」的民族觀。[88]他說：「四海之內，各地的宗族，若非同源於一個始祖，即是相結以累世的婚姻。《詩經》上說：『文王孫子，本支百世』，就是說同一血統的大小宗支。《詩經》上又說：『豈伊異人，昆弟甥舅』，就是說各宗族之間，血統相維之外，還有婚姻的繫屬。古代中國的民族就是這樣構成的」（初版，頁2）。

　　由此可見將同化論與同源論結合在一起，並運用「宗支」、「宗族」的繁衍發展，來解釋中華民族的形成，這是蔣介石民族觀之特色。書中開宗明義地指出中華民族是在「自然」之中成長，「其宗支不斷的融和而其人口亦逐漸繁殖，乃至於強大，於是國家的領域亦相隨擴張，然而中華民族從來沒有超越其自然成長所要求的界限」。[89]

---

[84]　這是汪政府統治區域內一位作者對於此書的觀察。下文會再做分析。李伯敖，〈蔣著《中國之命運》的批判〉，《政治月刊》，7：5（上海，1944），頁 3。

[85]　李伯敖，〈蔣著《中國之命運》的批判〉，《政治月刊》，7：5，頁 2。

[86]　陳進金，〈現代中國的建構：蔣介石及其《中國之命運》〉，《國史館館刊》，期 42（台北，2014），頁 31。

[87]　李楊，〈蔣介石與《中國之命運》〉，《開放時代》，2008：6（廣州，2008），頁 39-51；李楊，〈陶希聖與《中國之命運》新解〉，《中國社會導刊》，2008：13（北京，2008），頁 44-46。

[88]　「同源論」是民初以來很流行的一個理論，參見婁貴品，〈陶希聖與《中國之命運》中的「中華民族」論述〉，《二十一世紀》，期 131（香港，2012），頁 69-70。

[89]　蔣中正，《中國之命運》（重慶：正中書局，1943），頁 1。

　　這樣的民族觀與陶希聖的《中國社會之史的分析》（1929）雖有類似之處，然兩者的主張是截然不同的。[90]兩者類似之處是：一、《中國之命運》吸收了陶希聖對民族之定義，亦即「民族不是人種或種族的偶然的結合，而是依歷史的融合過程而構成的永續的共同體。……所以，民族是依一定的融合過程，由言語，地域生活，經濟生活，及文化的共同性而統一的歷史上構成的永續的共同體」（頁 96-97）。其次，陶希聖在討論周代之發展時強調「宗族」的重要，他說「周室建國……分封異姓功臣和同宗子弟，一方面在同宗宗族內，屬行『本支百世』的組織；一方面於異姓各族間，交互通婚，以組成親戚之網」（頁 36）。蔣著接受了民族為融和而成的觀點，又把陶希聖所說的周代宗法封建的政治秩序，如「本支百世」的觀念從周人擴大而為中華民族的發展過程。

　　陶希聖《中國社會之史的分析》的民族觀與蔣介石的看法並不相同。陶認為「中國的民族不是單一的民族，所以中國的文化也不是單一的文化」，陶希聖書中不斷地談到中國有「種族」觀念，有許多「民族的單位（Ethnic Units）如甘新的回民，川滇的苗猺，外藩的蒙藏」（頁 71），彼此之間有「長期民族鬥爭」（頁 108）。其次，陶希聖認為周代宗法只是周族的制度，別族並不採行；宗法只是貴族制度，平民不通用。（頁 35-6）他甚至說周代的宗法只是儒家的理論，並非遍行之制度。他也了解到在歷史上「華夏和夷戎的接觸」，在「種族融合為民族的過程中」，外族往往依附為黃帝或顓頊之子孫，以建立和漢族血源上的聯繫，然而這是「把宗族的傳說來隱蔽種族的差異」。由上述的對照來看，陶著是一種學術觀點；蔣著則明顯地藉學術表達政治。具體而言，陶希聖大致上可以同意「同化論」，卻不贊成「同源論」；同時也應該不會同意蔣介石將同化論與同源論結合成的「中華民族是一個」的宣稱。[91]不過基於政治表態，陶希聖在初版問世之後立刻在《中央週刊》發表心得〈讀《中國之命運》〉一文，認為蔣著「超越往古……立德立言，蔚然大備」。[92]

　　《中國之命運》出版之後受到中共黨人的嚴厲批判，尤其是蔣所謂「沒有國民

---

[90] 陶希聖，《中國社會之史的分析》（台北：食貨出版社，1954），此書為 1929 年上海初版。本書之主要觀點在解答「中國社會是什麼社會？」陶希聖否認當時所謂「封建社會」（中共幹部派，即史達林派）或「資本主義社會」（中共反對派，即托洛斯基派）等兩種主張，提出「中國社會是封建制度崩壞而資本主義尚未發達的社會」。見上書陶希聖，〈台灣版校後記〉，頁 157。

[91] 婁貴品的觀察是正確的，書中中華民族同源論的主張與陶希聖的觀點「差異明顯」。不過他認為「同源論」在初版之時不存在，在增訂版之中才出現。此一觀點有待商榷。再者他認為陶希聖至 1938 年的《中華民族戰史》中觀念有所改變，已經認為中華民族是「單一的民族」。婁貴品，〈陶希聖與《中國之命運》中的「中華民族」論述〉，《二十一世紀》，期 131，頁 67。

[92] 陶希聖，〈讀《中國之命運》〉，《中央週刊》，5：33（重慶，1943），頁 2。

黨，就沒有新中國」的論調深具政治意涵，國共雙方乃就此議題衍生為一場激烈之論辯。[93]其中廣為人知的是陳伯達（當時擔任中共中央研究室副主任）在《解放日報》（1943 年 7 月 21 日）所寫的〈評《中國之命運》〉。文中對於蔣對「中華民族」的看法提出嚴厲批判。他說蔣以宗族發展為中心的「民族血統論」、「和本來的歷史真實情況完全不相符合」。此類理論是德、意、日法西斯主義侵略全世界的工具。他否認中華民族內之各族都是「文王的孫子」，也否認有婚姻上的聯繫。他說昭君或文成公主出嫁外族，並沒有使匈奴或藏人成為漢人之「宗支」。因此他說蔣的民族理論違反常識。陳伯達又說蔣所提倡的「單一民族論」其實是提倡一種「大漢族主義」而「欺壓國內弱小民族」。最後陳伯達將民族問題轉為「階級」問題，他認為蔣所謂的民族是「大地主大資產階級」盜民族為其私有，事實上「民族的主體」是「工農大眾」。民族問題的解決是「動員民眾，實行民主」，而指導方針是毛澤東所提出的「新民主主義」。[94]

陳伯達之後艾思奇、續範亭等人也發表評論呼應他的看法。[95]這些文章也發行了單行本的小冊子。中共的看法立刻遭到國民政府的查禁。1943 年 12 月 1 日湖北省政府省主席陳誠發佈了查禁令，「奸黨陳伯達等著『[評]中國之命運』各書言論反動……詆毀領袖，污衊中央言論，反動應予查禁」。[96]

汪派人士在看到《中國之命運》之後也有不少的回應。如胡蘭成在《新東方雜誌》上寫〈《中國之命運》的批判〉。胡蘭成批判蔣的民族觀是「以獨裁政治的全體主義來歪曲歷史」，他說：「民族也並不是自然成長，卻是經過征服然後同化的」；如果根據蔣的謬論「如五胡亂華之類簡直等於不曾發生過，而辛亥革命的意義也無從瞭解了」。1945 年在他主編的《苦竹》中又刊有敦仁的〈《中國之命運》與蔣介石〉批判蔣著。[97]當時汪政府統治區內更直接批判蔣的中華民族觀點的文章是李伯敖

---

[93] 鄧野，〈蔣介石關於《中國之命運》的命題與國共的兩個口號〉，《歷史研究》，2008：4（北京，2008），頁 84-98。

[94] 陳伯達，〈評《中國之命運》〉，《解放日報》，1943 年 7 年 21 日，1、3、4 版。

[95] 艾思奇，〈《中國之命運》——極端唯心論的愚民哲學〉，最早發表在 1939 年 8 月 11 日的《解放日報》，他說「大地主大資產階級之所以要宣傳唯心論的哲學，就因為他們需要把一切道理加以顛倒，而唯心論正符合了他們的需要」、「《中國之命運》宣傳的是反理性的唯心論哲學，是極端有害的愚民哲學，是為了藉以維持大地主大資產階級一黨專政的中國式法西斯主義的統治」。此文收入艾思奇等，《論中國之命運》（出版地不詳：曉光社，1946），頁 1-24；續範亭，〈感言〉，《解放日報》，1943 年 8 月 16 日，第 1、2 版。他的觀點與艾思奇類似，認為蔣「完全是以唯心論、主觀主義、自私自利、獨裁夢想的個人英雄主義來決定中國之命運」（第 1 版）。

[96] 《湖北省政府公報》，期 492（1944），頁 34。

[97] 胡蘭成，〈《中國之命運》的批判〉，《新東方雜誌》，9：2（上海，1944），頁 2。敦仁，〈《中國之命

在《政治月刊》（上海）上寫的〈蔣著《中國之命運》的批判〉。

　　李伯敖的真名為惲逸群（1905-1978），當時任職於日本特務機關「岩井公館」，負責宣傳與教育文化的工作，後來證實他為中共地下黨員，1926 年入黨，1942 年進入上海的日本特務機關，為中共收集情報，受潘漢年領導。[98]李伯敖可能是他的筆名。此文的主旨在於以下幾點：第一，肯定蔣介石在此書中對「共黨的罪惡已有深切的認識」，然缺點則為行動上不夠堅決，不瞭解放棄抗戰、與日和平為反共的先決條件。第二，肯定蔣介石反對英美帝國主義、自由主義，然自己卻「甘供英美帝國主義利用，為它們作犧牲」。第三，肯定蔣介石主張恢復民族固有的德行，故「已有回復到中國的覺醒」，然如不堅決「反共反英美」則無法回復到東方固有的精神。在民族問題上，作者則呼應日本學者的觀點從「東亞民族主義」的角度來論述。他指出蔣介石將民族生存的領域包括東北、台澎與中南半島，是「大漢族主義的帝國主義」，「有可批評之處」。但是蔣認識到中國傳統是以「固有的德行」來維繫各族，這是最正確的。他的觀點是應「反共」、「親日」，把「東亞」當作一個單位與「白種人」對抗：

> 正確地講，回藏夷蒙等族和漢族的不出於同一血統，和中國日本的區別沒有兩樣。如果我們把東亞民族當作一個單位，以與白種人相對稱，則東亞各民族之間，纔真正是大小宗派的關係。但蔣先生又沒有回到東亞本位的勇氣，所以弄得上不在天，下不在地，而沒有著落。[99]

　　以上主要是中共與汪派對《中國之命運》的批評，此外國民黨內對此也有一些正反面的意見。蔣對於上述各種批評應瞭然於心。因此初版發行之後，他一方面「頗覺自得」，[100]另一方面在 1943 年 4 月底就著手修改。根據蔣的日記：

> 昨日下午修正《中國之命運》第四章第五節後，召見工業會員。（《蔣中正日記》1943 年 4 月 29 日）

運》與蔣介石〉，《苦竹》，期 3（上海，1945），頁 9-20。
[98] 韓文寧，〈惲逸群在「岩井公館」的日子〉，收入崔廣懷主編，《世紀風采》增刊（《世紀風采創刊 10 週年紀念專集 1994-2004》），2004 年 1 月，頁 281。茹予我、聞繼衷，〈戰士的風骨——記惲逸群〉，陸炳炎主編，《惲逸群同志紀念文集》（上海：上海三聯書店，2005），頁 90。
[99] 李伯敖，〈蔣著《中國之命運》的批判〉，《政治月刊》，7：5，頁 2-27。
[100] 蔣日記記載：「晚餐後聽讀《中國之命運》廣播，頗覺自得」。《蔣中正日記》1943 年 4 月 2 日。

　　修正《中國之命運》第一章，關於民族問題引徵尚嫌不足也。（《蔣中正日記》1943 年 4 月 30 日）

　　正午接妻電……下午修正《中國之命運》。（《蔣中正日記》1943 年 5 月 18 日）

　　上午校閱《中國之命運》第五章，午後校閱第二章。（《蔣中正日記》1943 年 5 月 19 日）

　　《中國之命運》校閱完畢。（《蔣中正日記》1943 年 5 月 23 日）

此後蔣仍陸續修訂，10 月 3、4 日時他看到中共對此書之批評。日記中寫到：「下午看共匪所評論之中國命運小冊，不足為異，毫無理論根據決不能煽動閱者對中國命運本書之信心」、「看共匪對《中國之命運》之評論小冊完，毫無動心，此種橫逆與誣衊之來，今則視同無物矣！」至 1943 年 12 月 11 日蔣結束增訂，將稿子付印，1944 年 1 月 1 日發行增訂版。

　　如果比較初版與增訂版文字上的變動，可以看出蔣介石還是針對外界所疑慮的「漢族中心主義」提出修正，不過此一修正只是語氣程度上的微調，並非主旨之變更。這方面婁貴品的著作中已經指出兩書在頁 2「就民族成長的歷史來說」一段的內容改動很大，增加了民族起源及各族關係的論述，例如原文是「融和於中華民族的宗族，歷代都有增加」（1943 年 3 月初版，頁 2），改為「這多數的宗族，本是一個種族和一個體系的分支……然而五千年來，他們彼此之間，隨接觸機會之多，與遷徙往復之繁，乃不斷相與融和而成為一個民族」（1944 年 1 月增訂版，頁 2）。此外還有一些較小的文字更動。例如，蔣將「融合的方法是<u>同化</u>而不是征服」改為「融合的方法是<u>扶持</u>而不是征服」。從「同化」改為「扶持」是一個比較大的變動。婁貴品並指出這很可能主要是根據當時軍令部部長徐永昌的建議。[101]

　　婁文沒有注意到的另一個增訂是在「至於各宗族歷史上共同的命運之造成…」一段的最後，蔣增加了一段，強調「同源論」，並認為「五族」的區分不是「人種血系的不同」，而是「宗教與地理環境的差異」。以下是新版增添之文字：

　　在此悠久的歷史過程中，各宗族往往在文化交融之際，各回溯其世系而發見其同源。即如蒙古是匈奴的後裔，而《史記》、《漢書》考其遠祖實出於夏后

---

[101] 婁貴品，〈陶希聖與《中國之命運》中的「中華民族」論述〉，《二十一世紀》，期 131（香港，2012），頁 68。

氏。東北女真與西藏的吐蕃，是鮮卑的子孫，而《晉書》《魏書》考其遠祖皆出於黃帝軒轅氏，我們再稽考周書、遼史、及文獻通考以為推求，則今日之滿族與藏族即由此流衍而來。至於我國今日之所謂回族，其實大多數皆為漢族信仰「伊斯蘭」教之回教徒，故漢回之間其實只有宗教信仰之分，與生活習慣之別而已。總之，我們各宗族，實同為一個民族，亦且為一個體系之一個種族。……這是我中華民國全國同胞不可不徹底了解的（增訂版，頁8-9）。[102]

　　除了此處之差異之外，兩個版本還有許多的不同，主要都是將書中原來談到「契丹」、「女真」、「蒙古」、「滿族」的「同化」二字改為「融化」（增訂版，頁4）或改為「融和」（增訂版，頁10）。其次在維繫各宗族情感方面，原為以德行來「感化各宗族固有的特性」，改為「協和各宗族固有的特性」（增訂版頁7）。四鄰各宗族入據中原之後「感受同化」，改為「同受融化」（增訂版頁7）。西藏在初版說「其同化亦超過一千三百年以上」（初版頁8），增訂版改為「其融化亦超過一千三百年以上」（增訂版頁8）。由「同」改為「融」以略為鬆動強烈漢族中心主義的印象。

　　不過即使有這些更動，蔣介石《中國之命運》中的民族觀，如吳啟訥所述，可以稱為「中華民族宗族論」。吳啟訥指出：「從孫中山版的『三民主義‧民族主義』中華民族國族主義，到蔣介石的中華民族宗族論，都是漢民族主義與『五族共和』間的妥協性產物。以地方自治涵括民族自治，也是從近代西方民主政治的角度，壓制可能對漢人統治和國土完整構成挑戰之非漢人民族主義政治主張的妥協性措施。中華民族宗族論和中華民國地方自治背後的意圖，都是試圖仿照美利堅民族，塑造以漢文化體系為核心的，具高度同質性的中華民族；都是尋求透過掩飾境內族群間的差異，達到消弭族群間的差異之政治目標」。[103]這是很中肯的論斷。

[102] 最早注意到《中國之命運》初版與增訂版文字差異的是當時的一位讀者，參見：澄性，〈「中國之命運」增訂點之介紹與認識〉，《安徽青年》，4：1、2（合肥，1944），頁9-12。有關「中華民族」的部分，作者注意到第2、13段兩處修改。在比對兩個版本的差異之後，他指出「團長這部著作，經此修訂，更臻完美之璧，益顯其意義之重大」；但同時他也鄭重地引用陳布雷的話說「文字上間有修訂或校正之處，但於全書意旨，均無改易」（頁12）。

[103] 吳啟訥，〈中華民族宗族論與中華民國的邊疆自治實踐〉，黃自進、潘光哲主編，《蔣介石與現代中國的形塑——第一冊：領袖的淬鍊》，頁211。

六、結論

　　本文描述了抗戰時期中國朝野有關中華民族之討論。筆者指出 1930 至 40 年代有關此議題之討論是因應日本侵略中國而引發。因此筆者先追溯日本學界對此議題的討論，以及部分日方觀念如何透過翻譯而引介到中文世界並激發了國人之民族情緒與民族自信心。其次再釐清中國知識分子的討論，其中傅斯年與顧頡剛是代表性的人物，他們所提出東北自古以來是中國的一部分，以及「中華民族是一個」的觀點最具影響力；芮逸夫有關「中華國族」的看法與他們的觀點也相互配合。然而傅與顧亦引發了吳文藻、費孝通與中共黨員、維吾爾族歷史學家翦伯贊的反駁，至 1943 年蔣介石發表《中國之命運》民族議題又再度引發爭議。蔣的觀念一方面與顧頡剛的「滾雪球」理論相類似，另一方面亦受到陶希聖的影響，然而他將同化論與同源論結合成的「中華民族宗族論」無疑地是他本身之見解。此書引起來自中共與汪派的批評，前者根據毛澤東的「新民主主義」立論，企圖以階級與民主來取代民族；後者則呼應日本的「東亞民族主義」。總之，抗戰時期有關中華民族之討論其主旨在尋求國人之「團結」，而結果卻是引發出「不團結」。換言之，此一討論的背後仍是內部蔣汪與國共之分歧及權力的鬥爭。然而不容忽略的是「中華民族」觀念所造成之凝聚性，仍在某種程度上有效地團結人心以共赴國難。誠如日本學者所述，中日之間的戰爭是日本民族主義或「東亞民族主義」與中國民族主義的對衝，或說「大和魂」與「中國魂」的衝突，而中國取得最後勝利的原因之一是「民族主義再發現」。然而「再發現」過程中所出現的不同觀點則成為日後引發各種政治、族群爭議的重要原因。

徵引書目

中日文資料

〈文化消息：「中國之命運」已由胡志明譯成越文印行〉，《國立中央圖書館館刊》，復刊期 1（南京，1947），頁 57。

〈半生の支那研究 あたら灰燼に 再起する老篤学者 外務省出火余聞〉，《朝日新聞》（夕刊），1942 年 2 月 20 日。

〈米內山氏依願免官〉，《朝日新聞》（夕刊），1940 年 3 月 2 日。

〈米內山領事，筆禍で辭意〉，《朝日新聞》（朝刊），1940 年 3 月 1 日。

〈重慶が賴みの穀倉、陷つ常德は蔣軍蠢動の大動脈〉，《朝日新聞》（朝刊），1943 年 12 月 5 日。

〈解明される支那 血滲む学徒の踏查を基礎に尨大な編纂計画進む〉，《朝日新聞》（夕刊），1940 年 11 月 19 日。

《申報》，1933 年 3 月 18 日，7 版。

《申報》，1940 年 3 月 4 日，4 版。

《政府公報》，4128 號（1927 年 10 月 21 日），頁 4。

《湖北省政府公報》，492 號（1944），頁 34。

シー・ウオルター・ヤング，《滿洲に於ける日本の特殊地位》，東京：拓務大臣官房文書課，1932。

蔣中正，《蔣中正日記》，美國史丹佛大學胡佛研究所典藏。

大谷孝太郎，〈事變と支那民族の世界觀〉，《外交時報》，832 號（1939 年 8 月 1 日），頁 1-23。

中村亜希子，〈米內山庸夫コレクションの瓦〉，《東京大学総合文化研究科・教養学部 美術博物館資料集 4：米內山庸夫コレクション（瓦）》，東京：東京大学教養学部美術博物館，2010，頁 7。

王一之，〈中國民族主義之本質及其發展過程〉，《新政治月刊》，1：5（重慶，1939），頁 42-45。

王仲廉譯，〈傅斯年等編著《東北史綱》在日本所生之反響〉，《圖書評論》，2：8（南京，1934），頁 95-115。

王汎森、潘光哲、吳政上主編，《傅斯年遺札》，卷 2，台北：中央研究院歷史語言研究所，2011。

王明珂，〈尋訪凌純聲、芮逸夫兩先生的足跡：史語所早期中國西南民族調查的回顧〉，《古今論衡》，期 18（台北，2008），頁 17-32。

──，〈簡介芮逸夫先生〉，《川南苗族調查日誌 1942-1943》（台北：中央研究院歷史語言研究所，2010），頁 V-XI。

未名，〈中國之命運在美國〉，《群眾》，期 6（香港，1947），頁 6-12。

矢野仁一，〈滿蒙藏は支那本來の領土に非る論〉，《外交時報》，412 號（1922 年 1 月 1 日），頁 56-70。

───，《滿洲國歷史》，東京：目黑書店，1933。

伊藤信哉，〈解題〉，收入伊藤信哉編，《外交時報總目次・執筆者索引 戰前編》（東京：日本図書センター，2008），頁 5-6。

朱樸，〈記蔚藍書店〉，《古今半月刊》，期 13（上海，1942），頁 19-20。

米內山庸夫，〈支那民族の將來〉，《外交時報》，914 號（1943 年 1 月 1 日），頁 105-120。

────，〈日支兩民族の對峙〉，《外交時報》，788 號（1937 年 10 月 1 日），頁 30-46。

─────，〈世界之大勢與中日兩民族〉，《譯叢》，1：5（南京，1941），頁 30-35。

─────，〈世界各國著名雜誌論文摘要：事變處理的基調〉，《東方雜誌》，37：6（香港，1940），頁 48-49。

─────，〈事變處理の基調〉，《外交時報》，844 號（1940 年 2 月 1 日），頁 1-17。

─────，〈南京政府の將來〉，《中央公論》，第 52 年 12 月號（東京，1937），頁 116-124。

─────，〈興亞院の設立と我ガ對支政策〉，《外交時報》，819 號（1939 年 1 月 15 日），頁 1-13。

─────著，天孫譯，〈中國民族的將來〉，《新流》，1：2（南京，1943），頁 9-11。

─────著，周景譯，〈事變之基調（下期續完）〉，《國際週報》，期 9（香港，1940），頁 9-11。

─────著，周景譯，〈事變之基調（續完）〉，《國際週報》，期 10（香港，1940），頁 17-20。

─────著，青園譯，〈中國事變處理之基調〉，《建國旬刊》，期 7（成都，1940），頁 11-14。

臼井勝美編，〈齋藤隆夫代議士質問演說速記（昭和十五年二月二日）〉，《現代史資料 13：日中戰爭 5》，東京：みすず書房，1966，頁 336-348。

艾思奇，〈《中國之命運》──極端唯心論的愚民哲學〉，收入艾思奇等，《論中國之命運》，出版地不詳：曉光社，1946，頁 1-24。

宋稚青，〈雷鳴遠神父與天津益世報〉，《神學論集》，期 87（台北，1991），頁 49-62。

尾崎秀實，〈「東亞協同體」の理念とその成立の客觀的基礎〉，《中央公論》，第 54 年 1 月號（東京，1939），頁 4-18。

李伯敖，〈蔣著《中國之命運》的批判〉，《政治月刊》，7：5（上海，1944），頁 2-27。

李楊，〈陶希聖與《中國之命運》新解〉，《中國社會導刊》，2008：13（北京，2008），頁 44-46。

李楊，〈蔣介石與《中國之命運》〉，《開放時代》，2008：6（廣州，2008），頁 39-51。

汪子美，〈編後記〉，《抗戰畫刊》，期 21（桂林，1938），頁 22。

依山，〈卷頭語〉，《新流》，1：3（南京，1943），頁 1。

和田耕作，〈長期戰の特質と大陸政策の方向〉，《中央公論》，第 53 年 7 月號（東京，1938），頁 27-35。

松山文雄，《漫画学校》，東京：大雅堂，1950。

林柏生，〈卷首語〉，《譯叢》，1：1（南京，1941），頁 3。

芮逸夫，〈中華國族的分支及其分佈〉，收入中國民族學會編，《中國民族學會十週年紀念論文集》，成都：中國民族學會，1944，頁 3-13。

─────，〈中華國族解〉，《人文科學學報》，1：2（昆明，1942），頁 133-139。

─────，〈再論中華國族的支派及其分佈：訂正在中國民族學會十週年紀念論文集發表之文〉，《民族學研究集刊》，期 5（重慶，1946），頁 29-40。

─────，〈西南少數民族蟲獸偏旁命名考略〉，《中央研究院歷史語言研究所人類學集刊》，2：1、2（成都，1941），頁 113-190。

邵循正，〈評傅斯年《東北史綱》第一卷古代之東北〉，《大公報》，1933 年 5 月 1 日，11 版。

侯外廬，《韌的追求》，北京：生活・讀書・新知三聯書店，1985。

胡蘭成，〈《中國之命運》的批判〉，《新東方雜誌》，9：2（上海，1944），頁 2。

兼井鴻臣，《赤裸の日華人》，東京：人文閣，1942。

茹予我、聞繼表，〈戰士的風骨──記惲逸群〉，陸炳炎主編，《惲逸群同志紀念文集》（上海：上海三聯書店，2005），頁 73-102。

堅甌譯，〈敵人論中華民族的將來〉，《中央週刊》，5：33（重慶，1943），頁 151-158。

婁貴品，〈陶希聖與《中國之命運》中的「中華民族」論述〉，《二十一世紀》，總第 131 期（香港，2012），頁 65-72。

張文元（改作），〈中華民族潛在的力量，終於被敵人發掘了出來〉，《抗建》，期 12（西安，1939），
　　頁 6。

——（改作），〈中華民族潛在的力量，終於被敵人發掘了出來〉，《抗戰畫刊》，期 26（桂林，
　　1939），頁 13。

章麟譯，愛德華・羅卜（Edward Rohbough）原著，〈「中國之命運」在美國的出版競賽〉，《文萃》，
　　2：21（上海，1947），頁 24-25。

陳伯達，〈評《中國之命運》〉，《解放日報》，1943 年 7 年 21 日，1、3、4 版。

陳克文著、陳方正編輯校訂，《陳克文日記 1937-1952》，台北：中央研究院近代史研究所，2012。

陳進金，〈現代中國的建構：蔣介石及其《中國之命運》〉，《國史館館刊》，期 42（台北，2014），頁
　　31-62。

陳槃，〈懷故恩師傅孟真先生有述〉，《新時代》，3：3（台北，1963），頁 13-14。

陶希聖，〈台灣版校後記〉，收入陶希聖，《中國社會之史的分析》，台北：食貨出版社，1954，頁 157。

——，〈讀《中國之命運》〉，《中央週刊》，5：33（重慶，1943），頁 1。

——，《中國社會之史的分析》，台北：食貨出版社，1954。

傅斯年等著、傅斯年編，《東北史綱：第一冊古代之東北》，北平：國立中央研究院，1932。

傅樂成，〈傅孟真先生的民族思想〉，收入傅樂成，《時代的追憶論文集》，台北：時報文化出版公司，
　　1984，頁 141-167。

敦仁，〈《中國之命運》與蔣介石〉，《苦竹》，期 3（上海，1945），頁 9-20。

黃天華，〈民族意識與國家觀念——抗戰前後關於「中華民族是一個」的爭論〉，收入中國社會科學院近
　　代史研究所民國史研究室、四川師範大學歷史文化學院編，《一九四〇年代的中國》，下卷（北京：
　　社會科學文獻出版社，2009），頁 1044-1061。

黃自進、潘光哲主編，《蔣介石與現代中國的形塑——第一冊：領袖的淬鍊》，台北：中央研究院近代史
　　研究所，2013。

黃克武、潘光哲主編，《十種影響中華民國建立的書刊》，冊 10，台北：文景書局，2013。

楊度，〈金鐵主義說〉，《中國新報》，1：1-1：5（東京，1907），頁 9-60；1-95；1-57；1-32；1-55。

葉碧苓，〈九一八事變後中國史學界對日本「滿蒙論」之駁斥—以《東北史綱》第一卷為中心之探討〉，
　　《國史館學術集刊》，期 11（台北，2007），頁 105-142。

葛兆光，〈納「四裔」入「中華」？——1920-1930 年代中國學界有關「中國」與「中華民族」的論
　　述〉，《思想》，期 27（台北：聯經出版公司，2014），頁 1-57。

影佐禎昭，〈曾走路我記〉，《現代史資料 13：日中戰爭 5》，東京：みすず書房，1966，頁 349-398。

澄性，〈「中國之命運」增訂點之介紹與認識〉，《安徽青年》，4：1、2（合肥，1944），頁 9-12。

翦伯贊，〈論中華民族與民族主義——讀顧頡剛續論「中華民族是一個」以後〉，《中蘇文化》，6：1
　　（重慶，1940），頁 27-33。

蔡登山，〈文史雜誌的尤物—朱樸與《古今》及其他〉，收入蔡登山主編，《古今（一）》（台北：秀威
　　資訊科技，2015），頁 i-xi。

——，〈政論家樊仲雲的人間蒸發〉，收入蔡登山，《叛國者與「親日」文人》，台北：獨立作家，
　　2015，頁 371-387。

蔣中正，《中國之命運》，重慶：正中書局，1943。

——著、波多野乾一譯，《中國の命運》，東京：日本評論社，1946。

——著、種村保三郎譯，《中國の運命》，台北：東寧書局，1945。

鄧野，〈蔣介石關於《中國之命運》的命題與國共的兩個口號〉，《歷史研究》，2008：4（北京，

2008），頁 84-98。

鄭鶴聲，〈傅斯年等編《東北史綱》初稿〉，《圖書評論》，1：11（南京，1933），頁 7-18。

繆鳳林，〈評傅斯年君《東北史綱》卷首〉，《大公報》，1933 年 6 月 12 日、6 月 19 日、6 月 26 日、7 月 3 日、7 月 31 日、9 月 4 日、9 月 25 日，11 版。

謝世忠，《國族論述：中國與北東南亞的場域》，台北：台大出版中心，2004。

賽珍珠作、野雀譯，〈中日事變與中日的國民性〉，華北善鄰會編，《敦鄰》，1：1（北京，1944），頁 42-46。

韓文寧，〈惲逸群在「岩井公館」的日子〉，收入崔廣懷主編，《世紀風采》增刊（《世紀風采創刊 10 週年紀念專集 1994-2004》），2004 年 1 月，頁 280-282。

羅君強，〈偽廷幽影錄──對汪偽政權的回憶紀實〉，收入黃美真編，《偽廷幽影錄──對汪偽政權的回憶紀實》，北京：東方出版社，2010，頁 1-77。

續範亭，〈感言〉，《解放日報》，1943 年 8 月 16 日，1、2 版。

顧潮編著，《顧頡剛年譜》，北京：中國社會科學出版社，1993。

顧頡剛，〈中華民族的團結〉，《申報》，1937 年 1 月 10 日，7 版。

───，〈中華民族是一個〉，《西北通訊》，期 1（南京，1947），頁 3-7。

───，〈我為什麼要寫「中華民族是一個」〉，《西北通訊》，期 2（南京，1947），頁 1-3。

───，〈發刊詞〉，《禹貢》，1：1（北平，1934），頁 2-5。

───，《顧頡剛日記》，卷 4，台北：聯經出版公司，2007。

英文資料

Chang, Che-chia. "Health and Hygiene in Late Qing China as Seen through the Eyes of Japanese Travelers." In Pei-yin Lin and Weipin Tsai eds., *Print, Profit and Perception: Ideas, Information and Knowledge in Chinese Societies, 1859-1949*. Leiden: Brill, 2014, pp. 40-63.

Chiang, Kai-Shek, Authorized translation by Wang Chung-Hui; with an introduction by Lin Yutang. *China's Destiny*. New York: The Macmillan Co., 1947.

Chiang, Kai-shek. *China's Destiny & Chinese Economic Theory*. New York: Roy Publishers, 1947.

Tobe, Ryōichi（戶部良一）. "How Japanese People Understood the Sino-Japanese War, 1937-41." 收入呂芳上主編，《和與戰》，台北：國史館，2015，頁 9-41。

網路資料

〈本所簡史〉，收錄於「中央研究院歷史語言研究所」：http://www2.ihp.sinica.edu.tw/intro1.php?TM=2&M=1，（2015/5/20 檢閱）。

民國時期湘西行政區劃與邊緣性的形成*

趙樹岡

　　司科特（James C. Scott）曾用森林資源開發的林木種植與樹種為例，說明國家行政治理（statecraft）核心在於識別性（legibility），亦即國家對統治對象和環境掌控逐漸加強所採行的各類制度，其目的就是可識別和簡單化，而可識別性的行政地圖也重塑了社會與環境。[1]蘇堂棟（Donald S. Sutton）等人認為，明清帝國在其認知的邊疆上同樣試圖創造司科特提出的清晰的國家空間（legible state space），邊疆有時是帝國的政治邊界，更經常處於政治體制內的社會、經濟或文化罅隙中。[2]清代苗疆正是蘇堂棟等學者討論的重點。由於苗疆邊界的模糊，甚至改土歸流前還出現「按圖考貢尚有未格之苗疆」的形容，[3]官方文書與奏摺則經常以黔楚苗疆、苗疆廳縣，或直接以苗疆一詞指陳湖南、貴州、四川交界不斷發生的動亂與征撫過程。乾嘉苗變後，各級地方官員為了行政治理的需要，以實施均田苗防的行政建置定義苗疆，其中湖南省境的苗疆在民國時期又被範圍更大，新設置的行政區域湘西所涵蓋。民國時期的湘西不僅延續了清代湖南苗疆的屯務與苗防，新的行政區劃也重塑了社會與環境，行政邊界更驅使邊界內外人群對我群與他群產生不同的認知與論述，這些論述逐漸塑造了湘西的邊地與邊民意象，湘西也被賦予獨特的地域文化意涵。

一、湖南苗疆的行政治理識別性空間

　　清代治理苗疆的地方官員歷經各次西南地區叛服過程後，編纂了各類紀略，主要

---

* 本文為中研院主題計畫「文化、歷史與國家形構」（AS-104-TP-C01）研究成果，主要內容曾發表於中國社科院《民族研究》，期1（北京，2018），頁70-78、125，囿於篇幅原文有刪節，今刊為完整稿件。

1　參見 James C. Scott, *Seeing Like a State: How Certain Schemes to Improve the Human Condition Have Failed* (New Haven: Yale University press, 1998), pp. 11-24.

2　參見 Pamela Kyle Crossley, Helen Siu and Donald S. Sutton eds., *Empire at the Margins: Culture, Ethnicity, and Frontier in Early Modern China* (Berkeley: University of California Press, 2006), p. 3.

3　方顯（1676-1741），〈金德瑛序〉，收入（清）鄂輝等撰，《平苗記略》（北京：北京出版社，1997），同治十二年刻本。

用以說明苗情，敘述王朝武力征服與地方經略過程，並區辨各地苗屬，這些著作也成為後世學者的重要參考。如道光年間，貴州布政使羅繞典編纂的《黔南職方紀略》，甚至成為人類學者林耀華哈佛博士論文〈貴州苗民〉（"The Miao-Man Peoples of Kweichow"）唯一的論述依據，該論文完全圍繞在考證羅繞典生平經歷，及其編纂的紀略。[4]相關文獻除了史料價值，或許更值得以司科特討論國家對統治區域採行的可識別與簡單化行政治理角度，分析乾嘉苗變之後地方官員如何為原本邊界模糊的苗疆賦予可辨識與清晰的行政範圍。

　　始發於乾隆乙卯（1795），波及貴州、湖南、四川三省的乾嘉苗變應該是清代苗疆較大的一次動亂，相關史料記載異常豐富。歷時三年有餘的變亂弭平後，地方大臣奏請屯田，主要理由為：「國家經費有常，防邊兵勇不能久而不撤，據行裁回則邊備空虛，該處紳士兵民等，於廢復情形均所親身目擊，咸知身家非碉卡不能護，保碉卡非兵勇不能駐守，練勇非屯田不能養贍」。[5]苗疆各縣皆均出田土以為營汛碉樓卡哨設施與丁勇養贍之用。由於繁雜的軍事防禦，以及支應相關措施的土地政策，乾嘉苗變後，地方官員編纂的各類書籍內容大多側重軍事與土地，嘉慶二十五年嚴如煜的《苗防備覽》即為這類書籍集大成者。

　　《苗防備覽》作者強調本書對治理苗疆的實用價值，該地過去因「五溪深阻，山川險要，道路風俗，兵謀營制，向無載籍可稽」，導致乾嘉變亂事啟之初「防剿茫然」。這部被譽為「官苗疆者，當置一部於案頭」的書籍共計 22 卷，首重苗寨分布、地理位置與相應的軍事防禦措施，但第 14 卷之後顯然與「實用性」無關。除了歷代苗民的叛服，甚至卷 18 的傳略記載了「抗苗」有功將士，苗疆士民「大義示苗」、「罵賊不屈」，或是遇苗自盡的節婦。尤其重要的是，該書卷 1 輿圖繪製了苗疆總圖與各廳縣分圖，整體範圍北界永順溪洲銅柱，南至貴州銅仁，西接四川西陽、秀山，東臨湖南瀘溪，包括湘、黔、川三省十二個府廳縣。貴州思州、鎮遠、思南三府部分地區也因為軍事建制包括在內。從《平苗紀略》形容清初尚有「未格之苗疆」到《苗防備覽》繪製輿圖，使得過去邊界未定的苗疆有了清晰的範圍。《苗防備覽》編纂者雖然將該書定位為地方官吏通曉苗情、苗地、苗防的書籍，但整體上還是將設有苗防的軍事區域視為行政上的整體，以接近方志體例描繪該地。

　　除了《苗防備覽》，清代尚有大量與苗疆相關，但內容大多相互傳抄的書籍，其中撰者不詳，專言屯務的《屯防備覽鈔本》即為其一。曾署理湖南辰永沅靖道的但湘

---

[4]　參見 Yueh-hwa Lin, "The Miao-Man Peoples of Kweichow," *Harvard Journal of Asiatic Studies*, 5:3/4(1941), pp. 261-345.

[5]　參見嚴如煜，《苗防備覽》，嘉慶二十五年（道光癸卯重鐫版），頁 568。

良以《屯防備覽鈔本》雜亂，缺乏系統，因此又分門類、按次第重新編為《湖南苗防屯政考》，同時將湖南苗防相關奏章、沿革等收錄書中。《湖南苗防屯政考》按照實施均屯區域，詳列湖南苗疆屯政資料，具體指涉湖南七廳縣。[6]該書不僅涉及屯政，更分別依地理、建制、征服、均屯、營汛、碉堡、弁勇、儲備、學校、勘蹟分冊。在體例上，同樣如同方志描述了苗疆範圍，詳載苗疆府廳州縣四至疆域。更進一步以湖南布政司為中心，分別說明各府與直隸州廳至布政司的距離。從實用性而言，標記各處至布政司的距離並無實際意義，卻足以說明該書編者以更接近方志的體例編纂《湖南苗防屯政考》，同樣將湖南苗疆府廳州縣視為類似整體的行政單位。

　　至於各類奏摺或文獻所指稱的湖南苗疆有以苗疆五廳縣為名，或如乾嘉苗變，延續到民國時期仍常見的苗疆三廳縣之稱，如民國永順縣志，還在「武備志駐防順道」說明乾州、鳳凰、永綏三廳「舊系苗疆」。[7]每個廳縣本身都是苗民雜處，亦即苗疆內部還有成百上千個圈子。從各廳縣行政中心來看，四周苗寨環繞；從軍事設施來看，由土弁勇官組織的營汛碉堡又將苗寨隔絕於外。因此，外部看到的苗疆廳縣是施行特殊行政治理，有特殊軍事防禦體系，甚至採行因地制宜之《苗例》的特殊區域，但是從苗疆內部來看，每個廳縣又有其各自區別民苗的邊界。正因為苗疆內部苗土與民土犬牙交錯，以致傅鼐論述哨卡碉堡有一字型、品字型、梅花型諸多因地制宜的設置。[8]地方官員對這類情況應該相當清楚，除了以苗族服飾大範圍分辨苗屬，也詳列苗寨以及各寨里程，賦予苗疆內部可識別與清晰的民苗邊界。

　　清代湖廣總督、湖南巡撫等地方大員奏摺或各廳縣對苗疆的描繪都強調各地苗民雜處，動亂的主因在於「奸民凶苗」，或混入苗界的「漢奸」唆使。對於苗疆的治理一方面均田練勇，嚴禁民苗婚姻與相互入界，直到民國時期仍不斷釐清民苗界址，廣興義學試圖「教化」。如同描繪其他地區的動亂，官員對於苗疆生態強調的是地勢險要，而苗民則是「愚悍」。除此之外，並未賦予苗疆神秘色彩，久經教育與生活浸染的「熟苗」，也以傳統的崇禮尚義為上，對我群身份並沒有特別強調。以致於大量居住在城裡，與苗寨相連咫尺的「熟苗」，對苗族社會文化隔膜，我群意識不強，邊界內的「熟苗」甚至與漢民無異。

6　參見但湘良，《湖南苗防屯政考》，清光緒九年刊本。該書所列湖南苗防七廳縣係指：鳳凰、乾州、永綏、保靖、古丈、瀘溪、麻陽。

7　胡履新，《永順縣志》（長沙：長沙吟章紙局代印，1930〔民國十九年〕），卷25，「武備志」，頁3。除上述三廳外，亦常見加上古丈、保靖，合為湖南苗疆五廳縣或邊疆五廳縣之稱。參見楊瑞珍、周玉恒，《永綏直隸廳志》，同治七年（1868）修，亦見上述縣志。

8　傅鼐，〈修邊論〉，引自蔣琦溥、林書勛等，《乾州廳志》，卷之六，屯防一，光緒三年（1877）。

　　民國時期湖南省政府對苗疆廳縣的治理因襲清制，乾州、鳳凰、永綏各縣的均屯制度自民國肇建後延續了二十幾年，直到苗民廢屯聲浪高漲，省政府廢屯為止。[9] 1935 年起，湖南省政府先後成立湘西綏靖處、湘西行政督察專區。甚至國民黨中央組織部以湘西地勢險要，為抗戰重要據點，國民黨湖南省執行委員會自長沙會戰以後，已轉移湘東，對湘西各縣黨務指揮監督，均感不便，為便於配合軍政，積極組訓民眾，將常德等三十二縣劃為特區，成立湖南省湘西黨部，設置湘西辦事處，由中央直接指揮。[10]湘西黨部所規劃，涵蓋今日常德、張家界、湘西、懷化三個地級市，一個自治州的區域大致與民國時期的湘西行政區重疊，[11]顯然遠遠大於湖南苗疆。民國時期湖南苗疆一詞逐漸消失，而被湘西這個更大的行政區概括，但湘西與苗疆和苗族卻自然而然的並用為「湘西苗疆」或「湘西苗族」。因此，湘西除了作為行政地名，也延續了外界對苗疆與苗族的邊緣性想像。

二、作為邊地想像的湘西

　　經歷清代長期治理下，各地苗疆在民國時期的他者眼中仍然是蠻荒之地，如民國元年劉介到貴州，曾被《苗防備覽》納為苗疆的三江地區游歷，記錄了自己深入苗區的觀感：「苗民聚族腹地，原非化外之民，今猶榛榛狉狉，曾與鹿豕無異，旅行苗地者，如遊上古部落之社會，又若置身異國焉，同為國民，同為省民，其文野之不同如此」。[12]換言之，在民國新政體「同為國民，同為省民」的比較基礎上，苗疆不僅被想像為時間上（上古部落）的他者，更是空間上（異國）的他者。所謂的「文野不同」，除了文化，還有想像的體質外觀差異。大量類似的描述也同樣發生在湘西。中央政治學校地政學院學生劉漢源 1938 年到湘西實習，在日記記載了到鳳凰木林（按：似為木里之誤）苗寨龍姓苗家作客，除了房屋與飲食，劉漢源似乎對苗族的外

9　湖南省政府對於屯務的管理設有湘西屯務處，處長由第三行政區督查專員兼任。民國 26 年屯務處長余傳範提出〈湘西屯務改革維持計劃綱要（附兩種計劃內容比較表）〉，吉首：吉首市檔案館，檔號：1-5-46，標題的改革、維持並列，可見湖南對於湘西屯務直至當時完全沒有廢除屯務的構想。

10　《中央黨務公報》，6：22（南京，1944）所列湘西 32 縣包括：常德、桃源、漢壽、沅江、沅陵、辰溪、芷江、晃縣、麻陽、漵浦、保靖、乾城、鳳凰、黔陽、古丈（原文誤植為古文）、永綏、瀘溪、龍山、桑植、大庸、慈利、石門、臨澧、澧縣、安鄉、南縣、華容、會同、靖縣、通道、城步、永順。

11　民國時期湘西行政區劃大致經歷辰沅道、湘西綏靖處、湘西行政督察專區等階段，詳細沿革可參閱羅維慶，〈湘西行政區劃的沿革與整合〉，《武陵山民族研究文論》（長沙：湖南師範大學出版社，2012），頁 212-215。「湘東」一詞除了註 9 所列國民黨《中央黨務公報》外，目前還未在其他檔案或文獻發現這個說法。

12　參見劉介，《苗荒小紀》（上海：商務印書館，1928），頁 1。

顯特徵相當感興趣，「觀其形，除額大突眼深外，餘與漢人少異，其服飾男與漢人無別。女則頭纏白布，服耳帶銀鐶，頸繫銀釧，衣與褲邊，無論美劣，多繡花紋」。[13]

　　民國時期湘西行政區域的建制，產生了湘西苗族之特稱，1933 年《湖南地理志》，即特別單獨紀錄了「湘西苗俗雜誌」一節。[14]對地方來說，湘西與湖南苗疆是完全不同的概念，但外界對新設置行政區域形成通稱的湘西苗族卻產生整體的邊緣性想像。劉漢源在日記提及，學校課程與考試結束後，原本按計畫赴湘西與四川巴縣實習，沒想到卻停留在芷江，主要原因是，「蓋以湘西一帶，焦符遍野，匪患時聞，非有政府護照，不足以通行也」，因此遲遲等候沅陵行署護照。[15]由芷江往麻陽二十餘里途中，身處叢林「縱無匪跡，而心已先寒矣」。到了鳳凰縣政府，看到「污穢雜亂，牆上蛛網交錯……文卷狼籍，服制不一，與麻陽較，不過伯仲之間也」。「無怪張治中氏，於視察湘西政治後之感想，謂其行政效率之低劣，不在湘南之下，所有縣長，多屬庸碌」。[16]當時的湘西「匪患」似乎已經深入人心，除了「民匪」，地方自衛組織亦形成「官匪」，以致於劉漢源自然而然的以武俠小說之綠林，投射在湘西匪患形象，「往年讀舊式小說，知有買路錢之一名詞，今聞人言，鳳屬各地，……凡有自衛隊處，道經是地者，須納買路錢，方許通過，其數額之徵收，視人之豐嗇而定」。[17]

　　相較於獵奇或實習為目的進入苗區的他者，學者則是在民國新政體探尋國族邊緣的時代脈絡進入湘西。1933 年，中研院史語所派出凌純聲、芮逸夫進行湘西苗族調查。雖然此前日本學者鳥居龍藏也曾來華調查苗族，但並未引起注意，而凌、芮二人的調查活動則對當地帶來相當大的影響。凌、芮二人找了乾州苗族青年石啟貴為主要研究助理與翻譯，一路隨同到鳳凰、古丈、乾州等地苗寨。這次調查對地方的影響包括各縣陸續成立專責機構進行少數民族調查，石啟貴成為第一批區研究員，以及苗族知識菁英的我族意識覺醒。[18]

　　凌、芮二人出版的《湘西苗族調查報告》從歷史文獻論述苗族起源，詳細描述了苗族社會文化風俗，其中也包括婚姻小節所稱「兩性生活頗為自由，處女與人通者，父母知而不禁，反以為人愛其女之美」等內容。[19]久經儒家傳統教育的石啟貴，對於

---

[13] 參見劉漢源，《湘西屯田調查及巴縣實習日記》（臺北：成文出版社有限公司，1977），頁 79142-79143。

[14] 參見傅角今編，《湖南地理志》（長沙：長沙湘益印刷公司，1933），頁 19

[15] 參見劉漢源，《湘西屯田調查及巴縣實習日記》，頁 79107。

[16] 劉漢源，《湘西屯田調查及巴縣實習日記》，頁 79108、79128。

[17] 劉漢源，《湘西屯田調查及巴縣實習日記》，頁 79147。民國時期報章雜誌對湘西匪患的報導不勝枚舉，在此不一一例舉。

[18] 湘西農村建設委員會乾城縣分會秘書室（建字第三一七號指令，1934），吉首市檔案館藏，檔號：1-12-66。

[19] 參見凌純聲、芮逸夫，《湘西苗族調查報告》（上海：商務印書館，1947），頁 94。

凌、芮二人描繪苗族「陋俗」深表不滿，也自行著手書寫苗族調查。石啟貴同樣以歷史文獻說明苗族的起源，以崇禮尚義與貞節等儒家道德標準，強調苗族同樣具備高尚品德。同時積極連結其他苗族菁英、仕紳向國民政府狀告凌、芮「惡行」。整個過程反倒使原本與漢民無二致的苗族知識界重新思考漢苗關係，再度深化了族群界線。苗族菁英的我族意識覺醒並非對苗族傳統文化的保存與延續，而是試圖從教育層面，促使苗族移風易俗，最終消弭漢苗邊界，達到同化目標。另方面，也在政治上爭取我族的權利。1936 年石啟貴任湖南省參議員，其後數度上書國民政府，最終促使國民大會在 1946 年增設「南方土著民族」代表十席。

　　苗族知識菁英幾乎自小接受儒家傳統教育，他們追求的是現代國家話語下身分的平等，對我族文化與民族治理的觀點幾乎和清代官方立場無異。原籍湖南永綏，自身為苗族的乾鳳古綏區行政督察專員辦事處秘書石宏規，在凌純聲、芮逸夫湘西苗族調查甫結束即自行出版了《湘西苗族考察紀要》。石宏規在該書再版自序開篇首句就論及自己負笈在非苗地區的求學經歷：

> 余年少肄業常德湖南省立第二師範，同學輩以余籍永綏，姓氏石，咸驚疑為苗族。課餘輒就詢苗疆事，余不之諱且津津樂道之。及長，負笈湖北省立文科大學，外省人士從未一睹苗民，群相爭詢，余告之不改舊態。蓋欲促其注意，而博其同情也。[20]

　　這段敘述反映出，民國時期至少在湖南省內用苗疆一詞仍相當普遍，而苗疆以外的他者對於苗疆範圍，以及苗族姓氏一般也有基本的認識，但對苗疆仍抱持相當的好奇心與神秘感。石宏規的「不改舊態」以及「余不之諱且津津樂道」反倒說明當時苗族對族群身份的隱藏。抗戰期間，隨著國民政府西遷湘西的安徽、江蘇各省教師也發現當地即使是「苗」，也自稱「我是客家而非苗民」。[21]

　　令人好奇的是，石宏規在自序之後，緊接著的正文首句卻出現與自序極為矛盾的敘述：

> 余家世居永綏，與苗族相距不一里，關於苗族之生活，習慣，風俗，語言，理

---

[20] 參見石宏規，〈重版自序〉，《湘西苗族考察紀要 附湘西苗民文化經濟建設方案》（長沙：飛熊印務公司，1936 年 7 月重版）（就各篇序文看來，該著作應發表於 1934 年，1936 年再版），頁 13。
[21] 參見戰區中小學教師第九服務團編，《湘西鄉土調查彙編》（1940），收入國家圖書館選編，《民國時期社會調查資料彙編》，第 6 冊（北京：國家圖書館出版社，2013），頁 101。

應洞悉；惟自幼入塾就傳，鮮有接近機會，稍長復負笈外遊，相去益遠。十七年（按：1928年）倦遊歸來，有志從事苗族之攷察，且進而求實現總理國內民族一律平等之主張，卒因事牽，願莫之遂。[22]

　　倘若這段敘述屬實，石宏規如何能如自序所言，對苗疆事不僅不諱，同時能「津津樂道」？此外，石宏規自己為苗族，但顯然不住在苗寨，而定居於「與苗族相距不一里」的咫尺之處，但卻強調入學之前並未與「生苗」深入接觸。從語氣看，似乎不願接觸遠高於不能接觸，清代「生苗」、「熟苗」之間的邊界看來持續發揮作用，更遑論漢苗的隔閡。石宏規希望進行民族考察的動機也不是深入瞭解我族的社會文化，終極目標是以「實現總理國內民族一律平等之主張」的國策，追求苗族的政治權力。

　　無論苗族菁英如何努力，清代湖南苗疆的邊緣性至少在民國時期都沒有太大改變，甚至苗族菁英仍延續清代治理苗疆的思維。石宏規曾以「世處邊區，洞悉苗情」的立場，提出〈湘西苗民文化經濟建設方案〉[23]呈報湖南省政府。方案首先表示，「竊維乾鳳綏保古五縣，位極湘西，毗連黔蜀，民苗雜處，風俗強悍，古稱難治」。隨後又敘述了乾嘉苗變的過程與清政府的處置。對於清政府在苗變後「撥給屯租，廣立書院及屯苗義學，以啟苗智，淳苗心，設養濟院、育嬰堂以養苗老，慈苗幼，保護城堡也，則有歲修費，鼓勵士生也，則有試資；興義烈祠，以獎忠節，恤老幼丁，以紀勤勤，奏設邊田字號，以優遇苗邊士子，教養兼施」等措施多有贊揚。論及民國以後，所謂「地僻邊遠，政府益無暇顧及，苗民勤儉誠樸，性富保守，鮮有競進，狡桀漢苗，相互勾結，利其愚懦，輒壓迫而腌削之，相沿成習，齟齬日深。因是，富苗計出自衛，貧苗挺而走險，結黨持械，恣意焚掠，循環報復，邊陲幾無寧日」。無論提出的問題與觀點或行文，都相當類似清代苗疆文獻。最終還是站在凸顯地區邊緣性的立場，提出了「加之湘黔地勢犬牙交錯，匪眾聲氣相通，匿竄靡定，剿辦非易，熒熒之火，勢將燎原」，要求嚴加治理。最後請省政府主席能夠「關懷岩疆，憫念苗族，力謀解放，以期同躋平等」。[24]

　　如果連石啟貴、石宏規在內的苗族菁英到民國時期還將所居之地形容為「邊

---

[22] 石宏規，〈重版自序〉，《湘西苗族考察紀要 附湘西苗民文化經濟建設方案》，頁1。

[23] 石宏規，〈湘西苗民文化經濟建設方案〉，收入氏著，《湘西苗族考察紀要 附湘西苗民文化經濟建設方案》，頁43-51。

[24] 石宏規呈文與湖南省政府撥款辦理之意見均載於1936年的《湖南省訓令（秘法字第五三八八號廿五年七月九日）》（湖南：湖南省政府秘書處印行）。另石宏規，〈湘西苗民文化經濟建設方案〉，《湘西苗族考察紀要 附湘西苗民文化經濟建設方案》，頁43-44。

區」，對外界的他者而言，當然更將湘西視為邊陲之地，湘西苗族也自然如同化外。民國時期，湘西被納入政府的邊疆行政體系，出現在以邊緣區域與人群為探討對象的《邊政研究》、《邊聲月刊》、《邊政公論》或《新民族》刊物。外界對湘西的印象除了與苗緊密聯繫外，也賦予該地獨立的文化意涵，如〈湘西文化對於中國文明之貢獻〉一文基本上還是以「湘西民族屬於漢族南源派系，苗族為南源同系者」的漢苗同源論據，最終觀點與苗族知識菁英一致，希望消除苗漢畛域。[25]由此不難發現，在可識別與簡單化原則的國家行政區劃下，湘西不僅成為邊政研究者探討的對象，甚至出現以「湘西文化」取代苗文化的現象。其他以湘西為標題的民國時期遊記或以調查為名的文章，除了眾口一致的土匪橫行，還增添該地神秘色彩，進一步型塑了湘西的邊緣性。

三、國族主義與現代化語境的「邊民」型構

　　中國社會日常生活的國族想像與社會實踐極少引起注意。沈松僑以 1930 年代中國救亡圖存的國族建構脈絡，分析常民生活敘事是相當少見的例子，他透過日常生活敘事說明麥可・比利（Michael Billig）提出的平庸國族主義（banal nationalism）概念，亦即國族觀念如何在不知不覺中，滲透日常生活，影響人群對自我、社會與世界的理解。[26]王明珂則是以史語所 30 年代左右，被學術界歸類為「典範」與「非典範」的二次民族調查，從時代與人群邊緣，帝制中國到民國社會情境（context）的儀式與文本變遷的微觀社會研究，討論近代國族情境結構變遷與相應文本結構變遷問題。[27]張兆和也討論了凌純聲、芮逸夫湘西苗族調查對苗族知識菁英的政治與文化覺醒的影響。[28]抗戰時期的全民動員和國族建構過程中，延續或創造了各種邊界，[29]幾乎與抗戰同時發生的革屯事件與國民政府遷都重慶，加上知識界對國族邊界的探尋，使得湘西在現代化、民族主義等話語背景被重新詮釋。

---

[25] 盧美意，〈湘西文化對中國文明之貢獻〉，《青年之聲》，3：1（1942），頁 41-45。

[26] 參見沈松僑，〈中國的一日，一日的中國——1930 年代的日常生活敘事與國族想像〉，《新史學》，20：1（台北，2009），頁 1-59。

[27] 參見王明珂，〈國族邊緣、邊界與變遷：兩個近代中國邊疆民族考察的例子〉，《新史學》，21：3（台北，2010），頁 1-54。

[28] 參見 Siu-woo Cheung（張兆和），"'Miao Rebellion' and Discursive Construction of Ethnic Identity ,"《國立台灣大學考古人類學刊》，期 53（台北，1998），頁 13-56。

[29] 參見 Andres Rodriguez, "Building the Nation, Serving the Frontier: Mobilizing and Reconstructing China's Borderlands during the War of Resistance(1937-1945)," *Modern Asian Studies*, 45:2(2011) , pp. 345-376.

　　革屯是湘西苗族為抵制均屯所引發的大規模抗爭行動，背景相當複雜，但絕非起義或苗漢衝突的簡單概念得以概括。背後還涉及漢苗社會文化不同背景，土地財產觀念差異，民國時期地方行政體系試圖展開鄉鎮劃界、田畝重新丈量。當然，更涉及地方強人在抗戰期間以民族主義為口號，與地方政府抗爭。[30]幾乎與凌、芮二人湘西調查活動時間重疊，以抗租為訴求，主張廢屯的團體，逐漸發展成頗具規模的武裝組織。劉漢源在廢屯行動最激烈的後一年來到湘西，描述了聽聞的景況，「近以苗民屢連年抗租，演成去秋（按：1937 年）乾城慘變，陷麻陽、攻鳳凰、圍永綏。其中雖有奸人之利用，而屯制之不良，不無其影響也。經此變亂之後，鳳乾麻永，成為匪窟，殺人放火，民難聊生」。[31]湖南省政府權衡情勢，決議於 1938 年裁撤屯租徵收局。但廢屯訴求達成後，這股勢力仍未解散，而是在民族主義的大旗下，以抗日名義，成立川黔湘革屯抗日軍。

　　通俗媒體對廢屯過程的描述似乎很自然的將清代湖南苗疆的變亂背景擴及到整個湘西，例如〈從風土民情看湘西民變〉這篇報導中，先談到沅陵富饒之區，再論及湘西教育水準低，人民性情蠻悍。[32]又有所謂，「變亂在湘西，所謂自古以然，只是今日尤烈而已」，[33]將廢屯武裝抗爭事件視為清代以來各類苗變的延續。但廢屯領導人運用抗戰時期高漲的民族主義情緒，不僅維持原有武裝力量，更使得事件本身與武裝力量的繼續維持具有高度正當性。王雲路在 1937 年到湘西考察民情，此行也看到川黔湘革屯抗日軍領袖吳良恒發出的布告並完整抄錄。

　　吳良恒在布告說明廢屯之原由，以及自己應父老之托，擔任武裝勢力總指揮，整個過程歷經和平請願到武裝抗爭：

> 查屯政之病民，百三十餘年矣。良恒不自量力，秉承先指揮之主義，暨地方父老之委託，起而請願，要求廢屯。……為我湘西民眾謀解放計，不得不採求自衛手段，集合三邊健兒，武裝起願，文電陳情，三年來臥薪嘗膽，慘淡經營。幸沐我賢明政府主席張公，俯順輿情，准予就租升科，明令廢屯。[34]

[30] 參見 Edward A. McCore, "Ethnic Revolt, State-Building and Patriotism in Republican China: The 1937 West Hunan Miao Abolish-Military-Land Resist-Japan Uprising," *Modern Asian Studies,* 45:6 (2011), pp. 1499-1533.

[31] 參見劉漢源，《湘西屯田之研究》（臺北：成文出版社有限公司，1977），頁 35347-35348。

[32] 〈從風土民情看湘西民變〉，《新聞世界》，1949 年 4 月 14 日，2 版。

[33] 司馬瀟湘，〈從湘西變亂輕點陳渠珍〉，《風行雜誌》（1949），頁 10。

[34] 王雲路，〈湘西的苗族〉，《新民族》，3：20（重慶，1939），頁 14。

按理說，廢屯訴求既然達成，原有的武裝組織也失去合理性，吳良恒藉由全面抗戰動員熱潮，以「……惟念國難當頭，匹夫有責，凡我革命部隊復蒙政府收編，準備抗日」之藉口，保存武裝實力。自身為苗族的吳良恒並未將革屯之根由歸因於當前所謂苗族受壓迫問題，而是利用範圍更廣的「湘西同胞」，以及民族主義立場表達訴求。

摘錄〈川黔湘革屯抗日軍布告〉的王雲路看到布告的感想是：「可知這民族存亡的抗戰期間，苗民也深明大義地覺醒了，毅然樹立起義旗來歸順政府，準備參加這神聖底抗戰。同時我們希望每個苗民的腦子裏，都能深深地印著中華民國的偉大……」。[35]在當時的社會情境下，王雲路或許確實發自於內心對布告「國難當頭，匹夫有責」等內容，還有苗民「深明大義」所感動，他希望苗民的腦子裏深印著中華民國，也反映出在其心態上，苗族與其他各民族在新的政體下都為同胞，但因這類同胞的邊緣性，不見得能瞭解民國這個新政體。

抗戰期間國民政府西遷重慶，政治、軍事、教育中心隨之轉移，湘西的形勢更加重要。為因應局勢，國民黨中央黨部成立湖南省湘西黨部，第三次國民參政會也通過了以湘西為中心的鄂、川、湘、黔四省邊區開發計畫。湘西綏靖處官員盛襄子在重慶出版的《湘西苗區之設治及其現況》書中，先概述湘西「地偏一隅，漢苗雜居」，不僅國人認識不深，甚至湖南省民「往往亦缺乏正確之認識」以致「形同化外」。總結了國民政府西遷之後，湘西「實為湖南之項脊，為抗戰首都的拱衛，西南數省的屏籓」[36]的重要地理位置，因此「『綏靖湘西』，『開發湘西』的口號，遂成為舉國一致的國策」，中央和省都希望將湘西建設成「抗戰建國之寶庫，民族復興的源泉」。抗戰動員所需之人力則需仰賴「早經同化，已成為大中華民族之重要的一員」的湘西苗胞，要利用他們「勇於公鬥，怯於私憤的民族性」，施以軍事訓練，讓他們參加偉大的民族抗戰，這些都成為「開拓邊疆者的先務」。[37]

抗戰開發湘西、開發西南的口號應該舉國皆知，高校往西南遷徙過程中，經由湘西轉入黔滇也成為西遷的重要路線。1938年長沙臨時大學辦了湘黔滇旅行團，師生用了兩個月的時間從長沙經常德，過湘西、貴州、昆明，最終抵達蒙自，旅途全長三千五百里。旅行團成員之一的錢能欣認為，此行對未來的西南研究報告，所得甚多。

---

[35] 參見王雲路，〈湘西的苗族〉，《新民族》，3：20（重慶，1939），頁14。作者在文中稱1938年至湘西。

[36] 盛襄子，《湘西苗區之設治及其現況》（重慶：獨立出版社，1943），頁1。

[37] 參見盛襄子，《湘西苗區之設治及其現況》，頁11-60。作者列出湘西共計24個縣，但該書第六章「湘西各縣苗胞調查撮要」，僅列18個縣，包括永屬各縣：永順、保靖、古丈；辰屬各縣：沅陵、辰溪、漵浦、鳳凰、永綏、乾城、麻陽、瀘溪；沅屬各縣：芷江、晃縣、黔陽、會同；靖屬各縣：靖縣、綏寧、通道。

強調西南資源豐富，開發前途遠大，如不治理，「蜀漢的往事可引以為鑑」，[38]為開發經營西南與國家的存亡絕續劃上等號。

　　然而，錢能欣的旅途日記多為信手拈來，例如「湖南的苗民分布於〔的〕（按：的疑是原文贅字）湘西和四川貴州交界一帶，其人數過湘西人口之半。他們多深居山間，不與漢人往來，在公路附近的苗民，已受漢人教化，生活習慣大多與漢人相同，生苗則老死不與外人往來，外人也不容易到他們的區域裏去。湘西苗民最多之地，為古丈，其次是永綏，乾城，保靖等處。古丈距沅陵祇六七十里。據說諸葛武侯平蠻，大軍曾臨離沅陵西北祇三十里之某地，大概便是在古丈一帶」。[39]其中關於湘西苗族的分布與實際情況相去甚遠，苗疆七廳縣只列出三個，甚至鳳凰也沒有列入，而所謂苗族最多的古丈，則純屬謬誤。重點是，他以湘西、貴州、四川，而非湖南、貴州、四川說明苗族聚集區域，也說明了湘西與苗族已經成為外界根深柢固，自然產生連結的整體。

　　除了行旅路經湘西，更多隨著國民政府西遷而轉移，來自各地的知識分子，得以長期且實地居住在過去想像中的神秘湘西。江蘇、安徽各地中小學教師組織的戰區中小學教師第九服務團即對會同、芷江、辰溪、瀘溪、沅陵、乾城、鳳凰、麻陽、永綏、保靖、大庸、秀山十二縣，以及洪江、浦市、義安興隆場、鴉溪、吉峒等集鎮的進行調查，並特別附有「苗人風俗斷片」。[40]從他們的報告看來，這些教師一方面深入瞭解湘西概況，同時進行宣傳抗戰救國，成為國族觀念的傳遞者。類似的傳遞者還包括湘川公路建築過程中，隨著路線規劃深入苗寨的大批工程人員。湘川公路經過的苗寨，不見得如錢能欣所謂，「已受漢人教化，生活習慣大多與漢人相同」。但民國這個新政體確實隨著公路傳遞到苗寨，至今仍可以聽到公路旁的苗寨婦女用苗語唱出，「鼠年（1936 年）四月初四，蔣介石修這條路逃往重慶，蔣介石坐南京，皇帝坐長安，中國要歸蔣介石管，他要做王。他換民國時期為中國，宣傳三民主義政策好……」。[41]

　　無論吳良恒以民族主義之名，行保存武裝實力之實，或是因吳良恒布告內容而感動，認為在危急存亡之秋，「苗民也深明大義地覺醒了」的王雲路，還有唱著不知蔣介石、三民主義為何物的苗族婦女都似乎因為民國時期的國族主義產生聯繫。但吳良

---

[38] 錢能欣，〈自序〉，《西南三千五百里》（長沙：商務印書館，1939），頁 2。

[39] 參見錢能欣，《西南三千五百里》，頁 22。

[40] 錢能欣，《西南三千五百里》，頁 22。

[41] 參見尚晴，〈國家建設與民族整合——以 1930 年代湘川公路為例〉，《民族論壇》，期 1（長沙，2017），頁 43。

恒著重的是個人在湘西的勢力，無關自我所代表的苗族或民族大義；王雲路則是站在國家民族立場，讚揚苗民「深明大義的覺醒」，這句話的另一層意思可以理解為，若非國家面臨外來危機，國家與主義也難以自然而然成為苗民所能理解和認同的觀念。對「生苗」區的苗民而言，應該如同前面的老婦，只是被動接受國家象徵相當表層的詞彙。

　　事實上，國家透過各種媒介傳遞正統化、標準化意識型態，以及地方知識菁英扮演的傳遞者角色，長久以來都是人文社會學科持續討論的問題。然而，近代民族、國族等新思潮興起後，對地方社會產生的影響，地方菁英又是如何接受與產生不同詮釋，則較少被論及。從湘西的例子可以發現，當地苗族知識分子基於同化思想提出鼓勵漢苗通婚，嚴禁苗族「陋俗」都是基於國民政府中央與湖南省開發湘西的理念，因應抗戰救國的需要。然而在抗戰時期開發大西南的過程中，湘西並沒有因為苗族菁英鼓勵同化的努力，或地理位置緊鄰政治中心——國民政府中央所在地的重慶而減弱原有的邊緣性。反而因為抗戰期間湘西成為西南數省屏藩，必須積極建設與開發的現代化語境，在外界高度關注下，反襯與放大了原有的邊緣性。湘西這個民國時期始出現的行政地名幾乎完全取代清代湖南苗疆，被賦予偏遠、神秘、難以一窺究竟的文化意涵。

四、文化的邊界與延續的邊緣

　　清代嚴如熤、但湘良都曾區劃不同範圍的苗疆，到了民國時期，含括原來湖南苗疆的湘西不僅留存著原本為了區隔民苗而修築的邊牆，甚至產生了原本已經消弭於無形，民國時期又重新出現的文化邊界。這個無形邊界產生的背景，主要是學界的苗族調查與學界外的他者詮釋苗文化，刺激苗族菁英的主體意識覺醒，苗族知識分子以「苗族」這個具有主體性的族別自稱，而非苗族的他者與行政官員則以「苗民」或「苗胞」稱之。盛襄子引用石宏規的「憫念苗族，力謀解放，以期同躋平等」時，還特意將苗族的族字後加上括號，寫為「苗族（胞）」，[42]正反映了站在國家的立場，將苗的主體性置放在國家認同的同胞範疇之內。

　　民國時期苗族菁英一方面強烈爭取民族平等，爭取苗族權益，另方面卻上書政府，希望漢苗不分畛域，鼓勵苗漢通婚，最終達到「同化」的目標；一方面以「邊緣性」要求湖南省政府「關懷岩疆，憫念苗族」，另方面又以傳統中原漢族道德價值觀

---

[42]　參見盛襄子，《湘西苗區之設治及其現況》，頁 9-10。

強調苗之文化風俗與漢文化價值觀類似，甚至要求政府「移風易俗」，如明令禁止苗寨相當重要的「椎牛惡俗」。

　　當我們討論族群邊界，不得不面對族群認同與文化的關係。集體區分我群與他群的社會認同是一種銘刻於文化的關係，而社會與物質界線亦受到經濟與政治過程所形塑。[43]在多族群混居地區，文化特徵常常相互學習與模仿，呈現出重疊但又不盡相同的樣貌，文化特徵也可能隨著時間而改變。就如苗族知識菁英不是在日常生活中有意識的察覺自身族群身份，而是原本已經完全接受漢文化的知識菁英，以漢文化價值觀捍衛外界描繪的苗文化，並由此產生強烈的我族意識。對苗族菁英而言，他們在民國以前即失去了原有的文化表徵，苗文化對他們來說，大多都成為他們要求嚴禁的「陋俗」，他們爭取的是國族建構下的「民族平等」，甚至以「苗之於滿蒙回藏，歷史更為悠久，且不通外邦」的表述，強調苗族較其他少數民族而言，更具國家認同。所爭取的是參政等政治權力，而非文化主體性。從文化象徵的角度界定族群性，可以視為一種族群認同感，亦即以主觀社群意識為群體建立的含括（inclusion）與排外（exclusion）標準，可作為理解族群性或族群認同概念的範疇。[44]民國以後，原本趨近，甚至與漢無異的湘西苗族菁英事實上是重新建立起新的社群認同，在苗族政治主體而非文化主體性的基礎上強化這種認同。

　　從清代的湖南苗疆到民國的湘西，漢與非漢的界線不僅是文化分野，也因為歷史因素形成「生苗」與「熟苗」內部的社群邊界。行政治理區劃的邊界，導致他者對苗疆的邊緣性想像擴大到整個湘西，作為行政區域的湘西也逐漸被賦予整體的文化意義。清代地方官員在可識別與清晰化國家治理觀念下賦予苗疆清晰的邊界，民國時期湘西行政區域的設立，形成湘西苗族通稱，使得邊地與邊民的邊緣意象不但沒有消減，反而擴大了邊緣的範圍。今日所見的「民族」不一定基於歷史發展脈絡，或具有特定的社會文化特質，認同或拒絕往往來自利益。[45]因此，民國到當前的民族邊界形成背景，也產生相當大的差異。對少數民族而言，這個時期已經逐漸脫離王明珂討論清到民國初年，少數族群頭人藉由攀附漢人文化特質，或是依賴虛擬的，來自中原地區的祖源，鞏固自我社會地位。[46]反而必須無時無刻凸顯少數民族身分，以及居住區

---

[43] 參見 John Comaroff and Jean Comaroff, "Of Totemism and Ethnicity," *Ethnography and the Historical Imagination* (Boulder: Westview Press, 1992), pp. 51-52.

[44] 參見 Paul R. Brass, *Ethnicity and Nationalism* (London: Sage Publications, 1991).

[45] 參見 Steven Harrell, "Ethnicity, Local Interests, and the State: Yi Communities in Southwest China," *Comparative Studies in Society and History,* 32:3 (1990), pp. 515-548.

[46] 王明珂，〈論攀附：近代炎黃子孫建構的古代基礎〉，《中央研究院歷史語言研究所集刊》，73：3（台北，2002），頁 583-624。

域的邊緣性爭取行政與經濟資源。

　　湘西苗疆與苗族的邊緣意象直到今日仍處於持續型構的過程，各類媒體扮演的角色自不待言，甚至學者也在無意間凸顯苗的神秘，例如以看似無必要的論文引言強調日常生活語境下，蠱（poison）與苗族、苗地的關連。[47]對少數民族自身而言，民族身分相當程度受到政治經濟驅力形塑與詮釋，被賦予少數民族身份的在地者，無論外顯或心態，也逐漸趨向於不一定與文化直接相關的民族身份認同。地域與身份的邊緣性更成為地方經濟發展的重要資源。[48]例如，今日湖南懷化到鳳凰高速公路麻陽路段來回兩側，分別掛上為了吸引遊客而製作，表示「苗疆前哨」、「苗疆門戶」的巨大看板，在旅遊產業的巨大經濟誘因下，湖南苗疆與湘西苗族的印象或許也將隨著交通發展與媒體渲染，不斷延續與擴大。

[47] 參見 Norma Diamond, "The Miao and Poison: Interactions on China's Southwest Frontier," *Ethnology*, 27:1(1988), pp. 1-25.

[48] 參見趙樹岡，〈文化展演與游移的邊界〉，《廣西民族大學學報》，期6（南寧，2014），頁75-80。

徵引書目

中文資料

〈從風土民情看湘西民變〉，《新聞世界》，1949 年 4 月 14 日，2 版。

〈湘西屯務改革維持計劃綱要（附兩種計劃內容比較表）〉，吉首市檔案館藏，檔號：1-5-46。

《中央黨務公報》，6：22（南京，1944）。

王明珂，〈論攀附：近代炎黃子孫建構的古代基礎〉，《中央研究院歷史語言研究所集刊》，73：3（台北，2002），頁 583-624。

———〈國族邊緣、邊界與變遷：兩個近代中國邊疆民族考察的例子〉，《新史學》，21：3（台北，2010），頁 1-54。

王雲路，〈湘西的苗族〉，《新民族》，3：20（重慶，1939），頁 11-15。

司馬瀟湘，〈從湘西變亂輕點陳渠珍〉，《風行雜志》，（1949），頁 10。

石宏規，《湘西苗族考察紀要 附湘西苗民文化經濟建設方案》，長沙：飛熊印務公司，1936 年 7 月重版。

但湘良，《湖南苗防屯政考》，清光緒九年刊本。

沈松僑，〈中國的一日，一日的中國：1930 年代的日常生活敘事與國族想像〉，《新史學》，20：1（台北，2009），頁 1-59。

尚晴，〈國家建設與民族整合——以 1930 年代湘川公路為例〉，《民族論壇》，期 1（長沙，2017），頁 38-44。

胡履新，《永順縣志》，卷 25，1930，長沙吟章紙局代印。

凌純聲、芮逸夫，《湘西苗族調查報告》，上海：商務印書館，1947。

盛襄子，《湘西苗區之設治及其現況》，重慶：獨立出版社，1943。

傅角今，《湖南地理志》，長沙：長沙湘益印刷公司，1933。

傅鼐，〈修邊論〉，蔣琦溥、林書勛等，《乾州廳志》，卷之六，屯防一，光緒三年（1877）。

湘西農村建設委員會乾城縣分會秘書室（建字第三一七號指令，1934），吉首市檔案館藏，檔號：1-12-66。

楊瑞珍、周玉恒，《永綏直隸廳志》，同治七年（1868）修。

趙樹岡，〈文化展演與游移的邊界〉，《廣西民族大學學報》，期 6（南寧，2014），頁 75-80。

———〈邊地、邊民與邊界的型構：從清代湖南苗疆到民國湘西苗族〉，《民族研究》，期 1（北京，2018），頁 70-78、125。

劉介，《苗荒小紀》，上海：商務印書館，1928。

劉漢源，《湘西屯田之研究》，台北：成文出版社有限公司，1977。

———《湘西屯田調查及巴縣實習日記》，台北：成文出版社有限公司，1977。

戰區中小學教師第九服務團編，《湘西鄉土調查彙編》（1940），收入國家圖書館選編，《民國時期社會調查資料彙編》，第 6 冊，北京：國家圖書館出版社，2013。

盧美意，〈湘西文化對中國文明之貢獻〉，《青年之聲》，3：1（1942），頁 41-45。

錢能欣，《西南三千五百里》，長沙：商務印書館，1939。

羅維慶，〈湘西行政區劃的沿革與整合〉，《武陵山民族研究文論》，長沙：湖南師範大學出版社，2012，頁 212-215。

嚴如煜，《苗防備覽》，嘉慶二十五年（道光癸卯重鐫版）。

英文資料

Brass, Paul R. *Ethnicity and Nationalism*. London: Sage Publications, 1991.

Cheung, Siu-woo（張兆和）. "'Miao Rebellion' and Discursive Construction of Ethnic Identity." 《台灣大學考古人類學刊》，期 53（台北，1998），頁 13-56。

Comaroff, John, and Jean Comaroff. *Ethnography and the Historical Imagination*. Boulder: Westview Press, 1992.

Crossley, Pamela Kyle, Helen Siu, and Donald S. Sutton eds. *Empire at the Margins: Culture, Ethnicity, and Frontier in Early Modern China*. Berkeley: University of California Press, 2006.

Diamond, Norma. "The Miao and Poison: Interactions on China's Southwest Frontier." *Ethnology*, 27:1(1988), pp.1-25.

Harrell, Steven. "Ethnicity, Local Interests, and the State: Yi Communities in Southwest China." *Comparative Studies in Society and History,* 32:3 (1990), pp. 515-548.

Lin, Yueh-hwa. "The Miao-Man Peoples of Kweichow." *Harvard Journal of Asiatic Studies*, 5:3/4 (1941), pp. 261-345.

McCore, Edward A. "Ethnic Revolt, State-Building and Patriotism in Republican China: The 1937 West Hunan Miao Abolish-Military-Land Resist-Japan Uprising." *Modern Asian Studies*, 45:6 (2011), pp. 1499-1533.

Rodriguez, Andres. "Building the Nation, Serving the Frontier: Mobilizing and Reconstructing China's Borderlands during the War of Resistance (1937-1945)." *Modern Asian Studies*, 45:2 (2011), pp. 345-376.

Scott, James C. *Seeing Like a State: How Certain Schemes to Improve the Human Condition Have Failed*. New Haven: Yale University press, 1998.

20 世紀三四十年代
國共兩黨關於國內民族政策問題的論爭
——以「大漢族主義」話語的形塑為中心

楊思機

　　「大漢族主義」通常被中國共產黨用來指代漢族地主、資產階級處理國內民族問題的綱領和政策，尤其以 20 世紀前期中國國民黨的民族政策為典型。主要表現為：否認中國有多民族存在，把漢族以外的少數民族稱之為「宗族」，政治上限制甚至剝奪少數民族的權利，經濟上進行殘酷剝削，文化上實行愚民政策，任意踐踏少數民族的風俗習慣，強制改變民族服飾，禁止使用少數民族語言文字，對少數民族的反抗鬥爭實行武裝鎮壓，並蓄意製造民族糾紛，挑起民族衝突，勾結帝國主義奴役、宰割少數民族，破壞民族團結。[1]1954 年第一屆全國人民代表大會通過的中華人民共和國憲法規定，構建社會主義民族關係，要反對「大民族主義」，主要是反對「大漢族主義」和「地方民族主義」。在此背景下，「大漢族主義」成為二十世紀後半期中國的流行詞彙之一。[2]「大漢族主義」話語是 20 世紀前半期國共兩黨意識形態鬥爭和民族理論競爭的重要內容，但有關其話語發生演變的豐富內涵以及約定俗成的過程本身，學界迄今鮮有深究，可能妨礙認識中國近代民族主義淵源流變複雜面相的深度。[3]

　　歸結來看，「大漢族主義」話語的形成主要有兩大發展階段。一是清末排滿革命思潮中的「大漢」種族民族主義思想。排滿革命派為了號召漢人團結反滿，藉助西方和日本途徑傳入的現代種族分類知識，自稱「漢人」即是「漢種」，並建構了同為黃帝子孫，具有人口多、文化高、勢力大等特徵的漢民族歷史譜系。在政治上，他們主張建立漢民族主導的現代民族國家，前期主張驅逐滿人，後期調整為以漢民族為中心同化少數民族。二是在蘇俄民族問題理論影響下形成的中國共產黨民族政策。中國早期共產黨人模仿以民族自決論和民族聯邦制為主要內容的蘇俄民族政策，從具有「民

1　參見《中國大百科全書·民族卷》（北京：中國大百科全書出版社，1992，2 版），頁 81-82。
2　參見郭大松、陳海宏主編，《五十年流行詞語（1949-1999）》（濟南：山東教育出版社，1999），頁 52。
3　本文所謂「近代」，指的是 1840-1949 年間；所謂「當代」，指的是 1949 年以後。

族牢獄」之稱的俄國「大俄羅斯沙文主義」殘酷對待境內和周邊各非俄羅斯民族反觀中國，以「大漢族主義」一語批評歷來中央王朝以威德為手段，以剝削、羈縻、剿殺、隔離分化、強制同化為內容的民族政策。前者提供了現代種族分類，尤其是「漢」種族主義的知識基礎，後者則是「大漢族主義」話語體系產生和基本內容成形的關鍵。[4]所有這些新觀念，都參與了近代以來建構歷代民族關係、民族政策認識的進程。限於篇幅，本文僅尋究後者的淵源流變，藉此比較分析國共兩黨在民族政策問題言說方面的聯繫與區別，以期明瞭近代外來民族理論中國化的曲折性和當代中國民族理論再調適的必要性。

一、共產黨批判國民黨的「大漢族主義」

中華民國成立前後，國民黨拋棄同盟會時期的激烈排滿主張，改奉「五族共和」。然而，民國初期國家力量薄弱，國內軍閥混戰頻繁，民族平等空有其名。第一次世界大戰以後，威爾遜的民族自決論和列寧的民族解放論傳入中國，通過國共合作，逐漸形成了國內少數民族政策問題的新話語和新挑戰。[5]從 1922 年中共二大開始，共產黨便在共產國際指導下，確立了以承認民族自決權和實施聯邦制為主要內容的民族政策。由於孫中山 1919 年以後主張以漢族為中心團結各族互相同化的民族主義，與共產黨的民族理論差別太大，所以在國共兩黨第一次合作破裂後，國共雙方對於國內民族政策問題的認識由意見分歧、勉強合作驟然走向對立。共產黨在宣傳和推行蘇維埃民族政策過程中，遂將國民黨的民族主義和南京國民政府的邊疆政策冠以「大漢族主義」的標籤。

（一）土地革命戰爭期間中共批判國民黨的「大漢族主義」

如何認識孫中山晚年的民族主義，是國共雙方分歧的關鍵。把孫中山的民族主義譏諷為「大漢族主義」，肇始於國民黨內外對 1924 年 1 月國民黨第一次全國代表大會期間孫中山民族主義演講的闡釋和批評，但其思路為此後的共產黨所繼承與發揮。

4　有關辛亥革命時期「漢種」、「漢族」指稱產生演變的歷程，詳見楊思機，《漢民族指稱的形成與論爭》，上海：復旦大學歷史學博士後出站報告，2012 年 9 月 18 日。本文由博士後報告的一章改寫而成。至於國共兩黨的民族政策演變和民族政治運作，可以參見劉曉原著、萬芷均譯，《邊緣地帶的革命：中共民族政策的緣起（1921-1945）》（香港：香港中文大學出版社，2018）；林孝庭著、朱麗雙譯，《西藏問題：民國政府的邊疆與民族政治（1928-1949）》（香港：香港中文大學出版社，2018）。

5　參見楊思機，〈指稱與實體：中國「少數民族」的產生與演變（1905-1949）〉（廣州：中山大學博士論文，2010 年 6 月）；黃興濤，《重塑中華：近代「中華民族」觀念研究》（北京：北京師範大學出版社，2017）。

　　第一次世界大戰結束後，孫中山審視民初以來的「五族共和」未能實現國內民族團結的形勢，因應國際上威爾遜和列寧的民族自決思想，重新解釋民族主義。孫中山批評民族主義的消極方面只是解決了推翻清朝專制統治的問題，此後應當實行積極的民族主義，即漢族「犧牲」自尊自大的血統和名稱，團結同化國內各民族為一個新的中華民族。[6]國民黨一大期間，在共產國際的壓力下，孫中山為了爭取共產國際的支持而在國內民族問題的處理原則上被迫妥協。因此，國民黨一大宣言雖然沒有提蘇聯人主張的聯邦制，但將互相矛盾的民族自決和組成統一共和國同時寫進。而孫中山傾向於主張少數民族在統一的中國範圍內給予比省更高級的地方自治，即《國民政府建國大綱》第四條「國內之弱小民族，政府當扶植之，使之能自決自治」。[7]為了表達對中國獨特國情的深刻觀察，孫中山在民族主義講演中提出民族即國族，民族主義即國族主義，只有在中國才適用，在外國便不適用。他說，中國民族「總數是四萬萬人，當中參雜的不過是幾百萬蒙古人，百多萬滿洲人，幾百萬西藏人，百幾十萬回教之突厥人」。「從前蒙古、滿洲征服中國，是用少數征服多數」，中國亡於元清，「都是亡於少數民族，不是亡於多數民族。那些少數民族，總被我們多數民族所同化」。[8]孫中山就歷史結果和客觀事實立論，本意是漢族不能蹈襲帝國主義壓迫手段，而應幫助弱小者，從而建立相互協作的關係，總體上強調在革命時期，客觀上各族力量懸殊和主觀上漢族的扶傾思想。

　　孫中山將「民族」和「國族」看作有區別的概念，一方面是為了即興演說譬喻的便利，起到說明解釋的作用，另一方面表示政治強制和文化統合，兩者不可或缺。黃興濤教授認為，孫中山所謂「國族」指的實際是國家的主體——國民之全體，屬於純粹的政治概念，它是否能徹底成為一個「民族」，尚有賴於血緣、生活、宗教、語言和風俗習慣等五種「自然力」的進一步化合作用。由於在中國情況特殊，漢族占國民人口的絕對多數，簡直就是「一個民族治理一個國家」，所以若從國家人民之總體層

6　有關孫中山民族主義的變化，詳見朱浤源，〈民國以來民族主義的演化〉，收入中華民國建國八十年學術討論集編輯委員會編，《中華民國建國八十年學術討論集》（台北：近代中國出版社，1991），頁 129-157；朱浤源，〈再論孫中山的民族主義〉，《中央研究院近代史研究所集刊》，期 22（台北，1993），頁 325-356。

7　關於國民黨一大前後，國共兩黨民族主義、民族問題認識差異的研究成果，參見[日]松本真澄著、魯忠惠譯，《中國民族政策之研究：以清末至 1945 年的「民族論」為中心》（北京：民族出版社，2003），頁 97-124；敖光旭，〈1920 年代國內蒙古問題之爭——以中俄交涉最後階段之論爭為中心〉，《近代史研究》，2007：4（北京），頁 55-73；楊思機，〈國民革命與少數民族問題〉，《學術研究》，2009：12（廣州），頁 115-160。

8　孫中山演講，〈三民主義 第一講〉、〈三民主義 第二講〉，1924 年 1 月 27 日、1924 年 2 月 3 日，收入廣東省社會科學院歷史研究室，中國社會科學近代史研究所中華民國史研究室，中山大學歷史系孫中山研究室合編，《孫中山全集》，卷 9（北京：中華書局，1986），頁 188，196-197。

面來把握中國的整個「國族」與「中華民族」這兩個概念，其彼此的國人數量之適用範圍，「實際上」又已基本重合。[9]總之，孫中山所講的「同化」是基於中國歷史上民族融合的特殊經驗和借鑒美國不分族裔的熔爐主義，所謂「新中華民族」存在於各民族平等相處的未來，代表著中國民族發展的最高形態。

　　當然，不可否認孫中山對少數民族缺乏深入的研究。當時人不明所以，批評孫中山國族學說中存在「大漢族」的自尊思想。有人說：「以人口數目論，滿、蒙、回族人口究占總數百分中之若干，尚無確實統計。縱如中山所云，漢族占四十分之三十九，其他四族，僅得其一，亦不能說四萬萬人完全是一個民族。抬高五族中之任何一族，而抹煞其他四族，以一律平等之義衡之，得非大相刺謬乎？」。[10]孫中山逝世後，周佛海闡述其三民主義時甚至說，「民族」即「國族」，就是「民族國家」之意。「所謂民族國家，就是國內的全部人民同屬於一個民族，或一個民族占壓倒的優勝，其餘小民族，沒有甚麼重要」。[11]美國學者馬克林也認為，孫中山此言暗示其他四個民族「根本不重要」。[12]1929 年，任教南京國民黨中央政治學校的政治學者薩孟武，在著作《三民主義政治學》一書中分析孫中山對於國內「弱小民族」前後有兩種不同主張。1924 年國民黨改組前，「大約是主張大漢族主義」，1924 年後觀察世界潮流和中國環境，「乃修正大漢族主義，而主張各族的平等權」。[13]薩孟武是目前所見最早明確使用「大漢族主義」一詞者，針對的正是孫中山自民國元年以來的同化思想。孫中山早有民族平等主張，無須共產國際耳提面命。可見，薩孟武也未能領悟孫中山晚年一以貫之的民族主義主旨。

　　共產黨早期領導人與共產國際一樣，認為民族主義是資產階級的專有特徵，與共產主義不相容。國民革命期間，陳獨秀和中共五大就抨擊孫中山的民族主義為「資產階級民族主義」，將其國族學說的王道化合和國家主義派的強制同化相提並論。[14]國民黨清黨分共以後，代表中共參與國民黨一大宣言制定過程的瞿秋白撰文批評說，孫中山迫於共產國際的壓力，在國民黨一大期間「忘記」講民族同化。「現在既然分共，國民黨忠實同志應當將孫中山從玻璃棺材裏拉出來，叫他補講一講清楚：這種同化異族的民族主義，實在是民族主義的很呵！」。國民黨反對民族解放運動，實質是

9　參見黃興濤，《重塑中華：近代「中華民族」觀念研究》，頁 146。

10　參見諸青來，《三民主義商榷》（上海：正誼社 1927 年 1 月初版，上海：篇文書局 1930 年 2 月再版），頁 7。

11　參見周佛海，《三民主義之理論的體系》（上海：新生命書局，1928，四版），頁 69。

12　Colin Mackerras, *China's Minorities: Integration and Modernization in the Twentieth Century* (Hong Kong: Oxford University Press, 1994), p. 55.

13　薩孟武，《三民主義政治學》（上海：新生命書局，1929，再版），頁 112。

14　參見楊思機，〈國民革命與少數民族問題〉，《學術研究》，2009：12，頁 116-119。

「反對民族主義」。「國民黨的民族主義，只是像戴季陶的主張，要使『中國人的血流普被世界』，至少也是想同化蒙古、回族等的帝國主義——治國平天下的帝國主義夢想」。[15]此言再次證明，在國民黨一大期間孫中山確實受到共產國際方面的壓力。

　　對於共產國際的民族與殖民地理論和東方革命論，早期中國共產黨人在知識上並不是徹底理解，在政策上沒有不折不扣地遵循。於是，「大漢族主義」就成為深化領悟俄國革命理論和貫徹莫斯科的政策措施的批判武器。一方面，第二次土地革命戰爭期間共產黨最初對黨內「大漢族主義」的批判，主要針對沒有堅決執行蘇維埃民族政策的言行，甚至成為黨內路線鬥爭的重要內容。[16]另一方面，自然將矛頭對準孫中山的民族主義和國民政府的邊疆政策。1931 年 6 月 16 日，中共中央在籌備中華蘇維埃第一次全國代表大會的訓令中指出：「黨在大會上應提出關於擁護和援助中國境內少數民族自決和解放運動的決議案，以對抗反革命國民會議席上所擁護的國民黨對於蒙、藏、回民族的『藩屬政策』」。[17]同年 11 月，中華蘇維埃第一次全代會通過承認中國境內少數民族自決權的決議案。決議案批評國民黨剝削、壓迫、屠殺「少數民族」，所謂「民族平等」、「五族共和」，全是欺騙口號。主張堅決號召全國工農和少數民族，「反對所謂孫中山的『民族主義』，因為他完全是代表地主資產階級的利益」，與蘇維埃主張根本不相容。大會做出保障少數民族權益的種種承諾，提醒堅決「反對一切對少數民族的壓迫」。[18]1934 年 1 月，毛澤東在中華蘇維埃第二次全國代表大會所作的報告，進一步強化了這種認識。[19]

　　具有諷刺意味的是，目前所見中共黨內首先明確指摘國民黨是「大漢族主義」的，正是被中共中央批評有「大漢族主義」思想傾向的中共四川省委。1932 年 2 月 19 日，中共上海臨時中央致信四川省委，指出：「少數民族的工作，對於四川黨是一個不容忽視的任務」。中央認為，康藏問題和西藏民族分支之一的四川夷民的暴動均已日益嚴重，四川省委雖然在黨報上提出了擁護西藏民族自決的口號，「然而整個

---

[15] 瞿秋白，〈世界革命中的民族主義〉，收入瞿秋白文集編輯組編，《瞿秋白文集 政治理論篇》，第五卷（北京：人民出版社，1987-1998），頁 293、300。

[16] 1931 年王明批評中共六大以後實際主持中共中央工作的李立三等，與中共六屆三中全會後主持中共中央工作的瞿秋白等，有「大漢族主義」的思想，具體指他們對少數民族問題不夠重視，沒有根據共產國際和中共六大的指示精神做出具體部署。長征期間中共中央批判國燾犯有「大漢族主義」的錯誤，爭論核心是中華蘇維埃共和國西北聯邦政府的合法性問題。詳見楊思機，《漢民族指稱的形成與論爭》，頁 136-146。

[17] 〈中共中央給蘇區各級黨部及紅軍的訓令（摘錄）〉，1931 年 6 月 16 日，中共中央統戰部編，《民族問題文獻彙編》（北京：中共中央黨校出版社，1991），頁 153。以下徵引該資料集僅引書名。

[18] 〈關於中國境內少數民族問題的決議案〉，1931 年 11 月 7-9 日，收入《民族問題文獻彙編》，頁 169。

[19] 毛澤東，〈中華蘇維埃共和國中央執行委員會與人民委員會對第二次全國蘇維埃代表大會的報告〉，1934 年 1 月，收入《民族問題文獻彙編》，頁 210-211。

的提出少數民族的工作，在全川黨員面前，這還沒有開始」。「尤其嚴重的，黨內對於少數民族問題的基本原則認識，還包含著大漢族主義和民族改良主義的傾向，因此給少數民族工作一個原則上的基礎是非常需要的工作」。以往四川省委的夷民問題宣傳綱領隱含「聯合土司的策略」，表現在：不是號召夷民起來推翻國民黨軍閥統治，沒有指出夷民必須和漢族工農一致聯合打倒國民黨政權，沒有提出反對一切對於少數民族的壓迫，沒有無條件承認夷民的自決權乃至分立權，沒有擁護夷民群眾推翻土司和國民黨、建立自己的共和國的民族戰爭，沒有號召全川工農兵士援助他們，沒有號召進攻夷民的軍閥實行革命的兵變，等等。四川省委「完全沒有這一精神，他只是站在大漢族主義的觀點，以允許的口吻（夷民可以什麼可以什麼）提出一些安慰夷民的口號」。這種做法不是偶然的，「喚醒省委必須在少數民族工作的任務上，首先檢閱黨員群眾對於少數民族問題的了解，解釋黨的政綱和原則，（民族問題列寧著作，蘇大會關於少數民族決議是最好的標本──原文），堅決反對大漢族主義的傾向」。為糾正四川省委的錯誤，臨時中央相應提出六條主張。[20]

　　受中共中央來信影響，中共四川省委立即轉變以往把康藏糾紛視為「邊患」的傳統觀念，改用「民族問題」的蘇式眼光來對待。1932 年 6 月 20 日，四川省委為貫徹落實中央來信，一方面動員在黨內反對「大漢族主義」，提出相應的政策口號，另一方面號召反對國民黨的「大漢族主義」。在關於川西南邊區少數民族工作的決議案當中，四川省委繼續發揮中華蘇維埃第一次全代會對國民黨的批評，同時認為康藏糾紛的根源，一是英帝國主義侵略，二是「中國國民黨軍閥秉承數世紀以來大漢族主義的民族壓迫政策，企圖繼續以『屠殺』『剿滅』和『以夷制夷』的方法來維持對於康藏少數民族的統治和壓迫」。共產黨人不僅要揭破國民黨對少數民族的欺騙，更要「指出國民黨的民族主義即是大漢族主義」。[21]

　　繼四川省委之後，中共中央駐北方代表也批判國民黨的「大漢族主義」是造成內蒙古自治運動的罪魁禍首。1933 年德王領導的內蒙古自治運動爆發後，幾經協商，國民政府於 1934 年宣佈不改變行省制度和移民墾殖政策，同時准許成立蒙古地方自治政務委員會，直隸於行政院。1934 年 7 月 7 日，中共中央駐北方代表給內蒙黨委的信中指出，國民黨所允許的內蒙古自治，是在幫助日本帝國主義，出賣內蒙古民族以換取其諒解的交易。其地方自治政策實際上是「保持中國有產階級，對內蒙民族的

20 〈中共中央給四川省委的信──關於反帝、少數民族、黨的問題（摘錄）〉，1932 年 2 月 19 日，收入《民族問題文獻彙編》，頁 178-180。
21 〈中共四川省委關於川西南北邊區少數民族工作決議案（摘錄）〉，1932 年 6 月 24 日，收入《民族問題文獻彙編》，頁 188-190。

大漢族的封建的國家的『主權』，阻撓和緩和民眾的反日反國民黨王公剝削的革命行動」。信中強調，共產黨必須和「王公、喇嘛、國民黨的大漢族主義」鬥爭，「反對國民黨移民掠奪與民族同化」，經常負責揭露國民黨「大漢族主義」的猙獰面目，「將一切帝國主義的民族政策與黨的民族政策尖銳的對立起來」。[22]

長征經過西南少數民族地區，共產黨抨擊國民黨民族主義的嚴厲程度遠愈長征以前，各種批評詞彙和政治謾罵用語紛紛湧現，卻很少見到「大漢族主義」一語。畢竟，當時共產黨員大多是操南方語言的漢人。直至到達延安後，斯諾曾問毛澤東，在蘇維埃政府的「外交」政策中，對「少數民族」如「蒙族」、「回族」、「藏族」、「滿族」、「蠻族」、「猓玀族」、「黎族」以及其他各族的「獨立自治」，將來如何規定。毛澤東回答：「我們對這種問題的政策與國民黨是恰恰相反的，南京政府的政策是『大漢族主義』，我們的政策是種族平等，民族自決。各少數民族可以和漢族聯合打倒日本帝國主義，但是，漢人決不能用武力去打他們。我們反對『大漢族主義』，也正如我們反對標榜『大亞細亞主義』的『大日本主義』一樣，這是我們對於滿、回、藏、苗、蠻等少數民族的辦法」。甘肅、寧夏的回族已經組織自治政府，「蘇維埃政府不但不干涉他們正當的民族精神，相反的，還盡力地鼓勵他們，這正與南京政府的企圖征服一切少數民族，依附在獨裁政治之下的政策完全相反」。「我們贊成孫中山先生提出的少數民族政策以及蘇聯已經實行的少數民族政策。我們反對日本對朝鮮、台灣、琉球的少數民族政策，我們也反對國民黨對於蒙回族及其他少數民族的政策。因為在對待少數民族的政策上，國民黨與日本是無何區別的」。[23]毛澤東的回答至少包含兩層含義：第一，不承認民族自決，即「大漢族主義」。所謂「民族自決」，中共已從承諾少數民族獨立建國，轉變為在蘇維埃政府領導下成立自治政府；第二，中國「少數民族」正被使用帝國主義手段的國民政府壓迫，使用武力使其歸附，因而國民黨就是「大漢族主義」。

當然，共產黨言論中的「少數民族」具有獨特的時代特徵。總體而言，近代中國人的「少數民族」概念，主要有清末排滿革命思潮、歐洲「保護少數民族條約」和共產國際的民族與殖民地理論三種思想淵源和內涵外延。排滿革命派號召漢族團結推翻滿清統治，站在人口多、勢力大、文化高的漢民族立場，認為滿族是人口少、文化低、勢力小的「少數民族」，應當接受多數民族、優秀民族即漢民族的統治乃至同

---

[22] 〈中共中央駐北方代表給內蒙黨委員會的信——關於內蒙民族問題〉，1934 年 7 月 7 日，收入《民族問題文獻彙編》，頁 231-236。

[23] 斯諾等著、王福時等譯，《前西行漫記》（北京：解放軍文藝出版社，2006），頁 26。

化。歐洲「少數民族」主要指一戰以後，在威爾遜民族自決原則指導下，通過領土分割和民族國家重組，伴隨國土分割劃歸他國、脫離民族母體的異民族，在新的民族國家沒有獲得平等待遇，故必須接受國際聯盟的條約監督和保護，成為歐洲國際關係的重要內容和第二次世界大戰爆發的導火索。如蘇德台地區的日耳曼人由德國劃歸捷克，相對於兩國而言，即「少數民族」，與捷克民族不屬於同一個民族集團。列寧制定的共產國際〈民族和殖民地問題提綱初稿〉中指出，全世界劃分為資本帝國主義的「壓迫民族」（少數）和殖民地半殖民地的「被壓迫民族」（多數）兩大陣營，後者作為被侵略者，如波斯、中國、印度、朝鮮、越南、菲律賓等，應當聯合起來推翻帝國主義壓迫統治，具有民族自決獨立建國的權利。「少數民族」、「弱小民族」、「被壓迫民族」雖然都有被壓迫的共同性，但並不是相同的概念範疇。中國是「被壓迫民族」、「弱小民族」，但中國國內人群不是「少數民族」。然而，通過共產國際指導下的國共合作，國共兩黨都用「少數民族」和「弱小民族」指稱國內非漢族，使得它們的意涵發生交叉錯位，模糊了國際民族問題和國內民族問題的根本差別。共產黨所指「少數民族」的國際部分，即共產國際所言「被壓迫民族」或「弱小民族」，以及在華從事共產主義運動的人員和組織，國內部分即非漢族，後者既受帝國主義壓迫，又受中國漢族的民族壓迫。兩者都擁有民族自決權，其民族解放在世界革命運動中，都具有同等重要的作用和地位。[24]從毛澤東答斯諾之言可知，共產黨仍存著將境內外「少數民族」等同視之的民族觀，仍未明確將境內非漢族作為「中華民族」的組成分子。

　　西安事變和平解決後，國共商談第二次合作，雙方雖然表示共同遵循三民主義，但對民族主義對內方面的理解依然存在顯著差異。董必武撰文指出，共產主義和三民主義的關係不弄清楚，將妨害國共合作。「因為三民主義雖是孫中山先生創造出來的，但中山先生的著作關於三民主義的部分卻有許多矛盾的地方，有些論點是保守的，是武斷的。如民族主義中之以大漢族為中心同化其他的小民族，以宗族為民族的基本組織」。國民黨一大宣言「所說的民族主義與馬克思主義者對民族問題的主張原則上相同」，但三民主義的革命性，十年來已被國民黨當權派和大部分黨員完全閹割。[25]由於國民黨一大宣言不能完全反映孫中山的本意，所以國共兩黨對其中民族主義對內方面理解的分歧，很難因為合作抗日而根本改變。

---

[24] 詳見楊思機，〈國民革命與少數民族問題〉，《學術研究》，2009：12，頁 115-126；楊思機，〈「少數民族」概念的產生與早期演變──從 1905 年到 1937 年〉，《民族研究》，2011：3（北京），頁 1-11。

[25] 董必武，〈共產主義與三民主義〉，收入董必武選集編輯組編，《董必武選集》（北京：人民出版社，1985），頁 29-32。

（二）全面抗戰初期中共批判國民黨的「大漢族主義」

　　全面抗戰爆發後，共產黨在國統區的宣傳陣線非常注重「革命的三民主義」的宣傳。由於形勢變化和論者不同，共產黨內提出的「革命的民族政策」的內容不斷有所變化，對「大漢族主義」的批判相應也有所調整，不具有高度的統一性。

　　1938 年 10 月，中共六屆六中全會批評國民黨對國內少數民族問題仍持革命勝利以後才解決的顢頇態度，無意在抗戰過程中積極動員少數民族參與抗戰建國。毛澤東根據團結抗戰的形勢需要，在《論新階段》報告中提出四點注意原則（簡稱「毛四點」）。內容是：「第一，允許蒙、回、藏、苗、瑤、夷、番各民族與漢族有平等權利，在共同對日原則之下，有自己管理自己事務之權，同時與漢族聯合建立統一的國家」。「第二，各少數民族與漢族雜居的地方，當地政府須設置由當地少數民族的人員組成的委員會，作為省縣政府的一部門，管理和他們有關事務，調節各族間的關係，在省縣政府委員中應有他們的位置」。「第三，尊重各少數民族的文化、宗教、習慣，不但不應強迫他們學漢文漢語，而且應贊助他們發展用各族自己言語文字的文化教育」。「第四，糾正存在著的大漢族主義，提倡漢人用平等態度和各族接觸，使日益親善密切起來，同時禁止任何對他們帶侮辱性與輕視性的言語、文字、與行動」。毛澤東強調，必須一方面「各少數民族應自己團結起來爭取實現，一方面應由政府自動實施」，「懷柔羈縻的老辦法是行不通了的」。抗戰建國的最終目的，在於建立一個三民主義共和國。「對國內各民族，給予平等權利，而在自願原則下互相團結，建立統一的政府」。[26]所謂「大漢族主義」，表面看僅指輕視和歧視少數民族的語言、文字和行動，反面則平等相待，日益親善，較此前中共的批判言論外延縮小許多。事實表明，凡是與其他三點相悖的國民黨政策，同在其指摘範圍。用毛澤東致大青山支隊信中的話來說，「以我們正確的少數民族政策來改變中國過去的傳統的錯誤政策，以我們的模範作用來推動影響國民黨」的轉變。[27]

　　已有研究一般將「毛四點」作為共產黨從自決聯邦論轉向聯合建國論的重要標誌，但中共中央自從轉向抗日民族統一戰線開始，就露出調整國內少數民族政策的端倪。因此，分析全面抗戰初期共產黨對國民黨「大漢族主義」的批判，應以〈論新階段〉為界線，相應分為兩個階段。

　　第一階段開始於西安事變後，以共產黨在國統區的宣傳戰線為主，特點是將國

---

[26] 毛澤東，〈論新階段（摘錄）〉，1938 年 6 月 24 日，收入《民族問題文獻彙編》，頁 594-595。

[27] 參見中共中央文獻研究室編，《毛澤東年譜》，中卷（北京：人民出版社、中央文獻出版社，1993），頁 93。

內民族問題的根源歸因於歷代中央王朝的民族政策，其作用是推動了「毛四點」的形成。

　　1937 年 4 月，《大公報》著名記者、翌年秘密加入共產黨的范長江提出「新民族政策」的系列內容。他認為，「中華民族」是由幾個民族共同組成的民族集團，漢族分佈於中部腹地和沿海各省，是「中華民族」的中堅，從西南雲貴經康、藏、陝、甘、寧、青、新疆以至內外蒙古，則為其他民族「獨立生活」，或與漢族混居。因此，除海岸線外，中國邊疆問題即民族問題。現在國內幾個民族尚未融合為一個不可分的「新民族」，彼此多少有利害不一致的地方，根源在於歷代「治邊政策」，都是狹義民族主義下的消極政策。「其實質乃以統治者自己所屬民族為中心，以『威』——武力，或以『德』——羈縻，壓服其他各民族。所謂『威』，乃首先以強力擊碎異民族戰鬥集團，施以猛烈之屠殺，然後隨時將傑出鬥爭人才之存復興觀念者，剷除之，並限制異民族之武裝。所謂『德』，乃施惠於其他民族中之少數領袖，培養一部親外勢力，『以夷制夷』，並用宗教文化等美名，行愚民腐化之實際，消滅各族原有優良之民族性，使之走入被片面同化或退化的道路。漢唐至宋，漢族統治時代，固然如此，蒙古族之元室，與滿族之清室，亦遵循此公式，其使用之程度，或有過之而無不及」。直至孫中山的民族主義及相關主張出現，中國民族問題的解決思想才有重大進步，可惜至今始終未出口頭語言文字宣傳的範圍。在制度上，范長江放棄 1935 年底考察西北時有關建立民族聯邦制國家，取消省界而以民族為單位設立自治區的主張，轉而建議在邊疆民族聚居未設省地區成立自治區，中央及各級地方政府設立民族委員會，由邊疆民族代表主持；已經設省但民族複雜的省份，鄉村政府由各民族推選代表設立委員會，辦理與各該民族有關的特殊事務，政府決策必須參考他們的意見。[28]范長江雖然沒有使用「大漢族主義」一詞，但其批判思路和新民族政策論明顯為此後的共產黨所借鑑。

　　相對於范長江新聞社論的泛論而言，莫斯科中山大學畢業的盛嶽對傳統民族政策的批判和對新民族政策的論述，因其深刻的蘇聯民族問題理論烙印，顯得更為系統。1937 年，盛嶽在孫科主持的南京中山文化教育館館刊發表〈中國民族問題解決的途徑〉一文，指出中國面臨內謀統一和外求解放的雙重任務，兩者互相聯繫。帝國主義侵華往往利用中國內部沒有解決的民族問題，利用「非漢人民」和「少數民族」實行

---

[28]　〈社評　邊疆政策應有之新途徑〉，《大公報》（天津），1937 年 4 月 8 日，2 版。是文與范長江《塞上行》（北京：新華出版社，1980，頁 12-14）基本重合，可知作者是誰。范長江在訪問延安後發表此文，是否受毛澤東影響宣傳共產黨的主張，值得進一步深究。參見楊思機，〈以行政區域統馭國內民族——抗戰前國民黨對少數民族的基本策略〉，《民族研究》，2012：3（北京），頁 65-75。

吞併。如日本扶植建立「偽滿洲國」，收買少數蒙古王公喇嘛，在「大蒙古主義」號召下建立「蒙古自治政府」；英國利用「大回教主義」，提出組織「大回教帝國」等等。國內民族問題的複雜與困難，原因在「中華民族」的成分駁雜，民族關係的錯綜，各民族經濟發展的落後與不一致，社會政治制度的反時代，文化水準的低落，宗教迷信勢力的支配，各民族內部社會分化不鮮明，邊疆建設落後，交通阻塞及各民族之間的惡感與歧視。此外，還有三大障礙：一、「大漢族主義」，實質是「狹義的反動的民族主義」，表現為摧毀民族平等的原則，保持民族的壓迫制度。例如，漢族以蟲獸偏旁漢字指稱非漢民族；二、「實行強迫的同化政策」，斬斷其他民族獨立發展的生機；三、「實行毒化麻醉政策」，使其他民族日漸於衰落與滅亡。他主張，解決中國民族問題，首先要排除萬惡的「大漢族主義」的主要障礙；其次要反對地方封建和資產階級的民族主義。「地方民族主義」可以細分為兩種，一種是反對民族壓迫，以期達到民族自決，應當贊助；另一種是由地方封建和封建教派上層分子發動，名義上謀求自決，實際上成為帝國主義吞併中國的「嚮導人」，應當堅決反對。

　　盛岳在引述范長江對中國歷代「治邊政策」（盛岳則稱為「民族政策」）的批評基礎上，借鑑劉錫蕃在《嶺表紀蠻》（上海：商務印書館，1934）一書的紀述，將傳統「民族政策」的內容概括為五個方面，即剝削主義（如剝削番民、強佔蒙民牧場，以欺詐手段實行不平等交易）、羈縻（如清代分化統治蒙古，極力尊奉黃教）、剿殺（如劉錫蕃所言西南「苗猺」各族的屠殺制度，「苗防」舉措、改屯升科）、民族隔離和分化（如劉錫蕃所言獐猺互制，清代蒙漢隔離統治）、強制同化（如國民政府的同化教育）。盛岳主張借鑑蘇聯民族政策，確立解決中國民族問題的五點基本原則：「（一）中國境內諸民族一律平等並予以法律的和實際的保證；（二）中國境內諸民族有自決權直至分立和創立獨立國家的權利；（三）限制和取消一切民族宗教的特權，培植新興人才以代替王公制度；（四）各少數民族均有獨立發展其文化的權利並切實扶助其經濟文化建設之發展；（五）刷新政治制度以適應完滿的解決民族問題之需要」。像列寧那樣，盛岳強調承認各民族的分離權不等於就會分離，更不是不能聯合。所謂刷新政治制度，包括中央仿照蘇聯設立「民族院」，擴大國民政府蒙藏委員會為民族委員會；立法院增添各少數民族代表至全院三分之一人數；改變行省制度，效仿蘇聯自治共和國、自治州的制度，准許留在中國的各少數民族「區域自主」，組成「自治政府」。[29]可見，盛岳實際上將清朝在內的少數民族開創的中央王朝，也包括在「大漢族主義」範圍之內。其不分族別認知的表面，反映了中國族別界限模糊的

29　盛岳，〈中國民族問題解決的途徑〉，《中山文化教育館季刊》，4：3（上海，1937），頁873-887。

本質。

　　儘管當時盛岳已經背叛共產黨，投靠國民黨，但分析中國民族問題的思路與共產黨民族政策頗為接近，主張打破行省制度一點則借鑑西安事變前范長江考察西北時提出的建議。盛岳和范長江的不同在於，范長江已經改弦更張，而盛岳僅在拋卻聯邦論的同時，堅執民族自決和打破省區的民族自治論。[30]盛岳使用的「大漢族主義」和「地方民族主義」一對概念及其內涵，完全模仿其分析蘇聯民族問題歷史和現狀時的「大俄羅斯民族主義」和「地方民族主義」。[31]

　　范長江歸納中國「治邊政策」和盛岳歸納歷代「民族政策」的基本內容，尤其是指摘方面，為面向國統區工作的共產黨人批判國民黨提供了素材。1938 年 4 月，中共黨員陳廉貞、黃操良兩人合著《抗戰中的中國民族問題》小冊子在漢口等地出版發行，基本思路就借鑑自盛岳。該書除了採用史達林的民族定義，「即向上發展的資本主義時代的歷史疇範」，「包含著一定的經濟的聯繫與領土，語言，文字，文化生活等等的共通性」之外，關於民族成分的敘述除了改稱「中華民族」為「中國民族」（書中偶用「全中華民族」），其餘大多抄自盛岳。個別內容，如對「苗蠻族」的分析，則來自張其昀的《中國民族志》。具體到批判歷代民族政策，則較盛岳有過之而無不及。陳、黃兩人認為，中國歷史上民族政策的總內容，概言之即「是在專制制度下由統治的一個有中央集權在手裏的民族來統屬其他民族」。「作為經濟文化力較發達的漢族，因有較多佔得統治地位的機會，一向便站在大漢族主義的氣概上，把少數民族作為夷狄，施以壓迫和統治。就是不是漢族，蒙古族的元朝，與滿洲族的清朝，還是以這種氣概為出發點，來壓迫統治其他民族的。中國歷史上的民族政策，都是作為中央政府的治邊政策而提出的，他們站在自己狹義的民族主義下進行其消極的統治和壓服其他民族的政策」。具體包括：一、征服和屠殺。如漢武帝、唐太宗的「豐功偉業」，建立在征服其他民族基礎上，伴隨大批屠殺和流血；二、要求納貢和剝削。封建中國民族政策的最大特色，與近代資本帝國主義剝削殖民地「同實質而異形式」。歷年「回民暴動」、「猺民暴動」、「苗民暴動」，起因都是漢族欺詐剝削；三、挑撥離間和「以夷制夷」，是「統治民族」、「多數民族」統屬「少數民族」的慣用手段；四、移民殖邊和消滅土著，以人口政策壓迫少數民族，由於中原人民不願去邊疆而收效甚微。「惟有清朝以滿洲人入主中原，先禁止漢人赴滿，後因日俄壓

---

[30] 參見楊思機，〈以行政區域統馭國內民族——抗戰前國民黨對少數民族的基本策略〉，《民族研究》，2012：3，頁 70-75。

[31] 盛岳，〈論蘇聯民族問題及其民族政策之演變〉，《中蘇文化》，2：6（南京，1937），頁 100。

迫，大移關內漢人以實關外，結果反把滿人消滅了」。五、實行民族隔離和歧視。如以夷狄蠻戎文字指稱「邊荒民族」；孔子尊王攘夷的政治哲學影響隔絕漢族和異族通婚和接觸；清朝隔絕分治蒙漢；六、遷徙和奴化。遷徙少數民族到內地，予以消滅；七、麻醉和同化。「大漢族主義」自詡文化最發達最先進的觀念，忽視少數民族語言、文化和生活差異，企圖消滅差異，破壞他們平等立場和自由發展；八、羈縻和欺騙。如清朝統治蒙古。兩人主張借鑑蘇聯民族政策，重點解釋承認民族自決但不一定等於分離的列寧式「真意」之後，提出「革命的民族政策」的五項內容：第一，必須以實行徹底的民主政治為基礎；第二，必須堅決承認國內一切民族的民族自決權；第三，放棄過去錯誤的民族政策，轉變為各民族一律平權、自主，動員他們的勞苦大眾，培育他們的青年，樹立各民族的核心力量和建立新的社會支柱，作為組織和開展向心運動的基礎；第四，提高各民族間文化經濟生活的水準；第五，放棄不合理的行省制度，應許新疆、西藏、西康以及一切少數民族占主要成分的區域實行「區域自主」，成立民族自治區。[32]

　　1938 年 7 月，許滌新所著《三民主義讀本》一書，在分析民族主義時涉及國內民族問題，對傳統民族政策的批判思路與盛岳如出一轍。許滌新首先在概念上糅合史達林的民族定義和孫中山的民族五要素構成說，認為「民族」是歷史的範疇，是資本主義上升時代形成的，具有共同的經濟聯繫，共同的領土，共同的語言，共同的法律，共同的風俗習慣乃至共同的宗教、血統等形成的人群集團，其中「經濟力」具有決定性影響。儘管許滌新認為殖民地半殖民地的「被壓迫民族」是在外部榨取與壓迫的背景下產生出來的半獨立地位的國家，如「中國」、「中華民族」便是其中之一，但同時又說民族主義「就是主張一切民族有自決的權利之主義」，不能「曲解」、「縮小」為「民族自治權」。他說：「中華民族」是一個許多民族集合而成的共同體，「對於這個複雜的民族問題，中國歷來都是以狹隘的反動的大漢族主義為中心。以剝削收買，圍剿屠殺；以隔離分化，『以夷制夷』的政策，以強制同化的政策去維持大漢族的統治」。其結果導致各民族之間存在惡感與歧視，而日本強盜陰謀挑撥，收買少數蒙古王公喇嘛和少數回族軍閥，都獲得一些「效果」。根據孫中山的民族主義，民族解放運動的第二項內容是求得國內諸民族平等的結合，漢民族要和滿蒙民族共同聯合抗日，動員國內一切少數民族起來參加民族解放運動，打倒日寇宣導的大回族主義、大蒙古主義、偽滿洲國。為此，「我們應當放棄過去的剝削主義，羈縻政

---

[32] 陳廉貞、黃操良，《抗戰中的中國民族問題》（上海：黎明書局，漢口、重慶、廣州同時發行，1938），頁17-51。

策，剿殺政策，和隔離分化的政策，而以承認他們有自決權，扶助他們的經濟文化建設之發展等等作為今後的政策」。同時，「非漢人民族謀自己的解放，亦只有在與中國民族的解放運動親密聯繫的基礎上，才有可能」。否則，「非漢人民族苟與帝國主義勾結或對帝國主義取『中立』態度」，都無異於「幫助帝國主義」。[33]

　　以往學界較多注意中共中央宣傳部副部長楊松，任教於延安馬列學院時舉辦的民族與殖民地講座對於「毛四點」及中共「中華民族」觀的影響。[34]但前述分析表明，來自國統區的思想淵源，包括對「大漢族主義」的批判，也值得重視。除了范長江和盛岳外，劉少奇也是其中之一。1937 年 10 月 16 日，中共北方局書記劉少奇在〈抗日游擊戰爭中的若干基本問題〉一文中，主張國統區抗日政府對中國各少數民族的政策，「應以團結各民族共同抗日，援助各少數民族自決，反對大漢族主義為原則」，「應該堅決改變現今國民政府及中國歷來所執行的臣服與籠絡各少數民族的政策」，宣佈六項舉措：一是「中國境內一切少數民族實行自決，協助他們組織自己的自治政府，在少數民族與漢人雜處之地，如果漢人占多數，即在該地政府中成立少數民族委員會」。二是「少數民族有權利建立自己的武裝」。三是「發展少數民族的文化，尊重少數民族的宗教信仰」。四是「嚴禁商人重利盤剝少數民族」。五是「禁止漢人一切侮辱少數民族的文字、言論和行動」。六是「邀請各少數民族共同抵抗日本帝國主義的侵略」。如果中國政府不執行上述政策，贊助個別少數民族的「獨立」與「自治」，而日本帝國主義反用此手段去欺騙，就會使少數民族中的一部分感覺日本政府比中國政府和漢人要好，結果很危險。「少數民族的獨立自治，並不可怕，因為他們獨立自治後還可以與中國聯合起來共同去反對日寇。可怕的是少數民族在日寇的欺騙與利用之下來反對中國與漢人。錯誤危險的主張與政策是，中國政府至今還反對少數民族的獨立自治。這是實際幫助日寇欺騙少數民族的主張與政策」。[35]劉少奇將「中國」限制在「漢人」的範疇，「大漢族主義」的矛頭直指傳統民族政策和國民黨。相比之下，毛澤東部分採納了包括劉少奇在內的國統區宣傳戰線的主張，但捨去自治區和少數民族獨立武裝兩點，轉向強調與漢族共同建國。

　　第二階段是 1938 年的中共六屆六中全會以後至 1944 年出版的《評〈中國之命

---

[33] 許滌新，《三民主義讀本》（漢口：生活書店，1938），頁 53-54，58。各地生活書店均有售。

[34] 參見[日]松本真澄著、魯忠慧譯，《中國民族政策之研究：以清末至 1945 年的「民族論」為中心》，頁 226-229；鄭大華，〈論楊松對民主革命時期中國共產黨民族理論的歷史貢獻〉，《民族研究》，2015：3（北京），頁 1-12。

[35] 劉少奇，〈抗日游擊戰爭中的若干基本問題（摘錄）〉，1937 年 10 月 16 日，收入《民族問題文獻彙編》，頁 563-564。

運〉》，重點是貫徹落實「毛四點」，必然要批判當時國民黨高層「中華民族是一個」的民族觀及國民政府的邊疆政策。

日本學者松本真澄指出，七七事變之前，共產黨言論中的「中華民族」僅指漢人，此後轉向漢族與少數民族的合稱，但仍不明確。[36]從 1939 年毛澤東署名出版《中國革命與中國共產黨》一書開始，共產黨逐步建立了「中華民族」是由多個民族聯合組成的近代「政治實體」，是中國現代國家的領導核心的民族觀。前述分析表明，共產黨在國統區的輿論戰線早就開始了構建涵蓋漢族和非漢族的「中華民族」的工作，「毛四點」的出台，大大加快這個進程。此階段共產黨對國民黨「大漢族主義」的批判，主要體現在兩份文檔。它們是中共中央西北工作委員會民族問題研究室根據中共六屆六中全會的精神寫出的〈關於回回民族問題的提綱〉（賈拓夫執筆，簡稱〈回回提綱〉）、〈關於抗戰中蒙古民族問題提綱〉（劉春執筆，簡稱〈蒙古提綱〉）。這兩份提綱剖析回回、蒙古民族的歷史與現狀、少數民族問題的性質及解放道路，闡述了關於團結蒙回民族共同抗戰建國的各項具體綱領政策。經西北工委審閱定稿後，上報中共中央書記處批准，發到各級黨委，成為共產黨民族政策的原則指示。

〈回回提綱〉第一部分提出，宗教上，伊斯蘭教對回回民族不只是宗教信仰，而且包含著社會、文化教育以至政治制度的相應規約，一方面成為社會生活的獨特部分與團結奮鬥的精神旗幟，另一方面又是文化發展與民族覺醒、階級覺醒的障礙，被外部黑暗勢力利用的工具。元代開始，回族開始「漢化」，迄今程度相當深，已成「中華民族」的部分。原因是受了漢族這個「比較進步民族」的影響和「大漢族主義」的野蠻壓迫，前者是「自然的過程」，後者是「人工的強迫」。因此，「漢化」既提高了回族，又加強了回族對漢族的民族仇恨。就全國範圍而言，回族處在漢族壓迫之下，但在回族統治區域，回族又是其他民族的壓迫者。第二部分「國民黨政府的大漢族主義政策及其影響」，專門分析了國民黨政府的大漢族主義政策的歷史淵源、諸多表現及其惡劣影響。它認為，滿清統治是中國各民族的「最黑暗的牢獄」，統治者盡力挑撥回漢鬥爭，又利用大漢族主義的劊子手，對回族實行空前的野蠻政策，包括血洗「叛回」，分散「降回」，成為回族人口衰落與住地分散的主要歷史原因。民初「五族共和」並未做到各民族平等，國民黨一大宣言也是空頭支票。國民黨人關於回族的觀點與政策可以概括為：「回族已經漢化，回族就是回教徒，因此回族不是一個民族，因此回族所需要的不是民族平等，而是教育，是要用教育來解除回族的宗教迷

36　參見[日]松本真澄著，魯忠慧譯，《中國民族政策之研究：以清末至 1945 年的「民族論」為中心》，頁 203-204。

信，來提高回族的知識文化」。其實質，一方面是國民黨對回族沒有在政治上、經濟上、文化教育上實行民族平等的原則，沒有減輕過去北洋軍閥時代的壓迫剝削，反而儘量維持回族內部一切落後的和黑暗的勢力，利用回族上層封建分子鞏固整個回族統治。另一方面，回族內部上層和民眾都存在狹隘的回族主義思想。全面抗戰以後，國民黨企圖團結回族抗日，也做了宣傳號召，但「大漢族主義政策」基本未變，同時在回族中盡力進行「防共」、「反共」的挑撥離間，防共先於抗日。這樣，回漢民族間的不信任和民族仇恨，既沒有消滅，也沒有減少。接著，〈回回提綱〉批判了日本帝國主義為分化侵吞中國，企圖成立「大回回國」、進行「大回教主義」的種種表現。總之，由於日本帝國主義的侵略和中國大漢族主義的壓迫，回回問題非常嚴重，表現在回族上層冷淡拒絕國民黨，懼怕共產黨，對抗戰搖擺消極；回族抗日救亡運動根本沒有展開，少數先進青年沒有力量。回族存在回日矛盾、回漢民族矛盾、回族內部民主力量與封建殘餘勢力的階級矛盾，其解放和「整個中華民族」的命運一樣，只有抗戰勝利後才能解決。最後擬訂了〈回回民族綱領草案〉十一項，基本上是「毛四點」的細化。[37]

〈蒙古提綱〉定稿於 1944 年，基本思路與〈回回提綱〉如出一轍。它認為蒙古民族是「中華民族」的一部分，背負著日本等帝國主義、中國大漢族主義和王公喇嘛等三重不可忍受的壓迫，只有走共產黨領導的民族解放道路，才能真正實現蒙古民族的解放。第一部分分析蒙古民族的特徵，第二部分譴責了日本帝國主義對蒙古民族的侵略，認為偽蒙古聯合自治政府與偽滿洲國毫無分別，蒙古民族是帶著對「大漢族主義」的極度仇恨與不滿的情緒，而與日寇接近。第三部分「國民黨大漢族主義政策在蒙古民族中的影響」指出，國民黨繼承了滿清政府與北洋軍閥時代的大漢族主義對蒙政策。表現在五個方面：一、實行殖民、屯墾、建省、設治，結果使廣大蒙人從原本保存不多而相對肥沃優良的地方，被排擠到更荒涼的沙漠地帶，更加陷入極端落後與黑暗痛苦的生活；二、極力培植蒙古的黑暗勢力，維持其統治與剝削，利用並經過它們掠奪蒙古民族的財富寶藏，結果使廣大蒙人長期生活在黑暗專制統治下，沒有任何民主權利；三、從不善意幫助蒙古民族建立自己的學校和文化教育機關，極力抑制蒙古文化發展，結果使蒙古人民長期處於文盲與愚昧狀態；四、極力阻止與壓迫蒙古民族一切進步的解放鬥爭，利用蒙古反動力量打擊進步的革命力量，結果幾乎完全窒息了蒙古民族自救更生的積極性，並在蒙古民族中培植了深刻的不信任與對民族前途悲觀失望沒有出路的心理。「抗戰以來，國民黨只在表面上進行了一些對蒙古上層的羈

---

[37] 〈關於回回民族問題的提綱〉，《共產黨人》，期 5（延安，1940），頁 20-28。

麼、拉攏與敷衍應付的工作，並沒有改變大漢族主義的實質。大漢族主義者的政府和軍隊，在未淪陷區對蒙人有加無已的騷擾和壓迫，使廣大蒙人怨聲載道。而在淪陷區，更公開提出『抗日滅蒙』的口號，引起廣大蒙人的仇恨與反抗。同時，大漢族主義者及頑固分子，又在蒙古民族中實行『防共』、『反共』政策，極力推使蒙古上層王公『防共』、『反共』，壓迫與破壞共產黨八路軍在蒙古民族中的抗日工作；甚至勾結日寇以打擊我黨與八路軍」。提綱在分析蒙古民族對抗戰的態度後，認為團結蒙古民族抗日的可能性是存在的，但必須堅持三大原則，即團結蒙古民族抗日並反對偽政府，組織蒙古民族成為一個堅強的抗戰力量；肅清大漢族主義壓迫政策，實行蒙古民族在國內政治上的完全平等；在抗戰過程中，實現蒙古民族一切必要與可能的民主改革與民生改善，以提高蒙古各階層人民抗日積極性。具體政策，則如〈回回提綱〉所列十一項，不過對象將回回民族改成蒙古民族。[38]

二、國民黨對「大漢族主義」批判的批判

　　「九一八事變」後，國民黨的邊疆政策面臨嚴峻挑戰。第一，國內非漢族離心勢力增強，新疆、西藏和內蒙古不同程度出現民族獨立或高度自治運動。第二，日本以民族自決口號扶植建立偽滿洲國，左傾知識人套用蘇聯民族問題理論，直接或間接威脅國家統一和民族團結；第三，日益興盛的邊疆研究客觀上導致中國民族細分化，種族觀念糾紛日趨明顯，造成內部思想分歧。在無法真正控制邊疆地區的困境下，國民黨首先批評共產國際誤解「民族自決」的真意，在理論上與蘇聯民族理論切割。其次，回歸本土固有的不分族別的融合之道，努力樹立全體國民同屬一個「中華民族」的思想，並有與之配套的制度安排。[39]

　　抗戰期間，國民政府加快現代民族國家建設力度。在思想方面，面對日益廣泛的確立新民族政策，在抗戰過程中解決民族問題的國內輿論，國民黨堅持革命勝利以後解決民族問題的方略不變，同時也採取一些措施，努力維護中華民族的團結和整體性。例如，下令禁止濫用「少數民族」名詞，改正「西南少數民族命名」，主張以所

[38]〈關於抗戰中蒙古民族問題的提綱〉，《共產黨人》，期9（延安，1940），頁5-10。

[39]制度安排主要包括：一、繼續晚清以來的撤藩建省，推進省縣政治；二、中央建立蒙藏委員會，作為負責未改省的外蒙古、西藏「地方」興革事宜的機關，其實際事務則涵蓋內蒙古盟旗、新疆回部等地，改組目標是「邊務部」，不是「民族委員會」；三、國民大會代表選舉採取區域選舉方式，蒙古、西藏納入「特種選舉」，但強調的是區域屬性，不是民族屬性。在此前提下，適當照顧非漢族。參見楊思機，〈以行政區域統馭國內民族──抗戰前國民黨對少數民族的基本策略〉，《民族研究》，2012：3，頁65-75。

在地人指稱非漢人，甚至統稱改為「邊疆民族」，以示與蘇東少數民族自決理論相區別；下令解釋內地回民不是回族，改稱回教徒，成立中國回教聯合會，等等。[40]針對共產黨仍抱持「民族自決」理念，視為終結「大漢族主義」，實現民族平等的手段，共產黨政權民主政治的一種表現，以及對國民黨的攻擊，國民黨的反擊分為三個方面：一是從理論源頭集中批判列寧式民族自決原則的特殊背景與適用範圍，澄清「民族自決」的主體及性質。二是指出中蘇國情的聯繫與區別，在解釋孫中山民族主義的本意及其積極意義基礎上，務實走孫中山式民族主義道路的理論前提；三是解釋傳統民族政策的積極意義和國民黨民族主義的實際舉措，反駁「大漢族主義」指控的粗暴和片面。

（一）民族自決的主體與性質

　　全面抗戰時期國民黨人主張的「中華民族是一個」，無論是基於「一元論」，還是強調「融合論」，都有強調族別不可分和注重統一的民族精神之共性。國民黨批判列寧式民族自決的首要方面，是澄清主體與性質，簡言之即「中華民族自決」。

　　1938 年 11 月 25 日，國民黨三青團主辦的重慶《西南日報》發表〈論民族自決〉的社論。社論認為，在抗戰建國過程中確實要討論「國內少數民族問題」，但關係主要在「外力」。「民族」（Nation）和「種族」（Race）概念有別，中國領土內所有國民都是「中華民族」一分子，但內含不太一樣的「少數種族」，較重要的是蒙族、回族和藏族。其他如苗族只待中央積極開發、經濟文化發達，沒有「外力」參雜期間，不會有嚴重問題。「滿族」早已和漢族同化，日寇藉口少數民族自決，故意混淆「民族」與「種族」。關鍵在於，「漢族」本身沒有純粹血統，是經過無數次「溶化」的產物。「數千年中國歷史洪爐的主要作用，是將其所擁有版圖之內的許多種族冶成一個民族」。雖然「冶煉」工作曾用武力，但和歐洲商業資本主義發展後最大的差異是，未曾繼以經濟與政治的雙重剝削，甚至有的「種族」進貢中還獲得厚利。鴉片戰爭以後，中國逐漸衰落，沒有能力完成一個現代化的民族國家，「連帶地也不能有『溶化』各『少數種族』之中央政府的設施」。故自民初開始，「常常發生因『外力』的作用，而有各種族與民族分家的記錄」，其實並非「『少數種族』的本意」。抗戰建國要同時解決「國內少數種族一律平等」的問題，各個「種族」的幸福自由需

---

[40] 詳見楊思機，〈民國時期「邊疆民族」概念的生成與運用〉，《中山大學學報（社會科學版）》，2012：6（廣州），頁 95-106；楊思機，〈民國時期改正西南地區蟲獸偏旁族類命名詳論〉，《民族研究》，2014：6（北京），頁 76-93。

要在整個「中華民族」的「民族獨立」以後發展生產力，「決非與中華民族分離，歸附於某一外力，可以得到」。[41]

　　《西南日報》對共產黨曾經主張民族自決的批判，引起共產黨員章漢夫的批駁。1938 年 12 月 25 日，章漢夫在重慶《群眾》雜誌撰文，秉持史達林的民族定義，首先肯定中國除了漢族，還存在蒙古族、回族（古稱突厥族）、藏族（古稱氐羌族）、苗族及其他少數民族，如盛世才在新疆劃分的十四個民族，它們都不是「種族」。同時借用列寧的民族自決原則，一方面說「中華民族」是境內各民族的「總稱」、「中心」，民族自決首先是「中華民族以血和肉來爭取民族自決」；另一方面認為少數民族也有自決權，但其實現要看具體時空條件。目前應如毛澤東的〈論新階段〉所說，和漢族團結起來，爭取抗戰勝利。進而指出：《西南日報》「硬說中共主張現在實現國內少數民族的自決」，「自己安上靶子，自己射箭，打倒的不是中共的主張，倒是作了靶子的自己，其醜態窘狀也就可想而知了」。他說：《西南日報》不主張在全民族爭取獨立自由的過程中，即抗戰過程逐漸解決少數民族問題，其「錯誤」在於「忽視了少數民族的抗戰力量」，「贊成保持過去不良傳統，對少數民族的苛征狂斂，壓制虐待」。而「大漢族主義」始終是國內各民族團結的一大障礙，不僅表現在歷朝及軍閥對少數民族的壓制剝削上，還表現在當今普遍存在的對少數民族的輕視和侮辱。國民黨人指責《新華日報》反對「大漢族主義」，是不瞭解三民主義的民族政策，這「正是大漢族主義的表現」。理由是：「歷史上到現在，漢族與少數民族間的隔膜、磨擦和衝突，正是因為大漢族主義的存在。漢族，特別是主政者，擺出了征服者的面孔，視少數民族為蠻夷野人，目之為奴隸異族，損害了他們的自尊自信。我們從民族平等民族自決的基本立場出發，是反對民族的特權的。要將一切任何微小的大漢族主義輕視少數民族的言論和行動肅清，才能走上民族平等和團結的大道」。[42]

　　章漢夫所言用蘇式的「民族」眼光看待中國的族類關係，正是國民黨人要極力避免和批判的不適合國情的外來民族理論。雖然章漢夫說的中共「新民族政策」的轉變基本屬實，但共產黨直至 1949 年建國前夕都並未放棄「民族自決」理論並對其作批判性切割，客觀上仍為國民黨提供了攻擊的「靶子」。

　　1939 年 1 月 7 日，《西南日報》發表〈再論民族自決〉社論。社論指出，中國的「民族」概念應當根據孫中山《民族主義》，而非照搬外國理論。共產黨認為「少

[41]　〈社論 論民族自決〉，《西南日報》（重慶），1938 年 11 月 25 日，2 版。

[42]　章漢夫，〈抗戰時期的國內少數民族問題〉，收入《新華日報》、《群眾》週刊史學會編，《章漢夫文集》（南京：江蘇人民出版社，1987），頁 226-235。

數民族」的對象包括「滿、蒙、回、藏、苗、猺、夷、番等」，在日寇扶植滿洲民族自決製造「滿洲國」的情形下，變成「日寇漢奸」的「罪證」。事實上，所謂「少數民族」都是「全中華民族」構成分子，只有後者取得獨立，方有「真正的自決」，而不是如外蒙古那樣「乾脆脫離老家」的「決法」。像章漢夫那樣懷疑各民族沒有「中國人」的共同認同，不啻是「分裂全民族抗戰陣線，挑撥離間民族間的感情」的「無理取鬧」、「無聊謾罵」。[43]國民黨抓住日本藉口民族自決扶植建立偽滿洲國，滿族已自不成族這點，當時中共的確不易反駁。但是，國民黨否認當時尚未納入中央政府實際統治的少數民族「中國」認同的淡漠，同樣枉顧事實。

　　國民黨人馮大麟主張民族同源論，所謂中國民族問題是整個「中華民族」的問題。[44]他說：「近來國內各特刊，每有討論民族問題的文字，希望我國民族問題得到一個合理的有效解決，固是一件很好的事，但不免有些人偏執成見，提出了許多不合現實的錯誤理論」。他強調，孫中山說中國民族總數是四萬萬人，當中只有少數蒙古人、回教突厥人、西藏人，大多數是漢族，其意思是：從歷史上看，漢族是「包括滿、蒙、回、藏……等民族的成分，經過數千年長期同化後的總合體」，表示我國「民族」即「國族」。此時鼓吹民族自決，「轉移國人對外目標於對內問題，帶有極嚴重的錯誤性」。[45]馮大麟認為，「民族自決」的理解歧異，根源之一即「民族」概念的界定不同。古代中國而夷狄則夷狄之，夷狄而中國則中國之，「至多不過是具有『我群』（We-group）或『他群』、（Other-group）之『同類意識』而已」。自秦漢統一，產生華夏民族與漢民族的同類意識，也形成中華民族的同類意識。「漢族」一詞，「實際已不能代表漢族之本來面目，綜名核實，蓋為華夏、滿、蒙、回、藏……諸族融化為一體後的總稱」。總之，從歷史背景、生活文化和利害關係的共同性看，「中華民族」已經形成相輔相依的「共榮體」，所謂中國民族問題，實質是「中華民族」對外求獨立的問題。[46]

　　有國民黨人抨擊說，國民黨五屆八中全會通過加強國內各民族團結的提案，背景「完全因為除了敵人和漢奸以外，還有中國共產黨，在理論上，曲解三民主義，尤其是民族主義，在行動上進行著分化我們大中華民族以破壞抗建大業的陰謀」。他認為，「民族」形成的因素是「同心精神」（Like-mindedness），但許多人誤解「民

---

[43] 〈再論民族自決〉，《西南日報》（重慶），1939 年 1 月 7 日，2-3 版。

[44] 馮大麟，〈漢族與西南民族同源論〉，《中央週刊》，2：15（重慶，1939），頁 13-14；2：16（重慶，1939），頁 15-16。

[45] 馮大麟，〈中國民族問題的正確認識〉，《中央週刊》，3：9（重慶，1940），頁 10-12。

[46] 馮大麟，〈民族主義與中國民族問題〉，《新認識月刊》，3：2（重慶，1941），頁 23-25。

族」的含義，將其等同於「種族」、「語言」或「宗教」，甚至等同於「領土」等構成要素，結果誤「以局部代替全體」。中國只有一個「中華民族」，漢、滿、蒙、回、藏只能代表朝代、地理或宗教信仰，不能代表「種族」差異及對待名稱。種族、語言、宗教的不同，也只是廣義上的文化差別。而陳紹禹《新形勢與新政策》一書所說抗日民族統一戰線，所言「民族政策」，實則「分裂政策」。其策略方法是：一、強調以往表示朝代、地理及宗教信仰不同的漢、滿、蒙、回、藏等名詞為「民族」，「使整個大中華民族的內部發生分裂」；二、挑起少數以某種信仰宗教為集團的人民對於中央及代表全民族利益的國民黨的嫌惡與懷疑；三、宣揚外蒙古在這整個民族生死關頭的民族革命中袖手旁觀的態度為正常；四、主張中國由「統一國家」變成「民族聯邦」；五、鼓吹各民族組織自治政府脫離國家關係而獨立。「至其所提出的口號，就是『民族自決』。所謂『民族自決』就是在國家關係上脫離集體而獨立」。總之，陳紹禹提出的「民族政策」，是分裂「大中華民族」的惡毒陰謀，「民族自決」則是陰謀的理論化。這種內發和慢性的「分裂」，與日本的暴力侵略，可謂「異曲同工」。[47]國民黨人的指責表明，全面抗戰初期共產黨在漢口地區進行的「革命的三民主義」的宣傳，可能包含王明的理論指導。

　　在外蒙古與新疆問題上，共產黨輿論在全面抗戰初期一度採取維護蘇聯的態度。例如，陳廉貞認為，孫中山的民族主義「允許」國內各民族絕對自主和自決，「所以中國國內許多少數民族中的任何一個」，只要不是受敵人挑撥離間，確實由勞苦大眾用自身力量決定自己命運，便不能用封建藩屬觀念對其作要求，而應在平等關係上，聯合起來一致對外。因此，陳廉貞肯定外蒙古的獨立解放，建議先和外蒙古建立平等相待的合理關係，然後再請其參加抗日統一戰線。[48]這個主張，後來收入陳廉貞和黃操良合著的《抗戰中的中國民族問題》一書。[49]人類學者衛惠林指責蘇聯既然承認外蒙古為中國領土，但又不放棄傳統對蒙政策，演變成外蒙古第二次獨立，客觀上便利了日本和偽滿進攻中國，因此蘇聯是「赤色帝國主義」。共產黨人張佐華批評衛惠林敵我不分，與日寇藉口「共同防共」進攻中國同出一轍，客觀上幫助了敵人。[50]

　　1941 年 4 月 13 日，蘇日簽訂有損中國利益的《蘇日中立條約》，共產黨的民族性及民族理論，再次受到檢驗。三天後，共產黨通過新華社正式發表意見，稱讚條約

[47] 卓越，〈我們對於民族問題應有的認識——揭發中國共產黨的陰謀〉，《浙江民眾》，1：8（永康，1941），頁33。奇怪的是，目前所見王明是書各版，均未見相關論述，存疑待考。
[48] 陳廉貞，〈外蒙古出兵問題〉，《戰鬥旬刊》，2：7（武昌，1938），頁103-104。
[49] 陳廉貞、黃操良，《抗戰中的中國民族問題》，頁32-42。
[50] 張佐華，〈評三本邊疆民族問題的書〉，《戰時文化》，1：5、6（重慶，1938），頁30-31。

是「蘇聯外交政策的又一次偉大勝利」，並且對蘇日聲明中有關「互不侵犯滿洲與外蒙」的說辭予以充分理解，宣稱蘇聯此項舉措「對全中國爭取解放也是有利的」。國民政府軍委會侍從室第六組主任唐縱批評共產黨此論，使「向日同情中共之青年，莫不痛哭流涕」。[51]張文伯諷刺說，蘇聯承認偽滿，日本承認外蒙古，作為中國人的共產黨不但無動於衷，而且還說「民族自決」是孫中山的「主張」。張文伯指出，孫中山主張民族自決的含義著重在「自決」而非「代決」，即不妨礙整個國家生存，目標是革命勝利以後聯合為自由統一的中華民國，不是分立為若干小國。這樣主張的原因是，中國漢族占人口多數，其他各種族人口數量很少，漢族文化較高，幾千年來向為自然重心而鎔化凝結，「民族」和「國族」實已漸歸於一，不能強加區分；「中華民族」同在帝國主義壓迫之下，同以帝國主義為革命對象，非團結一致不足言救亡圖存；所謂「蒙古人民共和國」的獨立，論條件、性質、時機、目標，沒有一項與民族自決原理相符。列寧、史達林對民族自決與民族聯合的關係，以及民族自決的條件和目的有過精闢論述，不同情況有不同辦法，「中國的左傾病者，應該怎樣記取這種教訓」。[52]

國民黨人更加大肆宣揚民族同源論，的確有針對共產黨之意。在陝西省榆林負責對蒙古宣傳的國民黨人謝再善認為，拉鐵摩爾主張的漢族和非漢族同源論（非一元），以及《史記》說蒙古為大禹後裔，都證明「中華民族一元論」，足以「攻破赤白帝國主義分化中華民族的滿、蒙、回、藏自決建國論」。[53]國民黨人黃奮生根據熊十力《中國歷史講話》文中所說關於氐羌混同，氐羌分別為回、藏、蒙先人的觀點，主張蒙、藏、回各族與漢族「本是同根生」，同為「中華民族」一分子。同時指出，三民主義所謂民族自決自治的「真義」有二：第一，自決自治只是「邊疆民族在整個國族中達到政治經濟一律平等的一種方式」；第二，「民族自決」是被帝國主義侵略的殖民地「弱小民族」反抗異民族統治的手段。中華民國無種族分別，在法律上一律平等，均為「國族」構成分子，「已無統治者與被統治者之分」，故民族自決在中國已失「內在」意義，只有「對外」要求。[54]

國民黨的蒙古問題專家馬鶴天認為，國內少數民族問題不在「自決」，而在「團

---

[51] 1941 年 4 月 14 日，國民政府外交部就《蘇日中立條約》發表聲明，宣稱東北三省及外蒙古為中國領土，決不承認第三國之間妨害中國領土及行政完整的任何協議。沈鈞儒、王造時等知名人士欲在報刊公開發文，對《蘇日中立條約》表示遺憾，後在周恩來的勸說下作罷，但知識界對蘇聯的懷疑並未真正化解。參見唐縱，《在蔣介石身邊八年——侍從室高級幕僚唐縱日記》（北京：群眾出版社，1991），頁 203。

[52] 張文伯，〈外蒙叛離與民族自決〉，《中央週刊》，3：39（重慶，1941），頁 11-12。

[53] 〈拉鐵摩爾論蒙古〉，《邊疆通信報》（榆林），第 3 年第 86 號，1941 年 8 月 2 日，1 版。

[54] 黃奮生，〈中國邊疆民族自決自治問題之研究〉，《中國邊疆》，創刊號（榆林，1942），頁 6。

結」。根據國民黨臨時全國代表大會宣言可知，中國境內只有一個「中華國族」，似乎沒有民族問題。但由於地理隔絕，同一種族由於語言風俗習慣不同而產生各種差異，加上政治不良導致的不平等和滿清的隔離分化，本來沒有問題的民族關係也和別的國家一樣，「生出了少數民族的問題」。[55]國民黨一大宣言提及民族自決，乃是順應世界潮流。從九一八事變尤其七七事變後，國民黨人「始知『自決』有近於『分裂』，或陷於『帝國主義殖民地』之危險」，一戰後東歐各國可為例證。「分裂合併或獨立，都是『代決』，非『自決』」。民族自決在中國已不是各民族「自決」的問題，而是團結與融洽問題。有鑑於此，自 1935 年第五次全國代表大會以後，國民黨即不再提民族自決問題。[56]

國民黨人易世芳批評陳廉貞、黃操良的《抗戰中的中國民族問題》一書，「完全站在共產主義的立場提出解決中國的民族問題的主張」。實際上，中國少數民族的叛離行為，並不像作者所說嚴重。日寇挑撥離間，煽動國內諸民族分立，不過溥儀、李守信、德王、馬良等少數人受其影響，並未造成真正的「民族運動」。在東北和內蒙古，所謂日本已完成分化我國的民族團結一事並不存在。陳、黃將少數傀儡行為上升為「民族運動」，誇大中國民族問題，不啻污蔑滿、蒙、回各族同胞。而漢族中充當日本傀儡的，前有王克敏，近有汪精衛，「又作如何解釋？」。陳廉貞、黃操良也承認純粹滿人占「偽滿洲國」人口不到十分之一，卻堅稱「民族問題」嚴重，其言辭不僅是危言聳聽，而且是故意製造「讕言」。[57]

國民黨人馮雪山批評共產黨混淆「國族」與「民族」兩個概念，指出中國國內「民族」是以人種、語言、文化為「素質」，以歷史演進，通過書同文、車同軌、人同婚等途徑，逐漸形成「異域同體」的「國族」，具有政治統一、經濟連鎖、文化互倚、心理一致的特點。從「學術」上講，「國族」與「民族」概念不必強求一致，「民族」異源無害於「國族」合流總匯，一體團結。「中國境內各少數民族的體質與文化，在歷史上都經過與漢人多次的混血，同為構成今日中華民族的元素」。事實上，「漢人」從歷史上看，是包括有「滿、蒙、回、藏、苗、黎、西番、羅羅……等民族的成分」，經過數千年長期同化的「總合體」，「可以表示我國民族即是國族」。故孫中山說民族主義即國族主義，是「最合邏輯的理論」。總之，「中國所要求的『民族自決』，是整個中華民族的自決，就是『國族自決』」。[58]

[55] 馬鶴天，〈中國少數民族問題與中國國民黨政策〉，《塞風》，期 4-5（榆林，1939），頁 51-54。

[56] 馬鶴天，〈抗戰以來邊疆施政綱要的檢討〉，《西北研究》，6：1（西安，1943），頁 6-7。

[57] 易世芳，〈評抗戰中的中國民族問題〉，《時代精神》，1：5（重慶，1939），頁 111。

[58] 馮雪山，〈論如何解決中國的民族問題〉，《資聲月刊》，2：1-2（邵陽，1942），頁 41。

（二）中蘇國情的聯繫與區別

　　國民黨人從比較中蘇國情的具體時空差異角度，肯定列寧式民族自決適合俄國革命環境，同時指出不適合中國國情，試圖對共產黨移植蘇聯民族問題理論以子之矛攻子之盾。

　　重慶《西南日報》的社論率先批評共產黨「盲目」移植俄國革命的民族問題方法和理論。社論認為，鑒於帝俄時期以斯拉夫民族為中心，對各「少數民族」實施非人的榨取和剝削，布爾什維克要推翻沙皇制度，革命手段除了聯合工農階級之外，還要利用「少數民族」這一「武器」。因此，列寧提出「國內少數民族自決」，誠為「傾覆沙皇統治的聰明革命戰略」。而中國國內各「種族」，不獨不能用「自決權」名義，以致和中央政府分家，恰恰相反，應當排除種族成見（雖然薄弱），號召參加全民族的神聖抗戰。「換句話說，由於歷史條件的各異，推倒沙皇要用『民族自決』的策略；完成現代化的中國，要由各種族密切合作，才有希望」。[59]社論強調，中華民族獨立解放的內容，既與十七、十八世紀的英法不同，不能採取階級鬥爭，也與蘇俄有別，不能採取民族自決。連共產黨知識分子也承認中國階級分裂即不能完成建國使命，否則一面要求全民族團結抗戰，一面又要「少數民族自決」，「除削弱抗戰的力量以外，命意何在？」。[60]

　　國民黨 CC 系文化幹將劉百閔將列寧的民族自決主張分為壓迫國家的社會主義者自由分立和「弱小民族」的社會主義者自由聯合兩部分。劉百閔認為，中國明明是受帝國主義壓迫的「弱小民族」，而不是殖民壓迫別人的國家，在中國鼓吹民族自決，自然違反了列寧的理論。況且，「列寧氏的民族自決論，不但不一定就是『民族分立』論，也不當然是『民族聯邦』論。應不應該主張『民族聯邦』，還要看他是不是『存在著民族的不平等』，否則還是『整個的一個大國比較多有利益』」。我國自民元確立民族平等的立國主旨，一切方面均無任何限制或歧視，宗教信仰絕對自由。教育沒普及，文化、經濟未有進展，是尚未解決的「內政問題」，根本不是「民族的平等或不平等」問題。總之，不應犯列寧所說「左派的幼稚病」。[61]

　　國民黨人牟震西認為，馬克思、列寧和史達林關於民族問題的見解及對策，原則極度強調民族自決和分立權，但極端巧妙說成自願自由聯合。即在別國鼓動「自決」

---

[59] 〈論民族自決〉，《西南日報》（重慶），1938 年 11 月 25 日，2 版。

[60] 〈再論民族自決〉，《西南日報》（重慶），1939 年 1 月 7 日，2-3 版。

[61] 劉百閔，〈民族問題在中國〉，《時代精神》，1：3（重慶，1939），頁 11-16。

以至於「分立」，而在無產階級祖國蘇聯「聯合」，不過「分成在壓迫民族中主張被壓迫民族分立，與被壓迫民族中主張自由聯合之兩方面」冠冕堂皇的說法。孫中山說在中國「民族」即「國族」，並非忽視國內少數民族，無非指出非漢族作為「少數」的「事實」，相對「整體和總體」，成為次要問題。蘇聯有大小不下百餘種民族，當然有必要主張民族聯邦，藉此「由分而合」；中國國情不同，「自無須從合而分，再作分而復合的打算」。總之，中國解決民族問題要依靠國民黨的民族主義，無須「依傍」蘇聯民族政策。[62]

易世芳批評黃操良和陳廉貞主張少數民族可以從心所欲組織起來，因為民族自決著重「分立」，所以這種主張必為全國人民唾棄。民族自決的革命意義是「被壓迫民族」的解放，否則為反動，應該拋棄。黃、陳完全不瞭解民族自決權應隨整個民族利益的條件為轉移，根本不懂解決民族問題的機動性。國民黨承認民族自決權，目的在適當約束占中國人口絕大多數的漢族，在革命成功後不至走上帝國主義壓迫弱小民族的老路，並不是說中國各民族間存在民族壓迫，急需解放。黃、陳站在無產階級立場，將抗日戰爭視為全世界反帝國主義鬥爭的一個支流，卻不將中國民族解放問題放在首位，實質是不關心「中華民族」是否真正獨立自由，而關心得到獨立自由後是否可走上社會主義革命道路。「所以在民族自決口號下，使少數民族獨立，分裂中國，是作者的真意與本心」，提出解決民族問題以團結抗日，不過「煙幕」與「飾詞」而已。[63]

西南夷族出身的國民黨人張鐵君指出，雖然有學者認為中國境內少數民族和漢族已經融化為一個民族，並在人類學、語言學、歷史學上獲得了初步證據，但在未得到比較充分可靠的證明之前，不妨暫時承認少數民族的存在。不過，孫中山在國民黨一大宣言所說少數民族的「自決」，本意在於統一中國範圍內進行。「三民主義民族主義所主張的少數民族自決權，是自由的統一權或自由的聯合權，是在統一或聯合的原則下求自決自治，目的在組織統一或聯合的中華民國」。民族自決原則和實行方式，因具體時空而有不同解釋。被侵略國家的弱小民族應有獨立權或分立權，如中國應獨立，印度應分立；被侵略國境內「弱小民族」，應有統一權和聯合權，如中國國內各民族。共產黨完全從分立權闡釋中國境內少數民族的自決權，自然非常「錯誤」，目的是維護蘇聯或模仿蘇聯，達到「以分立求統一」的目標。但中蘇民族問題大不相同，蘇聯以自治自決為手段達到統一目的，中國則以自治自決為目的而以統一為手

[62] 牟震西，〈民族主義與民族政策〉，《時代精神》，1：3（重慶，1939），頁 17-21、24、27-28。
[63] 易世芳，〈評抗戰中的中國民族問題〉，《時代精神》，1：5（重慶，1939），頁 111-115。

段。孫中山反對聯邦制，陳伯達卻在《三民主義概論》一書中說中共二大關於民族自決和聯邦制主張符合國民黨一大宣言，實際純屬「曲解」。將蘇聯民族政策移殖於中國，要看是否具備三個條件：第一，境內少數民族無外力引誘，分立出於自發；第二，分立要求不是發生在對外戰爭時期；第三，具有強烈的階級意識聯繫分立的各民族。可惜三個條件，中國無一具備。他強調，蘇聯雖以民族的「縱」的「分立」為形式，骨子裡卻仍以「橫」的「階級」聯繫為內容。中國沒有貫通各民族的強烈階級意識，若果承認民族自決，必致「中華民族」瓦解。中國共產主義者不對症下藥，「機械」移植俄國民族政策，「當然是另有立場的」。[64]

馮大麟認為，國內各民族自決問題的討論應考慮國內各民族問題是中華民族問題的一環，中國的特殊環境，問題提出的時間性，國內各民族自決方式等四個條件。民族自決的基礎是民族互助，表現於「自治」，自己管理自己，不受他人干涉，最高限度不宜侵及整個中華民族的利益，以不妨礙國家統一為最高準則。而共產黨提出國內諸民族都有自己決定自己命運的權利，有互相分立的權利，無疑是破壞民族統一戰線的「偏差理論」，因為各民族自決的方式不在民族聯邦，而是均權制度下的「地方自治」。[65]馮大麟批評陳廉貞和黃操良突出強調民族自決、自由分立與聯合權，使中國「統一國家」、「統一民族」變成分裂的「民族聯邦」，是盲目追慕蘇聯。蘇聯民族過於複雜，而中國境內各民族已融合成整體，民族自決是逆歷史進化潮流，無異於替帝國主義分化中國民族。「無論如何，中國的民族問題，不是蘇維埃的民族問題，也不是歐洲的民族問題，一成不易地轉販沿用，非特『囫圇吞棗』，於身無補，抑且大有因噎廢食的危險性」。[66]

國民黨人周敘賢認為，共產黨的民族自決論魯莽輕率「剽竊」他人理論，沒有考慮到具體時空差異。中國現階段最迫切的民族問題，是中華民族對外求生存和解放的問題。共產黨主張民族自決，不僅混淆視聽，還要政府立即施行，誠屬荒謬絕倫。無論主觀動機如何，客觀上都有利於日本帝國主義，是具有「反動性」，而非「含有革命意義」的論調。民族自決原本是對被壓迫民族而言，國民黨一大宣言承認民族自決權，本意在於各民族內部的政治經濟社會等事，由各該民族自己解決和主持，其他民族不得干涉，以期約束漢族要平等對待其他民族，並非像蘇聯各民族組成自己的「民族政府」。從經濟、地理、文化、政治等方面看，「中國國內各少數民族」都無獨立

---

[64] 張鐵君，〈我們解決民族問題之所以異於共產主義者（續）〉，《防空軍人》，1：12（重慶，1939），頁13-14。

[65] 馮大麟，〈中國民族問題的正確認識〉，《中央週刊》，3：9（重慶，1940），頁11-12。

[66] 馮大麟，〈民族主義與中國民族問題〉，《新認識月刊》，3：2（重慶，1941），頁29、31-32。

的必要、條件及可能，不給予民族分離權，並非漢族有私心，就連列寧、史達林都承認大國遠比各族各自建國有利。共產黨以為民族自決是在無產階級革命情況下自決，但「中國少數民族的經濟異常落後，根本沒有產業工人，自然沒有階級之爭……這就決定了解決中國民族問題的方法，應走他自己的道路」。[67]

　　謝再善將「民族自決」理論歸結為三種形式，即列寧式、威爾遜式和孫中山式。列寧式「民族自決」分兩階段，十月革命以前主張俄國國內幾十種民族離開沙皇獨立建國，意在分化帝俄，達到本國革命目的；十月革命至今，主張帝國主義殖民地民族獨立建國，然後和俄國聯邦，達到世界革命目的。列寧純粹將民族自決作為革命手段或策略，不是革命的「主義」。威爾遜式「民族自決」主張世界上的殖民地半殖民地各民族有權獨立建國，不受其他民族統治，但以國家為範圍，而非以一個民族國家之內各民族為對象。孫中山式「民族自決」主張中國國內各民族都可以自決自治，自己管理本族事務，中央政府不壓迫他們，他們也不互相壓迫，都要擁護中央政府，結果造成一個新的「中華民族」。總而言之，「國父的『民族自決』包括著威爾遜的和列寧的第二種講法。（但他沒有主張分化各國統治下的民族，和我國聯邦——原文）這才真是偉大的主義，而不是列寧式的手段——陰謀鬼計」。[68]

　　國民黨理論家崔書琴撰寫〈三民主義新論〉的長篇論文，辨析孫中山的民族主義確有過變化，把握本意有些困難。崔書琴指出，孫中山的民族自決主張最初系對外而言，1923 年國民黨元旦宣言和 1924 年國民黨一大宣言，才開始將其用於國內各民族。蘇俄和威爾遜提出民族自決時都有清楚的說明，國民黨一大宣言提到民族自決權時卻沒有附加解釋，遂致爭辯。但從國民黨一大宣言的「自由聯合」四個字看，孫中山不承認各民族有分離權，民族自決對內最適當的解釋，似乎是以民族為單位的「自治」。孫中山所允許的民族自決，首先不允許少數民族依附外國，其次則是反對以強制手段維持與中國的關係，強調平等與自治的自決。因此，「中山先生的民族主義與列寧的民族政策相似的地方，只是表面，而非實質；只是方法，而非目的」。[69]從崔書琴的分析可知，國民黨的理論家對孫中山晚年民族主義宗旨的瞭解，已經有些模糊。

　　馮雪山認為，中國有史以來一貫的「民族統一政策」決定了民族自決問題的性質，「不可與帝國主義者國內『少數民族』的解放運動同日而語」。民族自決在中國，在於「地方自治」，即「應以不妨礙國家統一為其最高準則」。「自治就是自決

[67]　周敘賢，〈對現階段中國民族問題的認識〉，《黨義研究月刊》，2：4（峨嵋山，1940），頁 53-57。

[68]　〈民族自決〉，《邊疆通信報》（榆林），第 3 年，總 64 號，1941 年 3 月 1 日，1 版。

[69]　崔書琴，〈民族主義與列寧的民族政策——三民主義新論之四〉，《中央週刊》，5：14（重慶，1942），合訂影印本冊 45，頁 349-351。

精神的表現；民族自治就是民族自決的實際表現。就中國的特殊情形而言：國內各邊區民族，就是幾個地方自治團體」。歐美國家有分權制和集權制兩種辦法，前者適用民族、語言、宗教、風俗、習慣等紛歧複雜的國家，後者適用與之相反的國家。集權制抹煞地方特殊性，分權制破壞國家統一，「都不適宜於中國國情」。國民政府選擇均權制，即中央地方分權制，決定了民族自決權的最高限度：「就是中央政府不得抹煞或忽視各少數民族的特殊情況，侵害其自決的權力，而各少數民族亦不得因自決而妨礙國家政治的統一」。此即國民黨一大宣言所說的「組織自由統一的中華民國」的真正含義。共產黨知識分子不瞭解中國國情，不從根本比較中蘇兩國國情，就像以往國人見到美國由聯邦而富強，就主張中國實施聯省自治圖強，本質上是「一樣的錯誤」。孫中山的〈民權主義〉第四講，已經明確否定了「聯邦制」。共產黨主張「民族聯邦」，是「盲目抄襲他人主義」，犯了「時間性空間性雙重的錯誤」。[70]

　　黃奮生批評前節所述毛澤東在延安和斯諾的談話，是「生吞活剝將蘇聯的制度，搬用在國情不同的中國上面」。理由是，蘇聯是多民族國家，大小民族有一百九十種之多，中心民族雖然是俄羅斯人，但不過占到半數稍多，自然產生民族聯邦。中國各民族以幾千年歷史演進，實已融合成一個「國族」，「即以現在所稱的漢、滿、蒙、回、藏分別來看，而四萬萬五千萬的人口，各邊疆民族總數不過一千萬左右，占全人口的四十分之一」。可見，中蘇兩國各民族的歷史和構成關係，性質根本不同，「毛先生以不同的兩個國家社會，強欲東施效顰，造成蘇維埃式的中國聯邦，那真是削足適履，方枘圓鑿之至」，必將陷於「絕大錯誤」。[71]

（三）反駁「大漢族主義」指控

　　國民黨人認為，中共將傳統民族政策和孫中山民族主義歸結為「大漢族主義」，是片面甚至錯誤的，只看到了表面，而不是實質。

　　易世芳指出，陳廉貞、黃操良為了提出共產黨的民族政策，首先製造出「大漢族主義」一詞，而為著製造「大漢族主義」一詞，就不能不製造「漢族壓迫其他民族的政策」的說法。他們「最謬誤最無常識的地方」有二：第一，混淆現實中的國家政策措施與個別官吏言行。陳廉貞、黃操良費盡心思找了許多關於「回」、「猺」、「苗民」暴動的材料，證明「大漢族主義」壓迫異族，但這些與國家政策毫不相干。「所謂壓迫的民族政策，是統治民族和被統治民族間，有著不同的政治地位，並阻礙其經

---

[70] 馮雪山，〈論如何解決中國的民族問題〉，《資聲月刊》，2：1-2（1942，邵陽），頁41-43。

[71] 黃奮生，〈中國邊疆民族自決自治問題之研究〉，《中國邊疆》，創刊號，頁7。

濟文化的發展」。事實上，中國各民族在政治地位上早已平等，國家從未干涉各民族
經濟文化發展。第二，混淆歷史上的外交政策與民族政策。陳廉貞、黃操良將挑撥離
間、以夷制夷看作統治民族對付少數民族最為慣用的最巧妙手段，防備少數民族聯合
結成反抗陣線，但這樣的說法沒有全面瞭解中國各民族在歷史上的關係。中國歷史上
各民族時離時合，並非經常同在一國。有些與中國和平共居時是國內「少數民族」，
反之則成「鄰國」。不能因為「一度之合」而永遠認作「國內的少數民族」，也不能
因為現在統一於中國而將其歷史上的獨立時期看作「國內的少數民族」。某個民族作
為獨立民族時，中國聯合其他民族共同反對他們，就不是「民族政策」，而是一種
「外交政策」。他們若以獨立國資格侵略中國，也不能再視為「國內的少數民族」。[72]

　　馮大麟指出，孫中山在〈民族主義〉第一講提到漢、滿、蒙、回、藏人數對比，
中國大多數人都是漢族，其他各族占很少數，這並非「大漢族主義」，而是闡述客觀
事實。[73]共產黨的「錯誤」之處在於：第一，儘量在中國民族內部劃上重大的「鴻溝」，
一概否認中華民族發展史上的大同思想、王道主義、和平精神、仁德政治，「揚棄夷
視」中華民族育化附近部族，蔚為一體的偉大精神與優越特性。「斷章取義，掇拾少
數牽強附會的史實，以圖其別有用心的主張」。第二，「歪曲」國民黨的民族政策，
批評為「大漢族主義」。就融合不同族源的複雜性事實論，「所謂『漢族』實足以代
表中國國內各民族而無疑義，並未絲毫侵及真正之民族平等。認為本黨政策是大漢族
主義者，他根本否認了民族現實」。[74]換句話說，漢族本身就是歷經長期融合的集合
體，否定同化等於否定漢族本身一樣，並非實事求是。

　　張鐵君認為，中國歷代民族政策當然不能盡如人意，但中共僅看到其黑暗面，不
看光明面，以偏概全，其「錯誤」顯而易見。中國素來講王道，對異族多半靠「柔遠
人，懷諸侯」的誠意，沒有哪一朝代主張殺戮為政策內容。歷史上的種族衝突紛爭甚
至相互殺伐只是「一時的變態現象」，並不影響整個精神。「如果摘幾件滿族屠殺異
族的事實來立論，我們也可以摘一些匈奴、突厥、吐蕃寇邊慘殺漢族來證明。前者是
民族政策，後者又是否民族政策呢？這只是相互屠戮，不是民族政策。政策的研究，
不在片段的事實，而在它一貫的施政綱領，只有這個綱領才能作證」。歷代民族政策
的錯誤不在殺戮、剝削和歧視，而在沒有積極領導和扶植。而三民主義的民族主義反
對「消極」，未能真正實行的根本原因在於，國民黨從來都沒有真正統治過少數民族。[75]

72 易世芳，〈評抗戰中的中國民族問題〉，《時代精神》，1：5（重慶，1939），頁111-115。
73 馮大麟，〈中國民族問題的正確認識〉，《中央週刊》，3：9（南京，1940），頁10-11。
74 馮大麟，〈民族主義與中國民族問題〉，《新認識月刊》，3：2（重慶，1941），頁24-25、27-28。
75 張鐵君，〈我們解決民族問題之所以異於共產主義者（續）〉，《防空軍人》，1：12，頁14-15。

當然，也有個別國民黨人否認國民黨的民族政策不夠積極。《西南日報》社論認為，章漢夫指責國民黨是「大漢族主義者」，根本是「盲目無知」。國民黨平時就痛惡「漢族」對其他民族有「優越感」，1938 年「川、滇、黔、康各少數民族駐渝代表聯名送來的感謝與鼓勵書函」，足資證明。平等待遇國內各少數民族，要求中央政府促使他們經濟、文化的發展，決非空喊口號「在共同對付日寇的原則下，有自己管理自己事務之權」就能實現。在抗戰建國階段，只有在統一中央政府領導指揮下，才能完成使命。「達賴和班禪，你能說他不是『藏族』的人嗎？管理新疆、青海、寧夏的軍民首長，是不是各該族的分子？苗、猺、夷、番等族的酋長土司，是『漢族』的人嗎？擺在眼前的事實不看，而大發夢囈的高喊『要自己管理自己事務』，若不是別有用心，即是白晝見鬼！」。[76]張文伯也說：「他們也許會製造種種藉口，說我們的民族政策不夠積極，一味羈縻壓迫敷衍等等，然而事實又何嘗如是！」。國民政府設置蒙藏委員會、頒行《蒙古盟部旗組織法》，成立蒙古地方自治政務委員會，教育部設邊疆教育司，制定蒙藏教育計畫，設立蒙藏學校及其附校等等，皆可證明「積極」。[77]謝再善認為，相對滿清時代滿人壓迫漢蒙兩族，民國北京政府時代確實是漢人得勢，但 1927 年以來中國已經實現了民族平等。所謂「一律平等」，就是說「不分漢、滿、蒙、回、藏、苗、猺、黎，都一律受國家的保護，受國家的教育；一律能夠管理政府。誰也不許欺侮誰，像一個父親的八個兒子一樣」。[78]

黃奮生質疑，毛澤東和斯諾談話時認為南京政府的原則和政策是「大漢族主義」，而周恩來在《新華日報》發表〈民族至上與國家至上〉一文則批評國民黨有「藩屬觀」和「自大主義」，[79]中共的「大漢族主義」名詞究竟怎樣解釋？從形式上看，毛澤東說共產黨對於少數民族絕不用武力，那麼「大漢族主義」即是「武力主義」；周恩來說是「藩屬觀念」和「自大主義」，「簡言之就是以漢族在上的不平等主義」。然而，只要看看孫中山遺教及國民黨中央的重要文獻，就知道共產黨是拾國民黨「牙慧」，變作自己的政策，「反誣國民黨是大漢族主義」。三民主義民族主義

[76] 〈再論民族自決〉，《西南日報》（重慶），1939 年 1 月 7 日，2-3 版。

[77] 張文伯，〈外蒙叛離與民族自決〉，《中央週刊》，3：39（重慶，1941），頁 12。

[78] 〈國內民族一律平等〉，《邊疆通信報》（榆林），第 1 年第 11 號，1939 年 9 月 9 日，1 版。

[79] 周恩來將孫中山民族主義對內方面的內容解釋為四點，第一是中國境內各民族應一律平等。「……所以我們主張尊重各民族間的風俗習慣，語言文字，歷史宗教，並尊重他們自己的領袖幹部和一切人才，尤其要反對我們漢族中的藩屬觀念和自大主義，然後才能更有力的動員他們聯合一起，共同抗戰；同時我們更主張承認各民族的自治權和自決權，而不是簡單的稱少數民族為邊民，然後才能更有力的取得他們同意，共同努力於中國民族的解放事業，以建立自由聯合的中華民國」。周恩來，〈民族至上與國家至上〉，中共中央文獻研究室中央檔案館編，《建黨以來重要文獻選編》（北京：中央文獻出版社，2011），冊十八，頁 405。

強調平等，國民黨一大及歷次大會宣言屢予昭示，「從未有漢族獨尊主義的色彩」。毛、周所說的「大漢族主義」，在國民黨文獻找不出根據，「其理論之歪曲，不攻自破」。從事實上看，國民黨只有扶植的綱領，「從未下過命令，去武力壓迫邊疆民族，更未以『藩屬觀念和自大主義』來看待邊疆同胞」。[80]

　　黃奮生還試圖澄清「羈縻」、「懷柔」的概念，指出兩者在中國古代有不同含義，近代學者往往忽而不察，普遍錯誤等同看待，理解為對於邊疆民族的一種虛偽的、籠絡的手段。所謂「羈縻」，本義是漢代邊緣民族，敬慕中國威德，自動請求隸屬於中國國家組織系統之下，而中國天子以其為化外民族，要求達到聽受約束、維繫不斷的程度即可；所謂「懷柔」，則具有歸來、安順之意，誠如蔣介石在〈政治的道理〉一文所說「嘉善而矜不能」，中國傳統尚和平道德，不講武力侵略，對於邊遠民眾，培養他們忠孝仁愛信義和平的德性，滿足他們衣食住行的民生要求，用懇切文告昭示利害所在，使有所認識，懷念中央德意，尊敬中央尊嚴。簡言之，「羈縻政策」乃中國帝王專制時代對於邊緣民族國家一種不平等的籠絡的政治手段，「應當成為歷史的陳跡」；「懷柔政策」則是中國對於邊遠民族國家平等扶助的高尚博大政治理想的目標，「正待我們國人發揚」。[81]

　　國共雙方民族理論分歧的焦點之一，即民族同化問題。共產黨人根據馬克思主義的觀點，普遍反對民族同化，主張各民族平等發展，共同發展，民族的同化或融合，民族意識的消亡，只有到共產主義階段之後才能實現。易世芳批評陳廉貞、黃操良根本不瞭解什麼是民族同化，民族是否應該同化。陳廉貞、黃操良本以為，清代滿漢同化是「移民殖邊，消滅土著」的民族政策，「惟有清朝以滿洲人入主中原，先禁止漢人赴滿，後因日俄壓迫，大移關內漢人以實關外，結果反把滿人消滅了」，原意是想說明漢族消滅少數民族的「壓迫政策」，「不意在歷史上竟找不到一個實例，只好拿滿族時的事實充數，硬將消滅滿族的罪名加在漢族身上，為其主張民族自決的根據」。事實上，自然同化不能等同於消滅民族。「所謂『消滅土著』，他必須憑藉政治經濟文化各方面的壓力，使少數民族無由發展，逐漸消滅」。易世芳強調，清朝滿族是政治上的統治者，漢族既不能在政治上壓迫滿族，也不能用經濟文化力量去消滅滿族，滿族失去特有性格是自然同化的進步現象，是其應有權利。[82]無論滿族願意與否，民國取代清朝的政治鼎革是滿族逐步同化的政治背景。

80　黃奮生，〈中國邊疆民族自決自治問題之研究〉，《中國邊疆》，創刊號，頁 5-8。

81　黃奮生，〈「羈縻」與「懷柔」辨〉，《中國邊疆》，1：5-7（重慶，1942），頁 8-10。

82　易世芳，〈評抗戰中的中國民族問題〉，《時代精神》，1：5，頁 111-115。

　　林宏仁認為，孫中山所言王道造成「民族」，霸道造成「國家」，血統、語言、宗教、生活和風俗習慣等五種「自然力」是民族形成的基本要素，但沒有絕對性質，只是以淺近具體的道理，以便一般人容易瞭解而已。其精義在於，民族是由「天然力」造成這句話。所謂「自然力」，既包括當時所處客觀環境，亦包含主觀情感意識。[83]因此，「中華民族」的形成並非霸道使然。中共對國民黨民族政策的抨擊，意在「以引起各民族對政府的猜疑及惡感」，「政府為挽救整個民族的危亡，而要求民族共同參加抗戰，這能說是『大漢族主義』？」。中華民族通過融合若干民族而成，「這種融合，只要不以漢族為主而併吞他民族，就不能認為是侵略，而是順著自然趨勢的互相融合」。抗戰期間，移居西南西北各省同胞日漸增多，「與少數民族同胞，互相雜處及通婚，則生活習慣，自可互相影響……則互相間的陶冶及融合，全係自然的結果，非人力所能控制，亦不容強使分裂」。[84]

　　崔書琴認為，國民黨人的民族同化觀有一個發展演變過程。民初國民黨宣導的勵行種族同化，與後來的民族平等原則並不矛盾，但孫中山在國民黨一大期間確未提及同化。崔書琴引用美國社會學芝加哥學派之一的羅伯特・派克（Robert E. Park）的觀點，將同化分為兩種：文化的溶合（cultural assimilation）與血統的溶合（racial amalgamation）。同化被採納為一國政策時又分強制和自願兩類。一戰前，帝俄的「俄羅斯化」政策，德國的「日耳曼化」政策，與匈牙利的「馬札兒化」政策，屬於強制；美國的「美利堅化」政策屬於自願。強制同化往往引起反抗，強制愈甚，反抗愈強，結果適得其反，發生內亂與國際戰爭；自願同化係出於被同化者自願，非由政府強制，不大容易引起糾紛。從中國同盟會宗旨中的「勵行種族同化」一語看，孫中山主張同化似屬強制性，但後來孫中山又說要模仿美國，而非德、匈、帝俄，顯然主張自願同化。更重要的是，孫中山承認漢族同化能力大，當然不需強制；既主張王道，反對霸道，所以不應強制。因此，孫中山主張國內民族平等是指各民族在國內法律上受同樣待遇和保證，享受相同權利，包括政治與居住、言論和信仰自由權利等，不因種族、語言與宗教不同而有差別，與自願同化並不妨礙。「因為在民族平等的國家，一個少數民族的分子，盡可自願的採用多數民族的語言、文字、風俗、習慣，而不必放棄他們的政治權利與個人自由。同時自願的同化，與民族自決似乎也無衝突，因為這種同化既非強制，一個少數民族是否同化於多數民族，便可由他自己去決定」。[85]

---

[83] 林宏仁，〈民族之構成要素〉，《黨義研究月刊》，1：3（峨嵋山，1939），頁33。

[84] 林宏仁，〈抗戰期中的民族問題〉，《黨義研究月刊》，1：4（峨嵋山，1940），頁46。

[85] 崔書琴，〈民族主義的分析——三民主義新論之三〉，《中央週刊》，5：13（重慶，1942），合訂影印本冊45，頁334-338。

崔書琴大致釐清了孫中山民族主義前後變化中的本質原因。

　　民族同化的問題非常複雜，中華文明的一大特點就是同化，將不同來源的族類搏聚成具有共同的「中國人」認同的種族文化群體。沒有同化，就沒有所謂世界上第一大民族的「漢族」。打破民族的此疆彼界，廢除清末以來以「漢」為「中華」的獨斷思想，以「王道」力量互相同化為一個「大中華民族」，正是孫中山晚年民族主義的主旨。客觀來說，抗戰以後國共兩黨對於「中華民族」的整體性已經有所共識，但不免各走極端，國民黨更多看到「同」的一面，共產黨更多看到「異」的一面。

三、國共圍繞《中國之命運》「宗族觀」的批判與反駁

　　在維護中華民族的整體性成為「政治正確」的抗戰期間，以及國民黨人的反擊之下，共產黨的民族理論受到一定程度的壓制，影響有所削弱。1943 年 3 月，蔣介石挾廢除不平等條約的政治聲望，以抗戰領袖身分撰寫《中國之命運》一書，提出「中華民族」之內各民族改稱「宗族」（簡稱「宗族觀」）的觀點，客觀上為共產黨扭轉不利局面提供了契機。[86]

　　《中國之命運》初版第一章標題為「中華民族的成長與發達」，主要是闡述中華民族的形成過程、生存疆域、復興希望等內容。蔣介石說：「就民族成長的歷史來說：我們中華民族是多數宗族融和而成的。……但其融和的動力是文化而不是武力，融和的方法是扶持而不是征服」。「自五帝以後，文字記載較多，宗族的組織，更斑斑可考。四海之內，各地的宗族，若非同源於一個始祖，即是相結以累世的婚姻。《詩經》上說：『文王孫子，本支百世』，就是說同一血統的大小宗支。《詩經》上又說：『豈伊異人，昆弟甥舅』，就是說各宗族之間，血統相維之外，還有婚姻的繫屬。古代中國的民族就是這樣構成的」。秦漢時代中國武力強盛，在北方為民族生存求保障，對游牧宗族的侵犯「制以武力」，對其歸順「施以文治」，在南方為民族生活求開發。「由於生活的互賴，與文化的交流，各地的多數宗族，到此早已融和為一個中華大民族了」。[87]蔣介石強調中華民族融和形成的動力是文化，方法是同化，最

---

[86] 有關「宗族觀」的形成和調整過程、基本內容、社會反響和失敗原因，參見婁貴品，〈陶希聖與《中國之命運》中的「中華民族」論述〉，《二十一世紀》，總第 131（香港，2012），頁 65-72；楊思機，〈「民族」與「宗族」的艱難調適──蔣介石《中國之命運》「宗族論」的命運〉，中國社會科學院近代史研究所編，《歷史進程中的中國與世界》（中國歷史學博士後論壇 2012 年中卷）（北京：社會科學文獻出版社，2016），頁 595-610；黃克武，〈民族主義的再發現：抗戰時期中國朝野對「中華民族」的討論〉，《近代史研究》，2016：4（北京），頁 4-26。

[87] 蔣中正，《中國之命運》（1943 年 3 月 10 日初版），收入秦孝儀主編，《先總統蔣公思想言論總集》，卷 4

初基於血統相同或婚姻繫屬，後來增加經濟聯繫和文化交流兩大因素，各宗族已經不可分離。

　　蔣介石接著說，三國以降，五胡等各宗族皆漸趨漢化，襲取中國衣冠政教。「隋唐大統一的局面，實為魏晉南北朝四百年間民族融和的總收穫。這個時期，民族之內，宗支之繁多，文化之豐盛，舉蔥嶺以東，黃海以西，沙漠以南，南海以北，所有全領域的宗教、哲理、文學、藝術、天文、術數、法律、制度、風俗、民情，亦已網羅綜合而冶於一爐」。契丹（遼）、女真（金）、蒙古都是中國北部與東北部「生活未能完全同化的宗族」，先後入主中原，最終浸潤於中原文化。「成吉斯汗馬蹄踐踏的版圖，超越了中華民族生存所要求的領域以外，然而自忽必烈稱帝以後，中國固有領域以外的部分即與中國的國家組織分離，因而忽必烈以下的宗支，獨同化於中華民族之內。滿族入據中原，其宗族的同化，與金代相同。故辛亥革命以後，滿族與漢族，實已融為一體，更沒有歧異的痕跡」。[88]蔣介石的意思是，各宗族都是中華民族平等一員，現在沒有「外族」、「異族」之分。總之，辛亥革命以前，同化的為漢宗族，未同化的為非漢宗族。辛亥革命以後，各宗族逐漸融合成為了一個大中華民族，以中華民國版圖為固有生存領域。

　　中共中央判斷，蔣著是國民黨第三次反共高潮的標誌。他們以陳伯達的名義發表〈評《中國之命運》〉一文，對「宗族觀」展開了猛烈批判。陳伯達說，民族血統論是法西斯主義侵略的理論，蔣介石以之立論，實屬「怪事」、「怪論」，決不能解釋中華民族形成的歷史。共產黨人認為，所謂「中華民族」，事實上是指「中華諸民族」（或各民族）的政治實體。「中國是多民族的國家」，無須多辯。否認此點，等於否認孫中山及其主義。如果國內各「民族」不存在的話，那麼「全部中國歷史都變成了一堆不可了解的糊塗賬」。漢朝與匈奴，五胡亂華、南北朝時代漢民族與各民族，唐五代漢族和回紇、吐蕃、沙陀、契丹，宋代漢民族和契丹、西夏、女真、蒙古，明代漢族和蒙古、滿洲，清代的太平天國、同盟會反滿的戰爭，統統都不能算是「民族戰爭」，而只算是一個民族內部戰爭，或大小姓衝突。岳飛、文天祥、陸秀夫、朱元璋、徐達、袁崇煥、史可法、鄭成功、李定國、洪秀全、李秀成、黃花岡七十二烈士以及孫中山，在漢民族歷史上可歌可泣、為漢民族和中國河山生色的歷史人物，都成了「一批毫無意義而死去的愚夫愚婦」，而石敬瑭、張邦昌、劉豫、秦檜、洪承疇、曾國藩、張勳等一切萬惡不赦的「漢奸」，就可以「登廟堂之上」，而「受

　　（台北：中國國民黨中央委員會黨史委員會，1984），頁1-3。

[88] 蔣中正，《中國之命運》，收入秦孝儀主編，《先總統蔣公思想言論總集》，卷4，頁3。

俎豆於千秋」。全部中國歷史，必須完全推翻，「而我們民族也寄託於烏有」。就連孫中山稱為「民族革命」的辛亥革命，也變成「無的放矢」。[89]血統論當然無法全面解釋中華民族形成的全部歷史，共產黨也看到了非漢族還不具備統一的「中華民族」認同的一面，但各族長期通婚，血統交相混合和文化心理轉變，抗戰以來「中華民族」的整體性認同空前加強，卻是不容否認的客觀事實。

共產黨內首先真正擊中「宗族觀」要害的，當屬周恩來。1943 年 8 月 16 日，周恩來在中共中央一次會議上批判蔣介石的「法西斯主義」時說：「至於他對國內各小民族，還不是充滿了大漢族主義的民族優越感和傳統的理藩政策的思想麼？」。「蔣介石的民族觀，是徹頭徹尾的大漢族主義。在名義上，他簡直將蒙、回、藏、苗等稱為邊民，而不承認其為民族。在行動上，也實行民族的歧視和壓迫」。蔣介石將三民主義拋諸腦後，「欺凌少數民族」。[90]1944 年 3 月 12 日，周恩來又在延安各界紀念孫中山逝世十九周年大會上發表題為〈關於憲政與團結問題〉的演說，響應抗戰期間的第二次憲政運動，主張憲法必須承認「在中國人或中華民族的範圍內，是存在著漢、蒙、回、藏等民族的事實」。[91]

「宗族觀」對三民主義的民族主義理論的發展，最終並未取得成功。原因有多方面，根本在於國民黨和國民政府無法真正有效統治邊疆民族地區，也無法為邊疆民族謀福祉。僅就邊疆民族而言，現代民族符號事關參政、自治、管理等方面，以民族單位分配權益、共築多民族國家的訴求，總之即改變民初以來籠統平等為具體規定的民族單位平等的合理性問題。僅此而言，各非漢族就不可能認同「宗族觀」。況且，「宗族觀」即使在國民黨內也未完全得到贊同，嚮往蘇聯民族政策的孫科即是代表。[92]

對於「宗族觀」的漏洞，毛澤東看得非常清楚。1945 年 4 月 24 日，毛澤東在中共七大作〈論聯合政府〉報告論述民族政策時說：「國民黨反人民集團否認中國有多民族存在，而把漢族以外的各少數民族稱之為『宗族』。他們對於各少數民族，完全繼承清朝政府和北洋軍閥政府的反動政策，壓迫剝削，無所不至」。國民黨一大宣言即孫中山的民族政策，是處理國內少數民族問題的準則，「共產黨人必須積極地幫助各少數民族的廣大人民群眾為實現這個政策而奮鬥」。[93]此後不少論著在譴責「宗族

[89] 陳伯達，〈評《中國之命運》（摘錄）〉，1943 年 7 月 21 日，收入《民族問題文獻彙編》，頁 945-947。
[90] 周恩來，〈論中國的法西斯主義——新專制主義（摘錄）〉，1943 年 8 月 16 日，收入《民族問題文獻彙編》，頁 724-727。
[91] 周恩來，〈關於憲政與團結問題（摘錄）〉，1944 年 3 月 12 日，收入《民族問題文獻彙編》，頁 729-730。
[92] 參見黃興濤，《重塑中華：近代「中華民族」觀念研究》，頁 317-327。
[93] 毛澤東，〈論聯合政府（摘錄）〉，1945 年 4 月 24 日，收入《民族問題文獻彙編》，頁 742-743。

觀」時，一般只提蔣介石視各少數民族為「宗族」，而不提他同時稱漢族為「宗族」
這一事實，甚至明確說他「視漢族以外的少數民族為宗族」，顯得太不全面和嚴
謹。[94]由此可見，毛澤東之言具有深刻的歷史影響。

　　共產黨對「宗族觀」的批判，很快在馬克思主義史學中予以貫徹。呂振羽在其著
作《中國民族簡史》一書中寫道：「外國資產階級學者對中國各民族的研究，大都從
侵略主義的觀點出發；國內資產階級學者的研究，則大都從大漢族主義的立場出發；
大地主大資產階級御用的著作，尤其是『陶希聖校對』的《中國之命運》，便不過是
封建買辦法西斯大漢族主義的扯謊宣傳，是其對中國各民族和人民的挑戰」。[95]「宗
族觀」被冠上「封建」、「買辦」、「法西斯」和「大漢族主義」的標籤，此後中國
大陸對於「宗族觀」的一般認識由此基本成形。

　　國民黨的宣傳機器對於〈評《中國之命運》〉一文不能無動於衷，嚴令禁止發行
和組織批判，蔣介石甚至大罵「陳逆伯達」。1944 年，國民黨人周寒梅撰文反駁。
他說，國民黨對內政策絕對尊重各宗族的歷史和地位，主張由中華民族組成中華民
國，在治權方面力求各宗族領袖人物共同參加，共同領導，在政權方面任何宗族構成
分子，都享有四權的運用。「這種理論與實踐，難道是『德義日法西斯主義的糟粕』
嗎？這種理論與實踐，難道是企圖『欺壓各弱小民族』嗎？這種理論與實踐，難道還
不是『和國內一切弱小民族進行平等的民主聯合』嗎？」。只有提倡狹隘宗族主義，
即中華民族僅允許漢族獨攬治權，其他各族都做漢族奴隸的做法，才是「德義日法西
斯主義的糟粕」，才是「提倡大漢族主義，欺壓國內弱小民族」，歷史上只有元清兩
代做法如此。歷代因緣某一宗族妄圖統治整個中華民族而發生戰事的記載，史不絕
書，但最終無不失敗。因此，岳飛、文天祥、陸秀夫、朱元璋、徐達、袁崇煥、史可
法、鄭成功、李定國等民族英雄，當然值得千秋萬世的謳歌崇拜，而石敬瑭、張邦
昌、董卓、秦檜、洪承疇，乃至汪精衛等一切萬惡不赦的大小「漢奸」，當然在口誅
筆伐，永在不赦之列。只有希望中國滅亡的「漢奸之流」，才會以「各民族自決」之
名，行「分化中華民族」之實。因為如此一來，外蒙古當然可以成立共和國，西藏、
新疆、東北等也可自成一國，乃至華北、華中、華東等淪陷區，自然也以「民主根據
地」之名來行封建割據之實。因此，這種說法不是「不怕辯論的真理」，反而是「漢
奸理論」。[96]

---

[94] 參見黃興濤，〈民族自覺與符號認同：「中華民族」觀念萌生與確立的歷史考察〉，《中國社會科學評論》，
　　創刊號（香港，2002），頁 211。
[95] 呂振羽，〈中國民族簡史・序〉，《中國民族簡史》（哈爾濱：光華書店，1948），頁 1。
[96] 周梅寒，〈關於《中國之命運》〉，《華僑先鋒》，6：5（廣州，1944），頁 14-16。

　　陳伯達等從漢民族固化立場解釋古代各族對抗和衝突，的確沒有充分注意蔣著增訂版所說「彼一時此一時」的歷史眼光的含義。蔣介石並未否認歷史上各族的衝突、戰爭、征服，而是強調現在必須在一個「中華民族」框架內，理解為兄弟鬩牆。國共兩黨秉持各自民族觀念的相互批判，實際道出一個難題，即如何用現代民族概念妥帖描述歷史上的各族關係，又不影響現實中的團結和睦？歷史上各族的鬥爭自然不可能不講，問題站在何種立場。以後出的「漢奸」概念批判秦檜的賣國行為，一定程度符合宋金敵對的史實，但單方面強調岳飛的民族英雄形象，不僅價值評判色彩強於史實本身，而且也矮化了岳飛抗金的文化意義。同理，清末孫中山領導的民族革命，對於推翻清朝專制統治而言，自然功不可沒，但消除辛亥革命時期的驅除韃虜等激烈種族思想，又成為五族共建共和乃至新中華民族重塑的必要條件，否則必將直接間接影響各族的和睦相處。

　　國民黨人對共產黨民族自決和聯邦制論的反駁義正辭嚴，但就「宗族觀」而言，本身存有難以克服的內在矛盾。它以血統融合為中華民族構成因素或力量，雖然符合中國各族密切關係的重要事實，也抓住了民族團結鞏固的必要紐帶，但畢竟讓人聯想到同屬黃帝子孫的一元論，令許多本來異源同流，自身文化程度較高，曾經建立強大政權甚至征服中原王朝、君臨天下的非漢族心理上難以苟同。「宗族觀」違背了民族意識普遍化的時代潮流，歸根到底是蔣介石缺乏政治智慧的表現。當然還要看到，國民黨的邊疆計畫和宣傳口號不一定反映實際的民族政治環境。「宗族觀」只是蔣介石以抗戰領袖身分提出的一家之言，既沒有正式寫進國民黨的黨綱，也沒有正式轉變為國民政府的邊疆政策，法理地位非常脆弱，因而抗戰勝利後便迅速消散。

結論

　　20 世紀前半期國共兩黨關於「大漢族主義」的批判與反批判，不但是兩黨意識形態鬥爭的重要內容，而且也是近代外來民族理論中國化不同路徑的競進表現。「大漢族主義」的話語體系，是仿照蘇聯民族問題理論、推行蘇維埃民族政策過程中批判同化主張、國族學說形成和發展起來的，集中反映了國共兩黨民族主義的差異。共產黨批評中國歷代中央王朝以威德為手段，以征服、剝削、羈縻、壓制、剿殺、隔離分化、強制同化等主要內容的治邊政策或民族政策，其針砭順應了廢除隔離、分化的清代治理方略，抑制清末以來具有排他性、獨斷性、強制性的漢民族主義，具有共建「五族共和」、實現各民族一律平等的時代需要。但以政策效果代替政策本身，只談消極而不及積極，顯然帶有蘇聯式的民族偏見和強烈的革命性。單方面指責民族隔閡

根源於不良政治和階級剝削，客觀上將導致民族問題簡單化，忽略了民族文化心理的轉變和中華觀念重塑的作用。將歷史上中央王朝統治者概稱以「漢族」，也有以偏概全之嫌。堅執種族偏見薄弱、僅有籠統近似性的「漢人」為「漢民族」（漢種），本身乃受近代西方種族知識影響而來的種族偏見，「大漢族」的排他意識同樣強烈和明顯。

　　破除「漢」的民族區隔意識和避免民族身分固化，是回歸本土固有共融軌道的關鍵。所謂漢族與非漢族的二元對立，看似不言而喻的歷史事實，實乃近代形塑而成。「漢人」本來是東亞大陸融合了的種族文化結晶體，漢人與非漢人處於融合與未融合的狀態，各族存在千絲萬縷的密切聯繫，無法清晰識別。中華大地各民族多源並起，幾千年來相互征伐、平等交往與自然融合，循環演進。所謂同化，不是一個漢民族侵吞另一個非漢民族，而是將不同來源的種族和文化集合同化一起，共同成為「中國人」，此即「中華民族是一個」的本質意義，也是中國民族團結的根本之道。同化了未必永不可分，至少可能性大大降低。同化也不是單向，而是互相融合的一種形式。同化過程可能是和平的，也可能包含鬥爭，充滿曲折。問題在於，一經同化，為何與如何分別是否同化或不同程度同化的人群，正是區別民族識別的癥結所在。西方民族國家建構大多以主體民族為主導，但與少數民族缺乏密切關係，沒有共同的民族認同。只有明了中國民族關係與之形似而實不同的性質，才能根本擺脫外來民族理論評判的窠臼。

　　國共兩黨這場輿論鬥爭的歷史影響是複雜的。一方面，國民黨指責共產黨照搬照抄蘇俄民族問題理論與政策，確實有所本，同時並未充分把握共產黨已由自決聯邦論轉向聯合建國論的變化，反而輕視了共產黨發動少數民族抗戰建國和反向承認民族身分從而整合中華民族的積極性。國民黨民族理論的修正，對於抗戰期間團結一致對外，構築現代中華民族的共同精神家園和共同物質家園的理想來說，有其積極意義，但形式上沒有尊重各民族的民族情感的靈敏自覺，根本上缺乏足夠的實力支持。國民黨越是無力真正統治少數民族地區，就越是空洞地高唱「中華民族是一個」。儘管如此，國民黨畢竟從民族理論源頭上澄清了民族自決的主體是「中華民族」，揭示了近代以來清晰的各族劃分和泛用的民族指稱的不合理之處，重點闡明了漢民族名稱存廢對於重塑「中華民族」的理論價值。

　　另一方面，共產黨人在落實民族平等方面確實比國民黨成功，前所未有地將廣大邊疆和民族地區統合進來。1947 年共產黨建立內蒙古自治區，固然有史達林關於行政自治的理論根源，同時也吸取了制憲國大前後國民政府在省區內聯合各民族地方自治的智慧與教訓，以及國統區對純粹民族自治的批判。1949 年建國前後共產黨否決

民族自決和聯邦制的基本思路，與抗戰時期國民黨的批判更無二致。正是在民族問題的論爭過程中，共產黨接受了國民黨關於「中華民族」包括全體各族國民和「中華民族復興」的觀念。可見，只要站在執政立場，完全可以超越黨派政見，取得對於國內民族問題的基本共識。畢竟，國共兩黨都負有重建統一國家、落實民族平等、實現民族團結的使命，本質上都是孫中山民族主義的信徒。當然，共產黨對於階級紐帶和意識形態的作用一度過於自信或者盲從，習慣於在階級鬥爭和統一戰線之間居中控制，以期左右逢源，長期以來缺乏在思想上對於外來民族理論的批判，缺乏對「中華民族」整體性的史實論證和國民教育，結果民族政策伴隨革命需要或政局動盪而左右搖擺。在實現中華民族偉大復興的道路上，要在各民族共同發展、共同繁榮的基礎上築牢「中華民族」共同體意識，當代中國民族理論亟需再調適，這將極大考驗執政者的智慧。

徵引書目

中文資料

[日]松本真澄著、魯忠惠譯，《中國民族政策之研究：以清末至 1945 年的「民族論」為中心》，北京：民族出版社，2003。

[美]斯諾等著、王福時等譯，《前西行漫記》，北京：解放軍文藝出版社，2006。

〈中共中央給四川省委的信——關於反帝、少數民族、黨的問題（摘錄）〉，1932 年 2 月 19 日，收入《民族問題文獻彙編》，北京：中共中央黨校出版社，1991，頁 177-180。

〈中共中央給蘇區各級黨部及紅軍的訓令（摘錄）〉，1931 年 6 月 16 日，中共中央統戰部編，收入《民族問題文獻彙編》，北京：中共中央黨校出版社，1991，頁 153。

〈中共中央駐北方代表給內蒙黨委員會的信——關於內蒙民族問題〉，1934 年 7 月 7 日，北京：中共中央黨校出版社，收入《民族問題文獻彙編》，頁 224-237。

〈中共四川省委關於川西南北邊區少數民族工作決議案（摘錄）〉，1932 年 6 月 24 日，收入《民族問題文獻彙編》，北京：中共中央黨校出版社，頁 188-190。

〈民族自決〉，《邊疆通信報》（榆林），第 3 年，總 64 號，1941 年 3 月 1 日，1

〈再論民族自決〉，《西南日報》（重慶），1939 年 1 月 7 日，2-3 版。

〈拉鐵摩爾論蒙古〉，《邊疆通信報》（榆林），第 3 年第 86 號，1941 年 8 月 2 日。

〈社評 邊疆政策應有之新途徑〉，《大公報》（天津），1937 年 4 月 8 日，2 版。

〈社論 論民族自決〉，《西南日報》（重慶），1938 年 11 月 25 日，2 版。

〈國內民族一律平等〉，《邊疆通信報》（榆林），第 1 年第 11 號，1939 年 9 月 9

〈論民族自決〉，《西南日報》（重慶），1938 年 11 月 25 日，2 版。

〈關於中國境內少數民族問題的決議案〉，1931 年 11 月 7-9 日，收入《民族問題文獻彙編》，北京：中共中央黨校出版社，1991，頁 169-171。

〈關於回回民族問題的提綱〉，《共產黨人》，期 5（延安，1940），頁 20-28。

〈關於抗戰中蒙古民族問題的提綱〉，《共產黨人》，期 9（延安，1940），頁 5-10。

《中國大百科全書・民族卷》，北京：中國大百科全書出版社，1992，2 版。

中共中央文獻研究室編，《毛澤東年譜》，中卷，北京：人民出版社、中央文獻出版社，1993。

毛澤東，〈中華蘇維埃共和國中央執行委員會與人民委員會對第二次全國蘇維埃代表大會的報告〉，1934 年 1 月，收入《民族問題文獻彙編》，北京：中共中央黨校出版社，頁 210-211。

——，〈論新階段（摘錄）〉，1938 年 6 月 24 日，收入《民族問題文獻彙編》，北京：中共中央黨校出版社，頁 593-597。

——，〈論聯合政府（摘錄）〉，1945 年 4 月 24 日，收入《民族問題文獻彙編》，北京：中共中央黨校出版社，頁 740-743。

朱浤源，〈民國以來民族主義的演化〉，收入中華民國建國八十年學術討論集編輯委員會編，《中華民國建國八十年學術討論集》，冊 1，台北：近代中國出版社，1991，頁 129-157。

——，〈再論孫中山的民族主義〉，《中央研究院近代史研究所集刊》，期 22（台北，1993），頁 325-356。

牟震西，〈民族主義與民族政策〉，《時代精神》，1：3（重慶，1939），頁 17-29。

呂振羽，〈中國民族簡史‧序〉，《中國民族簡史》，哈爾濱：光華書店，1948，頁 1-3。

卓越，〈我們對於民族問題應有的認識──揭發中國共產黨的陰謀〉，《浙江民眾》，1：8（永康，1941），頁 31-33。

周佛海，《三民主義之理論的體系》，上海：新生命書局，1928，四版。

周恩來，〈論中國的法西斯主義──新專制主義（摘錄）〉，1943 年 8 月 16 日，收入《民族問題文獻彙編》，北京：中共中央黨校出版社，頁 724-727。

──，〈關於憲政與團結問題（摘錄）〉，1944 年 3 月 12 日，收入《民族問題文獻彙編》，北京：中共中央黨校出版社，頁 729-730。

──，〈民族至上與國家至上〉，中共中央文獻研究室中央檔案館編，《建黨以來重要文獻選編》，冊十八，北京：中央文獻出版社，2011，頁 402-414。

周敘賢，〈對現階段中國民族問題的認識〉，《黨義研究月刊》，2：4（峨嵋山，1940），頁 53-57。

周梅寒，〈關於《中國之命運》〉，《華僑先鋒》，6：5（廣州，1944），頁 15-21。

易世芳，〈評抗戰中的中國民族問題〉，《時代精神》，1：5（重慶，1939），頁 111-115。

林孝庭著、朱麗雙譯，《西藏問題：民國政府的邊疆與民族政治（1928-1949）》，香港：香港中文大學出版社，2018。

林宏仁，〈民族之構成要素〉，《黨義研究月刊》，1：3（峨嵋山，1939），頁 33-34。

──，〈抗戰期中的民族問題〉，《黨義研究月刊》，1：4（峨嵋山，1940），頁 46-47。

唐縱，《在蔣介石身邊八年──侍從室高級幕僚唐縱日記》，北京：群眾出版社，1991。

馬鶴天，〈中國少數民族問題與中國國民黨政策〉，《塞風》，期 4-5（榆林，1939），頁 51-54。

──，〈抗戰以來邊疆施政綱要的檢討〉，《西北研究》，6：1（西安，1943），頁 3-7。

婁貴品，〈陶希聖與《中國之命運》中的「中華民族」論述〉，《二十一世紀》，總第 131 期（香港，2012），頁 65-72。

崔書琴，〈民族主義的分析──三民主義新論之三〉，《中央週刊》，5：13（重慶，1942），合訂影印本冊 45，頁 334-338。

──，〈民族主義與列寧的民族政策──三民主義新論之四〉，《中央週刊》，5：14（重慶，1942），合訂影印本冊 45，頁 348-351。

張文伯，〈外蒙叛離與民族自決〉，《中央週刊》，3：39（重慶，1941），頁 10-15。

張佐華，〈評三本邊疆民族問題的書〉，《戰時文化》，1：5、6（重慶，1938），頁 29-33。

張鐵君，〈我們解決民族問題之所以異於共產主義者（續）〉，《防空軍人》，1：12（重慶，1939），頁 11-15。

敖光旭，〈1920 年代國內蒙古問題之爭──以中俄交涉最後階段之論爭為中心〉，《近代史研究》，2007：4（北京，2007），頁 55-73。

盛岳，〈中國民族問題解決的途徑〉，《中山文化教育館季刊》，4：3（上海，1937），頁 873-887。

──，〈論蘇聯民族問題及其民族政策之演變〉，《中蘇文化》，2：6（南京，1937），頁 98-108。

章漢夫，〈抗戰時期的國內少數民族問題〉，收入《新華日報》、《群眾》週刊史學會編，《章漢夫文集》，南京：江蘇人民出版社，1987，頁 226-235。

許滌新，《三民主義讀本》，漢口：生活書店，1938。

郭大松、陳海宏主編，《五十年流行詞語（1949-1999）》，濟南：山東教育出版社，1999。

陳伯達，〈評《中國之命運》（摘錄）〉，1943 年 7 月 21 日，收入《民族問題文獻彙編》，北京：中共中央黨校出版社，頁 945-947。

陳廉貞，〈外蒙古出兵問題〉，《戰鬥旬刊》，2：7（武昌，1938），頁 103-104。

陳廉貞、黃操良，《抗戰中的中國民族問題》，上海：黎明書局，1938。

馮大麟，〈中國民族問題的正確認識〉，《中央週刊》，3：9（重慶，1940），頁 10-12。

馮大麟，〈民族主義與中國民族問題〉，《新認識月刊》，3：2（重慶，1941），頁 23-32。

馮大麟，〈漢族與西南民族同源論〉，《中央週刊》，2：15（重慶，1939），頁 13-14；卷 2 期 16（重慶，1939），頁 15-16。

馮雪山，〈論如何解決中國的民族問題〉，《資聲月刊》，2：1-2（邵陽，1942），頁 41-43。

黃克武，〈民族主義的再發現：抗戰時期中國朝野對「中華民族」的討論〉，《近代史研究》，2016：4（北京），頁 4-26。

黃奮生，〈「羈縻」與「懷柔」辨〉，《中國邊疆》，1：5-7（重慶，1942），頁 8-10。

黃奮生，〈中國邊疆民族自決自治問題之研究〉，《中國邊疆》，創刊號（重慶，1942），頁 5-8。

黃興濤，〈民族自覺與符號認同：「中華民族」觀念萌生與確立的歷史考察〉，《中國社會科學評論》，創刊號（香港，2002），頁 196-218。

——，《重塑中華：近代「中華民族」觀念研究》，北京：北京師範大學出版集團、北京師範大學出版社，2017。

楊思機，〈國民革命與少數民族問題〉，《學術研究》，2009：12（廣州），頁 115-126。

——，〈指稱與實體：中國「少數民族」的產生與演變（1905-1949）〉，廣州：中山大學博士論文，2010 年 6 月。

——，〈「少數民族」概念的產生與早期演變——從 1905 年到 1937 年〉，《民族研究》，2011：3（北京），頁 1-11。

——，〈以行政區域統馭國內民族——抗戰前國民黨對少數民族的基本策略〉，《民族研究》，2012：3（北京），頁 65-75。

——，〈民國時期「邊疆民族」概念的生成與運用〉，《中山大學學報（社會科學版）》，2012：6（廣州），頁 95-106。

——，《漢民族指稱的形成與論爭》，上海：復旦大學歷史學博士後出站報告，2012 年 9 月 18 日。

——，〈民國時期改正西南地區蟲獸偏旁族類命名詳論〉，《民族研究》，2014：6（北京），頁 76-93。

——，〈「民族」與「宗族」的艱難調適——蔣介石〈中國之命運〉「宗族論」的命運〉，中國社會科學院近代史研究所編，《歷史進程中的中國與世界》（中國歷史學博士後論壇 2012 年中卷），北京：社會科學文獻出版社，2016，頁 595-610。

董必武，〈共產主義與三民主義〉，收入董必武選集編輯組編，《董必武選集》（北京：人民出版社，1985），頁 24-34。

劉少奇，〈抗日游擊戰爭中的若干基本問題（摘錄）〉，1937 年 10 月 16 日，收入《民族問題文獻彙編》，北京：中共中央黨校出版社，頁 561-565。

——，〈抗日游擊戰爭中的若干基本問題（摘錄）〉，1937 年 10 月 16 日，收入《民族問題文獻彙編》，北京：中共中央黨校出版社，頁 561-565。

劉百閔，〈民族問題在中國〉，《時代精神》，1：3（重慶，1939），頁 10-16。

劉曉原著、萬芷均譯，《邊緣地帶的革命：中共民族政策的緣起（1921-1945）》，香港：香港中文大學出版社，2018。

廣東省社會科學院歷史研究室，中國社會科學近代史研究所中華民國史研究室，中山大學歷史系孫中山研究室合編，《孫中山全集》，卷 9，北京：中華書局，1986，。

蔣中正，《中國之命運》（1943 年 3 月 10 日初版），收入秦孝儀主編，《先總統蔣公思想言論總集》，卷 4，台北：中國國民黨中央委員會黨史委員會，1984。

諸青來，《三民主義商榷》，上海：正誼社 1927 年 1 月初版，上海：籀文書局 1930 年再版。

鄭大華，〈論楊松對民主革命時期中國共產黨民族理論的歷史貢獻〉，《民族研究》，2015：3（北京），頁 1-13。

瞿秋白，〈世界革命中的民族主義〉，收入瞿秋白文集編輯組編，《瞿秋白文集》，北京：人民出版社，1987-1998，政治理論篇第五集，頁 282-301。

薩孟武，《三民主義政治學》，上海：新生命書局，1929，再版。

英文資料

Mackerras, Colin. *China's Minorities: Integration and Modernization in the Twentieth Century*. Hong Kong: Oxford University Press, 1994.

虛擬的邊疆，現實的政治
──冷戰時期中華民國政府的邊疆政策

吳啟訥

一、邊疆對冷戰時期台北當局的意義

　　1949 年 12 月 27 日，中華民國政府失去了對其大陸領土的實際控制，退守從日本手中接收僅 4 年的海島省分台灣。不過，在台灣的中華民國政府，不僅依舊在法理上將整個中國大陸視為其主權所及範圍，將中國大陸的人民視為中華民國國民，也仍然將中國的邊緣區域──包括新疆、西藏、內蒙古（甚至在宣布「中蘇友好同盟條約」失效後也再度包括外蒙古）在內的「邊疆」視為中華民國不可分割的部分，將居住在「邊疆」的非漢少數族群人民視為「邊疆民族」，為此專門制定了「邊疆政策」。理論上，內戰失利下，統治範圍限縮到台灣島及大陸沿海若干小島的中華民國政府，其「邊疆」和「邊疆政策」，只能是想像和「設計」的產物；然而，在冷戰的世界政治格局下，在中國政治傳統中「正統」觀念的慣性影響下，在與效忠前朝或反對當朝的流亡群體的互動下，在台灣的中華民國政府竟然能夠將其政治觸角延伸到其實際統治範圍以外。台北當局對中國大陸主權的宣示，其中國邊疆政策的制定，在一定程度上超出了「想像」和「虛擬」；冷戰時期的西方世界，對台北當局這種「想像」、「虛擬」與超出「想像」和「虛擬」的政治主張也做了一定程度的支持。

　　在現實中，這種「想像」和「虛擬」的政治主張，往往是現實政治的折射。以中華民國政府統治台灣的現實政治需求而言，制訂大陸政策和邊疆政策，皆非憑空幻想、自欺欺人之舉。

　　1950 年代初，國民黨政權在台灣的政治實務，幾乎已完全轉移到如何統治台灣之上。但統治台灣，卻不能以「台灣政府」的名義為之，相反，統治台灣的蔣介石當局不僅必須在國際上宣示代表整個中國，而且必須以恢復對中國大陸統治的政治宣示和實際舉動來確保其統治台灣的正當性。這樣做的原因，不僅在於國民黨的政權誕生於中國大陸，更在於它對台灣的統治本身，即建立在中國大陸付出犧牲數以千萬計生

命的代價取得中日戰爭的慘勝，結束日本在台灣的統治這一基礎之上。

　　蔣介石必須將台灣島範圍內的權力鬥爭引導並侷限在法統議題上，一個不便大聲宣示的理由是，島內潛藏著台灣獨立意識的重大挑戰：這種意識訴求懷念日本統治或主張台灣脫離中國主權範圍，驅逐「外來的」國民黨，自主建國。1945 年之前台灣本地居民較多地接觸到殖民地現代化的經驗，以及——更重要的是——台灣本地居民與大陸上的中國人在歷史經驗和歷史記憶方面的差異，使得台灣本地居民當中的一部分人並未將艱苦奮戰的中國軍民視作解放者，相反，文化和利益的衝突，使其中經濟地位較高的人將國民黨和大陸各省籍軍民視為「外來」且「落後」的因子，意欲除之而後快。

　　蔣介石必須將台灣島範圍內的權力鬥爭引導並侷限在法統議題上的另一個重要理由是，蔣所需要統治的對象，不僅包括 600 萬台灣省籍的居民，也包括 100 萬左右來自大陸的軍人和各省籍流亡者，尤其是主要由流亡者所構成的黨政軍體系。這個體系本身，也需要以明確而有號召力的政治目標加以維繫。

　　由此，國民黨當局一方面希望藉由「土地改革」等政治、經濟、社會變革舉措，獲得台灣本地中下層民眾的支持；另一方面則希望藉由堅持反對統治大陸的共產黨政權，維護「法統」，同時連結以美國為首的西方集團。而作為聯合國安全理事會常任理事國的中華民國政府，又是台灣安全、生存的屏障。以上二者失一不可：失去作為全中國唯一合法政府的法律地位，則首先危及到國民黨當局統治台灣的合法性；不從台灣地方的經濟、文化和地方政治勢力的利益與國民黨政府的利益之中找到最大公約數，則會腐蝕國民黨當局統治台灣的基礎。這樣，具有「外來」因素的國民黨政權乃與台灣人之間達成妥協，在國際和內部確立依然延續使用「中華民國」國號的國民黨政權統治台灣的正當性。

　　在霸權主導的現代世界，作為弱國，中國政治的興衰變遷背後，無疑有著國際政治因素的重要影響。中華民國政府失去大陸，在相當程度上與冷戰初起時的大國角力有關；但中華民國政府在失去中國 99%以上的領土後，仍得以在 0.3%領土上延續統治，甚至將影響擴大到遙遠的大陸邊疆和海外，也與冷戰局勢的變遷，大國角力格局的變化直接相關。台北當局只有堅持其代表中國，並宣稱將反攻大陸，解救同胞，才能向西方陣營顯示其反共決心，說服西方陣營釋出資源，讓冷戰天平向台北傾斜。

　　反過來，當西方意識到，將中國拱手讓給共產主義陣營，使自己在冷戰中處於不利地位後，殘存的中國反共政治勢力即成為己方的政治稻草。韓戰爆發後，美國更清晰地體認到，它必須藉助於台灣的國民黨當局來牽制紅色中國；而國民黨當局反攻大陸的計畫，雖然在整體上並不可行，但卻不乏局部的意義。台北當局和美國人同時發

現，突破紅色中國竹幕的著力點，在於中國大陸的邊緣，不僅因為這裡的明顯的政治地圖性質，更在於共產黨新政權對邊緣地區的控制能力無法與它控制中心區域的能力相提並論。除仍控制台澎金馬和南中國海個別小島的中華民國台北當局外，對共產黨新政權的有形反抗，集中於中國大陸的邊疆少數民族區域。

當然，國民黨的中華民國政府和美國人，都曾經過度迷信中國政治經濟核心地區的價值，輕忽廣袤而「荒涼」的邊疆的意義。兩方都是到了國共內戰後期，才意識到邊疆和少數族群的地理與地緣政治資源的價值，曾設法與中國西部的幾個少數族群政治勢力結合，阻擋中共與蘇聯在地理上的連結，但一切安排都已來不及阻擋共產黨軍隊秋風掃落葉般的攻勢。德王的「蒙古自治政府」迅速解體；阿爾泰山烏斯滿巴圖爾的游擊隊無法發動攻勢；馬步芳的主力在蘭州決戰中瓦解；國軍在新疆龐大但分散的武力在戰略甚至戰術上已不可能進行任何有意義的抵抗；拉薩當局甚至乘機驅逐了代表中國對西藏主權的中華民國中央政府辦事機構。結果，國民黨的軍事力量最終還是從西南邊疆方向退出中國大陸；中國共產黨新盟友蘇聯的勢力，則是從東北和西北邊疆進入中國。切身的教訓才使得台北當局和美國人同時體認到在亞洲冷戰對抗格局下，中國邊疆的價值與意義。不僅如此，退守台灣的中華民國政府還體認到，在「反攻大陸」的議題上，台北的政權正面對著與 1930 年代的日本極其相似的處境。台灣本身長期的生存、安全無法不與大陸連結；而若必須光復大陸，海疆和邊疆皆為必經之路。

二、一度進取的邊疆戰略

美國和退守台灣的中華民國政府都曾認真地策劃過反攻。有過在韓戰中與中共交手經驗的美國比較快地意識到顛覆紅色中國的困難；深信自己遠比美國人了解中國的蔣介石，則直到 1960 年代中期以前，仍在認真籌劃軍事反攻的戰略戰術。[1]

中國大陸失守之前，蔣介石制定過幾個退守計畫和復國計畫，其中包括退守西北、西南邊緣的青康藏結合部和西南方向的雲南。

1949 年最後一季，鑑於扶持中國西部擁有軍事實力的少數族群反共力量建立政權，從政治上阻止中國共產黨西進的努力已經大致遭到挫敗，美國情報機構有意布局少數族群中小型游擊武力，規劃若干小型游擊軍事行動，寄望至少達成對共產黨造成

---

[1] 包括 1962 年著名的「國光計畫」。參見林孝庭，《台海・冷戰・蔣介石：解密檔案中消失的台灣史，1949-1988》（台北：聯經出版公司，2015），頁 149-167。

干擾的效果，但效果不彰。韓戰爆發後，華府甚至改變長期承認中國對西藏擁有完整主權的立場，有意援助拉薩當局對抗中共。在拉薩對中共的軍事抵抗失敗之後，又曾策劃鼓勵十四世達賴出走印度，建立流亡政府。[2]

韓戰期間，台北當局──背後有美國支持──對大陸唯一一次真正有效的反攻，也是發生在緬甸－雲南邊境：由前國軍將領李彌所統率的國民黨游擊部隊發動的「滇西戰役」。[3]而李彌的游擊部隊事實上已經邊疆化、少數族群化。[4]它──在政治上及地理、人類學特徵上──的存在，為蔣介石的邊疆政策作了一個註腳。

三、政治宣示：邊疆與大陸少數族群事務機構

中華民國政府退守台灣之初，需要在形式上保留以統治整個中國為目標的政治機構，但也必須面對政治和財政的現實，精簡政府機構。1949 年 12 月，中華民國政府遷到台北，在行政院之下，僅設立 10 個中央二級機關（8 部、2 會），其中即包括「蒙藏委員會」；1951 年 7 月，又設置「新疆省政府主席辦公處」（1971 年改組為「新疆省政府辦事處」）。[5]這些機構率皆規定其政治目標包含配合反攻大陸的軍事行動和準備「反共復國」之後邊疆地方政權的重建。[6]

「蒙藏委員會」在台灣恢復運作之初的事務，不過是為隨中華民國政府遷來台灣的 40 多名蒙古裔、藏裔立法委員、監察委員及國大代表，以及 20 多名新疆各族的立法委員、監察委員、國大代表，以至來台的其他蒙、藏、維吾爾、哈薩克、錫伯、回等族人士共約 700 餘人提供服務。[7]

1959 年西藏發生藏人反漢、反共暴動，旋即遭到北京鎮壓。蒙藏委員會除在公

---

[2] 可參考林孝庭，《台海‧冷戰‧蔣介石：解密檔案中消失的台灣史，1949-1988》，頁 32-44。

[3] 可參考林孝庭，《台海‧冷戰‧蔣介石：解密檔案中消失的台灣史，1949-1988》，頁 101-108。

[4] 覃怡輝，《金三角國軍血淚史，1950-1981》（台北：中央研究院、聯經出版公司，2009）。

[5] 楊克誠、劉學銚，〈六十年來台灣邊政政策及中國邊政協會的發展〉，《中國邊政》，第 185 期（2011 年 3 月），頁 13-18；另據曾在台北「新疆省政府辦事處」工作的新疆籍國民大會代表、哈薩克人士韓木扎之子法提合氏回憶，新疆省政府辦事機構成立於 1951 年 7 月，正式名稱為「新疆省政府主席辦公處」。2015 年 4 月 11 日法提合先生、耿慶芝女士在國立政治大學社會科學資料中心二樓人文中心第二會議室的演講。

[6] 承襲自〈新疆省政府辦事處組織條例〉的〈新疆省政府辦事處組織規程〉，即規定辦事處設置宗旨為「為聯繫新疆省籍海外流亡同胞及策劃新疆省地區收復後各項政務推行，俾隨反攻軍事之進展，得以迅速重建地方政權起見，特在台北設立新疆省政府辦事處」。見中華民國現行法規編纂小組編，〈新疆省政府辦事處組織規程〉（1971 年 12 月 29 日核准執行，1992 年 1 月 10 日廢止），收入中華民國現行法規彙編印指導委員會編纂，《中華民國現行法規彙編》，第 2 冊（中華民國現行法規編印委員會，1994），頁 833。

[7] 楊克誠、劉學銚，〈六十年來台灣邊政政策及中國邊政協會的發展〉，《中國邊政》，第 185 期（2011 年 3 月），頁 13-18。

開場合譴責中共的暴政、邀請包括達賴喇嘛在內的西藏流亡政府的主要領導人來台之外，[8]真正能夠有所作為的，是向流亡印度等國的西藏難民提供救濟等協助。[9]

1963 年底，擁有與蘇聯扶持的伊寧左翼突厥語穆斯林民族主義政權對峙經驗的郭寄嶠上將出掌蒙藏委員會，開始任用政治大學邊政學系畢業學生到蒙藏委員會任職。面對 1959 年西藏達賴政府流亡事件所造成的「西藏問題國際化」的局面，郭寄嶠構想在台灣中央山脈擇地建立「西藏村」，擬從印度、尼泊爾各地接運 5 萬人到台灣定居，[10]此計劃因美國及達賴流亡當局反對而胎死腹中。[11]接任郭出掌蒙藏委員會的崔垂言明言，蒙藏工作的宗旨在於「維護國家主權統一，保障國土完整，促進國族團結」。崔垂言在任 9 年當中，蒙藏委員會積極聯絡在印度、尼泊爾等地藏人，在台北設立「西藏噶倫辦事處」。[12]

1950 年初，新疆維吾爾政治人士堯樂博士（Yulbars Khan, 1889-1971）於抵抗中共行動失利後，經印度輾轉來到台灣，蔣介石於當年 4 月 11 日任命其為新疆省政府主席，並於 1951 年在台北市臨沂街設立「新疆省政府主席辦事處」。[13] 1971 年 7 月，堯樂博士亡故，辦事處遂改組為「新疆省政府辦事處」，由堯樂博士之子堯道宏任辦事處主任，該辦事處於 1992 年初才最終被裁撤。「新疆省政府主席辦事處」和「新疆省政府辦事處」成立初期，下設總務、政務及主計的三個組，每月經常費用 6,000元。對外宣示的政務方向是「聯繫新疆省籍海外流亡同胞」、「策劃新疆省收復後各項政務推行」，但實際上主要業務是濟助新疆籍穆斯林難民、流亡人士和貧困人士等，處理在台灣的新疆各族青年分發升學、輔導旅居土耳其等伊斯蘭國家的新疆各族青年來台升學等等。[14]

8　劉學銚，《從歷史看西藏問題——揭開達賴真實面貌》（台北：致知學術出版社，2013），第六章。

9　吳淑鳳，〈蔣中正對西藏事件的看法與運作（1959-1960）〉，收入黃克武主編，《重起爐灶：蔣中正與 1950年代的台灣》（台北：國立中正紀念館管理處，2013），頁 163-190。

10　劉學銚，《從歷史看西藏問題——揭開達賴真實面貌》，第六章。

11　林孝庭，《台海冷戰解密檔案》（香港：三聯書店（香港）有限公司，2015），頁 222-223。

12　劉學銚，《從歷史看西藏問題——揭開達賴真實面貌》，第六章。

13　新疆省政府主席、秘書及主計分別是堯樂博士、堯道宏及愈正。堯樂博士祖籍哈密，1889 年生於英吉沙，曾任新疆宣慰使等職，1951 年渡台後擔任總統府國策顧問、新疆省政府主席及光復大陸設計委員會委員。〈堯樂博士〉，《軍事委員會侍從室檔案》，國史館藏，入藏登錄號：12900099014A；堯樂博士，《堯樂博士回憶錄》（台北：傳記文學出版社，1969）。堯道宏，堯樂博士的長子，1919 年生於哈密，曾任哈密縣縣長及中國國民黨第十一屆中央委員會常務顧問等職。〈堯道宏〉，《軍事委員會委員長侍從室》，台北：國史館藏，入藏登錄號：129000110340A。

14　〈堯樂博士〉，《軍事委員會委員長侍從室》，台北：國史館藏，入藏登錄號：12900099014A。

四、不同的意識型態，相同的主權立場：西藏政策

　　西藏是中華民國政府在大陸最後撤出的區域之一，但差異在於，從西藏驅逐國民黨所領導的中華民國政府的政治勢力，不是中國共產黨，而是西藏噶廈政府。對於西藏而言，拉薩委實不必在漢人的意識型態之爭以及漢人政權的更迭中選邊，它所要做的，反而是利用 20 世紀前半葉漢地的歷次政治變遷，擺脫漢人的政治影響；但對於國民黨與共產黨，或者說中華民國與中華人民共和國而言，中國擁有對西藏的主權，則是雙方不可變更的共識。

　　距離代表中國中央政府的國民黨官員離開西藏僅一年多，1950 年 10 月，中國共產黨的軍隊即攻占了西藏東部的門戶昌都，十四世達賴喇嘛逃往藏印邊界附近的小城亞東，向聯合國尋求協助。11 月，在英、美的支使下，薩爾瓦多駐聯合國代表向聯合國大會提案，譴責「外國軍隊入侵西藏」。[15]薩爾瓦多譴責中國共產黨政府的舉動，並沒有得到剛剛喪失大陸不久的國民黨台北當局的支持。台北一方面樂見西藏方面對中共展開政治抵制，[16]另一方面，又極度擔心西藏問題的國際化，將使得雖已身在台北，但仍以「中華民國」為名，作為「中國唯一合法政府」，擁有聯合國安理會常任理事國席位的自身陷入「喪失領土主權」，進而失去代表中國的合法性的困境之中。因此，台北必須在反共、反蘇的同時，堅持主張中國對擁有西藏的主權。這一公開的立場與美國針對西藏地位議題的立場不同，[17]此時的美國儘管避免公開質疑台北的中華民國與北京的紅色中國在西藏議題上的共同立場，但在實務上則樂見重新界定西藏的政治地位，將西藏問題國際化。這樣，在台北的中華民國政府與美國在西藏的政治資源上形成了競爭關係。

　　事實上，台北當局為了彰顯自身與西藏的法律連結，甚至在共同的反共目標之下與達賴政治勢力重建實質的政治連結，有意把握每一個機會。1950 年 5 月，曾就讀

---

[15] Tsering Shakya, *The Dragon in the Land of Snows: A History of Modern Tibet Since 1947* (New York: Columbia University Press, 1999), pp. 52-91.

[16] 台北的國防部建議陳誠政府，對時在亞東的達賴喇嘛做某程度的鼓勵；台北當局駐聯合國代表，深諳美國立場的蔣廷黻，甚至主張應在聯合國公開聲明，中華民國對西藏僅擁有「宗主權」而非主權，換取國際上同情西藏處境的國家對台北當局的支持。參考林孝庭，《台海冷戰解密檔案》，頁 204-207。

[17] 1959 年 4 月之前，美國在西藏地位議題上的立場是：承認中華民國對西藏「名義上的宗主權」，支持西藏擁有「實質上的自治權」；1959 年 4 月，甫流亡印度的十四世達賴宣示拒絕承認中國對西藏的「宗主權」，訴求西藏完全政治獨立，此舉得到欲將統治西藏的中華人民共和國描述為外國侵略者的美國的支持，華盛頓轉而半公開地支持西藏獨立。參考林孝庭，《台海冷戰解密檔案》，頁 210；224-226。

於南京中央政治學校，於國民黨退出大陸之前在十四世達賴與中央政府間當聯絡人角色的達賴胞兄嘉樂頓珠來到台北，台北方面希望嘉樂頓珠定居台灣，成為中華民國擁有西藏主權的象徵，同時成為台北當局與西藏達賴政治勢力之間的紐帶；美國則有意讓這一管道成為自己的資源，故施壓讓台北允許嘉樂頓珠赴美。雙方競爭的結果，是台北的被迫讓步。[18]此後的 10 餘年中，台北和華盛頓之間在西藏議題上的各項爭議，大致都以相同的模式劃下句點。

嘉樂頓珠這一聯絡管道的阻塞，並未動搖台北利用藏語區的反共、反漢傾向為北京的共產黨政權製造麻煩的意圖。從中共全面控制中國大陸開始，整個 1950 年代，大陸範圍內仍存在有一定規模的反共游擊活動；除在退到台灣的國民黨所控制的浙江、福建部分沿海島嶼上，隸屬台北國防部建制的游擊部隊外，內陸西部，包括新疆、「滇西」（雲南西部）、「湘西」（湖南西部）、「康區」（包括西康省[19]以及四川西部、青海南部和甘肅南部的結合部）、「安多」（青海東南部、甘肅南部的結合部以及西藏北部）等地，仍然存在若干支非國防部建制的反共游擊武裝，台北的軍事、情報機構對這些反共游擊活動提供直接或間接的支持。鑑於西藏噶廈政府自 1912 年以來即擁有軍隊，康區的土司也擁有自衛武裝，而在漢藏交界地帶，還有由漢語穆斯林官兵為主組成，於棄械之後重新揭竿反共的前青海馬家軍殘部，這些有一定組織和戰力的游擊武裝，遂得到台北方面的格外重視。1950 年代初期，台北方面對安多、康區的藏人反共武裝和漢語穆斯林武裝進行了較大規模的援助；[20]到 1950 年代中期，安多、康區的藏人發動抗拒中共集體化措施的大規模暴動時，台北亦曾設法空投支援。[21]

1956 年夏季，居留在印度噶倫堡（Kalimpong）的嘉樂頓珠主動恢復與台北的聯繫，並於 1957 年底到 1958 年初與台北商訂後者支援藏人暴動武裝的計畫。[22]儘管台北與康區反共游擊武裝的接觸在 1950 年代中後期仍然相當頻繁，[23]甚至於 1958 年到

---

[18] 林孝庭，《台海冷戰解密檔案》，頁 210。
[19] 康區建省之議始於 1911 年（宣統三年），西康省成立於 1939 年，管轄金沙江兩岸的甘孜、涼山、昌都、林芝。中華人民共和國於 1955 年撤銷西康省，將金沙江以西的昌都、林芝劃歸西藏地方，將金沙江以東的甘孜、涼山劃歸四川省。
[20] 林孝庭，《台海冷戰解密檔案》，頁 211-213。
[21] 林孝庭，《台海冷戰解密檔案》，頁 214-216。
[22] 林孝庭，《台海冷戰解密檔案》，頁 213-215。
[23] 副總統兼行政院長陳誠於 1959 年 3 月 27 日在台北召開的中外記者會上稱，台北方面自 1957 年以來，一直與甘肅、青海、西康、四川等地的藏人反共武裝保持包括空投武器物資在內的密切聯繫，並直接促成了 1958 年 4 月至 7 月間青海循化和海南等地的反共暴動。林孝庭，《台海冷戰解密檔案》，頁 221。

1959 間與美國商討達成在西藏事務上合作、包含細節的協議，[24]但台灣在軍事和政治上對藏人抗拒北京活動的實質介入能力已然衰退，加之台北當局在西藏地位議題上的政治立場與美國乃至達賴方面皆存在重大差異，台北與華盛頓之間的協議面臨停留在書面芻議階段的窘境。

　　1959 年 3 月，拉薩爆發達賴政治勢力直接對抗解放軍，並成立「西藏臨時政府」的暴動，蔣介石視這一事件為「反攻復國」的機會，但美方對於蔣敦促華盛頓落實雙方協議的反應冷淡而消極，令蔣甚為失望，[25]乃於 3 月 26 日發表〈告西藏同胞書〉，訴諸與西藏反共、反漢勢力的直接合作。文告中聲言，待反攻成功，藏人獲得自由表達意志的權利之後，中華民國政府將本民族自決的原則，滿足藏人對西藏政治制度與政治地位的願望。[26]顯然，台北對於西藏政局變遷的性質了然於胸，即達賴方面和美方共同排斥台北在公開宣示中依舊堅持對西藏擁有主權的立場，因此，蔣介石不惜清楚表達自身首要的政治目標乃是「反共復國」，為自身與達賴的合作開出價碼，力求在「反共」事務上與達賴方面建立共識、展開合作，消除達賴方面對於台北在西藏主權議題上的主張的疑慮。在現實中，台北當局為了自身生存的最大利益，當然也並不排除有條件地在外蒙古和西藏等議題上做出妥協的可能。

　　但無論如何，台北、達賴與華盛頓之間在西藏政策上，於反共的共同利益之外，又有因西藏主權歸屬議題而存在的結構性差異，這一差異，使得三方註定難以展開真正的合作。台北的最高利益，在於在法律上維持在國際上作為代表中國唯一合法政府的地位，因而不便遽直接受達賴方面所持的西藏獨立的主張，也無法承擔美國所推動

24　林孝庭，《台海冷戰解密檔案》，頁 216-217。

25　《蔣中正日記》，1959 年 3 月 21 日、3 月 26 日。

26　〈告西藏同胞書〉稱：「西藏同胞們！你們這次奮起反共抗暴，浴血作戰，乃是我中國大陸全體同胞反共革命最莊嚴、光輝的歷史第一頁開始。今日我雖身在台灣，但我這一顆心，乃是與你們始終一起，反共作戰；尤其是這次拉薩戰爭，我藏胞僧俗，壯烈犧牲，更使我關懷倍切，時刻難忘。我中華民國政府，正在集中一切力量，給你們以繼續有效的援助。並號召海內外全體同胞，共同一致，給予你們以積極的支持。你們不是孤立的，你們的反共抗暴運動，不僅是為了藏族全體的生存，為了藏胞個人的自由，發揮了大無畏的精神，並且對於自由亞洲各民族、各宗教的自由與安全，擔當了英勇無比的前鋒，所以世界上一切愛好自由，主張正義的國家和人民，都站在你們這一邊，支援你們！禱祝你們的成功！我中華民國政府，一向尊重西藏固有的政治社會組織，保障西藏人民宗教信仰，和傳統生活的自由。我現在更鄭重聲明：西藏未來的政治制度與政治地位，一俟摧毀匪偽政權之後，西藏人民能自由表示其意志之時，我政府當本民族自決的原則，達成你們的願望。西藏同胞們！朱毛共匪的傀儡政權，對於你們反共抗暴的革命運動，使用殘忍、狂暴、恐怖、屠殺的手段，企圖加以鎮壓和控制。我深信共匪的武裝暴力，縱能一時破壞你們的寺院，劫掠你們的城市，絕對不能毀滅你們革命的意志，和宗教的信仰。只要你們更加堅決，更加勇敢，繼續不斷的奮鬥到底，我必領導全國軍民，很快的與你們在大陸上約期會師，共同作戰，來完成我們反共抗暴，救國家、救民族、救同胞的神聖使命」。原文見：秦孝儀主編，《總統蔣公思想言論總集》，卷 33（台北：中國國民黨中央委員會黨史委員會，1984），頁 222-223。

的西藏議題國際化的後果。西藏流亡當局方面基於——十三世達賴於民初曾經宣示，十四世達賴於拉薩暴動後再度宣示的——西藏是「獨立國家」的主張，自然不能接受台北方面延續清朝、北洋和國民政府對西藏主權歸屬的認知，在主權立場上與北京主張重疊的表態；同時，達賴流亡當局還需要仰賴印度的庇護，印度對於台北的排斥態度，也不可避免地影響達賴與台北的合作；而西藏流亡當局與美國的接觸，進一步促使它排斥、迴避與台北的合作。美國長期堅持西藏議題國際化的主張，目的在於將統治西藏的中華人民共和國定位為外國侵略者，因此，在拉薩暴動發生後，順勢將其原本承認中國對西藏名義「宗主權」、支持西藏擁有「實質自治權」的立場，轉變為支持西藏獨立的實質政策；不僅如此，美國的新政策與英國等西歐國家在西藏議題上的長期主張趨同，也帶動了它在亞洲的盟友韓國、南越、泰國在西藏政策主張上的跟進；美國若在援助達賴政治勢力反共的事務上與台北合作，勢必將該事務限縮在中國內部政治的範圍內，這一局面決定了美國避免與台北合作的立場。達賴和美國出於各自的政治目標推動西藏議題的國際化，勢必擠壓台北的立場和利益。面對達賴和美國的態度，蔣氏父子在憤怒之外，也只能無可奈何地承受華盛頓的壓力。

　　1959 年春季的拉薩暴動和十四世達賴流亡，又一次為美國提供了藉由西藏議題國際化打擊紅色中國的機會。是年夏、秋，美國動員其盟友在國際場合和聯合國展開外交和輿論大戰，譴責北京侵略，支持西藏獨立。這樣，對於達賴方面和美國而言，台北對於西藏主權立場的堅持，乃至對於「西藏抗暴」——而非「西藏獨立」——的支持，皆已成為美國達成其反北京政治目標的絆腳石；[27]而台北當局為了捍衛自身的政治利益，也不得不針對美國運作聯合國會員國提案或連署西藏議題案，在聯合國運作抵制和反制，並在一定程度上達成了目標，使得 1959 年 10 月 21 日的聯合國大會1353 號決議案，僅主張維護西藏的文化傳統、宗教遺產和「傳統自治」，而沒有涉及西藏的政治地位和「獨立」議題。[28]

　　1959 年聯合國大會之後，台北與華盛頓和達賴之間在西藏議題上的合作空間進一步縮小。接下來的 20 多年中，台北以「中國國民黨中央邊疆工作指導小組」、「蒙藏委員會」和「中國大陸災胞救濟總會」為平台，處理西藏和藏語區事務，重點在邀請流亡藏人菁英訪台，獎助藏區和流亡藏人青少年來台就學等；[29]「中國大陸災

---

[27] 林孝庭，《台海冷戰解密檔案》，頁 227-229。

[28] 吳淑鳳，〈蔣中正對西藏事件的看法與運作（1959-1960）〉，收入黃克武主編，《重起爐灶：蔣中正與 1950年代的台灣》，頁 163-190；林孝庭，《台海冷戰解密檔案》，頁 229-230。

[29] 楊瑞春，《國特風雲——中國國民黨大陸工作秘檔（1950-1990）》（台北：稻田出版社，2010），頁 307-311。如曾任行政院蒙藏委員會藏事處處長的娥舟文茂，即為 1968 年來台的青海籍藏人「難童」。

胞救濟總會」還於 1980 年設立「西藏兒童之家」，接應西藏孤兒來台。[30]1967 年，中國國民黨中央委員會第二組黨工在印度策動曾於噶廈當局擔任噶倫及中華人民共和國西藏自治區籌備委員會委員的索康・旺欽格勒和宇妥・扎西頓珠二人投奔台北，設立「西藏噶倫辦公室」，此舉被達蘭沙拉的達賴流亡政府視為煽動叛變，台北與達蘭沙拉雙邊的關係因而嚴重惡化。[31]台北方面的政治目標當然在於藉此彰顯「邊疆同胞」對「自由祖國」的向心力，強化「中華民國政府代表中國」的合法性。但達蘭沙拉對此或虛與委蛇，並不承認這些藏人來台存在宗教以外的意義；或強烈抗議，以強調西藏的政治獨立地位。

五、台北與流亡突厥語穆斯林右翼民族主義者在新疆議題上的角力

　　1930 年代初以來中華民國政府與新疆突厥伊斯蘭分離主義運動之間的衝突，在1950-70 年代台北當局的邊疆政治中依舊延續著。

　　1940 年代後半期，中華民國政府曾與新疆突厥語穆斯林右翼民族主義陣營合作，對抗親蘇的新疆突厥語穆斯林左翼民族主義勢力，雙方暫時淡化了彼此在民族主義立場之上的衝突；1950 年代以降，台北當局與突厥語穆斯林右翼民族主義流亡者之間，為了共同的反共目標，依舊在流亡難民救濟事務上密切合作，但雙方在民族主義立場上的歧異卻發展到水火不容的程度。

　　穆罕默德・伊敏（Mohammad Amin Bughra, 1901-1965）[32]和艾沙・阿爾普特勤（Isa Yusuf Alptekin, 1901-1995）是連結中華民國政府與新疆突厥語伊斯蘭右翼民族主義陣營的重要人物。伊敏曾是 1933 年東突厥斯坦伊斯蘭共和國的領袖之一，該政權覆亡後流亡阿富汗，後在艾沙幫助下回到中國，[33]1940 年代中期與國民政府合作對抗親蘇的新疆突厥語穆斯林左翼民族主義勢力，並先後出任 1946 年國民政府與伊寧親蘇分離主義政權談判妥協之下的新疆聯合省政府建設廳廳長、省政府副主席、代理主席。[34]

30 杜慧珠，《西藏兒童之家之研究》（台北：蒙藏委員會，1985），頁 2。

31 劉學銚，《從歷史看西藏問題——揭開達賴真實面貌》，第六章；Luciano Petech, *Aristocracy and Government in Tibet, 1728-1959*；引自中文譯本：畢達克著，沈衛榮、宋黎明譯，《1728-1959 西藏的貴族和政府》（北京：中國藏學出版社，2008），頁 122-123。

32 穆罕默德・伊敏，或譯「穆罕默德伊民」、「買買提・依明」（維吾爾文：محمد أمين بوغرا）；漢名毛德明，筆名「布格拉」；現代土耳其文：Mehmet Emin Buğra；拉丁轉寫：Mohammad Amin Bughra。

33 「穆罕默德伊民事略」（1942 年 12 月），〈救助新疆入印僑民穆罕默德伊民等〉，《外交部》，台北：國史館藏，典藏號：020-011908-0037，頁 18-20。

34 「新疆獨立運動概要」（1962 年 1 月 30 日），〈艾沙赴沙烏地從事獨立運動〉，《外交部檔案》，台北：中

艾沙精通漢文，曾於 1926 年至 1932 年在中華民國駐安集延領事館擔任書記官，其間有意藉助中央政府的力量對抗新疆的地方漢人軍政勢力，間接達成突厥語穆斯林的自治，[35]因而與國民政府之間建立了一定程度的互信。中日戰爭期間，艾沙接受國民政府的委託，偕若干中國穆斯林菁英一行，前往土耳其、沙烏地阿拉伯和伊朗等國家在內的伊斯蘭國家展開國民外交，向各國穆斯林解說中國抗日的意義，但也順道要求各國政府保護在盛世才的壓迫政策下而逃亡印度的新疆突厥語穆斯林。[36]抗戰勝利後，伊敏、艾沙與國民政府之間一方面基於反對共同敵人——親蘇左翼突厥語穆斯林民族主義者的立場，在新疆政治中建立同盟、合作關係，另一方面又引外蒙古與西藏的前例，多方嘗試推動新疆以獨立為目標的突厥語民族「高度自治」，遂與國民政府間發生衝突。[37]無論如何，1940 年代後半期，中華民國政府與新疆突厥語穆斯林右翼民族主義陣營的關係的性質，是合作為主，衝突為輔。

　　1949 年底新疆政權更替後，曾於 1940 年代中後期與國民黨合作對抗親蘇左翼突厥語穆斯林民族主義者的突厥語穆斯林右翼民族主義人士先後經南亞流亡到中東和近東伊斯蘭國家，將其政治行動的焦點由「反共」轉為「獨立」，蔣介石曾為此震怒。[38]這樣，台北當局與流亡盟友之間關係的性質轉為對立為主，合作為輔。

　　伊敏、艾沙流亡土耳其之後，在大量的新疆難民問題上，亟需台北當局協助。伊敏曾與駐中華民國土耳其大使館洽談新疆難民的善後事宜，經台北駐土耳其大使館與土耳其政府交涉，土方乃承諾收容大部分新疆穆斯林難民。[39]直到 1951 年底，伊敏、艾沙等立足未穩，仍將精力集中於難民事務之上，包括處理旅居沙烏地的新疆籍僑民以及漢語穆斯林流亡政要馬步芳的捐款，未及在東突厥斯坦獨立議題上多所著墨。伊敏之妻，新疆籍立法委員愛美娜在公開場合甚至並不贊同乃夫的分離主義立場。[40]

　　1950 年代中期，海外的東突厥斯坦獨立運動影響擴大。伊敏和艾沙加入土耳其國籍；以伊敏和艾沙為領袖的東突厥斯坦獨立運動組織，在土耳其等地出版有關東突

央研究院近代史研究所檔案館藏，館藏號：11-04-10-02-01-001。

[35] 平山光將，〈中華民国期における政府と回民知識人・回民社会に関する研究〉（東京：中央大學大學院博士論文，2013），第 5 章。

[36] 平山光將，〈中華民国期における政府と回民知識人・回民社会に関する研究〉，第 5 章。

[37] 「內政部公函」（1945 年 10 月 8 日），〈討論新疆高度自治〉，《外交部檔案》，台北：中央研究院近代史研究所檔案館藏，館藏號：11-04-15-09-05-002。

[38] 潘志平、王鳴野、石嵐，《「東突」的歷史與現狀》（北京：民族出版社，2008），頁 137。

[39] 「外交部函中國大陸災胞救濟總會」（1952 年 5 月 25 日），〈新疆難民移居土耳其〉，《外交部檔案》，台北：中央研究院近代史研究所檔案館藏，館藏號：11-04-01-09-02-005。

[40] 「中華民國駐土耳其大使館電外交部」（1954 年 7 月 13 日），〈新疆難民移居土耳其〉，《外交部檔案》，台北：中央研究院近代史研究所檔案館藏，館藏號：11-04-01-09-02-005。

厥斯坦獨立論述的書籍，廣泛散發主張東突厥斯坦獨立的宣傳品，並在中東各國開展宣傳活動。1954 年，伊敏在伊斯坦堡出版 *Eastern Turkistan's Struggle for Freedom and Chinese Policy* 一書，大幅提升了東突厥斯坦獨立運動在突厥語和伊斯蘭世界的知名度。[41] 1955 年 3 月，伊敏和艾沙分別致函出席萬隆會議的各國領袖，函中將清朝、中華民國和中華人民共和國不加區別，一概稱之為「中國」，並譴責中國為「帝國主義」。信函中最後呼籲各國領袖，萬隆會議應「邀請在俄國、中國及其他帝國主義者占領之下的亞洲國家代表出席；拒絕中國派出之代表出席」。同年，伊敏、艾沙等在伊斯坦堡成立「東突厥斯坦民族解放委員會」；1956 年，艾沙還前往旅居沙烏地阿拉伯的新疆僑社，召集新僑開會，宣導東突厥斯坦運動。[42]

　　1960 年 4 月，伊敏、艾沙等利用在印度舉行的亞非國家會議議題涉及西藏現況的機會，致函與會各國政府首腦，除重申萬隆會議期間的主張外，還強力譴責中國政府剝奪新疆、蒙古和西藏人民的自由，滅絕新疆、蒙古和西藏的文化。[43] 亞非國家會議後，流亡印度不久，立足未穩的達賴喇嘛與伊敏、艾沙等確立了合作意向。[44]

　　1963 年 3 月，身在土耳其的艾沙經貝魯特前往巴基斯坦參加「世界回教會議」，[45]回程擬轉赴沙烏地阿拉伯朝觀，藉機謀取設在麥加的「世界回教聯盟」的理事職位，同時向旅居沙烏地阿拉伯的馬步芳和新疆僑民募款，[46]以便擴大東突厥斯坦獨立運動的聲勢。[47] 1963 年 5 月，艾沙利用沙烏地阿拉伯有意無意的境管疏漏，入境該國出席世界回教協會理事會第三屆會議，並向該會議呈交〈突厥斯坦回民問題〉提案，譴責中國和蘇聯對「東、西突厥斯坦」人民的侵略與壓迫。[48]

---

[41] Mehmet Emin Buğra, *Eastern Turkistan's Struggle for Freedom and Chinese Policy* (Istanbul: Osmanbey Mat. T.L.S. Istanbul, 1954).

[42] 「駐土耳其大使館電外交部」（1954 年 1 月 28 日），《外交部檔案》，台北：中央研究院近代史研究所檔案館藏，館藏號：11-04-01-09-02-005。

[43] 「伊敏艾沙二人代表東土耳其斯坦民族獨立中心致出席亞非會議各國總理函（譯件）」（1955 年 5 月 24 日），〈僑情資料彙編〉，《陳誠副總統文物》，台北：國史館藏，典藏號：008-010504-00007-002，頁 7-11。

[44] 達賴喇嘛著、康鼎譯，《達賴喇嘛自傳》（台北：聯經出版公司，1990），頁 184。1970 年，達賴喇嘛會見艾沙，雙方協調成立「爭取東土耳其斯坦、內蒙古、西藏人民聯合委員會」。Gardner Bovingdon, *The Uyghurs: Strangers in Their Own Land* (New York: Columbia University Press, 2010), p. 138.

[45] 「駐沙烏地阿拉伯大使館函外交部」（1963 年 4 月 8 日），〈艾沙赴沙烏地從事獨立運動〉，《外交部檔案》，台北：中央研究院近代史研究所檔案館藏，館藏號：11-04-10-02-01-001。

[46] 「駐沙烏地阿拉伯大使館電外交部」（1963 年 3 月 30 日），台北：國史館藏，典藏號：11-04-10-02-01-001。

[47] 「駐土耳其大使館電外交部」（1963 年 3 月 18 日），〈艾沙赴沙烏地從事獨立運動〉，《外交部檔案》，台北：中央研究院近代史研究所檔案館藏，館藏號：11-04-10-02-01-001。

[48] 艾沙向會議提交的提案重點如下：「第一、東突厥斯坦已被共產中國占領，西突厥斯坦在蘇俄殖民主義之下，上述四個伊斯蘭國家（中亞）已成有名無實。第二、在共產中國及蘇俄壓迫下之回民遭受無窮痛苦，伊斯蘭文

　　「東突厥斯坦」獨立運動固然直接針對中華人民共和國對新疆的統治，但也威脅到宣示擁有包括新疆在內全中國領土主權的台北當局的政治利益，迫使台北當局採取對應措施。

　　1953 年，台北當局開始察覺到伊敏、艾沙等與中華民國政府的關係開始發生質變，是年 7 月，國民黨中央委員會相關部門開始關注東突厥斯坦獨立運動的動態。[49]為制止事態的擴大，台北祭出兩手策略，其一是「拖」字訣，向伊敏、艾沙等承諾，政府對新疆目前的定位僅具階段性質，新疆將來的地位將於大陸光復之後依法尋求合理的解決方案；其二，若渠等暫不大張旗鼓地聲張獨立，則仍將從寬撥付新疆難民救濟款項和生活補助費用。[50]這些安撫姿態，未能阻滯海外東突厥斯坦獨立運動的擴大。

　　1963 年，針對伊敏、艾沙等有意與沙烏地阿拉伯政府建立政治聯繫的舉動，台北當局開始出招阻撓。首先，中華民國政府照會土耳其政府，希望土方取締伊敏、艾沙等人鼓吹新疆獨立的言論。土耳其政府正在憂心國內標舉突厥語民族主義的在野黨挑戰建立在凱末爾主義價值之上的現存政治秩序，因而對台北方面的要求做出正面回應，多次向伊敏發出警告，要求其收斂宣揚東突厥斯坦獨立的言論。[51]其次，台北對艾沙與馬步芳之間的互動保持高度警覺，[52]駐沙烏地阿拉伯大使館與沙烏地方面交涉，要求沙國阻止艾沙入境。沙國遂通報中華民國駐沙國大使館，將艾沙列入黑名

化橫遭摧殘。而伊斯蘭世界漠視無言，僅協助西方殖民主義壓迫之下的回民，而不顧共產壓迫下的回民，此屬對蘇俄及中國之鼓勵。對此被壓迫之回民，亦無精神物質之協助。在聯合國中為同教同種之弟兄呼籲，協助革命獨立之事，屢見不鮮，但無任何伊斯蘭國家為受蘇俄及共產中國壓迫之回民提向聯合國者。第三、除去年在巴格達召開之世界回教大會外，任何會議並未邀請此鐵幕後受難之人民參加萬隆會議、開羅會議及其他會議，均未約請。總而言之，世界伊斯蘭民族已忘卻在中國及蘇俄受盡痛苦之突厥斯坦。因此，謹以熱忱要求援助此將快滅亡之民族以所述各點：（一）要求在理事會中接受東、西突厥斯坦代表。（二）要求協會組織小組會議，以便發表及審查該地區之問題。（三）要求在下次大會時，邀請上述受難民族之代表親自報告地方各種實情。（四）避難伊斯蘭國家之其大多數難民，多不諳熟阿拉伯文，請准以突厥斯坦語言發表言論。（五）要求在學校史地教科書中，將「新疆」一類之名詞改除，「新疆」意即新的疆土，但其他原名東突厥斯坦，並請協會要求各回教國家將土耳其斯坦問題呈諸聯合國。（六）要求理事會賜予機會，以便陳述共產中國及蘇俄壓迫下之伊斯蘭問題」。「土耳其斯坦領袖呈麥加世界回教協會秘書長備忘錄」（1963 年 5 月 15 日），〈艾沙赴沙烏地從事獨立運動〉，《外交部檔案》，台北：中央研究院近代史研究所檔案館藏，館藏號：11-04-10-02-01-001。

49　「中國國民黨中央委員會第五組函外交部」（1953 年 7 月 9 日），〈拒予中共朝聖團體簽證〉，《外交部檔案》，台北：中央研究院近代史研究所檔案館藏，館藏號：11-04-01-03-01-009。

50　「外交部函中國大陸災胞救濟總會公函」（1952 年 5 月 25 日），〈拒予中共朝聖團體簽證〉，《外交部檔案》，台北：中央研究院近代史研究所檔案館藏，館藏號：11-04-01-03-01-009。

51　「駐土耳其大使館電外交部」（1963 年 4 月 13 日），〈艾沙赴沙烏地從事獨立運動〉，《外交部檔案》，台北：中央研究院近代史研究所檔案館藏，館藏號：11-04-10-02-01-001。

52　「駐沙烏地阿拉伯大使館電外交部」（1963 年 3 月 30 日），〈艾沙赴沙烏地從事獨立運動〉，《外交部檔案》，台北：中央研究院近代史研究所檔案館藏，館藏號：11-04-10-02-01-001。

單，禁止其入境。[53]

　　嗣後，艾沙仍藉機入境沙國出席世界回教協會理事會第三屆會議，並於會中呈交〈突厥斯坦回民問題〉提案，質疑中國統治新疆和突厥語穆斯林的合法性，代表台北的中華民國出席該次會議的中國回教協會理事兼世界回教聯盟理事孫繩武強烈反對提案，但在會議強烈的宗教與反共氣氛下，該案通過成為會議決議案。台北方面，外交部隨即電告孫繩武，指「艾沙提出的決議涉及到我國領土部分，嚴重損害中華民國的主權，應該努力設法交涉糾正」。[54]孫繩武隨即就該決議案向世界回教協會秘書長蘇祿爾提出強烈抗議，表示：「新疆自古即為我國領土之一部，為我國行省之一。中國歷史上從無『東突厥斯坦』其名。艾沙本人即曾在新疆省政府秘書長，而非所謂『東突厥斯坦秘書長』」，決議案內容與事實不符，應暫緩執行。[55]

　　孫繩武代表台北所提出的抗議，顯未發生效果。1965 年，艾沙再度收到蘇祿爾的邀請，出席該年度在索馬利亞首都摩加迪休舉行的世界回教大會。台北當局與「東突厥斯坦」獨立運動的衝突，在這次會議上益發激烈。這一年適逢伊敏辭世，艾沙遂成為海外「東突厥斯坦」獨立運動最重要的精神領袖。[56]在蘇聯代表團的反對聲中，艾沙仍在大會秘書長巴基斯坦教長依努拉汗的強力支持下，隨土耳其代表參加了這屆世界回教大會，並於會中譴責蘇聯帝國主義壓迫突厥斯坦人民的罪惡。會後，艾沙遂赴沙烏地阿拉伯，再度為「東突厥斯坦」獨立運動向旅沙新疆僑胞募款，再謀世界回教聯盟大會的理事席位。[57]台北當局一面針對艾沙的活動展開調查，一面命駐沙烏地大使館訪晤世界回教聯盟辦公廳，以確認該聯盟對新疆問題的態度。世界回教聯盟回應，新疆獨立是政治議題，世界回教聯盟無意捲入政治糾紛，而艾沙僅僅是以觀察員

---

[53]　「駐沙烏地阿拉伯大使館電外交部」（1963 年 3 月 30 日），〈艾沙赴沙烏地從事獨立運動〉，《外交部檔案》，台北：中央研究院近代史研究所檔案館藏，館藏號：11-04-10-02-01-001。

[54]　「外交部函中國回教協會理事孫繩武」（1963 年 7 月 4 日），〈土耳其斯坦回民問題〉，《外交部檔案》，台北：中央研究院近代史研究所檔案館藏，館藏號：11-11-11-10-008。

[55]　孫繩武稱，「所謂新疆獨立運動，完全為艾沙輩極少數之失意政客，假借名義，淆惑聽聞，其目的為提高彼等身份作為向我政府及僑民敲詐之資本，毫無實績作用，迄今尚無任何回教國家加以重視或支持。中沙兩國關係素稱友好，年來兩國間在文化，商務以及民間國籍組織，秘書長為沙國人，不應誤聽艾沙之非法與歪曲宣傳。務期蘇祿爾秘書長顧及中沙友誼將我方立場分別通知世界回協各理事國，至少希望將決議案暫緩執行」。「外交部函駐沙烏地阿拉伯大使館」（1963 年 7 月 29 日），〈土耳其斯坦回民問題〉，《外交部檔案》，台北：中央研究院近代史研究所檔案館藏，館藏號：11-11-11-10-008。

[56]　新免康，〈ウイグル人民族主義者エイサ・ユスプ・アルプテキンの軌跡〉，毛里和子編，《中華世界——アイデンティティの再編（現代中国の構造変動 7）》（東京：東京大学出版会，2001），頁 151-178。

[57]　「外交部函駐沙烏地阿拉伯大使館」（1963 年 7 月 29 日），〈土耳其斯坦回民問題〉，《外交部檔案》，台北：中央研究院近代史研究所檔案館藏，館藏號：11-11-11-10-008。

的身分參加大會的問題，並未擁有在會上發言的權利。[58]

　　世界回教聯盟大會第六屆大會於 1965 年 4 月 17 日舉行，中國代表團由設在台北的中國回教協會核心成員孫繩武、馬煥文、白建民、馮晉澤、海維諒和林興智等人組成。4 月 21 日晚，在討論伊斯蘭宗教問題的第五委員會第二次委員會會議上，主席忽然宣讀由僅具觀察員身分的艾沙所提出的「東突厥斯坦」議題備忘錄，其核心內容為呼籲伊斯蘭世界反對中國殖民政策，支持「東突厥斯坦」獨立；同時呼籲伊斯蘭國家為新疆穆斯林流亡青年提供教育方面的實際協助。[59]其中的主張，較之艾沙於世界回教協會理事會第三屆會議上提交的〈突厥斯坦回民問題〉案更為明確具體。孫繩武獲知艾沙提出備忘錄後，即商世界回教協會秘書長蘇祿爾，設法阻止艾沙備忘錄提交聯盟理事會。4 月 24 日的臨時理事會議討論艾沙備忘錄案，經過激烈討論，部分理事傾向暫時擱置「東突厥斯坦」議題，另一部分理事則支持艾沙的立場，雙方相持不下，臨時理事會乃決定成立相關議題五人小組，小組中支持艾沙立場的有三人，他們亦強烈主張將「東突厥斯坦」案提交聯盟理事會。孫繩武不得不向蘇祿爾交涉，主張若「東突厥斯坦案」成立，中國代表團將退席，孫本人將辭去理事職務。中國代表團也同時透過台北駐沙烏地大使館，宴請世界回教聯盟理事，沙烏地名流與中國朝覲團，由駐沙烏地大使館代辦趙金鏞向與會人員說明台北的中華民國政府在新疆問題上的立場。[60]

　　在嗣後舉行的世界回教聯盟大會第四次理事會上，孫繩武就艾沙所提出的「東突

[58] 「孫繩武函外交部」（1965 年 4 月 4 日），〈世界回教聯盟〉，《外交部檔案》，台北：中央研究院近代史研究所檔案館藏，館藏號：11-04-01-11-02-025。

[59] 由孫繩武所記述「東突厥斯坦問題備忘錄」的要點為：（一）大會要求各回教政府，對來自「中」俄之突厥斯坦難民，予以庇護之所，並給以與當地人民同等之權利及國籍，俾使彼等得以安居樂業。（二）大會委託秘書處請世界回教聯盟之代表及其大使，維護「突厥斯坦」人民，將其中某一巡迴大使所陳之備忘錄譯送聯合國秘書長，並將穆罕默德‧伊敏先生之建議，譯成阿、英、法等各種文字印發，俾為伊斯蘭方面作廣泛宣傳。（三）大會籲請各回教及愛好和平國家之政府，在聯合國中，予「突厥斯坦」一案以支持，並要求世界回教聯盟設法邀集足夠之回教國家，將此案提交聯合國。（四）大會請求與中華民國有邦交之回教國家，促其宣布「東突厥斯坦」獨立，以支持其人民為此目的之努力。（五）大會要求各回教政府，保持「突厥斯坦」名稱，勿加改變，以代替殖民主義者為抹殺彼等回教身份而給予之名稱──「新疆」。（六）對殖民主義者旨在消滅六千餘萬回教人民身份，使之與本身原有之宗教、語言、歷史及傳統相隔絕，並不令其奉行自己宗教之各項行為，大會表示譴責。（七）大會要求各回教國家政府，對奮鬥中之「突厥民族」子弟給予獎學金，使彼等能以有用之學識武裝自己，繼續奮鬥，並可使其了解仍生存於具有光榮歷史，並在科學上曾有卓越貢獻之回教民族圈內。孫繩武，「世界回教聯盟大會第六屆大會報告」，〈世界回教聯盟〉，《外交部檔案》，台北：中央研究院近代史研究所檔案館藏，館藏號：11-04-01-11-02-025。

[60] 孫繩武，「世界回教聯盟大會第六屆大會報告」，〈世界回教聯盟〉，《外交部檔案》，台北：中央研究院近代史研究所檔案館藏，館藏號：11-04-01-11-02-026。

厥斯坦」議題備忘錄逐一做出針對性的回應。孫強調「東突厥斯坦」係中國疆土，而中國在大會中已有代表；新疆不是中國的殖民地，反對中共在新疆的統治，只能經由支持中華民國政府的反共抗俄政策方能達成，別無他途。[61]在 4 月 28 日舉行的聯盟第六次理事會上，孫繩武再度質疑艾沙的論點，強調艾沙既非中國公民，便不應干涉中國內政；而作為中國內政的新疆議題，其核心在於從共產黨手中解放被壓迫的穆斯林，而非「東突厥斯坦」獨立。[62]經孫繩武等人與世界回教聯盟多方交涉，「東突厥斯坦」案最終未提交到聯盟理事會。

　　1965 年世界回教聯盟大會後，台北當局與海外「東突厥斯坦」獨立運動的角力仍在繼續。1966 年 2 月，身在土耳其，時任「東突厥斯坦民族解放中心主席」的艾沙向正在土耳其訪問的美國記者遞交了一份請願書，呼籲國際社會在關注西藏、克什米爾獨立議題的同時，也應重視「東突厥斯坦」獨立議題。[63]1969 年 12 月到 1970 年 6 月間，艾沙又前往歐美各國轉經亞洲多地宣傳「東突厥斯坦」獨立、連絡世界各地的新疆突厥穆斯林僑民。他在印度會晤十四世達賴喇嘛，請達賴協助改善旅印新疆突厥穆斯林的生活；還到印尼與政府當局洽商改善流亡印尼各地的新疆突厥穆斯林子女的教育條件。[64]返回土耳其之後，艾沙前往流亡新疆突厥穆斯林聚居的土國南部城市阿達納，宣揚其環球之旅的成就，包括由他所盡力爭取到的印尼政府針對流亡突厥語

---

[61] 孫繩武回應艾沙所提備忘錄的內容如下：「一、請求東土耳其斯坦理事名額案，繩武以該地方乃中國之疆土，已有本理事為代表之理由打消之。二、請求准許東突厥斯坦加入世界回教聯盟大會案，繩武以上項同一理由打消之。三、增設包括東西突厥斯坦之大突厥斯坦理事名額案，繩武謂專指西土耳其斯坦將不反對，倘涉及所謂東突厥斯坦在內，將反對到底。四、假名救濟難民請求補助突厥斯坦運動案，繩武謂救濟難民問題，再為討論，亦予擱置。五、請求確認新疆為殖民地案，繩武指出所謂殖民地，必以帝國主義之存在為前提，試問中華民國施行之政策，有一項同於帝國主義乎？六、控訴中國迫害新疆人民案，繩武謂我國父主張扶植弱小，中華民國憲法規定民族平等、信仰自由，國民政府政令達到新疆後，祇有扶植之德惠，而無迫害之事實，由新疆人治理新疆省，樹為國策，有何迫害可言？至朱毛匪對於新省人民之殘酷，欲謀解救，祇有協助政府，反共抗俄之一途，此案遂亦擱置」。孫繩武，「世界回教聯盟大會第六屆大會報告」，〈世界回教聯盟〉，《外交部檔案》，台北：中央研究院近代史研究所檔案館藏，館藏號：11-04-01-11-02-026。

[62] 孫繩武再度聲明的內容是：一、艾沙先生既非理事，又非各國或地區之正式代表權，乃所謂朝覲名流及穆斯林個人資格參加，且彼現在係土耳其共和國之公民，是否有權提案，及干預中國內政問題？二、故現在最重要的問題是如何從共產黨手中解放被壓迫的穆斯林，等到他們恢復自由以後，才能談到其他問題。至於新疆未來的政治地位，只有根據中國憲法，顯有疑義及人民公意來處理，艾沙先生所主張的係屬於中國內政問題，本大會為憲章規定所限，是否有權干涉他國內政。孫繩武，「世界回教聯盟大會第六屆大會報告」，〈世界回教聯盟〉，《外交部檔案》，台北：中央研究院近代史研究所檔案館藏，館藏號：11-04-01-11-02-026。

[63] 「邊疆工作指導小組第十二次會議紀錄」（1966 年 7 月 21 日），《中國國民黨第九屆中央委員會常務委員會第二三二次會議紀錄》，台北：中國國民黨中央文化傳播委員黨史館藏，典藏號：9.3/232。

[64] 「土國僑情及僑務做法」（1971 年 4 月 26 日），〈中東地區僑情〉，《外交部檔案》，台北：國史館藏，典藏號：020-990600-2801。

穆斯林的友善教育政策。[65]

　　1966 年 3 月 5 日，在台北舉行的中國國民黨第九屆中央委員會邊疆工作指導小組第十次會議上，小組成員陶希聖、谷正綱等人針對艾沙在世界回教聯盟大會第六屆大會中所提出的「東突厥斯坦」獨立請願案，提議當局應採取具體可行的措施，遏制海外新疆突厥穆斯林的獨立傾向：中國國民黨中央委員會應與行政院僑務委員會合作，增加與流亡中東一帶的新疆突厥穆斯林的溝通，可建請蔣中正總統用阿拉伯文、維吾爾文頒發「告新疆僑胞書」；中國國民黨中央黨政要人可以向新疆突厥穆斯林贈送台灣土產，聯絡感情；每年雙十節可輪流邀請部分新疆突厥穆斯林領袖來到台灣參加國慶慶典；還應爭取新疆流亡青年來台受訓。[66]

　　1969 年前後，艾沙健康狀況衰退，在「東突厥斯坦」獨立運動當中的影響力逐漸減弱，台北當局乃趁機介入新疆旅居土耳其和中東僑社領袖遴選事務，以難民救濟資源為籌碼，支持較能夠為台北當局羈縻的人選。[67]救濟金、僑生獎學金、小額商業貸款等，也是台北駐土耳其大使館控制旅土新疆僑民，使之遠離「東突厥斯坦」獨立運動的籌碼。[68]在沙烏地阿拉伯、巴基斯坦及阿富汗等國的新疆突厥穆斯林僑社，台北當局也運用類似的辦法，壓制「東突厥斯坦」獨立運動的影響。[69]「東突厥斯坦」獨立運動當然不會坐視情勢朝對自己不力的方向演變，雙方的拉鋸一直持續到中華民國與土耳其於 1971 年 8 月 5 日斷交為止。

六、結論

　　冷戰時期的多數時段，東突厥斯坦獨立運動和西藏獨立運動並不在新疆和西藏境內進行，在台北的中華民國，它的邊疆政策也不能實施於中國邊疆，各方皆只能在中國大陸之外角力，由此形成一種在近代民族國家、民族主義與意識型態競爭背

---

[65] 「土國僑情及僑務做法」（1971 年 4 月 26 日），〈中東地區僑情〉《外交部檔案》，台北：國史館藏，典藏號：020-990600-2801。

[66] 「邊疆工作指導小組第十次會議紀錄」（1966 年 4 月 5 日），《中國國民黨第九屆中央委員會常務委員會第一九八次會議紀錄》，台北：中國國民黨中央文化傳播委員會黨史館藏，典藏號：9.3/198。

[67] 「土國僑情及僑務做法」（1971 年 4 月 26 日），〈中東地區僑情〉，《外交部檔案》，台北：國史館藏，典藏號：020-990600-2801。

[68] 「土國僑情及僑務做法」（1971 年 4 月 26 日），〈中東地區僑情〉，《外交部檔案》，台北：國史館藏，典藏號：020-990600-2801。

[69] 「新疆省政府辦事處呈行政院」（1972 年 7 月 4 日），〈中東地區僑情〉，《外交部檔案》，台北：國史館藏，典藏號：020-990600-2801。

景之下既虛擬、又實際的政治對抗。

　　虛擬的政治對抗，源自對政治合法性的追求。從法律的層面看，1949 年之後，中華民國政府統治台灣的合法性，來自抗戰和第二次世界大戰的結果。1937 年到1945 年期間的中日戰爭中，中華民國政府運用中國大陸的資源、人力，付出三千萬軍民的犧牲，光復台灣。這一點決定，蔣介石必須堅持其政府是全中國的正統，即唯一合法政府，堅持「反攻大陸」的政治目標。換言之，在蔣介石看來，中華民國政府是代表作為第二次世界大戰戰勝國的中國，在維護二戰戰後秩序的名目下統治台灣的政府，因而，它必須在中國主權與領土完整的議題上堅持「中國立場」。從現實政治的層面看，堅持自身是中國唯一合法政府，且堅持反攻大陸的政策，有利於在東西方對峙的冷戰格局中，向西方宣示自身堅定站在「自由民主陣營」的立場，並以「反對共產集權」前線衛士的身分，獲取以美國為主的整個西方在資源上的挹注。

　　維護法統固然是政治藉口和政治工具，但同時也是長遠政治目標的一部分。基於對蘇聯制度的根本懷疑，以及經歷近代中國複雜政治變遷經驗的蔣介石，內心中相信中國共產黨政權的脆弱性，也相信中華民國建國理念當中，無論是在價值層面還是在民族主義層面的正當性。從權力鬥爭的視角否定「法統」的神聖性，在歷史學上是幼稚的。無論如何，蔣介石都必須維護中華民國法統的神聖性，這是（以台灣島為基礎的）中華民國政權存亡的關鍵。

　　正因為台北當局與北京當局是「中國唯一合法政府」的競爭者，雙方在中國主權、領土和民族利益上的立場才必須一致。西藏議題國際化與「東突厥斯坦」獨立運動，都挑戰了台北當局宣示統治中國的政治合法性。對此，台北當局乃利用冷戰時期其延續自統治大陸時代的外交遺產，並運用冷戰大格局所賦予的政治、經濟、文化資源阻止西藏問題國際化，遏制東突厥斯坦獨立運動。

　　從「西藏獨立」和「東突厥斯坦」獨立運動相關關係方的反應也正可以呈現這一點。直到 1971 年 8 月 4 日雙方斷交為止，台北的中華民國政府與土耳其政府則在反共的共同利益之下持續保持友好關係；但對台北當局而言，影響兩國關係的最大變數是以土國為基地的「東突厥斯坦」獨立運動；1971 年 8 月 4 日之後，中華人民共和國政府和土耳其政府則是在反蘇的共同利益之下保持友好關係；但對北京而言，影響兩國關係的最大變數也是以土國為基地的「東突厥斯坦」民族主義運動。1950 年代中期到 1960 年代初，艾沙毫不留情地譴責蘇聯迫害「西突厥斯坦」的穆斯林兄弟，但北京與莫斯科反目後，蘇聯對卻對「東突厥斯坦」獨立運動伸出援手，甚至表示願意支持艾沙在新疆建立一個獨立國家；而中華人民共和國政府的代表竟又向艾沙長子

穆納德透露，蘇聯真正支持的，乃是艾沙在突厥語穆斯林內部的左翼宿敵。[70]

　　實際的政治對抗，則常常呈現為對抗下的彈性與妥協。儘管台北當局依舊標舉中華民國的旗號，堅稱自己是全中國的唯一合法政府，但從 1949 年底開始，它只能以台灣島的資源和人力作為支持自身在政治現實中存在的實體基礎。這一點決定，「中華民國政府」作為實質上只統治台灣的政府，在現實中必須面對台灣地方主義的壓力乃至台灣獨立勢力的挑戰，因而無法抗拒自身台灣化的趨勢。歷史的演變，果然向世人展示了這樣的實際進程。同樣，邊疆和非漢人的政治資源之於台北當局的價值，也包括對抗、削弱共產黨，為自身的生存另闢側翼戰場；同時，由於中國邊疆和非漢人議題也是冷戰期間西方制約紅色中國的籌碼，以美國為首的西方集團在這個議題上的利益焦點與台北的利益焦點未必完全重疊，以台北當局的實力，很難讓西方將利益焦點轉移到台北的方向。面對政治現實，台北的中華民國政府也不得不向邊疆、非漢人的反漢民族主義政治訴求做出妥協的姿態；向以美國為首的西方集團的政治利益做出讓步。

　　1959 年 3 月拉薩爆發反共、反漢暴動時，蔣介石發表〈告西藏同胞書〉，訴諸與西藏反共、反漢勢力的直接合作，不惜為自身與達賴的合作開出價碼，消除達賴方面對於台北在西藏主權議題上的主張的疑慮。在現實中，台北當局為了自身生存的最大利益，也並不排除有條件地在外蒙古、西藏等議題上做出妥協的可能。

　　回到 1945 年 6 月，蔣介石恢復中國國家主權與領土完整的努力遭受重大挫折之際。當蔣遭受史達林的脅迫，外蒙古前途晦暗不明的當下，蔣提出中國不願放棄對外蒙古的主權，但願准其成為中國宗主權之下的自治領，其權限可比照蘇聯各加盟共和國，不僅擁有內政的自主權，甚至擁有軍事、外交方面的自主權。[71]當外蒙古脫離中國的命運已定之際，他在 1945 年 7 月 5 日的日記中提到，外蒙獨立在主義與道義上論，皆無問題，自己反而擔心蘇聯是否允許外蒙獲得真正的獨立。[72]一個月後，蔣介石於 8 月 18 日對國民政府參政議員宣示「對西藏亦要扶持其獨立」，使與會者「莫不現出驚駭之色」。蔣所謂獨立，重點一在於民族的福祉，二在於中國的處境與實力。蔣在當天的日記中解釋：「彼等實不知政治與革命為何物，余信西藏對余此一宣言之發表，今後不僅不受英人之教唆，而且不願再要求其獨立矣。此種心理之妙運，

---

[70] Gardner Bovingdon, *The Uyghurs: Strangers in Their Own Land*, pp.141-142.

[71] 「蔣介石稱，外蒙古地方，中國願准其為自治領，在中國宗主權之下成立自治政府。其權限可與蘇聯憲法上所規定之各蘇維埃權限相同，即予以軍事、外交之自主權」。「修正對俄交涉方針九項」（1945 年 6 月 26 日）《蔣中正總統檔案：事略稿本》，第 61 冊（台北：國史館，2011），頁 205-206。

[72] 《蔣中正日記》，1944 年 7 月 5 日。

非智者不能明斷其蘊奧也」。面對西藏處在英國控制之下的現實，國民政府縱然反對其獨立，亦無能改變現狀，甚或反招西藏之反抗；相反，倘贊成西藏獨立（自治），則或許西藏「今後不僅不受英人之教唆，而且不願再要求其獨立矣」。[73]〈中蘇友好同盟條約〉簽訂後，在 1945 年 8 月 20 日的日記上，蔣介石這樣寫道：「關於外蒙獨立與西藏自治二事，乃為我黨革命與我國盛衰最大問題之一，按照民族自決與民族主義原則，以及國際之現狀及利害種種而論，則當斷然允許外蒙之獨立、扶植西藏之自治。此一政策之轉變與決定，乃為存亡盛衰之樞機，余應獨負其責，功罪毀譽自當置之度外，在所不計也」。蔣在當時環境之下的理想、無奈和機變，在這幾則日記中躍然紙上。

　　1952 年 2 月 1 日，聯合國大會第六次會議通過 1949 年 9 月 22 日由中華民國出席聯合國大會代表團向大會提出的《蘇聯違反 1945 年 8 月 14 日中蘇友好同盟條約及聯合國憲章以致威脅中國政治獨立與領土完整及遠東和平案》（「控蘇案」、聯合國 505 號決議），1953 年 2 月 24 日，台北的立法院廢止「中蘇友好同盟條約」，撤銷對蒙古人民共和國獨立的承認，並於 1955 年和 1956 年在安理會否決蒙古加入聯合國案。為阻止中華人民共和國加入聯合國，在美國壓力下，台北最終停止阻擋外蒙古入會，蒙古人民共和國遂於 1961 年加入聯合國。[74]

　　冷戰時期位在台北的中華民國當局這一既虛擬、又現實的邊疆政策，並不是憑空幻想，但其最終成效，還是在與多方的折衝妥協中大打折扣。

---

[73] 《蔣中正日記》，1944 年 8 月 18 日。

[74] 王正華，〈蔣介石與 1961 年「蒙古人民共和國」入會案〉，《國史館館刊》，第 19 期（2009 年 3 月），頁 133-194。

徵引書目

中日文資料

《蔣中正日記》，美國史丹佛大學胡佛研究所藏。

《蔣中正總統檔案：事略稿本》，第 61 冊，台北：國史館，2011。

中央研究院近代史研究所檔案館藏，《外交部檔案》。

國史館藏，《銓敘部檔案》、《軍事委員會委員長侍從室》、《外交部檔案》、《陳誠副總統文物》。

中國國民黨中央文化傳播委員會黨史館，《中國國民黨第九屆中央委員會常務委員會第二三二次會議紀錄》、《中國國民黨第九屆中央委員會常務委員會第一九八次會議紀錄》。

中華民國現行法規彙編編印指導委員會編纂，《中華民國現行法規彙編》，第 2 冊，台北：中華民國現行法規彙編編印指導委員會，1994。

王正華，〈蔣介石與 1961 年「蒙古人民共和國」入會案〉，《國史館館刊》，第 19 期（2009 年 3 月），頁 133-194。

平山光將，〈中華民国期における政府と回民知識人・回民社会に關する研究〉，東京：中央大學大學院博士論文，2013。

吳淑鳳，〈蔣中正對西藏事件的看法與運作（1959-1960）〉，收入黃克武主編，《重起爐灶：蔣中正與 1950 年代的台灣》，台北：國立中正紀念館管理處，2013，頁 163-190。

杜慧珠，《西藏兒童之家之研究》，台北：蒙藏委員會，1985。

林孝庭，《台海冷戰解密檔案》，香港：三聯書店（香港）有限公司，2015。

——，《台海・冷戰・蔣介石：解密檔案中消失的台灣史，1949-1988》，台北：聯經出版公司，2015。

秦孝儀主編，《總統蔣公思想言論總集》，卷 33，台北：中國國民黨中央委員會黨史委員會，1984。

堯樂博士，《堯樂博士回憶錄》，台北：傳記文學出版社，1969。

覃怡輝，《金三角國軍血淚史，1950-1981》，台北：中央研究院、聯經出版公司，2009。

新免康，〈ウイグル人民族主義者エイサ・ユスプ・アルプテキンの軌跡〉，毛里和子編，《中華世界——アイデンティティの再編（現代中国の構造変動 7）》，東京：東京大学出版会，2001，頁 151-178。

楊瑞春，《國特風雲——中國國民黨大陸工作秘檔（1950-1990）》，台北：稻田出版社，2010。

達賴喇嘛、康鼎譯，《達賴喇嘛自傳》，台北：聯經出版公司，1990。

劉學銚，《從歷史看西藏問題——揭開達賴真實面貌》，台北：致知學術出版社，2013。

潘志平、王鳴野、石嵐，《「東突」的歷史與現狀》，北京：民族出版社，2008。

英文資料

Bovingdon, Gardner. *The Uyghurs: Strangers in Their Own Land*. New York: Columbia University Press, 2010.

Mohammad Emin Bughra. *Eastern Turkistan's Struggle for Freedom and Chinese Policy*. Istanbul: Osmanbey Mat. T.L.S. Istanbul, 1954.

Petech, Luciano. *Aristocracy and Government in Tibet, 1728-1959*（中文譯本：畢達克著，沈衛榮、宋黎明譯，《1728-1959 西藏的貴族和政府》，北京：中國藏學出版社，2008）

Shakya, Tsering. *The Dragon in the Land of Snows: A History of Modern Tibet Since 1947*. New York: Columbia University Press, 1999.

第二篇
非漢族群的視角

居國中以避國：
大沙畢與清代移民外蒙之漢人
及其後裔的蒙古化（1768-1830）*

蔡偉傑

一、前言

近二十年來，在晚期帝制中國史研究的方法論與材料的發展上，以華南研究與新清史兩大「學派」所做的貢獻較為出色。[1]華南研究有時也被稱為歷史人類學或區域社會史。相關學者受到人類學與民俗學者在華南所進行的研究影響，並且在 1990 年代初期逐漸成形。其特色在於大量運用民間（或地方）文書，包括了族譜、碑刻與契約等。這些文書多半以漢文寫成，並且透過田野調查採集得來。[2]這些歷史人類學者關注晚期帝制中國的基礎社會組織（如宗族、廟宇和市場）、制度（包括戶籍、賦役與禮儀），以及各種（特別是法律與族群上的）身分標誌，討論在地域社會存在巨大差異的情況下，明清中國如何維持其統一向心力與順利運作。[3]可以說，他們提供了

* 本文已刊登於《歷史人類學學刊》，15：2（香港，2017），頁 129-167。收入本論文集的版本為增補版。本文原以英文寫作，為筆者博士論文第一部分的縮略版。本文最早於 2016 年在京都舉辦的第三屆全美亞洲學會亞洲年會（AAS-in-Asia）上發表，修改稿後來又於 2017 年分別在多倫多舉辦的全美亞洲學會年會以及台灣中央研究院民族學研究所發表。感謝其他同場發表人，以及 Christopher P. Atwood（艾鶩德）、蕭鳳霞、小沼孝博、定宜莊、Michael Szonyi（宋怡明）、Jodi Weinstein、黃淑莉與何翠萍等諸位學者提供的幫助與建議。最後感謝匿名審查人的評論與建議。

[1] 晚期帝制中國（late imperial China）亦稱帝制晚期中國。其定義各有不同，相關討論也汗牛充棟。此概念一般指稱明清時代的中國，但是，也有學者將其上溯至宋元時期。有關此概念的相關中文討論，參見呂杰，〈「晚期帝制中國」考──美國中國學史研究中的「關鍵詞」探討〉，《學術界》，期 8（合肥，2011），頁 193-200。

[2] 早期關注華南的民俗學者與人類學者包括了 Maurice Freedman、Barbara E. Ward 與 G. William Skinner 等人，參見 David Faure，〈告別華南研究〉，收入華南研究會編，《學步與超越：華南研究論文集》（香港：文化創造出版社，2004），頁 9-30。關於歷史人類學「學派」的其他名稱、其民俗學淵源及形成時間，參見趙世瑜，〈我與「華南學派」〉，《文化學刊》，期 10（瀋陽，2015），頁 43-44。

[3] David Faure（科大衛），〈宗族程式：16 世紀的禮儀革命與帝制晚期中國的國家〉，收入氏著，《明清社會和禮儀》（北京：北京師範大學出版社，2016），頁 3-23。

一種由下而上的地方觀點，來觀察和理解晚期帝制中國。[4]

而新清史作為一個起源於 1990 年代初期，受到北美東亞與內亞研究影響所出現的鬆散「學派」，內部實際上存在著不小的多樣性。[5]新清史學者主要運用新開放的漢文與非漢文（以滿文為主）檔案材料，質疑過去清史研究中的漢化（sinicization）理論。他們也強調滿洲人以少數的征服者之姿之所以能夠成功締造大清帝國的原因，在於他們能夠熟練採借與運用被征服的漢人與非漢人（主要為蒙古、西藏與突厥等內亞民族）的文化，但又同時能夠維持自身的族群認同。這種研究取向將清帝國視為同時具有傳統中華帝國與內亞帝國的特徵，並且將其與同時期的歐亞帝國（如俄羅斯帝國、莫臥兒帝國與奧斯曼帝國等）進行比較。[6]與前面的華南研究「學派」相較，他們提供了一種由上而下的中央觀點，來觀察和理解晚期帝制中國。[7]

這兩個學派都處理邊陲社會與中央政府之間的關係，雙方的部分學者於 1996 年在達特茅斯學院（Dartmouth College）共同舉辦研討會，交流彼此的想法與觀點。其成果即為《帝國在邊陲：早期近代中國的文化、族群性與邊疆》一書的出版。[8]在本書中，歷史人類學者與新清史學者同時質疑了漢化概念的適用性，並且描繪了漢人與非漢族群如何構建身分，以及如何跨越由這種身分所帶來的地理、族群與法律邊界與

---

[4] 這些歷史人類學者包括了 David Faure（科大衛）、蕭鳳霞（Helen F. Siu）、Michael Szonyi（宋怡明）、Kenneth Dean（丁荷生）、陳春聲、劉志偉、蔡志祥、廖迪生、張兆和與鄭振滿等。此外，趙世瑜與常建華將類似的問題與研究取向應用於華北社會史的研究上。當然這份名單肯定是不完整的，此處僅列舉幾位代表性人物。

[5] 根據 Pamela Kyle Crossley 的說法，新清史學者的先驅包括了 Jonathan Spence（史景遷）、Robert H. G. Lee、Joseph Francis Fletcher（傅禮初）與 Samuel Grupper 等人。而 Beatrice S. Bartlett（白彬菊）的貢獻則在於將清代漢文與滿文檔案引介到美國學界。參見 Pamela Kyle Crossley, "A Reserved View to 'New Qing History'," Unpublished manuscript. 本文由金宣旼（Kim Seon-Min）譯為韓文〈신'청사에 대한조심스러운 접근〉，收入 Peter I. Yun 윤영인編，《외국학계의 정복왕조 연구 시각과 최근동향 [Perspectives and Research Trends in Foreign Scholarship on the Conquest Dynasties]》（首爾：東北亞歷史財團，2010），頁 183-216。

[6] Ruth W. Dunnell and James A. Millward, "Introduction," in James A. Millward, Ruth W. Dunnell, Mark C. Elliott, and Philippe Forêt, eds., *New Qing Imperial History: The Making of an Inner Asian Empire at Qing Chengde* (London and New York: Routledge Curzon, 2004), pp. 3-4.

[7] 一般被歸入美國新清史的學者，包括了 Evelyn S. Rawski（羅友枝）、Edward J. M. Rhoads（路康樂）、Mark C. Elliott（歐立德）、Philippe Forêt（傅雷）、Laura Hostetler、James A. Millward（米華健）、Peter C. Perdue（濮德培），與 Patricia Berger（白瑞霞）等人。Pamela Kyle Crossley（柯嬌燕）一般也被歸入這個陣營當中，但她本人拒絕被貼上「新清史學者」的標籤。這份不完整的名單肯定也具有爭議性，並且依照不同的分類標準會有所增刪。有關近期對美國新清史爭議的回應與述評，參見定宜莊、歐立德，〈21 世紀如何書寫中國歷史：「新清史」研究的影響與回應〉，《歷史學評論》，卷 1（北京，2013），頁 116-146；Guo Wu（伍國），"New Qing History: Dispute, Dialog, and Influence," *The Chinese Historical Review*, 23:1 (January 2016), pp. 47-69.

[8] Pamela Kyle Crossley, Helen F. Siu（蕭鳳霞）, and Donald S. Sutton, eds., *Empire at the Margins: Culture, Ethnicity, and Frontier in Early Modern China* (Berkeley and Los Angeles: University of California Press, 2006), p. viii.

限制。例如 David Faure 指出明代兩廣地區的猺民實際上是一群未納入戶口登記也不納稅的山民，在這群土著整合到中國內部的過程中，里甲制度和禮儀起了重要作用。[9]而在蕭鳳霞與劉志偉對珠江三角洲蛋民（或作蜑民）的研究中，漢民與蛋民之分是透過朝廷與宗族的語言來表達的，並且反映在農業與商業、民田與沙田的分別之上，不過這種身分區分本身也具有流動性，並且在不同情境下也會重新劃分。[10] Mark C. Elliott 在分析清代滿洲旗人的族群性時，則強調了八旗制度是重塑八旗滿洲、八旗蒙古與八旗漢軍族群性的重要機制。例如十八世紀中葉鼓勵八旗漢軍出旗之舉，使得滿洲身分危機出現。然而這個政策並未將八旗漢軍完全摒除在滿洲之外，而是使留下來的漢軍旗人之滿洲身分重新被定義與確認。[11]Pamela Kyle Crossley 對於清朝蒙古身分認同的研究指出，清朝將過去蒙古身分認同的核心從成吉思汗做為領導者的認同與達延汗的六個萬戶，轉為以語言和地域為核心。這使得蒙古人能在一個非蒙古國家內部以族群的形式存在，並且使後來中華人民共和國轄下的內蒙古與獨立的蒙古國共存成為可能。[12]

　　不過在本書中，筆者也觀察到一個問題：即雙邊的研究似乎著重於討論清帝國朝廷的權威，因此在分析邊陲與中央之間的互動時，地方上的非漢人組織作為次國家權威的作用則較少著墨。這也許是清代的華南地方權威較少落在非漢人地方組織上，以及新清史過往倚賴中央檔案而無法描繪地方多族群互動的細節所導致的結果。本文同時受到華南研究與新清史兩種取向的啟發，將研究地域移到清朝的內亞邊疆，利用烏蘭巴托與台北的檔案館所庋藏之蒙、漢文民間文書，以清代漢人移民與其後代在外蒙古的蒙古化為主題，探討清代蒙古的佛教組織作為次官方權威在滿洲統治者、蒙古原住民與漢人移民三方的互動中所起的關鍵作用。

　　本文所使用的「蒙古化」與過去東亞及內亞研究學界所使用的「漢化」（sinicization 或 sinification）表面上看起來十分類似。不過漢化概念已經受到學界所質疑。[13]本文

[9] David Faure, "The Yao Wars in the Mid-Ming and their Impact on Yao Ethnicity," in *Empire at the Margins*, pp. 171-190.

[10] Helen F. Siu and Zhiwei Liu（劉志偉）, "Lineage, Market, Pirate, and Dan: Ethnicity in the Pearl River Delta of South China," in *Empire at the Margins*, pp. 285-310.

[11] Mark C. Elliott, "Ethnicity in the Qing Eight Banners," in *Empire at the Margins*, pp. 27-51.

[12] Pamela Kyle Crossley, "Making Mongols," in *Empire at the Margins*, pp. 58-82.

[13] 例如 Mark C. Elliott 就認為從漢化假設（the Sinicization hypothesis）出發來描述滿洲人的涵化（acculturation）過程是有錯誤的。首先採用漢人的制度並不表示成為漢人。而某民族在文化實踐上的轉移並不必然表示該民族的自我感知或他者對該民族的理解也有所轉移。其次漢化假設的另一個問題在於它並不能解釋任何事。參見 Mark C. Elliott, *The Manchu Way: The Eight Banners and Ethnic Identity in Late Imperial China* (Stanford: Stanford University Press, 2001), p. 28.

主張過往漢化概念的主要問題在於忽略了法律與制度層面的討論，也就是國家強加於個人身上的身分地位。另外是定義過廣，任何與漢人生活方式有所牽連的現象都被視為漢化的表現。[14]各種漢化表現之間也缺乏高低之分。我們無從得知一個懂得說蒙語的非漢人與同時取漢名又著漢服的非漢人之間，何者漢化程度較高，以致於漢化內涵模糊流於作為描述性詞語，而非分析性的概念工具。[15]本文所用的「蒙古化」概念試圖避免重蹈以上的這些問題。

　　鑑於前述各種可能出現的缺點，本文所使用的「蒙古化」（mongolization）概念，主要指三方面，即 1) 非蒙古人取得戶籍與法律地位上的蒙古人身分，類似某人取得另一國籍的歸化（naturalization）；2) 非蒙古人採借蒙古文化的涵化（acculturation）；[16] 3) 非蒙古人被整合進入蒙古社會的同化（assimilation）。西方人類學與社會學界在討論當代族群或社群接觸時所發生的文化採借與社會整合的現象時，一般會忽略前述的第一種法律與制度層面的討論。例如美國社會學家 Milton M. Gordon 在討論美國社會中的同化議題時，就指出美國的群體結構性質，絕大部分「在法律上是看不出來的」（legally invisible）。而這是因為「美國的政治和司法體系並沒有因為美國公民的種族、宗教或祖籍民族（national origin）而對他們實施區別對待」。[17]但是這種情況在晚期帝制中國並不適用，因為在帝國內部，所有的族群、宗教、地理身分與標籤都具有賦役與法律上的重要性。例如作為一個清朝治下生活在內地的漢民，他必須向官府申請照票才能夠進入蒙古，並且不得娶蒙古女子、也不得在蒙古永久生活等等。違者會受到官府懲處，並被遣送出境。也因此本文認為在討論晚期帝制中國的族群性與身分認同議題時，必須考慮到戶籍、法律與制度，才可能得出比較全面的結論。

---

[14] 最近的例子是黃培對於滿洲人漢化的研究。他將漢化定義為「對漢人生活方式的採借、適應和參與，諸如態度、禮儀、思想、價值與其他制度」。參見 Pei Huang（黃培）, *Reorienting the Manchus: A Study of Sinicization, 1583-1795* (Ithaca: East Asia Program, Cornell University, 2011), p. 4.

[15] John R. Shepherd（邵氏柏）就將漢化視為描述性詞語使用。參見 John R. Shepherd, "Rethinking Sinicization: Processes of Acculturation and Assimilation," 收入蔣斌、何翠萍主編，《國家、市場與脈絡化的族群》（台北：中央研究院民族學研究所，2003），頁 140。

[16] 人類學界很早就對「涵化」進行討論。其定義為「包括由個人所組成之不同文化群體，因直接的連續性接觸，導致單方或雙方原有文化模式的改變等現象」。參見 Robert Redfield, Ralph Linton and Melville J. Herskovits, "Memorandum for the Study of Acculturation," *American Anthropologist,* 38:1 (1936), p. 149。

[17] Milton M. Gordon, *Assimilation in American Life: The Role of Race, Religion, and National Origins* (New York: Oxford University Press, 1964), p. 4. 引文的漢譯文參考了馬戎的譯本《美國社會的同化》（南京：譯林出版社，2015），頁 2。

二、清帝國治下的差異和邊界建構與清代漢人移居蒙古的歷史背景

　　滿洲崛起與清朝肇建是十七世紀初期的重大歷史事件。滿洲人先是在 1635 年擊敗察哈爾蒙古，鞏固了對漠南蒙古的控制後，於 1636 年改國號為大清。隨後於 1644 年入關取代了明朝的統治，最後至 1691 年漠北的喀爾喀蒙古也歸順了清朝。至此，自 1368 年元順帝撤出北京之後，漠南、漠北與漢地三處才重新歸於同一政權的統治之下。然而清朝皇帝並未在蒙古與漢地推行同一套行政體系。在清帝國的意識形態中，其統治合法性的來源有二：一是新儒家式的普世主義（neo-Confucian cosmopolitanism），二是首崇滿洲的族群主權（ethnic sovereignty）。[18]因此清朝的族群政策是維持其臣民的文化與身分差異及各自的傳統制度。清朝在蒙古的地方行政、戶籍登記與地域隔離制度也根據此一原則所形塑。

　　在地方行政上，清代的蒙古人大多屬於外藩蒙古，受理藩院（滿文 tulergi golo be dasara jurgan、蒙文 ɣadaɣadu Mongɣol-un törö-yi jasaqu yabudal-un yamun）所管轄，該院的位階與六部平行。其前身為入關前創立的蒙古衙門（滿文 Monggo jurgan）。旗（蒙文 qosiɣu）為蒙古軍政合一的基層組織，其屬民被劃分為數目不等的佐，亦稱佐領（蒙文 sumu，意為箭），一般由 150 名丁戶所組成，六個佐領組成一參領（蒙文稱 jalan）。每旗由一札薩克（蒙文 jasaɣ）所統領，由世襲蒙古王公所擔任。各旗有固定地界，不得任意跨越。在旗之上有盟（蒙文 čiɣulɣan），盟長由王公札薩克出任。盟原先並非固定建制，故無專屬職官與衙署，主要是商討處理全盟重大事務，後來重要性日漸增強，而成為固定建制。另有察哈爾與歸化城土默特蒙古八旗等內屬蒙古，由於過去為蒙古貴冑且其游牧地位置屬軍政要地，故其被剝奪世襲地位，設置總管或都統管理，自治權力大受限縮，隸於理藩院，直屬皇帝。另外尚有由掌印札薩克喇嘛或轉世活佛所統領的喇嘛旗，受皇帝禮遇，享有自治權且不需繳稅。[19]即便清代蒙古的行政制度如此多樣複雜，但終清之世，蒙古人從未接受傳統漢地的州縣制度管理。這種行政管理制度上的不同，也形塑了蒙古與漢人之間的身分差異。[20]

　　清代滿蒙漢三者的身分差異是由法律所規定的戶籍制度所造成的。在清代蒙古，

---

[18] Elliott, *The Manchu Way*, pp. 4-5.

[19] 有關清代蒙古各部歷史沿革與行政制度，參見金海、齊木德道爾吉、呼日查與哈斯巴根，《清代蒙古志》（呼和浩特：內蒙古人民出版社，2009），頁 8-274。

[20] 關於清朝治蒙制度與其對蒙古身分認同的影響，參見 Christopher P. Atwood, *Young Mongols and Vigilantes in Inner Mongolia's Interregnum Decades, 1911-1931* (Leiden: Brill, 2002), pp. 23-42.

所有的蒙古平民都屬於蒙古旗籍，與隸屬滿洲旗籍的八旗蒙古身分相異。而居住在內地的漢人則屬民籍（滿、蒙文 irgen），也與隸屬滿洲旗籍的漢軍旗人身份不同。清代蒙古社會被認為是封建社會，其中存在不同階層。王公、台吉與塔布囊（蒙語 tabunang，指成為王公女婿的平民）是貴族階層。箭丁（蒙文 albatu，指承擔賦役者）、隨丁（蒙文 qamjily-a，指王公屬民）與廟丁（蒙文 šabi，亦音譯為沙畢，複數形為沙畢納爾（šabi nar），指活佛與寺院屬民）。奴僕（蒙文 boyol）則屬最下層。清代蒙古社會與漢地不同的另一個特點在於民政與人口管理。「王公入世譜，平民入丁冊，喇嘛入度牒」。一般蒙古人皆隸蒙旗籍，與漢地民人（滿、蒙文 irgen）戶籍不同。只要編入蒙旗籍，其社會身分被視為蒙古人。[21]

　　在司法上，蒙漢亦有差別。清初規定，內地民人在邊外犯罪，依大清律論罪，屬刑部主管；邊外人在邊內犯罪，依蒙古律論罪，屬理藩院主管。八旗游牧蒙古牧場人等犯罪，亦依蒙古律治罪。但清代律例僅在游牧地區採屬人主義，簡單來說，就是內地實施大清律；藩部地區施於蒙古人時用蒙古律，只有在案件涉及內地民人時，才歸刑部覆審。例如《蒙古律例》載乾隆二十六年（1761）刑部會同理藩院議覆，「蒙古等在內地犯事照依刑律定擬，民人在蒙古處犯事照依蒙古律定擬」。[22]但後來亦有就情節重大者改從重論罪之調整，如嘉慶二十三年（1818）規定如在蒙古地方搶劫犯人皆為蒙古人，則專用蒙古例；皆為民人時則專用大清律。如果蒙古人與民人夥同搶劫，其罪視蒙古例與刑律中孰重孰輕，從重者問擬。[23]

　　在元順帝退回蒙古本部之後，有關漢人在內蒙的記載就付之闕如，直到 16 世紀中葉才又重現蹤跡。在土默特部的俺答汗（1508-1582）統治期間，許多漢人移入鄂爾多斯與呼和浩特。這些人包括了俘虜、逃犯、饑民與秘密宗教教徒。後來這些漢人成為俺答汗重要的人力資源。他們幫助俺答汗建立板升（房屋），開墾農田，並提供有關明朝的情報。這也使得明朝政府視這批漢人有如芒刺在背，欲除之而後快。據統計從嘉靖初年至 1571 年明蒙隆慶和議的 20 餘年內，遷入土默特的內地漢人約有五萬人，其中約有五分之一為白蓮教徒。隆慶和議成後，俺答汗依照協議，將大多數投誠的漢人遣送回明朝。此後歷史上漢人在內蒙的活動僅存零星記錄，直到 17 世紀中葉後才改變。[24]

---

[21] 有關蒙古的社會制度，參見金海等，《清代蒙古志》，頁 241。

[22] 《蒙古律例》（台北：成文出版社，1968），卷 12，頁 230-231。另見 Valentin A. Riasanovsky, *Fundamental Principles of Mongol Law*, Uralic and Altaic Series, vol. 43 (Bloomington: Indiana University, 1965), p. 131.

[23] 李毓澍，〈定邊左副將軍制度考〉，收入氏著，《外蒙政教制度考》（台北：中央研究院近代史研究所，1978 年再版），頁 92。

[24] 閆天靈，《漢族移民與近代內蒙古社會變遷研究》（北京：民族出版社，2004），頁 2-4。

　　清朝在入關後不久就已經注意到漢人移居內蒙的情況。田山茂引用 1655 年的順治皇帝的諭旨，指出當時已有漢民在遼陽、鐵嶺一帶從事農業。[25]而相較於 20 世紀初期來說，17 世紀中葉至 18 世紀末期之間，漢人在內蒙的人口增長速度相對緩慢許多。據曹樹基估計，清初在內蒙的蒙古人口約為一百萬人；清末時約為一百二十五萬至一百三十萬人。[26]而據 Christopher P. Atwood 估計 1800 年漢人在內蒙的人口約為四十二萬五千人；1912 年則增長三倍有餘，達一百五十五萬人。[27]造成這個結果的主因還是由於清末新政開放漢人開發蒙地之故。

　　至於在喀爾喀蒙古，如我們所知，在清代以前，漢人在喀爾喀蒙古的數量並不多，而流傳下來的記錄也很少。目前為止我們並沒有比較可靠的數字可供引用。I. N. Maiskii 對 1918 年喀爾喀蒙古的人口估計是比較可靠的。根據他的估計，1918 年的蒙古共有 647,504 人，其中漢人占了十萬人，約占蒙古總人口的 15.4%。另外根據 N. M. Przhevalsky 的估計，1883 年的庫倫約有三萬人，1910 年約有六萬人，至 1919 年時則達到十萬人，其中俄國人三千人、蒙古人三萬人（其中兩萬人為喇嘛僧侶）、漢人則有六萬五千至七萬人，占庫倫總人口的 65 至 70%。[28]

　　傳統上認為清廷在蒙古實行封禁政策，但是這不代表漢地與蒙古完全隔絕。這主要是為了限制漢人移居蒙古。若有漢人要進入蒙古，必須向官府申請登記，發給照票後才能成行，定限一年，不得藉故稽留。無票私行貿易，遭查獲後罰以枷號兩月，笞四十後遣回原籍，所帶半數貨物充公。[29]這些漢人多半是出於逃荒或經商的動機而進入蒙古。這些民人進入蒙古後，即受當地蒙古官員管轄。例如在庫倫與恰克圖旅居的漢人則由庫倫辦事大臣與理藩院司官管理；在烏里雅蘇台者則由定邊左副將軍與兵部司官稽察；至於旅居喀爾喀四部者，則由各旗札薩克管理。[30]

　　在清代蒙古不僅蒙漢分治，同時也實行蒙漢隔離制度。漢人在蒙古地區經商須住在買賣城，與蒙古人分居。由於蒙漢雜居易產生族群衝突，故清廷對此嚴加防範。[31]

---

[25] 田山茂，〈漢民族向蒙古移民的沿革〉，收入氏著，潘世憲譯，《清代蒙古社會制度》（北京：商務印書館，1987），頁 261。

[26] 曹樹基，《中國人口史・第五卷・清時期》（上海：復旦大學出版社，2001），頁 450。

[27] Christopher P. Atwood, *Encyclopedia of Mongolia and the Mongol Empire* (New York: Fact on File, 2004), s.v. Chinese Colonization.

[28] 此處轉引自 L. Altanzaya, "Mongol dakhi khyataduudyn asuudald [漢人在蒙古的相關問題論考]," *Erdem shinjilgeenii bichig (Tüükh büs nutag sudlalyn bag)*, ed., College of Humanities, University of Sciences and Technology (Ulaanbaatar: University of Sciences and Technology, 2004), p. 41.

[29] 李毓澍，〈庫倫辦事大臣建制考〉，收入氏著，《外蒙政教制度考》，頁 164。

[30] 李毓澍，〈庫倫辦事大臣建制考〉，收入氏著，《外蒙政教制度考》，頁 88。

[31] 這種考量也存在於清朝治下的其他邊疆地區，例如台灣。參見 John R. Shepherd, *Statecraft and Political Economy*

在蒙漢隔離制度之下，蒙漢通婚也不被清廷准許。如《大清會典事例》載 1683 年康熙皇帝降諭禁止內地民人娶蒙古女子為妻。[32]此外尚有其他限制，例如規定內地商民不准潛留蒙古置產；不准取蒙古名字；只准搭建帳房，不准建造房屋；不准賒借；不准前往烏梁海地區貿易；[33]不得私為喇嘛、班第（蒙文 *bandi*，意為門徒）與齊巴汗察（蒙文 *čibyanča*，意為尼姑）[34]等等。

有清一代，蒙古邊禁時弛時嚴，但主要是為了防範內地無照私犯進入蒙古生事。一般民人私入蒙古，即便遭官府拏獲，所受之罰責亦不重。[35]但也存在蒙古人招納民人耕種之事，或是原係民人，被掠為滿洲旗下家奴後潛逃蒙地被蒙古人收留的情況。因此自康熙二十六年（1687）起即規定蒙古此後不准雇內地民人耕種，後來於康熙三十二年（1693）重申此一禁令。嘉慶十四年（1809）與道光六年（1826）又分別嚴禁召集內地流民赴蒙古墾殖。[36]然而，這些規定在清廷缺乏足夠人力物力去實行的情況下，形同具文。清朝政府無法完全禁絕這些情事發生。即便按時清查，蒙古當地官員亦多敷衍了事。清朝官府多半只會在蒙漢爭訟或衝突時才會介入，並懲處違法民人與失職官員。[37]

過去蒙古史學界對於清代移居外蒙漢人的研究多半集中於蒙漢貿易及其對蒙古的經濟殖民。並且將前者與清代滿洲人對蒙古的政治殖民兩者進行密切聯結，認為漢商在滿洲的政治庇護下剝削蒙古人的財產。其中又以 M. Sanjdorj 為代表。根據其研究，在 1691 年喀爾喀蒙古歸順清朝以後至 1720 年代之間，漢商開始進入喀爾喀蒙古。[38]

on the Taiwan Frontier, 1600-1800 (Stanford: Stanford University Press, 1993), p. 332.

[32] 田山茂，〈漢民族向蒙古移民的沿革〉，收入氏著，潘世憲譯，《清代蒙古社會制度》，頁 264。

[33] 李毓澍，〈定邊左副將軍制度考〉，收入氏著，《外蒙政教制度考》，頁 91。

[34] 《蒙古律例》，卷 2，頁 45、47-48。

[35] 林士鉉，《清季東北移民實邊政策之研究》（台北：國立政治大學歷史學系，2001），頁 55。

[36] 李毓澍，〈定邊左副將軍制度考〉，收入氏著，《外蒙政教制度考》，頁 78-79、82。

[37] 根據珠颯對內蒙喀喇沁中旗蒙文檔案的研究得知，自 1748 至 1778 年間，理藩院巡查司官與地方官所呈報的當地民人與所耕地畝數字，竟然一如 1748 年之數，完全沒有改變。但是實際上，從移入當地的漢人反而增多並添設州縣可知，自 1748 年的調查之後，該旗並未進行任何實質調查。參見珠颯，《18-20 世紀初東部內蒙古農耕村落化研究》（呼和浩特：內蒙古人民出版社，2009），頁 39-42。又如 1823 年庫倫哈拉河驅逐客民案中即述及類似情形。該案中提及在伊埒客居的民人從無驅逐之例，與蒙人亦無爭訟情事發生。民人賄賂該旗蒙古官員，故得以當地建造房屋。在該案發生前一年，庫倫管理商民事務章京曾會同哲布尊丹巴座下寨桑喇嘛前往當地，查出許多閒居民人，但並未告發，只是照舊例呈報理藩院「並無閒居人」。參見李華彥，〈從庫倫客民京控案理解清朝嘉慶、道光時期對蒙古的統治〉，「清代旅蒙山西商人暨廣東行商史料研讀工作坊」，台北：中央研究院近代史研究所，2012 年 10 月 26 日。

[38] M. Sanjdorj, *Khalkhad Khyatadyn möngö khüülegch khudaldaa newterch khöljsön ni (XVIII zuun)* [論漢人高利貸商業在喀爾喀的引進與致富（18 世紀）] (Ulaanbaatar: Mongolian Academy of Sciences Press, 1963), p. 29. 另見本書英譯版 *Manchu Chinese Colonial Rule in Northern Mongolia*, translated by Urgunge Onon (New York: St. Martin's Press,

其中又以山西的大盛魁商號規模最大。[39]原先他們是提供清軍征準軍需的媒介。後來他們開始向蒙古王公與牧民放高利貸，並且從都市滲透到鄉村。由於蒙古地方政府仰賴漢商提供重要的金融服務以滿足清廷的各種租稅與勞役需求，因此無法擺脫漢商。另外，漢商也確實提供蒙古人民許多有用的貨品，例如茶葉、布匹與日用品等。但由於蒙古地區缺乏銀兩，因此蒙古人民多以實物償債。漢商透過壓低貨價與利上加利，蒙古人民受到極大的剝削。據統計，1884 年喀爾喀東部三盟與沙畢納爾的公共債務總計已達一百八十萬兩銀。[40]此數字若與 1885 年清朝田賦與商業稅收總計約為六千五百五十萬兩銀相較，約佔 3%。[41]若計入私人債務恐將更加重數倍。有學者認為，至1911 年每個蒙旗平均債務高達一千一百萬兩。[42]當然這個數字也許是過於誇大，但是仍然顯示出這個情況的嚴重性。1911 年外蒙古宣布獨立後，大多數的漢商無法與俄商競爭而逐漸退出蒙古。至 1923 年蒙古人民革命後，漢商已幾乎完全退出外蒙。[43]

　　然而，目前學界對於清代蒙古的蒙漢相遇如何改變這些跨越地理、族群與法律邊界而來到蒙古的漢人移民，仍然缺乏系統性的研究。而庋藏於蒙古國立中央檔案館的清代滿蒙文檔案提供我們另外一個觀察清代蒙漢接觸史的面向。而本文所關注的就是這些漢人移民的故事。他們移入蒙古之後（無論是合法或非法），違反清朝法令，娶當地蒙古女子為妻，生兒育女，營生置產，學習蒙古文化與生活方式，並且與蒙古人和平相處數十年。但是當他們年老患病，行將就木，或是遭清朝官員發現，被迫遣返內地時，他們的妻小在蒙古就會面對孤苦無依的窘境。這些漢民如何確保其家人生活無虞與財產完整？答案是求助於蒙古當地的佛教組織——大沙畢（蒙文 *yeke šabi*）。

三、大沙畢的來源與結構

　　大沙畢的起源與藏傳佛教在喀爾喀的發展以及哲布尊丹巴呼圖克圖（Jibzundamba Khutugtu）轉世制度的建立有緊密關係。哲布尊丹巴呼圖克圖為清代外蒙古藏傳佛教

1980), p. 27.

[39] 關於大盛魁的研究，參見中國人民政治協商會議內蒙古自治區委員會文史資料研究委員會編，《旅蒙商大盛魁》，收入《內蒙古文史資料》第 12 輯（呼和浩特：內蒙古文史書店，1984）。

[40] 此數字出自 Christopher P. Atwood, *Encyclopedia of Mongolia and the Mongol Empire*, s.v. Chinese trade and moneylending.

[41] Man-houng Lin（林滿紅），*China Upside Down: Currency, Society, and Ideologies, 1808-1856* (Cambridge, MA.: Harvard University Asia Center, 2006), p. 280.

[42] 藍美華，〈內蒙古與一九一一年蒙古獨立運動〉，《漢學研究》，23：1（台北，2005），頁 394。

[43] 關於旅蒙商的通論研究，參見盧明輝、劉衍坤，《旅蒙商——17 世紀至 20 世紀中原與蒙古地區的貿易關係》（北京：中國商業出版社，1995）。

轉世活佛中的最高領袖，受到蒙古王公平民與清朝皇帝的敬重。[44]「沙畢」為蒙語，意為徒弟，亦指寺院屬民。而大沙畢則特指哲布尊丹巴呼圖克圖之徒眾、屬民與產業總稱。大沙畢此一制度起源於 1639 年，七旗喀爾喀王公[45]為了慶祝一世哲布尊丹巴呼圖克圖札那巴札爾（Zanabazar, 1635-1723）坐床所奉獻的人丁、牲畜與財物。由於哲布尊丹巴呼圖克圖地位榮顯，故稱其屬民與產業為大沙畢，以示尊崇。[46]

　　鄂托克（蒙文 otoγ）是大沙畢俗家屬民的基層行政單位。18 世紀時，大沙畢的俗人被分為十二個鄂托克，分布在土謝圖汗部與車臣汗部，而另外有一部達爾哈惕人（Darkhad）則位於今天蒙古國北部的庫蘇古勒湖（Khöwsgöl）地區。但這個數目很快就增加為十七個。之後又逐漸增加到三十、七十五，最後到了晚清的兩百個。[47]各鄂托克由一名宰桑（蒙文 jayisang）所管理，由俗家人擔任。[48]一個鄂托克大到兩三百戶，小至二三十戶者都有。在鄂托克底下，則有由收楞額（蒙文 sigülenggi）所統領的五十戶或巴格（蒙文 baγ），以及由什長達爾噶（蒙文 daruγ-a）所統領的十戶。[49]

　　愛瑪克（蒙文 ayimaγ）則是大沙畢出家喇嘛的基層行政單位。[50]此制度是 1652

---

[44] 哲布尊丹巴與拉薩的達賴喇嘛、日喀則的班禪額爾德尼，還有內蒙古的章嘉呼圖克圖，並稱為清朝藏傳佛教四大轉世活佛。其駐錫地為外蒙古的庫倫。其轉世起源於 1639 年，結束於 1924 年。其名源自藏文 rJe-btsun Dampa，意為尊貴的聖者，在外蒙古一般稱為博格多（蒙文 bogda，意為聖者）、博格多格根（蒙文 bogda gegeen 或作 bogda gegen，意為聖光明者）或溫都爾格根（蒙文 öndör gegeen 或作 öndör gegen，意為崇高的光明者）。在內蒙古則稱之為北方的聖者（蒙文 aru bogda）。有關其歷史簡介，參見 Christopher P. Atwood, Encyclopedia of Mongolia and the Mongol Empire, s.v. Jibzundamba Khutugtu.

[45] 七旗喀爾喀為當時對喀爾喀蒙古的總稱。

[46] Ts. Sonomdagwa, Manjiin zakhirgaand baisan üyeiin ar mongolyn zasag zakhirgaany zokhion baiguulalt (1691-1911) [滿洲統治時期外蒙的統治機構（1691-1911 年）] (Ulaanbaatar: Mongolian Academy of Sciences Press, 1961), p. 92. 部分學者認為札那巴札爾的坐床時間應為 1640 年（白鐵龍年），參見 D. Tsedew, Ikh shaw' [大沙畢] (Ulaanbaatar: Mongolian Academy of Sciences Press, 1964), p. 24. 關於札那巴札爾的生平事蹟，參見妙舟，〈哲布尊丹巴傳略〉，收入中國社會科學院中國邊疆史地研究中心編，《清代蒙古高僧傳譯輯》（北京：全國圖書館文獻縮微複製中心，1990），頁 384-434. 其傳記之原文與研究，參見 Charles R. Bawden trans., The Jebtsundamba Khutukhtus of Urga (Wiesbaden: Otto Harrassowitz, 1961) 與 L. Khürelbaatar, Öndör Gegen-ü namtar [哲布尊丹巴一世傳] (Höhhot: Inner Mongolian People's Publishing House, 2009).

[47] D. Tsedew, Ikh shaw', p. 30. Z. Ninjbadgar, Jibzundamba khutagtyn shabiin zakhirgaa (XVII-XX zuuny ekhen) [哲布尊丹巴呼圖克圖之沙畢的管理（16 至 20 世紀初）] (Ulaanbaatar: Arwin sudar, 2014), p. 77.

[48] 宰桑負責掌握鄂托克人口、家戶與牲畜的數目，以及庫倫寺院的收入。關於宰桑的詳細職能，參見 Ninjbadgar, Jibzundamba khutagtyn shabiin zakhirgaa (XVII-XX zuuny ekhen), pp. 71-72.

[49] 這些職位名稱在清朝統治蒙古以前就已經出現了。雖然 B. Vladimirtsov 認為 sigülenggi 的詞根是來自於滿文的 šule（意為收稅者），但是 Henry Serruys 不接受這個說法，並認為滿文 šulinge 其實是源於蒙文 sigülengge，而 sigülengge 的詞根則是源自漢文的「首領」一詞。參見 B. Vladimirtsov, Le régime social des Mongols: le féodalisme nomade, trans. Michal Carsow (Paris: Adrien-Maisonneuve, 1948), p. 181 與 Henry Serruys, "Siülengge ~ šülengge," Journal of the American Oriental Society, 92:1 (January-March 1972), pp. 92-95.

[50] 此處的愛瑪克與土謝圖汗部的「部」，同樣寫作 ayimaγ。但意義不同。前者是寺院內部的管理單位，後者為蒙

年由一世哲布尊丹巴呼圖克圖從西藏學成回到蒙古後所引入的。他依循拉薩哲蚌寺的組織模式，在庫倫設立了七個愛瑪克，也就是後來的東庫倫，以哲布尊丹巴呼圖克圖居住的黃宮為中心。後來到了清末，東庫倫的愛瑪克數目增加到二十八個，而以甘丹寺為中心的西庫倫則有四個愛瑪克。直到 1924 年愛瑪克制被取消以前，東庫倫有高達三十個愛瑪克。每個愛瑪克都有一個大蒙古包與一座木造建築相連，以作為其大殿（蒙文 *duyang*，源自藏文 *'du khang*），內部供有佛像。然而，由於喇嘛皆為男性，故尼姑並未受特定的行政制度所管轄。[51]

　　大沙畢的僧俗徒眾由額爾德尼商卓特巴掌管。商卓特巴（蒙文 *šangǰodba*，藏文 *phyag-mdzod-pa*，意為司庫）既可指轉世喇嘛的財產，也可指其財務總管。額爾德尼（蒙文 *erdeni*，意為珍寶、寶貝）則是特指哲布尊丹巴呼圖克圖的商卓特巴，作為尊稱。其屬下機構為大沙畢額爾德尼商卓特巴衙門（蒙文 *yeke šabi-yin Erdeni Šangǰodba-yin yamun*）。商卓特巴管理大沙畢僧俗徒眾的世俗事務，與管理庫倫宗教事務的堪布喇嘛地位平行。其掌管之處包括了東庫倫的鄂托克、愛瑪克，十個大扎倉（藏文 *gra-tsang*，指佛寺學院），西庫倫、慶寧寺（位於庫倫之北，為供奉一世哲布尊丹巴呼圖克圖舍利之處）、丹巴達爾杰寺與額爾德尼召等寺院。[52]

　　蒙古平民捐獻給大沙畢有一套標準程序。首先捐贈者必須先向其所屬旗札薩克與主人報告，獲得許可後，此一捐獻才在法律上具有效力，因為這類捐獻通常包括了人口的移動與戶口登記的改變。例如 1827 年一位內蒙古阿巴嘎旗的箭丁貢布（Gombo）想要將一個先前買入的男孩羅桑頓珠（Luusangdonjud）捐給大沙畢以便為其去世的祖父積福。貢布除了必須稟報商卓特巴衙門之外，還需得到其主人亦鄰真（Erinchin）台吉的同意，才能將該男孩的戶口從原旗轉入大沙畢。[53]這種情況也適用於移居蒙古之漢民的奉獻上。例如孟周揆（音）娶了達貝子旗之王京台吉（Wangjin taiji）的女兒，當他要將其妻兒與家產獻給大沙畢時，在字據上說明將此事通知貝子寧布（Nimbuu），並且表明此後這些人與該旗毫無干係。[54]

古貴族的屬民總稱。

[51] A. M. Pozdneyev, *Mongolia and the Mongols*, ed. John Krueger, trans. John Roger Shaw and Dale Plank, 1:1892 (1971; repr., London: Curzon Press, 1997), p. 328. 田山茂，潘世憲譯，《清代蒙古社會制度》，頁 148-150。Ninjbadgar, *Jibzundamba khutagtyn shabiin zakhirgaa (XVII-XX zuuny ekhen)*, p. 61.

[52] Pozdneyev, *Mongolia and the Mongols*, vol. 1, 328. 關於商卓特巴的職能，參見 Robert James Miller, *Monasteries and Culture Change in Inner Mongolia* (Wiesbaden: Otto Harrassowitz, 1959), pp. 89-91 與 Ninjbadgar, *Jibzundamba khutagtyn shabiin zakhirgaa (XVII-XX zuuny ekhen)*, pp. 58-81.

[53] 「額爾德尼商卓特巴衙門檔案」，蒙古國立中央檔案館藏，檔號 M85 D1 KhN64，頁 92a-92b。

[54] 「額爾德尼商卓特巴衙門檔案」，蒙古國立中央檔案館藏，檔號 M85 D1 KhN64，頁 83a-83b。

　　額爾德尼商卓特巴的起源可以追溯到 1651 年。在一世哲布尊丹巴呼圖克圖從西藏返回蒙古時，其隨從當中就有商卓特巴，與其他僧官如巴克什（蒙文 *bagshi*）、格斯貴（蒙文 *gesgüi*，源自藏文 *dge-bskos*，維護戒律的掌堂師）與綏本（蒙文 *soyibon*，源自藏文 *bos 'i-dpon*，為大喇嘛屬員之首）並列。[55] 1709 年商卓特巴也參加了《喀爾喀法規》（蒙文 *Qalq-a jirum*）的頒布大會。[56] 1723 年清廷正式頒佈印信給商卓特巴與堪布喇嘛。[57]

　　由於哲布尊丹巴呼圖克圖在喀爾喀的地位與影響力逐漸提高，清廷逐步提升額爾德尼商卓特巴的權力以圖制衡。1754 年乾隆皇帝下旨，稱哲布尊丹巴呼圖克圖為外蒙黃教之長，不適合處理其徒眾的世俗事務，因此令遜都布多爾濟為額爾德尼商卓特巴，總管僧眾沙畢事務。[58]1822 年額爾德尼商卓特巴被特許享有與喀爾喀四部部長同樣使用紅絲欄紙奏事，且有直接向庫倫辦事大臣稟報之權。[59]

　　額爾德尼商卓特巴的職責之一在於每三年調查大沙畢僧俗戶口人數與牲畜數目。其結果須整理成冊並稟報庫倫辦事大臣，最後送交理藩院備查。另一重要職責則是搜查大沙畢內的嫌犯，以及審理刑案與訴訟。若是未能在規定期限內捕獲罪犯，額爾德尼商卓特巴將會被罰二九牲畜。[60]

　　隨著藏傳佛教在喀爾喀蒙古的廣泛傳播，以及清朝在十七世紀末將外蒙古納入控制，大沙畢作為一個佛教機構也逐漸發展。首先是涉入商業活動。由於其資產眾多，也與漢商從事貿易，出租房舍給漢商堆放貨物等等。[61]此外，它也獲得清廷特許免除賦役的特權，對其屬民也擁有較大的自治權，得以不納入札薩克旗制。首先，大沙畢

[55] 這段記載見於 1841 年成書的《寶貝念珠》（*Erdeni-yin erike*），參見 Galdan, *Erdeni-yin erike kemekü teüke boloi*, trans. and annot. J. Gerelbadrakh (Ulaanbaatar: Mongolian National University of Education Press, 2007), p. 564 與 Ninjbadgar, *Jibzundamba khutagtyn shabiin zakhirgaa (XVII-XX zuuny ekhen)*, p. 32, 56.札奇斯欽也提到這個記載，但是他似乎沒有注意到此事是額爾德尼商卓特巴制度的起源，而仍舊將其起源訂於 1723 年雍正皇帝頒發額爾德尼商卓特巴官印一事。參見札奇斯欽，《蒙古與西藏歷史關係之研究》（台北：正中書局，1978），頁 619、642。
[56] 此記載見於《喀爾喀法規》之前言，參見達力扎布，《〈喀爾喀法規〉漢譯及研究》（北京：中央民族大學出版社，2015），頁 19-20。
[57] Ninjbadgar, *Jibzundamba khutagtyn shabiin zakhirgaa (XVII-XX zuuny ekhen)*, pp. 34-39.
[58] Pozdneyev, *Mongolia and the Mongols*, vol. 1, 346. 黃成垿、陳籙，《蒙古逸史》（上海：商務印書館，1917），頁 65。李毓澍於其關於庫倫辦事大臣的研究中引用了前兩條材料。參見李毓澍，〈庫倫辦事大臣建制考〉，收入氏著，《外蒙政教制度考》，頁 123-125。
[59] Sonomdagwa, *Manjiin zakhirgaand baisan üyeiin ar mongolyn zasag zakhirgaany zokhion baiguulalt (1691-1911)*, p. 100.
[60] 托津等編纂，《理藩院則例》第 2 冊，收入故宮博物院編，《故宮珍本叢刊》，冊 300（海口：海南出版社，2000），卷 60，頁 47-48（總頁 364-365）。
[61] 有關商卓特巴衙門與漢商的關係，參見賴惠敏，〈清代庫倫商卓特巴衙門與商號〉，《中央研究院近代史研究所集刊》，期 84（台北，2014），頁 1-58。

屬民不需向清廷納稅服勞役，同時也得以自由在喀爾喀各地游牧，不受旗界限制。其次，在法律上，大沙畢也擁有獨立的審判權，並且得以持續使用蒙古本土的《喀爾喀法規》，而非《蒙古律例》與《理藩院則例》。雖然根據研究，這種司法獨立常常有許多模糊地帶，而且隨著時間推移，《大清律例》滲入大沙畢的情況越來越深。但至少在理論上，直到清末大沙畢都仍舊享有司法自治權。[62]

清代蒙古貴族與平民對哲布尊丹巴呼圖克圖持續給予供奉。這些施主多半是來自喀爾喀東部的土謝圖汗與車臣汗二部，以及漠南的錫林郭勒與察哈爾，少數來自喀爾喀西部的札薩克圖汗部與三音諾顏部。[63]其中包括了人戶、孤兒、牲畜與財物。一般而言，這類奉獻可能出於五種原因：1) 為後世積福德；2) 禮敬活佛；3) 讓寺院照顧其無力自贍的親戚；4) 為了躲避勞役，例如卡倫（哨所）或是烏拉（驛站）服役；5) 在蒙古的漢人移民娶了蒙古女子後，將所生的子女獻給哲布尊丹巴呼圖克圖。[64]而最後這批漢人及其後裔的情況，在過去清代蒙古史、移民史與民族關係史中付之闕如。以下本文將利用蒙古國立中央檔案館檔案與台灣蒙藏委員會向前者購入的漢文檔案複製本，來探討清代移民蒙古的漢人在社會文化上受當地蒙古人涵化與同化，最終在法律意義上歸化入蒙古籍的現象。

四、額爾德尼商卓特巴衙門檔案簡介

一如前述，所有奉獻給哲布尊丹巴呼圖克圖的人口與牲畜都由額爾德尼商卓特巴衙門所管理。這批紀錄都庋藏於烏蘭巴托的蒙古國立中央檔案館之額爾德尼商卓特巴衙門檔案，全宗號（蒙文 fond）為 M85。本文所利用的這批檔案就是額爾德尼商卓特巴衙門檔案的一部分，包含了兩類字據：第一類（檔案號 M85 D1 KhN64）是從1768 年到 1830 年間在蒙古的民人將其家人與牲畜捐贈給大沙畢的記錄，附在內蒙古貴族與官員的捐獻記錄之後。第二類（檔案號 M85 D1 KhN39）則是清朝官員在蒙古

---

[62] 根據萩原守的研究，清代後期大沙畢的審判已經見不到引用《喀爾喀法規》的跡象，而且引用《大清律例》斷案的情況逐漸增加，但是作為大沙畢過去判例彙編的《紅皮書》（蒙文 Ulayan qačartu）仍舊被引用。參見萩原守，《清代モンゴルの裁判と裁判文書》（東京：創文社，2006），頁 113-135。關於《紅皮書》，參見 Batsükh Bayarsaikhan, Bayanbaatar Batbayar, and Baatarjab Lkhagawajaw, ed., *Mongolyn shüün taslakh ajillagaany tüükhen surwalj bichigt khiisen shinjilgee* (Ulaan khatsart) (Ulaanbaatar: Admon, 2010).有關《紅皮書》的簡介與研究，參見 Sh. Natsagdorj, *Ulaan Khatsarto* (Ulaanbaatar: Mongolian Academy of Sciences, 1956). 關於清代蒙古的寺院經濟與沙畢的特權，參見胡日查，《清代內蒙古地區寺院經濟研究》（瀋陽：遼寧民族出版社，2009），頁 114-155。

[63] Tsedew, *Ikh shaw'*, p. 26.

[64] Ninjbadgar, *Jibzundamba khutagtyn shabiin zakhirgaa (XVII-XX zuuny ekhen)*, pp. 15-16.

所緝獲的非法居留民人將其家人與牲畜捐贈給大沙畢的記錄。第二批記錄並未收入第一類記錄中。根據鄭振滿所提出的民間文獻分類系統，本文所使用的這批文書可以算是第二類，即「是民間百姓所做，但面對的對象是外人，尤其是為了欺騙官府。例如訴狀、族譜，是為了自身的某種權益、身分，更多時候是具體的權利、義務，以便發生糾紛時，能夠為自己提出合理化的解釋」。[65]

在第一類字據中，包括了正本與抄本。抄本的記錄較為完整，一共記載了 173 次捐獻，以蒙文書寫，文件上還有蒙古書吏模仿的漢文畫押與手印。[66]其中有六次捐獻的記錄能夠找到具結保證書的正本，以漢蒙兩種文字書寫，兩邊內容有時出入甚大，但以蒙文正本與抄本相對照，抄本大體忠實於正本內容。這六件文書也庋藏於蒙古國立中央檔案館，而本文所使用的版本為台灣蒙藏委員會所購置的蒙古國立中央檔案館所藏中文檔案之複製本。在這 173 個案例中，有十九件無年月記載。其餘的 154 件中，於乾隆朝（1736-795）捐獻者有六十五件，嘉慶朝（1796-1820）有八十三件，而道光朝（1821-1850）則有六件。在抄本最後所留下的日期為道光十七年六月（約1837 年 7 月），可能是整理抄寫的日期。

第二類字據為清朝滿蒙官員在色楞格河（Selenge，檔案中作昔令河）的圪賒兔（Kesigtü）等地所緝獲的非法居留民人將其家人與牲畜捐贈給大沙畢時所立，共有三十件。檔案封面記錄的事由為嘉慶五年四月二十日（1800 年 5 月 13 日）由管家喇嘛（蒙文 jaisang nirba）根敦達爾扎（Gendendarjiya）、書吏噶爾瑪達西（Garmadashi）、與達爾噶札薩克（蒙文 daruɣ-a jasag）齊巴克札布（Tsebagjab）之旗下副章京（蒙文 meyiren）塔朗泰（Talangtai）等人前往色楞格河的圪賒兔、額爾克勒努（Erkil Nugu）與古兒本額博（Gurban Eber）三地查緝當地的非法居留漢民。[67]這些民人立下蒙漢文字據將其家人與牲畜捐贈給大沙畢，並保證在收完利息，籌得旅費後，於一至兩年內返回山西原籍。然而沒有後續記載以供確認這群漢民是否履行承諾返回原籍。經比較第一與第二類字據原件後，可以確認兩類文書的內容與格式十分類似。不過蒙漢文字據的內容詳略不同。一般而言，蒙文字據較為詳盡。例如在第二類字據中，有關奉獻者來蒙的緣由、在蒙古的居留時間，與其蒙古妻子的背景（特別是關於她們的父親

---

[65] 引文參見林榮盛與曾獻緯，〈鄭振滿教授談民間文獻與地方史研究〉，《台大歷史系學術研究通訊》，期 17（台北，2014）http://homepage.ntu.edu.tw/~history/public_html/09newsletter/17/newsletter17.pdf（2016/5/檢閱），頁 27。

[66] 兩個漢文畫押，參見「額爾德尼商卓特巴衙門檔案」，蒙古國立中央檔案館藏，檔號 M85 D1 KhN64，頁 58b。手印參見「額爾德尼商卓特巴衙門檔案」，蒙古國立中央檔案館藏，檔號 M85 D1 KhN64，頁 78a。

[67] 然而在三十件字據中，有十八件的立據時間記為嘉慶五年四月十九日（1800 年 5 月 12 日），而其餘十二件則立於嘉慶五年四月二十一日（1800 年 5 月 14 日）。因此根據字據內容來判斷，也許這次調查實際上早於封面所記的嘉慶五年四月二十日。

皆出身大沙畢一事）等等，皆僅見於蒙文字據，而不見於漢文字據。

　　在這些字據中，立據人會簡單描述其個人背景，包括原籍、漢名與蒙名、職業、現居地，以及來到蒙古的緣由與陪同人。接著會簡單敘述奉獻的原因，以及其所奉獻的人口、牲畜和財物內容。在被奉獻的家人中，其中有一部分人是奉獻者收養或是購入得來，故彼此間未必有直接血緣關係。不過第二類字據中並未提及立字據者的結婚時間。若立據者有其他補充，則會在最後說明之。

　　下面引一件第二類字據為例，附上蒙文版與漢文版，以簡介其內容與格式：

蒙文版字據：

Sangsi muǰi-yin Ding Shuu Si qoton-u dotor-a ner-e Liu Dzai Gen. Mongyol ner-e Sengge. Piyoo ügei. uy nutuy-dur ger yadayuu tula. ami teǰigekü-yin erkeber yayčayar. ene yaǰar iregseger čilayu darqalaǰu, arban ǰil sayuqui-dur. mön irgen Činzadalai-yin degüü Činzaduu-yin eme šabi tula. tegünče yarysan küken Dariküü-yi gergei bolyan abuyun. edüge qoyar kübegün Ölǰeitü. Dalai. eke Dari-lüge qamtu. 12 üker 1 mori-tai teden-ü qubi mal tulada. teden-dür ögčü šabi-dur baytayamu. mön Tsewang-u otoy-tur otoylyuluyun odo-a irgen Sengge bi öbrün qubi-dur yar qoyusun tula. öri nekeǰü. ǰam-un künesü olǰu abuyun. qoyar ǰilün dotor-a bučasuyai kemen kelegsen-i küsen batulaqu kitad üsüg-ün bičig-yi tus tus-un sigül-tür bičigülben.

漢文版字據：

　　山西太原府定香縣人劉枝根，蒙古名生奇，今在昔令河圪睒兔住，無票，做石匠為生，娶過蒙古女人名達連和，係程繼道的女子，所生二子，大子名耳居兔，次子名德賴，情願投什並朝旺打而卦家，所帶去紅騸馬一匹，大小牛十二條，劉枝根有蒙古人談的賬物，此時不能權清，代等權清之後，二年以內一定是回家的。嘉慶五年四月十九日。[68]

　　下面是綜合蒙漢文字據的內容對照，〔〕括號內為漢文字據獨有之資訊，【】括號內為蒙文字據獨有之資訊：

---

[68] 此蒙文與漢文字據，參見「額爾德尼商卓特巴衙門檔案」，蒙古國立中央檔案館藏，檔號 M85 D1 KhN39，頁 2b。

居國中以避國：大沙畢與清代移民外蒙之漢人及其後裔的蒙古化（1768-1830）　171

山西省〔太原府〕定香縣內地名為劉枝根，蒙古名為生奇。〔今在昔令河圪瞭兔地方住〕無票。【以原籍生計窘迫之故，獨自來此謀生】以石匠為業，【已有十年，以程家達賴（音）之弟程繼道為沙畢之故】，娶其女達連和為妻，現情願將二子耳居兔與德賴及其母達連，包括十二頭牛與一匹〔紅騙〕馬一併投什，入於朝旺〔打而卦〕之鄂托克〔家〕。由於現今民人生奇我手頭空虛，故收租籌得路費後，兩年以內回去。【立此為據，另寫有漢字據】。〔嘉慶五年四月十九日〕。

　　由前述可見，這批材料中所提供的資訊遠遠超出了捐贈文書的內容。可以說，本文所用的這類字據材料就像 Emmanuel Le Roy Ladurie 利用宗教裁判所檔案呈現了中世紀法國蒙塔尤地區的風土民情，也具有類似的民族誌特質。[69]

五、第一類字據所反映之漢人移民奉獻大沙畢的長期趨勢

　　在整理第一類字據所得資訊後，初步發現漢民奉獻給大沙畢的兒女一共有 426 人，其中有 282 名男性，144 名女性。若加入其妻子與孫輩，則總人數為 639 名。在這批漢人奉獻者中最早於 1743 年就已移入蒙古。而根據有留下移入時間的少數二十個例子中，可以製作一個漢人移入蒙古時間的統計表如下：

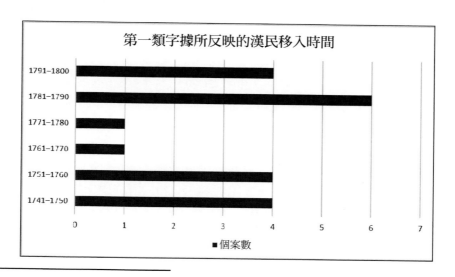

[69] Emmanuel Le Roy Ladurie, *Montaillou: The Promised Land of Error*, trans. Barbara Bray (New York: George Braziller, 2008).

　　大多數的漢人移民都來自山西省。在七十個有留下奉獻者原籍資料的例子中，至少有六十五個來自山西。有兩個例子表示來自內地。這些人常常不是直接從原籍進入蒙古，而是先在直隸北方的漢蒙雜居處待過，例如張家口、赤峰與多倫諾爾等地。下面是這些漢民的原籍統計表：

省分／人數	府、直隸州、直隸廳／人數	縣／人數
山西省／65	大同府／2	天鎮縣／1
		靈丘縣／1
	代州直隸州／1	無資料
	汾州府／38	汾陽縣／16
		孝義縣／4
	寧武府／1	無資料
	太原府／12	祁縣／3
		文水縣／1
		榆次縣／3
	忻州府／1	定襄縣／1
直隸省／5	承德府／1	赤峰縣／1
	多倫諾爾廳／1	無資料
	張家口廳／3	無資料

　　在字據中，大多數的漢民自介時都會提及自己的漢名與蒙古名，而使用蒙古名的情況更多一些。在 173 個例子中，共有 149 個漢民提及了蒙古名；而提及漢名的則較少，共有 125 個；而兩者同時提及的有 104 個。只有兩個例子既未提及漢名，也未提及蒙古名。而一個人的漢名與蒙古名之間並沒有音韻或意義上的關聯。

　　關於那些隨同這些漢民移居蒙古的人，我們所知甚少。在 173 個例子中，僅有九個提及相關資訊。從這些極少數的例子中可以得知，有些漢民是由其家人陪同而來，多半是兄弟。另外也有同村或好友結伴而來。在一個例子中，有位奉獻者格勒堅贊（Gelegjamtsan）與其弟羅布桑達西（Lubsangdashi）兩人屬於大沙畢的彌勒佛寺中的安多愛瑪克（蒙文 Amdo ayimay）。[70]

　　在捐獻時，保人或證人通常是由奉獻者的兄弟來擔任。甚至有兄長過世後，其弟代將兄嫂及其侄子奉獻給大沙畢的情況。例如在一個例子中，海山泰（Khaisangtai）在其兄巴彥泰（Bayangtai）過世後作為其家族的代表，將其兄的妻兒奉獻給大沙畢。[71]另外從證人的身分來看，這些漢人移民之間存在著地方互助的網絡。甚至有一同將

---

[70]　「額爾德尼商卓特巴衙門檔案」，蒙古國立中央檔案館藏，檔號 M85 D1 KhN64，頁 81b-82a。

[71]　「額爾德尼商卓特巴衙門檔案」，蒙古國立中央檔案館藏，檔號 M85 D1 KhN64，頁 79b。

其家人與財產奉獻給大沙畢的情況。例如馬子勇（音）、李直子（音）與王仲殷（音）三家同屬伊琫（Ibeng）什長所管，所以他們理論上是居住在同一地區，彼此間也熟識。他們三家後來也一同將家人與財產奉獻給大沙畢。[72]這類聯合奉獻的情況並不罕見。

　　這些漢民在蒙古多半以經商為生。在已知的三十六個相關例子中，有三十一個例子中的奉獻者為商人，而且放債收取利息。另外五個例子則是以務農為生。

　　這些漢民在蒙古平均居留的時間約為二十六年之久。最短的為三年，最長的達到五十年。在已知的二十二個例子中，有的記載相當模糊，例如「很久以前」或「多年前」，只能忽略不計。[73]至於有的記載為十餘年或四十餘年，[74]本文一律取最小值計算其平均值。其中移入蒙古之漢民年紀最小的一例是十五歲。[75]下圖為這些移民的居留時間表，以年為單位：

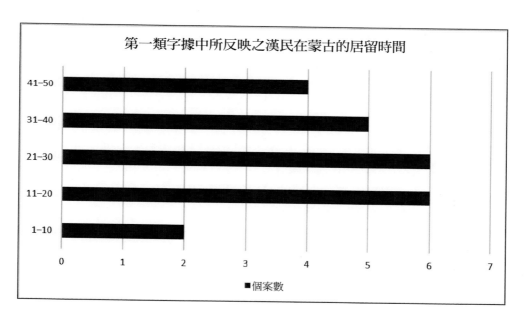

　　這些漢人移民的居住地大多數分布在蒙古鄉間地方，只有少部分在城市。在已知的五十一個例子中，僅有十一個在喀爾喀的主要城市，其中八個在庫倫（有一例在買

---

[72]　「額爾德尼商卓特巴衙門檔案」，蒙古國立中央檔案館藏，檔號 M85 D1 KhN64，頁 72b-73a。

[73]　「額爾德尼商卓特巴衙門檔案」，蒙古國立中央檔案館藏，檔號 M85 D1 KhN64，頁 72b，80b，82b-83a。

[74]　「額爾德尼商卓特巴衙門檔案」，蒙古國立中央檔案館藏，檔號 M85 D1 KhN64，頁 59b-60a，75a-75b。

[75]　「額爾德尼商卓特巴衙門檔案」，蒙古國立中央檔案館藏，檔號 M85 D1 KhN64，頁 66b。

賣城，一例在西庫倫大沙畢），三個在恰克圖，一個在烏里雅蘇台。其餘的則居住在鄉間小鎮或蒙旗內，特別是伊瑋（共四例）。另外有兩例在布爾噶勒台（Burgaltai），有兩例在烏孫色爾（Usun Seger）。而在庫倫固定下來以前，過往駐地中也包括了前述的烏孫色爾（1720）與伊瑋（1723）。[76]此外還有兩例在額爾德尼召（其中有一例在買賣城），一例在三音諾顏汗部的烏巴什札薩克旗（應為中後末旗），一例在色楞格河札薩克齊巴克札布所屬的土謝圖汗部右翼左旗等等。大多數的人都居住在鄂托克內，由什長（蒙文 daruγ-a）所管理。大多數的鄂托克今日已經無存，只有透過田野調查才能識別其位置。另外這些移民中也有以河流來標明居住地的，例如鄂爾渾河（Orkhon）與烏拉德河（Urad）。有些小地名如巴爾虎（Bargu）、阿達噶（Adaga）與埃顏奇（Eyengki）等地，尚待進一步識別。

　　移居蒙古的漢民若返回原籍，多半不會攜帶其蒙古家眷。這點也見於所立字據中。例如韓畢勇（音）返回山西原籍，並未攜其妻小同行，而是付錢委請喇嘛照顧，並且將他們奉獻給大沙畢。只有在最晚期的 1830 年才有一例范東昇（音）自稱欲將其幼子帶回內地。[77]

　　嫁給這些漢民奉獻者的蒙古妻子中，有部分與大沙畢相關。其餘則是當地蒙古女子或其他漢人在當地所生的女兒。在七十三個相關個案中，有十一個顯示所娶女子來自大沙畢。而娶了當地漢人之女的漢民則有兩例。不過在漢民娶漢女的兩個例子當中，有一例自稱其婚禮是依照蒙古習俗辦理，新郎準備了一匹馬、一頭公牛、一頭懷著牛犢的母牛、還有一隻公羊作為聘禮。[78]

　　至於這些被奉獻的孩子們，在字據中多半僅提及其蒙古名，僅有三個例子共五名男孩子有漢名，其中有四個兼有蒙古名。[79]女孩子的漢名則完全未見提及，僅有蒙古名。在奉獻給大沙畢的漢民後代中，年紀最小的僅有八個月大，年紀最大的則為四十三歲。[80]除了奉獻妻小以外，也包括牲畜與物品。牲畜主要是蒙古的五畜：馬、牛、綿羊、山羊與駱駝。有時候也可見到氂牛。物品則包括了帳房、穀物與磨坊等。[81]

---

[76] 關於庫倫的遷移史，參見 L. Dügersüren, *Ulaanbaatar khotyn tüükhees: Niislel Khüree* (Ulaanbaatar: State Publishing House, 1956), p. 13.當 1720 年庫倫遷至烏孫色爾時，據稱當地亦有漢商。參見 A. M. Pozdneyev, *Mongolia and the Mongols*, vol. 1, p. 63.

[77] 「額爾德尼商卓特巴衙門檔案」，蒙古國立中央檔案館藏，檔號 M85 D1 KhN64，頁 93a-93b。

[78] 「額爾德尼商卓特巴衙門檔案」，蒙古國立中央檔案館藏，檔號 M85 D1 KhN64，頁 90a-90b。

[79] 「額爾德尼商卓特巴衙門檔案」，蒙古國立中央檔案館藏，檔號 M85 D1 KhN64，頁 70a，87a，93a-93b。

[80] 「額爾德尼商卓特巴衙門檔案」，蒙古國立中央檔案館藏，檔號 M85 D1 KhN64，頁 65a-65b，68a-68b。

[81] 「額爾德尼商卓特巴衙門檔案」，蒙古國立中央檔案館藏，檔號 M85 D1 KhN64，頁 73b-74a，82b。

　　有時候捐獻者對於其捐獻之財產分配的意願也見於字據中。在一個例子中，奉獻者桂思君（音）要求將其牲畜在扣除熬茶（指給僧侶的奉獻）份額後，一半分給其妻子與長子，另一半則分給其次子。[82]

　　根據這批字據，大致可以將這些民人為何要將妻小與財產獻給大沙畢的原因，歸納為以下幾個：

　　首先是出於宗教性的理由。這些民人平日崇敬哲布尊丹巴呼圖克圖，或是為了替年老或去世的長輩祈福，祈求神佛保佑，並幫來世積德。以下舉兩例說明。首先是達西（Dashi）將其家人與牲畜奉獻給大沙畢，以祈求神佛保佑今生與來世。[83]另一個是商民海山泰，居住在土拉比河（Tuulabi）北岸，娶了另一個漢商的女兒，有可能是其岳父先前娶了蒙古女子所生的女兒。海山泰將其妻子兒女以及牲畜獻給哲布尊丹巴呼圖克圖以祈求神佛保佑今生與來世。[84]

　　另一個將妻小與財產奉獻給大沙畢的理由，則是能夠確保他們的生計與財產完整無虞。例如漢民李世水（音）年老患病，行將就木，[85]或是如漢民丁穆定（音）被烏里雅蘇台參贊大臣發現為非法居留，被迫遣返原籍。對他們而言，將妻小與財產奉獻給大沙畢之舉也是一種應急手段。此外，這些漢民在過世後，其留在內地的親戚（或同鄉冒充者）聽到此一消息，可能會前往蒙古要求其未亡人均分家產。而這可能會導致其家人蒙受大量損失，無以為生。因此這些奉獻人在這類字據上也會註明這些人口與財產在捐獻給大沙畢後，就與其他人毫無干連。未來若內地有人來到蒙古分家索產，可以此據為證。以下舉兩例說明之：

　　首先是漢民朱銘之（音）。他將其家人與家產奉獻給大沙畢，由於擔心內地的同村人未來會假冒成他的親戚來蒙古奪取其家產與家人，所以他立下字據以避免此類事情發生。[86]第二個例子為漢民陳班章（音）擔心萬一有人冒名為其兄弟來蒙古侵奪其家產，致使其家人生計陷入困境，因此立下字據以確保其財產在任何情況下都不得被瓜分，並且只能由其家人管理。[87]

　　一般而言，大沙畢成為奉獻者之家人的庇護所。這其中可能是出於宗教上的善行布施，或是實際上的應急措施。也許有人會認為漢人捐贈大沙畢之舉，其真實動機是

---

[82] 「額爾德尼商卓特巴衙門檔案」，蒙古國立中央檔案館藏，檔號 M85 D1 KhN64，頁 84a。

[83] 「額爾德尼商卓特巴衙門檔案」，蒙古國立中央檔案館藏，檔號 M85 D1 KhN64，頁 76b。

[84] 「額爾德尼商卓特巴衙門檔案」，蒙古國立中央檔案館藏，檔號 M85 D1 KhN64，頁 76a-76b。

[85] 「額爾德尼商卓特巴衙門檔案」，蒙古國立中央檔案館藏，檔號 M85 D1 KhN64，頁 88b-89a。

[86] 「額爾德尼商卓特巴衙門檔案」，蒙古國立中央檔案館藏，檔號 M85 D1 KhN64，頁 70a-70b。

[87] 「額爾德尼商卓特巴衙門檔案」，蒙古國立中央檔案館藏，檔號 M85 D1 KhN64，頁 79a-79b。

應急，而宗教布施僅是藉口。然而這種「真實動機」與「藉口」在語言上的差異其實相當模糊。客觀上而言，兩者都同時起作用。

這些被奉獻給大沙畢的漢人後代在字據中有時被稱為「二類子」（蒙文 *erlije*，意為混種、混血兒，一般用於牲畜）。[88]有時奉獻者本身也被稱為二類子。[89]有位漢人移民的妻子也被稱為二類子。[90]有時候這些被奉獻的混血兒也被其父稱為「蒙古」。[91]由於他們父親的戶籍身分是民人，他們的社會地位理論上是繼承自其父（雖然理論上蒙漢禁止通婚，故這些人不應該存在），不可能是蒙旗籍。因此這裡的「蒙古」可能指稱的是他們的出生地，但也不能完全排除這些父親認為這些蒙漢混血兒是蒙古人的可能。一個漢民稱其蒙漢混血兒女為蒙古人可以被視為一種爭取當地蒙古人認同的策略。

如前面所言，這些漢人的奉獻最後都要被登入大沙畢的檔冊中，由所屬的鄂托克什長所收執。透過這種方式，這些原本身分不明，遊走在法律邊緣的漢蒙混血兒就順利取得了蒙古廟丁的地位，在戶籍與法律上正式成為蒙古人。

六、第二類字據所反映之漢人移民集體奉獻大沙畢的個案

如前述，這批字據為 1800 年 5 月清朝滿蒙官員在色楞格河的圪賒兔等地所緝獲的非法居留民人將其家人與牲畜捐贈給大沙畢時所立。經整理後發現，一共有八十二人被奉獻給大沙畢，其中漢人移民的兒子有三十四人，女兒有十六人。所有奉獻者皆有蒙古名與漢名。但是在所有三十個案例中，所有人的蒙古名在蒙文字據都被提及，但僅有十三人的漢名在漢文字據中被提及。

這些字據所顯現的漢民背景與第一類字據大致相符，但提供了更為詳盡的背景資料。此處的漢人移民以山西汾州人為主。在三十個例案中，有二十九個奉獻者來自山西，只有一人來自直隸。而來自山西的漢民當中，有 24 人原籍汾州，而且詳細到記錄所居住的村鎮。以下為這些漢民的原籍統計表：

---

[88]　「額爾德尼商卓特巴衙門檔案」，蒙古國立中央檔案館藏，檔號 M85 D1 KhN64，頁 75b。

[89]　「額爾德尼商卓特巴衙門檔案」，蒙古國立中央檔案館藏，檔號 M85 D1 KhN64，頁 84b。

[90]　「額爾德尼商卓特巴衙門檔案」，蒙古國立中央檔案館藏，檔號 M85 D1 KhN64，頁 86a。

[91]　「額爾德尼商卓特巴衙門檔案」，蒙古國立中央檔案館藏，檔號 M85 D1 KhN64，頁 77b。

省分／人數	府、直隸州、直隸廳／人數	縣／人數	鎮、村／人數
山西省／29	汾州府／24	汾陽縣／21	花枝村／1
			賈壁村／2
			石村／1
			王圈鎮／1
			羊泉村／1
		孝義縣／4	無資料
	太原府／4	祁縣／3	無資料
		陽曲縣／1	無資料
	忻州直隸州／1	定襄縣／1	無資料
直隸省／1	宣化府／1	萬全縣／1	席麻林村／1

　　大多數的當地漢民都是傭工，此外還有農夫、商人與石匠。三十人中一共有十八人為傭工，兩名農夫，一名商人（在恰克圖經商），以及一名石匠。三十人中有二十九人明確表示是無票在蒙古非法居住。這些漢人來到蒙古的原因都是因為在原籍生計困窘，無以自立的緣故。這批漢民最早來到蒙古的時間為 1759 年，而多半是於 1781 至 1790 年間移入蒙古。而這些漢民在蒙古居留的時間，平均是二十一年。與第一類字據所反映的長期趨勢中的平均居留時間二十四年相比，時間較短。然而如果他們沒有被查獲的話，也許時間還能夠再增長。以下分別為這批漢民移入蒙古的詳細時間表與平均居留時間表：

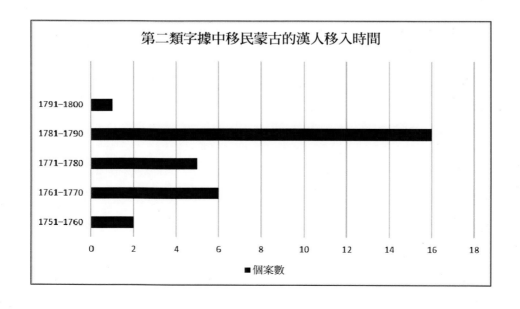

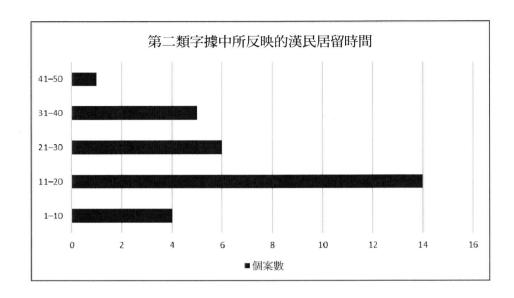

如前述，這些漢民應當都住在色楞格河的圪賒兔、額爾克勒努胡與古兒本額博三地，也是他們被清朝官員拏獲之處。三十個案例中有二十三個漢民住在圪賒兔，三人住在喀爾喀土謝圖汗部右翼左旗札薩克齊巴克札布之領地，一人住在什長策妄（Tsewang）的鄂托克，一人僅表示住在色楞格河邊。其餘兩人則未提供詳細資訊。

這些漢民全數娶的是蒙古妻子。有的漢民甚至有兩任妻子，而且對他們而言，將孩子獻給大沙畢似乎是一種慣例。例如漢民王繼珠就娶過兩個蒙古女子，並且在娶第二任太太以前已自願先將首任太太所生的三個兒子奉獻給大沙畢，後來被查獲非法居留後，也把續弦所生的兒子奉獻給大沙畢。[92]而這些漢民妻子的父親全數來自大沙畢，這也成為他們娶這些女子的原因。[93]至於這些蒙漢混血兒，他們皆有蒙名。但只有漢民馬豹之孫兒福進與孫女黑姐兒另外有漢名。[94]

這些漢民的奉獻也需要通知庫倫辦事大臣與理藩院司官（蒙文 jarγuči，意為理事官）。以漢民馬豹為例，在其蒙文字據上載明其奉獻之事需通知庫倫辦事大臣與理藩院司官，但不見於漢文字據。[95]這程序應該是通例。此外，同時有個漢民馬彪，與前述馬豹同樣來自山西省汾州府汾陽縣賈壁村。考慮到他們同姓，名字偏旁相同，也許

---

92 「額爾德尼商卓特巴衙門檔案」，蒙古國立中央檔案館藏，檔號 M85 D1 KhN39，頁 8b。

93 「額爾德尼商卓特巴衙門檔案」，蒙古國立中央檔案館藏，檔號 M85 D1 KhN39，頁 2a。

94 「額爾德尼商卓特巴衙門檔案」，蒙古國立中央檔案館藏，檔號 M85 D1 KhN39，頁 7b。

95 「額爾德尼商卓特巴衙門檔案」，蒙古國立中央檔案館藏，檔號 M85 D1 KhN39，頁 7b。

他們之間有親屬關係，並且彼此熟識。[96]

　　第二類字據中所記載的奉獻內容與第一類大體相同，包括了人丁、牲畜與物品（包括茶葉）。至於這些漢民之所以將妻小與家產奉獻給大沙畢的原因，很可能是因為被當地的清朝官員查獲後，被迫遣返原籍，又無法將這些妻小帶回內地。因此做為一種應急手段才將他們奉獻給大沙畢，以提供他們庇護。而這些人被奉獻以後，大多數都已經決定分配到某個什長所屬的鄂托克底下，而且也多半為其蒙古妻子所出身的鄂托克。例如漢民程元良之妻都力罵（Dulma）出身自什長朝旺（Tsewang）之鄂托克。後來程元良奉獻其妻兒給大沙畢時，這些家人也同樣歸入朝旺之鄂托克。[97]

　　這些漢民多半藉口要收取帳款，保證會在一個月到兩年內離開蒙古回到原籍。在二十四個有效例案中，有十個漢民保證會在兩年內離開，四個漢民說在一年內離開，一個漢民保證在一個月內離開。另外有三個漢民表示自己因年老患病，而無法回到原籍。目前缺乏進一步的資訊確認這些漢民是否真的履行了他們的承諾。但就算他們實現了承諾，也不能排除他們後來再度前往蒙古的可能。

　　簡言之，這些漢人移民被清朝官員查獲無票非法居留蒙古後，面臨被遣返原籍的壓力，故將自己的妻小與家產奉獻給大沙畢，不失為一種合理的緊急應變措施。

七、清廷對於蒙漢通婚與漢蒙混血兒的態度轉變

　　清朝對於漢人違反禁令移民蒙古與通婚的反應相對較晚，而且其態度搖擺不定。在嘉慶朝以前，對於非法漢人移民通常是睜一隻眼閉一隻眼：也就是承認現狀，將被查獲的非法入墾的漢民登記造冊交理藩院，並對其田畝課稅，最後重申禁令。將這些漢民遣返是很少見的現象，一方面要安置這些漢民並不容易，處置不當容易造成社會動盪，另一方面也難以保證該地不會再有新一波漢民違禁入墾。另外，一些非法居留的漢商也常以帳款尚未收齊為由要求延長在蒙古的居留期限。[98]

　　乾隆皇帝晚年對於蒙古封禁與蒙漢隔離的禁令事實上有過退讓。1777 年郭爾羅斯的蒙古台吉海清違禁將其女嫁給民人梁依棟，雖然理藩院認為此婚姻非法無效，但乾

---

[96]　「額爾德尼商卓特巴衙門檔案」，蒙古國立中央檔案館藏，檔號 M85 D1 KhN39，頁 7a。
[97]　「額爾德尼商卓特巴衙門檔案」，蒙古國立中央檔案館藏，檔號 M85 D1 KhN39，頁 4a。
[98]　關於這個時期清朝對移民蒙古漢民的政策，參見佐藤憲行，《清代ハルハ・モンゴルの都市に関する研究：18 世紀末から 19 世紀半ばのフレーを例に》（東京：学術出版会，2009），頁 341-352。

隆皇帝認為如今蒙漢同為其子民，而且雙方家庭心甘情願締結此婚姻，因此不令分離。[99]
並且在 1787 年諭令使蒙漢通婚合法化，理由是如今漢人前往蒙古開墾的人數眾多，
且蒙漢通婚之例眾多，故此禁令有窒礙難行之處。[100]但嘉慶皇帝在對待漢人非法移民
蒙古的政策上出現了轉折。1795 年，乾隆皇帝弘曆宣布退位，並於隔年將皇位交給
其第十五子顒琰，但他仍舊以太上皇之名義掌握朝政。直至 1799 年，乾隆皇帝駕崩
後，嘉慶皇帝才擁有實權。此後，嘉慶皇帝展開了一系列強化蒙古封禁與蒙漢隔離的
措施，並且作了一些具有實驗性的改變。

　　第一次變革發生在 1801 年。根據一則庫倫辦事大臣於該年（農曆）九月的告示
指出，烏里雅蘇台參贊大臣於該年（農曆）六月間上書，指出許多漢民在蒙古違反禁
令娶蒙古女子為妻，故請旨如何處理此問題。由於這些漢民已經與蒙女成家，生育子
女者甚多，拆散他們不合情理，故理藩院官員會商後，建議在遣返這些漢民時，應允
許他們將其蒙古妻子帶回內地原籍居住。若是有人不願照此辦理，准其自便。而此後
若再有違反蒙漢通婚禁令者，蒙漢雙方皆照違例處分，枷號三月，杖一百，並遞解原
籍。該管台吉、章京與頭目則罰三九牲畜。並將失察札薩克罰俸半年。嘉慶皇帝批示
依奏准行。[101]這個 1801 年的決議應該是清廷首次允許漢民將其蒙古妻兒帶回內地，
是前所未見之舉。

　　第二度變革發生在 1803 年八月（農曆）。嘉慶皇帝針對非法居留蒙古的民人妻
子的處置方式又有所改變，以下引述其交內閣的上諭：

> 朕因蒙古地方容留民人租種地畝日久必致有礙游牧。是以從前理藩院奏請，將
> 齊巴克扎布游牧處所種地民人驅逐。曾經降旨派永保妥為經理。今蘊端多爾濟
> 等奏，土謝圖汗部落扎薩克齊旺多爾濟、齊巴克扎布旗分，及哲布尊丹巴呼圖
> 克圖徒眾所屬地方，皆有游民棲止。而蒙古等多有負欠民債者，今若概行驅
> 逐，則負欠之蒙古措償拮据，而貧民亦無所歸等語。可見蒙古等情願容留民
> 人，已屬顯然，著照所請，此次免其驅逐，惟嗣後不准另墾地畝、添建房屋、
> 侵占游牧處所。其從前租種地畝，並令按地納租。其聘娶蒙古之女為妻者於該
> 民身故後，將伊妻子給與該處扎薩克為奴。其隸呼圖克圖徒眾地方者，即著為

[99] 慶桂、董誥等編，《大清高宗純皇帝實錄》，卷 1045，頁 27，收入中國第一歷史檔案館、北京大學圖書館與
北京故宮博物院圖書館編，《清實錄》，總第 21 冊（北京：中華書局，1986），頁 1000。

[100] 中國第一歷史檔案館編，《乾隆朝上諭檔》，冊 13（北京：檔案出版社，1998），頁 865-866。

[101] 「蒙古國家檔案局中文檔案」，台灣蒙藏委員會藏，卷 025，件 001，頁 0001-0004。部分摘引參見賴惠敏，
〈清代庫倫商卓特巴衙門與商號〉，《中央研究院近代史研究所集刊》，期 84，頁 15。

其所屬。所有各該處居民，現已查明。著庫倫辦事官員，按人給予執照。每年由蘊端多爾濟派員檢查，造冊報院。儻經此次辦理之後，再有無執照民人任意棲止，不特將該民人從重治罪，必將該盟長扎薩克等一併治罪。[102]

根據前引文，可以發現曾經允許漢民攜帶蒙古妻小回到內地原籍的嘉慶皇帝，在短短兩年內就改弦更張，雖然沒有下令將這些被查獲的漢民遣返原籍，但是增加了一條要求，即在這些漢民故去後，將其妻子發給札薩克為奴，或是給哲布尊丹巴呼圖克圖的大沙畢作為其屬民。這道上諭也是目前所知首次將過去行之有年的漢民把其蒙古妻子捐獻給大沙畢的行為合法化的規定。雖然上諭中並未提及，但這個章程很可能也適用於其子女。

　　1803 年的規定在 1824 年的庫倫客民梁士佶等七人呈控章京尚安泰同蒙古官員驅逐商民燒燬房屋一案中被引用為先例。[103]這代表最晚到 1824 年，前述 1803 年所定章程仍舊有效。但是這個章程並未被切實執行，否則不可能仍有非法移居民人在伊瑪地區經商開墾，很明顯是理藩院章京怠忽職守的結果。移入的漢民數目仍舊持續增長。

　　有鑒於漢民對大沙畢的捐獻在 1803 至 1830 年間仍舊持續不斷，可以推測這些捐獻在這段期間已經得到合法化。雖然目前並不清楚 1801 至 1803 年間是否有漢民攜帶蒙古妻小回到內地原籍，但據筆者統計，在這兩年間尚有十個漢民持續奉獻大沙畢的例子。[104]這表示這些捐獻應該都是有意為之的自願行為，因為他們實際上有機會能夠將蒙古妻小帶回內地。在前述 1830 年的范東昇（音）一例中，他必須向額爾德尼商卓特巴衙門稟告他在蒙古有一妻，育有三子，欲將兩子奉獻給大沙畢，並且得到烏里雅蘇台將軍彥德（1767-1838）的允許，[105]得以攜帶一子返回內地。雖然范東昇僅攜帶一子回原籍的原因並未見諸字據，但從其三子同時有漢蒙名的情況看來，也許這三個兒子的蒙古化程度相對較低。[106]但無論如何，這種情況極少發生。

[102] 曹振鏞、戴均元等編，《大清仁宗睿皇帝實錄》，卷 118，頁 16，收入中國第一歷史檔案館、北京大學圖書館與北京故宮博物院圖書館編，《清實錄》，總第 29 冊，頁 573。

[103] 關於梁士佶一案經過，參見文慶等編，《大清宣宗成皇帝實錄》，卷 66，頁 34-37，收入中國第一歷史檔案館、北京大學圖書館與北京故宮博物院圖書館編，《清實錄》，總第 34 冊，頁 53-54。

[104] 關於這十個案例，參見「額爾德尼商卓特巴衙門檔案」，蒙古國立中央檔案館藏，檔號 M85 D1 KhN64，頁 84b-86a。

[105] 關於歷任定邊左副將軍的列表，參見李毓澍，〈定邊左副將軍制度考〉，收入氏著，《外蒙政教制度考》，頁 97-103。

[106] 「額爾德尼商卓特巴衙門檔案」，蒙古國立中央檔案館藏，檔號 M85 D1 KhN64，頁 93a-93b。

八、從大沙畢的捐獻討論移民蒙古的漢人及其後裔之蒙古化

　　據前揭兩類字據可知，這些漢人移民以商人為主，也有傭工、農夫與石匠，但沒有士大夫，故在傳統中國士農工商的分類中，屬於後三者。最早約於 1747 年進入蒙古者，多半來自華北，以山西居多。當中有些人領有照票，有些則無。領有照票者，其照票多半也已過期。他們來到外蒙古的原因，多半是因為在原籍貧無立錐之地。他們在外蒙成家立業，生活小康，取蒙名，娶蒙女，居留長達數十年。其後代亦取蒙名，有漢名的極少。由於病重或衰老而無法回到關內原籍，擔心妻小孤苦無依，故將其妻子、兒孫與家產奉獻給哲布尊丹巴呼圖克圖，成為大沙畢的屬民與財產。這些漢商的後代藉此由民籍轉入蒙旗籍，在法律上成為蒙古人的一分子，並取得在蒙古合法居留的權利。這些人後來很有可能都認同自己為蒙古人。更重要的是，他們也得到蒙古社會的接納。

　　雖然蒙古活佛與寺院的權威是受到清朝所認可，但是並不代表雙邊的利益永遠一致。對於蒙古寺院與大沙畢而言，它們原本就有庇護孤苦無依者的傳統，加上這些漢人的奉獻可以增加自己的屬民與財產，這應該都是他們願意接受這些奉獻的原因。不過這樣的作法明顯與清朝堅持蒙漢隔離與地域封禁政策相左。但由於前述清朝皇帝優禮蒙藏佛教與活佛，大沙畢與額爾德尼商卓特巴衙門就可以利用這種清朝政府所特許的自治權，以規避來自清廷的審查與壓力。故本文將哲布尊丹巴呼圖克圖及其寺院與徒眾稱為次國家權威。而且必須注意的另一點是，這也不是在傳統漢文化下發展的制度。

　　這些漢民利用捐獻大沙畢來庇護家人與財產，拒絕內地原鄉親戚的繼承權，並且避免被官府沒收或侵害。這過去在中國歷史上也有先例，佛寺因為受到官方優禮，而在庇護升斗小民上扮演重要角色。佛教在西元一世紀傳入中國後，至五世紀時已經廣獲貴族與平民的歡迎，這些寺院受到皇帝的優禮而得以豁免賦役。在六世紀至九世紀末，販賣度牒大為流行。安史之亂後，由於政治與社會動盪不安，這種情況更加氾濫，官方登記的僧侶人數也隨之增加，獲取出家人地位之舉被視為逃避沉重國家賦役的方式。農民受時局動盪的影響最為顯著，並且希冀逃避兵役，而佛教寺院正能提供這些農民保護傘，免於政府與戰爭的迫害。因此大批農民將自己的土地捐獻給佛寺，成為其屬民。佛寺所擁有的動產與不動產日益增加，並且從事商業與貸款事業。它們既是庇護所也是商業場所。然而政府並不樂見這種現象過度發展，他們所顧慮的問題在於納稅人減少以及稅收不足。許多官員上書批評假冒僧侶與私自剃度的情況相當嚴

重，並且強迫那些不合法的僧人還俗。而毀佛運動在隋唐五代也層出不窮，目的也是為了打擊逃稅避役者。[107]

　　在佛教社會中利用宗教奉獻來保護財產免於受到分家與徵稅所損失的作法也見於穆斯林社會中，瓦合甫（waqf）慈善捐獻就是例證。瓦合甫在伊斯蘭法的馬立克派（Maliki）中也被稱為哈波斯（habous）。瓦合甫是一種伊斯蘭教的社會法律制度，起源於先知穆罕默德（c. 570-632）的時代，其意為慈善捐獻或奉獻本身。在這種制度中，奉獻者將其財產（土地或畜群）捐給清真寺以獲得宗教上的功德，而仍舊能仰賴其財產的部分收益為生。其意義在於捐贈者失去對其捐贈財產的絕對支配權，但是能夠從清真寺獲得更強大的保護，免於被政府徵稅或充公。這與本文所談的漢民捐獻大沙畢也有異曲同工之處。例如前述的漢民桂思君（音）要求將其牲畜在扣除熬茶（指給僧侶的奉獻）份額後，一半分給其妻子與長子，另一半則分給其次子。[108]與瓦合甫類似的是，這些捐贈者雖失去對其捐贈財產的絕對支配權，但仍舊有部分的處分權，並且更重要的是他們能夠從大沙畢處獲得保護，免受清廷徵稅或將其財產充公。

　　這種捐獻導致了漢民與蒙古女子的後代大量透過大沙畢的管道，取得蒙古旗籍，在戶籍與法律上成為蒙古人。這種漢人移民後代在身分地位與法律上的蒙古化（類似歸化），實際上是晚於第一代漢人移民在社會文化上的蒙古化（包括涵化與同化）。以下本文將引用 Milton M. Gordon 的同化理論，來探討這些漢人移民及其後裔的蒙古化現象。

　　Milton M. Gordon 將同化分為七種類型與階段：（1）涵化（acculturation），指新移民改變其文化模式，接受其移入的東道主社會（host society）的語言、衣著與宗教習俗等；（2）結構同化（structural assimilation），指作為少數的移入者進入東道主社會的社會網絡與機構；（3）婚姻同化（marital assimilation），指移入者與東道主社會成員大規模通婚；（4）認同同化（identificational assimilation），指移入者認同自身為主流文化與族群的一員；（5）態度接受同化（attitude receptional assimilation），指偏見的消除；（6）行為接受同化（behavior receptional assimilation），指歧視的消除；（7）公民同化（civic assimilation），指少數族群與東道主社會之間不再存在價值與權力上的衝突。[109]但由於 Gordon 的模型是立基於當代美國社會，用在清代蒙古社會

---

[107] 有關中世中國佛教的寺院經濟，參見 Jacques Gernet, *Buddhism in Chinese Society: An Economic History from the Fifth to the Tenth Centuries*, trans. Franciscus Verellen (New York: Columbia University Press, 1995). 關於中國隋唐五代史上的官方抑佛行動，參見張箭，《三武一宗抑佛綜合研究》（廣州：世界圖書出版公司，2015）。

[108] 「額爾德尼商卓特巴衙門檔案」，蒙古國立中央檔案館藏，檔號 M85 D1 KhN64，頁 84a。

[109] Milton M. Gordon, *Assimilation in American Life*, p. 71.

的情況，有必要做調整。特別是在結構同化上，本文主要是用來指稱成員在法律上被視為該社會成員的情況。具體討論請見後文。

就移入蒙古之第一代漢民而言，雖然他們的主要生業還是一般漢人所擅長的商業與農業，不過他們確實受到蒙古文化的涵化，這體現在他們的名字、語文使用、宗教與習俗上。他們取蒙古名、使用蒙古語文、住蒙古帳房、擁有畜群、奉行蒙古佛教的作法，並且採用蒙古習俗。這種情況在他們的後代身上更為明顯。第二代基本上已不見有人取漢名。在奉行佛教這點上，將後代奉獻給寺廟的情況在蒙古是常見的情況，而且重視農事與家庭的漢人很少會願意把男丁送去當和尚。[110]因此這些漢民願意將後代奉獻給寺院的行為，無論是出於做功德的宗教因素，或是保全家產的經濟因素，至少都顯示他們某種程度上接受這樣的作法。另外，他們的婚俗也受蒙古文化影響。例如前述有民人與當地漢人之女結親，自言婚禮也是按照蒙古習俗所舉行。新郎的聘禮包括了一匹馬、一頭公牛、一頭懷著牛犢的母牛、還有一隻公羊。如果對照《喀爾喀法規》來看，兩個蒙古平民家庭之間的婚事要能夠被認可，聘禮需有酒、羊內臟、角、蹄全份，且有證人認可才算是有效，[111]內容與前述漢人的說法有所出入，也許他們所行的婚禮只是他們認知中的蒙古婚俗而已，當然也不排除習俗經久有所改變的情況。但無論如何，這些漢人清楚意識到自己的婚禮更接近蒙古習俗而非漢俗。

通婚也被視為是重要的同化門檻，也就是 Gordon 所說的婚姻同化。如前述，這些漢人移民及其後代在蒙古基本上很難找到漢女結婚，因此幾乎都是與蒙古女子或是漢蒙混血女子結婚，而這些女子中有些也出身自大沙畢。這類婚姻很可能也使這些漢民對於大沙畢與蒙古佛教更為熟悉，而且更容易建立起與當地蒙古社會的人際網絡，有助開展其當地事業。

認同同化有可能也發生在這些漢民的第二代身上。如前述，這些漢民的後代有時候被稱為二類子，或被其父親稱為蒙古人。雖然我們並不清楚他們為何如此稱呼其後裔為蒙古人的確切原因，但是二類子明顯是指稱他們作為漢蒙混血兒的事實。只可惜現有的材料尚未能夠說明這些後裔究竟如何看待自己身分的問題。

在蒙古化過程中，結構同化也許對於這些漢人後代是最為重要的同化類型或階段。一如前述，在早期近代的大清帝國內部，一個人的戶籍身分與法律地位決定了其權利與義務。這也是前現代帝國與現代民族國家不同的一個特徵。這些漢人後代後來

---

[110] 十九世紀末遊歷蒙古的俄國學者 A. M. Pozdneyev 在其遊記中，就觀察到漢人與蒙古人對於將男丁奉獻給寺廟一事上的態度差異。參見 Pozdneyev, *Mongolia and the Mongols*, vol. 2, p. 121.

[111] 達力扎布，《〈喀爾喀法規〉漢譯及研究》，頁 176 [8: 17]、221 [8: 17]。

被其父親奉獻給哲布尊丹巴呼圖克圖，加入了大沙畢，在某種程度上，就算是在法律上取得當地蒙古人的身分。因此這裡的結構同化比 Gordon 所提的加入各種俱樂部與社團還要來得狹窄，而且意義更為重大。自此他們與內地民人所擁有的權利與義務就不再相同，他們不須繳稅給清朝政府，而只需要負擔大沙畢內部的開支與服役。甚至在司法上也直接受到額爾德尼商卓特巴衙門的審判，而不適用《大清律例》。

至於態度接受同化、行為接受同化與公民同化等三部分，由於目前並未發現文書記載蒙古人對於這些漢蒙混血兒的態度，因此無法評估。但是從大沙畢內部的人口普查記錄，可以發現這些記錄中只登記戶長的名字與各戶人口數，並未提及其出身背景。[112]因此可以說這些漢蒙混血兒在進入大沙畢後，基本上從官方記錄中是看不出其出身背景的，也很可能被按照一般的廟丁對待。但這點也增加了透過田野調查做進一步調查的困難度。筆者於 2013 至 2014 年在烏蘭巴托訪學期間，也試圖尋訪這些漢蒙混血廟丁的後代。但一方面是年代久遠，加上蒙古的反中情結，一般蒙古人很可能傾向隱藏其漢人出身，不願輕易對人透漏。[113]因此未能順利結合田調方法，算是本文的一個缺憾，只能留待未來有機會再加以補足了。

小結前述，第一代的漢人移民蒙古化的情形主要表現在涵化與婚姻同化兩大方面，而他們的第二與第三代基本上除了達成前述兩者以外，還可以再加上結構同化與認同同化。其中又以取得廟丁身分的結構同化最為關鍵，也最具標誌性。這不僅代表他們順利進入蒙古的社會階層當中，同時還代表他們被清朝與蒙古當地的統治者所認可，在戶籍與法律上成為蒙古人，算是跨過一道在當時最重要的同化門檻。

九、結論

近二十年來，華南研究與新清史兩大「學派」對於晚期帝制中國史領域貢獻良多。前者強調田野工作，利用漢文民間文獻以研究中國內地社會的組織與形塑，後者則強調利用漢文與非漢文的中央檔案以探索清朝作為多民族帝國的統治特色。兩者都強調邊地與中央的互動。本文同時受到兩種取向的啟發，利用烏蘭巴托與台北兩地的蒙、漢文民間文書探討清代移民外蒙之漢人的蒙古化議題。清朝透過訴諸族群主權，

---

[112] 關於此類戶口調查資料的樣本，參見 P. Delgerjargal, S. Nyamdorj, S. Batdorj, and B. Lkhagwabayar, eds., *Ikh Khüreenii guchin aimag: barimt bichgiin emkhetgel (1651-1938 on)* [大庫倫的三十個愛瑪克：文書選編（1651-1938 年）] (Ulaanbaatar: Mönkhiin üseg, 2015), pp. 25-26.

[113] 關於當代蒙古的反中情結的淵源與分析，參見 Franck Billé, *Sinophobia: Anxiety, Violence, and the Making of Mongolian Identity* (Honolulu: University of Hawai'i Press, 2015).

在不同民族的臣民之間創造了各種身分、地位、法律與地域的差異與限制。清代的蒙漢關係亦沿此軌跡發展。

自喀爾喀蒙古於 1691 年歸順清朝以來，蒙古封禁與蒙漢隔離政策也從內蒙延伸到了外蒙。即便如此，從檔案文獻中仍然可以發現部分漢人移民違反清朝禁令，在蒙古非法長期居留，並且娶妻生子，熟習蒙古文化，並且與蒙古人和平共處。本文探討了這些漢人移民與其後裔如何整合進入蒙古社會，並且最終在戶籍與法律上由民人轉變為蒙古的過程。同時也探討了嘉慶皇帝為了因應漢蒙通婚的種種問題所做的兩度更張，從允許漢民攜帶蒙古妻小回到內地，到後來將漢民奉獻大沙畢的行為合法化，都顯示了清廷在處理這類問題上的讓步與彈性。

本文的另一重點在於突出清代外蒙佛教領袖哲布尊丹巴呼圖克圖所屬的大沙畢在漢人移民蒙古化過程中的重要地位。從本文所探討的個案中，可以見到蒙古的藏傳佛教對這些漢人移民的影響，以及他們利用清廷與蒙古活佛為代表的地方佛教寺院權威之間的利益相左之處，透過訴諸蒙古地方制度與權威，改變自身法律身分的策略與實踐。由此一來，這些漢人移民得以在清朝政府強加的各種法律限制之間游移，並逃避來自國家的追緝與監視，成功達成「居國中以避國」的目的。

圖 1 ｜ 本文所提及之清代移民蒙古的漢人祖籍以及逗留地（黑色圓點）分布圖

Daizhou	代州	Lingqiu	靈丘	Wanquan	萬全
Dingxiang	定襄	Ningwu	寧武	Wenshui	文水
Dolonnuur	多倫	Qixian	祁縣	Xiaoyi	孝義
Fenyang	汾陽	Tianzhen	天鎮	Yuci	榆次
Kalgan	張家口	Ulaankhada	赤峰		

圖 2｜本文所提及之漢人移民在蒙古的分布圖（黑色雙層圓圈）

Burgaltai	布爾噶勒台
Erdene Zuu	額爾德尼召
Ibeng	伊琫
Khüriye	庫倫
Middle Rear Final banner	（三音諾顏部）中後末旗
Orkhon R.	鄂爾渾河
Right-wing Left banner	（土謝圖汗部）右翼左旗
Selenge R.	色楞格河
Uliastai	烏里雅蘇台

徵引書目

史料與中文資料

《蒙古律例》，台北：成文出版社，1968。

「蒙古國家檔案局中文檔案」，台灣蒙藏委員會藏，檔號，卷 025。

「額爾德尼商卓特巴衙門檔案」，蒙古國立中央檔案館藏，檔號 M85 D1 KhN39。

「額爾德尼商卓特巴衙門檔案」，蒙古國立中央檔案館藏，檔號 M85 D1 KhN64。

中國人民政治協商會議內蒙古自治區委員會文史資料研究委員會編，《旅蒙商大盛魁》，內蒙古文史資料
　　第 12 輯，呼和浩特：內蒙古文史書店，1984。

中國第一歷史檔案館編，《乾隆朝上諭檔》，冊 13，北京：檔案出版社，1998。

文慶等編，《大清宣宗成皇帝實錄》，收入《清實錄》，卷 66，收入中國第一歷史檔案館、北京大學圖書
　　館與北京故宮博物院圖書館編，《清實錄》，總第 34 冊，北京：中華書局，1986。

札奇斯欽，《蒙古與西藏歷史關係之研究》，台北：正中書局，1978。

田山茂，潘世憲譯，《清代蒙古社會制度》，北京：商務印書館，1987。

托津等編纂，《理藩院則例》，第 2 冊，收入故宮博物院編，《故宮珍本叢刊》，冊 300，海口：海南出
　　版社，2000。

呂杰，〈「晚期帝制中國」考──美國中國學史研究中的「關鍵詞」探討〉，《學術界》，期 8（合肥，
　　2011），頁 193-200。

妙舟，〈哲布尊丹巴傳略〉，收入中國社會科學院中國邊疆史地研究中心編，《清代蒙古高僧傳譯輯》，
　　北京：全國圖書館文獻縮微複製中心，1990，頁 384-434。

李華彥，〈從庫倫客民京控案理解清朝嘉慶、道光時期對蒙古的統治〉，「清代旅蒙山西商人暨廣東行商
　　史料研讀工作坊」，台北：中央研究院近代史研究所，2012 年 10 月 26 日。

李毓澍，《外蒙政教制度考》，台北：中央研究院近代史研究所，1978 年再版。

定宜莊、歐立德，〈21 世紀如何書寫中國歷史：「新清史」研究的影響與回應〉，《歷史學評論》，卷 1
　　（北京，2013），頁 116-146。

林士鉉，《清季東北移民實邊政策之研究》，台北：國立政治大學歷史學系，2001。

金海、齊木德道爾吉、呼日查與哈斯巴根，《清代蒙古志》，呼和浩特：內蒙古人民出版社，2009。

科大衛（Faure, David），〈告別華南研究〉，收入華南研究會編，《學步與超越：華南研究論文集》，香
　　港：文化創造出版社，2004，頁 9-30。

───，〈宗族程式：16 世紀的禮儀革命與帝制晚期中國的國家〉，收入氏著，《明清社會和禮儀》，北
　　京：北京師範大學出版社，2016，頁 3-23。

胡日查，《清代內蒙古地區寺院經濟研究》，瀋陽：遼寧民族出版社，2009。

珠颯，《18-20 世紀初東部內蒙古農耕村落化研究》，呼和浩特：內蒙古人民出版社，2009。

馬戎譯，《美國社會的同化》，南京：譯林出版社，2015。

張箭，《三武一宗抑佛綜合研究》，廣州：世界圖書出版公司，2015。

曹振鏞、戴均元等編，《大清仁宗睿皇帝實錄》，卷 118，收入中國第一歷史檔案館、北京大學圖書館與
　　北京故宮博物院圖書館編，《清實錄》，總第 29 冊，北京：中華書局，1986。

曹樹基，《中國人口史‧第五卷‧清時期》，上海：復旦大學出版社，2001。

閆天靈，《漢族移民與近代內蒙古社會變遷研究》，北京：民族出版社，2004。

黃成垿、陳籙，《蒙古逸史》，上海：商務印書館，1917。

達力扎布，《〈喀爾喀法規〉漢譯及研究》，北京：中央民族大學出版社，2015。

趙世瑜，〈我與「華南學派」〉，《文化學刊》，期10（瀋陽，2015），頁43-53。

慶桂、董誥等編，《大清高宗純皇帝實錄》，收入《清實錄》，中國第一歷史檔案館、北京大學圖書館與北京故宮博物院圖書館編，北京：中華書局，1986，卷1045 [總第21冊]。

盧明輝、劉衍坤，《旅蒙商——17世紀至20世紀中原與蒙古地區的貿易關係》，北京：中國商業出版社，1995。

賴惠敏，〈清代庫倫商卓特巴衙門與商號〉，《中央研究院近代史研究所集刊》，期84（台北，2014），頁1-58。

藍美華，〈內蒙古與一九一一年蒙古獨立運動〉，《漢學研究》，23：1（台北，2005），頁393-425。

英蒙日韓文資料

Atwood, Christopher P. *Encyclopedia of Mongolia and the Mongol Empire.* New York: Facts on File, 2004.

Atwood, Christopher P. *Young Mongols and Vigilantes in Inner Mongolia's Interregnum Decades, 1911-1931.* Leiden: Brill, 2002.

Bawden, Charles R. trans. *The Jebtsundamba Khutukhtus of Urga.* Wiesbaden: Otto Harrassowitz, 1961.

Bayarsaikhan, Batsükh, Bayanbaatar Batbayar, and Baatarjab Lkhagawajaw ed. *Mongolyn shüün taslakh ajillagaany tüükhen surwalj bichigt khiisen shinjilgee* (Ulaan khatsart). Ulaanbaatar: Admon, 2010.

Billé, Franck. *Sinophobia: Anxiety, Violence, and the Making of Mongolian Identity.* Honolulu: University of Hawai'i Press, 2015.

Crossley, Pamela Kyle. "A Reserved View to 'New Qing History'." Unpublished manuscript.

Crossley, Pamela Kyle, Helen F. Siu（蕭鳳霞）, and Donald S. Sutton, eds. *Empire at the Margins: Culture, Ethnicity, and Frontier in Early Modern China.* Berkeley and Los Angeles: University of California Press, 2006.

D. Tsedew, *Ikh shaw'* [大沙畢]. Ulaanbaatar: Mongolian Academy of Sciences Press, 1964.

Dügersüren, L. *Ulaanbaatar khotyn tüükhees: Niislel Khüree.* Ulaanbaatar: State Publishing House, 1956.

Dunnell, Ruth W., and James A. Millward. "Introduction." In James A. Millward, Ruth W. Dunnell, Mark C. Elliott, and Philippe Forêt, eds., *New Qing Imperial History: The Making of an Inner Asian Empire at Qing Chengde*, pp. 1-12. London and New York: Routledge Curzon, 2004.

Elliott, Mark C. *The Manchu Way: The Eight Banners and Ethnic Identity in Late Imperial China.* Stanford: Stanford University Press, 2001.

Galdan. *Erdeni-yin erike kemekü teüke boloi*, trans. and annot. J. Gerelbadrakh Ulaanbaatar: Mongolian National University of Education Press, 2007.

Gernet, Jacques. *Buddhism in Chinese Society: An Economic History from the Fifth to the Tenth Centuries.* trans. Franciscus Verellen. New York: Columbia University Press, 1995.

Gordon, Milton M. *Assimilation in American Life: The Role of Race, Religion, and National Origins.* New York: Oxford University Press, 1964.

Huang, Pei (黃培). *Reorienting the Manchus: A Study of Sinicization, 1583-1795.* Ithaca: East Asia Program, Cornell University, 2011.

L. Altanzaya. "Mongol dakhi khyataduudyn asuudald [漢人在蒙古的相關問題論考]." *Erdem shinjilgeenii bichig (Tüükh büs nutag sudlalyn bag)*, ed., College of Humanities, University of Sciences and Technology. Ulaanbaatar: University of Sciences and Technology, 2004.

L. Khürelbaatar. *Öndör Gegen-ü namtar* [哲布尊丹巴一世傳]. Höhhot: Inner Mongolian People's Publishing House, 2009.

Le Roy Ladurie, Emmanuel. *Montaillou: The Promised Land of Error*, trans. Barbara Bray. New York: George Braziller, 2008.

Lin, Man-houng (林滿紅). *China Upside Down: Currency, Society, and Ideologies, 1808-1856*. Cambridge, MA.: Harvard University Asia Center, 2006.

M. Sanjdorj. *Khalkhad Khyatadyn möngö khüülegch khudaldaa newterch khöljsön ni (XVIII zuun)* [論漢人高利貸商業在喀爾喀的引進與致富（18 世紀）]. Ulaanbaatar: Mongolian Academy of Sciences Press, 1963.

M. Sanjdorj. *Manchu Chinese Colonial Rule in Northern Mongolia*. translated by Urgunge Onon, New York: St. Martin's Press, 1980.

Miller, Robert James. *Monasteries and Culture Change in Inner Mongolia*. Wiesbaden: Otto Harrassowitz, 1959

P. Delgerjargal, S. Nyamdorj, S. Batdorj, and B. Lkhagwabayar eds. *Ikh Khüreenii guchin aimag: barimt bichgiin emkhetgel (1651-1938 on)* [大庫倫的三十個愛瑪克：文書選編（1651-1938 年）]. Ulaanbaatar: Mönkhiin üseg, 2015.

Pozdneyev, A. M., Mongolia and the Mongols, ed. John Krueger, trans. *John Roger Shaw and Dale Plank*, 1:1892 (1971; repr., London: Curzon Press, 1997).

Redfield, Robert, Linton, Ralph, and Herskovits, Melville J. "Memorandum for the Study of Acculturation." *American Anthropologist*, 38:1 (1936), pp. 149-152.

Riasanovsky, Valentin A. *Fundamental Principles of Mongol Law*, Uralic and Altaic Series, vol. 43. Bloomington: Indiana University, 1965.

Serruys, Henry. "Siülengge~šülengge." *Journal of the American Oriental Society*, 92:1 (January-March 1972), pp. 92-95.

Sh. Natsagdorj. *Ulaan Khatsarto. Ulaanbaatar: Mongolian Academy of Sciences*, 1956.

Shepherd, John R. "Rethinking Sinicization: Processes of Acculturationa and Assimilation." 收入蔣斌、何翠萍主編，《國家、市場與脈絡化的族群》，台北：中央研究院民族研究所，2003，頁 133-150。

Shepherd, John R. *Statecraft and Political Economy on the Taiwan Frontier, 1600-1800*. Stanford: Stanford University Press, 1993.

Ts. Sonomdagwa. *Manjiin zakhirgaand baisan üyeiin ar mongolyn zasag zakhirgaany zokhion baiguulalt (1691-1911)* [滿洲統治時期外蒙古的統治機構（1691-1911 年）]. Ulaanbaatar: Mongolian Academy of Sciences Press, 1961.

Vladimirtsov, B. *Le régime social des Mongols: le féodalisme nomade*, trans. Michal Carsow. Paris: Adrien-Maisonneuve, 1948.

Wu, Guo (伍國). "New Qing History: Dispute, Dialog, and Influence." *The Chinese Historical Review*, 23:1 (May 2016), pp. 47-69.

Z. Ninjbadgar. *Jibzundamba khutagtyn shabiin zakhirgaa (XVII-XX zuuny ekhen)* [哲布尊丹巴呼圖克圖之沙畢的管理（16 至 20 世紀初）]. Ulaanbaatar: Arwin sudar, 2014.

[日]佐藤憲行，《清代ハルハ・モンゴルの都市に關する研究：18 世紀末から 19 世紀半ばのフレーを例に》，東京：学術出版会，2009。

[日]萩原守，《清代モンゴルの裁判と裁判文書》，東京：創文社，2006。

[韓]金宣旼（Kim Seon-Min）譯，〈신'청사에 대한조심스러운 접근〉，收入 Yun, Peter I. 윤영인編，《외국학계의 정복왕조 연구 시각과 최근동향 [Perspectives and Research Trends in Foreign Scholarship on the Conquest Dynasties]》，首爾：東北亞歷史財團，2010，頁 183-216。

網路資料

林榮盛、曾獻緯，〈鄭振滿教授談民間文獻與地方史研究〉，《台大歷史系學術研究通訊》，期 17（台北，2014），http://homepage.ntu.edu.tw/~history/public_html/09newsletter/17/newsletter17.pdf（2016/5/7 檢閱），頁 27-29。

戰後內蒙古自治政府形成經過之考察
——兼談戰後中共民族政策變動
對內蒙民族主義運動的影響

楊奎松

一、引言

　　眾所周知，自清至民國，外蒙古基本保持著遊牧社會的傳統形態，民族單一化程度很高；內蒙古因農牧並舉，漢移民日增，蒙人占人口比例漸居少數，而且隨著越來越多的蒙人棄牧務農和蒙漢雜居，蒙人也大量漢化。故 20 世紀前半期，內外蒙古雖然同樣受到國際上民族自決運動浪潮的衝擊，兩者所表現出來的要求自決的內在動力和能量，都不能不有極大不同。內蒙古真正形成過有相當群眾基礎和重要影響的蒙族自決運動，也只是在戰後東北的一個短時期內。其原因也很明顯，即由於蘇蒙聯軍出兵，日本戰敗，曾經被日本佔領的東蒙地區一度成為權力真空地帶，再加上外蒙古獨立合法化，新近成長起來的蒙族知識分子及青年學生民族主義情緒空前高漲。而這個時候中共力量的大舉進入，和國民政府在內蒙自治問題的曖昧態度，也在相當程度上抑制了內蒙王公貴族的作用，推助了蒙族知識分子和青年學生民族主義步步左傾。

　　中共之所以能夠與這一時期東蒙民族主義勢力相結合，得益於它自身的民族革命觀念與這時蒙族知識分子的民族主義訴求，有著相當的契合性。

　　中共自建黨伊始，就主張中國應該依照蘇俄模式，除本部外，邊疆少數民族，如「蒙古西藏回疆三部實行自治，成為民主自治邦」，然後「用自由聯邦制，統一中國本部、蒙古、西藏、回疆，建立中華聯邦共和國」。[1]

　　1931 年 11 月中共初次創建中華蘇維埃共和國之際，更是明白宣告：「中國蘇維埃政權承認中國境內少數民族的自決權，一直承認到各弱小民族有同中國脫離，自己成立獨立的國家的權利」。[2]一些中共地方武裝還嘗試過成立「聯邦政府」，甚至曾

---

[1]　〈中國共產黨第二次全國大會宣言〉，1922 年 7 月，中央檔案館編，《中共中央檔選集》第 1 卷（北京：中共中央黨校出版社，1989），頁 115-116。

[2]　〈中華蘇維埃憲法大綱〉，1931 年 11 月 7 日，見中共中央統戰部編，《民族問題文獻彙編（1921.7-1949.9）》

經主動幫助過少數民族獨立建國。[3]

　　進至抗日戰爭時期，基於民族戰爭的大背景，中共在民族自決的政策主張方面有所調整。但直至 1945 年春召開中共七大，它依舊以「民族自決」為原則，並力主建立「聯邦制」共和國。有學者斷言，1945 年中共七大召開時已經放棄了民族自決的主張，半年後下達《中共中央關於內蒙工作方針的指示》又進一步放棄了聯邦制主張。[4]這恐怕是一種失實之論。毛澤東七大政治報告就此表述得很明白：「中國境內各民族，應根據自願與民主的原則，組織中華民主共和國聯邦」。所謂「自願與民主」，就是要「允許各少數民族有民族自決權」。[5]直至 1947 年 10 月 10 日，毛澤東擬定並發表的《中國人民解放軍宣言》第七條，依舊主張：「承認中國境內各少數民族有平等自治及自由加入中國聯邦的權利」。[6]

　　中共最早開始討論要不要放棄「民族自決」的提法與主張，已經是 1949 年 6-9 月間起草《中國人民政治協商會議共同綱領（草案）》過程中的事情了。已知直到 8 月下旬前的各稿中，都寫有「承認各民族的自治自決權」字樣，8 月 22 日周恩來起草的稿子中才改為「實現各民族的自治權」，仍保留有根據自願與民主的法則組成「中華各民族」字樣。直至 9 月 5 日稿，中共領導人才最終刪去了「民族自決」和「聯邦」等表述，一致決定建立地方行政區劃的單一制國家，在少數民族聚居區則實行「民族區域自治」政策。[7]

　　這之後，才可能有中共中央關於今後「不應再去強調」「少數民族的『自決權』」口號的相關指示的擬定和發出。[8]

　　（北京：中共中央黨校出版社，1991），頁 166。

[3]　參見〈中華蘇維埃共和國西北聯邦政府通電〉，1935 年 5 月；〈波巴第一次全國人民代表大會宣言〉，1936 年 5 月，中共中央統戰部編，《民族問題文獻彙編》，頁 271，495-496。

[4]　吳叡人，〈導讀：不可能的書寫〉，收入楊海英著，陳心慧譯，《在中國與蒙古的夾縫之間——一個蒙古人未竟的民族自決之夢》（新北市：八旗文化，2018），頁 9-11。

[5]　認為中共七大放棄了「民族自決」的主張，多半是誤把 1950 年代初做過刪節或改寫的《毛澤東選集》中的文字，當成原始文獻來相信了。毛澤東，〈論聯合政府——在中國共產黨第七次全國代表大會上的政治報告〉，1945 年 4 月 25 日，《毛澤東選集》，第 2 卷（哈爾濱：新華書店晉察冀分店，1947），頁 143，152。

[6]　見《人民日報》，1947 年 10 月 10 日，第 1 版。

[7]　參見陳揚勇，〈〈共同綱領〉與民族區域自治制度的確立——兼談新中國民族區域自治政策的形成〉，《中共黨史研究》，期 8（北京，2009），頁 13-20；周恩來，〈「新民主主義的共同綱領」草案初稿〉，1949 年 8 月 22 日，中共中央文獻研究室、中央檔案館編，《建國以來周恩來文稿》，第 1 冊（北京：中央文獻出版社，2008），頁 296。

[8]　所謂「不應再強調」，指示中特別說明是出於「反對帝國主義及其走狗分裂中國民族團結的陰謀」這一現實政治需要。故指示仍然肯定說，過去內戰時期強調並主張「民族自決」，「是完全正確的」。見〈中共中央關於少數民族「自決權」問題給二野前委的指示〉，1949 年 10 月 5 日，中共中央文獻研究室編，《建國以來重要

　　中共所以能夠邁出這一步，與他們已經有了解決邊疆民族問題的較成功的案例和經驗密切相關。[9]這就是戰後內蒙問題之解決及其民族區域自治經驗之獲得。

　　由此當不難發現，戰後內蒙問題之解決以及蒙族區域自治經驗創造的過程，也正是中共在民族問題上從主張「民族自決」轉向主張「民族自治」的過渡期。換言之，在解決內蒙問題，特別是將「民族自決」與「民族自治」相結合，來創設內蒙古區域自治基本制度架構的過程中，並不存在一些研究者想像中的既定的計畫或方案。一切都在摸索中，一切都只能在臨時應對中爭取理想的效果。真正的問題僅僅是，在那樣一種國共爭戰，而中共幾無優勢可言的形勢下，用什麼方法才能既讓蒙人站在中共一邊，又不會導致其走上分立主義道路呢？

　　本文所要考察的時段，是 1945 年 8 月至 1947 年上半年。對於中共，尤其是身處東北地區的共產黨人而言，這是一個軍事、政治，以及國際形勢瞬息萬變的時期。特別是在 1945 年底 1946 年初國民黨大軍開進東北之後，中共不得不大批退入偏僻蒙區，與國民黨軍周旋，一度連維持基本生存都變得極其艱難。身處不同時期、不同條件，面對交織著眼前利害和長遠目標，有著不同理論知識背景和實踐經驗的不同層級的中共領導人，自然會有不同的應對選擇。更不必說在漢族幹部與蒙族幹部之間，特別是在中共幹部與蒙族知識分子之間，利益衝突、意見分歧、政策爭論，乃至於中共中央本身主張和政策的頻繁變動，都是不可避免的。

　　研究 1945 年 8 月內蒙古民族自決運動興起，到 1947 年 5 月在中共主導下內蒙古自治政府建立這一階段的歷史，當然離不開對戰後中共涉及內蒙工作各部門與東蒙「內人黨」[10]之間關係的考察，這方面的研究目前也相對較多。[11]但是，要想講清楚這方面的歷史，特別是解釋清楚各種情況發生的原因，就必須要對中共中央、相關中央局、中央分局與受命負責處理內蒙問題的烏蘭夫及其它們之間相互關係的複雜情況加以考察；也必須要對這一時期中共各層級在民族問題上觀念、主張、政策和實踐變動情況進行考察。當然，最重要的，還是要瞭解當時瞬息萬變的政治軍事形勢帶給了中共以怎樣的衝擊，這些衝擊先後對中共的內蒙工作及其政策策略具體造成了怎樣的影響。可以肯定的是，正是在這些方面，前人的研究還有不少欠缺，甚至還有簡單化

文獻選編》，第 1 冊（北京：中央文獻出版社，1992），頁 24。

[9] 李國芳，〈中共民族區域自治制度的形成——以建立內蒙古自治政府為例〉，《近代史研究》，期 6（北京，2012），頁 88-104。

[10] 這裡指的是 1945 年 8 月 18 日在王爺廟宣告成立的「內蒙人民革命黨東蒙本部」這一組織。

[11] 涉及這段歷史的較具學術性的研究成果主要有：啟之，《內蒙文革實錄——「民族分裂」與「挖肅」運動》（香港：天行健出版社，2010），頁 46-52；楊海英，《在中國與蒙古的夾縫之間》，頁 41-65；李國芳，〈1947 年內人黨重建風波〉，《炎黃春秋》，期 9（北京，2013），頁 59-62 等。

甚或片面化的情況。

限於篇幅，本文無法一一解讀上面提到的所有問題。但會循著時間脈絡，嘗試將戰後形勢變動及中共自身觀念變動，與內蒙（主要是東蒙）民族主義運動之間交互影響互動的經過，做一比較詳細的梳理和說明。

二、蒙族幹部烏蘭夫戰後初露頭角

對內蒙古的民族統戰工作，是戰後中共成功應對和處理的第一個邊疆民族工作。中共中央對在內蒙地區實行民族統一戰線政策所以會取得成功，與具有烏蘭夫這樣一個頗具能力的蒙古族幹部不無關係。

烏蘭夫是中共黨內少有的既是蒙古族人，又具有長期從事蒙人統戰工作經驗的幹部。他出生於綏遠歸綏土默特旗一蒙古族農民家庭，因當地早已農業化，長期從事農業的蒙古農民基本漢化，因此他既不識蒙文，也不會講蒙語。但是，蒙古族的家庭出身，還是便利了他 1923 年到北京蒙藏學校去讀書，也因此受到了北京地區中共黨組織的吸引和影響，先後成為社會主義青年團員和中共黨員。兩年後他被選派到莫斯科中山大學學習，4 年學成後又回國擔任了中共西蒙工委組織委員、書記，這一幹就是十幾年。他在綏遠一帶從事最多的，就是蒙古族軍隊上層的統戰工作。而這也使他明顯地具有了「武人獨有的霸氣」[12]，為他戰後一騎絕塵式地在東西蒙古精英分子中拔地而起，打下了相當重要的基礎。

1945 年中共七大召開前，烏蘭夫已被提拔為中共綏蒙區黨委委員。七大召開時，他也因蒙古族出身，備受重視，被推舉為中央候補委員。但當時中共主要工作都在漢人圈內，並著重於黨、群、軍、政幾方面的情況下，既缺少實力背景，又是少數民族的烏蘭夫，還鮮有用武之地。

七大結束後，隨著晉綏根據地迅速擴大，中共武裝開始真正進入到蒙區，中共中央晉綏分局決定改塞北區行署為「綏蒙政府」，烏蘭夫得以出任綏蒙政府主席。[13]而他上任僅一個月，就趕上日本投降。辛亥以來深受外蒙獨立運動影響的內蒙各界精英，迅速開始發動各種形式的反抗和起義，迎接蘇蒙聯軍出兵中國東北及關外綏遠、察哈爾地區。錫林郭勒盟部分蒙古王公與偽蒙疆政府部分高官，如最高法院院長補英達賴等，於蘇尼特右旗德王府宣佈成立「內蒙古人民共和國臨時政府」，公開要求與

---

[12] 轉見楊海英，《在中國與蒙古的夾縫之間》，頁 46。
[13] 王樹盛、郝玉峰主編，《烏蘭夫年譜》（北京：中共黨史資料出版社，1989），頁 131-132。

外蒙古合併。由於蘇尼特右旗屬晉察冀邊區範圍，它的成立和宣言很容易被國民政府拿來指責中共分裂賣國，因此晉察冀分局得訊後即電告中共中央請示辦法，並希望派得力幹部設法解決問題。晉綏軍區領導人賀龍等馬上提議派烏蘭夫前往。

　　9 月 16 日，中共中央複電賀龍、林楓稱：「為著開展蒙人工作，同意雲澤[14]去路北蒙人中工作，此間再物色能蒙語及俄語幹部若干送來。」[15]據此，烏蘭夫等遂得以前往晉察冀中央局所在地張家口，與聶榮臻等研究解決方案。

　　9 月 29 日，烏蘭夫隨行的呂正操在張家口見到晉察冀中央局書記聶榮臻，進一步得知，除「內蒙古人民共和國臨時政府」外，在綏遠和興安盟還有不止一個要求自治，和要求與外蒙古合併的蒙人組織。[16]鑒於中共中央在給賀龍、林楓電中已明確表示「在綏遠蒙人地區，可以組織蒙人地方性的自治政府，並建立蒙人的軍隊」[17]，深知蒙古精英夙願的烏蘭夫當即提出，可以考慮組建一個統一的內蒙古自治運動組織，用籌備組建內蒙古統一的自治政府的名義，讓「內蒙古人民共和國臨時政府」之類的地方性組織暫停活動，都加入到全內蒙自治運動中來。

　　烏蘭夫的這一提議，是建立在中共中央 1930 年黨內指示和和 1935 年公開宣言的基礎上的。前者明確主張：「我們應該確認內蒙為一個民族單位」，支援蒙古民眾「建立內蒙平民共和國」；後者則公開宣告：應將「原來內蒙六盟、二十四部、四十九旗、察哈爾土默特二部，及寧夏三特旗之全域，無論是已改縣治或為草地，均應歸還內蒙人民，作為內蒙古民族之領土」。[18]烏蘭夫很清楚，要想讓內蒙古沿外蒙古邊境，從大興安嶺一直到綏遠，成為一個統一和完整的民族單位，無論是建國，還是建自治區，不要說指望國民黨政府做不到，就是想要靠外蒙古也實現不了。唯一能夠幫助中國境內蒙古族人實現這一願望的，只能是中國共產黨。因此他深信，同時作為中共代表和蒙族人，他完全有條件出面來做這一說服和爭取的工作。

---

[14] 雲澤，即烏蘭夫。

[15] 〈中共中央關於組織蒙人地方自治政府及軍隊給賀龍、林楓同志的指示〉，1945 年 9 月 16 日，中共中央統戰部編，《民族問題文獻彙編》，頁 960-961。

[16] 在烏蘭夫與聶榮臻會面的當天，晉察冀中央局知道張北成立過一個「內蒙解放委員會」，但不知道中共中央來電詢問的另一個「內蒙解放委員會」的情況。見〈晉察冀局關於內蒙解放委員會政策的請示〉，1945 年 9 月 29 日，《中共中央檔選集》，第 15 冊，頁 377-378；〈察哈爾各盟旗近況及察錫兩盟的工作經過〉，中共中央統戰部編，《民族問題文獻彙編》，頁 966-970。

[17] 〈中共中央關於組織蒙人地方自治政府及軍隊給賀龍、林楓同志的指示〉，1945 年 9 月 16 日，中共中央統戰部編，《民族問題文獻彙編》，頁 960-961。

[18] 〈中共中央關於內蒙工作計畫大綱〉，1930 年 11 月 5 日；〈中華蘇維埃中央政府對內蒙古人民宣言〉，1935 年 12 月 20 日，中共中央統戰部編，《民族問題文獻彙編》，頁 136-138，322-324。（註：《彙編》標註的時間是 1935 年 12 月 20 日，實際這是宣言發表於中共西北中央局機關報《鬥爭》第 78 期的時間，宣言落款時間是 12 月 10 日）。

　　烏蘭夫的主張和理由，符合中共長期以來對內蒙古的政策主張，因此晉察冀中央局領導人沒有提出任何不同意見。依照烏蘭夫的提議，聶榮臻當即以他和烏蘭夫、呂正操三人的名義，致電中共中央稱：「為了發動內蒙古自治，以便與外蒙保持密切聯繫起見，察綏兩省西蒙（習慣上均為西蒙）工作有統一的必要。」「如中央同意這一方針，提議以綏蒙區黨委為基礎，統一西蒙工作委員會，以綏蒙政軍為基礎，吸收蒙人參加，組織西蒙地方自治政府、軍隊。以雲澤同志為中心，領導西蒙工作」。[19]

　　在晉察冀中央局的支持下，烏蘭夫以綏蒙政府主席和中共中央代表的身份，於10月上旬趕到了西蘇尼特旗。[20]瞭解到該政府是在駐當地蘇軍和外蒙代表支持下成立起來的，烏蘭夫沒有馬上提出改「內蒙古人民共和國臨時政府」為「西蒙地方自治政府」的主張，而是明確提出必須改組該臨時政府。最初，這一要求也未能獲得蘇、蒙代表的認可。但20日，該臨時政府派往外蒙要求承認並援助的代表們歸來，轉達了外蒙古政府給「臨時政府」的答覆，即：「外蒙因國際關係不能幫助內蒙脫離中國成立獨立國家，目前內蒙應當各黨和中國共產黨合作，各黨在中國共產黨領導下求得民族解放。」同時，外蒙古當局也派人到張家口，向中共方面表示，外蒙「同意對內蒙問題執行中共之方針」。蘇、蒙代表這才接受了烏蘭夫的提議，決定「改變政府成分」。經協商，蘇、蒙代表同意中共方面加入5人，改由烏蘭夫任政府主席兼軍事部長，將原政府中幾個偽蒙疆政府和偽蒙古鐵血團的領導人排除出去。[21]

　　與此同時，由於錫林郭勒盟及察哈爾盟各旗牧民，包括王公貴族們的牲畜大部被蘇蒙軍趕走了，「許多蒙人連蒙古包、衣服及傢俱亦都拿走了」，各旗地方武裝全被繳械，以至土匪橫行，社會秩序紊亂，人們的正常生活都受到嚴重影響，「臨時政府」的人員也只能天天吃喇嘛的存糧度日。因此，烏蘭夫除代表中共方面提供給他們部分糧食外，並以當地糧食、燃料都不能承受政府運行為由，說服政府中人同意把政

---

[19] 〈聶榮臻、雲澤、呂正操關於內蒙的工作方針向中央的請示〉，1945年9月29日，中央檔案館編，《中共中央檔選集》，第15冊，頁378-379。

[20] 烏蘭夫一行到達德王府的具體時間，《烏蘭夫回憶錄》說是「10月間」；克力更的回憶說自己一行是在烏蘭夫和奎壁到達幾天後，即「十月中旬」抵達。查姚喆日記，10月4日下午烏蘭夫由張家口到商都城，5日「去德王府交談內蒙工作」。參見烏蘭夫革命史料編研室編，《烏蘭夫回憶錄》（北京：中共黨史資料出版社，1989），頁212；克力更，〈關於內蒙自治運動統一的回憶〉，內蒙古自治區政協文史和學習委員會編，《內蒙古文史資料》，第50輯（呼和浩特：內蒙古政協文史書店，1997），頁145；內蒙古黨委黨史研究室編，《姚喆將軍日記》（呼和浩特：內蒙古黨委黨史研究室，無出版日期），頁230-231。

[21] 〈察哈爾各盟旗近況及察錫兩盟的工作經過〉，1945年10月27日；〈關於察盟成立「內蒙古人民共和國臨時政府」問題向中央的請示〉，1945年10月27日，中共中央統戰部編，《民族問題文獻彙編》，頁966-970，972-973。

府遷到靠近晉察冀中央局控制的張北去，[22]如此也就有效地控制了該政府，使之在實際上消亡了。

烏蘭夫的解決方式，得到了聶榮臻和晉察冀中央局的高度評價和肯定。中共中央23日也來電批准了晉察冀中央局此前的提議，同意「放手發動與組織蒙人的地方自治運動，建立自治政府」。並同意「統一西蒙領導，暫規定大的方針由中央決定，實際工作由晉察冀中央局及晉綏分局分別自行處理，而以烏蘭夫同志和兩個中局連系」，「蒙古幹部應統一由烏蘭夫分配」。[23]

據此，晉察冀中央局一方面「決定向察哈爾省政府撥糧數千石賑濟」，同時派人進入牧區成立合作社，並組織蒙民生產；一方面根據烏蘭夫的彙報和提議，電告中共中央稱：「已成立之內蒙古共和國臨時政府暫不取消，但已停止出佈告及公開活動」。烏蘭夫將「繼續留在此間工作」，準備「在張垣成立內蒙自治運動聯合會（該會地址以後遷到德王府），發表宣言，通過簡章。」「根據廣泛的統一戰線精神」，將「吸收大批進步的中間的以及過去曾在德王政府中工作已公開承認錯誤的上層分子參加該會」，並使該會「帶有政府的諮詢機關性質，由自治運動聯合會辦學校，聯絡各盟旗，團結王公、喇嘛與知識分子，準備將來成立內蒙自治政府」。[24]

經中共中央批准後，烏蘭夫迅速主持召開了內蒙古自治運動聯合會籌備會，然後於11月26-28日正式在張家口召開了成立大會。烏蘭夫被推舉為聯合會執委會主席兼常委會主席。[25]

大會並一致同意烏蘭夫提出的對內蒙古自治運動聯合會權責的規定，即：「內蒙古自治運動聯合會是內蒙民族徹底解放之組織者和領導者，是發動內蒙群眾運動之最高統一之領導機關，也是建設內蒙古民主政府必經之橋樑。」[26]至於該會的「宗旨」，大會通過的「會章」亦有明確的說明，即：「團結內蒙古各階層人士，聯合中國共產黨及各民主勢力，發動與組織內蒙古人民徹底肅清法西斯殘餘，堅決反對國民

---

[22] 〈察哈爾各盟旗近況及察錫兩盟的工作經過〉，1945年10月27日，《民族問題文獻彙編》，頁967-968。

[23] 〈中共中央關於內蒙工作方針給晉察冀中央局的指示〉，1945年10月23日，中共中央統戰部編，《民族問題文獻彙編》，頁964-965。

[24] 〈關於察盟成立「內蒙古人民共和國臨時政府」問題向中央的請示〉，1945年10月27日；〈中共晉察冀中央局關於成立內蒙自治運動聯合會的報告〉，1945年11月8日；〈中共晉察冀中央局關於察綏兩盟政權問題給中央的報告〉，1945年11月9日，中共中央統戰部編，《民族問題文獻彙編》，頁972-973，974，975。

[25] 〈內蒙古自治運動聯合會首次執委會議決〉，1945年11月27日，內蒙古自治區檔案館編，《內蒙古自治運動聯合會檔案史料選編》（北京：檔案出版社，1989），頁39-40。

[26] 〈雲澤談內蒙古自治運動聯合會對目前工作方針的意見〉，1945年11月27日，《內蒙古自治運動聯合會檔案史料選編》，頁25-27。

黨內反動派之大漢族主義政策，建立內蒙古民族自決民主之政權，從事適合於人民利益之政治、經濟、軍事、文化等等之新建設，以求內蒙古徹底解放，並為實現自由聯邦之新民主主義之新中國而奮鬥」。[27]

　　內蒙古自治運動聯合會的公開成立，不僅使烏蘭夫成為中共黨內處理蒙古問題最具權威性的人選，而且也使他在蒙人中開始獲得了很大的政治聲望和號召力。

三、戰後內人黨的崛起與頓挫

　　就在烏蘭夫馬不停蹄地忙於解決西蒙地區出現的「內蒙古人民共和國臨時政府」問題的同時，東蒙地區也已經出現了另一股同樣主張內外蒙合併，而其政治能量及影響遠非補英達賴等人所能比擬的政治力量。這就是「內蒙古人民革命黨東蒙本部」。

　　內蒙古人民革命黨（簡稱「內人黨」）創建於 1925 年，是仿照外蒙古人民革命黨組建，原本以實現內外蒙古合併建國為鬥爭目標的。由於蘇聯不支持合併內外蒙古，因此它在共產國際的推動和指導下，加入到了中國 20 年代中期的國民革命運動中。隨著 1927 年國共關係破裂，特別是偽滿洲國建立後，內人黨領導機關實際上「自行解體」，該黨再無有系統的組織活動。[28]

　　但是，內人黨雖不復存在，原內人黨成員繼續堅持民族解放理想，自我潛伏，以及少數蒙族留蘇學生受共產國際派遣，回到日本佔領下的偽滿蒙疆地區，以內人黨的名義發展人員的情況，也還是存在的。比如，1945 年 8 月內蒙人民革命黨東蒙本部的主要創建者哈豐阿，就不是前內人黨成員，而是 1932 年初被共產國際派遣回來的朋斯克和特木爾巴根秘密發展的。朋斯克和特木爾巴根早先也沒有正式參加過內人黨，他們是留蘇後加入了聯共（布），1929 年才被派遣回來的。而 1945 年已經做到偽興安總省省長的博彥滿都，卻曾經是內人黨骨幹成員之一，但他不瞭解，也沒有參與過哈豐阿、朋斯克和特木爾巴根等人的秘密活動，而是在注意到日本戰敗的跡象

---

27 〈內蒙古自治運動聯合會會章（宗旨）〉，1945 年 11 月，參見[日]楊海英，《內モンゴル自治區の文化大革命〈4〉》（東京：風響社，2011），頁 142；《內蒙古自治運動聯合會檔案史料選編》，頁 27（註：後者錄入的文字刪去了「民族自決」和「自由聯邦」等字樣。）

28 烏蘭夫革命史料編研室編，《烏蘭夫回憶錄》，頁 73-74。阿拉騰德力海以日據期間朋斯克和特木爾巴根曾與蘇聯有過聯繫，並參與過情報工作為由，不同意說內人黨當時已經解體，理由似不充分。筆者同意朝魯孟的判斷，即兩人的潛伏活動並未受內人黨領導機關派遣，內人黨成員類似的潛伏活動也並非依據黨組織的指示，該黨的政黨實體實際上已不復存在。分別見阿拉騰德力海編著，《內蒙古挖肅災難實錄（續）》（洛杉磯：中文出版物服務中心，2011），頁 37-38；朝魯孟，〈自治與革命：內蒙古人民革命黨歷史研究（1917-1947）〉（呼和浩特：內蒙古大學博士學位論文，2017），頁 241-242。

後，才加入到哈豐阿等人準備的起義工作中去的。[29]

　　在蘇蒙軍出兵之際，類似的起義在東蒙地區可謂比比皆是，其中許多都是偽蒙軍軍官和軍校學生發動的。他們原本都不是內人黨成員，但追求民族解放的心卻大體相同。因此博彥滿都和哈豐阿等以興安總省省長及參事官[30]的身份揭竿而起，宣告組成內人黨東蒙本部後，這些起義的東蒙青年軍人大都追隨哈豐阿等人組織的內蒙古人民解放委員會和內蒙人民革命黨東蒙本部，接受了該組織的領導。[31]

　　內蒙人民革命黨東蒙本部是 1945 年 8 月 18 日在興安總省省府所在地王爺廟宣告成立的。它自成立之日起，就急迫地想要聯繫外蒙古當局，試圖利用此千載一時之機，實現內外蒙古的合併。該黨成立當天就發表了《內蒙古人民解放宣言》，並通過蘇軍遞送給外蒙古領導人喬巴山和澤登巴爾。其宣言稱：今天是內外蒙合併的最好時機，因此，內蒙古人民決心「從此加入在蘇聯和蒙古人民共和國指導之下」，「成為蒙古人民共和國的一部分，以期完成解放。」[32]

　　幾天之後，他們就從報紙上讀到《中蘇友好同盟條約》。他們固然為國民政府承諾將會依公民投票結果承認外蒙古獨立[33]而興奮，但也注意到中蘇結盟後，蘇聯要把整個日本佔領下的東三省歸還中國政府。而這也就意味著，他們關於目前是內外蒙合併的最好時機的估計，可能要落空。[34]因此，他們不能不想方設法通過各種關係來向外蒙瞭解：「是否願意內外蒙合併」？[35]同時也更清楚地意識到，他們必須要與正在大舉進入東北的中共方面建立密切聯繫。

　　其 9 月 30 日的黨內指示是這樣估計未來東北前途的：從現實來看，中國很可能成為多民族聯合的國家政權。國民黨不接受這一形式，可能引起國內爭端，在東北可能出現

---

[29] 參見朋斯克，〈我走過的路〉，興安盟黨史資料徵集辦公室編印，《興安革命史話》，第二集（呼和浩特：興安革命史話編輯室，1988），頁 6-39；二木博史著，娜仁格日勒譯，〈博彥滿都與內蒙古自治運動〉，《蒙古史研究》，期 10（呼和浩特，2010），頁 257-272 等。

[30] 據二木博史：哈豐阿是唯一的蒙古人參事官。「在地方，參事官統括全體官僚，故在某種意義上哈豐阿的權限超過了博彥滿都」。二木博史著，娜仁格日勒譯，〈博彥滿都與內蒙古自治運動〉，《蒙古史研究》，頁 265。

[31] 朝魯孟，〈自治與革命：內蒙古人民革命黨歷史研究（1917-1947）〉，頁 265-266。

[32] 〈內蒙古人民解放宣言〉，1945 年 8 月 18 日；〈致喬巴山、策登巴拉書，1945 年 8 月 18 日，轉見內蒙語委、哲學社會科學研究所、《東方紅》等編印，《內蒙古人民革命黨》，第 1 集（內蒙語委、哲學社會科學研究所、《東方紅》等印，1967），頁 5-7。

[33] 見〈中蘇盟好條約公佈〉，《大公報》（天津），1945 年 8 月 28 日，第 2 版。

[34] 〈內蒙古人民革命黨東蒙本部指示〉，原信無日期，按內容判斷時間應在 1945 年 8 月底至 9 月上旬，轉見內蒙語委、哲學社會科學研究所，《內蒙古人民革命黨》，第 2 集（內蒙語委、哲學社會科學研究所印，1968），頁 28。

[35] 〈哈豐阿等給吉 XXX 的信〉，1945 年 10 月 2 日；〈哈豐阿等致烏力吉敖其爾等的信〉，1945 年 10 月 5 日，《內蒙古人民革命黨》，第 1 集，頁 22-23。

聯合政權或共產黨單獨執政。這兩種政權對我們為內蒙自由而鬥爭都沒有危害。蘇聯紅軍不可能輕易將東北將給國民黨，唯一可能的是交給共產黨，最低也得交給聯合政權。無論中、蘇、蒙如何確定邊界，「在區域內爭取民族自由權利是與他們無關的」。而未來東北的政權，「也不可能把內蒙古民族的為自由鬥爭，依其意願隨便的處理。因此，我們要和外蒙合併，喚起群眾，進行準備，從哪一方面看都是有利的」。[36]

已知內人黨東蒙本部在 9 月上旬就已經與中共取得了聯繫。當時來自郭爾羅斯前旗的成員報告稱，他們成立了一個大同會，主要推動者劉建民就是共產黨幹部。本部得到來信後，馬上即去信指示說：「我黨創始以來，就接收（受）蘇聯和蒙古人民共和國革命黨的援助，為使今後的關係更加密切，和中國共產黨——兄弟黨有親切團結的必要。」，「按社會經濟發展的特殊性，（內蒙）暫勿需要組織共產黨，但人民革命黨的發展道路是非資本主義的社會主義道路」，「要指明我們是相信共產黨的，我們西蒙的同志們直接與延安有著聯繫」。請把我們的解放宣言給他們看看，對方若真是共產黨，願意與我黨搞好關係，請要求他們把我們的解放宣言傳給延安當局。如果可能，請約請他們的負責人盡可能到王爺廟來一次。[37]

據此，本部又分別給各地去信，指示他們：如他們那裡有中共人員時，應同中共保持兄弟黨的關係，「對漢人他們進行宣傳，對蒙族我們進行宣傳」。工作上「與其密切聯繫，取得他們的說明，介紹我黨目的，與歷來受蘇聯與蒙古人民共和國的領導的情況。」[38]

隨著中共大批幹部和軍隊開進東北，內人黨東蒙本部很快就與中共方面發生了聯繫，但是，他們經過多方努力，好不容易取得了外蒙方面的同意，允許哈豐阿、博彥滿都、特木爾巴根等 6 人以東蒙人民代表團名義前往烏蘭巴托，所得結果卻讓他們大失所望。

東蒙人民代表團於 10 月 22 日趕到烏蘭巴托，正式遞交要求合併的《內蒙古人民解放宣言》，和他們事先組織並徵集的幾十份要求合併的請願書，都被外蒙方面委婉回絕了。外蒙領導人要求哈豐阿等，回中國「建軍樹政聯繫中共」，並且明確表示外蒙不可能給他們援助，只有「延安可以幫助他們」。[39]

---

[36] 〈內蒙人民革命黨東蒙黨部給東科中旗的指示〉，1945 年 9 月 30 日，《內蒙古人民革命黨》，第 1 集，頁 20-21。

[37] 〈內蒙人民革命黨東蒙黨部對郭爾羅斯前旗的指示〉，1945 年 9 月 9 日，《內蒙古人民革命黨》，第 1 集，頁 15。

[38] 分別見內蒙人民革命黨東蒙本部給郭爾羅斯後旗、紮蘭屯、興安北省、東科中旗、哈爾濱等地代表的指示，1945 年 9 月 10，11，14 日，10 月 20 日，《內蒙古人民革命黨》，第 2 集，頁 22-26，28，30-31。

[39] 〈東北抗日聯軍直轄部隊第七師關於內蒙情況向東北局的報告〉，1946 年 1 月 29 日；〈中共中央東北局關於蒙古問題給中央的報告〉，1946 年 2 月 20 日，中共中央統戰部編，《民族問題文獻彙編》，頁 996-997，1002。

外蒙當局並非不希望統一全蒙古，它之所以否決了內人黨的合併要求，一個最主要的原因，當然是因為此舉與蘇聯的外交政策不合，蘇聯當局不同意。不過，史達林口頭上還是批准外蒙古可以在內蒙古秘密做些宣傳工作。[40]

另一個妨礙著外蒙方面信任這個新建的內人黨的原因，是在烏蘭巴托幾乎沒有人瞭解這個組織及其人員的情況。外蒙古情報部門受命對哈豐阿、博彥滿都及其這個內人黨東蒙本部的情況暗中進行了調查瞭解。從蒙古黨和國家領導人在唯一的一次接見中，當面批評哈豐阿、博彥滿都等不該與日本「合作」，批評內人黨東蒙本部完全沒有「人民」這兩點來看，不難看出他們對該組織主要骨幹的歷史與該組織的階級成份，都很不以為然。[41]不過，從外蒙內防部特派情報人員班斯勒格其（公開身份為蒙古國駐王爺廟記者）攜電台與哈豐阿一同返回了東蒙王爺廟，並主要與哈豐阿進行聯繫，[42]以及從班斯勒格其後來的言論中明顯反感博彥滿都的情況，[43]亦可看出，外蒙方面對哈豐阿是有一定信任的，[44]曾經想要透過哈豐阿在東蒙做些宣傳影響工作。

哈豐阿回到王爺廟後，就代表團烏蘭巴托之行的結果做了一個報告。他就「統一蒙古問題」介紹了外蒙古方面給出的下面幾點結論性意見，即：「（1）因國際形勢，暫時不能統一。（2）不（能）違犯俄國和中國的條約。（3）內蒙古民人占五分之四，故投票也不會成功。（4）如果不尊重蘇俄和中國條約，我們（會）被戴上帝國主義的帽子。……（6）要看今後兩年的情況，（看）東西蒙合併（的情況）。（7）（要）看國際形勢，來（看能否）統一全蒙古。」哈豐阿的態度很明確：這是

---

[40] 關於外蒙古戰後曾試圖統一內外蒙古以「建立獨立的蒙古族國家」，蘇聯方面沒有同意，只同意秘密做宣傳工作的情況，可見〈史達林與喬巴山會談紀要：外蒙古與蘇聯、中國的關係〉，1946年2月22日，沈志華主編，《俄羅斯解密檔案選編：中蘇關係》，第1卷（1945.1-1949.2）（上海：東方出版中心，2014），頁139。

[41] 拉布哈道爾吉（〈內蒙古人民革命黨與蒙古人民革命黨關係的歷史考察（1925-1949）〉引述蒙古國內務部第四處就新內人黨歷史所做的調查報告稱，還在1945年11月哈豐阿、博彥滿都率團赴烏蘭巴托向蒙古黨和政府遞交要求內外蒙統一的請願書時，蒙古國內務部就調查認定，沒有發現「該黨在日本佔領期間真正存在過的相關資料」，也沒有發現「他們……在日本侵略統治期間開展實際工作」。轉見朝魯孟，〈自治與革命：內蒙古人民革命黨歷史研究（1917-1947）〉，頁282-283。

[42] 方知達，〈參加內蒙古東部革命工作的回憶〉，興安盟黨史資料徵集辦公室編印，《興安革命史話》，第1集，頁47。

[43] 胡昭衡1946年3月28日日記曾記述時任騎兵一師一團政治處主任的蒙族幹部紀錦濤轉述「外蒙人」的話：「擁護博（彥滿都）？上班下班，每天不能作幾小時工作，這像革命麼？」《胡昭衡日記》，1946年3月28日，《興安革命史話》，第1集，頁277。

[44] 據說外蒙歷史學家錫仁迪布到內蒙古大學訪問時曾提到，哈豐阿作為翻譯官參加「諾門罕事件」滿洲里和談會時，曾秘密向蒙方代表遞送過重要情報。轉見《我的阿爸哈豐阿：記憶中的歷史》（北京：中國炎黃出版社，2014），頁119。

「蘇聯的立場」，我們必須尊重。[45]

　　值得注意的是，哈豐阿等人此行並非毫無所獲，他們得到的一項重要意見，對掌握整個東蒙，對後來東西蒙合併，以及對內人黨的命運，都有很大影響。那就是：「（5）目前，要建立東蒙自治政府」。[46]

　　還在從烏蘭巴托返回途中，哈豐阿、博彥滿都和特木爾巴根等東蒙本部領導人就決定，要趕在 11 月 24 日召開東蒙人民代表大會。唯因回到王爺廟已是 12 月上旬，9 日才得以集中黨、政、軍重要領導人開會，故代表大會不得不延遲到 1946 年 1 月 15 日召開。[47]

　　這也就是說，哈豐阿一行回到王爺廟一個多月後，東蒙古人民自治政府就宣告成立了。還是博彥滿都為政府主席，哈豐阿為秘書長。從其人民代表大會通過的「自治法」等相關檔，可以很清楚地看出這一自治政府建立的「明確具體的真實打算」是什麼。

　　這就是：第一步，「先以三十八旗和真正蒙古地方所屬的市、縣為境，建立東蒙古自治政府」，以求得（一）取得對東蒙的合法治權（「根據東蒙人民之總意，並根據中華民國發表之民族政策，實行高度民族自治」）；（二）劃出東蒙古的合法邊界（「根據歷史的、現實的血緣、地緣及語言、文字、風俗習慣、宗教信仰等共同的基本要素，以東蒙古各旗及其他蒙古地帶內各縣市之區域為自治區域」）；（三）取得運用軍隊的合法權利（「為保護東蒙古人民之自治權，組織東蒙古人民自治軍」）。第二步，「建立全內蒙古統一合併的國家」，力求在最短期內像「我們的同族蒙古人民共和國」那樣，變成「一個新的文明的獨立國家」。[48]

四、中共與內人黨合作關係的初建

　　就在內人黨被迫放棄馬上實現內外蒙古合併的計畫，積極聯絡中共，創建東蒙自治政權，劃定權力範圍，組建軍隊的幾乎同時，整個東北，乃至中國內外政治軍事形勢，都在發生著急劇且複雜的變化。

---

[45]　〈哈豐阿關於蒙古人民共和國之行的報告〉，1945 年 12 月 9 日，《內蒙古人民革命黨》，第 2 集，頁 16-17。

[46]　〈哈豐阿關於蒙古人民共和國之行的報告〉，1945 年 12 月 9 日，《內蒙古人民革命黨》，第 2 集，頁 17。

[47]　實際大會開幕是 16 日。〈葛根廟特木爾巴根報告〉，1946 年 1 月 16 日；〈召開了人民代表大會預備會議〉（原文無日期），《內蒙古人民革命黨》，第 2 集，頁 19-20、39-40。

[48]　東蒙人民代表大會籌備委員會宣傳部印發，〈解放了的內蒙古〉，1946 年 1 月 18 日，《內蒙古人民革命黨》，第 2 集，頁 46-48；〈東蒙古人民自治法〉，1946 年 1 月 19 日；〈東蒙古人民自治政府施政綱領〉，1946 年 1 月 19 日，《內蒙古人民革命黨》，第 1 集，頁 36、39，46-48。

　　首先是東北的軍事政治格局。內人黨東蒙本部初建並向各盟旗發展時，很大程度上得到了蘇蒙軍方的支持。從 9 月開始至 11 月中旬，中共亦在蘇軍默許下，憑藉地理上近水樓台之便，突擊派出幾千幹部、數萬軍隊，搶佔了東北大片中心區域。也正是在這一背景下，出於與國民黨爭奪全東北的戰略設想，中共中央一度提出了「放手發動與組織蒙人的地方自治運動，建立自治政府」的主張，[49]以求能在一時還力所不及的情況下，搶先在政治上爭取蒙人站到自己一邊來。

　　但這種情況在 11 月下旬發生了改變，蘇軍迫於外交，強迫中共武裝遠離交通要道和大中城市，中共中央不得不改取背靠蘇聯、外蒙、朝鮮，在西滿、北滿、東滿建立鞏固根據地的方針。[50]而這一新形勢的變化，自然使中共中央，特別是負責中共在東北地區鞏固發展的中共中央東北局等，對內人黨東蒙本部更加重視。因為，靠近蘇蒙邊境的興安總省及呼倫貝爾，尤其是熱河、錦州一帶蒙區，戰略上對中共力量極其重要。注意到此前要求東北黨政軍用放手發動群眾展開反奸清算、減租退押鬥爭的指示，勢必會在蒙區造成混亂，中共中央 12 月下旬不能不專門去電西滿及冀熱遼黨政軍領導人，告誡他們對蒙族必須整體採取統戰政策。

　　電稱：「西滿及熱河的蒙古民族對我態度之好壞，為我在西滿及熱河成敗的決定條件之一。望你們十分注意研究這一問題，並通令全軍對蒙古民族採取十分謹慎的政策。目前你們首先不要侵犯蒙民各階層任何利益，一切徵糧徵稅均應暫時免除，同時並設法給蒙民各種好處，以吸取蒙民對我同情。應積極從各方面調查蒙民地區一切政治、經濟、軍事、文化各種情況加以研究，然後決定對蒙民的政策和口號。目前在內蒙不能實行與外蒙相同的政策，對王公恐不能加以打擊。蒙古青年反對王公的鬥爭，你們暫時不要無條件的加以贊成，待調查清楚後再決定你們的態度」。[51]

　　電報中提到的「蒙古青年反對王公的鬥爭」，指的就是戰後在蒙人中最具激進色彩的內人黨及其所領導的內蒙古人民革命青年團。他們也正是中共這時在東北全力爭取並聯合的對象。問題是，中共方面這個時候對這個內人黨東蒙本部又有多少瞭解呢？

---

[49] 參見〈中共中央關於組織蒙人地方自治政府及軍隊給賀龍、林楓同志的指示〉，1945 年 9 月 16 日；〈中共中央關於內蒙工作方針給晉察冀中央局的指示〉，1945 年 10 月 23 日，中共中央統戰部編，《民族問題文獻彙編》，頁 960-961，964。

[50] 〈中央關於撤出大城市和主要鐵路線後東北的發展方針給東北局的指示〉，1945 年 11 月 28 日；〈劉少奇關於應以主要力量建立東、西、北滿根據地致彭真電〉，1945 年 12 月 24 日；〈中央關於集中全力放手發動群眾給東北局的指示〉，1945 年 12 月 31 日；〈東北局關於發動群眾工作的指示〉，1945 年 12 月 24 日，《中共中央檔選集》，第 15 冊，頁 447-448，512-514，532-533，533-536。

[51] 〈中共中央關於對蒙族政策問題給林彪、黃克誠、李富春、程子華等同志的指示〉，1945 年 12 月 25 日，中共中央統戰部編，《民族問題文獻彙編》，頁 984。

　　已知，中共東北局在 1945 年 11 月以前的瞭解，都是零星的報告。如前述東蒙本部與郭爾羅斯前旗青年學生組織的大同會取得了聯繫，並通過大同會於 9 月中下旬與中共黨員劉建民發生了關係，轉交了東蒙本部 8 月 18 日發表的解放宣言等。而劉恰好已調至長春市，並成為中共長春市工委委員，因而剛剛成立的中共中央東北局自然也瞭解到了內人黨東蒙本部的政治主張。知道內人黨政治上擁護蘇聯和外蒙古，主動表示要與中共「緊密聯絡，互相援助」[52]；也知道內人黨曾發表宣言，主張獨立自治並加入外蒙。這時，中共剛剛開始進入東北，尚無力向蒙區發展，但爭取內人黨在東北局領導人看來是天經地義的，更何況共產黨理論上和黨綱上從來都是主張尊重少數民族自決權的，因此，東北局的領導人很快就開始通過郭爾羅斯前旗的大同會等管道，向王爺廟的內人黨東蒙本部傳遞毛澤東幾個月前公開發表的，明確等同民族自決主張的〈論聯合政府〉的報告等，表明了中共在民族問題上的政策主張。[53]

　　11 月中旬，東北局在瀋陽召集東北人民代表會議，正式發函邀請內人黨派代表參加。當時內人黨主要領導人赴烏蘭巴托未歸，留在王爺廟的幹部仍以實現內外蒙古合併為急務。因此，他們派出的代表烏力圖等[54]剛一抵達瀋陽就聲明說：除非中共方面贊同內人黨關於內蒙應加入外蒙的主張，否則他們將不會以正式代表的身份參加會議。

　　這一情況並沒有難倒東北局。恰恰相反，據內人黨東蒙本部代表事後轉述，中共中央東北局得知他們的要求後，馬上就派組織部長林楓給予了答覆。林楓的答覆是：「我們瞭解內蒙的心情。內外蒙合併是必然的事情。我們中國共產黨主張解放少數民族，對你們（內蒙）一定要幫助到底！但考慮到將來，根據國內形勢，目前你們搞自治是最適宜的了」將來有了條件，「如果蒙古人民共和國和蘇聯允許你們獨立」，我們也「建立了中國聯合政府，那時你們與外蒙合併，我們對你們援助就方便了」。[55]

---

[52] 1945 年 9 月，內人黨已經通過郭爾羅斯前旗的人員，與中共組織建立了聯繫。參見〈內蒙人民革命黨東蒙黨部對郭爾羅斯前旗的指示〉，1945 年 9 月 9 日；〈內人黨東蒙本部執行委員第二次會議〉，1945 年 9 月 13 日；〈內人黨東蒙黨部給郭爾羅斯前旗的指示〉，1945 年 9 月 25 日，轉見《內蒙古人民革命黨》，第 1 集，頁 15-16，18-19。

[53] 參見〈科左前旗賽 XX 情況報告〉，1945 年 11 月 17 日；〈郭爾羅斯前旗都 XX 報告〉，1945 年 11 月 26 日；〈郭爾羅斯前旗官布紮布報告〉，1945 年 11 月 30 日；〈郭爾勒斯後旗包 XX 報告〉，1946 年 1 月 4 日，《內蒙古人民革命黨》，第 2 集，頁 13，14，18。

[54] 〈我革命黨代表已赴東北人民解放委員會會議〉，1945 年 11 月，《內蒙古人民革命黨》，第 2 集，頁 40。

[55] 〈四五年會議記錄中關於出席東北人民代表大會的內蒙代表達瓦敖斯爾的彙報（報告）筆記〉，1945 年底，《內蒙古人民革命黨》，第 2 集，頁 22。

　　由東北局領導機關這時的態度，不難瞭解其所屬機構多半也會如此主張和宣傳。

　　據內人黨方面反映，1945 年 11 月進入齊齊哈爾，正大力擴充武裝力量的中共嫩江省軍區，在動員和武裝蒙族青年時也常常這樣宣傳。比如說：「從你們起直到農村婦女，都要拿起槍來，不可失此良機，不可不為內蒙和蒙古人民共和國合併起來，建立獨立國家而積極努力。你們如果能夠達到獨立，我們中國赤黨的萬斤重擔，將會減輕為五千斤。因此，對你們現在所努力的偉大事業，我們赤黨方面將不遺餘力的給予幫助云云」。[56]

　　1946 年 1 月下旬初，中共遼西省委組織的省委工作團及一個團的武裝進入科爾沁左翼後旗開展工作，恰好遇到內人黨東蒙本部剛剛組建的東蒙自治政府內防部部長阿思根等人也到此地發展政權和軍隊。阿思根立即派武裝力量阻止工作團進入蒙旗，同時還連夜趕往鄭家屯向中共中央西滿分局和西滿軍區提出抗議。[57]西滿分局書記李富春、軍區司令員呂正操等人瞭解情況後，當即以軍區司令員和政治委員的名義，親筆擬就「證明信」一件（史稱《呂阿協定》），鄭重承諾：政治上保留東蒙各旗縣建置，實行蒙人治蒙，漢人治漢；軍事上中共軍隊「原則上不駐蒙人居住區」，「因軍事需要要進駐蒙人居住區時，我軍隊需要亦不要由蒙人負擔」。[58]

　　對照事後東北局給中共中央的電報可知，他們並不否認說過類似的話或有過類似的指示。只是因為彙報答覆內人黨代表團一事的具體內容已在三個月之後，它已瞭解到外蒙古當局不贊同內外蒙合併的情況，軍事政治形勢也發生了很大改變，因此電報在介紹林楓上述答覆內容時，將「如果蒙古人民共和國和蘇聯允許你們獨立，我們更要堅決地支持你們」這種看起來已經過時的話，改成形式上更正確些的說法了。電報稱：我們當時的答覆是：中國共產黨從來「主張蒙古人民自決，但現在蒙古廣大人民尚未起來，同時在當前形勢下外蒙古也未必能接受內蒙古加入外蒙共和國，如此蒙古人民革命及進步青年將陷於孤立，還是我們的主張對蒙（古）人民較為有利些」。[59]

　　中共方面這時在與具有分立傾向的內人黨打交道時，之所以不存在太多政治上的障礙，一個最主要的原因，就是中共稍瞭解民族革命理論和政策的中高級幹部，在認

---

[56] 〈內蒙人民革命黨和中國赤黨二者之間的關係進一步密切了〉，1945 年底，《內蒙古人民革命黨》，第 2 集，頁 39。

[57] 見趙石，《哲里木三年》（呼和浩特：遠方出版社，2002），頁 5-6。

[58] 〈蒙字 8 號，證明信〉，1946 年 1 月 25 日，轉見文化共用工程內蒙古分中心，〈「呂阿協定」的革命影響〉，《內蒙古紅色革命多媒體資源庫》，http://www.nmgcnt.com/nmghsgm/hsgmzxsl/bshzzsd/201208/t20120823_28789.html（2020/6/26 檢閱）。

[59] 〈中共中央東北局關於蒙古問題給中央的報告〉，1946 年 2 月 20 日，中共中央統戰部編，《民族問題文獻彙編》，頁 1002-1003。

同蒙古民族自決權這一點上，幾乎沒有分歧。但是，對於多數中下層幹部，尤其是大批從未涉及過民族工作，且欠缺理論知識的普通基層幹部，情況就非常不同了。為此，有些地方黨委還不得不專門針對那些將要進入蒙區工作的下級幹部發出政策性指示，要求他們務必要將內人黨視同「兄弟黨」來對待，對蒙人民族自決的要求一定要抱以理解和支持的態度。

　　如熱遼邊地委 1946 年 1 月派工作團進庫倫蒙區工作時，就有很長的指示信告誡他們稱：內蒙古社會較為落後，沒有資本主義的發展，沒有工人階級，因此不可能建立共產黨，且只能從事反封建的民族民主革命。故內人黨不屬於中國共產黨，我們與之應建立「兄弟黨」的關係，並給以必要的肯定、同情和幫助。因為，他們是為蒙古民族解放而鬥爭的。我們不能因為我們先進他們落後就要想去領導或統治他們。我們與他們要合作，但在蒙地「不應另建立一套組織系統，不是包辦代替他們的解放事業。因為蒙古人民的解放事業是蒙古人民自己的事情，只有蒙古人民自己起來幹才能求得解放，我們只是幫助與協助的兄弟黨」。[60]

五、東蒙自治政府引發的各種矛盾

　　但歷史進入到 1946 年初，即使把內人黨看成是「兄弟黨」，雙方之間也很難不發生矛盾衝突了。

　　這首先是因為內人黨東蒙本部 1946 年初另立政府、劃定地盤，並組織軍隊，意圖確保其政權和地盤的時候，恰好是原先集中在東北主要大中城市和中長鐵路沿線的中共黨政軍力量，依照中共中央的指示和東北局的部署，陸續退到了遠離大中城市和鐵路線的西、北、西南三個方向的農區和牧區的時候。中共黨政軍各級均開始派出大批工作團與小股武裝深入到村，發動反奸清算、減租減息運動，以動員組織農民。這就不可避免地會與東蒙自治政府也正加緊想要實現的控制意圖相衝突了。像中共在東北的基層黨政機構及部分軍隊這時就已開始深入到熱河、察哈爾及興安省許多蒙漢雜居地區，哪怕是按照西滿軍區領導人在《呂阿協定》中承諾的那樣，蒙區歸我，漢區歸你，各管各的，也不易做到了。

　　其次是從 1946 年 1 月上旬開始，在美國總統特使馬歇爾將軍親自來華調處下，國共兩黨已經在關內簽訂了全面停火協議，而且還和中間黨派一起，坐到了談判桌

60　〈熱遼邊地委給庫倫工作同志的一封信〉，1946 年 1 月 24 日，轉見烽火三年編寫組，《烽火三年——解放戰爭時期的遼吉五地委》（瀋陽：遼寧教育出版社，1988），頁 435-439。

前，成功召開了全國性的政治協商會議。為了取得包括各中間黨派在內的國內各中間勢力的同情與支持，中共中央這時不僅積極參加了政治協商會議，而且主動提出了中間黨派大都能接受的「和平建國綱領」草案等項建議或主張。會議最後通過的五項和平決議中就包含了中共中央的建議內容。涉及國內輿論關心的民族問題，就有「在少數民族區域，應承認各民族的平等地位及其自治權」一條。[61]

中共中央沒有重申民族自決權主張，而是強調少數民族區域自治權問題，是不是如有些學者認為的那樣，改變了以往的主張呢？[62]恐怕不能簡單地得出這種結論來。

強調民族平等及少數民族自治權，與中共一向主張的「民族自決權」觀點並不矛盾。因為中共從不認為自決與自治是不可相容的。蘇聯是主張民族自決的，而它既有加盟共和國，也有自治共和國，還有自治州、自治區等等。以蘇聯為榜樣的中共始終相信，一旦中國革命成功，過去遭受帝國主義和漢族軍閥統治壓迫的中國境內的少數民族，完全可以自主選擇脫離中國，或「建立獨立的自治區域」（如「加盟共和國」）加入「中華聯邦共和國」（「中國蘇維埃聯邦」）。[63]並且，這個時候著重強調少數民族應有區域自治的權利，也主要是針對國民黨的。因為國民黨長期以來堅持割裂政策，拒絕承認少數民族應有其自治區。反過來，在政協會議期間不重申容易引起爭議的「民族自決權」主張，也主要是要避免受到國民黨人所謂「製造國族分裂」的攻擊，因而更多的也是一種策略上的考慮，而非基本政策主張的改變。

但無論是從現實利害關係，還是從與政協和平協議保持一致性的角度，東蒙自治政府這時的主張、做法和意圖，都明顯與中共的意圖和策略是衝突的。

已知最先對內人黨及其東蒙自治政府的政治主張表示不滿的，是東北抗聯第七師的領導人。東蒙自治政府剛一成立，他們就向東北局提交了一份報告，批評說：內人黨領袖為哈豐阿，其黨綱規定的宗旨是「解放內蒙人民，建立民主政體，排除資本主義前途，提高工農福利」。然而他們的目的卻是想要將內蒙古合併到外蒙古去。他們為此曾派人前往外蒙，要求合併，只是因為外蒙古考慮到國際國內情況，「指示其建軍樹政聯繫中共」，該黨這才匆匆忙忙在王爺廟成立了「東蒙人民自治政府」。但是，這個政府發表的宣言表面上雖然主張與蘇聯紅軍和中共合作，宣稱保證蒙境內各民族親密平等，同時卻聲稱：「願受蘇聯指導，加入外蒙。」正是基於這樣一種心

---

[61] 〈中國共產黨代表團提出和平建國綱領草案〉，1946 年 1 月 19 日；〈憲法草案案〉，1946 年 1 月 30 日，孟廣涵等主編，《政治協商會議紀實（上）》（重慶：重慶出版社，1989），頁 362、484。

[62] 啟之，《內蒙文革實錄》，頁 44。

[63] 前引〈中國共產黨第二次全國代表大會宣言〉，1922 年 7 月；〈中華蘇維埃共和國憲法大綱〉，1931 年 11 月 7 日，中共中央統戰部編，《民族問題文獻彙編》，頁 18、166。

態，內人黨及其幹部對中共在蒙區建立政權並發展行政系統多有怨言，「認為（是）剝削其自治權」。報告明確提出，對內人黨不可輕信，說：「他們過去受大漢族主義壓迫，往往強調民族問題，而忽視階級問題，因此他們部隊（有）不少貴族參加，而工作不多，走上層。估計形勢惡化，其一部份將有分化」。[64]

抗聯第七師對內人黨的反對，主要還是在感情上難以接受內人黨要將東蒙等地分割出去的主張。而逐漸增多的批評和反對的聲音，卻是因實際管轄權的衝突引發的。

如前述《呂阿協定》一達成，阿思根等立即拿著李、呂的親筆公函要求遼西省委工作團退出科左三旗。然而，時任遼西省委宣傳部副部長兼工作團團長的趙石卻拒不接受。他的理由是，工作團來後旗，是應後旗前旗長邀請來的。西滿分局若有新的指示，必須由西滿分局直接或經過省委向工作團傳達，工作團不接受蒙人的傳達。他不僅不接受，而且還讓工作團團員撕掉了阿思根等張貼的所謂協定文本。他同時堅持內蒙現在還是中國的地方，而且共產黨工作團到蒙區來，不是來統治和剝奪蒙人的，是來幫助蒙古人民爭取自治和解放的；八路軍到蒙區來，也是起維護地方秩序和協助剿匪的作用的。相持數天後，看到工作團確實在起協助和動員蒙人的作用，阿思根等這才默許了工作團的存在。[65]

又如，東蒙自治政府 1946 年 1 月組成之初，公開宣佈的是「以哲里木、昭烏達、卓索圖三盟，呼倫貝爾、布特哈二部及伊克明安、齊齊哈爾、蘇魯克三旗為東蒙古人民自治政府領域。」[66]它用蒙文印發的針對蒙人的宣傳材料則宣告稱：我們的目的，是「先以三十八旗和真正蒙古地方所屬的市、縣為境，建立東蒙古自治政府，再不久便建立全內蒙古統一合併的國家」。[67]

對於內人黨東蒙本部所追求的這一目標，中共東北地方黨政軍機構的瞭解也有一個過程。據遼北軍區 1946 年 1 月下旬報告，東蒙自治政府決定自南抵喀喇沁、吐默特，東達郭爾羅斯、伊克明安，北至興安東省省界，擬建 7 個省。西滿分局應該是 2 月中下旬才知道東蒙自治政府實際認定的自治範圍有多大。因為當時其派駐王爺廟的胡昭衡首次聽到博彥滿都告訴他說：「興安總省、熱河錦州九旗、外四旗，共三十八旗四縣（通遼、開魯、林西、醴泉）都應是他們領土。」但哈豐阿和特木爾巴根的說

---

[64] 〈東北抗日聯軍直轄部隊第七師關於內蒙情況向東北局的報告〉，1946 年 1 月 29 日，中共中央統戰部編，《民族問題文獻彙編》，頁 996-997。

[65] 見趙石，《哲里木三年》，頁 5-9。

[66] 〈召開了人民代表大會預備會議〉，1945 年 12 月，《內蒙古人民革命黨》，第 2 集，頁 39-40；〈東蒙古人民自治政府樹立宣言〉，1946 年 1 月 19 日，《內蒙古人民革命黨》，第 1 集，頁 36。

[67] 東蒙人民代表大會籌備委員會宣傳部印發，〈解放了的內蒙古〉，1946 年 1 月 18 日，《內蒙古人民革命黨》，第 2 集，頁 46。

法又不同，他們不滿足於現有蒙地，計畫「把許多縣制及熱河大部分（也）劃入自治領域」。「他們的理由，這些地方過去是蒙古地方，偽滿都劃給興安總省。而有些縣制在興安總省腹心之內」，因此不能簡單從居住現狀出發分蒙區、漢區。而且哈豐阿「另外又要總省外的十三旗」。到 3 月初，西滿分局副書記兼軍區司令員的黃克誠將所得到的各種說法加在一起後，得出的數位是：「東蒙自治領域四十個旗」。[68]

東蒙自治政府所劃的「領土」範圍或「自治區域」，與中共冀熱遼、西滿兩分局的工作範圍存在著大量重合交叉的情況，因此類似科左三旗那樣地方上的衝突註定會發生。值得注意的是，面對這一情況，中共東北黨政軍上下的領導機關，對應該如何處理這一情況，觀點上卻有很大分歧。

還在東蒙自治政府成立前，中共熱北游擊支隊司令王逸倫率隊由赤峰北上，進佔林西，與巴林左翼旗和子章部發生衝突，並形成對峙。東蒙自治政府成立後將和子章部改編為自治軍騎兵第四師，和子章即依據東蒙自治政府的管轄權主張，要求王逸倫部撤出昭烏達盟整個地域。[69]

接連接到遼北軍區倪志亮、郭述申所報與和子章部衝突的報告後，冀熱遼分局也接連致電東北局和中共中央，強調說明：熱北（即興安西省）漢人數倍於蒙人，一直是旗縣並存，分治蒙漢兩族。如今熱北蒙族領導者和子章主張只設旗，不設縣，要我們的政權和軍隊全部退出，交他的軍隊來接收，並聲稱這是東北局決定的，說興安西省全歸他們。電報一方面詢問東北局「有否此決定」；一方面強烈表示反對，甚至稱：「這樣以落後的政權形式和□□來統治漢人，造成大蒙族主義，也是不對的」。[70]

想不到，東北局書記彭真的意見很明確：「原偽滿興安四省（以康德八年[71]十二月偽滿分省地圖為根據）劃給東蒙政府管轄為宜。至熱東九旗，除赤峰外，均為國頑防區，我們可不過問。赤峰已經軍事調處部指定為我軍防區，取得合法地位，不便交給蒙人。省外四旗（松江、吉林之前後郭旗及嫩江之杜爾伯特旗、依克明安旗）距興安省較遠且中隔漢人區域，亦不必劃給蒙人。但此區蒙人可在我政府下，實行地區自

---

[68] 參見〈倪（志亮）、郭（述申）關於東蒙自治劃界問題致冀熱遼分局並東北局的請示電〉，1946 年 X 月 20 日；〈黃克誠關於東蒙自治情況的報告〉，1946 年 3 月 3 日，中共中央統戰部編，《民族問題文獻彙編》，頁 1086，1015-1016；《胡昭衡日記》，1946 年 2 月 19、21 日，《興安革命史話》，第 1 集，頁 260-261，262-263。

[69] 〈倪、郭關於東蒙自治劃界問題致冀熱遼分局並東北局的請示電〉，1946 年 X 月 20 日，中共中央統戰部編，《民族問題文獻彙編》，頁 1086。

[70] 〈中共中央冀熱遼分局關於熱北蒙漢政權問題給東北局、中央的報告〉，1946 年 1 月 15 日；〈中共中央冀熱遼分局關於熱北蒙古問題的報告〉，1946 年 1 月 26 日，中共中央統戰部編，《民族問題文獻彙編》，頁 989，995。

[71] 康德八年，即 1941 年。

治」。[72]

　　事實上，這也是東北蘇聯紅軍的意見。駐赤峰的蘇軍司令員馬丁諾夫還專門找到中共中央冀熱遼分局領導人，提醒他們注意：和子章的部隊正在抵抗國民黨武裝，「現在是我們和國民黨爭取蒙古的政治鬥爭，我們應用極大力量，把蒙古（人）爭取過來。」因此他提議，冀熱遼方面應主動寫信給王爺廟，表態支持內人黨「在中國政府領導下」「建立蒙古自治共和國」。「政權、軍隊都受他領導」，「經棚、林東等政權，由蒙古人任旗長，我們要設副的，可在他們領導下幫助工作。」冀熱遼領導人雖同意「用一切方法和他和平解決」，但亦明確表示，與和子章的衝突「估計很難具體解決」。[73]

　　對此，東北局的態度很堅決，其電稱：「現東蒙人民之自治運動基本在我們影響之下，其主力二千餘武裝在青年團領導下，我可能指揮。」「此次東蒙人民代表大會，到有三十六旗代表，要求將熱河轄原興安兩省（共六旗及林西一縣）亦劃歸他們自治範圍，我們認為必須答應」。[74]

　　而就在東北局與冀熱遼分局還在為要不要接受東蒙自治政府在「領土」問題上的要求相持不下之際，國民黨及三青團一些機構突然在重慶發動了一場反蘇大遊行，中共代表團主辦的《新華日報》和民盟機關報《民主報》兩報館均遭搗毀。這場運動迅速開始漫延至全國各大城市。這時在延安負責主持中央工作的劉少奇馬上意識到，東蒙自治政府太過明顯的自治共和國式的主張，難免又要成為國民黨反蘇時拿來攻擊中共「賣國」的口實。

　　幾天前，中共中央剛剛收到東北局轉發來的內人黨的綱領等檔，它當時就回電指出：「內蒙人民革命黨綱領過左，我們不能贊助」。電報特別強調，內人黨應「根據和平建國綱領，要求民族平等自治，但不應提出獨立自決口號」，因為「國民黨現利用所謂內蒙獨立問題大造謠言，已引起國內外注意」。[75]

　　2月24日，亦即重慶反蘇大遊行發展到北平、武漢、太原、南昌等城市的同時，劉少奇緊急致電東北局和西滿分局等，重申：在今天整個國內國際形勢下，東蒙

---

[72] 〈中共中央東北局關於東蒙自治政府管轄地區問題給程子華等同志電〉，1946年X月21日，中共中央統戰部編，《民族問題文獻彙編》，頁1085。

[73] 〈中共中央冀熱遼分局關於熱北蒙古問題的報告〉，1946年1月26日，中共中央統戰部編，《民族問題文獻彙編》，頁995。

[74] 〈彭真、呂正操關於東蒙自治範圍問題向中央的請示〉，1946年2月20日，中共中央統戰部編，《民族問題文獻彙編》，頁1004。

[75] 〈中共中央關於內蒙民族問題應取慎重態度的指示電〉，1946年2月18日，中共中央統戰部編，《民族問題文獻彙編》，頁1000。

成立這種自治共和國式的政府是過左的，徒然供給反動派一個反蘇反共的藉口。政協決議已經規定了少數民族有實行地方自治的權利，東蒙即應依照決議，「在遼北省與熱河省政府下成立自治區，至多要求成立一單獨的省，作為普通地方政府出現，而不應與中國形成所謂宗主國與類似自治共和國的關係，不必要求單獨的貨幣、單獨的軍隊，甚至單獨的國旗（有此謠傳，請查確否）等等。」電報並且批評說：「大吹大擂，發宣言、派代表、請願，乃是實際行不通的辦法，結果反而碰壁，不能實現他們的要求。」電報最後更強硬地要求東北局：「警告」東蒙方面，必須停止分立主義的作法，否則中共將不得不聲明與他們無任何關係。[76]

對東蒙自治政府及其要求，西滿分局領導人最初與東北局的意見是一致的。東蒙自治政府成立時，東北局和西滿分局都發了賀電，東北局給冀熱遼分局的複電也是由西滿分局書記李富春代擬後發出的，東北局關於必須將熱河轄原興安兩省（共六旗及林西一縣）劃歸東蒙自治的意見，也是彭真與西滿軍區司令呂正操連署發出的。[77]但是，接到中共中央 2 月 24 日指示電後，西滿分局領導人的態度明顯發生了變化。

首先是李富春派人前往王爺廟向內人黨領導人轉達中共中央的意見，未能得到對方的理解。[78]接著是時任西滿分局副書記和西滿軍區副司令員的黃克誠從熱河省委胡錫奎那裡得到的材料顯示：（1）東蒙自治政府表面上尊重中國的主權，但其政權組織形式，包括政府的旗幟設計與首都的規定，都是「獨立自治國（的規模），只暫時沒有共和國名稱」而已，其志向仍在東西蒙合併，然後內外蒙合併。（2）「內蒙古人民革命黨綱領很左」，實際上黨的領導人，包括政府高官，從主席博彥滿都到秘書長哈豐阿等，基本都是前偽滿官僚，故「行動很右」，其綱領對人民經濟要求一字不提，更「反對我們發動群眾搞清算運動」。（3）東蒙自治政府現已派代表經長春轉重慶，去與國民黨接洽，請求承認；內人黨「對德王、李守信、白雲梯現在都不表明態度」。（4）他們宣稱東蒙 40 個旗都是東蒙的自治領域，「熱北要求我們全部退出，時常挑釁。林西十萬人口只有蒙民二千餘人，也要我們退出。將來領域問題糾紛還很多」。[79]

76　〈中共中央關於不宜成立東蒙人民自治政府給東北局的指示〉，1946 年 2 月 24 日，中共中央統戰部編，《民族問題文獻彙編》，頁 1011。

77　見對程子華 1946 年 1 月 15 日電的「彭真附筆」〈中共中央冀熱遼分局關於熱北蒙漢政權問題給東北局、中央報告〉，1946 年 2 月 15 日；〈彭真、呂正操關於東蒙自治範圍問題向中央的請示〉，中共中央統戰部編，《民族問題文獻彙編》，頁 989，1004。

78　轉見烏蘭夫，〈在內蒙古自治運動聯合會黨員幹部會議上的講話〉，1946 年 6 月，楊海英編，《內モンゴル自治區の文化大革命〈4〉》，頁 149。

79　參見〈中共中央冀熱遼分局關於東蒙問題處理意見的報告〉，1946 年 3 月 3 日；〈胡錫奎關於東蒙問題材料及意見〉，1946 年 3 月 3 日；〈黃克誠關於東蒙自治情況的報告〉，1946 年 3 月 3 日；〈中共中央冀熱遼分局

　　得知冀熱遼提供的上述情況，尤其是得知東蒙自治政府派人去重慶請求承認一事，明顯刺激了西滿分局的領導人。李富春與黃克誠因此聯名致電彭真和中共中央，提出：「博彥滿都完全是投機官僚，他們確已派馬明洲等四人去長春轉重慶。馬是傾向國民黨的，比博壞。國民黨完全可能利用此機會，派人到東蒙進行特務分化工作」。為防止東蒙自治政府政策生變，他們除了請求東北局和中共中央迅速給予指示外，並催促烏蘭夫儘快前來與東蒙自治政府談判，李富春還緊急派出常委兼民運部部長的張平化趕去王爺廟，「進一步暸解情況，與相機談判」，力求搶在國民黨來人前面，避免西滿地區落入國民黨人手中。[80]

　　同樣，因熱北軍區與和子章部為爭奪林東、林西和經棚三縣的控制權[81]，幾度發生武裝衝突，蘇軍出面調和亦無效果，冀熱遼分局這時的態度也變得更加強硬。它在3月7日越過東北局，直接致電中共中央，明確反對將東蒙自治政府要求的熱北16旗，包括整個興安西省讓給對方。而理由只有二條：一是說同意他們劃界的要求，「就無異承認東蒙自治政府，必然（給）反動派以攻擊的口實」。二是「因這些地區漢人占多數，漢人必反對，熱河省政府也不能通過」。[82]

　　注意到東北地方黨政軍回電的激烈反應，原本態度強硬的劉少奇反而冷靜下來了。從統戰策略的角度，他反過來又強調指出，一定要把工作放在「相機說服他們接受區域自治」，並特別叮囑：「不要操之過急促他們離開，使他們趨向國民黨」。他明確表態支持派烏蘭夫來協助解決問題，故提議稱：「熱河、西滿各派一人去赤峰與雲澤商談，或請雲澤去西滿分局一次，商得共同意見告訴中央」。[83]

六、承德會議與東西蒙統一

　　得到中共中央的相關電訊後，烏蘭夫的意見是，將東蒙自治政府納入到統一的內

關於熱河蒙古工作問題給中央的報告〉，1946年3月7日，中共中央統戰部編，《民族問題文獻彙編》，頁1017，1013-1014，1015-1016，1021-1022。

80　參見〈李富春、黃克誠關於東蒙自治問題給彭真並中央的報告〉，1946年3月6日；〈李富春關於東、西蒙工作方針問題給呂正操電〉，1946年3月6日，中共中央統戰部編，《民族問題文獻彙編》，頁1019，1020。

81　因為冀熱遼分局電文與烏蘭夫回憶對此時林西、經棚在誰手中的問題說法不一，故這裡沒有簡單依照冀熱遼分局的說法敘述。見烏蘭夫革命史料編研室編，《烏蘭夫回憶錄》，頁216。

82　參見〈劉春致雲澤信〉，1946年2月7日，劉俊編，《劉春民族問題文集（續集）》（北京：民族出版社，2000），頁192-193；〈中共中央冀熱遼分局關於熱河蒙古工作問題給中央的報告〉，1946的3月7日，中共中央統戰部編，《民族問題文獻彙編》，頁1021-1022。

83　〈中共中央關於不宜成立東蒙人民自治政府給東北局的指示〉，1946年2月24日；〈中共中央對東蒙問題的指示〉，1946年3月10日，中共中央統戰部編，《民族問題文獻彙編》，頁1011，1023。

蒙古民族自治運動的軌道上來，他相信可以用說服的辦法解決問題。烏蘭夫之所以會有此自信，還是因為他有那個最具說服力的理由，即一個已經被分割得四分五裂的內蒙古，除非在中共領導下，否則是沒有可能重新統一起來的。

　　晉察冀中央局也認同烏蘭夫的意見，雖然依據中共中央這時的電報指示，它相信目前還不適宜馬上著手建立統一的內蒙古自治政府。故它於 3 月 13 日致電東北局提出：「我們對內蒙古的現行政策是」：（1）「成立內蒙民族自治運動聯合會，作為在我黨領導下的內蒙民族統一戰線團體，團結內蒙各階層人民，爭取內蒙自治」。（2）「目前不成立內蒙自治政府，只成立各盟旗政府，參加各省省政府，分省自治」。依據中央的指示，電報稱：烏蘭夫「不日即赴承德轉赤峰，與東蒙談判」。[84]

　　烏蘭夫此行本來會面對極大挑戰，畢竟這個東蒙自治政府有政權、有軍隊、有地盤，遠不同於前面錫林郭勒盟那個幾乎毫無根基的「內蒙古人民共和國臨時政府」。再加上在它背後起著領導作用的，是在蒙人中間有很大影響的內人黨和青年團組織，其志在由他們領導東蒙來統一西蒙。出身於西蒙農業區，且身為共產黨幹部的烏蘭夫，地位、名望似乎都不足以攝服對方。但意想不到的是，還在烏蘭夫動身之際，內人黨東蒙本部已經宣佈解散，哈豐阿等隨後還主動應邀趕赴承德，與烏蘭夫談合作問題來了。[85]

　　哈豐阿等所以會決定解散內人黨東蒙本部，根本原因自然是在烏蘭巴托時受到外蒙古領導人批評刺激的結果。哈豐阿等重新打出內人黨的名號，目的原本是很清楚的，即因為內外蒙古處於大致相同的社會發展程度，尚不存在俄國或中國那樣的工業資本主義和無產階級，按此前列寧關於民族和殖民地革命的主張，理應堅持民族民主革命。[86]因此，外蒙是人民革命黨，內蒙也應該建人民革命黨。這樣，內外蒙合併起來，也十分便利。但外蒙領導人對他們這個組織階級成份的批評，讓他們恍然意識到，雖然都叫人民革命黨，他們這個黨在組織成份上遠沒有達到應有的要求。因此，即使從爭取外蒙承認的角度出發，他們也必須要徹底改組這個黨。實際上，他們從烏蘭巴托回來後，就已經決定要解散現在這個組織了。只不過，為了便於清洗和重組，他們先建立了一個東蒙自治政府，將領導權轉移過去，之後才公開聲明解散內人黨，

---

[84] 〈（晉察冀中央局）關於東蒙問題致東北局電〉，1946 年 3 月 13 日，中共中央統戰部編，《民族問題文獻彙編》，頁 1027。

[85] 筆者傾向於同意二木博史的說法，即哈豐阿等於東蒙人民自治政府組成後馬上宣佈解散內人黨東蒙本部，意在建立一個「新內蒙古人民革命黨」。但是否「2 月末組成了」新黨，似可存疑。參見二木博史著，娜仁格日勒譯，〈博彥滿都與內蒙古自治運動〉，《蒙古史研究》，頁 268。

[86] 〈列寧關於民族和殖民地問題的提綱〉，1920 年，中國社會科學院近代史研究所翻譯室編譯，《共產國際有關中國革命的文獻資料（1919-1928）》，第 1 輯（北京：中國社會科學出版社，1981），頁 52-53。

計畫「大洗刷後轉入秘密活動」，「只將內蒙古人民革命青年團公開」。[87]

與此同時，哈豐阿等人也已經決定，要按外蒙古領導人提示的，「建軍樹政聯繫中共」，特別是要取得中共的幫助和指導。這也是為什麼，阿思根等最後能夠接受中共遼西省委所派工作團留在科左後旗，幫助他們宣傳、動員和組織蒙民。

內人黨東蒙本部領導人最看重的，是中共和蘇聯是一家，都主張民族平等、支持民族自決。他們因此也十分看重烏蘭夫代表中共出面組織的內蒙古自治運動聯合會這一統一戰線的組織形式，知道兩者聯合必能成就東西蒙自治運動統一的局面。這也是他們主動地願意從王爺廟前來承德與烏蘭夫等人面談的一個重要原因。一方面，他們真心希望能夠促成兩者的結合；另一方面，他們也承認原來的組織還難以完成既定的革命目標，因而還必須要與中共相結合，包括在理論上和實踐中接受中共的指導和領導。之所以必須要這麼做，他們在解散聲明中也已做了說明，即：為了達成民族革命的任務，必須要把黨的基礎建立在農牧勞苦大眾的基礎上。像自己過去那樣一種「少數知識階級之黨的組織」，是無法達成領導蒙古族「成立自治國或者獨立國，或者與蒙古國統一」的奮鬥目標的。[88]

正是基於上述情況，烏蘭夫與東蒙方面的會談就變得十分順利了。在烏蘭夫說明了中共方面的意見，特別是說明將內蒙各方面力量統一於內蒙自治運動聯合會，不僅可以實現東西蒙統一，而且還有助於日後成立統一的內蒙自治政府的道理後，哈豐阿等即表示：「內蒙統一自治比東蒙單獨自治好」。並且說：「東蒙自治（政府）成立時，曾申明內蒙自治運動有統一機構後即可撤廢，現東西蒙已統一於聯合會，該政府即可撤廢。」他們並同意，在不能馬上建立內蒙古統一的自治政府的情況下，暫時「以內蒙古自治運動聯合會為內蒙古自治運動的統一領導機關，東西各盟、旗均組織其分會、支會，實現其綱領」，並在此基礎上先「建立各盟、旗民選政府，分別接受各解放區民主政府領導及幫助」。[89]

由上即可瞭解，為什麼烏蘭夫抵達雙方約定的承德後，只經過 5 次預備會議，就比較容易就解決了幾乎所有問題。[90]東蒙自治政府主席博彥滿都代表東蒙代表在 4 月

---

[87] 〈中共中央東北局關於蒙古問題給中央的報告〉，1946 年 2 月 20 日，中共中央統戰部編，《民族問題文獻彙編》，頁 1002-1003。

[88] 內人黨解散聲明發表在烏蘭夫到王爺廟之前，即正式形成於 1946 年 3 月 1 日，發表在《東蒙新報》，第 5 號（3 月 13 日），第 1 版。並見二木博史著，娜仁格日勒譯，〈博彥滿都與內蒙古自治運動〉，《蒙古史研究》，頁 268-269。

[89] 〈雲澤關於承德會議主要內容致中央、（晉察冀）中央局、東北局、西滿、晉綏分局電〉，1946 年 4 月 5 日，《內蒙古自治運動聯合會檔案史料選編》，頁 54-55。

[90] 烏蘭夫對這次會議解決問題的難易程度有過很不同的說法，會議後兩個月他的說法是，「前後不過兩點多鐘，

3 日正式會議的致辭中坦言：「我們認為中共是為解放民族，為民主主義而努力的，中共的目的和我們的要求是一樣的。因這一樣的關係，我們跟隨中共，在中共領導下而邁進」。烏蘭夫的致辭也特別提到了這一點。他說：「在這幾日內的討論中，內蒙古的解放只有在中國共產黨的領導之下去爭取奮鬥的一點上，意見是一致的，不約而同」。[91]

可以肯定，烏蘭夫對這次交涉能夠如此順利地達成共識，也極為振奮。他在 5 日給中共中央及東北局、西滿分局等的電報中欣慰地講到了這一情況，認為與會東蒙代表思想變化既出人意外，又值得肯定。其電稱：「此次東蒙代表從外蒙及其實際體驗中已知內蒙民族運動是中國革命一部分，中共真能予以幫助，故自願接受我黨領導。他們原計劃最低限度成立內蒙臨時政府來代替東蒙政府，此次雖未實現，但對會議結果仍滿意。現其主要負責人哈豐阿、特木爾巴根要求入黨，我們準備接受」。[92]

有學者說，這次會議期間「雙方爭議很大」，「分歧的核心問題在於：是由誰領導和要什麼樣的自治，也就是說由中國共產黨領導，還是由內蒙古人民革命黨領導？是在民族平等基礎上的民族區域自治，還是獨立自治？哈豐阿堅持自己的觀點，態度強硬」，最後仍舊「屈辱」地做了讓步。[93]但這樣的說法明顯與目前所能見到的會議資料不相吻合。更何況，哈豐阿等已經明白地告訴烏蘭夫等：「東蒙人民革命黨已宣佈解散」，雙方如何還會就內人黨領導權問題激烈爭論呢？同樣，東蒙代表顯然都認同應該建立統一的內蒙古自治政府，故東蒙自治政府有必要解散。雙方最多會因要不要馬上成立一個內蒙臨時政府來代替東蒙自治政府問題而爭論，但這種爭論也還涉及不到是區域自治，還是獨立自治的問題。並且烏蘭夫說明了中共當時的顧慮，東蒙代表們也表示了理解，因此才有「以內蒙古自治運動聯合會為內蒙自治運動統一領

事情便解決了」。將近 20 年後再回憶此次會議時，他卻說「四三會議整整開了一個月」，「辯來辯去」，最後留了下尾巴，「黨權未丟掉」。對照烏蘭夫會後給中央的電報可知，其晚年回憶對會期、討論內容及內人黨存廢問題的說法，都很不準確。故他當年電報和報告中的說法應較為可信。〈雲澤關於承德會議主要內容致中央、（晉察冀）中央局、東北局、西滿、晉綏分局電〉，1946 年 4 月 5 日，《內蒙古自治運動聯合會檔案史料選編》，頁 54；烏蘭夫，〈在內蒙古自治運動聯合會黨員幹部會議上的講話〉，1946 年 6 月；〈烏蘭夫在慶祝二十周年籌委會召開的座談會上的講話（原始記錄稿）〉，1965 年 12 月 20 日下午，楊海英編，《內モンゴル自治區の文化大革命〈4〉》，頁 148-149，311-312。

[91] 〈雲澤在「四三」會議上的致詞〉，1946 年 4 月 3 日；〈博彥滿都在「四三」會議上的致詞〉，1946 年 4 月 3 日，《內蒙古自治運動聯合會檔案史料選編》，頁 49，50-51。

[92] 〈雲澤關於承德會議主要內容致中央、（晉察冀）中央局、東北局、西滿、晉綏分局電〉，1946 年 4 月 5 日，《內蒙古自治運動聯合會檔案史料選編》，頁 55。

[93] 楊海英在兩處提到「四三會議」發生了很大爭論，但或未說明資料來源；或稱源自烏蘭夫 1965 年 12 月 21 日上午講話，查該講話中並無近似說法。參見楊海英著，劉英伯等譯，《沒有墓碑的草原》（新北市：八旗文化，2014），頁 58；楊海英編，《內モンゴル自治區の文化大革命〈4〉》，頁 98，313。

導機關，東西各盟旗均組織其支會、分會」和「建立各盟旗民選政府」的決定。自治運動聯合會不是政權機關，故這一過渡性措施也不涉及區域自治還是獨立自治的問題。

當然，由於初次接觸，雙方的交流溝通還明顯不足。東北局一個月前就已經瞭解到內人黨並未真正解散，它只是用公開解散的名義進行組織清洗，但烏蘭夫卻只知道內人黨已經發了解散聲明，以為該組織真的解散了。同樣，注意到中共中央高度重視東蒙獨立自治的問題，烏蘭夫這時顯然認為，這方面的問題已經不大了。而他的彙報顯然也使晉察冀中央局得出了同樣的看法。其在給中共中央的電報中即認為：「現在內蒙各種團體、機關、軍隊領導集團及知識青年大部分已認識到與外蒙古合併及獨立是不可能的，也很不適宜」。[94]事實上，東蒙方面並沒有放棄獨立自治的想法，也沒有放棄想要實現內外蒙合併的願望。

身為蒙古族，烏蘭夫也格外渴望能夠為自己的民族做出貢獻。戰後幾個月的工作實踐，特別是順利地統合了東蒙的自治力量之後，他清楚地意識到，只要得到黨的支援，他完全有可能成就一項蒙人過去幾乎無法想像的歷史使命，那就是，在區域上和政權上將內蒙古統一起來，真正實現內蒙古自治運動聯合會會章所追求的目標，即「建立內蒙古民族自決民主之政權」，在求得內蒙古徹底解放的同時，「並為實現自由聯邦之新民主主義之新中國而奮鬥」。[95]

為了踐行自己向聯合會和向東蒙代表做出的統一東西蒙古的承諾[96]，承德會議剛一結束，他就建議中共中央，在暫時還不宜成立統一的內蒙古自治政府的情況下，至少應「考慮設立統一的黨委或工作機關的問題」，因為東蒙加入到聯合會來之後，已經具備了在廣大內蒙區域發展工作的良好條件，需要一個統一的領導機關。[97]

之所以一定要有一個統一的內蒙工作領導機關，是因為在他看來，目前分別由各個根據地獨立領導和從事蒙區工作的最不利之處，就是常常會出現政出多頭，特別是多數漢族幹部不重視、不瞭解蒙族獨特的制度、文化、習慣、信仰和心理，盲目搬用漢人地區工作的經驗、方法到蒙區來的情況。用他的話來說，許多幹部要麼「要求蒙人對我黨政軍的態度與我黨法令、政策的瞭解像漢人一樣，要求蒙古幹部的進步、蒙

---

[94] 〈晉察冀中央局關於內蒙自治問題的意見〉，1946 年 4 月，《內蒙古自治運動聯合會檔案史料選編》（北京：檔案出版社，1989），頁 58。

[95] 〈內蒙古自治運動聯合會會章（宗旨）〉，1945 年 11 月，楊海英編，《內モンゴル自治區の文化大革命〈4〉》，頁 142。

[96] 〈雲澤在「四三」會議上的致詞〉，1946 年 4 月 3 日，《內蒙古自治運動聯合會檔案史料選編》，頁 49。

[97] 〈雲澤關於承德會議主要內容致中央、（晉察冀）中央局、東北局、西滿、晉綏分局電〉，1946 年 4 月 5 日，《內蒙古自治運動聯合會檔案史料選編》，頁 54-55。

古工作的進展，像一般工作一樣」；要麼「不暸解蒙人的狹隘民族主義及對我黨的懷疑，因而發生不耐心、不放手、不信任、不幫助、不說服的現象」；要麼「強調蒙古人落後，不相信蒙古人能自己辦好事情，因而不放手讓蒙古人自己去管理自己的事」。結果就像在熱察綏都曾發生過的那樣，「蒙古旗長有名無權、蒙古軍隊被繳械、蒙古幹部被懷疑歧視、蒙古組織活動受限制、蒙古工作被包辦代替，某些幹部和機關對蒙古工作潑冷水、不熱心幫助」。這種情況只能讓「蒙人懷疑黨的民族政策不能實現，說下面幹部是大漢族主義，蒙古黨員幹部也對此不滿」。[98]

　　但是，烏蘭夫這時的一些看法和意見，並不便於直接去電向中共中央提出。除了他這時還在晉察冀中央局主管之下，必須要借助晉察冀中央局的大功率電台去電中央外，一個重要原因也和有涉蒙問題的中央局及中央分局常常意見不一有關。烏蘭夫從蒙族角度所做的工作、看到的問題，和提出的想法，在負責不同地區的有著不同需要和利益考量的各中央局看來，就未必都能理解和支持。

　　以東北局這時對烏蘭夫「四‧三」承德會議後分致中共中央及各中央局的電報，就不難看出這中間的微妙之處。

　　讀烏蘭夫的電報可知，他彙報的重點，是會議取得的成果，即東蒙已經同意取消政府，並解散了內人黨，內蒙古工作已經基本統一在內蒙古自治運動聯合會之下，今後蒙區各盟旗將由聯合會統一指導建立民選政府，實行蒙漢分治，為此應考慮設立統一的黨委或工作機關。[99]但東北局隨後卻完全沒有理會上述結果和意見，專門就東蒙工作發了一個重要指示。該指示依舊強調：「目前工作中心是建立廣泛的蒙古人民統一戰線，掌握蒙古軍隊（還有政權）與發動農民牧民」。為完成這一任務，「一切工作必須通過蒙古人民自己去作」，尤其要以進步的蒙古青年知識分子為骨幹。「蒙古人民革命黨是蒙古人民的先鋒隊，必須重質不重量，必須有嚴密的組織」。蒙古人民革命青年團應接受內人黨的領導，「成為蒙古革命之廣泛的群眾組織」。「蒙古人民革命黨及青年團，應切實的爭取掌握其領導權」，並應切實援助和「培養蒙古人民革命黨和人民革命黨所建立的和領導的蒙古人民軍隊」。[100]

　　顯而易見，這並不是烏蘭夫想要達到的結果。幸運的是，晉察冀中央局仍舊能夠

---

[98] 轉見〈晉察冀中央局關於內蒙自治問題的意見〉，1946 年 4 月，《內蒙古自治運動聯合會檔案史料選編》（北京：檔案出版社，1989），頁 58-59，62。

[99] 〈雲澤關於承德會議主要內容致中央、（晉察冀）中央局、東北局、西滿、晉綏分局電〉，1946 年 4 月 5 日，《內蒙古自治運動聯合會檔案史料選編》，頁 54-55。

[100] 〈中共中央東北局關於東蒙工作方針的意見〉，1946 年 4 月 17 日，中共中央統戰部編，《民族問題文獻彙編》，頁 1041-1045。

理解並支持他。像此前一樣，在聽取了他的彙報後，晉察冀中央局再度擬就一封長電，用中央局名義，將烏蘭夫的基本主張報給了中共中央。

電報首先高度評價了烏蘭夫的工作和承德會議的結果。稱：「自東西蒙古在承德開會後，內蒙人民尤其是知識青年中，對此影響很大，認為內蒙現在統一了，這是內蒙古 700 年來最重大的事件。他們廣泛地宣傳這次會議的成就，內蒙自治運動聯合會及雲澤同志的威信，因之也大大地提高了。會議的決議也在執行中，外蒙對此會議贊同」。

電報同時指出：「現在內蒙各種團體、機關、軍隊領導集團及知識青年大部分已認識到與外蒙古合併及獨立是不可能的，也很不適宜。他們贊成民族平等自治的方針，但他們主張統一的地方自治，不願分盟的自治。主張各蒙旗統一於一個蒙古地方政權，這一政權受解放區民主政府領導，而不願各盟分屬各省政府領導」。

電報認為：「目前我黨在綏察熱及東北所面臨的蒙古問題，是 11 個盟和一百七八十萬人口的自治問題。如果過去階段內主要工作是克服蒙古內部兩次錯誤的獨立運動，則目前主要工作必須是貫徹黨的民族平等自治政策。首先解決民族問題，適當的滿足蒙古民族統一自治的要求，做幾件蒙古人民最盼望的事，擴大我黨的影響，爭取蒙人的信任，以便從蒙古內部來深入發動群眾，組織力量來共同反對國民黨」。

電報特別提醒說：由於國民黨六屆二中全會剛剛通過決議，打算恢復蒙政會，並強調要明白劃分盟旗政府與省縣之許可權[101]，「如果我黨不注意，則國民黨那些假意的宣傳和施設，可以在某些人中，尤其是在蒙人上層中引起幻想」。如果我們不能使多數蒙人對我們消除懷疑，少數蒙奸反動上層的挑撥就會發生影響，我在對國民黨作戰中就不能不有所顧慮。

據此，電報建議：（1）應儘快「確定內蒙自治運動聯合會為內蒙古地方政權的性質」，聯合會相當於省一級政權，總分會相當於行署，盟旗相當於專署。（2）在晉察冀中央局領導下「組織內蒙古區黨委」，「統一領導蒙古工作並在內蒙古發展黨」。（3）「設內蒙古人民自衛軍司令部，由聶司令員或朱總司令委雲澤同志為司令員，這一施設對蒙古人民的號召意義極大」。惟所轄各師、旅、支隊仍分別受各軍區、軍分區指揮，司令部實際起政治部作用，負責人事調動、幹部訓練和政治工作等。[102]

---

[101] 指國民黨六屆二中全會 1946 年 3 月 17 日通過的〈對於邊疆問題報告之決議案〉，見中國第二歷史檔案館編，《中華民國史檔案資料彙編》第 5 輯第 3 編政治（一）（南京：江蘇古籍出版社，1999），頁 475。

[102] 〈晉察冀中央局關於內蒙自治問題的意見〉，1946 年 4 月，《內蒙古自治運動聯合會檔案史料選編》，頁 58-63。

七、內蒙古自治政府的建立與區劃問題

　　1946 年 6 月，烏蘭夫對前一時期工作有過一個總結。說：從去年 11 月 26 日，到今年 4 月 3 日，我們的整個工作，都是致力於貫徹黨的民族平等和民族自治的民族政策，反對民族獨立。為此，我們不得不解散了兩個政府。但是，要讓長期處在受壓迫狀態的蒙古民族真正站到共產黨一邊來，要使他們相信我們，還必須要讓蒙民自治。[103]

　　注意到「四·三」會議兩個月後烏蘭夫和晉察冀中央局提議的內蒙古區黨委、內蒙古人民自衛軍司令部，或其他形式的統一的內蒙古工作機關都還沒有設立，不難看出烏蘭夫為什麼會在黨內公開談論這個問題。但是，1946 年幾乎整個四五月間，中共中央的主要精力都放在了與國民黨爭奪東北的軍事和政治的較力中，對內蒙問題完全無暇顧及。

　　又等了一個多月，注意到關內戰火重燃，國民黨軍在遼寧、熱河、西滿節節推進，大舉深入蒙區，烏蘭夫再度向晉察冀中央局提出了這一問題，並且迫不及待地通過晉察冀台親自去電向中央提出：「目前我黨在綏察熱及東北蒙古所面臨的問題，首先是十一個盟一百七八十萬人口的自治問題。過去階段黨已經克服了兩次獨立運動，承德會議在蒙人中影響極大，但蒙人一般不滿目前的分盟自治與歸省政府領導，要求統一自治。如何適當的滿足蒙族這一要求，這與解決土地問題有同等重要的意義」。[104]

　　晉察冀中央局再度支持了烏蘭夫的意見，也去電向中共中央提出：「今天內蒙人民，一方面盼望我黨參解決民族問題，一方面還對我黨懷疑。有人懷疑我黨的民族平等自治的政策，是以分盟自治來限制蒙古自治，說為什麼不讓蒙古人有一個統一的地方政府，而只組織內蒙古自治運動聯合會？國民黨時代省盟是平行的，為什麼現在盟運專受省的領導？」電報建議：如果馬上建立內蒙古自治政府在政治上還不適宜，可否考慮「確定內蒙自治運動聯合會為內蒙古地方政權」，「在蒙漢分治的原則下蒙古盟旗政府受聯合會領導」呢？[105]

---

[103] 烏蘭夫，〈在內蒙古自治運動聯合會黨員幹部會議上的講話，1946 年 6 月，轉見楊海英編，《內モンゴル自治區の文化大革命〈4〉》，頁 148-152。做過較多刪節的文本可見烏蘭夫文選編輯委員會編，《烏蘭夫文選（上）》（北京：中央文獻出版社，1996），頁 14-24。

[104] 〈雲澤關於內蒙土地的意見致中央電〉，1946 年 8 月 1 日，《內蒙古自治運動聯合會檔案史料選編》，頁 106。

[105] 〈中共晉察冀中央局關於蒙古工作的總結〉，1946 年，中共中央統戰部編，《民族問題文獻彙編》，頁 1087-1088。

　　但即使到這時，由於軍事形勢轉為不利，為儘量爭取包括美國及中間黨派對蔣介石國民黨的軍事進攻起阻滯作用，中共中央依舊不能同意建立統一的內蒙古自治政府的提議。因此，它始終沒有回應烏蘭夫和晉察冀中央局的呼籲。只是在 9 月下旬，中共中央批准了幾個月前烏蘭夫和晉察冀中央局的要求，同意成立一個以烏蘭夫為書記的內蒙古黨委。[106]

　　進至 10 月中旬，國民黨不顧中共代表的嚴重警告，一舉奪取了中共從西北連通東北的重要戰略樞紐張家口。內蒙古自治運動聯合會被迫撤到錫林郭勒盟的貝子廟，後又不得不移到林東。內蒙古黨委也因此被迫西撤，脫離了晉察冀區，因而改由林西的冀熱遼分局領導了。

　　這個時候，國共在東北已經完全撕破臉了。到 10 月中下旬，被迫撤退到齊齊哈爾的西滿分局也轉而相信，有必要把成立內蒙古自治政府的問題提上議事日程了。[107]隨著蔣介石不顧中共方面強烈抗議，單方面宣佈召開國大，兩黨關係全面破裂已成定局，李富春當即致電中共中央提出：在國民黨包辦國大，東蒙人民廣泛呼籲，《大公報》記者都主張內蒙自治的情勢下，「我們是否可以在國民黨之先有一確定之主張」，是否可以召開內蒙人民代表會議，準備成立比自治運動聯合會更具政權性質的機關呢？[108]

　　形勢發展到這一步，中共中央亦不再猶豫了。其 11 月 26 日複電稱：「前次東蒙自治正值政協初開與東北問題緊張時期，現在政協與東北問題均成為過去，國內輿論逐漸同情內蒙自治，而國方亦已逐漸侵入內蒙，故中央認為，為了團結內蒙人民共同抵抗蔣介石的軍事進攻與政治經濟壓迫，現在即可聯合東蒙西蒙成立一地方性的高度自治政府，發佈施政綱領」。電報同時發給了烏蘭夫和與內蒙古問題有關的各中央局及中央分局，要求他們立即就此事加以研究並提出意見，以便於最近期內完成準備工作。[109]

　　中共中央的答覆無疑讓烏蘭夫、內蒙自治運動聯合會的成員，包括東蒙方面的領導人及其青年骨幹十分振奮。用烏蘭夫的話來說，「我參加革命已二十三年了，自參

[106] 任亞平主編，《內蒙古自治區志·共產黨志（1919-1997）》（呼和浩特：內蒙古人民出版社，1999），頁 106。

[107] 〈西滿軍區政治委員李富春和內蒙古自治運動聯合會副主席博彥滿都關於蒙古問題談判紀要〉，1946 年 10 月 22 日，《內蒙古自治運動聯合會檔案史料選編》，頁 135-136。

[108] 〈西滿分局關於成立內蒙自治政府致中央、東北局並告雲澤電〉，1946 年 11 月 18 日，《內蒙古自治運動聯合會檔案史料選編》，頁 142。

[109] 〈中共中央關於考慮成立內蒙自治政府的指示〉，1946 年 11 月 26 日，中共中央統戰部編，《民族問題文獻彙編》，頁 1083。此電摘要亦見於《內蒙古自治運動聯合會檔案史料選編》，頁 143-144，但月份註為 12 月，應屬誤植。

加的第一天起我就想成立自治政府」，終於等到這一天了。[110]

　　東蒙方面得知這一消息應該是 12 月 5 日讀到了西滿分局的來電後。[111]據聯合會秘書長劉春回憶稱：他那時剛到王爺廟，正向哈豐阿等人轉達烏蘭夫關於聯合會工作等問題的意見，「我和哈豐阿等知道中央來電的內容以後，非常興奮。有些對共產黨的方針、政策持懷疑態度的人，不相信人民解放戰爭可以取得勝利的，和想在國共兩黨之間保持中立的人，也都表示贊成中央的這一決策」了。[112]

　　相比於其他各中央局、中央分局的反應，冀熱遼分局卻依舊斤斤於蒙漢管轄權及其區域的劃分問題。它複電中央提出：內蒙古實際上多為蒙漢雜居，且農業、半牧之農區漢人居多，故成立內蒙自治政府，實際上應為「蒙漢聯合政府」，即「必須吸收漢人參加」，只是「對外名義為內蒙自治政府」罷了。同時成立自治政府，區劃問題也須慎重。因為，越是蒙漢雜居區，就越是內蒙軍政文化人才多、財富人口多之區。將它們劃入漢區，內蒙將失去精華；如劃入蒙區，像熱河將只餘承德、灤平、隆化、豐寧、圍場 5 縣而已，也難以成省。更何況嚴格區分蒙漢疆界，礦產、稅收、山林也不易解決。故電報主張，還是照民國辦法，旗縣並存為宜，旗歸自治政府，縣歸省政府（省政府不屬於自治政府）。[113]言外之意，自治政府最好如同蒙政會[114]，只管盟旗自治事務，其他一切照舊。

　　儘管中共中央尚未就成立內蒙自治政府一事做出最後的決定，但根據中共中央 11 月 26 日電，經所屬中央局同意，烏蘭夫已經通過內蒙古自治運動聯合會，於 1947 年 2 月中旬發出了關於召開內蒙古人民代表會議及代表產生辦法的通知，和關於召開內蒙古自治運動聯合會第一次執委擴大會議的通知。

　　為瞭解統合相關各方意見，東北局隨即電邀聯合會的負責人，即烏蘭夫、博彥滿

---

[110] 烏蘭夫，〈一九四七年二月在林東幹部會上的報告〉，1947 年 2 月初，楊海英編，《內モンゴル自治區の文化大革命〈4〉》，頁 156。

[111] 《胡昭衡日記》，1946 年 12 月 5 日，《興安革命史話》，第 2 集，頁 226。

[112] 劉春，〈內蒙古自治政府是怎樣誕生的〉，《內蒙古檔案史料》，創刊號（呼和浩特，1992），頁 67。

[113] 〈冀熱遼分局關於成立內蒙自治政府問題的意見〉，1946 年 12 月 15 日，《內蒙古自治運動聯合會檔案史料選編》，頁 142-143。相關史書多按劉春回憶，稱此電係烏蘭夫、劉春與冀熱遼分局、熱河省委 12 月 14 日在林西開會討論後，作為共同意見於次日發給中央的。但此說當存疑，因為冀熱遼分局電只說「分局討論內蒙古自治政府問題」，沒有提到烏蘭夫等參與討論；且所提半數卻與烏蘭夫的主張有所不同。烏蘭夫的不同看法可見他此時在林東的幾度報告。轉見楊海英編，〈內蒙自治運動中的幾個問題——在林東幹部會上的講話（節選）〉，1947 年 2 月 3 日；〈一九四七年二月在林東幹部會上的報告〉；〈內蒙革命的性質與任務——節錄在林東幹部會上的講話〉，《內モンゴル自治區の文化大革命〈4〉》，頁 153-155，155-157，157-158。

[114] 即蒙古地方自治政務委員會，1934 年成立。其基本職權是，在中央政府主管部門和專設指導長官指導下，負責辦理各盟旗地方自治政務，遇有關涉各省事務，由蒙政會與各省政府會商辦理。

都、哈豐阿、特木爾巴根、劉春、奎璧、烏力吉敖其爾、克力更等到哈爾濱，就成立政府事項，具體交流看法並研究落實。[115]

　　在哈爾濱期間，東北局領導人特別就今後內蒙古自治政府的黨的領導機構問題，與烏蘭夫交換了意見。從烏蘭夫隨後報請中共中央在東北局領導下成立內蒙分局或內蒙古黨委員會的情況看，東北局顯然希望今後能夠由它來主管內蒙自治政府的領導工作。[116]

　　1947 年 3 月 23 日，在具體研究了各中央局、中央分局和烏蘭夫的回電後，周恩來以中共中央名義，正式致電各中央局並烏蘭夫，說明：「我們原先主張先從各地區民族自治政府的成立入手」，最後在內蒙建立一個包含東西蒙在內的統一的民族自治政府。「惟內蒙人民代表大會既已（決定）召開，且東蒙及熱察蒙民久已要求成立統一的自治政府，我們不應再加勸阻，故原則上我們同意就在這次代表大會產生內蒙統一的民族自治政府。但必須注意：（一）在宣言上必須提到西蒙大部分盟旗因在蔣介石統治下尚未解放，故不克有人民選舉的代表參加，大會希望和歡迎下次大會能有那些地區的民選代表參加；（二）在綱領序言上要指出這是根據現有經驗提出和通過的，等到各地區經驗增加，新的盟旗加入，綱領仍要吸收新的意見加以增改的」。[117]

　　電報同時也就冀熱遼分局提出的蒙漢治權及區域劃分問題做出了答覆。稱：內蒙自治區與各解放區關係問題，須根據兩個原則解決，一是以地區劃分；一是以地區聯繫。根據前者，「完全盟旗的地方，成立各地區的民族自治政府；蒙漢雜居，漢人占少數的地方，即隸屬民族自治政府，但這些地方政府中須有漢人代表；蒙漢雜居，漢人居多數的地方，仍隸屬解放區政府，但這些地方政府中須組織蒙民委員會，處理蒙民事務。」根據後者，在政權方面，可在各解放區（或省）政府中同時設立有相關區域自治政府代表參加的內蒙民族委員會，以便於一方面管理該區（或省）的蒙民事務，另方面負責與上述民族自治政府發生聯繫。「在軍隊方面，各自治政府下應建立獨立的蒙民武裝隊伍，在軍政上由內蒙民族自治政府統一編制管理，但在指揮作戰上，應統一於各人民解放軍的軍區，軍區司令部中應有內蒙人民武裝部處理之」，「在黨的方面，各中央局、分局、區黨委中，應有同志一人（最好內蒙同志）負責領導上述工作」。[118]

---

[115] 劉春，〈內蒙古自治政府是怎樣誕生的〉，《內蒙古檔案史料》，創刊號，頁 67。

[116] 〈雲澤關於內蒙黨的組織及領導關係問題致中央的請示電〉，1947 年 3 月 14 日，《內蒙古自治運動聯合會檔案史料選編》，頁 169。

[117] 〈中共中央關於內蒙古自治問題的指示〉，1947 年 3 月 23 日，中共中央統戰部編，《民族問題文獻彙編》，頁 1094-1095。影印原件見任翔，《歷史見證博彥滿都》（香港：名人出版社，2008），頁 169。

[118] 〈中共中央關於內蒙古自治問題的指示〉，1947 年 3 月 23 日，中共中央統戰部編，《民族問題文獻彙編》，頁 1094-1095。

　　對於內蒙民族自治的區劃問題，烏蘭夫內心裡還是頗有些底氣的。這是因為，早在 1935 年 12 月，毛澤東就已經勾勒過一個內蒙統一的藍圖。其中專門講到了內蒙應有的版圖範圍，即「原來內蒙六盟、二十四部、四十九旗、察哈爾土默特二部，及寧夏三特旗之全域，無論是已改縣治或為草地，均應歸還內蒙人民，作為內蒙古民族之領土」。[119]

　　據此，1947 年 2 月初在林東時，烏蘭夫也幾度談到過這個問題。他認為，內蒙的範圍就應該回歸滿清理藩院管理時的六盟三區一部，[120]基本上就是熱、察、綏三個地方。這也基本符合哈豐阿等人的看法。只不過，他更注意強調的是：今天戰爭尚未結束，且蒙人對劃境問題也還各有各的看法。「有人說以黃河為界，有人說以長城為界，有人說把張家口劃裡頭，（因此）今天我們不談劃境問題，這要今後好好考慮。」因為，內蒙古劃界的最大困難，歷史變動巨大，「現在蒙古人在內蒙只有二百萬，而漢人則在一千萬左右」。很多過去的蒙地，已經沒有蒙人了；現在有蒙人的蒙地上，也處處有漢人聚居地，和很多蒙漢雜居的情況。為此，首先要弄清楚蒙漢分佈的實際情況，「蒙人自治要把漢人劃來就成漢人自治了！」同時也要承認現實，歷史是回不去的，「農業經濟今天比牲畜經濟進一步，因此，我們就不能把漢人趕出去，倒拉歷史向後轉」。當然，烏蘭夫也特別注意到內蒙區劃一定要對其未來發展有利。他明確提出，我們雖然不能把漢區劃過來，「可是內蒙自治應有一條，凡與內蒙在政治經濟有密切關係的地區，一定要劃來」。[121]

　　基於上述考慮，烏蘭夫雖然贊同蒙漢分治的原則，卻並不主張自治政府建立時就來解決區劃及其管轄權問題。對此，3 月初在哈爾濱與東北局具體討論成立自治政府問題時，他也已經向東北局領導人反映了他的看法。因此，收到周恩來代表中共中央答覆冀熱遼分局內蒙自治政府成立後區劃問題的意見後，東北局也參考烏蘭夫及東蒙領導人的意見，馬上致電中共中央，表達了不同看法。

　　其電稱：關於內蒙自治區域與各解放區的關係問題，蒙人中特別是東蒙代表意見很多，「甚至有主張劃黃河以北或長城以北為界者」。「要在此次大會確定地區劃分原則很困難，如提得不恰當時，反可引起糾紛。因此我們意見大會仍只在綱領上一般

[119] 〈中華蘇維埃中央政府對內蒙古人民宣言〉，1935 年 12 月 10 日，中共中央統戰部編，《民族問題文獻彙編》，頁 323。

[120] 六盟即：哲里木盟、昭烏達盟、卓索圖盟、錫林郭勒盟、烏拉查布盟、伊克昭盟；三區即：呼倫貝爾、西吐默特旗、阿拉山和阿濟納；一部即察哈爾部。

[121] 烏蘭夫，〈一九四七年二月在林東幹部會上的報告〉，1947 年 2 月；〈內蒙自治運動中的幾個問題——在林東幹部會上的講話〉，1947 年 2 月，楊海英編，《內モンゴル自治區の文化大革命〈4〉》，頁 157，153。

的提出問題，（內蒙）各盟旗均屬內蒙自治區域內，而實際上則因鬥爭環境、戰爭關係，各盟旗與各解放區的關係仍維持現狀，待全國自衛戰爭勝利，和平民主取得後，再詳細確定地區。現在各解放區與內蒙政府軍隊的關係是合於中央所指示的原則與辦法」的。[122]

4月3日至23日，擴大執委會正式舉行，緊接著即召開了內蒙古人民代表會議，通過了《內蒙古自治政府施政綱領》和《內蒙古自治政府組織大綱》，同時選舉了臨時參議會。經臨時參議會選出了政府主席、副主席及政府委員共19人。

5月1日，內蒙古自治政府在王爺廟（烏蘭浩特）宣告成立，烏蘭夫任主席，哈豐阿任副主席。[123]

在區劃問題上，烏蘭夫顯然成功地說服了與會的東蒙代表，故代表大會通過的《施政綱領》只是在原則上規定自治政府以內蒙古各盟（包括盟內旗縣市）旗為自治區域，而沒有宣佈自治政府所轄區域的具體範圍。[124]

八、內人黨問題爭執的原因及影響

內蒙自治政府的成立，無疑是一直渴望著蒙古民族能夠統一建國的哈豐阿、特木爾巴根等人最最期盼的一件事了。「四‧三」會議實現了東西蒙統一後，他們除了對區劃問題高度關注外，最關心的還是統一政府的建立問題。因為只有成立了統一的政府，才可能提出內蒙區域劃界的問題，東西蒙的統一也才具有合法性。與此同時，自治政府的建立，更重要的一點是民族自決的問題也可以開始提上日程了，與外蒙古合併也就有了一個較過去現實得多的政治基礎了。但也正因為如此，他們不能不擔心：「雲澤是共產黨，他給蒙古人辦事呢，還是給共產黨辦事呢？」[125]在他們看來，烏蘭夫至少是不會同意內外蒙古合併的。

那麼，怎樣才能順利地成立這個自治政府，同時又能確保這個政府會一步步走向自決和獨立呢？他們的想法很清楚，就是必須要靠黨的組織的力量來起作用，將內人黨重建並公開，再通過自治政府選舉，最後把政府掌握在黨的手中。

---

[122] 〈中共中央東北局關於對內蒙自治問題的意見向中央的請示〉，1947年4月1日，中共中央統戰部編，《民族問題文獻彙編》，頁1097。

[123] 〈內蒙古自治政府佈告〉（第一號），1947年5月30日，《內蒙古自治運動聯合會檔案史料選編》，頁243。

[124] 〈內蒙古自治政府施政綱領〉，1947年4月27日，《內蒙古自治運動聯合會檔案史料選編》，頁231。

[125] 轉見〈晉察冀中央局關於內蒙自治問題的意見〉，1946年4月，《內蒙古自治運動聯合會檔案史料選編》，頁59。

因此，當得到中共中央批准建立內蒙自治政府的消息後，哈豐阿和特木爾巴根就行動起來，開始由近及遠地找蒙族幹部和青年骨幹，一個一個地做宣傳和勸說的工作。時任自治運動聯合會東蒙總分會秘書長和興安軍區政治部主任的胡昭衡在 3 月中旬即聽到蒙族青年幹部反映稱，前內人黨成員有些人想要重建內人黨，以便在自治政府成立後「好向外蒙合併」。[126]

很快，剛剛丟了延安，正在陝北山溝裡和國民黨胡宗南部周旋的中共中央也聽說內人黨打算重建這件事了。由於這時從陝北到華北到東北，整個軍事形勢都對中共不利，因此周恩來力主應該要照顧東蒙幹部多數人的願望，他在給東北局和烏蘭夫的電報中明確認為重建內人黨一事並非不可考慮，只要內人黨實際上接受中共領導即可。其電稱：「如果內蒙人民中積極分子主張解散內蒙自治運動聯合會而組織內蒙人民革命黨，我們應予以贊助，並以中共分子加入成為領導核心」。[127]

在中共中央，這時統戰工作，含民族統戰工作，統歸周恩來負責。但周恩來及陝北中共中央並不能直接並及時瞭解發生在兩三千里之外的內蒙的情況，因此，他們這時有關內蒙問題的「指示」，基本上都是針對東北中央局、西滿分局、冀熱遼分局和烏蘭夫來電所做的回復。中共中央領導人也深知他們這時得到的情報是零碎的，甚至是滯後的，因此他們雖然複電「指示」，但這些所謂「指示」都不是命令，而是可以討論的和改變的。

在這封電報中，周恩來表達的就是提供給相關各中央局和烏蘭夫參考的，實際上是一種三可的建議。一是：「如果內蒙人民中積極分子主張解散內蒙自治運動聯合會而組織內蒙人民革命黨，我們應予以贊助」；二是：「如果時機尚未成熟，亦不妨暫時保存內蒙自運會，作為向西蒙活動的人民團體。」三是條件許可時，即吸收了足夠多的蒙人進步分子加入中共，並給以黨的教育後，也可以宣佈成立一個「內蒙共產黨」，來徹底解決黨領導的問題。[128]

這一關於「內蒙共產黨」的提議，實際上是周恩來針對烏蘭夫此前提議的一個答覆。還在一個月前，烏蘭夫就考慮過「自治政府成立後，內蒙是否需要一個黨」的問題，並傾向於可以考慮成立一個黨。他有此考慮的原因是，他發現，因為蒙人久受鄙視欺壓，養成了「狹隘」、「多疑」和「仇視漢人」的特點，不大容易接受漢人領

---

[126] 《胡昭衡日記》，1947 年 3 月 19 日，內蒙古檔案館編印，《內蒙古檔案史料》，創刊號，頁 56。

[127] 〈中共中央關於內蒙古自治問題的指示〉，1947 年 3 月 23 日，中共中央統戰部編，《民族問題文獻彙編》，頁 1094-1095。

[128] 前引〈中共中央關於內蒙古自治問題的指示〉，1947 年 3 月 23 日，中共中央統戰部編，《民族問題文獻彙編》，頁 1095。

導。同時因為「蒙古人喜歡有一個團體」，「如果有一個屬於自己的團體，蒙古人會很高興」，這可以團結更多的人。也就是說，在他看來，無論成立什麼「黨」，主要目的都是「主張群眾團體多發展」，不是不要共產黨領導。因為，「只有共產黨才能解決蒙民問題」。他再三強調，從歷史上看，「蒙古人民黨及其他黨派都中途逃跑叛變了，只（有）共產黨員堅持不屈，奮鬥至今」。從現實需要看，「凡是沒有（共產）黨的地方，工作就薄弱」。因此他的意見是，「無論如何都要加強共產黨，加強領導」，要在蒙人中「大量發展（共產）黨」。只不過，他主張對蒙人「不能要求太高，與漢人一樣看」，「發展以後要注意領導⋯⋯好好幫助教育」。由此可知，烏蘭夫是傾向於成立一個「內蒙共產黨」來取代「內蒙人民革命黨」的，因為這樣共產黨的領導地位才更容易鞏固。他這時之所以對到底要不要成立一個「黨」，或成立一個什麼名義的「黨」還有所猶豫，根本是受到蘇聯經驗的局限。他的顧慮是：「蘇聯是多民族國家，但也沒有一個民族就有一個黨」。[129]

對此，中共中央並不認為是多大的問題。這也是為什麼周恩來會在電報裡提議稱：只要能先將內蒙人民中進步分子多多吸收加入中共，並給以黨的教育，當蒙人黨員達到相當人數，足以領導內蒙共產黨後，即可「宣佈成立內蒙共產黨」。[130]

只不過，不論中共中央的電報提到了幾種思路，在哈豐阿等人看來，既然電報提到可以贊助成立內人黨，就意味著中共中央對他們的要求基本上是肯定的。因為他們當然相信，自己代表的就是「內蒙人民中積極分子」，自己主張組織內蒙人民革命黨，也就是「內蒙人民中積極分子主張⋯⋯組織內蒙人民革命黨」。

3 月 30 日，哈豐阿找胡昭衡幫助他起草準備提交聯合會執委擴大會的工作報告時，已經毫不避諱地向胡談起他們的計畫了。他告訴胡說，他和特木爾巴根等幾位領導人想要說服烏蘭夫，一是要「建立人民革命黨」；二是自治政府「設軍事部，雲澤不兼司令員」；三是自治政府將來是要準備與「外蒙合併」的，等。[131]

據這時已經加入了共產黨，擔任著內蒙古人民革命青年團副秘書長的特古斯回憶，4 月初，即聯合會執委擴大會議召開前，哈豐阿也向他講過要重建內人黨的必要性，並特別強調說：「這是中共中央同意了的」。[132]

[129] 〈雲澤在熱北地委擴幹會上關於內蒙自治運動中的幾個問題的講話〉，1947 年 2 月 3 日，《內蒙古自治運動聯合會檔案史料選編》，頁 157-161。
[130] 〈雲澤在熱北地委擴幹會上關於內蒙自治運動中的幾個問題的講話〉，1947 年 2 月 3 日，《內蒙古自治運動聯合會檔案史料選編》，頁 157-161；烏蘭夫，〈內蒙自治運動中的幾個問題——在林東幹部會上的講話〉，1947 年 2 月 3 日，楊海英編，《內モンゴル自治區の文化大革命〈4〉》，頁 155。
[131] 《胡昭衡日記》，1947 年 3 月 30 日，收入《內蒙古檔案史料》，創刊號，頁 57。
[132] 特古斯，〈我對「五一大會」的再認識〉，《內蒙古檔案史料》，創刊號，頁 71-72。

　　而聯合會執委擴大會議一召開，哈豐阿、特木爾巴根馬上就與來自各地的東蒙軍政界人員開會研究建黨問題，還召集騎兵一師蒙古族領導幹部開會，要求他們支持再建內人黨。在隨後召開的代表大會黨團的內部會議上，哈豐阿、特木爾巴根等也坦率地說明了他們要求建黨的理由。而會上除個別人主張成立內蒙共產黨或內蒙勞動黨外，其他與會者幾乎一致認為應該建立內蒙人民革命黨。[133]

　　這種情況的出現使與會的幾個漢族幹部深感孤立和被動。時任中共東蒙工委書記和委員的張策與方知達不能不馬上去信西滿分局彙報情況，並請示辦法。西滿分局當時毫無思想準備，無法理解方知達等為什麼要把問題講得那樣嚴重。因此它的回電還對張策、方知達等委婉地提出了批評，稱：「討論中有不同意見是正常的……不要把反對意見都看成是惡意」。一些實際性的問題，完全可以妥協，有時「妥協反而對黨有利」。至於建立人民革命黨的問題，一時意見不一致，「應多醞釀一時期，不要急於開會（解決）」。對哈豐阿、特木爾巴根等同志「必須誠懇說服，必須主動的親密解釋，不要疏忽」。電報對張策、方知達等不和烏蘭夫商量解決辦法，反而要求西滿分局派張平化趕去王爺廟幫助解決問題，也表示了不滿。說這方面的問題只能靠烏蘭夫來解決，「你們的責任是在烏蘭夫同志領導下，協同哈、特等同志，促使一切同志，不分新老，不分東西，統一步調與意志，與一切進步分子親密團結，爭取一切可能爭取的人」。[134]

　　張策、方知達等接電後也沒有能夠從西滿分局的政策出發點來考慮問題。他們固然與烏蘭夫通了氣，但方知達於 4、5 兩天接連以口頭和書面的形式向烏蘭夫提出的建議，卻完全沒有考慮到民族工作的特點與需要，全然是中共在漢人黨員幹部中展開黨內鬥爭的典型思路和方法。他主張：目前必須在黨內加強政治領導和思想領導，對落後分子的錯誤態度和錯誤思想，「必須給以嚴肅的批評」，「要理直氣壯」，包括「對事不對人，不動感情漫〔謾〕罵」；對情緒不穩定的上層進步分子，應有計劃地作個別談話。總之，一切爭論必須以有利於當前的自衛戰爭為出發點，必須要讓與會的蒙人黨團員及積極分子認識到：「內蒙人民的統一自治是在中共領導和幫助之下，

---

[133] 特古斯，〈我對「五一大會」的再認識〉，《內蒙古檔案史料》，創刊號，頁 72-73；旺丹，〈我走過的路〉，內蒙古自治區政協文史資料委員會編印，《內蒙古文史資料》，第 41 輯（呼和浩特，1990），頁 159-160；方知達，〈參加內蒙古東部地區革命工作的回憶〉，《興安革命史話》，第 1 集，頁 60。

[134] 〈李富春、黃克誠、張平化關於內蒙人民代表會議問題給方知達、張策、胡昭衡的信〉，1946 年，中共齊齊哈爾市委黨史工作委員會編印，《中共西滿分局資料彙編（1945 年 12 月-1947 年 9 月）》（中共齊齊哈爾市委黨史工作委員會印，1985），頁 91-92。《中共西滿分局資料彙編》此信的落款時間為 1946 年，但該信所談自治政府、自治區域及代表會議爭論等內容，均發生在 1947 年 4 月上旬前後，可知原註時間有誤，該信時間應為 1947 年 4 月上旬。

八路軍、民主聯軍的反美蔣自衛戰爭中實現的」，云云。[135]

　　方知達等抱著這樣一種態度去做哈豐阿等人的思想工作，不可避免地導致了激烈的爭吵。在烏蘭夫主持的黨內會議上，方知達等人的發言，明顯地讓哈豐阿一方以為中共方面改變了此前宣稱的民族自決的方針，身為軍人的烏力吉敖其爾的情緒變得十分激昂，講了不少平時積累起來的對漢族幹部和對中共不滿的話。方知達更是沉不住氣，不僅激烈反駁，而且上綱上線。[136]

　　烏蘭夫一直認為哈豐阿等人想的是要真正實現蒙人治蒙，而他力推自治政府的成立，包括想要成立內蒙共產黨，也正是考慮到蒙人的想要自治的這一心理特點，想要以此來彌合與哈豐阿等人在這個問題上的分歧。基於此，他原來雖不理解哈豐阿等這時鼓動恢復內人黨的目的何在，但也並不完全反對恢復或成立內人黨。他唯一認定的一點是：「只有共產黨才能解決蒙民問題」，故無論成立一個什麼名義的蒙人黨，都必須接受中共的領導，並且要按照中共的意圖，引導蒙族和中國各民族聯合起來，組成像蘇聯那樣的聯邦共和國。他甚至為此公開向聯合會中的蒙族幹部信誓旦旦地做過許諾，稱：在共產黨領導下，內蒙的自決和自治是不成問題的。「我們黨的民族政策是民族平等、民族自治，也即是史達林的民族自決（民族自由聯合、自由分離）。有的人怕分離，就不敢提自決，其實蘇聯有一百多種民族，都是聯合的，也是自決的，為什麼他不分離?!」[137]

　　意想不到的是，在 4 月 7、8 兩日他主持的黨委擴大會上，9 名參加者中，僅個別人不同意重建內蒙共產黨，5 人堅主要建內人黨。哈豐阿等不僅「從理論上說蒙古無建共產黨的理由」，而且聲稱內人黨「並未解散」，始終在秘密地起著領導作用，無須重新組黨。這種情況不能不讓烏蘭夫感受到相當壓力。聯繫到哈豐阿等在自治政府人事問題上還堅持排斥漢族幹部，必欲取得對自治政府關鍵部門的控制權，甚至不同意中共在蒙族中建立組織、發展黨員，烏蘭夫明顯也動了氣。[138]

　　眼看雙方意見衝突愈益情緒化，人民代表會議和自治政府的成立都可能受到影響，胡昭衡一連幾天都嘗試在會下勸說哈豐阿和特木爾巴根接受烏蘭夫關於組建內蒙

---

[135]〈方知達關於黨團的領導提出的意見〉，1947 年 4 月 5 日，《內蒙古檔案史料》，創刊號，頁 12-13。

[136] 胡昭衡在 4 月 8，9 兩天的日記裡，一方面記述了與方知達議論哈豐阿等人有「小組（織）活動」和「反黨的行為」的問題；一方面也談到方知達在 8 日晚的會上表現得「太急躁」。《胡昭衡日記》，1947 年 4 月 8、9 日，《內蒙古檔案史料》，創刊號，頁 58-59。

[137]〈內蒙古自治運動中的幾個問題——烏蘭夫在林東幹部會上的講話〉，楊海英編，《內モンゴル自治區の文化大革命（4）》，頁 154。

[138]〈雲澤同志關於哈、特、朋、烏企圖在黨內通過建立蒙古人民革命黨的情況及我之對策的請示〉，1947 年 4 月 12 日；劉春，〈內蒙工作的回憶〉，《內蒙古文史資料》，第 50 輯，頁 83-84。

共產黨的提議。但哈豐阿明確表示，他們的目的是未來實現內外蒙合併。「如果成立共產黨，將來和外蒙不好合併，因為外蒙是人民革命黨，因此他們在內蒙也（只能）搞人民革命黨」。當然，哈豐阿這時也想明白了，中共方面是不會放棄對整個內蒙自治運動的領導權的，因此他表示了可以在某種程度暫時妥協的意願，說可以以（1）接受中共領導；（2）為內蒙民族與人民服務；（3）反對法西斯大漢族主義三條，作為重建內蒙人民革命黨的基本綱領。[139]

4 月 8 日，方知達、張策和胡昭衡去信西滿分局彙報了上述情況，並指出再行勸說已不可能。因為，對方態度很決絕。「哈（豐阿）說，『人革黨』須在擴大執委會上討論表決。如不成立，內蒙便要分裂，且影響代表大會，此事比成立政府更重要。又說，『人革黨』成立後，中共如不承認與領導，我便無資格參加中共，雲澤為中共中委，亦無參加『人革黨』的可能。」「哈（豐阿）、特（木爾巴根）、朋（斯克）、烏（力吉敖其爾）言之意，即使退出中共，也要組織『人革黨』」。[140]

還在聯合執委擴大會召開前夕，東北局已根據烏蘭夫的意見，就另立內人黨的問題表明了反對態度。[141]但得到 4 月 10 日西滿分局轉報的方知達等來信談到的情況後，他們也轉而認為需要重新考慮應對辦法了。

西滿分局 10 日給東北局的信稱：「內蒙人民革命黨問題，已成為內蒙領導人物及人民代表中爭論的焦點。哈豐阿、特木爾巴根、朋茨（斯）克、烏獻文（即烏力吉敖其爾——引者註）等堅決主張並有造成現成事實然後向我黨要求，使我黨不得不承認的傾向」，「哈、特等雖係黨員，但本質上還是單純民族主義者，加上個人地位問題，目前難以說服」，「我們考慮，與其拖下去，我們處於被動，不如主動贊成，並由雲澤為首發起，以便共產主義者與民族主義者結合，爭取多數，孤立反動分子」。[142]

12 日，烏蘭夫也致電中共中央，報告稱：「原人民革命黨並未解散，其中央委員中的及其他落後分子的活動，對他們有影響，可以說是狹隘民族主義思想，（與）鬧山頭、爭地位思想相結合。其言論表示，除我一人，（非東蒙的幹部）均想排

[139] 《胡昭衡日記》，1947 年 4 月 9、11、12、13 日，《內蒙古檔案史料》，創刊號，頁 58-59。

[140] 《胡昭衡日記》，1947 年 4 月 8 日，《內蒙古檔案史料》，創刊號，頁 58。並見〈烏蘭夫同志在邀請中央文化、藝術、新聞、出版等部門協助籌備慶祝內蒙古自治區成立二十周年座談會上的講話〉，1965 年 12 月 20-24 日，楊海英編，《內モンゴル自治區の文化大革命〈4〉》，頁 388-389。

[141] 東北局在給中共中央的電文中甚至認為此種動議「動機不大純潔」，主張「首先成立內蒙臨時自治政府，組黨問題以時機未熟，慢慢考慮，不提出」。〈中共中央東北局關於對蒙自治問題的意見向中央的請示〉，1947 年 4 月 1 日，中共中央統戰部編，《民族問題文獻彙編》，頁 1097-1098。

[142] 〈中共中央西滿分局關於內蒙人民革命黨問題的信〉，1947 年 4 月 10 日，中共中央統戰部編，《民族問題文獻彙編》，頁 1099。

出」。電報認為：「此乃進步陣營內路線分歧的表現」。他主張：考慮到哈豐阿等「在群眾中還有大影響，進步力量留戀他們」，最好還是能「爭取把此問題放到政府成立後再討論」，「如果他們堅決要求，甚至要脅時」，「為避免分裂……可以考慮建立此類組織」。當然，前提是，「應以我黨黨員為領導核心，將來成立內蒙共產黨時，再考慮該黨作廢的問題」。[143]

面對這種情況，東北局和中共中央都相繼發來電報，同意遷就哈豐阿等人的要求。但東北局主張依照烏蘭夫的意見，即：「建黨事應在自治政府成立後再具體討論」；該黨必須「受中共的領導」，以中共黨員為「骨幹核心」，並以烏蘭夫為書記。而中共中央雖同意東北局關於「以我黨為中心來建立人民革命黨」的主張，它同時也把應對此事的底線和目的說得再明白沒有了。這就是：「內蒙問題（關鍵）在其武裝須掌握在我黨手中，其自治政權須由我黨領導，至政治組織，不管是政黨或群眾團體，在內蒙人民中其作用沒有多大分別」。[144]言外之意，實在不行，只要武裝和政權能握於手中，黨的問題還有讓步空間。

這個時候無論中共中央，還是東北局、西滿分局，都沒有考慮到的一個問題是，哈豐阿等這一次在建內人黨問題上的態度所以如此決絕，除了必欲造成實現自決獨立的政治組織前提外，最重要的背景，還是外蒙古。

已知 1946 年「四·三」會議前後，班斯勒格其就以轉達「外蒙有人指示」的名義，批評哈豐阿等：「不應鬧自治應鬧獨立」，不僅不應取消內人黨，而且應當控制東蒙政府內部等。[145]這一次哈豐阿等所以能夠講出，即使分裂，即使不成立自治政府，「即使退出中共，也要組織『人革黨』」之類的話，顯然是受到了班斯勒格其這一說法的影響和刺激。

已知中共中央最後一封贊成不組織內人黨的電報是 4 月 20 日發出的；最後一封表示同意建內人黨的電報，是 4 月 26 日發出的。換言之，在這個問題上中共中央的意見半個月裡雖有過幾次反覆，[146]但至少 4 月 27，28 日以後，包括烏蘭夫在內，中

---

[143]〈雲澤同志關於哈、特、朋、烏企圖在黨內通過建立蒙古人民革命黨的情況及我之對策的請示〉，1947 年 4 月 12 日，《內蒙古文史資料》，第 50 輯，頁 83-84。

[144]〈中共中央東北局關於內蒙組織人民革命黨問題的請示報告〉，1947 年 4 月 18 日；〈中共中央關於對內蒙人民革命黨的對策給東北局的指示〉，1947 年 4 月 23 日；〈中共中央同意東北局關於內蒙組織人民革命黨的意見和辦法〉，1947 年 4 月 26 日，中共中央統戰部編，《民族問題文獻彙編》，頁 1100-1101，1103，1110。

[145]胡昭衡在日記裡寫的是：哈豐阿和紀錦濤分別告訴他，「外蒙有人指示」或「外蒙有人批評他們不應鬧自治應鬧獨立」。見《胡昭衡日記》，1946 年 3 月 27、28 日，《興安革命史話》，第 1 集，頁 277。

[146]這段時間中共中央所在地延安剛剛被國民黨軍佔領，毛澤東、周恩來等攜小電台隨彭德懷部轉進於陝北山溝，收發東北方面電報的時間常因滯後而調整變動。對內人黨問題的表態，3-4 月間就變過三四次。

共方面都已內定接受哈豐阿等人的建黨要求了。奇怪的是，就在 5 月 1 日自治政府宣告成立後的幾天裡，事情突然就發生了改變。

從胡昭衡日記可以看出，4 月 24 日「哈豐阿等仍在活動，堅持建人民革命黨」，自治政府成立後 5 月 8 日晚在烏蘭夫主持召開的黨的會議上，大家卻不僅不再爭論要不要建立內人黨的問題，而且已經在檢討或曰「談這次黨內鬥爭及大會中間的糾紛」問題了。據胡昭衡觀察，當晚「哈（豐阿）、特（木爾巴根）還沒有承認什麼錯誤」。而次日晚繼續開會時，哈豐阿和阿思根的發言就「較誠懇坦白」了，只有「別斯克和特木爾巴根還不承認什麼錯誤」。[147]

有研究者將此一變化歸結為烏蘭夫沒有將中共中央 4 月 26 日同意建內人黨的電報公開出來，堅持中共中央反對成立內人黨，致使哈豐阿等誤以為中共中央沒有同意他們建黨。[148]然而，比較哈豐阿等人一週前態度之決絕，說這一突然的改變僅僅是因為烏蘭夫壓下了中共中央同意建內人黨的電報，哈豐阿等就被迫放棄了自己的主張，顯然很難成立。

從當時經歷了這一過程的幾位蒙族幹部的回憶中可以看出，在這幾天裡起了關鍵作用的，不是中共中央批准與否，而是外蒙領導人的來電。而外蒙領導人所以會有電來，則是因為將近半年前烏蘭夫經中共中央同意後專門跑了一趟外蒙古，與外蒙當局建立了電訊聯絡方式。當他發現與哈豐阿等無法達成妥協後，即敏感地意識到此次爭執背後外蒙因素至關重要。因此，他即通過西滿分局的電台，將王爺廟發生的爭論情況向外蒙當局做了通報，而外蒙古總理兼外長卻伊巴桑元帥也隨即於 4 月底發來了回電。

卻伊巴桑的來電明確表示，除了共產黨外，外蒙古不贊同在內蒙古再建別的政黨。與此同時，他們馬上就將一直住在哈豐阿前院的班斯勒格其則調回國去了。[149]

當烏蘭夫把卻伊巴桑的電報給哈豐阿等人看過之後，整個事情就像 1945 年 11 月發生過的那次轉折一樣，哈豐阿等馬上就改變了原先的決絕態度。特木爾巴根等兩三人對烏蘭夫拿給他們看的電報則深表懷疑，故堅決要求親自「到外蒙去」問個究竟。不想，通過電台與外蒙聯繫，等了許多天，用胡昭衡的說法，「碰了一個釘子」。到 5 月 30 日前後，他們的態度也改變了。這場持續了兩個月的嚴重爭執這才算是「形

[147] 《胡昭衡日記》，1947 年 4 月 23 日、5 月 8-9 日，《內蒙古檔案史料》，創刊號，頁 59，60-61。
[148] 〈烏蘭夫與「內人黨」假案〉，阿拉騰德力海編著，《內蒙古挖肅災難實錄（續編）》，頁 37。
[149] 參見王再天，〈內蒙古自治政府成立前後社會部我的部分工作回顧〉，《內蒙古文史資料》，第 50 輯，頁 135-136；旺丹，〈我走過的路〉，《內蒙古文史資料》，第 41 輯，頁 160；特古斯，〈我對「五一大會」的再認識〉，《內蒙古檔案史料》，創刊號，頁 72-73。

勢稍轉」了。[150]

　　在此過程中，中共中央及東北局、西滿分局方面自然也做了不少工作。最主要一點，就是竭力說明中共並沒有改變其一貫的「民族自決」的原則和主張。

　　4 月 20 日，中共中央就特別電示各中央局，要求他們以各種公開祝賀的方式，表態支持內蒙古人民「實行民族自決與高度地方自治」。兩天後，西滿分局亦派出軍區政治部主任張平化趕赴王爺廟人民代表會議去發表致詞。致詞的標題就是號召內蒙古人民要「團結自己，戰勝敵人，實現自治，爭取自決」。[151]

　　烏蘭夫這時也公開在對東蒙青年的演說解釋稱：我們所以不直接搞自由聯邦而搞自治政府，是主客觀條件決定的。「根據內蒙革命歷史與革命實際，革命的階段大體有三個：第一階段是自治運動階段，在自治政府成立以前即是；第二階段是現在自治政府成立以後一個時期；第三階段是將來自由聯邦階段。為什麼今天不搞聯邦呢？因為目前全國人民還沒有獲得全解放，內蒙人民一部分仍在美蔣統治下，全國人民及少數民族正在進行反美蔣的自衛戰爭，內蒙廣大人民雖有初步發動但還不充分。因此，今天在解放區內成立自治政府是完全適合時宜的，等到全國真正的民主聯合政府成立，全國民主化完全實現，內蒙人民充分發動，這些條件具備後，就完全實行民族自決，由內蒙人民自己決定分立或聯合。如我內蒙人民願意，就可以與漢族及國內其他民族聯合組織中華民主共和國聯邦，並在這個聯邦基礎上組織聯邦的中央政府」了。[152]

　　為了儘量多地顯示內蒙已經走向「民族自治」，在確定不必另建內人黨後，東北局也在 5 月 21 日致電烏蘭夫，提議稱：「從內蒙古民族特點和地區特點出發」，應即將原內蒙黨委改稱為「內蒙古共產黨工作委員會」，以「便於蒙古族革命者和革命青年接受」。烏蘭夫表示同意後，在未上報中共中央批准的情況下，東北局即於 5 月 26 日正式下達命令，成立了以烏蘭夫為書記的「內蒙古共產黨工作委員會」。[153]

　　6 月 7 日，內蒙古共產黨工作委員會做出了「不再建立任何週邊組織」的決定，東北局隨即正式報告中共中央說：「內蒙黨的組織已決定即命名為內蒙古共產黨工作委員會，不再組人民革命黨」。[154]一週後，即 6 月 14 日，中共中央複電追認了東北

---

[150] 《胡昭衡日記》，1947 年 5 月 30 日，《內蒙古檔案史料》，創刊號，頁 62。

[151] 〈周恩來擬中共中央致各中央局、分局電〉，1947 年 4 月 20 日，影印原件可參見任翔，《歷史見證博彥滿都》，頁 202；張平化，〈團結自己，戰勝敵人，實現自治，爭取自決〉，《內蒙自治報》，1947 年 4 月 26 日，第 1 版；〈內蒙古自治政府施政綱領〉，《內蒙古自治運動聯合會檔案史料選編》，頁 231。

[152] 烏蘭夫，〈內蒙民族解放之路〉，1947 年 5 月，楊海英編，《内モンゴル自治区の文化大革命〈4〉》，頁 163。

[153] 參見，〈東北局致雲澤電〉，1947 年 5 月 21 日；〈雲澤等九同志為內蒙古工委委員的決定〉，1947 年 5 月 26 日，轉見任亞平主編，《內蒙古自治區志·共產黨志（1919-1997）》，頁 145-146 等。

[154] 〈東北局關於內蒙黨組織命名為內蒙古共產黨工作委員會致中央並朱劉電〉，1947 年 6 月 7 日，影印見任翔

局的這一決定。[155]

至此，戰後內蒙民族主義運動的走向及前途，終於塵埃落定。

九、餘論

還在 3 個月前，中共中央確曾提出過一個成立「工作委員會」的想法。電報針對內蒙民族的特殊情況，考慮到烏蘭夫為解決內人黨問題提出的另外成立一個「內蒙古共產黨」的建議，主張：「目前內蒙黨的領導機關，可成立內蒙工作委員會，即以雲澤同志為書記，受東北局或西滿分局領導（由東北局決定），雲澤同時加入東北局或西滿分局為委員。」等到內蒙人民中進步分子相當多加入了中共，或受到黨的教育後，即可「宣佈成立內蒙古共產黨」。[156]對此，東北局也是明確表示了同意的。只是，中共中央雖然幾度催促，此事卻始終沒能排上東北局的工作日程。[157]

5 月 21 日突然接到東北局的這封電報，烏蘭夫等一時顯然有點不明所以。因為中共中央提議的「內蒙工作委員會」是在東北局領導下中共的地方組織，全稱應該叫「中國共產黨內蒙工作委員會」。而現在東北局給出的名頭，卻是「內蒙古共產黨工作委員會」，烏蘭夫等人自然以為東北局發電時弄錯了，故馬上就去電詢問：「來電成立內蒙古共產黨工作委員會是不是譯電有誤？」結果，東北局回電說明，就是叫「內蒙古共產黨工作委員會」。[158]

「內蒙共產黨」加上「工作委員會」幾個字，和烏蘭夫所設想的蒙族「一個民族」的「（共產）黨」顯然不是一回事。而這恰恰是東北局的意思，也就是對外名義上叫「內蒙古共產黨」，實際上是中國共產黨的工作委員會，這樣也就免了以後還真的要再搞一個「內蒙古共產黨」。

這大概也是為什麼，晚年烏蘭夫在談到該機構時，輕描淡寫地把它說成只是「一塊牌子」，說是因為與內人黨鬥爭的需要，不得不借用於一時。[159]

著，《歷史見證博彥滿都》，204。

[155] 見王樹盛、郝玉峰主編，《烏蘭夫年譜》，頁 171-172。

[156] 〈中共中央關於內蒙古自治問題的指示〉，1947 年 3 月 23 日，中共中央統戰部編，《民族問題文獻彙編》，頁 1094-1095。

[157] 〈中共中央東北局關於對內蒙自治問題的意見向中央的請示〉，1947 年 4 月 1 日，中共中央統戰部編，《民族問題文獻彙編》，頁 1097-1098；〈中央關於內蒙古工作的指示給東北局並轉雲澤電〉，1947 年 4 月 20 日，《內蒙古自治運動聯合會檔案史料選編》，頁 224。

[158] 轉見劉春，〈內蒙工作的回憶〉，《內蒙古文史資料選輯》，第 50 輯，頁 85。

[159] 烏蘭夫的說法是：「當時人民革命黨是公開的，共產黨未公開。黨怎麼辦？」為什麼和他們鬥爭，「經過中央

　　不過，這一改變卻與中共中央無關，而是這時東北局的先斬後奏。[160]看到提議組織「內蒙共產黨」的烏蘭夫本人沒有提出異議，中共中央得報後也就順其自然了。

　　東北局為什麼會自作主張？這卻是其主要領導人變動所帶來的。

　　在 1946 年 6 月以前，東北局書記是彭真。因為前期軍事失利，中共中央對東北局進行了改組，改任林彪為書記，彭真和羅榮桓、高崗、陳雲為副書記。但因林彪經常在前線，彭真直到 1947 年 5 月上旬被調離東北時仍在參與負責土改及內蒙等工作的討論處理。這之前東北局對內蒙工作的指示，多半仍經過彭真之手。

　　查內人黨事件發生過程中，東北局的處理意見除 4 月 1 日電外，和中共中央及西滿分局一樣，基本都是主張遷就的。只有 4 月 1 日覆中共中央 3 月 23 日電，接受了烏蘭夫的意見，反對建立內人黨。也正是在這封電報裡，東北局明確表態同意成立烏蘭夫提議的「內蒙古共產黨」。其電稱：「我們意見，現在即組織內蒙工作委員會，吸收內蒙的積極分子及進步青年入黨，加強黨的教育與組織工作，待有相當基礎後，即正式成立內蒙古共產黨。內蒙蒙委受東北局領導，同西滿有關的問題，可與西滿分局直接解決」。[161]

　　東北局這封電報的意思很清楚：應馬上在東北局領導下成立中共黨的「內蒙工作委員會」，待吸收內蒙積極分子及進步青年加入中共，並進行黨內教育到相當程度後，「即正式成立內蒙古共產黨」。

　　但經過 4 月內人黨風波，加上彭真 5 月上旬被調離，林彪下旬回到哈爾濱主持東北黨政軍領導機構調整人事並安排部署各項工作後，彭真先前的意見就不起作用了。[162]林彪做出這樣的決定，極大地彰顯出他個人的行事風格和他對內蒙問題的一貫態度。

　　林彪是職業軍人，性格稜角鮮明，且習慣獨斷專行。之所以要強調這一點，是因為就在一個月前，東北局領導集體剛剛就一個時期以來沒有嚴格按照中央要求，向毛澤東和中共中央及時彙報工作情況，去電中央做了檢討。[163]照理，對於此前中共中央和東北各部門已經基本達成一致的組建「內蒙共產黨」問題，東北局這時斷不應不向

批准以後，曾經有一個時候掛了內蒙古共產黨工作委員會的牌子」。〈烏蘭夫同志在邀請中央文化、藝術、新聞、出版等部門協助籌備慶祝內蒙古自治區成立二十周年座談會上的講話〉，1965 年 12 月 20-24 日，楊海英編，《內モンゴル自治區の文化大革命〈4〉》，頁 388-389。

[160] 有著作稱：對內蒙古建黨採取什麼形式的問題，「中共中央授權東北局根據實際情況商定」。就已知的檔案資料看，此說似無根據。見王樹盛撰，《烏蘭夫傳（1906-1988）》（北京：中央文獻出版社，2007），頁 164。

[161] 〈中共中央東北局關於對內蒙自治問題的意見向中央的請示〉，1947 年 4 月 1 日，中共中央統戰部編，《民族問題文獻彙編》，頁 1098。

[162] 戴茂林、趙曉光，《高崗傳》（西安：陝西人民出版社，2011），頁 192。

[163] 戴茂林、趙曉光，《高崗傳》，頁 190。

中央請示報告，就擅改方案，並指令烏蘭夫執行。顯然，林彪剛剛主持工作，就再度來了一個先斬後奏。

　　林彪所以必欲如此決策，與他一年多來對東北的內蒙工作方針一直持批評態度有關。早在 1945 年 12 月 30 日和 1946 年 3 月 21 日，他就曾兩度致電中央，批評當時採取的內蒙工作方針。電稱：「我覺得只拉上層，只弄獨立自治運動的現行方針是不妥的。這種自治目前實際上是造成蒙民對我採取關門拒絕的態度，而同時又給國民黨以藉口。……我意對蒙民運動，在目前口頭上不反對自治運動，對上層採取敷衍的辦法中（應）著重於蒙民的下層群眾工作」。[164]這次不向中央報告請示，直接把「工作委員會」與「內蒙共產黨」捏在一起，塞給烏蘭夫，林彪的目的，就是不想再遷就他所謂的蒙民自治運動，以免日後再弄出一個內人黨事件來。

　　當然，我們不能說，如果林彪這時不在哈爾濱，彭真還在的話，烏蘭夫希望中的「內蒙共產黨」就一定會得到批准，即便得到批准建立起來，就一定會影響到內蒙自治制度形成和發展的走向，或有助於中共繼續沿著聯邦制建國道路走下去。但聯繫到本文前面提到的種種情況，這一變動還是會提醒我們，儘管最後呈現在世人面前的，似乎是最符合中共意願的一種結果，然而它卻不都是中共預先設計好的，相當程度上仍是各種因素交互作用下形成的。換言之，戰後內外形勢的任何變化，以及中共內蒙工作過程中任何一種因素的變動，都可能會導致中共決策各級發生不同的反應，以至可能催生出不同的應對策略，最後呈現出來的結果恐怕也未必會與人們今天看到的情況一模一樣。

　　歷史的複雜與微妙，有時也正在於此。

---

[164]〈林彪關於蒙古問題政策的意見〉，1946 年 3 月 21 日，中共中央統戰部編，《民族問題文獻彙編》，頁 1032。

徵引書目

中日文資料

〈中共中央關於少數民族「自決權」問題給二野前委的指示〉，1949 年 10 月 5 日，中共中央文獻研究室
　　編，《建國以來重要文獻選編》，第 1 冊（北京：中央文獻出版社，1992），頁 24。
〈中蘇盟好條約公佈〉，《大公報》（天津），1945 年 8 月 28 日，2 版。
〈史達林與喬巴山會談紀要：外蒙古與蘇聯、中國的關係〉，1946 年 2 月 22 日，沈志華主編，《俄羅斯
　　解密檔案選編：中蘇關係》，卷 1（1945.1-1949.2），上海：東方出版中心，2014，頁 139。
〈列寧關於民族和殖民地問題的提綱〉，1920 年，中國社會科學院近代史研究所翻譯室編譯，《共產國際
　　有關中國革命的文獻資料（1919-1928）》，第 1 輯（北京：中國社會科學出版社，1981），頁 52-53。
〈李富春、黃克誠、張平化關於內蒙人民代表會議問題給方知達、張策、胡昭衡的信〉，1946 年，中共齊
　　齊哈爾市委黨史工作委員會編，《中共西滿分局資料彙編（1945 年 12 月—1947 年 9 月）》（中共齊
　　齊哈爾市委黨史工作委員會印，1985），頁 91-92。
〈對於邊疆問題報告之決議案〉，中國第二歷史檔案館編，《中華民國史檔案資料彙編》，第 5 輯第 3 編
　　政治（一）（南京：江蘇古籍出版社，1999），頁 475。
《人民日報》，1947 年 10 月 10 日，1 版。
《內蒙古檔案史料》，創刊號，1992 年。
二木博史著，娜仁格日勒譯，〈博彥滿都與內蒙古自治運動〉，《蒙古史研究》，第 10 期，頁 257-272。
內蒙古黨委黨史研究室編，《姚喆將軍日記》，呼和浩特：內蒙古黨委黨史研究室，無出版日期。
中央檔案館編，《中共中央檔選集》，北京：中共中央黨校出版社，1989。
中共中央統戰部編，《民族問題文獻彙編（1921.7-1949.9）》，北京：中共中央黨校出版社，1991。
中共興安盟委黨史資料徵集辦公室編印，《興安革命史話》，呼和浩特：內蒙古自治區新聞出版局印，
　　1988，第 1、2 集，1988。
內蒙古自治區政協文史和學習委員會編，《內蒙古文史資料》，呼和浩特：內蒙古政協文史書店，1997，
　　第 41、50 輯。
內蒙古自治區檔案館編，《內蒙古自治運動聯合會檔案史料選編》，北京：檔案出版社，1989。
內蒙語委、哲學社會科學研究所《東方紅》等編印，《內蒙古人民革命黨》，呼和浩特：內蒙語委、哲學
　　社會科學研究所印，第 1 集，1967；第 2 集，1968。
王樹盛、郝玉峰主編，《烏蘭夫年譜》，北京：中共黨史資料出版社，1989。
王樹盛撰，《烏蘭夫傳（1906-1988）》，北京：中央文獻出版社，2007。
任亞平主編，《內蒙古自治區志·共產黨志（1919-1997））》，呼和浩特：內蒙古人民出版社，1999。
任翔，《歷史見證博彥滿都》，香港：名人出版社，2008。
李國芳，〈1947 年內人黨重建風波〉，《炎黃春秋》，2013：9（北京），頁 59-62。
周恩來，〈「新民主主義的共同綱領」草案初稿〉，1949 年 8 月 22 日，中共中央文獻研究室、中央檔案
　　館編，《建國以來周恩來文稿》，冊 1，北京：中央文獻出版社，2008，頁 296。
孟廣涵等主編，《政治協商會議紀實（上）》，重慶：重慶出版社，1989。
阿拉騰德力海編著，《內蒙古挖肅災難實錄（續）》，洛杉磯：中文出版物服務中心，2011。

晉察冀日報社編，《毛澤東選集》，卷2，哈爾濱：新華書店晉察冀分店，1947。

烏蘭夫革命史料編研室編，《烏蘭夫回憶錄》，北京：中共黨史資料出版社，1989。

烏蘭夫文選編輯委員會編，《烏蘭夫文選（上）》，北京：中央文獻出版社，1996。

啟之，《內蒙文革實錄──「民族分裂」與「挖肅」運動》，香港：天行健出版社，2010。

張平化，〈團結自己，戰勝敵人，實現自治，爭取自決〉，《內蒙自治報》，1947年4月26日，1版。

烽火三年編寫組，《烽火三年──解放戰爭時期的遼吉五地委》，瀋陽：遼寧教育出版社，1988。

陳揚勇，〈〈共同綱領〉與民族區域自治制度的確立──兼談新中國民族區域自治政策的形成〉，《中共黨史研究》，2009：8（北京），頁13-20。

朝魯孟，〈自治與革命：內蒙古人民革命黨歷史研究（1917-1947）〉，呼和浩特：內蒙古大學歷史學系博士論文，2017年。

楊海英編，《內モンゴル自治區の文化大革命》（4），東京都：風響社，2011。

楊海英著，陳心慧譯，《在中國與蒙古的夾縫之間──一個蒙古人未竟的民族自決之夢》，新北市：八旗文化，2018。

楊海英著，劉英伯等譯，《沒有墓碑的草原》，新北市：八旗文化，2014。

趙石，《哲里木三年》，呼和浩特：遠方出版社，2002。

劉俊編，《劉春民族問題文集（續集）》，北京：民族出版社，2000。

戴茂林、趙曉光，《高崗傳》，西安：陝西人民出版社，2011。

網路資料

〈蒙字8號，證明信〉，1946年1月25日，轉見文化共用工程內蒙古分中心，〈「呂阿協定」的革命影響〉，《內蒙古紅色革命多媒體資源庫》，http://www.nmgcnt.com/nmghsgm/hsgmzxsl/bshzzsd/201208/t20120823_28789.html（2020/6/26檢閱）。

族群互動與文化涵化：
近代土族（Monguor）族源研究
——以 19 世紀西方傳教士
對甘、青等地的考察為例*

祁進玉

一

　　近代國外學者對土族的研究，始於十九世紀末。起初是由外國學者對土語方言、族源和歷史、婚姻等方面內容的研究。1841 年至 1846 年期間，法國旅行家古伯察（Huc）與秦噶嗶（Gabet）在其所著的從河北經蒙古、甘肅、青海、西康到西藏的遊歷記述《韃靼西藏旅行記》中就曾提到過這些居住在甘、青地區的土族人。古伯察在遊記裡提到了甘肅地區一個很奇特的民族「察罕胡爾人」（耿昇先生在古伯察的《韃靼西藏旅行記》一書的譯序中注釋到：「應該是指土族人，但也可能是指裕固族人」。「他們居住在『三川』（現今青海省民和回族土族自治縣境內－引者按）地區。察罕胡爾人個個都是足智多謀和智力超群的人。他們所操的是蒙語、漢語和東部藏語的混合語言，不過他們自稱屬於韃靼民族血統。察罕胡爾人歸附了清朝大皇帝，但他們卻由一批世襲權力的『土司』統治，其中的吉土司和楊土司是最著名和最令人生畏者。楊土司在長時間內曾對西藏首府拉薩施加過很大影響，但這種影響在 1845 年的諾們罕[1]事件之後遭到了破壞」。[2]然而，古伯察所提到的甘肅的楊土司事實上管

*　本文最初原題是，〈近代國外土族研究述略〉，刊登於《青海民族大學學報（社會科學版）》，39：2（西寧，2013），頁 18-22。

1　諾們罕，即西藏的攝政，也被譯為「法王」。歷史上提到的第一位攝政是固始汗，他使達賴喇嘛於 1643 年擁有了西藏的世俗權力。古伯察提到，諾們罕通常由達賴喇嘛任命，始終在沙布隆喇嘛等級中選擇。西藏地方政府的所有事務都依賴諾們罕和噶倫共同執掌。關於 1844 年諾們罕事件，據柔克義記載，1822 年按照藏傳佛教教法規定的方式，選定了達賴喇嘛（即第十世達賴喇嘛（1822-1838）楚臣嘉措），「人們讓諾們噶爾丹‧錫呼圖作為他的監護人和家庭教師，此人又叫三昧佛」。William Woodville Rockhill, *Diary of a Journey through Mongolia and Tibet, 1891 and 1892* (Washington: Smithsonian Institution, 1894).

2　耿昇，〈法國遣使會士古伯察的入華之行（譯者代序）〉，收入[法]古伯察著，耿昇譯，《韃靼西藏旅行記》

轄甘南藏族地區的藏族土司，並非土族人，但是甘南卓尼的「勺哇」土族也在楊土司的管轄範圍之內。

　　古伯察在其遊記中記述到甘青地區的土族人，認為他們是一群較為獨特的群體，與當地的漢人和其他群體有著顯著差異的文化與習俗等：

> 　　除了甘肅的居民與中國其他人具有很大不同的特點之外，他們彼此之間也形成了一些差距甚為懸殊的類別。察罕胡爾人也可能是該省中最突出的一個種族。他們佔據了一般通稱為「三川」的地區，即就是我們的駝夫桑達欽巴（Samdadchiemba）的故鄉。察罕胡爾人具有漢人的全部足智多謀和智力超群的特徵，但不如漢人那樣開化，也沒有漢人語言中的那種文雅形式。所以他們也使其近鄰們感到恐懼和厭惡。當他們認為其權力受到損害時，始終以刀劍相鬥來決斷。在他們之中，最受崇拜的男子始終是殺人如麻者。
>
> 　　他們操一種特殊的語言，系蒙語、漢語和東部藏語的混合語言。如果相信他們之所說，那麼他們就屬於韃靼血統。在此情況下，我們可以說他們非常好地保留了其祖先的粗獷和桀驁不馴的特徵。現今蒙古的居民卻奇怪地改變了其風俗並變得溫和多了。[3]

　　從古伯察的記述，表明「三川」（今青海省民和回族土族自治縣境內）土族地區的所謂察罕胡爾人就是他們的一種自稱，不過「察罕」是土族語，意為白色，其發音和內涵與蒙古語相同，胡爾是藏語的「霍爾」之稱，用於藏族對於土族的一種他稱。當然，從種種證據表明，陪同古伯察遊歷的桑達欽巴應該就是三川地區的土族人。古伯察也提到桑達欽巴屬於察罕胡爾人的吉土司的屬民。在西方傳教士眼中的桑達欽巴（在清朝駐藏大臣琦善奏摺中將他的名字譯為「薩木丹盡巴」）似乎比較引人注目，畢竟在很多神職人員的記載中經常提到此人，在這本書中就有必要多費點筆墨談談桑達欽巴。

> 　　在距丹噶爾（今青海省湟源縣——引者按）11 法里的地方，於西番或東部西藏人（現今安多或華熱地區——引者按）中，有一座喇嘛廟，其名氣不僅僅傳到了整個韃靼地區，而且也一直傳到了西藏最偏僻的地區。朝聖進香人從四面八

（北京：中國藏學出版社，2006），頁 15。

[3]　[法]古伯察著，耿昇譯，《韃靼西藏旅行記》，頁 291-292。

　　方湧向那裡參觀這座聖殿，它以佛教的著名改革家宗喀巴活佛的誕生而變得很著名了。該喇嘛寺被稱為塔爾寺（Kounboum），共容納了近四千名喇嘛，包括西番人、韃靼人、西藏人和察罕胡爾人。我們商定前往那裡游覽一次，以試圖勸告一名喇嘛前來教我們幾個月的藏文。秦神父（即秦噶嘩——引者按）在桑達欽巴陪同下出發前往那裡去了，古伯察先生留在丹噶爾照料牲畜和看管行李。[4]

古伯察在其《韃靼西藏旅行記》中繼續寫道：

　　秦神父離開五天之後回到了歇家，事情辦得很順利。他在喇嘛廟塔爾寺中獲得到了一種真正的新發現，由一名曾在拉薩一座大喇嘛中寺度過 10 年的年僅 32 歲的喇嘛陪同返回來了。

　　該喇嘛講一口純正藏語，能熟練地書寫，具有高深的佛經知識。此外，他還非常熟悉其他多種方言，如蒙古語、西番語、漢語和察罕胡爾語。總而言之，他是一個非常傑出的語言學家。這名青年喇嘛也出身察罕胡爾人，是桑達欽巴的嫡親兄弟，其名叫桑達拉。[5]

　　古伯察多次提到的陪同他們遊歷中國西北部地區的駝夫桑達欽巴無疑是現今青海省民和三川地區的土族人。這個人看來對他們在北中國的遊歷非常有用，陪同翻譯兼駝夫。當然，西方對於現今居住在甘肅、青海地區的土族的瞭解還要歸功於桑達欽巴所做的艱苦而有意義的平凡工作，也要飲水思源地懷念古伯察等人著作中對於這些生活在甘青地區的「察罕胡爾人」的走馬觀花式的介紹。如此而言，對於古伯察筆下頻繁亮相的三川土人桑達欽巴有必要頗費筆墨地加以推介。

　　俄國探險家普熱瓦爾互動斯基在其著作《蒙古和唐古特人地區》（1880 年巴黎版，第 80 頁）中也提及了桑達欽巴，說道：「他屬於唐古特和蒙古族，年長 55 歲，身體極為健康。他藉口自己年事已高，拒絕陪同我們前往西藏」。

　　瑞士學者米歇爾·泰勒（Michael Taylor）在其《發現西藏》（Dé couterve du Tibet）一書中也偶爾提到了桑達欽巴（也被漢人稱為齊喇嘛），當駐藏大臣琦善策劃將古伯察和秦噶嘩強行驅逐出西藏時，陪同他們前往西藏的桑達欽巴選擇留在拉薩。

4　[法]古伯察著，耿昇譯，《韃靼西藏旅行記》，頁 308-309。
5　[法]古伯察著，耿昇譯，《韃靼西藏旅行記》，頁 309。

桑木旦盡巴（桑達欽巴——引者按）沒有陪同他們，無論是古伯察、還是秦神父都不會對此感到遺憾。當他們後來獲悉桑木旦盡巴直至 1881 年間仍是基督徒時感到很滿意，因為一名比利時傳教士在中國西部曾會見過他。[6]

1888 年美國人柔克義（William Woodville Rockhill, 1854-1914）在今內蒙古的鄂爾多斯地區搜集到有關桑達欽巴的資料，也從側面證明了桑達欽巴已經是一位歸化基督教的土族人，而且已經在西灣子地區長期定居。柔克義在其《喇嘛之邦》（*The Land of the Lamas: Notes of a Journey Through China, Mongolia and Tibet*）一書中略帶偏見地寫道：

> 三川使我很感興趣，因為古伯察先生的隨從桑達欽巴尚生活在那裡。我與老人的侄子很熟悉，他向田清波（Maester）修道院長談到了他。他仍然身體健壯和勇氣不減當年，喜歡盛情地接待人，但歸根結底也不是一名虔誠的基督徒。[7]

1891-1892 年美國人柔克義[8]也曾到土族地區旅行，並收集土語方言資料。在他對這一地區的遊歷記述中看到的土人是這樣的：

> 在甘肅的西部，只有這些土人採用穴居，這種居住形式在這些人中可以找到。我聽說住在松潘廳西部的蕃人部落中也有。問題是，這些部落是不是沒有教給漢人建築這樣的住宅，此外，這些人，這些土人，是不是與現已絕跡的四川西部的制穴者 Man-tzu 不是同一血統。他們的語言，照我看，大約十分之八是蒙古語，剩餘的是吐蕃語、漢語和到目前我還不知道的語言，這也許是這個帝國這部分土人的初始語言。[9]

6　[瑞士]米歇爾・泰勒著，耿昇譯，《發現西藏》（北京：中國藏學出版社，2005），頁 112。

7　William Woodville Rockhill, *The Land of the Lamas: Notes of a Journey Through China, Mongolia and Tibet*,(New York: The Century company, 1891)，p45. 亦有翻譯為《喇嘛之境》。

8　柔克義（William Woodville Rockhill）、美國探險家，1954 年誕生於美國費城。在聖居爾學校畢業後，於 1873-1876 年間在阿爾及利亞的法國軍隊中服役。曾作為美國駐北京公使館秘書，期間學習了藏語。並在史密斯研究所資助下組織了兩次赴南蒙古和西藏的探險。第一次是在 1888 年 1 月至 1889 年 8 月期間，他踏勘了青海湖南部的草原並穿越了西藏的東北部，甚至經玉樹到達四川；第二次探險是在 1891 至 1892 年，從青海的塔爾寺出發經過艱苦的跋涉最終也沒有能夠抵達聖城——拉薩，卻被來自拉薩的地方官員告知，要將他們送到四川邊境地區的打箭爐（康定），1892 年 10 月他們一行到達打箭爐，後來柔克義返回了美國。參閱[瑞士]米歇爾・泰勒著，耿昇譯，《發現西藏》，頁 159-166。

9　William Woodville Rockhill, *Diary of a Journey through Mongolia and Tibet in 1891 and 1892* (Washington:

二

　　藏學家王遠大的《近代俄國與中國西藏》（1993）一書描述了俄國政府從 1870
至 1909 年間先後派遣 13 支西藏考察隊，在西藏北部、東北部和東部以及青海、甘肅
等地進行了大量的調查和科考活動，同時也搜集了大量的情報。俄國地理學會先後派
遣了普熱瓦利斯基、波塔寧、佩夫佐夫、格龍布切夫斯基、格魯姆・格日邁洛、羅博
洛夫斯基和科茲洛夫等沙俄軍官率領的考察隊。

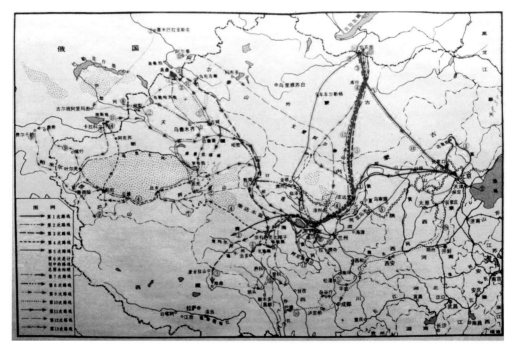

俄國以西藏為目標的 13 次考察路線總圖（1870-1909）[10]

Smithsonian Institution, 1894), pp. 73-106.

[10] 本圖與普熱瓦利斯基、波塔寧等人的中國西北考察路線圖皆摘自：王遠大，《近代俄國與中國西藏》（北京：
　　生活、讀書、新知三聯書店，1993），內文最前頁。

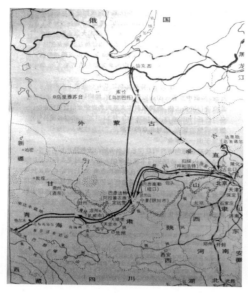

普熱瓦利斯基（1870-1873 年）考察路線圖　　　　波塔寧（1884-1886 年）考察路線圖

　　1884 年，俄國地理學會委派波塔寧（G. N. PoTanin）率隊進行第五次西藏考察隊，主要考察西藏東部邊遠地區及其毗鄰地區的甘肅、青海等地。1884 年 6 月 6 日從北京出發，經保定西行五台山，抵歸綏（今呼和浩特），折而向南，經烏審旗、花馬池、靈武、海原，於 11 月 26 日再從蘭州西行，在上川口（今青海省民和縣）過冬。[11] 1885 年曾到今民和官亭鎮，收集土語三川方言，後在其 1892 年所著《中國之唐古特土伯特邊地及蒙古中部》第二冊錄有三川土語。波塔甯於 1884 至 1886 年期間也曾在青海、甘肅土族地區旅行，他稱土族為錫榮郭勒人（Shirongol），他說這些土族人自稱「蒙古」或「察罕蒙古」（Chagan Mongol）（白蒙古），其中有些人自稱「嘉霍爾」（Chzhor）。漢人稱土族為「土人」，草原蒙古稱土族為「達勒達」（Dalda）或（Doldo）。波塔寧說，他更願意稱他們為「錫榮郭勒人」，因為在俄語中這個詞更合適。當然，所謂的「錫榮郭勒人」的提法，波塔寧也是從他的旅行隊嚮導桑達欽巴那裡聽來的。許讓神父認為，桑達欽巴所提的「錫榮郭勒人」並不是土族人熟悉的一個族稱，只有桑達欽巴的個人解釋而已。

　　波塔寧在其著作中提到，鄰近唐古特人把土族稱作「嘉霍爾」（Cha-hor），「嘉」（Cha）意為漢人，「霍爾」是吐蕃對吐蕃北部遊牧部落的稱呼，因此這個詞

---

[11] 王遠大，《近代俄國與中國西藏》，頁 73。

的意思是漢化的蒙古人。他們稱漢人為「乞答」（Ch`itai），稱草原蒙古為"Doro gadzoren Mongol"（意為低地的蒙古人）。

波蘭人 W. L. 科特維奇的《甘州附近的黃維兀兒人所說的蒙古語》一文中也提到了這些被漢人稱為「土人」的族群：

> 自俄國旅行者 G.N.波塔寧 1884-1886 年考察中央亞細亞以來，我們知道在和中國、蒙古、東突厥斯坦和西藏北部接壤的安多高原上居住著若干支蒙古人，漢人稱之為「土人」（譯音），他們操著古代方言；在稍遠一些的地區，在西北方向上，在肅州與甘州之間尚住著維兀兒（維吾爾—引者按）人的殘留部分，漢人稱為「黃番」（譯音）（今裕固族—引者按），其中有一部分人至今仍講突厥語，另一部分講蒙古語古代方言，很像安多地區蒙古人的語言。[12]

此外，來自波蘭的學者 W. L. 科特維奇也提到了天主教傳教士德斯邁與田清波等人對世居在甘青地區的土人（現在的土族）進行語言學與語料搜集和調查的實際情形。他提及德斯邁、田清波與沃勤波爾特等天主教傳教士長期以來在甘青少數民族雜居地區傳教的情況，指出德斯邁等傳教士尤其是對分佈在安多、河湟、洮岷等地的阿勒泰語系屬蒙古語分支的各族群的語言、文化等特別留意去搜集相關語料並仔細比較研究這些蒙古語支各族群的語言及其特點，並在此基礎上編寫出《蒙古爾語法詞典》一書。他說：「關於居住在肅州與甘州維兀兒人的語言，我們所能闡述的並不很多。我們所知曉的也都是得自波塔寧、曼內海姆和馬洛夫諸位先生的」。[13]今天仍然分佈居住在甘肅和青海交界處的祁連山北麓的肅南裕固族自治縣的裕固族人的一支，使用的民族語言屬於阿勒泰語系蒙古語族東部裕固語支（恩格爾語），因為這些講東部裕固語的裕固族人與分佈在祁連山脈南麓的土族人有很多文化與宗教等方面的相似性，他們之間彼此相互區分與認同的邊界通常以族稱或自稱來進行區別，例如土族人自稱為「察罕蒙古」（白蒙古）或「蒙古勒」，而這些講東部裕固語的群體自稱為「堯乎爾」。宗教信仰基本上都是信仰藏傳佛教（喇嘛教）。很多國外學者在他們研究裕固族的著作中通常也會提及甘青地區的土族人的歷史、文化與語言、宗教信仰等。例如俄羅斯人馬婁夫在《黃維兀兒人的語言》（1957）一書中曾經就講述，甘青交界地帶

---

[12] [波蘭]W. L. 科特維奇著，米濟生譯，〈甘州附近的黃維兀兒人所說的蒙古語〉，收入鍾進文主編，《國外裕固族研究文集》（北京：中央民族大學出版社，2008），頁 109。

[13] [波蘭]W. L. 科特維奇著，米濟生譯，〈甘州附近的黃維兀兒人所說的蒙古語〉，收入鍾進文主編，《國外裕固族研究文集》，頁 110。

的祁連山北麓地區生活著一群「維兀兒人」（即今裕固族，歷史上曾稱為「黃頭回鶻」、「撒裡畏吾」、「撒裡畏兀兒」等），這些人分佈居住在甘州的南部和東南部地區。在馬婁夫看來，由於這些人的村莊靠近周邊蒙古部落的一些村莊，久而久之其中一部分人就完全蒙古化了。

前蘇聯著名的語言學家和蒙古學家 B. X. 托達耶娃在她的《中國的蒙古語和方言》（1960）一書中則經過細緻的調查與比較分析，指出了這些居住在甘、青地區的操阿勒泰語系蒙古語族各分支語言群體或族群的語言與文化特點及其相互關聯性。她認為，中華人民共和國成立以來在 1955 年至 1956 年期間在甘青及內蒙古地區進行的較大規模的民族語言調查和比較研究表明，甘青地區操阿勒泰語系蒙古語族的各群體的語言分為一系列的語言和方言，上述地域並沒有形成一種統一的語言共同體。她分析指出，在中國西北的甘肅和青海等地，現在居住著如下一些族群或族體，例如蒙古人、保安人、蒙古爾人（土族）和東鄉人，這些群體各有其獨特的民族語言——即蒙古語、保安語、土族語和東鄉語。[14]

晚於柔克義的比利時神父許讓[15]（Le P. L. Schram）曾在 20 世紀初到過甘青土族地區進行傳教和田野調查，他肯定是先前閱讀過柔克義的遊記，所以許讓在其《甘青邊界蒙古爾人的起源、歷史及社會組織》（*The Monguors of the Kansu-Tibetan Frontier:The origin,History,and Social organization*）一書中明確地提到了柔克義對這些居住在甘青的特有民族共同體的描述：

> 在柔克義的另一本書《喇嘛之邦》（*The Land of the Lamas*, 1891）中，他說古伯察（Huc）與秦噶嗶（Gabet）遇到的三川（現今青海省民和回族土族自治縣）的嘉霍爾是白蒙古，他們早期的家鄉可能在鄂爾多斯（現今內蒙古自治區）。他提到住在碾伯（今青海省樂都縣）南部三川地區的一些蒙古爾部落時，引用了《皇清職貢圖》（18 世紀）中的資料。這部書裡，提到住在這一

---

[14] [俄]B. X. 托達耶娃著，周建奇譯，〈西喇裕固語〉，收入鍾進文主編，《國外裕固族研究文集》，頁 204。

[15] 比利時天主教傳教士許讓（又名康國泰）於 1913 年在互助地區傳教，他在今沙塘川甘雷堡修建天主堂。1914 年，天主教會在互助東山的大泉村建立了一座聖母堂。之後又在威遠鎮寺壕子修建了一座規模較大的天主教堂。新中國建立之前，互助縣有天主教堂 2 處，全縣共有神職人員 12 人、修士 1 人、修女 2 人、教會教長 8 人、教友 697 人。甘雷堡天主教堂由德國籍神父孟明道主持，下設 4 個分堂：總寨分堂、新元堡分堂、羊圈分堂、白崖分堂（哈拉直溝）；威遠鎮天主堂由甘肅籍神父段文輝主持，下設 5 個分堂：樺林溝分堂、老虎溝分堂、大同苑分堂、上馬圈分堂、下馬圈分堂等。在該地區擔任天主堂的神職人員先後有比利時神父康國泰、波蘭神父齊國斌、德國神父顧柏、薛愛德、山尚德、孟明道、甘肅的段文輝等人。1958 年實行宗教制度改革以後，天主教的宗教活動停止。參閱：《互助土族自治縣志》（西寧：青海人民出版社，1993），頁 308。

地區的一個叫 Tungkou 的部落，其首領姓李，是唐代著名勇士沙陀突厥人李克用的後裔。柔克義也引用了唐代史中的部落名 Kolu,他認為就是現今新疆烏魯木齊東北的 Karluk 突厥。這些 Kolu 人歸順了吐蕃人。柔克義認為他們可能是後來的 Tungkou，Tung 是漢語，東部之意，Kou 是 Koulu 的縮寫，是 Kolu 的另一種形式。[16]

美國學者 R.A.米勒認為，現在中國青海省的土族人操內蒙古語中的幾個較接近的有親緣關係的方言，這種現象本身對於蒙古語的比較研究來說是極其重要的。他認為，關於土族語的可認知的證據，可以追溯到 1893 年。米勒通過研究土族語中的藏語借詞和蒙古語之間的聯繫，他認為：

> 土族語言展示了五六百年來西藏和蒙古之間密切的文化和宗教關係的證據。蒙古人在這個地區定居，開始於成吉思汗（Genghis Khan）部下的侵入，而土族和藏族的直接接觸可以追溯到 1227 年蒙古人佔領西寧府。
> 1368 年，當中國的蒙元霸權被推翻，蒙古人向中亞草原撤退時，土族人不但未加入他們的蒙古兄弟隊伍，反而與新建立的明廷迅速結盟，從而扮演了一個雖不體面，但卻重要的角色。他們做為一支非漢族的綏靖力量，代表中國的明朝政權把矛頭指向與他們有種族關係和語言關係的鄰邦。……可是在幾個世紀的宗教信仰時期，藏語曾經是包括土族人在內的所有蒙古人的宗教語言，特別是保留在土族語裡的大批藏語借詞形式中留下了使人印象深刻的痕跡。[17]

俄國學者史祿國在其 1924 年《通古斯族的社會組織》一書指出，土族與滿族有許多相似之處，提出土族與東胡人的淵源。

羅馬天主教神父斯邁德（A. de Smedt，CICM[聖母聖心會]，1941 年死於蒙古）和他的合作者、蒙古學者神父安東尼‧莫斯塔耶梯（Antoine Mostaert，CICM）經語言學角度對於蒙古爾人（Monguor）的語言加以考證，認為甘青地區居住的土人就是蒙古族。他們有關土族語的著作《語音學》（1929-1930）、《土法字典》（1933）、《語法》（1945），都以非常準確、細目豐富，以及對甘、青地區蒙古爾

---

16 [比]許讓著，李美玲譯，《甘青邊界蒙古爾人的起源、歷史及社會組織》（西寧：青海人民出版社，2007），頁 15-16。
17 [美]R. A. 米勒著，王青山譯，〈評《土族語中的藏語借詞與古代藏語方言的演變》〉，刊載《民族語文研究情報資料集》，第 7 輯（北京：中國社會科學院民族研究所語言室編，1986），頁 109。

人的生活、文化、歷史傳統等的淵博知識而著名。斯邁德和莫斯塔耶梯描寫的土族語，是西寧東北那林溝（Naringol）地區（今互助土族自治縣）的土語方言。[18]此外，安東尼・莫斯塔耶梯的《甘肅的蒙古爾和他們的語言》（1931）一書在北平輔仁大學出版英文版。[19]從斯邁德和莫斯塔耶梯的法文版《蒙古爾方言》（1964）一書來看，他們對於土族語的調查已經涵蓋了甘肅、青海土族居住的大部分地區，包括互助（Hou-tchou）、大通（Ta-t'oung）、亹源（Men-iuen, 今門源）、同仁（T'oung-jen）、民和（Min-ho）、三川（San-tch'ouan）土族地區；此外，他們的調查中也發現了與土族語相近的居住在河州（Ho-tcheou）和洮河（Tao-ho）流域的其他民族的語言情況，如東鄉族（Toung-hiang）、保安族（Pao-ngan）與土族語同源。[20]

　　1906 年 Filchner 和 Tafel 發表的對塔爾寺的研究中提及「土族是吐穀渾、西夏（shat'o Hsi Hsia）的後代」。[21]

　　比利時神甫，曾用中文名叫康國泰。1910 年由甘肅甘北傳教區派到青海西寧傳教。1911-1922 年他在西寧傳教期間，惟對土族最感興趣，所以在其傳教之餘對土族加以系統的研究。1932 年由上海徐家匯天主堂出版《甘肅土人的婚姻》；後來在美國費城出版 The Monguors of the Kansu-Tibetan 三大冊，包括《土族的起源、歷史及社會組織》（1954）[22]；《土族的宗教生活》（1957）；《土族族譜》（1961）。[23]在這十年期間，許讓神父藉傳教士身分與當時西寧的上層官員及土族的土司有著很多交往，關係十分友好，他也常扮演著一個代表土族人利益的友好調解人的角色。與此同時，他對土族人的歷史、社會結構、文化生活、風俗、宗教、生計方式等諸多方面作了較為詳盡的調查與記錄。他的記錄被保存下來，現在成為研究和瞭解土族人的社會、歷史、文化、宗教等的相對較為真實的原始記載，他的相關書籍也成為國際、國

---

[18] 羅馬天主教傳教士神父斯邁德、神父安東尼・莫斯塔耶梯曾於 20 世紀 20 年代到互助沙棠川那林溝調查，著有《甘肅西部蒙古語蒙哥爾方言》為題的三部書：《語音學》（1929-1930），見《人類》雜誌 1929 年第 24 期、1930 年第 25 期、1931 年第 26 期；《語法》，1945（北平印單行本）、《土法字典》，1933（北平輔仁大學單行本）。

[19] Antoine Mostaert, "The Mongols of Kansu and their Language," *Bulletin of the Catholic University of Peking* (Peking, 1931), no. 8, pp. 75-89.

[20] A. De Smedt, and Antoine Mostaert, *Le Dialecte Monguor: parlé par les Mongols du Kansou occidental, IIe partie: grammaire*(The Hague：Mouton & Co., 1964).

[21] 胡軍，〈我在美國看到的土族研究文獻〉，《中國土族》，創刊號（西寧，1992）。

[22] 許讓神父的這本書已經由土族學者李美玲翻譯並由青海人民出版社出版。參閱[比]許讓著，李美玲譯，《甘青邊界蒙古爾的起源、歷史及社會組織》（西寧：青海人民出版社，2007）。

[23] [比]許讓，〈中譯本序言〉，許讓著，費孝通、王同惠譯，《甘肅土人的婚姻》（瀋陽：遼寧教育出版社，1998），頁 12。

內學術界的中國土族研究的不可或缺的分析文本，具有重要的學術研究價值。許讓神父認為：「這裡所論的土人，很可能是突厥（Turgue）人種的一支，此外，無疑的，是屬於蒙古種。……土人的風俗雖極受它鄰居漢人和近親西藏人的影響，但還保持著它的原形。它們還可以表示許多古代社會組織和游牧生活的秘密」。[24]可見，許讓從語言學、體質、文化、宗教與社會組織等多個角度試圖分析神秘的土族及其來源。他對作為研究物件的土族人是如此記錄的：

> 1911 至 1922 年，我在中國西北的西寧邊界地區傳教。這一地區居住著漢人、蕃人、說突厥語的撒拉爾人、說漢語的穆斯林以及自稱「蒙古爾」而漢人稱之為「土人」的人，土人之意為「本地人、當地人」。
>
> 在傳教過程中，我接觸到蒙古爾人，比起蕃人，蒙古爾人更引起我的興趣。各種有關他們的神秘來源和他們的社會組織的矛盾的、難以置信的傳聞廣泛流傳，人們對他們卻所知甚少。我在 Louvain 大學學過宗教史和人類學，1908 年至 1909 年在荷蘭的 Leiden 大學學過中國宗教和漢語，受此影響我對蒙古爾人的問題十分著迷。[25]

土族的族源及其起源一直以來都是國內外學術界研究和探討的重點，也是土族研究中最易於產生爭議和爭論的領域，直到今天也仍然是極富爭議性的話題之一。難怪乎，許讓神父也會被這個極富爭議性的話題所迷惑並感到困惑不解。他也談到，蒙古爾部族以及蒙古爾（Monguor）一名和蒙古爾語言的來源問題一直令外國人和當地人困惑。在他的文章中記載了法國遣使會的古伯察（Huc,1813-1860）與秦噶嘩（Gabet,1808-1853）[26]入華之行中途經甘肅、青海時對沿途所見的土族的描述，字裡行間滿布對於土族族源的困惑與不解。

> 古伯察（Huc）和秦噶嘩（Gabet）在他們著名的拉薩遊記（1844-1846）中，記錄了他們經過三川蒙古爾人地區的一些情況，蕃人稱三川蒙古爾人為嘉霍爾

---

[24] [比]許讓，〈導言〉，許讓著，費孝通、王同惠譯，《甘肅土人的婚姻》，頁 1-2。

[25] [比]許讓著，李美玲譯，《甘青邊界蒙古爾人的起源、歷史及社會組織》，頁 1。

[26] 在法國遣使會傳教士古伯察（Huc）與會長秦噶嘩（Gabet）受遣使會派遣，於 1841 年 2 月 20 日離開澳門，並於同年 6 月 17 日抵達法國在華北的傳教區——北直隸的西灣子（今河北崇禮縣境內），從此地出發，歷經熱河、蒙古諸旗、鄂爾多斯、寧夏、甘肅、青海、西康等地，最終於 1846 年 1 月 29 日到達西藏首府所在地拉薩。然而，他們僅僅在拉薩駐留二個月便被驅逐出境。參閱耿昇，〈法國遣使會士古伯察的入華之行（譯者代序）〉，收入[法]古伯察著，耿昇譯，《韃靼西藏旅行記》，頁 1。

（Dschiahour），漢人則稱之為「土人」（T'u-jen），他們的旅伴名叫桑木達欽巴，是蒙古爾人，是三川吉土司的人。古伯察與秦噶嗶認為這些人民似乎是韃靼血統的人，他們的語言似乎混合了蒙古語、漢語和吐蕃語。[27]

　　從前述的古伯察與秦噶嗶記錄中可以看到，「霍爾」、「土人」與「蒙古爾」這三種不同的稱呼都是不同群體對於今天的土族的分類方式而已，前者是指藏族對土族的他稱，後者是漢族對土族的他稱，而「蒙古爾」則是土族人的自我稱呼。然而，從其他一些西方旅行者的寫作中，我們也能發現土族的不同族群彼此之間也有著較大的差異，除了宗教與文化、服飾等特徵外，也充分顯示在這種「自我」與「他者」的命名式的分類體系上的截然不同和迥然有異。

三

　　1873 年，曾經到過甘青土族地區旅行的俄國人普熱瓦爾斯基（Prjevalski）在其著作《蒙古和唐古特人地區》中稱當地的土族人為「達勒達」（Daldy），認為在穆斯林和漢人二者中相比，他們更像穆斯林，還說他們的語言是一種混合有蒙古語、漢語和不知來源的詞的語言。這個所謂的「達勒達」或「多日多」應該就是安多地區的藏族對現在青海同仁「五屯」土族的一種他稱，這個稱呼至今仍然在被當地人有效地使用著，甚至逐漸地成為同仁部分土族的自稱，其原意為「非藏非漢之人」。也有一種可能是指，清末以前居住在同仁的年都乎、尕撒日、郭瑪日以及保安下莊的保安人，他們的語言和當地土族相同，並且和這些土族雜糅相處，只不過宗教信仰迥然有別而已。[28]

　　現實情況是：20 世紀 50 年代初，土族被民族識別後確定為多民族國家的主體民族之一，並獲得相應的民族區域自治的權利，所以，同仁的這群被他稱為「達勒達」的族群也就自然地被納入官方承認的土族的人群共同體，從自然的族群共同體演變為獲得文化與政治身分的民族共同體。

　　西元 1899 年（清光緒二十五年）俄國人科茲洛夫（P.K.Kozlow）、喀茲那柯夫（A.N.Koznakov）和拉迪勤（B. T. Ladyghin）等人到青海考察和旅行。他們在柴達木

---

[27] [比]許讓著，李美玲譯，《甘青邊界蒙古爾人的起源、歷史及社會組織》，頁 12。

[28] 關於同仁土族的研究及其進展，可以參閱祁進玉，《群體身份與多元認同——基於三個土族社區的人類學對比研究》（北京：社科文獻出版社，2008）。

盆地的巴隆設立測候所，留人駐守觀測。1900 年翻越布林汗布達山，抵達鄂陵湖、紮陵湖，又越過巴顏喀拉山，抵通天河谷。沿途採集標本、觀測氣候。1901 年 8 月啟程北返恰克圖。近三年間，科茲洛夫一行收集了地理、歷史、人類學、商業貿易等方面的大量材料。[29]後來又於 1907 至 1909 年，再次接受俄國地理學會的委託到青海地區測量和考察。柯茲洛夫在其《蒙古與卡姆》一書（發表在《俄國地理學會 1888-1901 年勘察彙集》第一卷）中提到 Donger-wa 或 Donger 人就是現在的土族人，認為土族可能源于漢人和唐古特人的融合，他們的語言與蒙古語密切相關，但混合有漢語和唐古特詞彙。[30]

弗雷德里克・沃爾森（Frederick Wulsin）對於土族的認識是這樣的：「有些人認為土人（語言）是很古老的蒙古語，而另一些人認為它的基礎是沙陀突厥語。現今的土人可能是這些種族移民的後裔。根據我現有的資料，我還不能得出結論」。[31]

1915 年，英國人雷金納德・法瑞爾（Reginald Farrer）曾經到青海、甘肅地區旅行，他將沿途所見的土族人稱為「土人」（Turen）或「大地之子」（Chlildren of Earth），他認為這些「土人」整體上與漢人、蒙古人、藏人和穆斯林在外表上並不十分相像，事實上僅從他們的發暗的膚色和稠密而捲曲的黑髮就能看出端倪。[32]

許讓神父對於土族族源、文化和語言的相關前人研究文獻進行了初步的梳理。他的記載，在多大程度上還原了現在分佈在甘肅、青海的土族的歷史、社會生活、文化宗教等情況，尚需要學術界的努力研究，但是無疑的，他的研究在一定程度上引起了國際學術界對於現代土族的關注與重視，這從費孝通先生與王同惠女士對許讓著作的翻譯可見一斑。難能可貴的是，費孝通先生不但親自擔當翻譯的重任，並且在 20 世紀 80 年代中期親自策劃和組織一支研究團隊重訪許讓神父在 60 年前曾經從事過調查和研究的土族地區。在 19 世紀初，有那麼多的傳教士、冒險家、考古學者、人類學與語言學者紛紛進入中國的西北、西南地區進行傳教或實地調查，其中有一些人也取得了豐碩的研究成果，為何費孝通先生唯獨選中名不見經傳的比利時神父許讓對中國西北的土人的研究作為翻譯的文本？這從費孝通先生為《甘肅土人的婚姻》這本書所寫的序可以找到一些線索。

---

[29] 徐爾灝，〈青康藏西人考察史略〉，《地學雜誌》，1909 年 7 月號載《青海探險》。

[30] 參閱[比]許讓，李美玲譯，《甘青邊界蒙古爾人的起源、歷史及社會組織》，頁 16；青海省志編纂委員會編纂，《青海歷史紀要》（西寧：青海人民出版社，1987），頁 243。

[31] Frederick Wulsin, "Non-Chinese inhabitants of the province of Kan-su, China," *American Journal of Physical Anthropology,* 8 (July/September 1925), p.316.

[32] Reginald Farrer, *The Rainbow Bridge*(London: E. Arnold & co.,1921), p.75.

　　瑞典人多明尼克・施羅德（Dominik Schroder）教父於 1946 至 1949 年，居住在土族地區，對土族宗教進行深入研究，他的研究更加注重個體而不是群體，進一步補充了比利時神父許讓的研究。

　　1960 年匈牙利學者 A Rova-Tas 的"Tibeto-Monghia"一文，探討了藏語及藏文化對土族的影響。1929 年，在列寧格勒出版了符拉基米爾佐夫的《蒙古書面語和喀爾喀方言比較語法》，曾經提到「關於住在甘州（張掖）西南的東部裕固人（維吾爾人）的語言和蘭州府以西黃河兩岸以及安多其他一些地方的土族人的語言都有某些材料，但還不足以用來對這些方言進行某種方式的劃分」。[33]其實，符拉基米爾佐夫所謂「安多」的達爾達就是本書調查點之一，即今青海黃南藏族自治州同仁縣「五屯」（四寨子）土族。

　　美國學者凱斯・斯萊特（Keith W. Slater）的《土族語法：中國蒙古語族的甘青語言系屬》（2003）一書在深入調查土族語的基礎上，廣泛借鑒前人的研究，對於土族語法進行了系統地闡釋，從語言學角度對土族語的語言演變及其影響因素加以實證分析。在斯萊特的研究中充分借鑒了土族語言學研究領域的前輩著作，如照那斯圖（1981）、青格爾泰（1991）、李克鬱（1982）等研究成果。[34]他將互助土族和民和土族分別用 Mangghuer/Mongghul 來加以區分，表示土族語內部不同方言區的語言學差異。此外，斯萊特也指出，關於土族的族源來源問題，雖說眾說紛紜，但是從語言學角度的分析表明，蒙古語的語言結構在土族語中有著顯著的體現，從上述證據看來，在土族的早期歷史發展中講蒙古語的人曾經扮演著重要的角色。很清晰地表明，講其他語言的家族對該群體的語言產生了非常重要的影響，但是這種影響首先要歸功於語言轉換過程一種語言借用與衝突的緊張組合，那些講其他語言的群體進入蒙古爾（土族）社區，該群體還保留著蒙古語的某一基本類型，也許是在元朝初期帶到這個地區的。[35]

　　美國人類學家史伯林（Elliot Sperling）在〈關於安多祁家部落和兩個祁氏家族的研究〉一文中指出：

---

[33] [蘇]符拉基米爾佐夫著，陳偉、陳鵬譯，《蒙古書面語與喀爾喀方言比較語法》（西寧：青海人民出版社，1988），頁 14。

[34] 照那斯圖，《土族語簡志》（北京：民族出版社，1981）；青格爾泰，《蒙古語語法》（呼和浩特：內蒙古人民出版社，1991）；李克鬱，〈白韃靼與察罕蒙古爾——也談土族族源〉，《青海民族學院學報（社會科學版）》，1982 年第 3 期，頁 46-67。

[35] Keith W. Slater, *A Grammar of Mangghuer: A Mongolic Language of China's Qinghai-Gansu Sprachbund* (New York: Routledge Curzon, 2003), p.17.

　　數世紀以來，西寧地區漢藏交界地方族群間的混合與轉化一直在持續不斷地進行，對此毫無驚奇可言。我們討論的這兩個祁家部落起源都被認為是蒙古族，但後來成為土族或是蒙古族；雖然此地處於西寧的偏遠地方，但是這些家族首領已經十分的漢族官僚化了。觀察祁家部落為土族並不是一個表現十分激烈的變化。（土族通常所講的語言之一屬於蒙古語族，其之所以發展成為一個單獨的群體就是我們現在討論時期內的一種現象）。事實說明，幾個世紀以來交界地方文化和族群發展並不僅僅是一個趨向漢化的簡單問題。

　　明清時期的邊疆地區，存在著各種的非漢族群落，因為與漢族相比，有著明顯的特點，因而他們中的許多族群被認為起源於非漢族，而且與一個藏傳佛教文明世界的人物相關，不管人們認為他們是否為實際上的藏族。土族，還有一些其他族群的情況的確如此。[36]

　　斯萊特在其研究中進一步討論了語言聯盟或系屬關係，他認為，雖然土族語與達斡爾（Dagur）、現代蒙古語、保安語、東鄉語、西部裕固語（Eastern Yugur）等同屬阿勒泰語系蒙古語族，然而，同一語族內部的不同語言之間有較大差異。他指出，土族語的一些語言特點不僅僅與東鄉語（Santa）有共有或共用的情形，而且與保安語也有相似的情況；達斡爾語與土族語應該有很多相似之處，蒙古語與土族語之間有較大的不同，但是斯萊特通過對語料庫的分析發現，事實上，土族語與達斡爾語、蒙古語在語言特徵上有較大差異。[37]

　　但是，這種純語言學研究中因為缺乏對於土族歷史脈絡的清晰把握，易流於形式，很難對於土族整體的歷史、文化、宗教、社會結構以及文化變遷的全面掌握，也就難以取得較為深入的研究結論。

　　史伯林進而指出，關於祁家部落的漢藏文資料把其歷史置於一個族群流動的場景之中。在此交界地方數個世紀以來各色人等在彼此經常共用的多元文化環境中互動交流。所以在此，族群認同具有比人們想像的更寬泛和更開放的建構，即一個人不完全固定在某一特定的文化和語言族群內。

---

[36] [美]伊里亞德‧史伯林著，林朵央美譯，〈關於安多祁家部落和兩個祁氏家族的研究〉，收入蘇發祥主編，《人類學視野中的安多藏區研究》（北京：中央民族大學出版社，2013），頁283-293。

[37] Keith W. Slater, *A Grammar of Mangghuer: A Mongolic Language of China's Qinghai-Gansu Sprachbund*, p. 336.

四

　　中國邊疆地區在數個世紀以來多族群頻繁遷徙與族際接觸以及在彼此經常共用的多元文化環境中互動交流。基於此，族群認同有著更為開放和較為廣泛意義上的認同特性，但是將中國各民族的起源限定在「漢與非漢」的二元對立模式中加以分析，反而失去了此種分析的說服力。

　　從甘、青河湟地區藏、土、漢、蒙古、撒拉、回、裕固、東鄉、保安等眾多民族的歷史發展脈絡及其族體的演變史，不難看到這些民族之間有著長期的歷史接觸與文化涵化以及族體互融的情況，即費孝通所提到的「你中有我，我中有你」的中華民族多元一體格局的形成史。中國的民族認同或族群認同情況有著極為複雜的特點，所以，從人類學的歷時性和共時性相結合的視角對其加以分析和研究，就顯得十分迫切和必要。

徵引書目

中文資料

[比]許讓著，李美玲譯，《甘青邊界蒙古爾人的起源、歷史及社會組織》，西寧：青海人民出版社，2007。

[比]許讓著，費孝通、王同惠譯，《甘肅土人的婚姻》，瀋陽：遼寧教育出版社，1998。

[法]古伯察著，耿昇譯，《韃靼西藏旅行記》，北京：中國藏學出版社，2006。

[波]W. L. 科特維奇著，米濟生譯，〈甘州附近的黃維兀兒人所說的蒙古語〉，收入鍾進文主編，《國外裕固族研究文集》，北京：中央民族大學出版社，2008，頁 109-145。

[俄]B. X. 托達耶娃著，周建奇譯，〈西喇裕固語〉，收入鍾進文主編，《國外裕固族研究文集》，北京：中央民族大學出版社，頁 202-247。

[美]R. A. 米勒著，王青山譯，〈評《土族語中的藏語借詞與古代藏語方言的演變》〉，刊載《民族語文研究情報資料集》，第 7 輯，北京：中國社會科學院民族研究所語言室編，1986，頁 108-124。

[美]伊里亞德・史伯林著，林朵央美譯，〈關於安多祁家部落和兩個祁氏家族的研究〉，收入蘇發祥主編，《人類學視野中的安多藏區研究》，北京：中央民族大學出版社，2013，頁 283-293。

[瑞士]米歇爾・泰勒著，耿昇譯，《發現西藏》，北京：中國藏學出版社，2005。

[蘇]苻拉基米爾佐夫著，陳偉、陳鵬譯，《蒙古書面語與喀爾喀方言比較語法》，西寧：青海人民出版社，1988。

《互助土族自治縣志》，西寧：青海人民出版社，1938。

王遠大，《近代俄國與中國西藏》，北京：生活、讀書、新知三聯書店，1993。

李克鬱，〈白韃靼與察罕蒙古爾──也談土族族源〉，《青海民族學院學報（社會科學版）》，1982 年第 3 期，頁 46-67。

祁進玉，《群體身份與多元認同──基於三個土族社區的人類學對比研究》，北京：社科文獻出版社，2008。

青格爾泰，《蒙古語語法》，呼和浩特：內蒙古人民出版社，1991。

青海省志編纂委員會編，《青海歷史紀要》，西寧：青海人民出版社，1987。

柔克義，《喇嘛之邦》，紐約 1891 年版、第 45 頁。

胡軍，〈我在美國看到的土族研究文獻〉，《中國土族》，創刊號（西寧，1992）。

徐爾灝，〈青康藏西人考察史略〉，《地學雜誌》，1909 年 7 月號，載於《青海探險》。

照那斯圖，《土族語簡志》，北京：民族出版社，1981。

英法文資料

Farrer, Reginald. *The Rainbow Bridge.* London: E. Arnold & co., 1921.

Mostaert, Antoine. "The Mongols of Kansu and their Language." *Bulletin of the Catholic University of Peking* (Peking, 1931), no. 8, pp. 75-89.

Rockhill, William Woodville. *Diary of a Journey through Mongolia and Tibet in 1891 and 1892.* Washington: Smithsonian Institution, 1894.

Slater, Keith W. *A Grammar of Mangghuer: A Mongolic Language of China's Qinghai-Gansu Sprachbund.* New York:

Routledge Curzon, 2003.

Smedt, A. De, and Antoine Mostaert. *Le Dialecte Monguor: parlé par les Mongols du Kansou occidental, IIe partie: grammaire.* The Hague: Mouton, 1964.

Wulsin, Frederick. "Non-Chinese inhabitants of the province of Kan-su, China." *American Journal of Physical Anthropology,* 8 (July/September 1925), pp. 249-371.

地域崇拜與族際關係的儀式表達
——青海三川地區二郎神祭典儀式的民族志研究*

劉目斌

一、引言

　　近些年來，隨著中國社會的急劇轉型與發展，各區域民族關係的和諧穩定問題，愈發成為制約民族地區社會發展的主要因素之一。因此，族際關係研究成為備受民族學／人類學、社會學乃至歷史學、政治學關注的重要議題，產生了諸多的研究成果，[1]亦有專著探討其不同面向。[2]位於青藏高原東北邊緣、黃河上游的河湟流域，[3]分佈著漢、藏、回、土、東鄉、保安、撒拉等諸多民族，是中國西北一處典型的多民族聚居、多元文化共生共存的「族際社會」[4]，可作為探討族際關係較為適宜的田野調查點。[5]

---

* 本文為國家社會科學基金青年項目「黃河上游與長江下游儺文化遺產保護傳承的比較研究」（項目編號：12CMZ032）的後期成果。在此，筆者由衷地感謝田野調查期間三川地區各位長輩與朋友的熱心幫助與支持，感謝北京師範大學劉鐵梁教授、岳永逸教授曾給予筆者的諸多啟發與指導。文責自負。另外，需要說明的是，本文主體內容以〈地方認同與族際關係的儀式表達——青海三川地區二郎神祭典儀式的考察〉為標題，刊於《北方民族大學學報（哲學社會科學版）》，期 5（銀川，2016），頁 17-23。在此，筆者做了進一步修繕和擴充，增補了第三部分「二郎神的地域崇拜及其文化認同」以及發表時被刪減的「引言」中的文獻述評。

1　馬戎，〈理解民族關係的新思路——少數族群問題的「去政治化」〉，《北京大學學報（哲學社會科學版）》，期 6（北京，2004），頁 122-133；馬戎，〈關於當前中國城市民族關係的幾點思考〉，《西北民族研究》，期 1（蘭州，2009），頁 6-19；劉夏蓓，〈關於安多藏區族際關係的人類學研究〉，《民族研究》，期 5（北京，2004），頁 46-54；周大鳴，〈論族群與族群關係〉，《廣西民族學院學報（哲學社會科學版）》，期 2（南寧，2001），頁 13-25；趙旭東，〈一體多元的族群關係論要——基於費孝通「中華民族多元一體格局」構想的再思考〉，《社會科學》，期 4（上海，2012），頁 51-62；趙世瑜，〈明朝隆萬之際的族群關係與帝國邊略〉，《清華大學學報（哲學社會科學版）》，期 1（北京，2017），頁 124-133；周平，〈當代中國族際關係的特點和走向〉，《學術界》，期 11（合肥，2015），頁 5-20 等。

2　如，劉夏蓓，《安多藏區族際關係與區域文化研究》（北京：民族出版社，2003）；羅康隆，《族際關係論》（貴陽：貴州民族出版社，1998）。

3　河湟流域，指黃河與其支流湟水交匯地區，即今青海省東部地區。參見郗慧民，《西北花兒學》（蘭州：蘭州大學出版社，1989），頁 26-27。

4　所謂「族際社會」，是指在某一個特定地域社會中，由複數的民族／族群構成，並由兩個及其以上的民族／族群經營其共同的或相互影響著的社會生活，這樣的社會構成了族際社會。簡言之，「族際社會」就是指多民族

本文擬以位於河湟流域的青海省民和縣三川地區，以土族為主體、部分藏族和漢族民眾共同參與的二郎神祭典儀式為例，探討該地區多民族民眾對於二郎神「地域崇拜」[6]的文化認同及其所彰顯的族際關係的不同儀式表達方式，藉此揭示出族際社會中以精神信仰文化為紐帶所達成的「和而不同」的社會交往模式及其蘊含的「實踐智慧」[7]抑或「生存性智慧」[8]，進而闡釋出這一研究的價值和意義之所在。

／族群共生共存的社會，它可以和「國際」、「人際」等概念並舉。就筆者閱讀文獻所及，「族際社會」的概念，是由人類學者周星教授在研究雲南省元江縣之多民族雜居地區的文化和經濟發展模式時提出的。周星認為，族際社會的研究視角，將費孝通先生所提出的「中華民族多元一體格局」之中國民族結構的理論，進一步發揮和引申到了對中國社會結構的討論之中。參見胡鴻保、周星、劉援朝、陳丁昆，〈人類學本土化與田野調查——元江調查四人談〉，《廣西民族學院學報》，期 1（南寧，1998），頁 27-32；趙丙祥、陸益龍問，周星答，〈從族際角度理解多民族的社會與文化——人類學者訪談錄之四〉，《廣西民族學院學報》，期 1（南寧，2000），頁 41-46。

[5] 本文使用的「族際關係」一詞，是指在上述族際社會中，由兩個或多個民族／族群在長期的社會生產和生活實踐中建構起來的彼此之間的互動關係或文化模式，即強調民族／族群與民族／族群之間的關係模式，它可以和「國際關係」、「人際關係」並舉。在筆者看來，就三川地區的民族互動關係模式而言，使用「族際關係」較之於通常所說的「族群關係」更為貼切。

[6] 「地域崇拜」的概念，來自於社會空間研究的一條路徑。人類學家 Paul Steven Sangren（2000）、Stephan Feuchtwang（1992）、王銘銘（1995）等人曾針對中國台灣或大陸地區的民間宗教，做出了相關經典研究。梁永佳（2005）將其界定為：「它指特定地理範圍內的人群，對地方和區域進行的宗教性、儀式性與象徵性的界定。地域崇拜的物件，一般為地方性、區域性的神祇；圍繞地域崇拜信仰進行的儀式活動，一般也是地方性、區域性的祭祀活動」。具體到本文研究對象而言，筆者（2008）認為，所謂「地域崇拜」是指，在三川地區這一族際社會中，在多元文化共生交融的背景下，土、藏、漢之多個民族對三川地域保護神二郎神的崇拜及其儀式祭典活動，同時也包含著各族民眾對其村落廟神（即諸如九天聖母娘娘、摩羯龍王、鎖劫大帝、黑池龍王、顯聖通雨大王、四郎神等村落保護神）的崇拜。在一年一度的三川「納頓」儀式中，二郎神與其他村落廟神之間構成了不同的級序關係及社會空間之象徵體系。具体可參見 P. Steven Sangren, *Chinese Sociologics: An Anthropological Account of the Role of Alienation in Social Reproduction* (London: The Athlone Press, 2000); Stephan Feuchtwang, *The Imperial Metaphor: Chinese Popular Religion* (London: Routledge,1992); Wang Mingming, "Place, Administration, and Territorial Cults in Late Imperial China: A Case Study from South Fujian," *Late Imperial China*, 16:1 (1995), pp. 33-76；梁永佳，《地域的等級——一個大理村鎮的儀式與文化》（北京：社會科學文獻出版社，2005），頁 2-3；劉目斌，〈地域崇拜與流動的認同——青海民和三川「納頓」儀式的考察〉（北京：北京師範大學文學院博士論文，2008），頁 14。

[7] 「實踐智慧」（拉丁文"phronēsis"，英文譯為"prudence"或"practical wisdom"），是亞里斯多德最早提出的一個概念，通常是指與人的審慎明辨的行為有關的個體德性。它是一種實踐理性的德性，是一種源自於人的內在心靈、與善惡相關的、求真的實踐品質，與「善」或「好」的實踐緊密相關。參見[古希臘]亞里斯多德，廖申白譯，《尼各馬可倫理學》（北京：商務印書館，2003），頁 173。「實踐智慧」經歷了由古典形態向現代形態的轉向，亦受到當代中國哲學界的廣泛關注和拓展詮釋。如，楊國榮，〈論實踐智慧〉，《中國社會科學》，期 4（北京，2012），頁 4-22；李義天，〈作為實踐理性的實踐智慧——基於亞里斯多德主義的梳理與闡述〉，《馬克思主義與現實》，期 2（北京，2017），頁 156-163；田海平，〈「實踐智慧」與智慧的實踐〉，《中國社會科學》，期3（北京，2018），頁4-25。

[8] 「生存性智慧」，是學者為推進「中國經驗」研究而建構的概念。其本身是一種「實踐智慧」，「是人們在生活實踐中習得的、應對生活世界各種生存挑戰的『智慧』」。它能夠彰顯並解釋生活世界中以「生存性原則」

　　青海省民和縣三川地區二郎神祭典儀式，可分為春季的二郎神「轉青苗」之祈願儀式與秋季土族「納頓」會／藏族、漢族八月會之酬神慶典儀式。[9]然而，在以往相關研究中，一方面，研究者大多僅僅關注到土族納頓節，而對於同一祭祀圈內藏族和漢族村落的八月會則沒有給予應有的關注，甚至將其納入土族納頓節的整個節日流程之中。[10]另一方面，以往關於土族納頓節的研究往往將其看作是一同質性的文化事象，而對於其地域差異性關注不夠。[11]以上兩個方面，均不利於我們客觀地認識該地二郎神祭典儀式所體現出的「一體多元」的族群文化特質及其豐富的文化內涵。

　　鑒於此，本文從人類學整體論的研究視角出發，對二郎神祭典儀式中春季的「轉青苗」與秋季的土族納頓會、藏族／漢族八月會進行全面的民族誌考察，以補充以往研究之不足。為此，本文提出了「族際儀式」的概念，它指在多民族聚居地區，由兩個或兩個以上的民族共同創造、傳承和享用的以神靈為祭拜對象、以酬神祈福為目的的跨越族群邊界的信仰文化傳統。就三川地區而言，是指以土族為主體、少部分藏族和漢族參與其中的以地域保護神二郎神為主要崇拜對象的祭典儀式傳統，包括「轉青苗」和「納頓」會／八月會之儀式。[12]

　　本文是在綜合筆者的博士學位論文相關章節內容的基礎上撰寫而成，主要對於青海省民和縣三川地區二郎神祭典儀式進行民族誌「深描」，並對於這一「一體多元」

為最高原則的複雜互動關係，在存在形態、傳播方式、生產和再生產等方面均是具有個殊性的「地方性知識」（local knowledge）。參見鄧正來，〈「生存性智慧」與中國發展研究論綱〉，《中國農業大學學報》，期4（北京，2010），頁5-19；鄧正來，〈中國模式的精髓——生存性智慧〉，《社會觀察》，期12（上海，2010），頁81-82。

9　「轉青苗」儀式，俗稱二郎神「浪群廟」。「浪」，西北漢語方言，即遊玩之意。「納頓」，土族語音譯，表示娛樂、玩耍之意。本文採用三川土族民眾傳統意義上的通行稱謂「納頓會」，而沒有使用「納頓節」。同時，筆者認為，土族「納頓」兼具節日與廟會之雙重文化屬性，或曰文化複合性特徵。參見劉目斌，〈節日抑或廟會：土族「納頓」屬性辨析——基於民俗學主義研究視角的認知〉，《西北民族研究》，期2（蘭州，2018），頁208-215。

10　如，馬光星、趙清陽、徐秀福，《人神狂歡——黃河上遊民間儺》（西寧：青海人民出版社，2003），頁1-86。

11　如，秦永章，〈青海民和土族地區「納頓」述略〉，《西北民族研究》，期2（蘭州，1991），頁101-105。劉凱，〈青海民和三川地區土族「納頓」新識〉，《青海社會科學》，期2（西寧，2000），頁96-100。文忠祥，〈三川土族「納頓」解讀〉，《民族研究》，期3（北京，2005），頁59-67、108。賀喜焱，〈青海民和土族「納頓節」的田野調查〉，《民俗研究》，期3（濟南，2005），頁157-168。胡芳，〈土族納頓節儀式展演的文化象徵與功能〉，《青海社會科學》，期1（西寧，2009），頁80-84。文忠祥，《土族納頓節》（西寧：青海人民出版社，2009）。胡芳、馬光星，《三川土族納頓節》（西寧：青海人民出版社，2010）。邢莉編著，《中國少數民族重大節日調查研究》（北京：民族出版社，2011），頁27-136等。

12　高丙中曾對中國傳統社會的族際文化共用分為五種類型，即族源型、語言型、宗教型、民俗型和官方意識形態類型。本文所說的族際儀式，可納入高氏所說的宗教型或民俗型的族際文化共用範疇。參見高丙中，〈中國文化的族際共享〉，《民族藝術》，期4（南寧，1998），頁54-70。

的族際儀式所體現出的「和而不同」的族際關係加以深度闡釋。其資料來源除已注明
的參考文獻外，主要基於筆者於 2007 年 2 月 6 日至 3 月 26 日、6 月 1 日至 7 月 10
日、8 月 19 日至 10 月 29 日完成的田野調查資料以及 2013 年 9 月 11 日至 20 日所做
的補充調查資料。

資料來源：民和回族土族自治縣志編纂委員會編，《民和縣誌》（西安：陝西人民出版社，
　　　　　1993）。

二、三川族際社會及其多元族群文化

　　青海省民和回族土族自治縣的三川地區，位於甘肅、青海兩省交界的黃河北岸，因其境內有三條季節性河流——趙木川河（又稱杏兒溝）、大馬家河（又稱朱家河）、桑不拉河（又稱前河）注入黃河而得名。此三條河流所流經的廣大地區，被當地民眾依次稱為上川、中川、下川地區。作為土族的主要聚居區之一，[13]三川地區包括官亭、中川、杏兒、甘溝、滿坪、前河等 6 個鄉鎮，轄 80 個行政村，近 300 個自然村。地處多民族文化交匯的三川地區，居住著土、回、藏、漢等多個民族的 7.5 萬人口。其中，土族為主體民族，約有 4.5 萬人，集中分佈在中川、官亭、前河、甘溝等鄉鎮。[14]杏兒藏族鄉共有 4,076 人，其中藏族 2,989 人，土族 890 人，漢族 197人。[15]回族、漢族主要散居在前河、甘溝、滿坪等鄉鎮。在三川族際社會中，不僅存在著土族、藏族、漢族和回族等諸多民族的多元文化之分，在土族內部也突顯著不同群體祖籍地文化的多樣性特徵。

　　首先，土族內部不同群體之間存在著對其祖籍地文化的歷史記憶和傳承。在對三川地區土族文化持有整體性認同的同時，部分土族村落的民眾在不同時空儀式場景中突顯著其祖籍地文化的個性特徵。比如，上川地區趙木川一帶的安家、余家、郭家、寨子村以及杏兒溝的陳家山，流傳著不能戴「臉子」（面具）跳納頓的祖訓；官亭鎮街道一帶，祖上遷徙於山西省平陽府漢族的官亭四戶（張、呂、秦、何氏），於農曆正月二十九日舉辦的火花會（即一種祭神祈福的社火展演儀式）；祖籍源自於青海黃南州同仁縣根子上為藏民的官亭鮑家、喇家人，在春節間忌諱耍社火的同時，卻於正月十五日舉行跳「來寶」之驅邪納吉儀式；源自於蘭州漢族人的梧釋村克什曼社和光輝村的鄧姓人，於每年農曆十月十日舉行家神廟會。中川地區桑塔汪家所形成的「一姓兩族」的家族史；[16]中川地區遷自於黃河對岸回族的金田村馬家，形成了清明祭祖時必須獻羊的祖規。下川民主溝地區轄子莊的跳「來寶」儀式等。可見，由於土族生活的地域處於漢族與藏族的連接地帶，土族文化受到漢藏文化乃至伊斯蘭文化的影

---

[13] 土族主要分佈在青海省互助、大通、民和以及樂都、同仁、門源等縣以及甘肅省天祝藏族自治縣、永登縣、卓尼縣等地。參見《土族簡史》編寫組編，《土族簡史（修訂本）》（北京：民族出版社，2009），頁 1-2。

[14] 馬光星、趙清陽、徐秀福，《人神狂歡——黃河上遊民間儺》，頁 1。

[15] 此處杏兒藏族鄉的人口統計資料，由該鄉計劃生育辦公室提供，2007 年 7 月 6 日。

[16] 祁進玉，〈不同情景中的群體認同意識——基於三個土族社區的人類學對比研究〉（北京：中央民族大學民族學與社會學學院博士學位論文，2006 年 6 月），頁 125-126；祁進玉，《群體身份與多元認同：基於三個土族社區的人類學對比研究》（北京：社會科學文獻出版社，2008），頁 146-148。

響，「其文化是一種典型的連接地帶文化」，是一種「文化重構」的結果。[17]

其次，地處上川地區杏兒溝的杏兒藏族鄉有七個村落，或藏族聚居，或藏、土、漢族雜居，具有藏傳佛教信仰與漢傳民間信仰並存的複合文化特徵。杏兒溝人除了修建有杏兒大寺外，還修建了六處以二郎神為主神、兼祀九天聖母娘娘、厝曼神（亂石頭廟則為顯聖通雨大王）的村廟，均以二郎廟命名。杏兒溝六處二郎廟在三川二郎宗廟中都有「份子」，每年農曆四五月和農曆八月間，都要迎請二郎宗神，舉行隆重的二郎神轉青苗和八月會祭典儀式，表達杏兒溝人對神靈春祈秋報的信仰文化意涵。因此，杏兒溝藏族、漢族村落與三川地區土族村落共同構成了二郎神的祭祀圈。此外，在官亭鎮街道以及中川鄉的一些村落散居著部分回族人，共建有十餘處清真寺，傳承著伊斯蘭文化，這構成了三川地區多元民族文化的另一組成部分。

綜上可知，作為黃土高原與青藏高原之間的過渡地帶以及中原農耕文明與西部高原遊牧文化的結合部，三川地區在特定的歷史地理環境中形成了今天以土族為主體、藏、回、漢族雜居共處的族際社會分佈格局，並衍生出藏傳文化、漢傳文化和伊斯蘭文化之多元共生的文化現象，體現出漢、藏、伊斯蘭多元文化既相互區隔又難免互融共生的地域文化特徵。從某種意義上來說，正是這一多元地域文化背景，孕育了三川地區春季二郎神轉青苗與秋季土族納頓會、藏族／漢族八月會之族際儀式的創造、發展與世代傳承。

三、二郎神的地域崇拜及其文化認同

地處青藏高原東北邊緣河湟流域的青海省民和回族土族自治縣三川地區，作為一處漢藏文化連接地帶的區域社會，生活於此的土族、藏族及少部分漢族民眾，在深受漢傳民間信仰影響下，形成了家神、村落保護神、地域保護神之不同層級的神靈信仰體系。一方面，幾乎所有的村落都建立起自己的村廟，供奉著本村落的保護神（俗稱「廟神」或「廟主老爺」），實踐著村落信仰空間意義上的神靈崇拜。另一方面，民國時期（1937 年夏），在朱海山喇嘛的組織下，[18]三川地區三十三個土、藏、漢族村

---

[17] 高丙中，〈文化影響與建構——土族的例子〉，收入潘乃穀、馬戎主編，《社區研究與社區發展》（天津：天津人民出版社，1996），頁 973-1015。

[18] 朱海山（1894-1980），喇嘛，民和縣官亭鎮結龍莊人。民國時期曾任九世班禪住南京辦事處代表，曾對三川地區地方社會的發展，尤其是近代教育事業的發展做出了重要貢獻。有關朱海山的詳細介紹，參見辛存文，〈朱海山〉，《中國土族》，夏季號增刊（西寧，2006），轉載於民和回族土族自治縣政協文史資料委員會編，《三川滄桑——民和土族變遷史料集》，（西寧，2012，內部資料），頁 301-313。徐秀福，〈朱海山與三川文化〉，收於文化部藝術服務中心編，《中國民間文化藝術之鄉建設與發展初探》（北京：中國民族攝影

落聯合起來，在今中川鄉光明村吳張家社地界修建了二郎宗廟，供奉起二郎宗神塑像，[19]形成了神聖信仰空間意義上的二郎神地域崇拜。這三十三個在二郎宗廟修建時曾出資而擁有「份子」的村落，便構成了三川地區二郎神崇拜嚴格意義上的祭祀圈。同時，二郎神祭典儀式則體現出一般意義上祭祀圈內部所具有的義務性、強制性乃至全民性特徵。[20]

（一）口頭傳統中的二郎神信仰

在三川地區土、藏、漢等不同民族的民眾中間，不僅流傳著較為豐富的有關二郎神信仰的來歷傳說及其他民間口頭敘事傳統，而且，還口傳著二郎神的塑像在不同時期的沉浮變遷。以下結合有關田野訪談資料，筆者將對二郎神信仰在三川地區傳播、擴布的歷史輪廓進行大致地勾勒。

關於二郎神的來歷，在三川地區不同村落中流傳著多個版本的民間傳說：

> 一說，過去，甘肅河州一帶的腳戶哥下四川做生意時，為了逢凶化吉，他們崇信二郎神，從四川灌縣偷來二郎神的牌位，而後修廟供奉。民國十八年（1929年），西北地區發生了戰亂，河州二郎廟遭遇火燒。朱家八戶民眾將二郎神牌位從河州遷來，用柏木塑像，供在村廟。其二說，清朝同治年間河州回民起事，漢民逃難時把二郎神抬到黃河北岸的趙木川，寄存在郭家廟。後來逃難的人沒有回來，二郎神就未能回本廟而長期留在三川了。至今二郎神的本廟在甘肅省積石山縣四堡子鄉朱家村。也有人說二郎神是從河州偷來的。還有一說，二郎神是很早以前朝廷派到此地的一位名將，因治理地方頗有建樹，死後人們為其塑像，供奉敬仰。[21]

藝術出版社，2010），頁 570-571。此外，為紀念和弘揚朱海山對於家鄉發展曾做出的的卓越貢獻，徐秀福（2003）還創作了新編紀實眉戶劇《朱海山回鄉》。參見徐秀福，〈朱海山回鄉〉，《中國土族》，期 1（西寧，2003），30-33。

[19] 據朱家廟廟倌朱明德介紹，原二郎宗廟於「文革」期間被拆毀，二郎神塑像也被燒掉。現存二郎宗廟建成於 2005 年，由青海塔爾寺朱長青喇嘛籌資重建。擁有份子的村落中，除了納頓會／八月會期間迎請二郎神的二十九個村落外，還有中川鄉胡李家、虎狼城、巷道祁家、韃子莊。受訪者：朱明德，土族，時年 69 歲；訪談者：劉目斌，訪談地點：中川鄉光明村朱家廟中，訪談時間：2007 年 7 月 3 日。

[20] 張宏明在對祭祀圈和信仰圈作辨析時，指出了民間宗教祭祀中的義務性和自願性。參見張宏明，〈民間宗教祭祀中的義務性和自願性——祭祀圈和信仰圈辨析〉，《民俗研究》，期 1（濟南，2002），頁 54-62。

[21] 文忠祥，〈土族民間信仰研究〉（蘭州：蘭州大學西北少數民族研究中心博士論文，2006 年 6 月），頁 72。

關於三川地區二郎神的來歷，2007 年農曆七月二十日，在中川鄉清一行政村辛家「納頓」會場上，辛文俊老人為我們談了另外一種解釋，他的解釋似乎更符合邏輯和常理：

> 相傳，清朝同治年間，河州回民叛亂，燒毀了原先甘肅河州境內朱家廟（原廟址在今甘肅省積石山縣四堡子鄉朱家村），將二郎爺的神像拋在了黃河裏。二郎神像被趙木川人見到之後，因水流太激，無法打撈。於是，趙木川人就乘坐羊皮筏子順河一直跟隨而來。當二郎神像流至朱家地界的黃河邊時，朱家人卻搶先把神像撈了上來。趙木川人說是他們最先看到的神像塑身，朱家人卻說是他們將神像撈上來的。這樣，雙方經過一番爭論，最後約定，二郎神像供奉在朱家廟中，但趙木川人擁有了每年農曆五月份給二郎神像「裝臟」的權利。因此也就留下了「趙木七戶為二郎爺的娘家，朱家八戶為二郎爺的婆家」的說法。[22]

辛文俊老人所給出的上述解釋，似乎更符合地方民眾的思維習慣和民間口頭傳統的邏輯。這是因為，辛文俊的表述充分解釋了在三川地區流傳甚廣的「趙木七戶為二郎爺的娘家，朱家八戶為二郎爺的婆家」的說法，而且，也解釋了緣何二郎神不到大馬家溝和民主溝的地界過會的事實，那是因為這些村廟在民國時期二郎宗廟最初修建之時，沒有捐款，也就沒有在宗廟中的「份子」。這一歷史事實作為一種傳統，一直影響到今天二郎神巡境的村落空間安排。

（二）二郎神祭祀圈及其文化認同

三川地區的土、藏、漢各族民眾，習慣上稱二郎神為「三川宗神」、「二郎宗神」、「二郎大神」（亦或稱「二郎爺」或「河州荻荻」），以凸顯其神位之高。在三川地區各村落供奉的廟神中，三川人認為二郎神的神力最為廣大，並將其視為三川全境的區域保護神。從對二郎神的這一稱呼中，也可看出三川神靈體系的階序或等級關係。另外，三川人還有將二郎神稱為「西北五省宗神」的說法。

無論是日常生活中人們遇到了病痛災殃，還是出門謀生之時前往二郎神廟的祈福求財，鄉民們虔誠地許下心願，等到來年「納頓」會期間，便紛紛來到「納頓」會

場，以敬獻公雞、羖羊、錢糧寶蓋、抓油燈等形式，還願答報神恩。

1、二郎宗廟及其「份子」

　　坐落在中川鄉光明村吳張家地界的二郎宗廟，是三川地區土族、藏族和漢族民眾供奉地域保護神二郎神的神聖空間。二郎宗廟最初建於民國時期約 1934 年前後，由三川名士朱海山喇嘛倡議並組織修建。後於「文化大革命」期間被拆毀，二郎神塑像也被燒掉。現存的二郎宗廟建成於 2005 年，由現居於青海省湟源縣塔爾寺的朱長青喇嘛號召並籌資重建。

　　在民國時期二郎宗廟建立之初，整個三川地區共有三十三個村廟籌資捐款，[23]由此便在二郎宗廟中保留了固有的「份子」或者說「有份」。[24]目前，由這三十三個在二郎宗廟中擁有「份子」的村廟的代表，共同組成了三川二郎宗廟管理委員會，每年二郎宗廟中有什麼需要集體表決的具體事宜，均由這些村廟的代表們一起商議解決。另外，在二郎宗廟中擁有「份子」的村廟所在村落，是以各村廟管轄的儀式信仰空間為單位的自然聚落，而非絕對行政意義上的村莊。具體說來，在二郎神前往過會的二十九個村廟中有以下三種情況：

　　一是以社為單位的自然村單獨一個份子，如趙木川下莊的趙家社、竇家社、餘家社、台坑社、山趙家社、安家社，各社均獨自建有自己的二郎神廟，所以在三川二郎宗廟中各占一個份子，而趙木川上莊的郭家、馬家、張家三社共有一處神廟，這三個姓氏便合在一起擁有一個份子；二是單獨一個行政村佔有一個份子，如官亭鎮鮑家村、喇家村，其行政村管轄區域與村廟所轄屬的民眾範圍合而為一，即行政空間與儀式信仰的文化空間恰好重合；三是由多個行政村聯合在一起的數個村落，在二郎宗廟中共同擁有一個份子。比如，上川地區官亭鎮梧釋村和光輝村兩個行政村民眾共有一處梧釋六戶廟，前進村和先鋒村兩個行政村民眾所共建的結隆廟，以及在下川地區中川鄉美二行政村和峽口行政村村民所共同擁有的桑不拉廟，其各自的儀式文化空間均遠遠大於某一單獨行政村的行政轄屬空間。在諸如「轉青苗」、「納頓節」等儀式活動中，這些村落以共有一廟、在二郎宗廟中擁有一個份子的儀式空間為社會單位來組

---

[23] 這三十三個村廟中，除了每年秋季二郎神前往過會的二十九個村廟之外，還有巷道祁家、虎狼城、下川民主溝的轄子莊以及中川鄉光明村的胡李家。而前河、大馬家、八大山地界的三川土族村落，則不具有迎請二郎神過會的資格，但仍然為祭祀本村廟跳「納頓」過會。

[24] 「份」或「份子」，是民眾界定其村落與地方廟宇歸屬關係的一個主位概念，在中國不同區域有著一定的普遍性。三川二郎宗廟中的「份子」，具有不可改變性。但也有的地方，「有份」與「無份」卻呈現出一種複雜的動態關係，如陳春聲有關廣東樟林村神廟系統的研究。參見陳春聲，〈信仰空間與社區歷史的演變——以樟林的神廟系統為例〉，《清史研究》，期 2（北京，1999），頁 1-13。

織進行的，而非就其行政意義上的村落歸屬。

2、二郎神的祭祀圈

在三川地區，現今已形成了有關二郎神的祭祀圈和信仰圈。尤其是在官亭和杏兒溝一帶村（社）廟裏所形成的祭祀圈內，每年四五月間，二郎神被抬至各村廟中，圍繞各村地界「轉青苗」，也稱「浪群廟」。「浪群廟」，就是指每年四五月間，莊稼正在茁壯成長之時，三川宗神二郎神到各個村廟中轉一轉，巡遊各村地界，守護青苗，享受村民們的獻牲祭祀，保佑一方風調雨順、農事增產豐收。屆時，村民們在自家許願祈神的同時，各村的排頭們代表村落眾人的集體利益和良好夙願，必須向二郎神和本村其他廟神敬獻一隻羯羊（綿羊）或一隻公雞。在此，體現著獻牲酬神的義務性。

在各個村廟舉辦「納頓」節之際，三川地區各村社的每一個家戶，均須以當年生產的新麥做成大「蒸餅」來酬神，同樣體現出祭祀神靈的義務性、強制性乃至全民性的特徵，因此，圍繞這三十多個村廟，構成了較為嚴格意義上的二郎神祭祀圈。當然，三川地區二郎神的這一祭祀圈，是三川村社所處的河湟流域二郎神區域信仰圈的組成部分。三川地區各村社的「納頓」過會，具有各村落所有家戶集體參與的全民性、很大程度上的強制性和義務性的文化特質。[25]

---

[25] 「祭祀圈」作為一個地域組織概念，最早由日本學者岡田謙（1938）提出，在上個世紀七八十年代受到台灣學者施振民（1975）、許嘉明（1975、1978）、林美容（1986、1988、1989、1999）的呼應和發展，張珣（2002、2003）則對祭祀圈研究的局限及其不足做出了反思，大陸學者張宏明（2002）也對於祭祀圈、信仰圈概念做出了辨析。鄭振滿（1995）有關福建莆田江口平原的研究則表明，「以『祭祀圈』為標誌的地域組織，並不是台灣漢族移民社會的特殊歷史產物，而是中國傳統社會中的普遍歷史現象」（頁 111）。可以說，青海三川地區二郎神祭祀圈的形成，亦能說明這一問題。參見[日]岡田謙，〈台灣北部村落的祭祀圈〉，《民族學研究》，4：1（東京，1938），頁 1-22；施振民，〈祭祀圈與社會組織——彰化平原聚落發展模式的探討〉，《中央研究院民族學研究所集刊》，期 36（台北，1975），頁 191-208；許嘉明，〈彰化平原的福佬客的地域組織〉，《中央研究院民族研究所集刊》，期 36（台北：1975），頁 165-190；許嘉明，〈祭祀圈之於居臺漢人社會的獨特性〉，《中華文化復興月刊》，11：6（台北，1978），頁 59-68；林美容，〈由祭祀圈來看草屯鎮的地方組織〉，《中央研究院民族研究所集刊》，期 62（台北，1986），頁 53-114；林美容，〈由祭祀圈到信仰圈——台灣民間社會的地域構成與發展〉，收於張炎憲主編，《中國海洋發展史論文集》（台北：中央研究院三民主義研究所，1988），頁 95-125；林美容，〈彰化媽祖的信仰圈〉，《中央研究院民族學研究所集刊》，期 68（台北，1989），頁 41-104；林美容，〈台灣區域性祭典組織的社會空間與文化意蘊〉，收於徐正光等主編《人類學在台灣的發展——經驗研究篇》（台北：中央研究院民族學研究所，1999），頁 69-88；張珣，〈祭祀圈研究的反省與後祭祀圈時代的來臨〉，《國立台灣大學考古人類學刊》，期 58（台北，2002），頁 78-111；張珣，〈打破「圈圈」——從「祭祀圈」到「後祭祀圈」〉，收於張珣、江燦騰主編，《研究典範的追尋：台灣本土宗教研究的新視野和新思維》（台北：南天書局，2003），頁 96-101；張宏明，〈民間宗教祭祀中的義務性和自願性——祭祀圈和信仰圈辨析〉，《民俗研究》，期 1（濟南，2002），頁

四、分合有序的族際儀式及其文化表達

　　圍繞二郎神的地域崇拜和文化認同，三川地區土、藏、漢族民眾共同參與的神靈祭典儀式，可分為春季的二郎神「浪群廟」與秋季的「納頓」會／八月會。前者體現出「合」的儀式表徵，後者則有土族人跳「納頓」與藏族、漢族人注重獻祭之不同文化表達方式上的分野。兩次分合有序的族際儀式，作為一項跨越族群邊界而為多民族共用的信仰文化傳統，在精神層面上體現出「一體多元」與包容共生的文化特質，展示出三川族際社會中「和而不同」的社會交往模式與族群關係的文化表達圖式。

（一）「轉青苗」：二郎神巡境的儀式展演

　　三川二郎宗神第一次出遊巡境，從農曆四月初一至五月初五日，被稱為二郎神「轉青苗」，俗稱「浪群廟」，而趙木川一帶村莊則習慣上稱之為「四月會」或「青苗會」。期間，二郎宗神前往上川地區以其為主祭神的二十個村廟與中川地區巷道祁家村廟中巡遊，意為查看莊稼長勢情況，護佑農事豐收。屆時，村民們許願祈福，獻祭祀神。[26]

　　農曆四、五月間，二郎神「轉青苗」的先後順序如下：三川二郎宗廟→郭家廟（農曆四月八日至十二日）→竇家廟（農曆四月十三日）→山趙家廟（農曆四月十四日）→安家廟（農曆四月十五日）→余家廟（農曆四月十六日）→下趙家廟（農曆四月十七日）→台坑廟（農曆四月十八日）→寨子廟（農曆四月十九日）→徐家山廟（農曆四月二十日）→亂石頭廟（農曆四月二十一日）→協拉廟（農曆四月二十二日、二十三日）→土木其廟（農曆四月二十四日）→大莊廟（農曆四月二十五日）→尕嘛卡廟（農曆四月二十六日）→陳家山廟（農曆四月二十七日）→梧釋廟（農曆四月二十九日）→結隆廟（農曆五月一日）→鮑家廟（農曆五月二日）→喇家廟（農曆五月三日）→官亭四戶廟（農曆五月四日）→巷道祁家廟（農曆五月五日）→二郎宗廟。[27]以上各村廟中，亂石頭廟為漢族和土族人共有，協拉廟為藏族和土族人共有村廟，土木其廟為土族和漢族人共有村廟，大莊廟和尕嘛卡廟為藏族人所有，其餘各村

54-62；鄭振滿，〈神廟祭典與社區發展模式——莆田江口平原的例證〉，《史林》，期 1（上海，1995），頁 33-47、111。

[26] 在中川、下川一帶的各村落轉青苗期間，僅抬本村廟神繞村落地界巡境，二郎神則不再前往這一帶巡境。

[27] 筆者根據 2007 年二郎神「轉青苗」儀式所做跟蹤調查的材料整理而成。當地人稱，二郎神轉青苗的先後順序，也是由民國時期朱海山喇嘛協調安排的。

廟均為土族人所有。[28]

　　二郎神轉青苗期間，絕大多數村落在村廟中，由當值的排頭們宰殺一隻羯綿羊，代表集體眾人敬獻給神靈。但也有少數山區村廟，僅獻祭一隻公雞，以減少開支。獻祭羯羊或公雞作為對二郎神及村落廟神的供品，其目的在於祈求神靈護佑村民一年內風調雨順、人畜興旺。與此同時，有的村廟要在廟門外的大樹上或山坡上插擋牌，有的村廟則請本村法拉主持「埋雷碗」儀式，以抵擋冰雹過雨。屆時，嘛呢其聚集於村廟，[29]集體念誦嘛呢幹本（經文），舉行嘛呢會，祈神禱祝。

　　如果說，每年春季二郎神在上川地區浪群廟巡境儀式中，以土族村落為主體的各村廟與杏兒溝的部分藏族、漢族村廟，在迎請二郎神前往本村地界巡遊之時，共同以向神靈獻祭來實現其族際關係的儀式表達，體現了族際儀式中「合」的一面；那麼，在每年秋季的神靈慶典儀式中，土族村落與藏族、漢族村落則有著不同的儀式表達方式，土族民眾以跳「納頓」儺舞酬神展演為其文化表徵，而藏族、漢族民眾則主要以獻祭還願為其儀式特質，從而體現出三川二郎神祭典儀式中「分」的一面，或說「一體多元」的文化特徵。

---

28 參見劉目斌，〈地域崇拜與流動的認同——青海民和三川「納頓」儀式的考察〉，頁 42-43；劉目斌主編，《中國節日誌‧納頓節》（北京：光明日報出版社，2015），頁 206-207。

29 嘛呢其，指念誦嘛呢經的人（「其」，土族語音譯，即人），大多為六十歲以上的老年婦女，也有少部分老年男子參加。

（二）跳「納頓」：土族納頓會的文化表徵

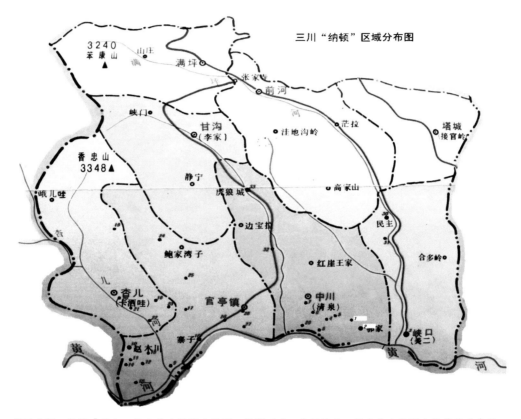

資料來源：根據「民和回族土族自治縣政區圖」繪製而成。參見民和回族土族自治縣志編纂委員會編，
　　　　　《民和縣誌》，西安：陝西人民出版社，1993。

圖示：

1.宋家「納頓」	11.余家「納頓」	21.大莊村八月會	31.團結村「納頓」
2.鄂家「納頓」	12.安家「納頓」	22.尕麼卡八月會	32.巷道祁家「納頓」
3.桑不拉「納頓」	13.山趙家「納頓」	23.陳家山「納頓」	33.虎狼城「納頓」
4.文楊家「納頓」	14.寶家「納頓」	24.梧釋六戶「納頓」	
5.祁家「納頓」	15.郭家「納頓」	25.結隆廟「納頓」	
6.王家「納頓」	16.寨子「納頓」	26.鮑家「納頓」	
7.辛家「納頓」	17.徐家山「納頓」	27.喇家「納頓」	
8.馬家「納頓」	18.亂石頭「納頓」	28.官亭四戶「納頓」	
9.台坑「納頓」	19.協拉八月會	29.朱家「納頓」	
10.下趙家「納頓」	20.土木其八月會	30.韃子莊「納頓」	

　　每年秋季莊稼豐收之時，三川土族民眾隆重舉行大型的酬神、娛神儀式慶典活動——納頓會。一則慶祝農事豐收，二則報答神恩。其儀式過程分為前期準備、納頓小會和納頓正會。上川、中川、下川地區的納頓會表現出一定地域差異性特徵。

1、土族納頓會的儀式過程

　　（1）前期準備。土族納頓會的前期準備工作，一般在各村納頓之前的一週或數日開始。屆時，各村排頭收取「罰香」[30]，搭帳房，請神出廟，準備臉子（面具）、服裝、錦旗、鑼鼓器樂等表演道具，迎請二郎神。

　　（2）舉行納頓小會。一般來說，納頓小會的活動內容包括，製作蒸餅、排練摺子、獻祭還願等。屆時，家庭主婦以新麥製作敬神的蒸餅，貯備待客食品。男子們或製作錢糧寶蓋，或進行摺子演練。上川土族村民，進行獻牲還願。

　　（3）舉行納頓正會。納頓正會是各村納頓最為隆重的時刻。一般而言，其儀式過程包括：合會手、摺子表演、跳法拉、送神等內容。期間，在神聖儀式展演的同時，土族人進行走親訪友的世俗社會生活。

　　首先，會手舞展演。會手舞是納頓會場上主隊與客隊合會手時，所進行的一種長達近兩小時的大型儀式展演，其目的在於酬神、娛神，答謝神恩。期間，間隔舉行「搭頭」、「報喜」和「唱喜訊」等儀式。

　　其次，儺舞酬神展演。納頓儺舞，俗稱「摺子」。[31]按上演先後次序為「莊稼其」、「五將」、「三將」、「關王」、「五官」和「殺虎將」等。儺戲學界將其界定為儺文化的一種形式——儺舞。[32]具體如下：「莊稼其」，即種莊稼的人。其內容是父親教給兒子種莊稼的場景，反映出土族歷史上由遊牧轉向農耕之後對於農事活動的重視。「五將」、「三將」，取材於三國故事，但經過了土族民眾重新加工創作。或為關羽、劉備、張飛、曹操共戰呂布，或為劉、關、張三戰呂布，均凸顯出對於關

---

[30] 罰香，指向違背田間管理規定或祭峨博時缺席的家戶收取香火錢。

[31] 在具體的儺舞展演實踐中，作為儀式的組織者，水排頭尤其是大排頭，在有關「摺子」中扮演著重要的角色，比如，「五將」、「三將」中的關公，必須由各村落每年輪值的大排頭扮演。因此，相關儺舞角色的扮演也就具有了某種象徵性權威的力量。借助於神靈崇拜所賦予的象徵權威力量，水排頭完成了年度週期內的村落公共事務的管理工作和儀式實踐活動，維繫著村落內部、村際乃至族際之間的社會秩序。對此，筆者另有專文曾進行深入探討。參見劉目斌，〈社會組織、儀式實踐與象徵權威——青海三川地區水排組織的民族志研究〉，《民俗研究》，期3（濟南，2019），頁147-156。

[32] 參見曲六乙、錢茀，《東方儺文化概論》（太原：山西教育出版社，2006），頁91；王兆幹、呂光群，《中國儺文化》（汕頭：汕頭大學出版社，2007），頁324-331。

公的聖賢崇拜。「關王」，表演的是關公單刀赴會，表現其英勇無畏的忠烈精神。「五官」，內容為五個官員上朝朝拜情形，包括朝拜、對拜、拜五方、舞太極等動作，現僅存於團結村和轄子莊納頓會上。「殺虎將」，被稱為納頓的壓軸戲。代表天神的殺虎將手持利劍，降服老虎，為民除害，表達了民眾安居樂業的夙願。總之，納頓儺舞表演在酬神、娛神的同時，再現了土族社會的歷史變遷與民眾的審美觀念。

再次，法拉跳神，俗稱跳「法拉」。法拉作為神靈的弟子（或稱「底子」，即神靈替身），是人神溝通的媒介。他手持月牙砍刀、鋼鞭等法器，臉頰插上鋼釬，模仿神靈的動作行為，一路飛奔來到幡杆下，為神靈收取錢糧寶蓋，擲羊角卦，占卜神靈旨意。比如，詢問神靈對所跳「納頓」滿意與否，來年農事收成如何等。而後，送神，即將二郎神轎轉給下一村莊。至此，納頓會結束。

2.土族納頓會的地域差異性

三川地區土族納頓會具有上述基本儀式流程和節俗內容，同時，上川、中川、下川的不同村落之間，尤其是川地村落與山地村落之間，因為自然地理環境和村落文化傳統的不同，其祭典活動又存在著一定的地域差異性，主要表現在以下幾方面：

首先，節會名稱上的差異。土族納頓節的名稱，源自於上個世紀 80 年代復興之時地方精英的文化建構，而三川民眾多以舉辦月份對其加以命名，即七月會／八月會／九月會。[33]另有兩種更富有地方性特徵的稱謂：一是以其村廟主神來命名。如中川一帶的鄂家、宋家、祁家、文楊家、上下馬家等供奉各類龍王的村落，則稱之為「龍堂寶會」。而在上川地區的趙木川一帶供奉二郎神為村廟主神的村落，則稱之為「二郎報恩喜會」。二是在中川、上川一帶的單姓村或主姓村，習慣上以家族姓氏命名。如中川一帶的宋家納頓、鄂家納頓、大戶祁家納頓等，上川地區的鮑家納頓、喇家納頓、寶家納頓等。

其次，廟主神靈體系上的不同。在下川民主溝和上川杏兒溝、梧釋溝一帶的山地村落，多供奉九天聖母娘娘為村廟主祭神（俗稱廟主）。在中川、上川官亭一帶的川地村落，多以諸類龍王為村廟主神。如宋家和鄂家的摩竭龍王、祁家、文楊家和馬家的鎖劫大帝、辛家和王家的黑池龍王；官亭四戶、鮑家和喇家的四郎爺、趙木七戶的顯神通雨大王等。在上川地區以二郎神娘家人自居的趙木川趙木七戶和杏兒溝一帶的村落，供奉二郎神為村廟主神，且村廟大多以二郎廟命名。

---

[33] 參見劉目斌主編，《中國節日誌・納頓節》，頁 30-37；劉目斌，〈節日抑或廟會：土族「納頓」屬性辨析——基於民俗學主義研究視角的認知〉，《西北民族研究》，期 2（蘭州，2018），頁 208-215。

　　再次，節會活動內容上的差異。在上川地區，一是趙木川一帶的部分土族村落，以及杏兒溝一帶的藏族、漢族村落，一直流傳著不能戴面具跳納頓的嚴格禁忌。二是趙木川一帶的台坑、下趙家、竇家、山趙家等跳納頓的村落，其會手舞表演有著較大的隨意性，沒有因搶扮角色而發生衝突的情形。在竇家與山趙家納頓的五將、三將儺舞中，劉備始終為大，這與中川一帶尊關公為大明顯不同。在中川地區，除胡李家不舉行跳會活動外，其他凡舉行納頓的村落，均有戴面具跳納頓的儺舞展演，嚴格遵循「三三見九」的表演規制。[34]而且，儺舞的角色分工須非常明確，常因關公角色的爭相裝扮產生矛盾衝突。

　　又次，對於法拉重視程度上的差別。雖然在傳統社會中絕大多數村落廟神都有其弟子法拉，但經過歷代社會變遷，上川、中川、下川的村落對法拉的重視程度呈現出很大差異。其中，上川村落大都仍舊有二郎神的法拉，且對於法拉神力的大小非常重視，通過能否上鋼釺和準確找出眾人的錢糧杆判斷法拉的真偽，有「真、假法拉」之說。另外，在梧釋溝一帶的山區，還存在著法拉發神的單一性特點，即二郎神、四郎神和九天聖母娘娘各有其法拉。但在中川地區大多數村落已經中斷了法拉的傳承。其跳會結束時，由客隊村落的廟倌為神靈收取錢糧寶蓋並傳達神靈旨意。

　　最後，向神靈祈福和還願方式上的不同。在以二郎神為村廟主神的整個上川地區，各村民眾普遍向二郎神獻祭公雞或羯羊還願。且迎神和送神時，讓神轎從頭頂上穿過以祈福。但在中川地區，這種現象則非常少見。此外，儀式結束時向神靈祈福的方式不同。在上川趙木川一帶，法拉為神靈收取錢糧之時，眾人紛紛爭搶幡杆頂部象徵著生命的鮮柳枝以祈福。在下川民主溝團結村，村民們極力爭搶神幡頂頭的席芨草，以祈子求福。而在官亭街道和中川一帶，則為青少年掙著為神靈收取錢糧寶蓋，為神當差以祈福。

（三）獻祭：藏族八月會的儀式表徵[35]

　　法國社會學家馬塞爾‧莫斯、昂利‧于貝爾指出：「獻祭是一種宗教行動，當有德之人完成了聖化犧牲的行動或與他相關的某些目標的聖化行動時，他的狀況會因此

---

[34] 在「納頓」儀式展演中，會手舞及各個「摺子」（儺舞），一般均包括三種不同的動作，每種動作繞「納頓」會場表演三次，共九次，是為「三三見九」之傳統規制。當地人稱，「九」為陽數最大，以「九」為尊，表達對神靈的虔誠膜拜之意。（受訪者：鄂氏老者，土族，鄂家莊人，時年約 70 餘歲；訪談人：劉目斌；訪談地點：青海省民和縣中川鄉美一村宋家「納頓」會場上，訪談時間：2007 年 8 月 24 日）。

[35] 鑒於二郎神祭祀圈內的漢族八月會，主要有杏兒藏族鄉的亂石頭廟一處，其節俗活動除合會手外，也是主要體現在神靈獻祭儀式上，故此不贅述。

得到改變」。[36]同理，位於三川地區上川之杏兒溝一帶的藏族民眾，主要是通過對神靈的獻祭，實現其人神溝通，達到其酬神之目的。

每年秋季，從農曆八月十八日至農曆八月三十日，三川二郎宗神被請到杏兒溝藏族地區的六處村廟中過會，當地人稱之為「八月會」。其儀式過程，均包括小會與正會兩天。由於杏兒溝多數村廟沒有跳納頓的儀式傳統，其神靈祭典儀式過程較為簡潔。一般在小會前一兩天，由當年輪值的社長邀村中老者一起製作代表村落眾人的錢糧杆，並於小會當天敬立。小會當天或前一天迎神歸來之時，杏兒溝藏族民眾上廟，向神靈敬獻蒸餅，一般敬獻三個蒸餅，意為分別敬獻給二郎神、九天聖母娘娘、厝曼神三位廟神。屆時，有諸多許願的公雞或錦旗敬獻祭給神靈。正會當天中午，村民們再次聚集在村廟中，等待著送神祈福。相對於川地土族人跳「納頓」酬神的儀式表達，藏族人的八月會呈現出以下儀式特徵：

第一，就許願獻祭的供品而言，大莊廟和土木其廟一樣，只立一杆眾人的「觀錢糧」（或稱「官錢糧」，即代表村落集體眾人的幡杆），沒有諸如中川一帶的個別家庭因祖上許願而傳留下來的「錢糧杆」。八月會期間，大莊村藏族民眾前來村廟煨桑，進獻錦旗、寶蓋、以及公雞、羯羊等供品。諸如大莊村八月會上，村民們敬獻錦旗和獻祭公雞之多，是在川地土族納頓會上所不多見的。

第二，就其儀式內容而言，杏兒溝各村八月會，均沒有如川地土族人戴上臉子酬神、娛神的儺舞摺子表演，且除亂石頭廟、陳家山廟表演會手舞外，其他各廟均不跳納頓。屆時，村民們獻祭犧牲、錦旗和寶蓋，達到人神交流。其中，公雞作為一種神聖物品，獻祭神靈還願，並祈求福佑。在民眾信仰觀念中，「通過鮮血的獻祭，靈魂就可能得到傳遞」，從而在異於尋常的神聖時空內達到人神之間、「神聖與世俗」之間的溝通交流。[37]此外，杏兒溝山區村落沒有川地土族民眾走親訪友式的社會交往，其儀式活動主要在村落內部舉行。

第三，就其獻祭形式及其意義而言，杏兒溝藏族八月會中，除了由當事們樹立觀錢糧之代表著眾人願望的集體獻祭，更重要的是各個家戶的戶主之「有德之人」的個體獻祭，即通過供奉「卷刀」（即土族人所稱謂的蒸餅）、獻祭還願的公雞、錦旗等形式，來實現人神互惠意義上的禮物交換。同時，在獻祭公雞之犧牲時，有著一套極其嚴格的聖化程式，直至神靈喜悅接納為止。在過去，還要待煮熟之後前來廟中向神

---

36 [法]馬塞爾・莫斯、昂利・于貝爾，楊渝東、梁永佳、趙丙祥譯，《巫術的一般理論獻祭的性質與功能》（南寧：廣西師範大學出版社，2007），頁182。

37 [羅馬尼亞]米爾恰・伊利亞德，王建光譯，《神聖與世俗》（北京：華夏出版社，2002），頁25。

靈敬獻全雞，並施捨給在場的眾人分享。在人們觀念中，每年唯有虔誠地向神靈祈禱、許願還願，方可得以神靈庇佑。這一點正如馬塞爾・莫斯所強調的，在人們的觀念與信仰體系中，生命和世界都是神靈創造的，包括人本身在內的一起東西都是屬於神靈的，人神之間構成了「一種契約關係」。[38]另有學者認為，人神之間的這種契約關係是以「道義互惠關係」為基礎的。[39]

綜上可知，雖然同屬於三川地區二郎神祭祀圈之內，但是藏族八月會與土族納頓會之間有著明顯的文化差異。與土族人重視跳「納頓」酬神娛神不同的是，杏兒溝藏族／漢族人主要通過向神靈虔誠獻祭以實現人神交流，且其獻祭儀式的隆重性，遠遠超過了川地土族村落納頓會上獻祭還願的規模。杏兒溝藏族／漢族八月會，這一特定地域文化背景下催生的精神信仰儀式，與土族納頓會一起，共同構成了三川二郎神地域崇拜的文化多樣性之表達，體現出同一區域內的不同民族有關神靈崇拜認同上的「一體多元」的文化表徵。

五、儀式「外圈」與「內圈」：族際關係的文化圖式

在敘述三川族際社會多元文化背景的基礎上，筆者著重對二郎神祭祀圈內春季的浪群廟與秋季的土族跳納頓酬神、藏族八月會獻祭之不同文化表達方式進行了民族志「深描」。藉此，揭示出不同民族在保持各自文化傳統的基礎上而合作達成一體的族際儀式的文化特質，反映出在中國西北民眾的社會生活中實際發生的文化上的「一體多元」與包容共生的歷史與現實，展示出三川地域社會中族際關係的文化表達圖式。這一文化圖式具體體現在二郎神祭典的儀式「外圈」與「內圈」之中。

一方面，就儀式認同的「外圈」而言，在三川地區多元文化並存的族際社會中，文化的生命力恰恰就在於多層次的文化認同，即不同文化傳統的族群之間，在面對同一民俗文化事項之時，所達成的文化上帶有一定差異的一致性認同，即在同一種文化秩序之下形成了「和而不同」的文化要素。可以說，費孝通所提出的「中華民族的多元一體格局」，[40]在三川族際社會中得到了一種具象化的理解和闡釋。雖然三川地區

---

[38] [法]馬塞爾・莫斯，汲喆譯，《禮物：古代社會中的交換形式與理由》（上海：上海人民出版社，2002），頁23-27。

[39] 褚建芳，《人神之間：雲南芒市一個傣族村寨的儀式生活、經濟倫理與等級秩序》（北京：社會科學文獻出版社，2005），頁406-407。

[40] 費孝通，〈中華民族的多元一體格局〉，收於費孝通主編，《中華民族多元一體格局（修訂本）》（北京：中央民族大學出版社，2003），頁3-38。

存在土、藏、漢等多元民族文化傳統，但在面對二郎神地域崇拜的具體儀式實踐中，形成了族際共用的精神信仰文化認同上的「一體性」，筆者將其命名為二郎神祭典儀式認同的「外圈」，即在土、藏、漢之不同民族之間所達成的地域性認同。這為我們理解族際社會中不同文化處於怎樣的一種「區隔」和互動交融的狀態，提供了一個活態案例，將有助於我們從民俗生活實踐層面上認識族際社會文化的多元一體性。這一點，也正能夠體現出人類學者所指稱的「一體多元的族群關係」，[41]即三川地區土、藏、漢族民眾在對二郎神地域崇拜具有「一體性」認同的同時，展現出了「多元」的文化表達圖式。

　　另一方面，就二郎宗神的地域崇拜而言，在三川土族內部也存在著文化認同上帶有差異的一致性，筆者將其命名為二郎神祭典儀式認同的「內圈」，即在土族內部不同村落群體之間所達成的文化認同。這是因為，正如在三川多元文化背景中所展示的那樣，在三川土族內部，基於不同祖籍地文化傳統的影響，不同村落群體之間存在著一定的文化差異性。在不同土族群體內部傳承下來的祖籍地文化，各自作為一種文化標識物，彰顯著三川土族內部各聚落群體的文化個性和群體認同，發揮著增強群體凝聚力和向心力的作用。然而，在面對二郎神地域崇拜的祭典儀式時，正如土、藏、漢不同民族之間所達成的族際儀式上的認同一樣，在三川土族內部更是取得了一致性的認同，絕大多數土村落都會積極投入到跳納頓酬神娛神的儀式中來。

　　綜上，從以上有關三川二郎宗神地域崇拜的族際儀式認同的「外圈」和「內圈」的分析中可知，在三川地域民眾所舉行一年兩度的二郎神祭典儀式中，通過對三川二郎宗神的地域崇拜和神靈祭典，所達到的更高層級上的文化認同，將儀式「外圈」中土、藏、漢民族之間的認同和儀式「內圈」中土族內部不同群體之間的認同加以涵蓋。從而，這不同層次的認同之間也就構成了地域社會文化認同意義上的等級結構。同時，這種地域崇拜認同的不同層級關係，作為一種「和而不同」的文化實踐模式，促進了族際間的文化交流與社會合作。

　　從某種意義上說，地處河湟流域之多元文化交匯、以土族文化為主體的三川地域文化，恰如「文化多元性」異常凸顯的雲南大理喜洲地區文化一樣，實現了「一種不同人群的相處之道」，[42]體現出費孝通所概括的基於文化自覺基礎之上的「和而不同」的文化並存策略，即「『和而不同』是世界上成功的文明體系的主要特徵」。[43]

[41] 趙旭東，〈一體多元的族群關係論要——基於費孝通「中華民族多元一體格局」構想的再思考〉，期 4《社會科學》（上海，2012），頁 51-62。

[42] 梁永佳，《地域的等級——一個大理村鎮的儀式與文化》（北京：社會科學文獻出版社，2005），頁 232-236。

[43] 費孝通，〈文化自覺、和而不同——在「二十一世紀人類的生存與發展國際人類學學術研討會」上的演講〉，

鑑於此，筆者以為，三川地區土族、藏族和漢族人建立在二郎神地域崇拜之上所形成的儀式認同的「內圈」和「外圈」，不啻為一種「成功的文明體系」，因為它造就了一種具有很大包容性的「和而不同」的儀式文化傳統，並且充分體現出多民族民眾在社會交往過程中所建立起來的一種「文化自覺」。正是這種建立在文化自覺基礎之上具有較強包容性的多元文化特徵，維繫了三川族際社會秩序的良性運行，促進了族際間的文化交流與社會合作，達成了地域社會的協調發展與延續。

六、餘論

在對於青海省民和回族土族自治縣三川地區二郎神祭典儀式進行描述和分析的基礎上，就其中所體現出的地域社會中族際關係的儀式表達之文化特質總結如下：

一方面，雖然人類學有關族群理論研究中，主觀論者認為，「儘管他們（族群）可能有相應的地理邊界，但我們必須關注的邊界當然是社會邊界」。[44]「在生態性的資源競爭中，一個人群強調特定的文化特徵，來限定我群的『邊界』以排除他人」。[45]並且，從一般意義上說，某一民族或族群從歷史上獨自傳承下來的信仰儀式，「就是一條族群邊界，它不僅僅像一張入場券，只有獲得『門票』的人才能夠入場；而且，它也在進行著『群』（我群／他群）的劃分」。[46]然而，筆者看到，青海省民和縣三川地區土、藏、漢族民眾共同傳承的二郎神祭典儀式，卻不是劃分『我群』與『他群』的族群邊界，而是基於共同神靈信仰所體現出的不同文化表徵的族際共用的精神文化傳統。這一文化傳統的創造、享用和傳承，是黃河上游地區生活在漢藏文化連接地帶的土、藏、漢族民眾在長期歷史發展和社會交往過程中，基於各自文化傳統彼此交流互動與涵化交融的結果。

另一方面，雖然一般說來在現實社會實踐中，「文化差別、文化隔膜乃至文化敵視一直都存在於不同族群甚至不同群體行業之間」，[47]但是在青海省三川地區族際社會中，多元族群文化的並存與區隔，並沒有妨礙土、藏、漢族民眾對於二郎神地域崇拜的一致性認同。在一年一度的春季「轉青苗」與秋季「納頓」會／八月會祭典儀式

《民俗研究》，期 3（濟南，2000），頁 5-14。

[44] [挪威]弗雷德里克‧巴斯，李麗琴譯，〈導言〉，收於弗雷德里克‧巴斯主編，《族群與邊界：文化差異下的社會組織》（北京：商務印書館，2014），頁 7。

[45] 王明珂，《華夏邊緣：歷史記憶與族群認同》（北京：社科文獻出版社，2006），頁 16。

[46] 彭兆榮，《人類學儀式的理論與實踐》（北京：民族出版社，2007），頁 106。

[47] 岳永逸，《靈驗‧磕頭‧傳說：民眾信仰的陰面與陽面》（北京：生活‧讀書‧新知三聯書店，2010），頁 8。

中，三川地區數十個村落輪流迎請二郎神前往本村廟過會，以土族為主體、少部分藏族和漢族民眾踴躍參與其中。他們或以跳「納頓」酬神娛神表演，或以虔誠之心獻祭還願，實現著對二郎神地域崇拜及其文化認同的儀式表達，維繫著地方社會族際關係和諧有序地運行發展。同時，在二郎神秋季祭典儀式中，土族和藏族、漢族民眾所採用的不同的儀式表達之實踐模式，也正昭示著「文化多樣性體現了人類的差異性,而正是這些多樣性的差異共同構成了人類社會的文化生態」的道理。[48]因此，這一研究，對於理解如何處理好多民族聚居區的族際關係有著重要的啟發意義。

　　最後，結合三川地區二郎神祭典儀式的傳承保護現狀，[49]筆者就當前有關民族文化遺產保護工作做出如下申論：在國家高度重視非物質文化遺產保護的時期，在進行各項非物質文化遺產保護時，務必從人類學／民族學的整體觀出發，將文化事項置於特定地域文化語境之中進行全面的整體性保護。如果我們按照五十六個民族的分野，首先確定三川地區二郎神祭典儀式的族屬關係，只關注其中的土族納頓節，然後再對其文化要素進行提純，僅注重保護其中的藝術表演部分，那麼，就不可能對這一多民族共享的族際儀式之整體予以全面關照，其結果勢必會喪失掉其中最為寶貴的文化特質──「一體多元」與包容共生之族際共享的文化精神，這對於客觀認識三川族際社會「多元民族文化和諧」共處的歷史與現實將毫無裨益，進而也就難以真正實現「文化生態學新的認識範式的轉換」。[50]同樣，對於其他族際社會中多民族共享的文化遺產保護而言，其道理亦然。

---

[48] 郝時遠，〈社會主義和諧社會的重要觀念：尊重差異、包容多樣〉，收於周大鳴、何星亮主編，《文化多樣性與當代世界》（北京：民族出版社，2008），頁28。

[49] 2006年5月，土族納頓節被納入第一批國家級非物質文化遺產名錄，但同屬二郎神祭祀圈的藏族八月會卻未能得到應有的關注。

[50] 張海洋，《中國多元文化與中國人的認同》（北京：民族出版社，2006），頁17-19。

徵引書目

中文資料

[日]岡田謙，〈臺灣北部村落的祭祀圈〉，《民族學研究》，4：1（東京，1938），頁 1-22

[法]馬塞爾・莫斯，汲喆譯，《禮物：古代社會中的交換形式與理由》，上海：上海人民出版社，2002。

[法]馬塞爾・莫斯、昂利・於貝爾，楊渝東、梁永佳、趙丙祥譯，《巫術的一般理論 獻祭的性質與功能》，南寧：廣西師範大學出版社，2007.

[挪威]弗雷德里克・巴斯，李麗琴譯，〈導言〉，收入弗雷德里克・巴斯主編，《族群與邊界：文化差異下的社會組織》，北京：商務印書館，2014，頁 10-29。

[羅馬尼亞]米爾恰・伊利亞德，王建光譯，《神聖與世俗》，北京：華夏出版社，2002。

《土族簡史》編寫組編，《土族簡史（修訂本）》，北京：民族出版社，2009。

文忠祥，〈三川土族「納頓」解讀〉，《民族研究》，期 3（北京，2005），頁 59-67、108。

───，《土族民間信仰研究》，蘭州：蘭州大學西北少數民族研究中心博士論文，2006 年 6 月。

───，《土族納頓節》，西寧：青海人民出版社，2009。

王兆幹、呂光群，《中國儺文化》，汕頭：汕頭大學出版社，2007。

王明珂，《華夏邊緣：歷史記憶與族群認同》，北京：社科文獻出版社，2006。

民和回族土族自治縣志編纂委員會編，《民和縣誌》，西安：陝西人民出版社，1993。

田海平，〈「實踐智慧」與智慧的實踐〉，《中國社會科學》，期 3（北京，2018），頁 4-25。

曲六乙、錢茀，《東方儺文化概論》，太原：山西教育出版社，2006。

自民和回族土族自治縣政協文史資料委員會編，《三川滄桑——民和土族變遷史料集》，西寧，內部資料，2012。

李義天，〈作為實踐理性的實踐智慧——基於亞里斯多德主義的梳理與闡述〉，《馬克思主義與現實》，期 2（北京，2017），頁 156-163。

辛存文，〈朱海山〉，《中國土族》，夏季號增刊（西寧，2006）。

邢莉編著，《中國少數民族重大節日調查研究》，北京：民族出版社，2011。

亞里斯多德，廖申白譯，《尼各馬可倫理學》，北京：商務印書館，2003。

周大鳴，〈論族群與族際關係〉，《廣西民族學院學報（哲學社會科學版）》，期 2（南寧，2001），頁 13-25。

周平，〈當代中國族際關係的特點和走向〉，《學術界》，期 11（合肥，2015），頁 5-20。

岳永逸，《靈驗・磕頭・傳說：民眾信仰的陰面與陽面》，北京：生活・讀書・新知三聯書店，2010。

林美容，〈由祭祀圈來看草屯鎮的地方組織〉，《中央研究院民族研究所集刊》，期 62（台北，1986），頁 53-114。

───，〈由祭祀圈到信仰圈——台灣民間社會的地域構成與發展〉，收於張炎憲主編，《中國海洋發展史論文集》，台北：中央研究院三民主義研究所，1988，頁 95-125。

───，〈彰化媽祖的信仰圈〉，《中央研究院民族學研究所集刊》，期 68（台北，1989），頁 41-104。

───，〈臺灣區域性祭典組織的社會空間與文化意蘊〉，收入徐正光等主編《人類學在臺灣的發展——經驗研究篇》，台北：中央研究院民族學研究所，1999，頁 69-88。

祁進玉，〈不同情景中的群體認同意識──基於三個土族社區的人類學對比研究〉，北京：中央民族大學民族學與社會學學院博士論文，2006 年 6 月。

───，《群體身份與多元認同：基於三個土族社區的人類學對比研究》，北京：社會科學文獻出版社，2008。

施振民，〈祭祀圈與社會組織──彰化平原聚落發展模式的探討〉，《中央研究院民族學研究所集刊》，期 36（台北，1975），頁 191-208。

胡芳，〈土族納頓節儀式展演的文化象徵與功能〉，《青海社會科學》，期 1（西寧，2009），頁 80-84。

胡芳、馬光星，《三川土族納頓節》，西寧：青海人民出版社，2010。

胡鴻保、周星、劉援朝、陳丁昆，〈人類學本土化與田野調查──元江調查四人談〉，《廣西民族學院學報》，期 1（南寧，1998），頁 27-32。

徐秀福，〈朱海山回鄉〉，《中國土族》，期 1（西寧，2003），頁 30-33。

───，〈朱海山與三川文化〉，收於文化部藝術服務中心編，《中國民間文化藝術之鄉建設與發展初探》，北京：中國民族攝影藝術出版社，2010，頁 570-571。

秦永章，〈青海民和土族地區「納頓」述略〉，《西北民族研究》，期 2（蘭州，1991），頁 101-105。

郗慧民，《西北花兒學》，蘭州：蘭州大學出版社，1989。

郝時遠，〈社會主義和諧社會的重要觀念：尊重差異、包容多樣〉，收於周大鳴、何星亮主編，《文化多樣性與當代世界》，北京：民族出版社，2008，頁 21-29。

馬光星、趙清陽、徐秀福，《人神狂歡──黃河上遊民間儺》，西寧：青海人民出版社，2003。

馬戎，〈理解民族關係的新思路──少數族群問題的「去政治化」〉，《北京大學學報（哲學社會科學版）》，期 6（北京，2004），頁 122-133。

───，〈關於當前中國城市民族關係的幾點思考〉，《西北民族研究》，期 1（蘭州，2009），頁 6-19。

高丙中，〈文化影響與建構──土族的例子〉，收於潘乃穀、馬戎主編，《社區研究與社區發展》（天津：天津人民出版社，1996），頁 973-1015。

───，〈中國文化的族際共享〉，《民族藝術》，期 4（南寧，1998），頁 54-70。

張宏明，〈民間宗教祭祀中的義務性和自願性──祭祀圈和信仰圈辨析〉，《民俗研究》，期 1（濟南，2002），頁 54-62。

張海洋，《中國多元文化與中國人的認同》，北京：民族出版社，2006。

張珣，〈祭祀圈研究的反省與後祭祀圈時代的來臨〉，《國立台灣大學考古人類學刊》，期 58（台北，2002），頁 78-111。

───，〈打破「圈圈」──從「祭祀圈」到「後祭祀圈」〉，收於張珣、江燦騰主編，《研究典範的追尋：台灣本土宗教研究的新視野和新思維》（台北：南天書局，2003），頁 96-101。

梁永佳，《地域的等級──一個大理村鎮的儀式與文化》，北京：社會科學文獻出版社，2005。

許嘉明，〈彰化平原的福佬客的地域組織〉，《中央研究院民族研究所集刊》，期 36（台北：1975），頁 165-190。

───，〈祭祀圈之於居台漢人社會的獨特性〉，《中華文化復興月刊》，11：期 6（台北，1978），頁 59-68。

陳春聲，〈信仰空間與社區歷史的演變──以樟林的神廟系統為例〉，《清史研究》，期 2（北京，1999），頁 1-13。

彭兆榮，《人類學儀式的理論與實踐》，北京：民族出版社，2007。

費孝通，〈文化自覺、和而不同──在「二十一世紀人類的生存與發展國際人類學學術研討會」上的演講〉，《民俗研究》，期 3（濟南，2000），頁 5-14。

———，〈中華民的多元一體格局〉，收於費孝通主編，《中華民族多元一體格局（修訂本）》，北京：中央民族大學出版社，2003，頁 3-38。

賀喜焱，〈青海民和土族「納頓節」的田野調查〉，《民俗研究》，期 3（濟南，2005），頁 157-168。

楊國榮，〈論實踐智慧〉，《中國社會科學》，期 4（北京，2012），頁 4-22。

褚建芳，《人神之間：雲南芒市一個傣族村寨的儀式生活、經濟倫理與等級秩序》，北京：社會科學文獻出版社，2005。

趙世瑜，〈明朝隆萬之際的族群關係與帝國邊略〉，《清華大學學報（哲學社會科學版）》，期 1（北京，2017），頁 124-133。

趙丙祥、陸益龍問，周星答，〈從族際角度理解多民族的社會與文化——人類學者訪談錄之四〉，《廣西民族學院學報》，期 1（南寧，2000），頁 41-46。

趙旭東，〈一體多元的族群關係論要——基於費孝通「中華民族多元一體格局」構想的再思考〉，《社會科學》，期 4（上海，2012），頁 51-62。

劉目斌，〈地域崇拜與流動的認同——青海民和三川「納頓」儀式的考察〉，北京：北京師範大學文學院博士論文，2006 年 6 月。

———，〈地方認同與族際關係的儀式表達——青海三川地區二郎神祭典儀式的考察〉，《北方民族大學學報（哲學社會科學版）》，期 5（銀川，2016），頁 17-23。

———，〈節日抑或廟會：土族「納頓」屬性辨析——基於民俗學主義研究視角的認知〉，《西北民族研究》，期 2（蘭州，2018），頁 208-215。

———，〈社會組織、儀式實踐與象徵權威——青海三川地區水排組織的民族志研究〉，《民俗研究》，期 3（濟南，2019），頁 147-156。

劉目斌主編，《中國節日誌・納頓節》，北京：光明日報出版社，2015。

劉夏蓓，《安多藏區族際關係與區域文化研究》，北京：民族出版社，2003。

———，〈關於安多藏區族際關係的人類學研究〉，《民族研究》，期 5（北京，2004），頁 46-54。

劉凱，〈青海民和三川地區土族「納頓」新識〉，《青海社會科學》，期 2（西寧，2000），頁 96-100。

鄧正來，〈「生存性智慧」與中國發展研究論綱〉，《中國農業大學學報》，期 4（北京，2010），頁 5-19。

———，〈中國模式的精髓——生存性智慧〉，《社會觀察》，期 12（上海，2010），頁 81-82。

鄭振滿，〈神廟祭典與社區發展模式——莆田江口平原的例證〉，《史林》，期 1（上海，1995），頁 33-47、111。

羅康隆，《族際關係論》，貴陽：貴州民族出版社，1998。

英文資料

Feuchtwang, Stephan. *The Imperial Metaphor: Chinese Popular Religion.* London: Routledge & Kegan Pau, 1992.

Sangren, Paul Steven. *Chinese Sociologics: An Anthropological Account of the Role of Alienation in Social Reproduction.* London: The Athlone Press, 2000.

Wang, Mingming. "Place, Administration, and Territorial Cults in Late Imperial China: A Case Study from South Fujian." *Late Imperial China*, 16:1 (1995), pp. 33-76.

邊政學視野下的西藏喇嘛與土司*

簡金生

一、前言

　　西藏作為現代中國漢人民族主義想像的一環，有想像與現實的落差，也是對非漢人群在精神上的多重整編與排除。對中國知識菁英來說，西藏必須是排除英帝國主義的西藏，同時又是與中國歷史及文化上有著長遠淵源隸屬關係的西藏。因此，時人的考據、調查、徵集資料等活動，即在證明從古至今西藏與中國在關係上的連續性，進而確立中華民國對於西藏的主權之正當性。

　　民族主義透過實質邊界將國族成員與外部世界的他者區分出來，在西藏，這指的是那些有害的他者，英國人、傳教士、探險家、親英派的藏人。但是在民族國家疆界內的非漢少數群體，他們既非純粹的外國人他者，卻又無法完全納入由漢人族群所構成的主體民族。沈松僑針對 1930 年代知識分子的西北旅行書寫指出，當時知識分子的西北旅行活動，既不同於傳統文人雅士耽山臥水的旅遊，也與十九世紀以降西方社會發展出的現代旅遊事業大相逕庭，而是更接近十九世紀末、二十世紀初伊朗知識分子所鼓吹的國族主義式的旅行模式：旅行被視為是認識國族疆土各類地理景觀、了解國族文化獨特性，從而強化國族整合、抗禦外力侵侮的重要法門。藉此，西北地區的非漢群體，被建構成為一種極其弔詭的社會存在。他們一方面是與漢族相對立的差異性「他者」，同時又是足以使中華民族的內涵更形豐富而不可或缺的組成。[1]

　　除了對帝國主義這個最顯著的他者進行指責外，漢人政治菁英與知識分子亦對西藏社會的落後性感到不解。追根詰底，喇嘛與土司是西藏無法現代化的最終根源，人們以「神權統治」和「封建主義」來形容西藏，喇嘛與土司更是漢人政治菁英在統治青海與西康時的真正對手。

---

*　本文改寫自作者博士論文〈近代漢人的西藏觀：1912-1949〉第 4 章第 1-3 節。簡金生，〈近代漢人的西藏觀：1912-1949〉，台北：國立台灣師範大學歷史系博士論文，2014，頁 182-209。

1　沈松僑，〈江山如此多嬌──1930 年代的西北旅行書寫與國族想像〉，《台大歷史學報》，期 37（台北，2006），頁 145-216。

　　儘管民國時期密宗與西藏佛教在中國內地曾造成一定風潮，[2]但是多數菁英在討論西藏佛教時，必定攻擊「喇嘛教」是西藏社會不能進化的主因。[3]西康漢人冷亮透過比較佛教與現代民族主義國家兩者的世界觀差異，來解釋喇嘛教所導致的神權統治之因。以時間來說，佛教是出世主義；就空間來論，佛教主張眾生平等，又為世界主義。這兩方面注定西藏「喇嘛乃係無國家觀念無民族思想之人」，與政府「培養國民之國家觀念，灌輸國民之民族思想」的政策有衝突。[4]在漢人知識菁英的描述裡，喇嘛以神秘的偶像崇拜來維持統治，[5]不僅從現代社會的公理來說沒有正當性可言，對喇嘛「假佛教權威，以遂其愚弄剝削之目的」的「惡行」，當時的西康省地方當局感受又特別深。因為喇嘛與土司是漢人官員最直接的競爭者。因此，一位西康省官員以其親身至瞻化縣〔瞻對〕辦案的實例指出：西康喇嘛實在是「人世之蟊賊，釋教之罪人」。[6]甚至，藏人的佛教不只是出世性的，也是入世的。因為寺院要維持下去，就需要經濟基礎。寺院廟產經營畜牧、農業、商業等方面，造成「寺院是個財團，喇嘛好像是富翁，管家們就如一群財閥，一個個都長得肥肥的，面部表情異常愉快」。[7]這些批評總是將藏人出家當喇嘛一事視為藏人貪圖物質上的享受。喇嘛是社會的坐食者，喇嘛寺院控制整個社會的經濟，喇嘛在政治上又掌握政權，西藏因而也就形成堅固的階級社會。西藏社會階級森嚴分明，一方面是宗教提供思想上的麻醉，「佛教輪迴，因果觀念，深入人心」，故西藏人視階級為命定，相安無怨。[8]另方面則得益於喇嘛在政治上的盟友——土司貴族——的協助。喇嘛得到人民的信仰，土司頭人因此與寺院保持密切關係。這些「封建餘孽的留毒種子底酋長，為了保持榮華富貴」，「運用寺院的神權作一己政權的爪牙」。[9]

2　關於民國時期藏密的流傳與顯密爭議，見：梅靜軒，〈民國以來的漢藏佛教關係（1912-1949）——以漢藏教理院為中心的探討〉，《中華佛學研究》，期 2（台北，1998），頁 251-288；劉婉俐，〈民國時期（1912-1937）漢傳佛教的現代化轉折：兼談漢傳佛教傳入民間的互涉與影響〉，《世界宗教學刊》，期 12（嘉義，2008），頁 29-68。中國內地漢人對西藏佛教的興趣，以及西藏佛教徒在中國內地的活動情形，見：Gray Tuttle, *Tibetan Buddhists in the Making of Modern China* (New York: Columbia University Press, 2005).

3　「喇嘛教」（lamaism）一詞在中、西文化的語源考察，見：沈衛榮，〈「懷柔遠夷」話語中的明代漢、藏政治與文化關係〉，《國際漢學》，期 13（北京，2005），頁 213-240；Donald S. Lopez Jr., *Prisoners of Shangri-La, Tibetan Buddhism and the West* (Chicago: University of Chicago Press, 1998), pp. 32-42.

4　冷亮，〈西藏宗教與政治之關係〉，《東方雜誌》，38：14（重慶，1941），頁 35。

5　文萱，〈西藏蒙古喇嘛僧之階級〉，《開發西北》，4：1、2（北平，1935），頁 25。

6　許文超，〈西康喇嘛剝削人民之鐵證〉，《康導月刊》，1：9（康定，1939），頁 56-57。

7　奪節，〈寺院與喇嘛生活〉，《康導月刊》，6：2、3、4（康定，1945），頁 24-25。

8　不著撰人，《西藏政教合一制》（出版地不詳：行政院新聞局印行，1947），頁 5。

9　奪節，〈寺院與喇嘛生活〉，《康導月刊》，頁 30。

　　從清代起，入藏的官員就已注意到，西藏的貴族世家控制著土地。到了民國，西藏這種基於土地所有制度構成的階級差異，改以封建時代下的「農奴」制度來形容。蒙藏委員會的入藏官員即認為，西藏土地制度與歐洲中古農奴制頗近，莊田的人畜物產均屬於地主，佃農並得為地主服勞役。[10]而且，土司制度並沒有隨著清末在康區推展改土歸流的措施而消失，即使在民國時期劉文輝（1895-1976）統治西康東部期間，地方政務仍須得到土司與頭人的配合才能推行。至於四川、西康、青海與甘肅交界的廣大地區，仍掌握在土司頭人之手，並不受任何軍閥與中央政府號令的約束。這種現象對於一個統一的現代民族國家而言並非正常，一位作者直言，西康土司喇嘛二者，「實為康省施政之最大障礙」，「干預民刑訴訟」，「據有土地，轄制人民，操縱金融，購置槍彈」[11]因此漢人菁英針對土司的源流與現狀展開討論。

　　民族學家凌純聲（1901-1978）指出，土司制度的起源，「原由部落制度遞變而來」。「土司世官其地，世有其土；土民世耕其土，世為其民。土司制度下之土官與土民，二者之關係實因土地而發生」。由於直接統治代價過大，古代帝王採用土司制度，「不過對於原來部落，齊其政，不易其宜」。[12]所以，自元明清相襲至今的土司制度，乃是古代帝王政治的遺毒。在過去帝制時代，所謂的羈縻政策被推崇為治邊的上策，實際上是君主與土酋互相利用的心理，以及以蠻攻蠻的政策。[13]然而，土司制度對現代國家的流弊，一者土司行封建剝削，壓迫人民生活；再者，土司有土地、人民與武力，以私人利害為依歸，拒絕納捐、築路與徵兵，影響政令之推行。[14]

　　這些言論的背後，都是出於以現代民族主義者的濾鏡，貶抑前近代帝國的多元統治技術。然而，其實都不能說明，為什麼土司制度能長久地存在而未遭到來自當地社會的反抗？是否在強制性的暴力統治之外，土司制度有其社會基礎？土司的統治形態又是如何展開？再者，雖然西藏貴族掌握政治實權，但貴族作為卻不能逾越宗教軌範。[15]也就是說，宗教權力超越於政治，這個情況又該如何解釋土司與喇嘛教的關係？隨著當時社會學家、民族學家與人類學者的實地研究，知識分子不再滿足於單純的道德批評，嘗試進一步理解宗教的角色與貴族土司的社會基礎及社會結構。

---

[10] 朱少逸，《拉薩見聞記》（上海：商務印書館，1947），頁106。

[11] 邱述鈴，〈建設新西康之綱領〉，《康導月刊》，1：5（康定，1939），頁63。

[12] 凌純聲，〈中國邊政之土司制度〉（中），《邊政公論》，3：1（巴縣，1944），頁4。

[13] 佘貽澤，〈明代之土司制度〉，《禹貢》半月刊，4：11（北平，1936），頁1-9。

[14] 葛赤峰，〈土司制度之成立及其流弊〉，《邊事研究》，9：5（重慶，1939），頁16-18。

[15] 不著撰人，《西藏政教合一制》，頁6。

二、邊政學的興起

　　林孝庭曾指出，國民政府與邊疆地區的關係，並非基於確立的政治權力，而是依賴民族主義的想像，維持形式上的主權合法性。表面上，面對包括西藏在內的邊疆、族群與主權問題，國府通過民族主義的政治修辭，宣示五族共和、漢藏一體；實質上，作為一個有限的地區政權，為了安內攘外，國民政府採取務實態度面對邊疆議題，並非真心在意於解決邊疆問題，而是以民族國家建構與政權鞏固為優先。[16]

　　儘管如此，這並不代表國民政府對信仰與宣傳僅是流於形式。國民政府的國家打造與民族主義的動員，都涉及到如何承繼清帝國多元統治的遺產。民族國家創造「中華民族」，在「中華民族」的現代化進程裡，如何將不和諧的民族國家現狀改造成統一的新整體，是現代中國進化與否的重大關鍵。在啟蒙民族國家的過程中，隨著各種西方現代學科傳入中國，新學術必須對一個新的民族國家如何可能作出令人滿意的解釋。如何安排非漢族群的位置，如何解釋中華民族的文化傳統是可以在漢人與非漢人的差異中尋出共同點，以及更重要的是，如何通過科學的學術研究來掌握各種民族文化的差異，以便於編排管理，也就成為學術工作的目標。

　　這正是南京國民政府統一中國後，人類學/民族學被重視的原因。更為直接的刺激，是中日戰爭的爆發。在現實的需求下，為了建設這一抗戰時期的大後方，確保擁有共同的意志，以及反擊英、俄、日等帝國主義者對中國邊疆地區的滲透，國府和知識菁英開始提倡一種建立人類學/民族學與邊疆政治相結合的專門學問：「邊政學」，以「研究關於邊疆民族政治思想、事實、制度，及行政的科學」。[17]與過去的帝國籌邊之術不同，這門學問特別之處，乃在於其不僅得從政治實用上探討社會的政治組織，而更因邊政學的研究對象是與邊疆非漢族群息息相關，必須得另從人類學、民族學的眼光來著手。

　　作為社會學者的吳文藻（1901-1985）與陶雲達（1904-1944）等人均同意，在當時的中國，所謂的邊疆，其實指的就是族群與文化上的意義，而非僅只是地理上的意義。吳文藻指出：

[16] Hsiao-ting Lin, *Tibet and Nationalist China's Frontier: Intrigues and Ethnopolitics, 1928-49* (Vancouver: UBC Press, 2006).【中譯本見：林孝庭，《西藏問題：民國政府的邊疆與民族政治（1928-1949）》（香港：香港中文大學出版社，2018）】。

[17] 吳文藻，〈邊政學發凡〉，《邊政公論》，1：5、6（巴縣，1942），頁3。

　　　　國人之談邊疆者，主要不出兩種用義：一是政治上的邊疆，一是文化上的邊
　　　　疆。政治上的邊疆，是指一國的國界或邊界言，所以亦是地理上的邊疆……文
　　　　化上的邊疆，係指國內許多語言，風俗，信仰，以及生活方式不同的民族言，
　　　　所以亦是民族上的邊疆。[18]

　　之所以會有「邊疆民族」、「邊疆問題」的疑問，是在於存在著與中原文化不同
的「非漢語人群」，故這種「邊疆社會乃是文化的邊區」，[19]也就是中華民族文化之邊
緣。這種核心與邊緣的對比，吳文藻指出，因為「中國民族（意指國族）之所謂『我
群』，其主要成分，當為最初組織中國國家之漢族，其文化之體系與其領域，早經奠
定，一脈相承，至今不替」；而所謂「他群」，「則為邊疆及內地之淺化族，其語言
習尚，乃至一切文化生活，尚須經過相當涵化作用，以漸與『我群』融合為一體」。[20]
　　這樣的邊政與現代國家下的一般行政技巧有什麼差別？這個問題不僅是對象在屬
性上的差異性，並且還牽涉到國家政策與當前抗戰的情勢。吳文藻因此將當時的邊政
學研究分為兩種路徑，一是「政治學的觀點」，另一種是「人類學的觀點」。他批評
那些就政治學觀點出發的邊政研究，對邊政學採取冷淡輕視的態度，以為只要中央政
治上軌道，抗戰勝利一有把握，則邊疆民族問題可獲解決。然而從人類學的觀點來
看，邊政與鄉政才是當前中央政治的核心問題。唯有邊政與邊疆民族問題得到適當的
處理，邊疆地方才有長治久安的可能。[21]將人類學應用於邊疆政策上，這已經是「現
代歐美民族學界人類學家所正待發揮光大者」。故在中國「欲建設邊疆，則此種應用
的民族學與人類學，必須急起直追，努力研求」。[22]
　　在從事邊疆研究的民族學家黃文山（1898-1988）看來，中國民族學的建設問
題，既是如何使主流的固有文化「與西來之異型文化，調適而交流」；面對當時「國
族」內「邊疆與淺化民族，受西化之影響或帝國主義之誘惑，已不斷向離心運動推

---

[18] 吳文藻，〈邊政學發凡〉，《邊政公論》，頁 3-4。
[19] 陶雲逵，〈論邊政人員專門訓練之必需〉，《邊政公論》，1：3、4（巴縣，1941），頁 2-3；陶雲逵，〈西南
　　邊疆社會〉，《邊政公論》，3：9（巴縣，1944），頁 12。其他近似的看法甚多，如柯象峰，〈中國邊疆研究
　　計畫與方法之商榷〉，《邊政公論》，1：1（巴縣，1941），頁 47-57；吳澤霖，〈邊疆的社會建設〉，《邊
　　政公論》，2：1、2（巴縣，1943），頁 1-6；衛惠林，〈邊疆文化建設區站制度擬議〉，《邊政公論》，2：
　　1、2（巴縣，1943），頁 7-14；林耀華，〈邊疆研究的途徑〉，《邊政公論》，2：1、2（巴縣，1943），頁
　　15-27 等。
[20] 吳文藻，〈邊政學發凡〉，《邊政公論》，頁 4。
[21] 吳文藻，〈邊政學發凡〉，《邊政公論》，頁 2。
[22] 徐益棠，〈十年來中國邊疆民族研究之回顧與前瞻〉，《邊政公論》，1：5、6（巴縣，1942），頁 62-63。

進，吾人將何以恢復其對於中華民族之信仰心，使中心力量得以建立」。前者就是「中國本位文化之建設」，後者則是「民族的國家」之建立。[23]這意味著漢族自古以來就是「國族」的主體，且對「他群」而言，是一個先行的存在。由於邊疆是由文化所決定，這種文化在未經過涵化之前，其「思想是保守的，生活是簡單的，制度是封建的，社會形態是獨立而固定的。變遷方式是多元的緩滯的」。[24]因此，研究邊疆的目的就在於邊疆的現代化，「就是對於邊疆文化，因勢利導，使之與中原文化混合為一，完成一個中華民族文化，造成一個現代化的中華民族國家。」[25]如此一來，「邊疆」一詞「也只於是地理的名詞，而無文化上的意義了。」消除邊疆的意義後，所謂的邊疆工作，就與一般專業工作沒兩樣，不必再需要特別適應於「邊疆」。[26]

在這樣的脈絡下，邊政研究的目的之一，就是邊疆民族的現代化方案，完成「邊疆文化國族化」、「邊疆政治民主化」、「邊疆經濟工業化」。[27]指導人類學家的問題意識，則在於處理現實所見的各民族之異質性，在理論上解決中華民族的整編、構成問題。[28]

三、異己的土司與共性的他者

（一）嘉戎土司的實地研究

由於學術機構與知識分子跟隨國民政府西遷，使得知識分子在地理與心態上更接

[23] 黃文山，〈民族學與中國民族研究〉，《民族學研究集刊》，期 1（上海，1936），頁 22。

[24] 衛惠林，〈邊疆文化建設區站制度擬議〉，《邊政公論》，頁 8。

[25] 吳文藻，〈邊政學發凡〉，《邊政公論》，頁 11。

[26] 責任（李安宅），〈論邊疆工作之展望〉，《邊政公論》，3：12（巴縣，1944），頁 2。李安宅筆名任責，此文同刊於《燕京新聞》，1944 年卷 10 期 17（成都），頁 5。感謝黃克武教授提示此點。

[27] 凌純聲〈中國邊疆文化（下）〉，《邊政公論》，1：11、12（巴縣，1942），頁 62-63。有關民國時期邊政學的進一步研究，見：汪洪亮，《民國時期的邊政與邊政學（1931-1948）》（北京：人民出版社，2014）。

[28] 誠如研究者的評論，此種國家建立型的人類學，著重在對「己」與「異己」間關係的同質性之認定，至於研究對象的主體性存在與否，則非關心所在。以此方向進行的「少數民族」的研究，其目的一方面襯托核心「漢族」的地位，另一方面在使「中華民族」的內容更具體。因此，通過歷史學、語言學、體質學、民族學、考古學的研究與調查，來探求中國裡究竟有多少「民族」，各民族的區分界線，以及過去歷史裡各族的存在、互動。對中國以及台灣戰後民族學與人類學學術史的討論，見：吳燕和，〈中國人類學發展與中國民族分類問題〉，《國立台灣大學考古人類學刊》，期 47（台北，1991），頁 36-50；王明珂，〈台灣地區近五十年來的中國西南民族史研究〉，收入徐正光、黃應貴主編，《人類學在台灣的發展：回顧與展望篇》（台北：中央研究院民族研究所，1999），頁 281-317；何翠萍，〈從中國少數民族研究的幾個個案談「己」與「異己」的關係〉，收入徐正光、黃應貴主編，《人類學在台灣的發展：回顧與展望篇》，頁 364-376。

近邊疆。過去本是文化邊疆與民族邊疆的西康與青海藏人居住區，如今成為知識分子實地研究的聖地。當時在行政上屬於四川省第十六行政區的嘉戎地區，公署設於茂縣，管轄理縣、茂縣、汶川、靖化、懋功等六縣，但是卻為漢人治外之地，土司抗拒川省官員的進入。更為嚴重的是，嘉戎地區又涉及到鴉片走私與地下社會的勾結。漢人袍哥會社聯絡土司頭人，潛入嘉戎地區運銷鴉片與槍枝，不僅改變當地原來的經濟生態，而且成為漢戎間互相歧視的問題。

　　就人類學的研究對象而言，又因此地處於漢、羌與西番之間，十分具吸引力。這是因為民國時期在中國民族史的知識架構下，羌族一方面代表古代民族集團，隨著歷史過程不斷融入華夏，另方面，羌又是漢、藏以及西南、西北各非漢族群的連結。在抗戰時期，大禹與西羌的關係，又隱喻著「華夏起源於四川」的歷史想像。[29]對嘉戎地區民族問題的解剖，將有助於澄清中華民族的起源與融合。依調查時間先後，有黎光明（1901-1946）、王元輝、李有義（1912-?）、于式玉（1904-1969）、蔣旨昂（1911-1970）、凌純聲、馬長壽（1907-1971）、林耀華（1910-2000）、陳永齡（1918-2011）等人前往調查。[30]

　　對還是學生的陳永齡而言，這次調查不僅是為取得研究資料，[31]貢獻中國邊疆民族學裡系統的比較研究，他也希望研究結果能有助於邊政設計與推行。[32]人類學應用於邊政問題的研究，在英國已經有功能學派人類學應用於殖民地行政的經驗，官員並受人類學的訓練，與人類學家合作擬定政策。[33]因此，陳永齡建議，若能在一個團結進步的中央政府領導下，推行「一種由人類學家所設計的教育計畫，有技巧的實施在嘉戎社區中」，其結果當能改變土司政治，啟發土司治下之土民有自發的勇氣與覺悟去爭取民權。[34]

---

29 王明珂，《羌在漢藏之間：一個華夏邊緣的歷史人類學研究》（台北：聯經出版公司，2003），頁159-165。
30 民國時期先後進入此區調查者當然不只此數，還包括西方傳教士與學者。研究者的主要目的是想釐清「羌」、「漢」、「藏」的分野，「嘉戎」的分類來自英籍傳教士陶倫士（Thomas Torrance）。詳細的情況，見：王明珂，《羌在漢藏之間：一個華夏邊緣的歷史人類學研究》，頁197-205。
31 1945年夏季，當時的燕京大學社會學系接受美國羅氏基金會及哈佛燕京學社專款，指定調查川康少數民族。時為社會學系教授的林耀華，協同其他民族學家、語言學家以及他的學生陳永齡，從成都出發，深入嘉戎地區考察，歷時兩個多月（7月29日至9月29日）。見：林耀華，〈川康北界的嘉戎土司〉，《邊政公論》，6：2（南京，1947），頁33。
32 陳永齡，〈四川理縣藏族（嘉戎）土司制度下的社會〉，收入陳永齡，《民族學淺論文集》（台北：弘毅出版社，1995），頁325-326。按，本文原題〈理縣嘉戎土司制度下的社會〉，為陳永齡1947年燕京大學社會學系碩士畢業論文。
33 陳永齡，〈四川理縣藏族（嘉戎）土司制度下的社會〉，頁325、382。
34 陳永齡，〈四川理縣藏族（嘉戎）土司制度下的社會〉，頁390、391、406。

　　在追溯過族群與土司的歷史起源之後，人類學者試圖理解，何以此區長期「停滯於封建社會」，土司制度的社會根源與結構又是如何。陳永齡開宗明義指出，「嘉戎社區之文化核心為土司制度」，其社會特徵是階層嚴謹區分，分化為土司、頭人、百姓三級。由頭人承上啟下為系統聯繫。此階級系統，「包含著一套固定之關係權利義務與歷史傳統」。因為社會階級區分嚴謹，加上世襲權威地位重要，故嘉戎民族在婚姻關係上堅持階級門第聯姻制。[35]由此形成的社會特徵，乃是門第婚姻、階級固定、寡頭獨裁、富一家貧萬戶的剝削，加上宗教得到土司衛護，成為加重統治人民的思想與生活的力量。[36]

　　這些社會特徵都是基於嘉戎民族最基本的社會組織，也就是家屋團體。嘉戎的家族沒有姓氏，但家屋必有專門名號。家屋包含一整套物質與非物質的內容，土地、財產、世系、階級地位、納糧服役、社會地位等，都規定在家屋名號之下，而此房名永不可變。家屋繼承與家族繼承相配合，實際上是二合一。繼承法為雙系制，男女皆可，但每代只傳一人，「蓋為維持家屋與土地分配之均衡關係。」至於雙系並傳十分罕見。此種家屋繼承制度的產生，最重要者為經濟原因，蓋為適應此間貧瘠山區生活困難的環境，藉此使家族土地不分散。[37]

　　與氏族社會（也就是漢人社會）因血統團結而產生的社會組織相較，氏族社會不斷擴大，彼此也有許多共同責任與義務。但是，藏民此種雙系繼承制，無法使家族之上更大的親族團體團結凝聚，也就沒有氏族村落的社會組織。[38]或許在人類學者的研究過程中，很難完全避免將研究對象與自己的社會作對比。是故，林耀華的語氣有點惋惜雙系制的社會是落後的社會組織，而非較為先進的漢人氏族社會。他又認為，「差民之對於土司，其地位遠不若佃農之對於地主」。[39]由此推斷下去，同樣都是剝削，藏人土司的角色應比漢人地主更為惡劣。他也注意到，清末以來康區普遍存在漢官支差的現象是對藏民的第三層壓迫；然而，「差民實即封建時代的農奴」，[40]批判農奴存在一事的對象是針對土司、喇嘛。陳永齡更認為，由於雙系制的社會結構與此地的物質環境相配合，阻滯嘉戎社會的人口及家庭遷徙流動。世代相守房地，永為土司之民，社區內均衡局面維持不變，而造成嘉戎固執保守的現象。也就是說，土地制

[35] 陳永齡，〈四川理縣藏族（嘉戎）土司制度下的社會〉，頁314-315。

[36] 陳永齡，〈四川理縣藏族（嘉戎）土司制度下的社會〉，頁322。

[37] 林耀華，〈川康嘉戎的家族與婚姻〉，《燕京社會科學》，第1卷（北平，1948），頁137；陳永齡，〈四川理縣藏族（嘉戎）土司制度下的社會〉，頁354-361。

[38] 林耀華，〈康北藏民的生活狀況（下）〉，《流星月刊》，1：3、4（成都，1945），頁13。

[39] 林耀華，〈康北藏民的生活狀況（中）〉，《流星月刊》，1：2（成都，1945），頁24。

[40] 林耀華，〈康北藏民的生活狀況（中）〉，《流星月刊》，頁25。

度為土司政治之核心。[41]

在解析土司制度之謎後，土司與宗教的關係又是如何？既然喇嘛在當地社會是宗教、政治、經濟、社會的特權階級，土司與喇嘛兩者之間在社會功能上應該有一定的聯繫與諧調。[42]陳永齡認為，在土司制度的階層控制下，「喇嘛教的富有階級性的特色，正好配合政治之控制，政治上之特權階級——土司頭人，與宗教上之特權階級——喇嘛，彼此承認相互優越性與特殊性」。[43]「它們是永無窮盡的消費者，是永遠填不滿的深淵」，「造成全社區經濟枯竭貧乏的重症」。[44]

在陳永齡的解釋下，土司與喇嘛兩者特權並存而不衝突，成為維持嘉戎社會均衡的支柱。陳永齡推斷，因為土司制度已經劃定階級範疇，確定人與人之間的權利關係與義務，因此，唯有從喇嘛教獲得補償。子弟學成喇嘛，可提高家人的社會地位，滿足心理與精神的榮耀。[45]然而，此種政教協調聯合統治裡，土司與喇嘛到底何者才是整個社會最終權威與文化核心？喇嘛見土司需跪拜，而土司見活佛又需下跪參拜，[46]究竟何者更具絕對性權威？這一點，正如研究者陳波所論，制度本身不會帶來堅固的信仰，林耀華與陳永齡並未解釋土司的權威來自於何種信仰。受到當時社會人類功能論的強大影響，將宗教視為社會結構的一個環節，對宗教的研究著重其在政治、經濟、社會與教育文化上所扮演的功能。[47]如果整個僧人群體只是超然於被統治者之外的統治階級，那麼就很難解釋，何以嘉戎民族的婚姻、家庭、承襲、傳代，莫不受宗教影響。在功能之外，宗教能崁進社會制度的核心，其中應該有精神上的因素。

（二）漢藏共通性的可能

陳永齡解釋土司制度能長期壟斷嘉戎地區以至於康區社會，是基於以土地分配為中心的家屋團體。同樣受到吳文藻所代表的北派人類學影響，[48]李有義[49]則以功能論

---

[41] 陳永齡，〈四川理縣藏族（嘉戎）土司制度下的社會〉，頁 360。

[42] 陳永齡，〈四川理縣藏族（嘉戎）土司制度下的社會〉，頁 409、424。

[43] 陳永齡，〈四川理縣藏族（嘉戎）土司制度下的社會〉，頁 317。

[44] 陳永齡，〈四川理縣藏族（嘉戎）土司制度下的社會〉，頁 317、409。

[45] 陳永齡，〈四川理縣藏族（嘉戎）土司制度下的社會〉，頁 422-423、426。

[46] 陳永齡，〈四川理縣藏族（嘉戎）土司制度下的社會〉，頁 372。

[47] 陳波，《李安宅與華西學派人類學》（成都：巴蜀書社，2010），頁 176-178。

[48] 1949 年之前，中國人類學研究上可區分出兩個派別，北派以燕京大學為中心，理論上偏向英國功能學派人類學，著重漢人鄉村社會的調查，或可稱之為社會人類學，而 1949 年之後，北派重要人物在政治立場上多半選擇留在中國；南派則以中央研究院為中心，傾向於歷史學派，主要領導人多半有留學法國的背景，研究對象以非漢族為主，或稱民族學派，長於民族誌的調查，1949 年之後，以凌純聲為首的人類學者選擇到台灣，成為戰後台灣人類學研究的主導力量。見：唐美君，〈人類學在中國〉，《人類與文化》，期 7（台北，1976），頁

來分析喇嘛寺院在經濟方面所發揮的社會功能。李有義是於 1941 年 8 月，參加華西四所大學合組的大學生邊疆服務團，進入同樣位於第十六行政區內黑水地區考察。[50]

他指出，僧人並非出家後就與家庭中斷一切關係，僧人仍要靠家中供給，這稱之為「靠娘窩頭」。這種制度，也是番民的社會制度。僧與民的身分不二分，而是結合在一起。李有義運用文化對比來說明，「靠娘窩頭」就如同漢人家裡出了舉人、進士是一樣。番民送子弟入喇嘛寺院，不只是宗教，亦有經濟、社會的成分，就跟漢人子弟上大學受教育是一樣的。所以出家僧人之間也會有貧富階級的差別，這就是漢人所見華麗喇嘛的來源。除了「靠娘窩頭」外，喇嘛還經營事業，如：經商、放款、念經。喇嘛經營事業，就跟士人經商一樣，由於文化的威望，無形中得到比較多益處與信任。[51]

李有義此時的分析，具有異文化互相對比的意味。在一般批評藏人社會政教不分的言論裡，漢人菁英常以宗教不干涉政治的立論來批判喇嘛。在企圖革除藏人政教不分的背後，其立論基礎是將宗教領域視為神聖與道德性，並以漢傳佛教的十方叢林制度，來要求喇嘛寺院應該退出俗世及政治。可是誠如李有義的比喻，喇嘛本身就是社會的一部分，而非出世性及非政治的，喇嘛在社會中的功能，跟明清漢人社會中通過科舉制度而形成的士紳社會是一樣的。

另一位署名涂仲山的作者對康藏佛教的分析也與李有義相似。他同意從清代以來最流行的意見，亦即康藏民族原本強悍之氣經由「佛教僧伽潛移默化」後得以馴化。但這並非用以證明西藏民族性的原始及迷信，而是說明佛教有多方面的功能。由於呼圖克圖〔活佛〕為天才教育，使優秀份子易於出類拔萃。寺廟公產貸款民間，可調劑

9：李亦園，〈民族學誌與社會人類學——台灣人類學研究與發展的若干趨勢〉，《清華學報》，23：4（新竹，1993），頁 341-360；黃應貴，〈光復後台灣地區人類學的發展〉，《人類學的評論》（台北：允晨文化公司，2002），頁 10-15。李紹明則認為，這樣的說法忽略以李安宅為首的「華西學派」之人類學者的貢獻，見：李紹明，〈略論中國人類學的華西學派〉，《廣西民族研究》，2007：3（南寧，2007），頁 43-52。

[49] 李有義（1912-），山西清徐縣人。1931 年考入燕京大學新聞系，受系主任吳文藻啟發，隔年轉入社會學系。1936年畢業後留校任助教，吳文藻介紹英國社會人類學者 Alfred Reginald Radcliffe-Brown（1881-1955）為李有義導師，隨他進行研究和學習。1937 年考入燕京大學研究生部。七七事起，隨燕大撤至昆明。1939 年畢業後，任雲南大學社會學系專任講師，期間到路南縣撒尼族地區從事社區調查，寫出〈漢夷雜區經濟〉。1944 年，經吳文藻推薦，隨蒙藏委員會駐藏辦事處處長沈宗濂入藏，任第二科科長主管宗教、教育，並進行研究調查，訪問各地寺院。1947 年 12 月離藏，至清華大學任教，開始發表一系列有關西藏論著。1956 至 1961 年，參與並帶領調查組深入藏區進行社會歷史調查。1958 年 6 月，調至中國科學院哲學社會科學部民族所。1978 年起，擔任中國社會科學院民族學研究室主任，重建中國民族學學科，1985 年退休。見：李有義，〈九十自述〉，格勒、張江華編，《李有義與藏學研究：李有義教授九十誕辰紀念文集》（北京：中國藏學出版社，2003），頁 7-143。

[50] 李有義，〈黑水紀行〉，收入易君左等著，《川康游踪》（出版地與出版者不詳，1943），《民國史料叢刊》，第 860 冊（鄭州：大象出版社，2009），頁 307-338。

[51] 李有義，〈雜古腦喇嘛寺的經濟組織〉，《邊政公論》，1：9、10（巴縣，1942），頁 20-24。

農村。「平時以喇嘛為人民導師，有事以寺廟為集合會所，凡人民之思想行動，均統於宗教領導之下，整齊劃一」，有益於人民風俗。[52]

涂仲山對康藏佛教功能的描述，換個方式來說，就跟明清時期士紳的功能接近，士紳在鄉里教化人民，成為溝通帝國上層與下層人民的中介。就功能分析的結果來說，涂仲山的解釋與其他主張佛教馴化康藏民族論者並無不同：康藏民族特殊的優點均為佛教之養成。不過他的文字卻可以得出另一種意義，相對於將佛教當成是西藏社會落後的獨特象徵，只是原始民族的泛靈崇拜的觀點；涂仲山與李有義所指稱的康藏佛教是具有文化比較的意義，康藏佛教就如同其他文化裡主流的宗教和意識型態一樣，扮演多方面的功能。換言之，康藏民族與其宗教的異己性被降低。涂仲山甚至走得更遠。從物質文明的眼光來看，西藏社會「生產落後，守舊性強」，「不免為社會進化之障礙」。但物質文明的高低不足以評判康藏人民是否開化。反而在物質文明破產的今日，其精神文明似乎是「人群退化、世界大同之理想區域」。[53]這更賦予康藏佛教對抗西方文明的評價，就如同梁啟超在 1920 年代以後對儒學與東方文化的重新評價一樣。

然而，李有義個人或許是後來因入藏成為蒙藏委員會駐藏辦事處官員有實地觀察的機會，以及他思想在 1948 年的轉向，李有義逐漸將西藏社會視為對立的異己。[54]西藏社會所帶有的中世紀封建文化面貌，乃是西藏文明的特徵，藏文明不再有能與漢文明相互比較的資格。西藏問題從清廷統治時即已注定，滿清利用宗教的麻醉懷柔活佛喇嘛，使西藏在文化方面「有意的使它和內地分離」。[55]因此，李有義直言，唯有「西藏活佛制度消滅之日」，才是「其封建制度崩潰之時」。[56]

四、李安宅的藏學研究

陳波在以李安宅（1900-1985）為中心的研究專著裡認為，1949 年以前中國的人類學，以結構功能主義人類學為主流，這個傾向很明顯地表現在吳文藻、費孝通、林耀華、李有義、李安宅等人的研究上。功能論提供一種工具、手段，讓研究者去追蹤

---

52 涂仲山，〈康區佛教之整理〉，《康導月刊》，6：2、3、4（康定，1945），頁 19。
53 涂仲山，〈康區佛教之整理〉，《康導月刊》，頁 19。
54 依據李有義的回憶，1944 年在吳文藻的推薦下，隨蒙藏委員會駐藏辦事處新任處長沈宗濂入藏。1947 年 12 月，李有義離開拉薩，入清華大學任教。1948 年年底，他已經與中共地下黨有聯繫。見：李有義，〈九十自述〉，格勒、張江華編，《李有義與藏學研究：李有義教授九十誕辰紀念文集》，頁 26、73。
55 李有義，〈西藏問題之分析〉，《邊政公論》，7：3（南京，1948），頁 1。
56 李有義，〈西藏的活佛〉，《燕京社會科學》，期 1（北平，1948），頁 130。

文化的整個體系。但結構功能主義無法觸及到研究對象的文化本質，未能說明功能與意義之間的關係，也就是缺乏對研究對象作進一步的文化詮釋。相對於此，同樣接受功能主義的訓練，但是李安宅的學術關切並不限於功能主義。以他的藏族研究為例，李安宅不只說明西藏佛教的社會功能，更注意到西藏佛教在藏人社會所具有的文化意義，從藏人的宗教信仰來解釋藏人的社會與政治制度。由於他將西藏文明放在現代性與漢文明的對等地位來反省，使得李安宅對藏人宗教給予極高的評價。[57]

（一）藏人宗教的研究意義

對習慣農業文明的漢人而言，草原民族的游牧習性令人感到害怕，直接與暴力相連結。因此，最有效的文明教化，就是將之轉變為編戶齊民的農業民族。一位論者如此說到，藏族農民為邊區開發的先鋒，社會要從游牧到定居，文化才會進步，「政府佈政施教才易著手」。[58]

預設這樣的先見，對李安宅與于式玉夫婦而言，阻礙了更全面認識研究對象的機會。于式玉在進入黑水地區考察後，[59]從顏色的意象上重新修正一向被視為黑暗的黑水地區。青山綠水的詞句，是幽閒靜雅、心曠神怡的情緒，而黑水的意象則是畏懼、凶險、野蠻。加上黑水人風俗習慣不同，以及赳赳武夫氣概，黑水更為黑。然而，黑水人「仍是衣冠楚楚、男耕女織的老百姓」，「多數仍天真爛漫，並非兇惡殘暴的魔王。以誠相待之後，還能成為肝膽相照、患難與共的朋友。」[60]這當然不表示所有黑水人都是良善與正直，于式玉也在〈黑水民風〉與〈記黑水旅行〉等文內記下行李遭搶竊及言語上受到歧視的事。對於藏民飲食不注重衛生的習慣，李安宅則記下，在眼見藏民殺羊灌腸的過程，經歷過震撼，去除內心的嫌惡與噁心感，「我與藏民打成一片了」。[61]李安宅願意從藏人的文化生活中去理解與自己文化標準相異之事。

關於土司、頭人與百姓間的「封建階級秩序」，于式玉並不是將之標記為藏人社會的獨特印記，而是從人的普遍性來看。在旅行過程中，她見到烏拉〔差民〕用自己

---

[57] 陳波，《李安宅與華西學派人類學》，頁 197-213。

[58] 陳恩鳳，〈藏族農民與邊政〉，《邊政公論》，3：12（巴縣，1944），頁 24。按：陳恩鳳時為中國地理研究所自然地理組研究員。

[59] 1943 年 1 至 2 月，于式玉與華西大學社會系蔣旨昂教授隨理番縣小學教師十餘人，由茂縣青年團主任曾仲牧率領，進入黑水地區考察。這次考察是理番縣長與華西大學邊疆研究所合作。見：于式玉，〈黑水民風〉，《康導月刊》，6：5-6（康定，1945），頁 10；于式玉，〈記黑水旅行〉，《旅行雜誌》，18：10（重慶，1944），頁 59。

[60] 于式玉，〈黑水民風〉，《康導月刊》，頁 216-217。

[61] 李安宅，〈藏民祭太子山典禮觀光記〉，《李安宅藏學文論選》（北京：中國藏學出版社，1992），頁 66-67。

的牛馬馱運他人，自己卻步行照顧牛馬，即使是下雨也沒有帳篷避雨。其他階級高的藏民則不在乎烏拉的境遇。于式玉批評他們埋沒了人類應有的惻隱之心。[62]對當時盤踞一方的各土司，于式玉並未重複描寫土司抗拒中央政府權威，彼此明爭暗鬥、以強欺弱及魚肉人民的行徑。于式玉注意到，黑水頭人蘇永和審問官司時，以技巧來鬆動訴訟人的緊張恐懼情緒，使他們感到頭人的和悅可親，百姓因而感激。在于式玉的文字觀察裡，不會特別讀到土司與人民間強烈的階級壓迫。[63]

「藏族社會是圍繞著土司或者一個具有暫時權力或兼有政治權力和寺廟統治的宗教秩序進行的」。[64]李安宅對藏人社會的這個論斷並不特別。關鍵的問題是，如何看待宗教。

李安宅並非將宗教視為是現代與科學的對立面。從人類心靈的需求來說，信仰的功能在於提供人生「信之彌深仰之彌高」的情緒。至於表現信仰的神話及方式，都是信仰的附從。只有信仰本身才是宗教的實質，信仰具有擴大、提供、加強人生意義的功能。人因為信仰而有熱情的態度，也就是說，認真的人生必有信仰，不論這信仰是火、山、禽獸、太極、本體、造物主、政黨的主義、科學與藝術的真善美，除非是行屍走肉。有信仰才有內容充實的人格，因而能有「富貴不能淫、貧賤不能移、威武不能屈」力量，從而能將天地萬物視為一體。於是能夠犧牲，能夠成就。[65]

無論程度如何，信仰是人人所共具，信仰本身也就不成問題，更談不上彼此歧視。既然如此，「不妨以同情的態度欣賞童話，欣賞創世紀」；也可以使信徒「養成寬容的態度」，不再反科學。如此，宗教與科學就沒有矛盾。況且即使科學再怎樣進步，宗教也沒有消滅的一天。因為科學的領域之外永遠有人類不知的領域。對此種不知，人在心理上必定要求有某種處置，此種處置不知的態度就是信仰，也就是宗教的根本。[66]

李安宅從功能主義出發，進一步進入對宗教本質的探討，現代或不現代化不再是評價宗教的唯一標準。既然信仰是宗教的核心，其他都只是手段和應用，那麼各種宗教都是平等，不會因其種族外觀、所謂歷史進化階段而有高下之別。

[62] 于式玉，〈到黃河曲迎接嘉木樣活佛日記〉，《新西北》，3：2（蘭州，1940），頁81。
[63] 于式玉，〈麻窩衙門〉，《邊政公論》，3：6（巴縣，1944），頁41-42。
[64] 李安宅著，張登國譯，〈藏族家庭與宗教的關係〉，《李安宅藏學文論選》，頁266。
[65] 李安宅，〈宗教與邊疆建設〉，《邊政公論》，2：9、10（巴縣，1943），頁13-14。
[66] 李安宅，〈宗教與邊疆建設〉，頁14-15。

（二）象徵主義的解釋

　　既然不以現代性作為評價標準，李安宅提出，要理解藏人社會，就不能將佛教當成只是一種社會制度，佛教是藏人文化的樞紐，一切意義的來源：

> 喇嘛教是一種多功能的制度……滲透到藏語民族生活的各個方面和他們的心靈深處。這裡體現著他們全部教育與文化。這裡有他們的經濟制度……政治制度……也可看出他們的社會機制，通過它，沿著社會階梯往上爬的計畫得以實現，社會等級的距離得以維持，公眾輿論得以形成和傳播，各種聲望和價值觀念得到認可……除非將喇嘛教作為一種社會制度加以研究，否則便不能理解蒙藏民族的生活方式……。[67]

　　首先要解釋，李安宅使用「喇嘛教」一詞，並非表示他同意這一詞的內涵。除了在這篇論文裡檢討「喇嘛教」一詞的不當外，他也多次在他處表示同樣的意見，[68]並批評 L. A. Waddell 的著作裡有若干的錯誤。[69]李安宅對西藏佛教的研究歷程，也具有人類學者與田野對象不斷對話與反省的意義。舉例來說，在他剛至甘肅拉卜楞寺地區開始研究時，曾在文章裡依照魏源在《聖武記》中的經典敘述，記宗喀巴（1357-1419）為永樂年間降生，與黃教、紅教對立的錯誤，[70]並同樣將轉世制度當成是黃教發明的。[71]他在說明西藏佛教史時，多少仍有意將藏地正統的喇嘛教與佛教對比，由於從印度傳入的佛教與苯教妥協，稍有不純，[72]大致上西藏佛教與印度晚期佛教相差不甚遠，所異者是添加藏地固有神祇。[73]李安宅後來都逐一修正這些說法。不過，嚴格說來，李安宅對印藏佛教史的敘述，在深度與廣度上，並未超過呂澂、法尊等人的著作。

---

[67] 李安宅著，陳觀聖、王曉義譯，〈薩迦派喇嘛教〉，《李安宅藏學文論選》，頁202。
[68] 如：李安宅，〈拉卜楞寺的護法神——佛教象徵主義舉例（附印藏佛教簡史）〉，《邊政公論》，1：1（巴縣，1941），頁87；李安宅，〈薩迦派喇嘛教〉，頁201-202；李安宅著，張登國譯，〈噶舉派——喇嘛教的白教〉，《李安宅藏學文論選》，頁233。
[69] 如，批評 Waddell 將西藏僧侶的分類弄錯，見：李安宅，〈拉卜楞寺的僧官暨各級職員的類別〉，《李安宅藏學文論選》，頁7；或者是教史法的錯誤，見：李安宅，〈噶舉派——喇嘛教的白教〉，頁235。
[70] 李安宅，〈拉卜楞寺概況〉，《邊政公論》，1：2（巴縣，1941），頁28。
[71] 李安宅，〈拉卜楞寺的護法神——佛教象徵主義舉例（附印藏佛教簡史）〉，頁90。
[72] 李安宅在後來的文章修正這個見解，他同意應該反過來說，苯教吸收許多佛教的因素，實際上是西藏佛教的教派之一。討論西藏佛教的特色時，不必考慮它受苯教的影響，見：李安宅，〈噶舉派——喇嘛教的白教〉，頁234。
[73] 李安宅，〈拉卜楞寺的護法神——佛教象徵主義舉例（附印藏佛教簡史）〉，頁84-90。

　　李安宅針對密宗的教義與歡喜佛的解釋，在儀式與器物之外，從藏人的立場討論其本質。前面說過，李安宅認為信仰本身才是宗教的實質，信仰提供人生意義，至於表現信仰的神話及方式，都是信仰的附從。所以，怖畏貌的護法神像、歡喜佛等外觀與儀軌，不能從表面上見到的暴力、咒術、誨淫來解釋。以怖畏金剛〔又稱大威德金剛〕為例，詳細解釋祂為文殊菩薩的忿怒相，祂的九頭二十七眼各象徵善靜、忿怒、武勇、慈善和平等意義。三十四臂各執物件、十六條腿壓閻王，身為藍色裸體，謂離塵垢界，這些也都各有象徵的意涵。怖畏金剛擁明妃，依照密宗的解釋，男身代表方法，女身代表智慧，兩者合一，謂方法與智慧雙成。「男女相合為一單位，為一完人」，此「修證所得，即為快樂」。此快樂為「信念的現象」，「非真有男女的關係」。[74]一旦將神像（本尊）所對應的各種象徵視為自然，「到了最後階段，神像不再需要，所有在身體內部有的東西，都可自由進入軌道。當自己可以自由地指揮一切」，「免於生命輪迴的，即在此時此地進入涅槃（nirvana）。[75]

　　李安宅進一步指出，密宗如此特殊的實踐儀式，必須從顯、密教義上的差別來尋找。顯教乃是棄世之道，其方法為努力提昇自己的智慧，以求不受物質限制。而物質性的身體則是精神的桎梏，惡的淵藪，是精神所懼怕的東西。但密教在理論上較為進步，將物質與身體視作方便法門。密教相信：人不能使自己離開污染而孤立的生活，使生長的機體脫離營養它的東西。唯一的希望是使兩者提高到新水平。正視物質的存在，而非將心靈與物質看成矛盾對立，這就是自由本身，才是解脫、得救、永存的意義。[76]

　　所以，李安宅特別強調，必須澄清一個錯誤的誤解：宗喀巴的改革使喇嘛教清除出咒術的作用。事實上，密宗佛教本來就包括咒術，宗喀巴絕對沒有避免咒術，密宗對他的重要性並不亞於哲學顯宗的佛教。宗喀巴更注重哲學討論的改良以及寺院紀律，這影響到其他派別的自覺。由於密宗佛教是為完成受戒選定的喇嘛保留，而他們宣誓以關心他人的福利為唯一宗旨。任何存在的東西都是必要的存在，而不是放棄或分開它，如此才能達到完滿成就的境界。由於中觀論指導著密宗，要在物質的存在與絕對的空之間尋求平衡，這種智慧，即是「現代字眼所說的在認識論上和社會文化上的相對論」。[77]

---

[74] 李安宅，〈拉卜楞寺的護法神——佛教象徵主義舉例（附印藏佛教簡史）〉，頁 76-78。于式玉同樣對紅教（寧瑪派）喇嘛的外觀及其儀軌採象徵主義的解釋。她並指出，這些紅教僧人眼中的意義，是「我居留藏民區三年，能說他們的話，得到他們的信任」，才發現的。見：于式玉，〈拉卜楞紅教喇嘛現況與其起源及各種象徵〉，《華文月刊》，1：1（成都，1942），頁30。

[75] 李安宅，《藏族宗教史之實地研究》（上海：上海人民出版社，2005），頁56。

[76] 李安宅，《藏族宗教史之實地研究》，頁41、55-56。

[77] 李安宅，《藏族宗教史之實地研究》，頁210。

　　如此說來，在今日西方文明當道之際，藏人宗教生活所展露的智慧並非完全無當。雖然從表面上客觀的物質條件來說，藏人生活水準低；但是人生還有其他價值，有精神需求。藏人只吃糌粑，但藏人比漢人健康多了。藏人對於靈性發展以外不必要的東西，是不會享受的。藏人對於生活和理想的側重，其文化比較的啟示，是對西方文明的一種平衡。[78]

　　當他人批評喇嘛教在政治上的負面作用時，李安宅的提問是：「為什麼寺院在與其他勢力競爭的時候，能夠變得越來越強，而不像旁的政治實體逐漸變壞？」

　　答案在於轉世制度。李安宅認為，寺院制度有某些民主特點，是貴族統治之下所沒有的。活佛轉世制度選出寺院領袖，是自由選擇的結果，所以人選上會優於受到家庭影響的貴族世系。活佛制度勝過貴族制度的優點是，繼續性、威望、能力。由於活佛在靈性上是與前世同一，代代相傳，所以活佛享有人民全部的信仰，活佛選出後也需在寺院內嚴格訓練。活佛的權威，還需受制於議會和參贊，無法不顧公共利益。在這種意義下，可以說，「寺院與立憲的專制，是沒有多少區別的。」[79]

（三）辯經制度所蘊含的漢藏文化溝通之潛能

　　李安宅對藏人宗教生活所給予的評價，多少有言過其實的美化，他的觀點當然是從相對意義上而言，而且也與他對寺院教育制度的評價有關。甚至可以說，漢藏文化溝通的關鍵，是在西藏佛教的教育制度所帶來的啟示。在介紹過拉卜楞寺僧侶教育養成與取得學位的制度後，李安宅認為，寺院作為僧侶的教育機構來說，兼有書院制度與課室制度的長處，並值得以此來重估漢人的教育制度。[80]

　　一個藏人僧侶出家乃屬上學性質，並不像內地寺院一樣斷絕與家庭的關係。學僧不納學費，教師沒有薪津亦不給學分，「使師徒純以道義結合」，不受分數制度與商業空氣（如學費、薪水、升等）的限制，也就不是販賣知識。紀律既要求學生，也要求教師，道德紀律成為全體僧人的公共信仰。師生兩者，都是出於對知識和靈性的共同要求而結合在一起。[81]

　　在這個外部形式下，西藏佛教的教育制度，其最獨特的宗教實踐是背誦與辯論，也就是講經與辯經制度。李安宅指出，文化的一切意義來自語言，注重背誦與辯論的效果，學僧不會誤解經典，可得明確知識，以及在辯經過程中不主觀用事，勝義日

---

[78] 李安宅，《藏族宗教史之實地研究》，頁 13、209。

[79] 李安宅，《藏族宗教史之實地研究》，頁 208-209。

[80] 李安宅，〈喇嘛教育制度〉，《力行月刊》，8：5（西安，1943），頁 67。

[81] 李安宅，〈喇嘛教育制度〉，頁 68；李安宅，《藏族宗教史之實地研究》，頁 207。

出。[82]講經的方式一方面使生徒可有個別適應，進退自由，沒有固定不變的機械辦法或形式主義；另方面又有「以班級為單位的標準化的作用」。所謂的標準化，李安宅的意思是指程度上具有一定的水準與品質。標準化的鍛鍊，也及於師長，大家鍛鍊出來的學問，的確是科班造詣，無海派名流的危險。在廣場上公開進行的辯經與考試，於萬目睽睽的局面下，師生自然都會兢兢業業求精進。李安宅特地再三地將這種教育方式與內地大學制度相比，不似內地教師，浮光掠影、朋比盜名、儼然名流。[83]辯經制度更大的意義是能促成宗教群體在知識上的前進。假若在辯論過程中，某人能證明自己的論題，甚至是一個新的論題，這論題就會變成公共財富。因為那是在公共場合之下被證明的，沒有妄想的餘地；或者只為個人滿足而作為自由思想的貨色。李安宅的意思是，知識經過錘鍊成為共有，而不是個人在自由思想的大傘下，自以為是的構思。[84]

　　對辯經制度的推崇，並非李安宅的孤見，亦見於其他的知識分子。如陰景元在觀察其運作過後，即指出辯經有助於「闡微揚奧」，免於「主觀的鄙見」。[85]少數漢人知識分子之所以在西藏佛教辯經制度上感受到活力，某種程度來說，剛好正是對應西藏佛教裡最為理性及知識論色彩的一面。辯經制度雖是佛學裡因明量論在教學上的體現，但又不只是訓練學僧思維能力與佛學知識的學習，其更深一層信念是，通過理性證成宗教信仰。因為西藏佛教格魯派拒絕佛陀真理是所謂的不可言說或不可思議，真理、真諦、殊勝義一定是可以通過語言為理性所把握。此即西藏佛教寺院的辯經制度最重要的精神所在。不過，即便如此，也不是說理性的辯論精神就能凌駕宗教權威之上。事實上，自二十世紀初起，寺院僧人即是反對西藏現代化改革最力的保守集團。[86]

　　對辯經制度的推崇，並非就是說藏人的宗教生活是完美無瑕。對此李安宅指出，第一，寺院教育有其限制，藏文的學習亦過於困難，寺院壟斷社會一切的知識，除知識分子外民眾皆文盲。第二，藏人宗教確實被巫術淹沒，不能利用科學對於自然界進行有效的適應。世界的現狀也說明，藏人應該更有效地提高生產與文化水平，以便他們的宗教可以興盛。[87]

---

[82] 李安宅，〈拉卜楞寺大經堂——聞思堂——的學制〉，《新西北月刊》，2：1、2（蘭州，1939），頁 114。

[83] 李安宅，〈喇嘛教育制度〉，頁 69、72。

[84] 李安宅，《藏族宗教史之實地研究》，頁 208。

[85] 陰景元，〈拉卜楞寺夏季辯經大會〉，《邊疆通訊》，4：6（南京，1947），頁 13。

[86] 關於西藏佛教辯經制度的佛學理念，劉宇光有簡要的介紹，見：劉宇光，〈藏傳佛教學問寺辯經教學制度的因明實踐及背後所依據的佛學理念〉，《哲學與文化》，27：6（台北，2000），頁 564-572。關於西藏僧人的寺院生活與教育養成的進一步介紹與研究，見：Georges B. J. Dreyfus, *The Sound of Two Hands Clapping: The Education of a Tibetan Buddhist Monk* (Berkeley: University of California Press, 2003).

[87] 李安宅，《藏族宗教史之實地研究》，頁 211。

　　然而，李安宅並非以漢人為中心的教化主義者，主張限制宗教勢力或呼籲政教分離，或者是由漢人主導一切事業。問題必須從藏人宗教的再興來討論。如果宗教作為藏人社會的核心制度有其缺點，那麼改變是要以宗教為中心，與喇嘛這個菁英階層合作進行改變。如果藏人需要現代化的改革，則此種工作需由藏人自己做起，也就是以藏人文化本位來思考藏人的前途。

　　就教育制度而言，漢藏都面臨同樣的挑戰，漢人的教育制度仍需對抗儒學傳統遺留下的八股文遺產。漢藏正可互相借鑑。要使教育富於生命，知識分子必須積極參加廣大文盲群眾的實際生活。李安宅感性地提到，倘若不將自己隔離在象牙塔之內，他們完全可以使自己在學術與靈性上豐富起來。所以假定藏族教育要現代化，必須要有來自傳統權威中心的力量。[88]李安宅以拉卜楞寺為例勾勒這個前景，並且正由五世嘉木樣（1916-1947）活佛直接推廣。由於寺區行政上隸屬夏河縣，是安多地區中較接近漢人地帶，縣內設有普通教育學校。年輕的僧侶在漢人僧侶黃明信（1917-2017）成立的漢文中學學習漢文。這種直接的文化接觸最有意義。[89]

　　在李安宅的現代化方案裡，漢藏文明是雙向接觸學習，而非單向的文明教化。在檢討中國歷代至今的治邊政策後，李安宅以人類學者的身分提出他的方案：區域分工原則。包括蒙、藏、回在內「邊疆」一詞的出現，其意義一定是相對於內地而言。內地與邊疆的區分，從先天來說，是地形而非區位；就後天而論，是文化的種類而非文化的程度。內地為精耕文化，邊疆為游牧文化，然而兩者也都需要工業化。只有先理解這點，才不會有建設邊疆即是開墾移民的成見，才能跨越農耕與游牧的界限。[90]

　　超越兩者對立而統一的辦法，即是區域分工原則。這又分為物質與精神兩方面：生產的區域分工和精神的區域分工，前者體現為工業化原則，後者則是公民原則。李安宅進一步解釋，漢人與邊民在生活與產業上的不同，內地與邊疆之分，即是因為兩者在功能上無法形成互補，成為更大的統一單位。在生產的區域分工原則下，政治措施必在於改善、提高、擴充適合於邊疆的生產方式。所以「內地所宜者，如精耕之類，不必強向邊疆推進了。內地所缺乏者，如畜牧產品之類，得到豐富的供給了」。[91]同樣的，在公民原則下，邊民地位的提高不是依賴於壓制邊疆的殊異，而是承認此種個殊：

[88] 李安宅，《藏族宗教史之實地研究》，頁206。
[89] 李安宅，《藏族宗教史之實地研究》，頁206。
[90] 李安宅，〈宗教與邊疆建設〉，《邊政公論》，2：9、10（巴縣，1943），頁17-18。
[91] 李安宅，《邊疆社會工作》（上海：中華書局，1946，再版），頁4-5。

既有全國一致的國語，又有各地不同的方言；既有中心思想，又有各派宗教；既同樣屬於中華民族，又有血統的分別；既有統一的典章制度，又有各別的設置與習慣。蓋在過去，分則離心，合則不平。今後則要一中有多，多中有一。多以成其複異豐富，一以成其莊嚴偉大。……這種在統一中求得個別的適應，又在個別適應中達成真正統一的原則，普通的說法叫做公民原則。換個說法亦可叫做精神的區域分工。[92]

　　簡單地說，就是統一的多民族國家內承認少數差異的存在，在國族之民的身分上，進行「公民原則」的轉換。「因為公民是以地緣與業緣站在一起，遵守共同的法律」，「以公民的資格，共享權利，共盡義務」，而不必過問原來的血緣、種族如何。[93]

五、結論

　　曾在拉卜楞地區進行實地調查者當然不只李安宅、于式玉。稍晚到訪拉卜楞的社會學家俞湘文，也因進一步的接觸而提出不同於時論的看法。在漢人對藏人社會的批評裡，最常見的即是藏族人口將因宗教而導致滅種的人口問題。俞湘文指出，這一點並不能全歸罪於喇嘛教。她依據自己對家戶與部落人口的統計得出，喇嘛教並非是影響藏族人口遞減的唯一原因。更適當的說法是，喇嘛教的因素在量來說並非嚴重。反而是質的影響較大，因為喇嘛是藏人社會裡的精英，並挑選聰穎男孩為生徒，對後代稟賦遺傳不利。[94]

　　影響藏族人口更主要的原因，是包括花柳病在內的疾病與缺乏醫藥衛生。這個問題的解決必須從多方面下手：一，廣設衛生機關、巡迴醫療隊；二，普及現代教育；三，提倡生產事業；四，便利交通運輸，輸入糧食，輸出畜產品，也就是互通有無。[95]雖然統計資料證明花柳病占藏民四大疾病第一位（依次為腸胃科、眼疾、風濕），此病又因藏人性開放而來，但俞湘文認為，防治方法仍在糾正未婚男女的性放任風氣。[96]漢人的想法著重在必須控制藏人的性行為，而不是從更安全的性行為與更普及的醫藥上著手。

---

[92] 李安宅，《邊疆社會工作》，頁6。

[93] 編輯部，〈文化運動與邊疆建設〉，《邊政公論》，3：2（巴縣，1944），卷首，無頁碼。

[94] 俞湘文，《西北游牧藏區之社會調查》（上海：商務印書館，1947），頁57。

[95] 俞湘文，《西北游牧藏區之社會調查》，頁63-64。

[96] 俞湘文，《西北游牧藏區之社會調查》，頁96-99。

由於實際調查的發現，俞湘文反對指責喇嘛教，而是從對藏民最有益的方面下手。她的結論並非特別解藥，這些建議亦常被提出，然而論者多是空泛地從國家發展去討論問題，忽視「中華民族」其實是有著各種差異的組成。就教育方面而言，俞湘文觀察到，在黃正清（1903-1997）的支持下，拉卜楞藏民小學校的辦學成績雖好，但卻面對藏民的質疑。原因是學生畢業後，不升學者回家鄉沒特別職業可作，與不讀書無異，等於是勞動力與家計的浪費。即使赴內地升學，但頗多水土不服而客死他鄉，或者留戀內地生活享受不願返鄉，還有遭學校開除缺乏川資回家者。事實是單設學校、認識文字對藏民來說並無用處，教育事業必須與交通、工業、商業等同時舉辦，提供容納受教育的藏民有經濟出路，且必須是對藏民有益的機構。[97]

不過，處身漢人知識菁英的位置，期待經由現代科學的診斷而自我印證，俞湘文還是希望能由漢人主導藏人社會的改良。與李安宅相比，俞湘文仍將藏人宗教信仰置於現代化的對立面。因為喇嘛看破紅塵，並不研究宗教以外的學問，無法負起改良社會、提倡教育的責任。宗教雖有益人類，解除精神痛苦，但是，「如藏族同胞之趨於盲目的迷信，那就害多利少」。[98]

李安宅的藏學研究案例說明，如果暫時擱置原有的成見與概念，不急於將研究對象單純視為施展科學與社會責任的應許之地，那麼實地調查的研究對象對研究者來說，就是充滿各種可能性，研究者置身其間而又懷疑一切。在這個認識與重新反思的過程中，提煉概念，重組詮釋體系，才有可能更好地理解研究對象的社會脈絡。認識異文化的目的與意義，並非否定其主體性，李安宅與于式玉以文化互相學習的態度來對待藏人文化。

不過，如同李安宅、于式玉採取文化相對論的立場來看待西藏者終究只是少數。更多的漢人知識分子痛斥喇嘛與土司，視之為中世紀封建毒瘤，土司制度為任何新制度改變的強大阻力，成為邊政的癥結。西藏宗教的主事者喇嘛，透過轉世制度掌握西藏政權，在思想上以宿命輪迴麻醉藏人。所以西藏是無法從內部產生自我變革需求的神權統治社會。

這些批評反映漢人自身對現代社會的新想像，自由權利的獲得需先弭平一切外表上的階級差異，社會平等的建立首先需解放遭封建等級制的社會所牢困的身分。漢人菁英毫無猶豫地將藏人的宗教信仰當成是阻礙現代化的來源，卻不像自身對待儒家傳統時愛恨相交的矛盾心理。

[97] 俞湘文，《西北游牧藏區之社會調查》，頁82、86。
[98] 俞湘文，《西北游牧藏區之社會調查》，頁92-93、115。

　　其實，民國時期漢人菁英已經完成西藏是封建農奴制社會的論述。除了從民族主義來論證漢人有權支配西藏外，又配備現代化的意識型態以驅逐一切前近代的軀殼。1951 年完成對西藏的軍事控制後，中共治下的漢人菁英特意就封建農奴制社會的論述再加以發揮，以此來證明漢人統治、改革西藏的正當性。

　　然而，不論是陳永齡、李有義乃至李安宅，人類學者的實地研究，不只得回應現實的需求，甚至還會面臨其他知識菁英同樣出於民族主義情緒所帶來的攻擊。學術無法脫離政治，處於中日戰爭的災難下，日人利用民族自決口號鼓動部分滿、蒙、疆異議者對抗國府抗戰工作，加上英、法、蘇等強權對中國邊疆的各種滲透，非人類學／民族學出身的知識菁英，對於「民族」、「邊疆」的學術研究，並非全然同意。舉例而言，1939 年初，顧頡剛在昆明辦《益世報》的《邊疆週刊》，就發動過〈中華民族是一個〉的論戰。文中反對「中國本部」、「漢族」、「民族」等名詞的使用，並倡議漢人要與邊地人民共同集合在「中華民族」之名下，團結抵抗帝國主義。[99]基於相近的立場，傅斯年反對吳文藻、費孝通等人類學者在西南地區的實地研究，指責他們販賣帝國主義的殖民知識，幫助外人裂解中國；並更進一步動用關係，打壓人事及經費。[100]顧、傅兩人此時的態度，全然不同於他們早年在學界奠定學術基業時的想法。古史辨時期的顧頡剛，主張要打破民族出於一元的古史結構，應當依照民族的分合，找出各漢人各民族系統的異同。[101]至於傅斯年，在史語所發刊詞中，則曾提倡要趕緊採集漢族及漢族之外各種人類學材料。[102]

　　國難確實引導這些頂級知識分子改變學術態度，促使他們召喚中華民族放手同化其他非漢族群。至於中國人類學者，與他們的西方同道可以毫無顧忌地盡情為學術而學術的處境不同，中國人類學者時時得面對民族主義要維護政體的情緒，及國家權力更迭的不確定性對學術造成的干擾。

99 顧頡剛，〈中華民族是一個〉，《益世報・邊疆週刊》，期 9，1939 年 2 月 13 日。
100 見：「傅斯年致朱家驊、杭立武」，1939 年 7 月 7 日，檔號：III：1197，收入王汎森、潘光哲、吳政上主編，《傅斯年遺札》（台北：中央研究院歷史語言研究所，2011），頁 1012-1018。關於這場〈中華民族是一個〉論戰的細節，見：黃興濤，《重塑中華：近代中國「中華民族」觀念研究》（香港：三聯書店，2017），頁 369-406。
101 顧頡剛，〈我為什麼要寫「中華民族是一個」？〉，《西北通訊》，期 2（南京），1947 年 4 月 10 日，頁 2。
102 傅斯年，〈歷史語言研究所工作之旨趣〉，《國立中央研究院歷史語言研究所集刊》，1：1（廣州，1928），頁 9。

徵引書目

中文資料

「傅斯年致朱家驊、杭立武」，1939 年 7 月 7 日，檔號：III：1197，收入王汎森、潘光哲、吳政上主編，《傅斯年遺札》，台北：中央研究院歷史語言研究所，2011，頁 1012-1018。

于式玉，〈到黃河曲迎接嘉木樣活佛日記〉，《新西北》，3：2（蘭州，1940），頁 75-84。

──，〈拉卜楞紅教喇嘛現況與其起源及各種象徵〉，《華文月刊》，1：1（成都，1942），頁 27-30。

──，〈記黑水旅行〉，《旅行雜誌》，18：10（重慶，1944），頁 59-81。

──，〈麻窩衙門〉，《邊政公論》，3：6（巴縣，1944），頁 36-43。

──，〈黑水民風〉，《康導月刊》，6：5-6（康定，1945），頁 9-21。

不著撰人，《西藏政教合一制》，出版地不詳：行政院新聞局印行，1947。

文萱，〈西藏蒙古喇嘛僧之階級〉，《開發西北》，4：1、2（北京，1935），頁 25-28。

王明珂，〈台灣地區近五十年來的中國西南民族史研究〉，徐正光、黃應貴主編，《人類學在台灣的發展：回顧與展望篇》，台北：中央研究院民族研究所，1999，頁 281-317。

──，《羌在漢藏之間：一個華夏邊緣的歷史人類學研究》，台北：聯經出版公司，2003。

朱少逸，《拉薩見聞記》，上海：商務印書館，1947，頁 106。

何翠萍，〈從中國少數民族研究的幾個案談「己」與「異己」的關係〉，徐正光、黃應貴主編，《人類學在台灣的發展：回顧與展望篇》，台北：中央研究院民族研究所，1999，頁 364-376。

余貽澤，〈明代之土司制度〉，《禹貢》半月刊，4：11（北京，1936），頁 1-9。

冷亮，〈西藏宗教與政治之關係〉，《東方雜誌》，38：14（重慶，1941），頁 35-45。

吳文藻，〈邊政學發凡〉，《邊政公論》，1：5、6（巴縣，1942），頁 1-11。

吳澤霖，〈邊疆的社會建設〉，《邊政公論》，2：1、2（巴縣，1943），頁 1-6。

吳燕和，〈中國人類學發展與中國民族分類問題〉，《國立台灣大學考古人類學刊》，期 47（台北，1991），頁 36-50。

李安宅，〈拉卜楞寺大經堂──聞思堂──的學制〉，《新西北月刊》，2：1、2（蘭州，1939），頁 108-114。

──，〈宗教與邊疆建設〉，《邊政公論》，2：9-10（巴縣，1943），頁 13-23。

──，〈拉卜楞寺的護法神──佛教象徵主義舉例（附印藏佛教簡史）〉，《邊政公論》，1：1（巴縣，1941），頁 75-90。

──，〈拉卜楞寺概況〉，《邊政公論》，1：2（巴縣，1941），頁 27-36。

──，〈喇嘛教育制度〉，《力行月刊》，8：5（西安，1943），頁 67-72。

──，〈論邊疆工作之展望〉，《燕京新聞》，1944 年卷 10 期 17（成都），頁 5。

──，《邊疆社會工作》，上海：中華書局，1946，再版，頁 4-5。

──，〈拉卜楞寺的僧官暨各級職員的類別〉，《李安宅藏學文論選》，北京：中國藏學出版社，1992，頁 6-14。

──，〈藏民祭太子山典禮觀光記〉，《李安宅藏學文論選》，北京：中國藏學出版社，1992，頁 57-71。

──，〈藏族家庭與宗教的關係〉，《李安宅藏學文論選》，北京：中國藏學出版社，1992，頁 263-274。

———，《藏族宗教史之實地研究》，上海：上海人民出版社，2005。

李安宅著，張登國譯，〈噶舉派——喇嘛教的白教〉，《李安宅藏學文論選》，北京：中國藏學出版社，1992，頁 233-238。

李安宅著，陳觀聖、王曉義譯，〈薩迦派喇嘛教〉，《李安宅藏學文論選》，北京：中國藏學出版社，1992，頁 201-217。

李亦園，〈民族學誌與社會人類學——台灣人類學研究與發展的若干趨勢〉，《清華學報》，23：4（新竹，1993），頁 341-360。

李有義，〈雜古腦喇嘛寺的經濟組織〉，《邊政公論》，1：9、10（巴縣，1942），頁 17-25。

———，〈西藏的活佛〉，《燕京社會科學》，期 1（北京，1948），頁 117-132。

———，〈西藏問題之分析〉，《邊政公論》，7：3（南京，1948），頁 1-4。

———，〈九十自述〉，格勒、張江華編，《李有義與藏學研究：李有義教授九十誕辰紀念文集》，北京：中國藏學出版社，2003，頁 7-143。

———，〈黑水紀行〉，收入易君左等著，《川康游踪》，出版地與出版者不詳，1943，收入《民國史料叢刊》，冊 860，鄭州：大象出版社，2009，頁 307-338。

李紹明，〈略論中國人類學的華西學派〉，《廣西民族研究》，2007：3（南寧，2007），頁 43-52。

汪洪亮，《民國時期的邊政與邊政學（1931-1948）》，北京：人民出版社，2014。

沈松僑，〈江山如此多嬌——1930 年代的西北旅行書寫與國族想像〉，《台大歷史學報》，期 37（台北，2006），頁 145-216。

沈衛榮，〈「懷柔遠夷」話語中的明代漢、藏政治與文化關係〉，《國際漢學》，期 13（北京，2005），頁 213-240。

林耀華，〈邊疆研究的途徑〉，《邊政公論》，2：1、2（巴縣，1943），頁 15-27。

———，〈康北藏民的生活狀況（中）〉，《流星月刊》，1：2（成都，1945），頁 21-26。

———，〈康北藏民的生活狀況（下）〉，《流星月刊》，1：3、4（成都，1945），頁 10-14。

———，〈川康北界的嘉戎土司〉，《邊政公論》，6：2（南京，1947），頁 33-44。

———，〈川康嘉戎的家族與婚姻〉，《燕京社會科學》，期 1（北京，1948），頁 134-153。

邱述鈴，〈建設新西康之綱領〉，《康導月刊》，1：5（康定，1939），頁 62-73。

俞湘文，《西北游牧藏區之社會調查》，上海：商務印書館，1947，頁 57。

柯象峰，〈中國邊疆研究計畫與方法之商榷〉，《邊政公論》，1：1（巴縣，1941），頁 47-57。

凌純聲，〈中國邊疆文化（下）〉，《邊政公論》，1：11、12（巴縣，1942），頁 55-63。

———，〈中國邊政之土司制度〉（中），《邊政公論》，3：1（巴縣，1944），頁 4-13。

唐美君，〈人類學在中國〉，《人類與文化》，期 7（台北，1976），頁 1-9。

徐益棠，〈十年來中國邊疆民族研究之回顧與前瞻〉，《邊政公論》，1：5、6（巴縣，1942），頁 51-63。

涂仲山，〈康區佛教之整理〉，《康導月刊》，6：2、3、4（康定，1945），頁 19-20。

梅靜軒，〈民國以來的漢藏佛教關係（1912-1949）——以漢藏教理院為中心的探討〉，《中華佛學研究》，期 2（台北，1998），頁 251-288。

許文超，〈西康喇嘛剝削人民之鐵證〉，《康導月刊》，1：9（康定，1939），頁 56-57。

責任（李安宅），〈論邊疆工作之展望〉，《邊政公論》，3：11、12（巴縣，1944），頁 1-3。

陰景元，〈拉卜楞寺夏季辯經大會〉，《邊疆通訊》，4：6（南京，1947），頁 9-13。

陳永齡，〈四川理縣藏族（嘉戎）土司制度下的社會〉，收入陳永齡，《民族學淺論文集》，台北：弘毅出版社，1995，頁 312-438。

陳波，《李安宅與華西學派人類學》，成都：巴蜀書社，2010。

陳恩鳳，〈藏族農民與邊政〉，《邊政公論》，3：12（巴縣，1944），頁 22-24。

陶雲逵，〈論邊政人員專門訓練之必需〉，《邊政公論》，1：3、4（巴縣，1941），頁 2-8。

———，〈西南邊疆社會〉，《邊政公論》，3：9（巴縣，1944），頁 11-12。

黃文山，〈民族學與中國民族研究〉，《民族學研究集刊》，期 1（上海，1936），頁 1-26。

黃興濤，《重塑中華：近代中國「中華民族」觀念研究》，香港：三聯書店，2017。

傅斯年，〈歷史語言研究所工作之旨趣〉，《國立中央研究院歷史語言研究所集刊》，1：1（廣州，1928），頁 3-10。

黃應貴，〈光復後台灣地區人類學研究的發展〉，《人類學的評論》，台北：允晨文化公司，2002，頁 10-15。

葛赤峰，〈土司制度之成立及其流弊〉，《邊事研究》，9：5（重慶，1939），頁 13-19。

奪節，〈寺院與喇嘛生活〉，《康導月刊》，6：2、3、4（康定，1945），頁 21-30。

劉宇光，〈藏傳佛教學問寺辯經教學制度的因明實踐及背後所依據的佛學理念〉，《哲學與文化》，27：6（台北，2000），頁 564-572。

劉婉俐，〈民國時期（1912-1937）漢傳佛教的現代化轉折：兼談藏傳佛教傳入民間的互涉與影響〉，《世界宗教學刊》，期 12（嘉義，2008），頁 29-68。

編輯部，〈文化運動與邊疆建設〉，《邊政公論》，3：2（巴縣，1944），卷首，無頁碼共 2 頁。

衛惠林，〈邊疆文化建設區站制度擬議〉，《邊政公論》，2：1、2（巴縣，1943），頁 7-14。

簡金生，〈近代漢人的西藏觀：1912-1949〉，台北：國立台灣師範大學歷史系博士論文，2014。

顧頡剛，〈中華民族是一個〉，《益世報・邊疆週刊》，期 9（重慶），1939 年 2 月 13 日。

———，〈我為什麼要寫「中華民族是一個」？〉，《西北通訊》，期 2（南京），1947 年 4 月 10 日，頁 1-2。

英文資料

Dreyfus, Georges B. J. *The Sound of Two Hands Clapping: The Education of a Tibetan Buddhist Monk.* Berkeley: University of California Press, 2003.

Lin, Hsiao-ting. *Tibet and Nationalist China's Frontier: Intrigues and Ethnopolitics, 1928-49.* Vancouver: UBC Press, 2006.

Lopez, Jr., Donald S. *Prisoners of Shangri-La, Tibetan Buddhism and the West.* Chicago: University of Chicago Press, 1998.

Tuttle, Gray. *Tibetan Buddhists in the Making of Modern China.* New York: Columbia University Press, 2005.

從「冷社會」到「熱社會」：
西藏的近當代歷程初探

陳乃華

一、緣起：作為「文明體」的西藏

　　本文借用李維史陀（Claude Lévi-Strauss, 1908-2009）「冷社會」與「熱社會」的歷史哲學概念，[1] 其筆下的歷史與神話思維的關係，試論西藏文明內部「熱社會」與「冷社會」的交錯歷程。對於西藏文明的關注，是緣起於「軸心文明」（Axial Civilization）的討論：卡爾・雅斯貝斯（Karl Jaspers, 1883-1969）在《歷史的起源與目標》（*The Origin and Goal of History*）一書中提出「軸心時代」的概念，曾經歷「軸心時期」的文明為中國、印度、希臘城邦、希臘化時代和早期文明古國的傳承及其與北方遊牧族群的互動，並以「超越的時代」（the age of transcendence）的「突破」作為特徵，以對軸心時代力量的回憶，形成「復興」（Renaissance），即文明的精神振奮，他表示，中國、印度和希臘這三種文明在這期間都以「突破」其早期文明為前提，並開啟了各自文明後來的發展方向，從而形成了不同的宗教－倫理觀、文化模式，史前歷史、古代文明、軸心時代、科技時代。

　　在軸心時代裡，各個文明：古希臘，以色列，古印度，中國都出現了偉大的精神導師，他們提出的思想原則塑造了不同的文化傳統，也一直影響著人類的生活。而且更重要的是，雖然中國、印度、中東和希臘之間有千山萬水的阻隔，但它們在軸心時代的文化卻有很多相通的地方。[2] 如何去思考西藏的文明結構？西藏這個由多重中心與邊緣關係所組成的「文明體」，如何在其中觀察文明中心與周圍的互動？從吐蕃王朝覆滅後的「黑暗時期」到五世達賴喇嘛所建立如「軸心文明」的「教會國」期間，經歷了什麼歷史過程？作為「多元一體」的藏文明，文明內部的中心／邊緣如何相互

---

[1] [法]克洛德・列維-斯特勞斯（Claude Lévi-Strauss）著，李幼蒸譯，《野性的思維》，收入《列維－斯特勞斯文集 2》（北京：中國人民大學出版社，2006）。

[2] 關於「軸心時代」的提出與思想，詳見[德]卡爾・雅斯貝斯著，魏楚雄、俞新天譯，《歷史的起源與目標》（北京：華夏出版社，1989）。

翻轉？其自身的歷史動力機制為何？

　　西藏在後宏期開始，知識內涵的儲存地逐漸集中在寺院與僧團，在五世達賴喇嘛推動的甘丹頗章政權中，建立以「三僧一俗四噶倫」的制度，僧侶除了接受教權內對於各教派經典的傳承與詮釋外，涉獵王權中的教令等統治之術。五世達賴喇嘛來自寧瑪派的家族，對瑜珈大法也有修持；又與噶舉派保持著千絲萬縷、敵對而又傳承其建制的微妙關係，並在格魯派教義中尋找政教合一的宗教解釋力。而在處於漢藏／印藏的交匯處的安多與阿里，作為「藏邊地帶」的多康地區，地方部落首領宣稱來自西藏吐蕃王朝世系，是「被遠逐的贊普王子」與其部屬，上溯西藏雅拉香波山神系的神聖力量。在中世紀後宏期階段，多康地區具有活力生機，在藏區上下部形成多元的宗教－政治型態，各地方部落勢力突出，貴族與頭人力量仍在，並在不同的時代秉持著彈性且幽微姿態，向政治與宗教的中心進行挑戰。處於草原與內陸交界的「邊緣」地帶，成為下一輪興盛力量的醞釀之所。

二、「黑暗時期」多康地區政教多元狀態

　　「聖觀音思惟，藏區雖有若干小邦之主，然無一大王出世，則佛教之興，頗有困難，故未作加持。適有眾敬王之裔與甲巴者，生有一子，聖者乃為之做加持焉」。[3]吐蕃王朝在經歷大一統的盛事後，末期贊普達瑪（Glang dar ma）面對佛苯之爭採取激烈的手段，導致於 842 年吐蕃王國形成分裂局面，諸王族也經歷多次遷徙。公元 9世紀中葉，吐蕃政權崩潰滅亡，西藏社會進入封建化進程。[4]意大利藏學家畢達克（Luciano Petech, 1914-2010）講述公元 842 年吐蕃王朝覆滅後，吐蕃失去了在漢地西部、西北部和中亞的屬地。吐蕃本土分裂成許多由達磨兩個兒子的後裔家族統治的小王國。各藏區分散的寺院形成由住持們統治的宗教小王國中心，這些住持原來是由僧侶們選出的，後來常常按世襲傳承，往往兄弟一人是宗教領袖，一人娶妻生子，住持由伯侄相傳；如昆氏家族與薩迦住持，一支為宗教首領，一支掌握行政權力，這個狀況從九世紀延續到十三世紀。此時期沒有一個西藏王國主持與漢地、中亞和北印度諸國達成的聯合關係，而採取分散與各自交往。[5]

3　五世達賴喇嘛著，劉千立譯注，《西藏王臣記》（北京：民族出版社，2000），頁 9。

4　唐代的吐蕃指的是吐蕃王朝，但在後期的五代和宋，只一些分裂的小王國據有安多的領域；有些王國居住著吐蕃後裔，有些則由先前臣屬吐蕃的部落所組成，他們吐蕃王朝崩潰後形成獨立的小王國，被稱為「溫末」或是「渾末」。更敦群培，《更敦群培文集精要》（北京：中國藏學出版社，1996），頁 125-126。

5　[意]畢達克著，沈衛榮、宋黎明譯，《西藏的貴族和政府，1728-1959》（北京：中國藏學出版社，2008），頁

　　這個時期，除西部阿里各地是由吐蕃贊普的後裔們分割統治外，其餘的衛藏、多康地區沒有統一的法度和政權，在這些地方的往昔贊普後裔和貴族後代成為或大或小的地方首領，憑藉自己的力量或群眾的擁戴。在安多這個遠離西藏中部的外圍地區，河西藏人喇嘛李立遵挾持唃廝囉到西寧之東的宗哥城，在此立他為王。[6]《宋會要輯稿・蕃夷四》篇中，回鶻「歸化泊其相索溫守貴並表言，與西蕃贊普王子為親」。[7]由於宋朝和西夏的施壓，藏東部落的繼任者失去政治權力，頭人們轉而披上袈裟，無數大小的僧侶集團產生並賦予世俗和精神大權，而後唃廝囉政權以青唐城為宗教城與區域統治的中心，王朝歷時百年。[8]

　　蒙古帝國知道遊牧社會的移動勢力，會因為逐漸與內陸的農業文明聯系而崩潰，而統治中原王朝也需要仰仗一套繁複使用漢字的官僚體系。為了形塑一個永久統治階級，蒙古君主做了許多嘗試，以便使統治中原時不用完全依賴中國的士大夫階級。薩迦派的興起，在蒙古王室看來，這是一個有文化制度的宗教，可以與中國官僚體系相抗衡。故在忽必烈時代封薩迦派高僧八思巴為「國師」，並委任以帝國的宗教事務領導權。國師八思巴於十三世紀中到達北京，並奉命總攝帝國的所有教團，其協助蒙元王朝建立一套書寫體制，創立「八思巴文」。薩迦一系在元帝國中受到高度重視，成為「皇天之下、大地之上、西天佛子、化身佛陀」，並與蒙古帝王形成「法王與教王」的格局。

　　十二至十三世紀是教派並立，各地領主割據競爭的時期，各教派以多元的樣貌蓬勃發展。在「後弘期」藏傳佛教的傳播發展中，身兼教派首領的領主、或某教派的主要支持者，往往成為占地最多、權勢最大的地方政權首領。他們憑借著經濟和意識形態優勢，佔據了社會的主導地位。十三世紀中葉，蒙古汗王通過薩迦派首領勸喻各派勢力歸入元帝國統一政權後，元朝中央在西藏始置烏思藏、後藏、阿里三部等宣慰使司都元帥府，封置十三萬戶，建立完整的管理體系，使各教派首領在內的僧俗上層享有穩定的政治權力。昆氏家族開創和控制的薩迦派，其創始人並未出家，從薩迦派的創立就是僧俗不分的，家族與寺院聯合一起的，有血統和法統兩支傳承，該教派的教

13-14。[意] L・畢達克著，陳得芝譯，〈吐蕃與宋、蒙的關係〉，收入王堯等主編，《國外藏學研究譯文集》（第一輯）（拉薩：西藏人民出版社，1985），頁166-167。

[6]　角斯羅（唃廝囉）本名「欺南陵溫錢逋」，「錢逋」是吐蕃王號「贊普」的方音之訛。「溫」，為姪、甥之意，此名即為「吐蕃王朝末代贊普達磨的後裔」。這位「遠離的贊普王子」角斯羅，是藏語「嘉拉」的音譯，為「佛子」之意，這也是皇族的頭銜。見[意] L・畢達克著，陳得芝譯，〈吐蕃與宋、蒙的關係〉，收入王堯等主編，《國外藏學研究譯文集》（第一輯），頁168-170。

[7]　郭聲波點校，《宋會要輯稿・蕃夷道釋》（成都：四川大學出版社，2010），頁124。

[8]　轉引自王雲海，《宋會要輯稿考校》（開封：河南大學出版社，2008），頁78。

主由家族世代相承，從八思巴起九代法王都在政治與宗教上緊密結合。

在蒙元王朝滅亡後，南部的蒙古部落歸順於新的中國皇帝，也因此，明朝才有機會遠征北方蒙古。明統治者基本承襲了元的統治策略，但不獨尊一個教派，而採取「多封眾建」的制度，在西藏冊封「四大八小」的法王。這時的藏地並沒有真正統一，教派林立，各據一方。但由於教派間相競獲得中央王朝的支持，宗教領袖以所獲得封號與地方勢力形成類似「政教結合」的關係。以安多地區為例，寺院最大的供養者即為土司家族，寺院與地方政治領袖雙方都須接受朝廷的認證，彼此形成同盟關係。也因此，佛教總體而言在明時期得到一定發展。

明朝建立後，新的中央政權在西藏地方改設烏思藏都指揮使司。《明史》中記載，明代承襲蒙元對西藏的統治政策，除封授替代薩迦派地位的帕竹首領闡化王外，還敕封了三大法王及其他宗教首領，實行多封眾建的政策：這意味不似蒙元僅禮遇一教一派，而是藏區各大首領和宗教人物被受封為法王、王、西天佛子、灌頂國師、大國師、國師與禪師等名號。

在清代所頒布的《番例》中，明文體現中央與邊疆政治的互動方式：千百戶制度是王朝統治西北藏族部落的重要方式，中央王朝每年以會盟形式與千百戶保持關連並進行獎懲，保持緊密連結。千百戶世襲傳承並受西寧辦事大臣衙門管理，與土司一樣屬於地方政權，由中央王朝進行冊封。[9]傳統上分權的體制有所改變，也影響到對於安多與康區的政治格局安排：青海為額魯特蒙古牧地，分為五部，青海和碩特部二十一旗，昔為西羌、吐蕃盤據之地；自額魯特人入侵後，吐蕃遺族為其所役，羅卜藏丹津停定後，分建土司四十以處之，蒙人在北，藏人在南。西藏之政教由達賴與班禪掌之，達賴管理全藏，班禪管理後藏。下有四噶倫掌管行政，中央置駐藏大臣於拉薩。[10]

千百戶制度在地方上維護正常的社會秩序和生產秩序，受權審理訴訟、統領武裝是千百戶的重要職責，一般都有額外收入和比較優越的經濟條件，並在法律程序和人身保護方面享有一定的特權。但千百戶制度又與土司略有不同，有流官西番廳管轄，且此頭人是過去元朝所承襲下的蒙古統治者，也是因應西北的特殊情勢而設的「土流並置」方式。可以說，土司、千戶與活佛制度在政教關係上經歷了西藏對於中央王朝有著化外到邊境的轉換過程，從元代至明清時期，安多與康區以「雙邊朝聖」、「政教分治」的方式與中央王朝和衛藏地區共存，土司制度隨著西藏與中央王朝關係而有所嬗變，是與雙邊核心政權交往互動的結果。這漫長的階段，雖在西藏史觀定位為

9　李安宅、于式玉，《李安宅、于式玉藏學文論選》（北京：中國藏學出版社，2002），頁198。
10　顧頡剛、史念海，《中國疆域沿革史》（北京：商務印書館，2004），頁212。

「黑暗時期」，但是在上部多康與下部阿里地區，教派發展，文化復興，形成豐富多元的「熱社會」形貌，也為「偉大的五世」奠定了基礎。

五世達賴喇嘛時期，西藏迎來了以「知識」與「寺院」為中心的高度文明，這個僧伽中心形成了如同「教會國」的政治形態，政教權力高度集中，而來自多康地區如白利土司的「反格魯」派勢力挑戰以失敗告終，如同進入新一輪的「冷社會」型態，直到受近代種種思潮影響下的十三世達賴喇嘛時期，才開始回到了「熱社會」的多元性，知識分子與貴族的文化復振，個人的政治生涯出現與競爭，這種「冷－熱社會」交替階段，也是近當代政治型態產生之時。

三、「偉大的五世」時期：「教會國」的產生

明朝末期，女真勢力在東北草原邊緣崛起，蒙古很快與女真成為聯盟關係。日後，蒙古和碩特部首領與格魯派首領聯合，以軍事力量摧毀反格魯派勢力，取得了西藏地方的統治權。十七世紀初，辛廈巴舉兵推翻了名存實亡的帕竹政權，在日喀則建立起統治前後藏的第悉藏巴地方政權，尊崇噶瑪噶舉派，排斥由帕竹政權扶持起來的格魯派，很快與青海的卻圖汗和康區的白利土司三方結成反對格魯派的聯盟，格魯派在存亡危急之中只好向外尋求蒙古勢力的援助。

在拉鐵摩爾（Owen Lattimore）的敘述中，清帝國在亞洲腹地的開拓擴展，從開始就是同時將軍事與宗教問題緊密聯系：東蒙古人歸附滿清後即引起過西蒙古諸部族的不安與仇視，後期西蒙古的和碩特部就控制了烏魯木齊與青海湖一帶，並在十七世紀中葉他們實際控制了西藏。從滿清入關至清初期，清帝國完成「內外邊疆結構」的建立。可以說，滿清在初期有了第一個「內邊疆結構」，包括滿州的西部和南部、內蒙古以及使用漢語的回教徒的寧夏和甘肅。在康熙年間又加上了一個「外邊疆」，包括清朝控制而非直接統治的滿州北部、外蒙古、西蒙古、擁有眾多使用突厥語的穆斯林的新疆與西藏各族。[11]

這些在中國「西北」所建立的「類王朝」，保持其草原的移動與彈性，並對帝國造成很大的影響力。如中世紀所建立的介於吐蕃文化與華夏之間的西夏、吐谷渾等王朝；與明朝後期在北方崛起的金、女真與西蒙古諸部族，都具備成為下一輪帝國主人的潛力。尤其在五世達賴喇嘛時期，西藏的統治權轉移到蒙古和碩特部的固始汗上，

---

[11] [美]拉鐵摩爾（Owen Lattimore）著、唐曉峰譯，《中國的亞洲內陸邊疆》（南京：江蘇人民出版社，2005），頁55-56。

與滿清在西藏的統治權上有了長期的競爭。固始汗領兵消滅藏巴汗後，一個統治全藏的以格魯派領袖達賴喇嘛為首的西藏地方政權在拉薩建立，這個政權稱「甘丹頗章政權」（Ganden Phodrang Government, 1642-1959）。

西藏政教勢力由分離到統一，緣於清初草原與內陸邊緣帶上的西蒙古與女真的微妙關係：在五世達賴喇嘛以政教合一統治西藏前，作為政治領袖的藏王獲得噶舉派勢力的支持，與後期與蒙古部族不斷扶持的格魯派，在歷史上進行一連串的較量。剛在西藏建立主權的清王朝試圖以各種途徑控制該地與其獨特的貴族－僧侶社會，並經過許多權力轉換：初期，頗羅鼐家族領導下恢復舊的君主制，但過程中由於郡王被朝廷代表所殺，藏王的君主制崩潰。

在「偉大的五世」時期（1617-1682），蒙古事實上是在不知情的狀況下投身了中國政權，成就了大清王朝的事業，而又是中國之主。蒙古在接受佛教的皈依後，五世達賴喇嘛密召和碩特部的固始汗入藏，蒙藏組成「神聖聯盟」，建立政教合一的「甘丹頗章」政權。1652 年，五世達賴喇嘛到達北京，清王朝與西藏關係愈加緊密，在「尊黃教以安眾蒙古」的國策下，清王朝崇尊影響蒙藏的格魯派信仰成為主要的工作，清朝皇帝陸續與達賴與班禪喇嘛進行交往，並支持五世達賴喇嘛所建立的甘丹頗章政權為核心，恢復達賴喇嘛的世俗權力，促進以格魯派為首的藏傳佛教發展。

五世達賴喇嘛將清王朝所賜予的供養建立十三所格魯教大寺，稱為「黃教十三林」，內部大小寺院皆在任免紀律與學經程序上有嚴格規定與限制。他建立了僧籍制度，為寺院規定長年居住的僧數，並撥給各寺一定數目的田莊和農戶成為寺產，由寺院派人管理；此種百姓稱為「寺院百姓」，如布達拉宮與雪村的關係。達賴喇嘛所成立的噶廈政府通過四位大臣（噶倫）會議而行事，西藏政府由兩名駐藏大臣進行監督。[12]這些舉措，奠定了近代西藏政治/宗教的結構與基礎，形成日後以「教會」為中心的「噶廈政府」整體形貌。

從五世達賴喇嘛時期後，西藏（衛藏，噶廈政權）相較於安多與康區（離教會統治較遠，處於與中原王朝交界處，變體因素多），形成了某種結構上的對位：這種以「教會國」軸心文明的過度發展，使得貴族勢力被壓抑萎縮。西藏封建化的形制，如同新一輪的冷社會：來自各地的挑戰（藏王貴族/蒙古汗庭），到八世達賴喇嘛時期告終，形成完全的教會控制，封建等級制度與權力高度集中，造成貴族社會的無力失衡。

---

[12] 噶廈，設立於 1751 年。主管官員是四名噶倫，三俗一僧，均為三品。噶倫沒有高低之分，因藏俗尊崇僧人，所以噶倫喇嘛會排列在前，而掌握實權的往往是俗官噶倫。四噶倫議事採用一致通過制，處理問題時一致通過。

　　西藏地方政府的核心權力機構可分為教務和政務兩部分。僧俗兩個系統的關係基本平行，但僧官有權參與地方事務的管理，地方政府各層次的組織機構中，均有僧俗官員共同任職；而俗官則不能插手宗教事務。由此說來，僧官整體上更具有優勢。這是西藏地方政教合一制度的主要特點，概括為「教政合一」、「以教為先」。[13]作為西藏政教合一制的重要支柱，以三大寺為代表的格魯派寺院群體，也是僧俗大會最重要的參與者。三大寺堪布、執事等職僧，作為寺院勢力的代表，往往能影響或左右會議最終的決定。所以說，西藏僧俗大會是三大寺為代表的格魯派寺院集團參與地方政治事務的重要形式之一，是地方政治系統內三大寺發揮政治影響力的另一項制度性安排。

　　1751 年，清朝正式任命七世達賴掌管西藏地方政權，格魯派各大寺院上層僧侶直接進入地方政府各級機構，形成政府內的僧官系統，他們以政府法令的形式多次提高寺院組織的地位，使格魯派寺院系統成為具有行政、民事、軍事、司法、經濟管理職能的自上而下的獨立體系。日後，西藏在處理政治、經濟、社會、軍事、法律以及民間事務，都以佛教的教義為基本原則，並把服從宗教領袖，遵循佛教教義當作是最高的原則。

四、十三世達賴喇嘛時期與其「新政」

　　在亞洲龐大政治體系上占據支配性頂點的人，都是有普世抱負的統治者，如佛教輪轉王的信仰中「一佛一輪轉王」的對應關係。轉輪王是王中之王，世界的普世君王，四大瞻部洲與香巴拉國的主人。這套佛教政治傳統下的統治者由於其超越與普世性，將成為文明區域的頂點的主人。這個主人，是轉輪王（香巴拉王），也是世界之王，祂處於一個虛擬的聖地，將在五千年佛滅期到來後帶領世界到另一個新的紀元。西藏的各教派依靠各自不同的施主以振興教權，符合「轉輪王」與「佛王」信仰的觀念形態，以使政權與教權形成整合的關係。滿清、蒙古與西藏的關系，正如同「一佛一轉輪王」制度中，來自滿蒙勢力的兩大「轉輪王」彼此競爭，爭取對西藏「佛王」的供養與支持。

　　清廷在西藏控制又放任的態度，其根本目的在使西藏不再落入蒙古手中。在滿清驅逐蒙古勢力後，直接將「王權」納入西藏地方的教權之下。日後，「大清朝小西藏」的觀念不斷加強。後期所發生的廓爾克戰爭（1788-1791）由於清帝國的干預而

告終，戰事也為行政改革創造機會，清廷增加駐藏大臣的干預權力，並形成在《欽定善後章程》中規定遴選達賴與班禪喇嘛的新程序，帝國的權力得以進入。[14]在 1792 年第二次廓爾喀戰爭後，清帝國徹底納入西藏，清帝國又以駐藏大臣及金瓶掣簽的方式予以控制，形成了中央王朝與噶廈地方政府的關係結構。可以說，五世達賴喇嘛所建立的甘丹頗章政權，在某種程度上，與外部的「多邊關係」被絕斷，也就在帝國後期失去了與其它勢力聯盟的動力彈性，從「帝國」走向民族國家體制，而相應的「一佛一轉輪王」的世界秩序排序也因此改變。

十三世達賴喇嘛時期，由於面對現代性的種種挑戰，達賴喇嘛「新政」的提出，可以說，貴族與僧伽進行了新一輪的協作與較量。梅‧戈爾斯坦（Melvyn C. Goldstein）在《西藏現代史（1913-1951）：喇嘛王國的覆滅》引用大量英、美外交檔案、原西藏地方政府官員、歷史見證人的回憶錄和採訪記錄，以及拉薩街頭的政治歌謠等資料，考察「西藏這個喇嘛王國衰亡的過程及其原因」。該書提出「雖然從某種意義上說宗教是西藏政治中的一種和諧的力量，但是它又是一種導致分裂和紛爭的力量」，宗教和寺院「成為西藏社會進步的沈重桎梏」。上層僧侶集團與貴族是西藏地方兩個最主要的勢力集團，兩者間通過建立供施關係、貴族子弟以僧官入仕等傳統的宗教、政治聯系，相互滲透、互相合作。同時，他們之間又不可避免地存在競爭關係。[15]

貴族，藏語稱為「沽扎」或「米扎」，意為「人」，有「好、優良」之意，也有「高貴，與眾不同」之意，合成「高貴的人」，也意為私有者，指占有土地、百姓的世俗貴族。寺院與貴族自古就有傳統上的緊密聯系。已故的藏學家王堯先生指出：

> 我們分析中國，有一本費孝通的《鄉土中國》的書，裡面講的是「縉紳」就是地方政治的表達者，就是地方上的這些紳士，這是中國的政治基礎。縉紳是怎麼來的呢？往往是退休的官員，或者世家，或者是官位的家庭後代，在地方是有影響的，在藏族叫「沽扎」，就是貴族的意思，「沽」是身體，「扎」就是強人的意思。在西藏社會裡，這群人可能和費老所說的縉紳相似。形成活佛的家庭，都成了社會上優秀的，或者是在社會上有發言權的人。這些家庭他有兄弟，他雖然不結婚，但是他有兄弟。這個對西藏的政治有很特殊的意義。比如

---

[14] [意]畢達克著，沈衛榮、宋黎明譯，《西藏的貴族和政府，1728-1959》，頁 3-4。

[15] [美]梅‧戈爾斯坦著，杜永彬譯，〈前言〉，《西藏現代史（1913-1951）：喇嘛王國的覆滅》（*A History of Modern Tibet, 1913-1951: The Demise of the Lamaist State*）（北京：中國藏學出版社，2005），頁 2-6；〈導論〉，《西藏現代史（1913-1951）：喇嘛王國的覆滅》，頁 33-34。

說拉卜楞寺的活佛，第五世的嘉木央，他的兄長就是黃正清，被稱為「黃司令」，是在安多很重要的人物。這是西藏的政治，很特殊的部份。[16]

　　西藏貴族分為三類：第一類是最大的貴族「亞溪」，由達賴喇嘛家族成員組成；第二類是「第本」，乃是名門望族的後代；第三類為「米扎」，乃是西藏世俗政府高官噶倫的後代。清廷在入侵者廓爾喀人的戰爭獲勝後，乾隆皇帝頒布了《欽定藏內善後章程》，達賴喇嘛、班禪轉世、駐藏大臣等制度皆作了明文規定，並對貴族身分按照內地九品官制進行冊封和確認。

　　十三世達賴喇嘛推行新政過程中培養、重用中小貴族或普通平民的論述，這些論述有助於從不同側面理解近代藏軍、商人階層等新力量的興起，其中的代表人物擦絨・堆多朗傑（Dundul Namgyal Tsarong），十三世達賴喇嘛推行新政過程中培養、重用中小貴族或普通平民的論述，有助於從不同側面理解近代藏軍、商人階層等新力量的興起。然而，從整體上探討各種新興力量與三大寺為代表的傳統勢力之間的關係與互動，及其對西藏歷史的影響，則是近代西藏歷史研究需要深入思考的問題。[17]

五、作為社會改革者的仁波切

　　「仁波切」（Rin-po-che）做為西藏一個相對特殊的概念，本身具有教法的意義，又有知識分子意義的特殊人物形貌。「仁波切」會通過成為寺院的主持者，也將家族成員成為貴族的一部分，如達賴喇嘛家族。作為「政教領袖」的仁波切，關注於佛教與共產主義之間的連結，在其中起到很關鍵的作用，實際參與了「現代中國」的建設工作。這些革命的新思潮，在二十世紀初的西藏，投下了許多刺激。藏學家王堯先生指出：

　　　什麼是仁波切呢？仁波切就是藏語當中對人的一種尊稱，就是寶貝的意思，仁波切就是很值錢，很貴重，任波就是價格，切，也就是大，就是很貴重，就是我們的大寶貝。明朝也好，清朝很多活佛，尤其是噶舉派的幾個活佛就專門封為大寶貝。實際上藏人就我的瞭解，稱為大師們的叫喇嘛，喇嘛就是上師，但

---

[16] 根據陳乃華與何貝莉於 2012 年 12 月對王堯先生的訪談，北京魏公村。

[17] 各種西藏近代新興力量與傳統勢力間的關係互動，及其對西藏歷史的影響，可參見[美]梅・戈爾斯坦著，杜永彬譯，〈上篇〉，《西藏現代史（1913-1951）：喇嘛王國的覆滅》（*A History of Modern Tibet, 1913-1951: The Demise of the Lamaist State*），頁 45-63。

是上師不一定是活佛，就是學問很高的人稱之為是喇嘛，但是不一定是活佛。活佛往往形成一個轉世系統了，一代一代傳承下去了。喇嘛是包括有權威的學者，高級的僧侶，還有一些活佛都叫喇嘛。喇嘛的概念要比仁波切要寬。藏地的佛教，實際上是維繫了與群眾的關係，這是一大特點：信仰藏族佛教裡的群眾，把活佛，也就是仁波切，當成是自己的親密的朋友或者是導師，有什麼問題請教他。仁波切有「王爺」的作用，也就是朝廷委託各地的宗教領袖管理者，可是他們之間內部也有競爭的，這本來就是宗教內部的事情。薩迦派被推翻以後，噶舉派興起，噶舉派內部有「四大八小」，也是各個門派了。闡化王的帕木主巴，也就是帕主噶舉，他是噶舉裡的一個派別，由薩迦派的權威慢慢轉移了，所以在世俗上，他們也不能避免一些爭奪，但是權威性在西藏社會裡是不容否認的。對老百姓而言，仁波切都是菩薩轉世，所以對他們沒有懷疑，像這些的影響力就比較大，權威就出來了，活佛轉世制度就逐漸地由於宗教界的努力，加上朝廷的支持，社會信仰的擴大，仁波切的權威力量就體現出來了，在藏區成為一個主流的形式。[18]

　　在民國變革時期，反對噶廈政權的無政府主義者轉為支持三民主義革命或是選擇共產主義的道路。十三世達賴喇嘛在新政時期，為了抗衡三大寺的勢力，有意識地提拔身邊親近的屬臣，如土登貢培，這種「貴族化」的傾向，來自於貴族與知識分子的挑戰，左右新式思潮的引入，「君主立憲」的嘗試與探討下，使得教會力量下降。這個時期，在多康地區也有「英雄式」的角色出現，這些「人物」對於等級制度造成衝擊與挑戰，通過知識（知識分子）／軍事（軍閥）／政爭（貴族）等不同手段，影響一直到民國與「新中國」建立。藏人社會內部的「革新」動力為何？這種藏地的貴族/英雄史，雖然時間短暫並消失，但是又可以說，關於這些思考，在當前還在摸索。可以說，這種「動力」的恢復，對於世界思想的廣博涉獵，以自身作為契機並挑戰，一如上下弘法時期，多康對於衛藏中心的補充。

　　在現當代西藏，作為「政教領袖」的仁波切，也都曾是重要的改革者，俱備知識分子的內涵，也擔任「體制內外」的多重角色。十三世達賴喇嘛後期的新政改革，其對政教合一或是分離的討論，受到國際民族主義思潮的影響，對於君主立憲的嘗試與想法，回應西藏貴族官員的態度。他們也與民國時期革新派的知識分子有許多交往，意味著西藏傳統寺院與當代社會的探索與契機。王堯先生認為：

　　我們以前用的知識分子是「se-yun-jei」，就是知識分子，「做知識的人」，做知識的人就比較寬泛一點了。傳教法的仁波切不僅備具知識分子的內涵，他比一般的知識分子更受到尊重。仁波切是在活佛轉世裏很特殊的一個人，也是最重要的一群人了。比如在密教密典的研究中，這些密典研究沒有仁波切是絕對不行的：除了漢藏對比研究，但最後知道還是需要仁波切。這種傳承並不是簡單看文字能夠解決的，它需要口傳心授。特別是格魯派的推廣，由於格魯派因為他不結婚，所以他很需要這個替補，格魯派不結婚就沒有家族傳承的體系，可是他們的寺廟都很大了，寺院的資產也多，需要活佛轉世這個方法。格魯派幾個大寺院，甘丹寺的出家人是三千三，色拉寺五千五，哲蚌寺是七千七，而到後來的塔爾寺，拉卜楞寺都是五六千人的大寺廟，可以說是「知識分子集團」了：比如最有文化的，你要想讀書，進寺院；你想求一點知識，進廟；你有困難問題，想找人幫助解決，進廟。所以，寺院在藏區，是讓人深刻感覺到是一個社會文化的中心，這樣影響就形成了。

　　歷屆達賴喇嘛必須達到最高的學位甘丹赤巴，這是必經的道路，所以當達賴喇嘛還未成年，未得權力時，甘丹赤巴可以代理。這個就是對社會上的一種交代，不然活佛都成了貴族的人，仁波切轉世的時候，選擇轉世的尋訪團很重要的，因為尋訪的位置往往是在貴族家族。所以後來，格魯派就形成了活佛轉世弄到外地去，這些降神的指示，前一輩活佛的遺言，都是指示在外地，不在拉薩，不在貴族集中的地方。比如現在十四輩達賴喇嘛，尋訪的地方就到青海安多，十輩班禪大師也在安多的循化，現在的十一世班禪，家裡就在那曲，就弄到最苦的地方去。這樣，以「甘丹赤巴」作為西藏社會的平衡，從歷史看來，是有這個意圖。活佛轉世制度不能完全被貴族控制，也有對一些民間貧苦的知識分子的要求，社會的要求。實際上，這個做法是在補充政教合一制度的。[19]

十四世達賴喇嘛（1935-）曾經對於轉世制度在藏地的傳承進行講述：

　　歷史上，雪域佛土的先輩君臣，以及賢者和成就者們，創立和發揚了以「三乘」、「四續」為主的教、證佛法和淵博文化，使西藏成為亞洲乃至世界佛教及其文化的源泉。為藏、蒙、漢等無數眾生的暫時和長遠的利益作出了偉

---

[19] 根據陳乃華與何貝莉於 2012 年 12 月對王堯先生的訪談，北京魏公村。

大的貢獻。在護持、弘揚佛法的歷史進程中，形成了西藏特有的「轉世認證」文化傳統，這對佛教的發展及眾生的利樂，尤其對僧團的鞏固，起到了非常有益的作用。

十五世紀，一切遍知根登嘉措，被認證為根敦珠巴的轉世化身，並建立了噶丹頗章喇章。從此，形成了歷代達賴喇嘛的轉世認證制度。第三世索朗嘉措獲得「達賴喇嘛」的尊號；五世達賴喇嘛阿旺·洛桑嘉措建立噶丹頗章政府，成為西藏政教領袖等。迄今六百多年，透過轉世認證的方式，準確無誤地找到了歷輩達賴喇嘛的轉世化身。

為了順應當今世界民主發展的趨勢，本人自願地、欣慰地終止了從噶丹頗章政權建立（1642）至今三百六十九年，由歷代達賴喇嘛擔任西藏政教領袖的政治制度。事實上，我已在 1969 年公開聲明，將來達賴喇嘛的轉世延續與否，應有廣大信眾決定。……「再次轉世」皆由轉世者本人的力量，或最終的業、福報、以及發願等力量所形成。[20]

東噶仁波切在早年，以歷史上蒙元時期的線索，對王堯先生談起漢藏民族關係：

不要形成對立，這是漢藏關係裡很重要的一點。

內地的這些領導人，就知道支持某一個派，反對某一個派：元朝就支持薩迦派，明朝就支持噶舉派，清朝就支持格魯派。就是誰跟他靠得最近，那麼這些派別領袖與朝廷接近以後，盡量的宣傳自己的優點，盡量的迎合統治者的需要。統治者的希望，就是能夠比較穩定，能夠得到最充分的體驗精神力量的威力，是這些要求，所以這些人與統治者就結合了。可能當時可以選擇這些人裡面最適合他，最貼心的，元朝的時候實際與止貢和薩迦都接觸了，可是止貢沒有像薩迦這麼投入。薩迦班智達是薩迦派的領袖，他帶著兩個孩子去，這兩個孩子明顯是人質，一個是十歲，一個是七歲的男孩。這個你不要否認，這個男孩始終難以融入社會，這是將來薩迦派的兩個人，但我都送到你這裡了，表示我是誠心誠意的跟你們合作的，那麼蒙古人他們就相信了。從霍端開始到忽必烈都承認這種關係，薩迦成為了鞏固的、不可動搖的地位。但是在同時，派別之間也想爭取朝廷支持，所以噶舉派的噶瑪拔西也到朝廷來了，有些材料可以

---

[20] 〈第十四世達賴喇嘛尊者關於轉世的公開聲明〉（2011/9/24），引自「第十四世達賴喇嘛官方國際華文網站」：http://www.dalailamaworld.com/classified.php?f=46&sid=03c50aaff7a15e9ecc44be14405ada2c，（2020/3/15 檢閱）。

證明，苯教也有人到朝廷來。反正這樣的事情，朝廷會支持一派，因為會感覺到受壓。但是教派內部沒有發生過打壓的嚴重情況。

　　元朝的時候，皇帝忽必烈跟八思巴談了，我們以後就讓所有人信薩迦派。但是八思巴說這個不好，還是按照各個教派自己奉行的，但是我們可以合作。所以就沒有推行全部信仰薩迦，只是給薩迦政治權利，在朝廷裡擔任帝師，也是宗教領導人。他推薦各地各派別的領袖，所以元朝有「十三萬戶」，這些萬戶者就是皇帝加封的。這些萬戶長不是一個派別，也有止貢與蔡巴噶舉的領袖。所以不全是薩迦的，噶舉派的人也很多，這個跟格魯派的做法就很不同。在西藏統一到大元帝國版圖之後，薩迦派和止貢派所依靠的政治勢力，不再是西藏地方勢力，而是忽必烈和闊端之子旭烈及，雙方為了爭奪各自的領地，擴大勢力範圍，爭奪政治權利，不惜把宗教傳承上的意見分歧擴大為戰爭行為「止貢之亂」，直接造成上萬名止貢噶舉派僧人和當地百姓死亡，使前後藏藏族內部和蒙古族內部，以及藏蒙之間矛盾加劇。薩迦派內部也不團結，達勤桑波貝死後，他的七個老婆生的孩子分成了四個拉章，為政治權力互相殘殺，大動干戈，造成薩迦派政權日益衰落，使得帕竹派大司徒降曲堅贊在打敗止貢地方勢力後，利用薩迦政權內部的矛盾，支持甲瓦桑布打敗本勤秋遵追，帕竹噶舉派最後於 1349 年掌握了西藏地方政權。[21]

　　1959 年後出走海外的藏地仁波切，使國際藏學蓬勃發展，其政治上所經歷的不同選擇與生命歷程，遊走海外，對近代宗教教法與學術的傳遞起了很大的作用，並以「知識人」（se-yong-jei）的選擇，秉持著彈性且幽微姿態，面向政治與宗教的中心。可以說，梳理從傳統到近當代知識分子的轉換，也是西藏近百年劇烈運動的歷程，從觀察它的宗教—社會之整體結構，亦可了解政治型態的不同選擇。

結語：「冷與熱」：西藏傳統與現代的辯證

　　Prasenjit Duara 曾談到，在民族國家這種「現代領土性國家，與線性的歷史，有著親密的關係：他們彼此反饋、彼此製造，成為二十世紀主要的歸屬模式。民族國家中的個人感覺其領土與歷史之二合一，並想像得以掌控未未」。[22]

---

[21] 根據陳乃華與何貝莉於 2012 年 12 月對王堯先生的訪談，北京魏公村。

[22] Prasenjit Duara, "The Regime of Authenticity: Timelessness, Gender and National History in Modern China," *History*

　　在全球化成為一股深刻影響世界各國進程的潮流後，一個現代國家一方面要成為國際化的，另一方面又要保有可供撤退的保留地，這是「民族國家」的緣起，這裡面存在很深的矛盾。多元文明與多元知識體系的現實處境，與此所造成的「知識焦慮」：當「民族國家」成為當代整合政治與歷史的觀念，甚至是公共生活的唯一構成概念，是否有存疑？現代中國的國家建構（state-building），應該如何容納族裔上的「他者」？西藏這個相對「異質」的地域在現代民族國家的建構中，在中國所扮演的角色應該是什麼？西藏的文明多元型態與歷史動力機制，如何為中國近當代的歷程增加一面豐富的形貌？

　　對西藏近當代歷程的關注，是嘗試在文明史的範疇中以西藏特有的構成為參照，來看待其他地區與民族的圖像。就像任何世界區域一樣，都是認識世界的途徑和界面，也是對「完整的他者」的追求。通過對「少數民族知識分子群體」與「多元知識體系」進行思考，重新審視在中國在當代國族主義之下所造成的話語與知識上的掩蓋與缺失，是當今社會科學界的重要任務，梳理「民族國家」／「朝貢關系」／「階級」等觀念，認識西藏文明內部動力與機制，以看待西藏近當代歷史的轉折和脈絡。

徵引書目

中文資料

[法]克洛德・列維－斯特勞斯（Claude Lévi-Strauss）著，李幼蒸譯，《野性的思維》，收入《列維-斯特勞斯文集2》，北京：中國人民大學出版社，2006。

[美]梅・戈爾斯坦著，杜永彬譯，《西藏現代史（1913-1951）：喇嘛王國的覆滅》（*A History of Modern Tibet, 1913-1951: The Demise of the Lamaist State*），北京：中國藏學出版社，2005。

[美]拉鐵爾爾（Owen Lattimore）著，唐曉峰譯，《中國的亞洲內陸邊疆》，南京：江蘇人民出版社，2005。

[意]L・畢達克著，陳得芝譯，〈吐蕃與宋、蒙的關係〉，收入王堯等主編，《國外藏學研究譯文集》（第一輯），拉薩：西藏人民出版社，1985，頁166-205。

[意]畢達克著，沈衛榮、宋黎明譯，《西藏的貴族和政府，1728-1959》，北京：中國藏學出版社，2008。

[德]卡爾・雅斯貝斯著，魏楚雄、俞新天譯，《歷史的起源與目標》，北京：華夏出版社，1989。

五世達賴喇嘛著，劉千立譯注，《西藏王臣記》北京：民族出版社，2000

王雲海，《宋會要輯稿考校》，開封：河南大學出版社，2008。

更敦群培，《更敦群培文集精要》，北京：中國藏學出版社，1996。

李安宅、于式玉，《李安宅、于式玉藏學文論選》，北京：中國藏學出版社，2002。

郭聲波點校，《宋會要輯稿・蕃夷道釋》，成都：四川大學出版社，2010。

顧頡剛、史念海，《中國疆域沿革史》，北京：商務印書館，2004。

英文資料

Duara, Prasenjit. "The Regime of Authenticity: Timelessness, Gender and National History in Modern China." *History and Theory*, 37:3 (October 1998), pp. 287-308.

網路資料

〈第十四世達賴喇嘛尊者關於轉世的公開聲明〉（2011/9/24），引自「第十四世達賴喇嘛官方國際華文網站」：http://www.dalailamaworld.com/classified.php?f=46&sid=03c50aaff7a15e9ecc44be14405ada2c，（2020/3/15檢閱）。

田調資料

陳乃華與何貝莉於2012年12月對王堯先生的訪談，北京魏公村。

第三篇

中國伊斯蘭的近代演變

法與罰：清代回疆法律制度的內地化
——以回子中的命案為例[*]

賈建飛

　　朝代的更迭和領土的擴張通常伴隨著新的律法的頒行，這被中央政府視為其合法化統治的重要象徵。各地原有的法律文化往往成為當地新的立法之基礎，國家內部因而容易出現法律多元的格局。以清朝為例，作為一個文化和族群多元的帝國，清政府大體上保留了各地傳統法律習俗的影響，自始至終未在全國施行統一的法律。如在內地，清承明律而制定《大清律例》；在蒙古地區，基於蒙古的傳統法律，並融合了滿洲和漢人的法律文化，[1]先後頒佈《蒙古律書》、《蒙古律例》和《理藩院則例》；西藏更是如此，當地的法律傳統基本上沒有遭到破壞；在青海，清廷也基於蒙、藏的習慣法而頒行《西寧青海番夷成例》，成為當地刑案司法的基本法律依據。這種立法原則對於清朝在這些地區的成功統治發揮了重要作用。

　　與此相比，清朝在 1759 年將回疆納入版圖後，在當地的法律實踐略為不同。清政府既未根據當地的傳統律法「回例」頒行新律，[2]在一段時期內也沒有在回例和《大清律例》之間確定彼此的分工，甚至沒有明確涉及當地回子[3]的刑案中的司法原

[*]　本研究得到了中國教育部人文社會科學研究專案規劃基金的支持（批准號：19YJAZH034）。本文部分內容以〈回例與乾隆時期回疆的刑案審判〉為題發表於《清史研究》，期 3（北京，2019），頁 22-31。

[1]　Dorothea Heuschert-Laage, *Die Gesetzgebung der Qing für die Mongolen im 17. Jahrhundert anhand des Mongolischen Gesetzbuches aus der Kangxi-Zeit (1662-1722) (Asiatische Forschungen 134)* (Wiesbaden: Harrassowitz, 1998), p. 80. Cited from Dorothea Heuschert-Laage, "State Authority Contested along Jurisdictional Boundaries: Qing Legal Policy towards the Mongols in the 17th and 18th Centuries," *Max Planck Institute for Social Anthropology Working Papers*, No. 138, (Halle/ Saale, 2012), p. 5.

[2]　一些學者將嘉道時期政府頒行的《回疆則例》視為與《蒙古律例》同樣性質的法律，稱之為《回律》。有些學者則傾向於將《回疆則例》僅視為行政法，反對將《回疆則例》稱為「回律」，而是「回例」。參見張晉藩，《中國法制史》（北京：群眾出版社，1982），頁 304；張晉藩主編，《中國法制通史》，卷 8（北京：法律出版社，1999），「清」，頁 3；王東平，《清代回疆法律制度研究》（哈爾濱：黑龍江教育出版社，2003），頁 26-36。清代文獻中確有「回例」一說，但指的並非《回疆則例》，而是回疆舊有的地方法律（包括伊斯蘭法和地方習慣法）的統稱。Jia Jianfei, "Horse Theft, Law, and Punishment in Xinjiang during the Qianlong Reign," *Ming Qing Yanjiu*, 20:1 (Mar 2017), pp. 150-151.

[3]　「回子」一詞在清代主要指今天新疆維吾爾自治區的維吾爾族。不過，在清代文獻中，亦將與維吾爾人人種、

則。結果，在回疆的司法中，地方官員在援引法律依據時往往無所適從，常常只能依賴於清帝的裁決。此舉也導致學界迄今都不是特別清楚清代回疆的法律制度及其變遷的真實面貌。

在現有研究中，學者們已經對清代回疆涉及回子的法律制度進行了很多探討。大部分學者認同清代回疆刑案司法中出現過地方法律回例和國家法律《大清律例》並存的局面，只不過他們對於兩種法律如何分工存在分歧。譬如佐口透基於清代漢語文獻，指出回疆的刑案司法體系經歷了一個由單一地方法律逐漸向二元法律體系的過渡。在這種二元法律體系中，清律和回例大致以案情性質為分工依據，回子中的重案必須依據清律判決，而回例只適用於一般刑案。[4]這種觀點也得到了很多學者的採用和支持，代表人物如王東平和米華健等人。[5]有些學者則主張兩種法律的分野以民刑犯罪為界，民事案例使用地方法律，刑案適用清律。[6]還有一些學者認為回子的身分是兩種法律的分工依據，回子精英適用地方律例，平民則受清律管轄，代表人物有張晉藩。[7]在上述學者之外，也有學者根本不承認這兩種法律曾經共存。他們視 1884 年新疆建省為兩種法律的分水嶺，1884 年前使用回例，其後則使用清律，代表人物有曾問吾等人。[8]

從今天所掌握的文獻來看，回例與清律在回疆刑案司法體系中的並存局面是不容置疑的。不過，由於上述研究所用文獻的局限性，如其所據多為漢文文獻，而忽略了在這一問題上更為重要的滿文檔案，因為乾隆時期回疆的刑案主要通過滿文奏摺上奏皇帝，且大多缺乏相應的漢文譯本，這就導致其論述較為片面。本文主要基於中國第一歷史檔案館館藏《軍機處滿文錄副奏摺》中已經出版的《清代新疆滿文檔案彙編》，[9]

語言、宗教和風俗等相近的安集延人稱為回子。當時主要以地名對他們進行區分，如「喀什噶爾回子」、「葉爾羌回子」、「吐魯番回子」、「安集延回子」，等等。

4　[日]佐口透，《18-19 世紀東トルキスタン社會史研究》（東京：吉川弘文館，1963），頁 555-558。

5　見王東平，《清代回疆法律制度研究》，頁 172-193；陳光國、徐曉光，〈清代新疆地區的法制與伊斯蘭教法〉，《西北民族研究》，期 1（蘭州，1995），頁 178-186；潘志平，〈論乾隆嘉慶道光年間清在天山南路推行的民族政策〉，《民族研究》，期 6（北京，1986），頁 37-41；James Millward, *Beyond the Pass: Economy, Ethnicity, and Empire in Qing Central Asia, 1759-1864* (Stanford, Calif.: Stanford University Press, 1998), p. 122.

6　王柯，《東突厥斯坦獨立運動：1930 年代至 1940 年代》（香港：香港中文大學出版社，2013），頁 13-14；白京蘭，〈清代對邊疆多民族地區的司法管轄與多元法律的一體化構建——以新疆為例〉，《貴州民族研究》，期 4（貴陽，2012），頁 135。

7　張晉藩主編，《中國法制通史》，卷 8，「清」，頁 589。

8　曾問吾，《中國經營西域史》（台北：文海出版社，1978），頁 603；新疆維吾爾自治區地方誌編纂委員會、《新疆通志・審判志》編纂委員會，《審判志》，22，收入《新疆通志》（烏魯木齊：新疆人民出版社，1993），頁 192。

9　中國第一歷史檔案館、中國邊疆史地研究中心合編，《清代新疆滿文檔案彙編》（桂林：廣西師範大學出版

並結合漢語文獻，以清代回疆涉及回子的命案為線索，試圖探討如下問題：兩種法律究竟如何分工？回疆刑案中的這種二元法律格局如何演變？回疆的地方法律如何完成了向清律的過渡？因回疆法律體系的演變主要發生於乾隆時期，本文的分析亦聚焦於這一時期。

「集權化的多元主義」與清朝的邊疆統治模式

　　清朝統一回疆，標誌著清朝的主要內亞邊疆地區——新疆、蒙古和西藏——全部被整合入清朝版圖。漢、滿、蒙、藏、回五大群體共同生活在這個多元的帝國，如何對其進行統治是對清朝統治者的巨大考驗。

　　清朝面臨的這種情形與同時期的很多前現代帝國非常相像，譬如沙俄帝國。沙俄政府在帝國中推行了一種「多宗教視野」（multi-confessional lens）的統治，承認和尊重帝國內這種民族和宗教多元格局的客觀事實，在客觀上喚起了帝國內不同臣民，尤其是穆斯林的身分意識。雖然沙俄政府對境內伊斯蘭教和穆斯林的政策遭受到了非穆斯林群體，尤其是東正教徒的反對和抵制，但是，這種政策對於沙俄政府將境內不同群體整合入帝國之中起到了積極的促進作用。[10]

　　與沙俄政府的這種政策相類似，出於統治不同文化群體之需，清政府在帝國內也實行了自己的多宗教統治模式，而且同樣取得成功。[11]不過，清、俄的兩種模式在本質上大不相同。在俄國的模式中，政府的目的在於最終將帝國內的不同宗教和民族融合到一起；[12]清政府則並不傾向社會的同化，而是力圖通過隔離不同群體，維持彼此之間的多元文化差異，以減少或避免其中的衝突。正如米華健所言：「（清朝統治者）在思想體系和政治上，通過標誌性的象徵和行政制度，主動接受和強調了這種差異性。」米華健認為清朝此舉不僅和歐洲的海外帝國不同，與今人強調的清朝漢化（sinicization）論觀點也截然不同。米華健將這種非同化的理念稱之為「集權化的多元主義」（centralized pluralism），而且認為這並非是乾隆維持統治的權宜之計。他

社，2012）。以下簡稱《清代新疆滿文檔案彙編》。

[10] Robert D. Crews, *For Prophet and Tsar: Islam and Empire in Russia and Central Asia* (Cambridge, Massachusetts: Harvard University Press, 2006), pp. 356-357.

[11] Eric Schluessel 並不贊同清朝是個多宗教（multi-confessional）的國家。在他看來，清朝並未像沙俄那樣承認伊斯蘭教是國家的正式宗教之一（與東正教地位平等）。因此，他認為清朝只是一個多信仰的（polycreedal）帝國。Eric Tanner Schluessel, "The Muslim Emperor of China: Everyday politics in Colonial Xinjiang, 1877-1933" (Ph.D. dissertation, Harvard University, 2016), p.318.

[12] Robert D. Crews, *For Prophet and Tsar: Islam and Empire in Russia and Central Asia*, pp. 14, 37-38, 356-357.

認為「正是清朝認同的這種決定性特徵方才使得它能夠實現並維持清朝的文化和民族多樣性」。[13]米氏之言與同時代興起的、且米氏為重要代表人物的「新清史」的觀點可謂相輔相成。按照新清史學者的說法，滿洲皇室在各群體中竭力呈現出不同的但卻符合這些群體認同與認知的形象，以示對其之尊重，並藉此與各群體之間維持一種特殊的文化聯繫：漢人的儒家帝王形象，滿人的聖主，蒙古人的大汗，藏人的文殊菩薩。[14]

　　新清史顯然過於強調了清帝不同形象間的差異，而忽略了其中可能存在的共同之處，正如艾鶩德所指，清朝雖然是一個多元的帝國，但是，清帝展現在各族群面前的形象並不一定是不同的。[15]艾鶩德還以清朝的正統語言（legitimation language）為例，對大衛・法誇爾和柯嬌燕的觀點提出了異議。後者認為滿洲統治者針對不同的民族使用的正統語言也相應不同，而艾鶩德則認為影響這種語言的政治傳統是一樣的。[16]

　　此外，新清史的這種模式也無法用來解釋清朝在新疆，尤其是回疆的成功。清政府並沒有也無法將新清史強調的這種模式複製到回疆，畢竟穆斯林很難建立起對非穆斯林統治者的認同，而皈依伊斯蘭教又為深受藏傳佛教影響的清帝無法接受。此外，在十八世紀八十年代甘肅發生的新教（哲合忍耶）抗清之亂後，佛教徒認為穆斯林是群體認同中一道「難以逾越的界線」（hard boundary）。[17]

　　因此，雖然「集權化的多元主義」在清政府統治回疆初期也得到了一定程度的體

---

[13] [美]米華健著、賈建飛譯，〈中文版序〉，《嘉峪關外：1759-1864 年新疆的經濟、民族和清帝國》（香港：香港中文大學出版社，2017），頁 xv-xvi。

[14] James Millward, *Beyond the Pass*, pp. 201-202; Evelyn S. Rawski, "The Qing Empire during the Qianlong Reign," in Ruth W. Dunnell, Mark C. Elliott, Philippe Foret, James A. Millward eds., *New Qing Imperial History: The Making of Inner Asian Empire at Qing Chengde* (New York: Routledge, 2004), p. 19. 在鍾焓看來，對於乾隆而言，文殊菩薩只是來自於藏人的「他稱」，而非清帝之「自稱」，認為乾隆並未主動接受這種形象，這與他在其他族群前的其他形象顯然存在差別。見鍾焓，〈論清朝君主稱謂的排序及其反應的君權意識——兼與「共時性君權」理論商榷〉，《民族研究》，期 4（北京，2017），頁 95-109。

[15] Christopher Atwood, "'Worshipping Grace': the Language of Loyalty in Qing Mongolia," *Late Imperial China*, 21:2 (December 2000), p. 129.

[16] Christopher Atwood, "'Worshipping Grace': the Language of Loyalty in Qing Mongolia," *Late Imperial China*, p. 128; David Farquhar, "Emperor as Bodhisattva in the Governance of the Ch'ing Empire," *Harvard Journal of Asiatic Studies* 38:1 (June 1978), pp. 5-34; Pamela Crossley, *Translucent Mirror: History and Identity in Qing Imperial Ideology* (Berkeley: University of California Press, 1999); Peter Perdue, *China Marches West: The Qing Conquest of Central Eurasia* (Cambridge, Mass.: Harvard University Press, 2005), pp. 488-489.

[17] Johan Elverskog, *Our Great Qing: The Mongols, Buddhism and the State in Late Imperial China* (Honolulu: University of Hawai'i Press, 2006), p.144; Mark Elliott, *Emperor Qianlong: Son of Heaven, Man of the World* (New York: Longman, Priscilla McGeehon, 2009), pp. 99-100.

現，如政府給予回疆地方傳統精英階層一定的政治、經濟和法律自主權利，並且通過民族隔離政策等確保了回疆穆斯林擁有相對封閉和獨立的發展空間，不受外來勢力的過多影響；但是，在總體上，回疆最終還是走上了一條與清朝其他內亞邊疆不同的發展道路，由「因俗而治」的制度多元逐步趨於與內地的制度一體化，並最終建立新疆省。

　　清朝征服回疆後，清政府贏取回疆穆斯林支持的重要象徵性措施之一是政治聯姻。乾隆納回疆和卓家族的一名女子為妃（著名的香妃，即史書中記載的容妃），通過政治婚姻的模式，將回子精英首次納入由「滿洲、蒙古和漢軍家族」組成的清帝國的「征服精英」群中。乾隆希望藉此能夠籠絡回子精英階層，並藉助他們在當地的影響，能使清帝的形象和清朝在當地的統治更容易被回子接受。[18]

　　在政治婚姻之外，清政府還保留了回子精英在當地的政治影響。如同此前的準噶爾統治者一樣，清政府保留了回疆當地的伯克制度及世俗貴族的權力，用以管理當地事務。[19]但是，清朝在回疆設立了各級駐紮大臣（參贊大臣、辦事大臣、領隊大臣）管理當地軍政事務，伯克的權力受到了清政府的嚴格限制。此外，清政府還剝奪了伯克的世襲權。[20]

　　在經濟方面，清政府在回疆實行了優惠性的讓利政策，比如給清真寺的宗教捐贈財物以免稅權；[21]大幅度降低回子的貿易稅收，由從前的十抽一降低到二十抽一（有些甚至低至三十抽一），遠遠低於準噶爾人統治時期的稅收。[22]

　　作為維護統治的重要組成部分，回疆的法律制度尤其經歷了重要的發展變化。清朝統治初期，回疆的多元化文化得到了清政府的充分尊重和繼承，如土爾扈特蒙古部的習慣法、塔里木盆地周邊六城地區（Altishar）回子中的融伊斯蘭法和習慣法為一

---

[18] James Millward, "A Uyghur Muslim in Qianlong's Court: The Meaning of the Fragrant Concubine," *The Journal of Asian Studies*, 53: 2 (May 1994), pp. 437-438.

[19] Joseph Fletcher, "Ch'ing Inner Asia c. 1800," in John K. Fairbank ed., *The Cambridge History of China*, Vol. 10, Late Ch'ing, 1800-1911, Part I (Cambridge: Cambridge University Press, 1978), p. 77；《高宗純皇帝實錄》，冊 8（北京：中華書局，1986），卷 570，乾隆二十三年九月戊戌，頁 240。

[20] 有關清代新疆行政制度的研究，參見 Nicola Di Cosmo, "Qing Colonial Administration in Inner Asia," *The International History Review*, 20:2 (Jun. 1998), pp. 287-309；[日]羽田明，〈異民族統治上から見たる清朝の回部統治政策〉，收入東亞研究所編，《清朝の邊疆統治政策：異民族の支那統治研究》（東京：至文堂，1944）；[日]佐口透，《18-19 世紀東トルキスタン社會史研究》；林恩顯，《清朝在新疆的漢回隔離政策》（台北：台灣商務印書館，1988）；管守新，《清代新疆軍府制度研究》（烏魯木齊：新疆大學出版社，2002）。

[21] James Millward, "A Uyghur Muslim in Qianlong's Court: The Meaning of the Fragrant Concubine," *The Journal of Asian Studies*, p. 437.

[22] 《高宗純皇帝實錄》，冊 8，卷 605，乾隆二十五年元月辛未，頁 794；中國邊疆史地研究中心編，《清代理藩院資料輯錄》（北京：中華全國圖書館文獻縮微複製中心，1988），頁 297。

體的回例，甚至是跨界邊民布魯特人的法律習俗。而在深受準噶爾汗國影響的吐魯番和哈密地區，當地回子中的法律制度和六城地區又不相同，長期以來主要採取蒙古習慣法。[23]這些都與準噶爾統治回疆時期的法律實踐應該是相似的。此外，還應該注意到，隨著清朝統治在回疆的確立和內地人的不斷湧入，大清律例也被清政府引入到了回疆的法律制度中。基於對清朝滿漢檔案文獻的分析可以看出，根據涉案人員的不同，以及案情性質的不同，不同的法律分別適用於不同的人群。以回疆的主體人群回子為例，總體上，在乾隆統治回疆時期，回例在涉及回子的多數命案司法中一直佔據主導地位，但是，其地位與影響呈日趨薄弱之勢。至嘉慶及其以後，大清律例後來居上，逐漸完全取代回例，成為回子命案司法中的唯一司法依據。回疆的刑案司法制度因此完成了清朝其他內亞邊疆沒有經歷過的蛻變。

犯罪與司法：以回子一般命案為例

在清朝統治下，回例並未被納入國家法律體系中，只是在一定時期維持了在回疆民刑案例中的主導作用：第一，在阿古柏入侵前，清政府從未干涉回例和回子伯克在當地民事案例中的應用。只是在光緒時期清軍重新收復新疆之後，清廷才傾向於讓清朝官員的管轄範圍從刑案向民事領域擴張，不過回例在此類案件中的主導地位並未受到影響；[24]第二，雖然回疆入清朝版圖後不久，清律即被引入回疆的刑案司法中，導致回例的應用受到了一定的衝擊和限制，但回例依然適用於涉及回子的多數刑事案例。

檔案中所載回疆的刑事案例主要分兩類：盜牲案和命案。作者已經對回例在回疆盜牲案中的應用進行了一定的介紹，[25]本文關注的主要是命案中的法律適用問題。在

---

[23] 清朝在征服哈密和吐魯番後，並沒有將回例立即用於當地回子的司法審判中。達力扎布的研究顯示出判決的法律依據是《蒙古律例》。達力扎布，〈清代審理哈密和吐魯番回人案件的兩份滿文題本譯釋〉，《中國邊疆民族研究》，期 7（北京，2013），頁 92-128。

[24] Eric T. Schluessel, "Muslims at the Yamen Gate: Translating Justice in Late-Qing Xinjiang," in Ildikó Bellér-Hann, Birgit Schlyter, and Jun Sugawara, eds., *Kashgar Revisited: Uyghur Studies in Memory of Ambassador Gunnar Jarring* (Leiden: Brill, 2016), p. 120. 關於回例在民事案件中的應用，參見 Ildikó Bellér-Hann, "Law and custom among the Uyghur in Xinjiang," in Wallace Stephen Johnson & Irina. F. Popova eds., *Central Asian Law: An Historical Overview* (A Festschrift for the Ninetieth Birthday of Herbert Franke) (Lawrence, Kansas: Society for Asian Legal History, 2004), pp. 173-194；王守禮、李進新編，《新疆維吾爾族契約文書資料選編》（烏魯木齊：新疆社會科學院宗教所，1994）。

[25] 在對回疆盜牲案的司法判決中，清政府因偷盜者與被盜者的身份不同，採用的法律依據和判罰也不相同。起初，回例不僅適用於回子中的盜牲案，而且，內地漢、回盜取回子馬匹的案件也要根據回例進行判決。後來，對內地回民盜馬案的司法審判不再採用回例，而改為清律中一條針對內地回民的特殊條款。另外，涉及哈薩克

一段時間內，此類案例中的司法原則和法律依據並不固定，回例和清律間的分工也不明確，而是因人、因案而異。對如下命案的分析，有助於瞭解這一問題。

1、首先必須提及乾隆二十五年（1760 年）發生於哈密的一起命案。此案的涉案雙方均為內地人，並無回子捲入。哈密辦事大臣永寧當年奏稱，固原州回民林福與民人馬友酒後鬥毆，林福扎傷馬友致死。永寧因此照清律條例奏請「將林福擬以絞候，解送巡撫衙門，報部，入於秋審案內」。永寧之奏遭到乾隆的駁斥，茲錄乾隆上諭如下：

> 回疆初定，內地商民前往回疆者日多。哈密距肅州尚近，尚可移交巡撫審理。若烏魯木齊、辟展、庫車、阿克蘇、葉爾羌等地，出此等絞殺之案，亦送至肅州辦理乎？如此辦理不妥。伊犁、葉爾羌、喀什噶爾等地，皆新定之地，立法不可不嚴。設若各城回子與內地前往貿易民人鬥毆殺人，將回子務必照律給民人償命；民人若殺回子，理應照律償命。如此辦理，人心方服，知法嚴苛，將來各自儆畏，沒有惹事之徒。關外（Jasei tulergi）事務，不比關內（Jasei dorgi）。著傳諭駐劄各城辦事大臣，皆遵照此上諭辦理。俟伊犁、回疆一切事務就緒後，再降諭旨。兇犯林福不必解送肅州，即照律為馬友抵命。其他照奏准行。[26]

乾隆因回疆初定，強調當地的立法必嚴，其司法程序不必拘泥內地之司法程序。因此，林福一案的司法依據和原則是照**清律**從重即行正法，不必解送肅州等待秋審。

2、乾隆二十六年，喀什噶爾發生一起命案，一個名叫伊斯拉木的回子被控殺害台因和卓，並傷害台因和卓之妻與弟。《清實錄》中簡單記錄了此案及乾隆之上諭：

和布魯特等其他穆斯林民族盜馬案犯的案例的司法依據或許也是回例。回疆蒙古人（包括厄魯特人和土爾扈特人）若涉及盜馬案，則不使用回例，司法依據大體上與《蒙古律例》同源，但刑罰較《蒙古律例》嚴酷。清廷尤為擔心跨族群，尤其是跨越邊界的盜馬行為會對清朝在當地的統治形成威脅，故對這種犯罪行為的懲罰較同一族群內部的犯罪更要嚴厲。參見 Jia Jianfei, "Horse Theft, Law, and Punishment in Xinjiang during the Qianlong Reign," pp. 135-164; 賈建飛，〈犯罪與懲罰：乾嘉時期新疆的盜馬案與司法中的法律多元〉，《中國邊疆學》，期 7（北京，2018），頁 53-74。

[26] 此處引文來自乾隆三十年一件滿文檔案對乾隆上諭的記載，見《清代新疆滿文檔案彙編》，冊 73，頁 413-418。另外，乾隆二十五年的《清實錄》對此也有記載，附於此，可作對比：「哈密尚與肅州相近，若伊犁葉爾羌等處又焉能長途解送肅州？此等新定地方，立法不可不嚴。將來內地貿易民人與回人雜處，凡鬥毆殺人之案，即應於本處正法，庶兇暴之徒知所儆畏，非可盡以內地之法治也。著傳諭各該駐劄大臣等，遇有似此案件，即遵照辦理。俟新疆一切就緒，再降諭旨。其林福一犯不必解送肅州，著即行正法」。《高宗純皇帝實錄》，冊 8，卷 608，乾隆二十五年三月丁巳，頁 831-832。

諭軍機大臣等：永貴等奏，照管屯田回人伊斯拉木，因回人台因和卓之妻辱罵
起釁，刺殺台因和卓，並傷及其妻與弟，不應引照回經出財抵罪，應依鬥殺律
擬絞等語。伊斯拉木以兵刃鬥毆，致有殺傷，按律擬絞，情罪允當。但據奏
稱，伊從前隨副將軍富德，在阿喇巴捉生，始知將軍兆惠等堅守資訊。曾賞給
翎頂。而回經又有死者之家如願受普爾一千騰格，免其抵償等語。著詢問死者
親屬情願與否。如不願受財，仍將伊斯拉木論抵。此案特因伊斯拉木稍有勞
績，是以格外加恩。否則按律定擬，斷不姑寬。仍曉示回眾知之。[27]

　　顯然，永貴遵照上述林福一案的司法原則，照**清律**從嚴判處伊斯拉木絞決。但
是，乾隆卻因伊斯拉木在清朝用兵回疆中立有功勞，特准照**回疆之例**允其賠償死者親
屬錢財，免其抵命。故乾隆令永貴等詢問死者親屬是否願意接受賠償而免伊斯拉木死
罪。乾隆專門強調「此案特因伊斯拉木稍有勞績，是以格外加恩」。惜《清實錄》對
於後續之事並無記載。今據滿文檔案補充如下：

　　永貴接旨後，派人前往詢問台因和卓之妻特勒薩比比（Tersabibi）和台因和卓之
弟阿布都里木（Abdurim）、圖勒都和卓（Turduhojo）與薩里和卓（Salihojo）等，
「情願要伊斯拉木償命，還是情願接受一千騰格，不讓伊斯拉木償命」。眾人皆願接
受賠償，伊斯拉木便將錢交付阿奇木伯克噶岱默特等人，由噶岱默特等轉交台因和卓
之妻、弟。經確認後，永貴即遵旨豁免伊斯拉木死罪，並將此回奏乾隆。乾隆硃批
「知道了」，此案就此了結。[28]

　　乾隆暗示在此案中使用回例實屬例外。然而，事實卻並非如此。滿文檔案中記載
的如下案例表明，在案例 2 發生之前一年，回例曾用於回子命案的司法審判。而且，
至少在乾隆統治時期，多數回子命案的司法依據都是回例。

　　3、乾隆二十五年六月，賽里木回子圖勒素巴巴（Tursubab）酒後與其主子木拉
特伯克毆傷庫車回子阿箚皮爾（Adzapir）。當時，阿箚皮爾之傷似乎並不嚴重，接
下來幾天他甚至還能下地幹活。圖勒素巴巴和木拉特伯克也照回例給了他一些衣物帽
子作為賠償。遺憾的是，數日後，阿箚皮爾因傷口感染而亡。在對此案進行審判時，
庫車辦事大臣納世通採納了當地回子領袖的意見，援引**回例**而非清律做出了判罰。[29]

---

[27] 《高宗純皇帝實錄》，冊 9，卷 646，乾隆二十六年十月癸酉，頁 963。

[28] 《清代新疆滿文檔案彙編》，冊 54，頁 82-83。

[29] 根據庫車大阿訇羅斯瑪伯特（Losmait）、噶雜那齊伯克阿里雅爾（Aliyar）和賽喇木伯克瑪勒波洛特
（Malebolot）等人所述，在回例中，因互毆致死，動手之人需償命；隔幾日而死，動手之人即刻給予死者之
家，聽任死者家庭差遣辦理；若動手之人家道殷實，則令其酌情賠付牲畜給死者家庭。《清代新疆滿文檔案彙

納世通解釋稱：「奴才查得，內地律中，傷風而死，亦非致死之罪。今若將動手之人給死者家庭，越發生隙，不定又生命案」。所以，鑒於死者之父卡姆貝爾（Kamper）表示情願接受賠償，納世通乃據回例判處兩名案犯賠付死者家庭牲畜各四（木拉特伯克賠付兩匹馬兩頭牛，圖勒素巴巴賠償一隻駱駝，一匹馬和兩頭牛），並將動手之圖勒素巴巴當眾杖責四十，以示懲戒。隨後，納世通將此上奏乾隆，得到了乾隆的同意。圖勒素巴巴一案，是迄今所知清朝治下的回疆首例依據回例對回子命案進行司法判決的案例。[30]

　　4、乾隆二十七年，沙雅爾回子慶貼木勒（Cingtiemur）毆妻致死。清朝駐庫車辦事大臣鄂寶本欲照清律毆人致死條例對兇犯進行判決，後借鑒上述圖勒素巴巴一案之判罰，指出受害者家庭情願接受賠償，奏請建議照回例處罰兇犯。其奏同樣得到乾隆的許可。最終，慶貼木勒被判賠償其岳父兩頭牛和八隻山羊，並被監禁兩個月，鞭責一百。[31]

　　5、乾隆三十三年，24 歲的喀什噶爾回子阿布拉（Abula）酒後懷疑其妹與安集延回子阿布都克里木（Abdukerim）等有染，怒而持刀刺傷阿布都克里木致死。與上述案例相比，安泰對阿布拉的司法判決略為不同。在給乾隆的奏摺中，安泰指出：「查得，內地律例中，無故口角鬥毆，以刃傷人致死者，斬監候；回例中，此類案件，若情願賠償，視其能力賠償二百五十至一千騰格普爾給死者家屬。若不願賠償，則解送巴扎打死（uthai badzar de gamafi tantame[32] bucebumbi）」。鑒於阿布拉與死者平素並無嫌隙，安泰欲援引回例之罰金條例進行判罰。但因阿布拉無力賠償，故安泰請旨將阿布拉照內地律例擬絞決，待乾隆下旨後，再拿至巴扎絞決（Abula be dorgi ba-i kooli songkoi tatame wara weile tuhebufi, hese be baime wesimbufi badzar de gamafi tatame wafi）。乾隆朱批「知道了」，並未表示反對。[33]

　　6、乾隆三十五年三月，沙拉渾（Sharahun）、阿奇木伯克木拉特（Murat）等人報，葉爾羌發生惡性命案。當地回子穆努斯（Munus）先因爭水打死一名回子，後又因回子馬克蘇特沙（Maksutša）與穆努斯之妻吵架，將馬克蘇特沙刺死。抓獲兇犯後，署理阿奇木伯克事宜之噶匝納齊伯克阿布都舒庫勒（Abdušukur）向葉爾羌辦事大臣期成額表示，在回例中，似此等窮兇極惡之犯，應即絞殺。期成額參考阿布都舒

　　編》，冊 46，頁 84-86。

30　《清代新疆滿文檔案彙編》，冊 46，頁 84-86。

31　《清代新疆滿文檔案彙編》，冊 156，頁 282-285。

32　此處之 tantame（責打）不知是否 tatame（絞）之誤，因為其他命案中回例之判決均為 tatame。

33　《清代新疆滿文檔案彙編》，冊 90，頁 343-348。

庫勒之議，據**回例**判決穆努斯絞殺示眾。其奏獲得乾隆允准。[34]

從案例 1、2 可以看出，乾隆最初即有讓清律取代回例，使回疆命案接受清律司法管轄，以之來規範當地的社會秩序之意。案例 3、4、6 則清楚表明，乾隆的企圖並未得逞，回例依然廣泛應用於回子的命案中。案例 5 的司法判決類似於案例 2，只不過由於案犯無法賠償受害者家庭，司法依據由回例變為清律。通過案例 2、5 可知，在清朝統治回疆初期，兩種法律間的分工並不明確，其界線在一定的條件下（如案例 5 中案犯無力賠償及案例 6 中案犯為累犯）可以逾越，凸顯出二元法律格局下回疆司法中存在的混亂局面。

司法上的這種含混，反映出乾隆因擔心回疆甫經平定，統治尚不穩定，且回例在當地依然具有很強的影響，故而不敢貿然在回疆實行激烈的法律變革，以清律完全替代回例。根據檔案記載，這種情形在乾隆四十三年（1778 年）開始得到部分改變。當年，乾隆對兩種法律在回子命案中的應用首次劃分界限，回例成為此類案件的主要司法依據。

當年，阿克蘇回子提依普（Tiib）酒後刀刺回子烏蘇爾麥特（Ushurmet）致死。當地阿奇木伯克烏斯滿（Usman）建議烏什參贊大臣綽克托照回例將提依普在巴扎絞決。綽克托據此上奏乾隆請旨。由於此處檔案記載失之過簡，並不清楚提依普是否因無力賠償受害人家庭而致償命，亦不清楚綽克托緣何未借鑑上述案例 5 照內地律例判決。對於綽克托之判決，乾隆並未表示異議，並指出嗣後回疆遇此類案件即照回例，依所屬阿奇木伯克之議辦理即可。

讓人頗感興趣的是乾隆在諭旨中對綽克托辦理此案的司法程序提出了批評。如上所引諸案例，此類案件均需專摺奏報皇帝，待乾隆批復後再予以執行。然而，在提依普一案的上諭中，乾隆卻質問綽克托，「回子彼此鬥毆，導致命案，亦屬常事，且與內地軍民並無干係，非要緊之事，緣何為此專門上奏」？乾隆警告綽克托，嗣後此類回子常人命案，只需遵照回例審理，年終統一彙奏朝廷。乾隆下令將此諭知新疆各城官員及伊犁將軍等一體遵行。[35]

乾隆的旨意透露出，回例只適用於回子中的一般命案，並不能用於緊要之案。根據上述諭旨，命案凡涉及內地軍民便屬緊要之案，包括內地軍民之間以及內地軍民與回子之間的命案。另外，結合清代的法律實踐和檔案記載，緊要之案也包括違反儒家等級制的倫理道德和社會秩序的案例，如謀逆、妻子殺夫、孫殺祖父、奴僕殺主等。

---

[34] 《清代新疆滿文檔案彙編》，冊 96，頁 42-45。

[35] 《清代新疆滿文檔案彙編》，冊 135，頁 294-296。

此類案件只能依據清律進行判罰。這是乾隆將儒家思想影響下的《大清律例》向回疆及回子中推進的突破之處。

「照內地成例辦理」：清律與回子中的緊要之案[36]

回疆入清版圖後，清律與回例長期並存。對於清律何時涉入回子刑案的司法審判這一問題，學者們引用《清實錄》所載的一起案件，普遍認為是乾隆四十一年。[37]

乾隆四十一年，葉爾羌回子呼達拜底與達禮雅忒克勒底將其主子尼雅斯和卓用斧砍死，並傷其妻。葉爾羌辦事大臣瑪興阿奏請將二人即行正法示眾。瑪興阿所依法律應該並非清律，因為正如乾隆在諭旨中所指，清律中此類奴僕殺死家主之命案，案犯理應凌遲處死。乾隆還稱，內地尚且如此，何況回疆新定，非內地可比，「尤當處以重辟」。因此，瑪興阿僅將呼達拜底等罪犯擬以斬決，「實屬輕縱」，乾隆命令此後回疆同類案件應嚴加懲治，從重辦理。[38]

然而，清律真正涉入回子中的命案判決，明顯早於乾隆四十一年。前文所述的乾隆三十三年發生於喀什噶爾的阿布拉一案，對阿布拉的處罰依據應該即為清律。事實上，根據滿文檔案的記載，在阿布拉一案的前一年，清律即已用於回子重案的司法判決。

乾隆三十二年，喀什噶爾回子萊姆比比（Raimbibi）被控勾結姦夫、喀什噶爾回子阿布杜拉（Abdula）殺害本夫卡拉莫羅（Kala Moluo）。卡拉莫羅本為安集延回子，常年在喀什噶爾貿易為生，十餘年前娶萊姆比比為妻，二人生有二子。乾隆三十二年，24 歲的萊姆比比因嫌卡拉莫羅年齡見老，遂與阿布杜拉通姦，並密謀將卡拉莫羅殺害。兇犯被捕後，喀什噶爾參贊大臣綽克托直接照清律將姦婦凌遲處死；姦夫則據回例被判處在巴扎絞刑。[39]這種司法差異，與回疆和內地的不同性別秩序有直接的關係。

根據《回疆通志》所載，回子男女皆享有平等的離異權力，「夫婦不和，隨時可以離異，回語謂之『揚土爾』。夫棄其婦者，家中什物任婦取攜而去。婦去其夫者，不能動室中之草木。所生子女亦各分，任夫得男，婦得女。亦有婦更數夫後而復合

---

[36] 本文並不討論謀逆重案，只討論檔案中記載的破壞儒家等級秩序和家庭社會倫理的命案。

[37] 如[日]佐口透，《18-19 世紀東トルキスタン社會史研究》，頁 558。

[38] 《高宗純皇帝實錄》，冊 13，卷 1011，乾隆四十一年六月乙丑，頁 576-577；《清代新疆滿文檔案彙編》，冊 129，頁 445-448。

[39] 《清代新疆滿文檔案彙編》，冊 83，頁 84-85。

者」。[40]婚姻上的這種平等也反映在了回子中與夫妻間的命案相關的司法實踐中。乾隆四十年，烏什參贊大臣綽克托奏報了一件發生於阿克蘇的丈夫殺妻命案。在判決中，綽克托詢問當地阿奇木伯克、公色提巴勒氏：「在爾之例中，此類命案官司如何完結交驗」？色提巴勒氏稱，回例中，無論是丈夫殺妻還是妻子殺夫，與其他命案的判決全無區別，皆在巴扎絞死。綽克托即照回例將兇犯絞死。[41]與此相比，內地不同的法律傳統導致對此類案件的司法判罰截然不同。

在內地，受儒家思想的家庭等級秩序影響，法律承認丈夫對妻子的絕對權力，被瞿同祖概括為「特殊性」（particularism）。瞿同祖指出，「人們的行事必須符合其社會身分」，對「特殊性」的強調塑造了「中國法律的特徵」。[42]蘇成捷也認為，「這種特殊性的例子可以體現在夫妻之間相互犯罪的不同處罰上：同樣的犯罪，妻子受到的懲罰遠比丈夫為重」。[43]妻子殺夫因為違反和破壞了基本的儒家家庭和性別秩序，被清律視為最嚴重的罪行之一，妻子必須照律處以五刑中最嚴重的懲罰「凌遲」處死。這充分反映出清朝對這種破壞儒家等級秩序的犯罪行為的零容忍態度。

在對萊姆比比的司法判罰中，綽克托沒有依色提巴勒氏之言引用回例，而是直接照清律將萊姆比比凌遲處死，並將其四肢懸於城門，以示懲警。綽克托的判決得到了乾隆的認可。此案是迄今為止發現的首例以清律為依據予以判罰的回子命案。與內地趨同的這種對姦婦的司法原則，顯示出清朝意欲將內地的等級秩序向回疆擴展的企圖。

最晚在二十年後，清律也成為同類命案中對姦夫的判罰依據。檔案記載，乾隆五十二年，庫車回子聶布拉克斯（Niyeburges）勾結姦夫特雅木爾（Teyamur）和其他回子合謀殺害本夫買瑪的敏（Maimaidamin）。在對此案的審理中，庫車辦事大臣陽春保同樣直接照清律將姦婦凌遲處死。但在對姦夫及其他從犯的審訊中，陽春保認為若照回例懲處，實與犯人之罪行不符，因而依據清律做出了判罰。在《大清律例》中，妻與姦夫因奸合謀殺害本夫，妻凌遲處死；若係姦夫起意，則姦夫斬立決；同案人員按出力多少分別擬絞監候，杖一百流三千里等。據此，特雅木爾因起意夥同他人謀殺聶布拉克斯之夫買瑪的敏，並毀屍及瓜分死者物品，被判斬立決；回子斯底克因夥同特雅木爾扎傷買瑪的敏致死及毀屍，亦按主犯而非從犯判處，被判絞立決；庫土魯克

---

[40] 和寧，《回疆通志》，卷12（台北，文海出版社，1966），頁404。

[41] 《清代新疆滿文檔案彙編》，冊125，頁183-186。

[42] T´ung-tsu Ch´ü, *Law and Society in Traditional China* (Paris: Mouton, 1961), p. 284.

[43] Matthew Sommer, *Polyandry and Wife-Selling in Qing Dynasty China: Survival Strategies and Judicial Interventions* (Oakland, California: University of California Press, 2015), p. 309.

莫特和多拉特蘇皮等人因未持械傷人，被處杖四十，流巴里坤，交地方官員嚴管。對於陽春保之判罰，乾隆沒有表示異議。[44]因此，最晚至乾隆五十二年，回子中妻因姦情殺夫之案的司法依據已經完全變為清律，涉案的所有回子案犯都受到清律而非回例的判決。

　　乾隆五十七年，乾隆進而明確指出，回子中的所有重案都必須根據清律判罰。當年，阿克蘇發生一起命案，伯什里克（Beshirik）地方回子托虎塔將其胞兄邁瑪特・額則斯（Maimat Ezes）毆傷致死。阿克蘇阿奇木伯克、貝子邁瑪特・阿布杜拉（Maimat Abdula）將此報給烏什辦事大臣富尼善等。富尼善等經過審理，將托虎塔按清律中弟毆死胞兄之例，問擬斬立決。富尼善的判決並未遭到乾隆的反對。不過，乾隆卻對富尼善在本案中的法律選擇問題給予了嚴斥。富尼善在其奏摺中，首先提及回例的捐金贖罪條例，然後才援引清律判處托虎塔斬立決。[45]而在乾隆看來，此案本屬重案，理應直接照清律辦理，富尼善何必多此一舉，援引回例？乾隆尤為不能容忍富尼善摺內暗示出的內地與回疆內外有別的提法，訓斥富尼善「稱我內地之例，彼回子之例，尤不成話」，指出「回子等均屬臣僕，何分彼此」？乾隆命人傳諭新疆各級官員，「嗣後遇有似此緊要事件，**均照內地成例辦理**」。[46]

　　其實，富尼善之摺在形式上與此前清朝官員有關回子命案的奏摺並無太大區別。乾隆批其「摺內將內地及回子之例煩瑣開錄」，在其他人的摺內大多存在。這正是回疆長期缺乏統一的刑律和明確的司法原則而導致的直接後果。乾隆對此問題不可謂不知。隨著清朝在回疆統治的日益穩定，他也在不斷加強清律向回疆的滲透，企圖讓回疆的地方司法體系逐步被國家法律體系所取代。對富尼善的申斥，實質上反映出的是乾隆一直以來想要挑戰和削弱回疆原有法律制度和回子精英影響的努力，表明了乾隆對在司法領域消弭內地與回疆的差異、實現兩地司法一統的期望。[47]

　　不久以後，乾隆針對托虎塔一案再次專門強調了回疆刑案中的這種司法原則，「回子內苟有親姪殺死親伯叔，親弟殺死親兄，親姪孫殺死親伯叔祖之事，自應照內地律例擬罪。若係遠族命案，仍應照回子之例辦理，不可拘泥內地服制律例。概行辦

---

[44] 《清代新疆滿文檔案彙編》，冊177，頁268-292。

[45] 《清代新疆滿文檔案彙編》，冊196，頁356-364。

[46] 《高宗純皇帝實錄》，冊18，卷1413，乾隆五十七年九月辛酉，頁1010。

[47] Dorothea 在論述清朝在蒙古的司法實踐時，也談到了蒙古司法中出現的這種變化趨勢。她說：「人們因此可能會得出結論，清朝在努力將蒙古司法併為帝國法律制度的一個組成部分，會導致不可預見的後果，地方法庭的權威會受到質疑，人們會設法讓已經被判決的案件重新再審」。見 Dorothea Heuschert-Laage, "State Authority Contested along Jurisdictional Boundaries: Qing Legal Policy towards the Mongols in the 17th and 18th Centuries," p. 11.

理。著通行駐箚新疆大臣，一體遵照」。[48]至此，《大清律例》在回子重案司法中的
地位得以正式確立。

「查經議罪，永遠禁止」：回例在刑案中的正式廢棄

自乾隆末期，尤其是嘉慶以後，回例與清律並存的二元法律局面開始發生轉變。
根據目前所能掌握的檔案文獻，在此後為數眾多的回子命案中，回例基本上沒有出現
在司法判決中，清律似乎已然取代了回例的地位。

上述變化的浮現，與當時正在全國和回疆發生的如下變化趨勢有關。第一，邊疆
的法律傳統受內地法律影響日趨明顯。學者們已經較為充分地研究了蒙古地區在立法
與司法領域中發生的這種內地化趨勢；[49]在回疆，這種變化亦日漸明顯，司法與刑罰
都受到了國家法律的很大影響。

第二，回疆的內地人日益增多。清政府雖不反對內地軍民移居回疆，卻禁止他們
攜帶家眷。儘管如此，前來回疆的內地人依然絡繹不絕。這一方面從檔案中日益增多
的與內地人相關的犯罪案例可見一斑；另一方面，嘉慶時期開始編撰的《回疆則例》
中很多有關內地軍民的規定也可視為是對這種情況的間接證明。[50]內地人的湧入不可
避免地使得清律在回疆的應用日益增多，不斷壓縮回例的使用空間，並最終取代回例
成為回疆刑案中的主要司法依據。

嘉慶以後，回例稀見於回疆命案的司法判決，卻不能因此得出在刑案中回例已經
完全被廢的結論。根據《清實錄》的記載，回例在回疆刑案中的正式廢除是在同治元
年，而事情的起因則要追溯到咸豐時期。咸豐七年，回疆發生和卓後裔倭里罕之亂，
葉爾羌三品阿奇木伯克阿克拉依都負責看守回城，為此借過安集延回子銀二萬餘兩。
後來他向內地商民借貸，歸還了欠銀。咸豐九年五月，已革伯克阿皮斯捐銀二萬兩，
時任參贊大臣裕瑞奏請將這筆錢交由商民生息，但阿克拉依都並未照做，而是向當地
回子攤派銀兩來歸還商民。伊瑪木回子等呈請免除攤派，阿克拉依都卻將伊瑪木回子

---

[48]　《高宗純皇帝實錄》，冊 18，卷 1417，乾隆五十七年十一月癸亥，冊 1068；James Millward, *Beyond the Pass*, p. 122.

[49]　如見 Dorothea Heuschert-Laage, "State Authority Contested along Jurisdictional Boundaries: Qing Legal Policy towards the Mongols in the 17th and 18th Centuries"; Dorothea Heuschert-Laage, "Legal Pluralism in the Qing Empire: Manchu Legislation for the Mongols," *The International History Review* 20:2 (Jun. 1998), pp. 310-324; Ying Hu, "*Justice on the Steppe: Legal Institutions and Practice in Qing Mongolia*" (Ph. D. Dissertation, Stanford University, 2014).

[50]　中國社會科學院中國邊疆史地研究中心編，《蒙古律例・回疆則例》，卷 6（北京：全國圖書館文獻縮微複製中心出版，1988），頁 16；卷 8，頁 8-14。

等八人枷責。對此，接任參贊大臣的英蘊並不禁止，反在未經請旨的情況下，照「回子經典」將抗議攤派錢糧者議罪，甚至「斬絞至十名之多」，致民怨四起。[51]同治即位後，清朝官員常清與景廉上摺參奏英蘊「措置乖方」，請皇帝派員查辦。同治遂遣正在阿克蘇辦案的景廉前往葉爾羌進行調查，並令英蘊據實回奏。[52]

《清實錄》簡短記載了英蘊對此案的辯護。英蘊聲稱，他之所以將那些回子辦擬斬絞，「係仿照葉爾羌從前各案，均查回子經典分別辦理」。[53]英蘊的辯護至少說明，在咸豐時期，回例依然是回疆部分案例的司法依據。這和阿哈馬德的記載是基本吻合的。

然而，朝廷對此卻勃然大怒。在景廉等人的調查之後，相關人員受到了朝廷的嚴懲。除將眾回子伯克予以革職等處分外，重點對涉案的英蘊等清朝官員進行了處理。英蘊的罪名主要有二：第一，沒有制止和參奏阿克拉依都的罪行；第二，「擅照經典，斬絞回犯」。英蘊被革去郡王頭銜，交宗人府會同刑部定擬罪名。調查還發現曾任葉爾羌參贊大臣的裕瑞、德齡和常清等亦有查經定罪之事，皆被交部議處，後裕瑞和常清「照違制例革職留任」。此後，同治下令「嗣後各路定擬罪名，均著照律定擬。所有查經議罪一節，著永遠禁止」。[54]

至此，在回疆納入清朝版圖一個世紀後，理論上回例在回疆刑案中的應用正式宣告終結，清律成為了刑案中的唯一司法依據。當然，在阿古柏入侵回疆後，伊斯蘭法曾在當地得到短暫回復和嚴格的執行。[55]不過，在清朝重新收復新疆，尤其是新疆建省後，回例很快再次被清律取代。

為了使《大清律例》更容易被回子接受，清政府在新疆建省後不久，下令將清律選譯為當地察哈台文字，並在哈密和迪化刊行。根據勒考克的記載，此書被命名為《律書》（ *Li Kitābī* ）。《律書》的流通範圍有多廣不得而知，但是毫無疑問，清律在當地得到了有效的實施。[56]

---

51 《穆宗毅皇帝實錄》，冊1（北京：中華書局，1986），卷25，同治元年四月辛未，頁686-687。

52 《穆宗毅皇帝實錄》，冊1，卷2，咸豐十一年八月己未，頁95。

53 《穆宗毅皇帝實錄》，冊1，卷10，咸豐十一年丙申，頁259。

54 《穆宗毅皇帝實錄》，冊1，卷25，同治元年四月辛未，頁686-687。

55 [日]佐口透，《新疆ムスリム研究》（東京：吉川弘文館，1995），頁41；Kim Ho-dong, *Holy War in China: The Muslim Rebellion and the State in Chinese Central Asia, 1864-1877* (Stanford : Stanford University Press, 2004), pp.108, 130; Ildikó Bellér-Hann, "Law and Custom among the Uyghur in Xinjiang," p. 175.

56 Albert von Le Coq, Buried Treasures of Chinese Turkestan, translated by Anna Barwell (Oxford: Oxford University Press, 1985), reprint, with introduction by Peter Hopkirk, p. 72. 另外參見 Eric T. Schluessel, "Muslims at the Yamen Gate: Translating Justice in Late-Qing Xinjiang," p. 118.

餘論

經歷了約一個世紀的時間，清政府大致完成了對回疆命案司法體系的變革，從承繼回疆的地方法律傳統，到國家律法與地方法並存的二元法律時期，最後完成了向國家法律的過渡。在這一轉變過程中，清政府因人、因案不同，在具體案例中的法律依據各不相同。大體上的原則是，涉及內地人的命案受清律司法管轄；回子的案例則分重案和普通命案，分別使用清律和回例進行判罰。乾隆時期是回例使用的一個高峰時段；此後，回例的使用日益稀見，並最終於同治元年被清政府正式廢除。

如果說繼承地方法律傳統是通過對回子的讓步來換取回子的支持，使之有利於確立清朝在當地統治的正當性，那麼向國家法律的轉變，則體現出清朝在面對一個文化、宗教和人種等大不相同的邊疆地區時，有意通過政策的調整來縮小雙方之間的差異，最終實現多元文化和政治向單一化的轉變。法律領域中的這種變化只是清朝在回疆變革的開始。光緒十年，清朝進而在新疆建省，新疆在清朝的內陸亞洲邊疆中率先實現了與內地行政體制的一體化。這也一舉奠定了日後中央政府統治新疆的基礎。

耐人回味的是，無論是在法律制度還是在行政體系方面，回疆發生的這種變化卻不曾在西藏和蒙古等地發生。被艾鴻章（Johan Elverskog）稱為的佛教大清，緣何選擇在伊斯蘭教主導下的回疆，而非與清朝統治者享有更多相似性的藏、蒙兩地進行這樣的變革呢？

清帝常常強調滿、蒙、漢、藏、回五大文化群體在帝國內部的平等，然而，各群體之間的地位顯然存在差異。作為統治階層中的核心組成成分，滿蒙漢的地位相對最高；西藏與清廷之間有藏傳佛教作為聯繫的紐帶；最晚被併入大清的回子和回疆，在清朝的戰略地位中相對遜色。這一方面與回疆遙遠的地理距離和較弱的經濟基礎、回子在清朝統一戰爭中相對較小的作用有關；另一方面，與其較為排斥異教的宗教信仰，尤其是在內地和回疆屢屢發生的穆斯林反清活動也有直接的關係。

康雍時期，甚至是乾隆中期以前，清廷對伊斯蘭教並不持歧視態度，甚至對歧視穆斯林的漢人精英多有懲罰。如乾隆中期，山東壽光文人魏塾在對江統《徙戎論》的批註中，將「今之回教，比擬晉之五部」，主張將所有穆斯林逐出清帝國。乾隆對此極為震怒，認為魏塾之言「荒誕悖妄，極為不法」。最後，魏塾被下旨立斬。[57]馬海

---

[57]《高宗純皇帝實錄》，冊 14，卷 1104，乾隆四十五年四月庚戌，頁 775；乾隆四十五年四月辛酉，頁 781；Ma Haiyun, *"New Teachings and New Territories: Religion, Regulations, and Regions in Qing Gansu, 1700-1800"* (Ph. D.

雲雖不認為清朝此舉是對伊斯蘭教或是穆斯林的保護，但也承認這是清廷在政治和法律方面肯定了回、漢享有平等的行政和法律地位。[58]

　　然而，自乾隆中期以後，回疆和內地屢屢發生的穆斯林抗清事件以及與此相伴的回、漢之間的仇殺，逐漸導致清政府對其伊斯蘭教和穆斯林的政策做出改變。一方面，在回疆併入大清版圖後不久，即爆發烏什之亂。此後，儘管清朝在回疆的統治經歷了近六十年的和平局面，但是，自嘉慶後期始，直到清朝平定阿古柏之亂，回疆進入了一個動盪不安的時期，屢屢發生中亞浩罕政權支持下的白山派和卓後裔的入侵，導致清朝對回疆的統治長期處於風雨飄搖之中，在回疆甚至是中亞的權威受到了嚴重的挑戰。

　　另一方面，自乾隆中期至清後期，內地陝甘和雲南等地數次爆發穆斯林抗清事件，如乾隆後期甘肅爆發的新教田五之亂，咸同時期的雲南回民和陝甘回民之亂等，導致清政府對抗清回眾進行了殘酷鎮壓。受此影響，回、漢之間的衝突與對抗加深，彼此的仇殺增多，因而，在穆斯林和清政府及非穆斯林之間浮現出一條「難以逾越的界線」。[59]

　　上述穆斯林的抗清活動不可避免地影響到了清朝統治者和內地人對伊斯蘭教、穆斯林以及回疆的認識。因此，乾隆雖然注重保持帝國內部各族群的多元文化，不希望非漢群體及其文化過多受到漢人及漢文化的影響，正如米華健所指，在道光以前，將回疆在文化上「中國化」（sinicization）並非清朝統治者的目標，但是，也應該注意到，清廷同樣講求帝國內不同地域和文化群體之間的大同和內外一家的觀念。[60]在穆斯林抗清活動的衝擊下，乾隆及其繼承人在回疆也採取了一些措施來消弭這道無形的鴻溝和界線，以削弱回疆的多元政治、宗教和法律對其統治的不利影響。

　　清廷採取的重要措施之一是鼓勵內地人移民回疆，發展屯墾。乾隆時期，政府並不允許內地人攜眷前往回疆，也禁止回子和內地漢、回的通婚，基本上杜絕了內地人永久移居回疆的可能。至道光時期，和卓後裔在浩罕支持下頻頻入侵回疆，成為清朝在回疆統治的最大威脅；而在浮現出的這種邊疆危機中，內地商民積極協助清軍，為保障回疆不落入和卓後裔之手發揮了重要作用。因此，清政府打破了內地人移居回疆

Dissertation, Georgetown University, 2007), pp. 145-161.

[58] Ma Haiyun, "*New Teachings and New Territories: Religion, Regulations, and Regions in Qing Gansu, 1700-1800*," pp. 160-161.

[59] Johan Elverskog, *Our Great Qing: The Mongols, Buddhism and the State in Late Imperial China*, p.144.

[60] James A. Millward, "'Coming onto the Map': 'Western Regions' Geography and Cartographic Nomenclature in the Making of Chinese Empire in Xinjiang," *Late Imperial China*, 20:2 (December 1999), p. 89.

的壁壘，鼓勵他們攜眷前來。此舉自然有助於擴大內地人在回疆的影響。[61]

　　同時，自嘉慶時期以後，隨著內地人口壓力的不斷增大和社會危機的日趨加深，以及回疆逐漸浮現出的不穩定因素等情況，內地部分文人精英，如龔自珍，開始改變此前對回疆的漠視，主張政府對其回疆經略政策進行調整，鼓勵內地人攜眷移墾回疆，達到解決邊疆危機與緩和內地壓力的目的。龔自珍甚至建議在新疆設省，實現新疆與內地行政的一體化。[62]

　　也就是說，政府和部分文人精英都將加強內地人在回疆的存在視為解決回疆危機、鞏固清朝統治，以及削弱伊斯蘭教和穆斯林影響和威脅的有效解決之道。也有越來越多的內地精英希望能以儒家思想和教育來同化和取代回子的信仰，實現回疆向儒家統治秩序的轉變。如晚清時期，左宗棠在談及治理南疆之策時，即認為「非割除舊俗，漸以華風，難冀久安長治」，指出「欲化彼殊俗，同我華風，非分建義塾，令回童讀書識字，通曉語言不可」，主張以儒家文化改變伊斯蘭教對回疆的影響。[63]新疆建省後，左宗棠和劉錦棠又在回疆強制推行儒家教育，表明清政府在回疆的統治理念正在經歷從「以夷制夷」向「以漢化夷」的轉變。[64]

　　清政府在回疆做出的諸多改變中，有的因其簡單武斷，沒有考慮到回疆的實際情況而以失敗告終，如以儒家教育取代當地的宗教講經。[65]相比之下，回疆的法律制度則成功地實現了由地方法律傳統向國家法律的轉變。有記載表明，清律在回疆的實施獲得了回子們的充分認同。即使是在阿古柏佔領回疆期間，短暫恢復了伊斯蘭法的管轄，但是，並不能完全消除清律在回子中的影響，很多人依然懷念清朝統治下的司法制度和清朝的統治。[66]曾於 1891-1893 年受法國政府派遣，三次前往回疆和西藏考察的杜特列德蘭斯（Dutreuil de Rhins）也指出，回子們更傾向於向清朝官員提起訴訟，

---

[61] 參見 James A. Millward, *Beyond the Pass*, Chap.3-5；賈建飛，〈試論清中期的南疆經略政策——以對內地人的政策為中心〉，收入余太山主編，《歐亞學刊》，輯 5（北京：中華書局，2005），頁 145-164。

[62] 龔自珍，〈西域置行省議〉，《龔自珍全集》（上海：上海人民出版社，1975），頁 105-112。

[63] 左宗棠，《左文襄公全集・奏稿》，卷 53（台北：文海出版社，1979），頁 2135-2136；卷 56，頁 2255；卷 56，頁 2261。

[64] 此舉頗類似於清朝「改土歸流」時在西南邊疆的實踐。參見李世愉，〈清前期治邊思想的新變化〉，《中國邊疆史地研究》，期 1（北京，2002），頁 5-14。

[65] 賈建飛，〈馬繼業與辛亥革命前後英國在新疆勢力的發展〉，《中國邊疆史地研究》，期 1（北京，2002），頁 64-76。

[66] 如《伊米德史》也記載，阿古柏時期，喀什噶爾一位農民在田間耕作，一位路人問他種什麼，農民說：「還要種什麼？種的是克塔依（意指中國人——本文作者）」。作者還說，當時人們只要聚集在一起，就會談論有關「克塔依」的話題，盼望「克塔依」能早點兒前來，驅走阿古柏政權。清朝重新收復回疆後，當地的回子和從前的官員「就像已故的親人復活一樣萬分高興」。見毛拉木薩・賽拉米著，艾力・吾甫爾譯，《伊米德史》，收入苗普生編，《清代察哈台文文獻譯注》（烏魯木齊：新疆人民出版社，2013），頁 488、516。

依靠清律來解決糾紛。[67]英國記者包羅傑在談及對清朝統治下的回疆的印象時也強調，當地回子特別信任清朝的官員，因為在他們與回子精英階層發生爭執時，他們能從清朝官員那裏獲得公平的司法審判。包羅傑還從一個基督徒的角度描述「佛教徒的征服實現了與穆斯林制度的和諧相處」。[68]這可以視為回疆被內地的法律和制度同化，並被整合入中國統治秩序的重要一步。此舉為後來新疆建省、與內地實現行政體系的一體化打下了堅實的基礎，率先完成了清朝統治下的其他內亞邊疆地區都沒有完成和經歷過的偉業。

---

[67] 轉引自[日]佐口透，《新疆ムスリム研究》，頁 39-41。

[68] Demetrius Charles Boulger, *The Life of Yakoob Beg; Athalik Ghazi, and Badaulet; Ameer of Kashgar* (London: Wm.H. Allen & Co., 1878), p. 56.

徵引書目

史料與中文資料

[美]米華健著、賈建飛譯，《嘉峪關外：1759-1864 年新疆的經濟、民族和清帝國》，香港：香港中文大學出版社，2017。

中國社會科學院中國邊疆史地研究中心編，《蒙古律例・回疆則例》，北京：全國圖書館文獻縮微複製中心出版，1988。

中國邊疆史地研究中心、中國第一歷史檔案館編，《清代新疆滿文檔案彙編》，桂林：廣西師範大學出版社，2012。

中國邊疆史地研究中心編，《清代理藩院資料輯錄》，北京：中華全國圖書館文獻縮微複製中心出版，1988。

毛拉木薩・賽拉米著，艾力・吾甫爾譯，《伊米德史》，收入苗普生編，《清代察哈台文文獻譯注》，烏魯木齊：新疆人民出版社，2013。

王守禮、李進新編，《新疆維吾爾族契約文書資料選編》，烏魯木齊：新疆社會科學院宗教所編印，1994。

王東平，《清代回疆法律制度研究》，哈爾濱：黑龍江教育出版社，2003。

王柯，《東突厥斯坦獨立運動》，香港：香港中文大學出版社，2013。

左宗棠，《左文襄公全集・奏稿》，台北：文海出版社，1979。

白京蘭，〈清代對邊疆多民族地區的司法管轄與多元法律的一體化構建〉，《貴州民族研究》，期 4（貴陽，2012），頁 131-135。

李世愉，〈清前期治邊思想的新變化〉，《中國邊疆史地研究》，期 1（北京，2002），頁 5-14。

和寧，《回疆通志》，台北：文海出版社，1966。

林恩顯，《清朝在新疆的漢回隔離政策》，台北：台灣商務印書館，1988。

張晉藩，《中國法制史》，北京：群眾出版社，1982。

張晉藩主編，《中國法制通史》，卷 8，「清」，北京：法律出版社，1999。

陳光國、徐曉光，〈清代新疆地區的法制與伊斯蘭教法〉，《西北民族研究》，期 1（蘭州，1995），頁 178-186。

曾問吾，《中國經營西域史》，台北：文海出版社，1978 年影印本。

賈建飛，〈馬繼業與辛亥革命前後英國在新疆勢力的發展〉，《中國邊疆史地研究》，期 1（北京，2002），頁 64-76。

──，〈試論清中期的南疆經略政策——以對內地人的政策為中心〉，收入余太山主編，《歐亞學刊》，第 5 輯，北京：中華書局，2005，頁 145-164。

──，〈犯罪與懲罰：乾嘉時期新疆的盜馬案與司法中的法律多元〉，《中國邊疆學》，期 7（北京，2018），頁 53-74。

新疆維吾爾自治區地方誌編纂委員會，《新疆通志・審判志》編纂委員會編，《審判志》，期 22，收入《新疆通志》，烏魯木齊：新疆人民出版社，1993。

達力扎布，〈清代審理哈密和吐魯番回人案件的兩份滿文題本譯釋〉，收入《中國邊疆民族研究》，期 7（北京，2013），頁 92-128。

管守新，《清代新疆軍府制度研究》，烏魯木齊：新疆大學出版社，2002。

潘志平，〈論乾隆嘉慶道光年間清在天山南路推行的民族政策〉，《民族研究》，期 6（北京，1986），頁 37-41。

鐘焓，〈論清朝君主稱謂的排序及其反應的君權意識──兼與「共時性君權」理論商榷〉，《民族研究》，期 4（北京，2017），頁 95-109。

龔自珍，《龔自珍全集》，上海：上海人民出版社，1975。

英德日文資料

Atwood, Christopher. "'Worshipping Grace': the Language of Loyalty in Qing Mongolia." *Late Imperial China*, 21:2 (December 2000), pp. 86-139.

Bellér-Hann, ldikó. "Law and Custom among the Uyghur in Xinjiang." In Wallace Stephen Johnson & Irina. F. Popova eds, *Central Asian Law: An Historical Overview* (A Festschrift for the Ninetieth Birthday of Herbert Franke). Lawrence, Kansas: Society for Asian Legal History, 2004, pp. 173-194.

Boulger, Demetrius Charles. *The Life of Yakoob Beg; Athalik Ghazi, and Badaulet; Ameer of Kashgar.* London: Wm.H. Allen & Co., 1878.

Ch´ü, T´ung-tsu. *Law and Society in Traditional China.* Paris: Mouton, 1961.

Crews, Robert D. *For Prophet and Tsar: Islam and Empire in Russia and Central Asia.* Cambridge, Massachusetts: Harvard University Press, 2006.

Crossley, Pamela K. *Translucent Mirror: History and Identity in Qing Imperial Ideology.* Berkeley, California: University of California Press, 1999.

Di Cosmo, Nicola. "Qing Colonial Administration in Inner Asia." *The International History Review*, 20:2 (Jun. 1998), pp. 287-309.

Elliott, Mark. *Emperor Qianlong: Son of Heaven, Man of the World.* New York: Longman, Priscilla McGeehon, 2009.

Elverskog, Johan. *Our Great Qing: The Mongols, Buddhism and the State in Late Imperial China.* Honolulu, Hawaii: University of Hawai'i Press, 2006.

Farquhar, David. "Emperor as Bodhisattva in the Governance of the Ch'ing Empire." *Harvard Journal of Asiatic Studies*, 38:1 (June 1978), pp. 5-34.

Fletcher, Joseph. "Ch'ing Inner Asia c. 1800." In *The Cambridge History of China*, Vol. 10, Late Ch'ing, 1800-1911, Part I. edited by John K. Fairbank, Cambridge: Cambridge University Press, 1978, pp. 35-106.

Hu, Ying. "*Justice on the Steppe: Legal Institutions and Practice in Qing Mongolia.*" Ph. D. Dissertation, Stanford, California: Stanford University, 2014.

Heuschert-Laage, Dorothea. *Die Gesetzgebung der Qing für die Mongolen im 17. Jahrhundert anhand des Mongolischen Gesetzbuches aus der Kangxi-Zeit (1662-1722) (Asiatische Forschungen 134)*. Wiesbaden: Harrassowitz, 1998.

Heuschert-Laage, Dorothea. "State Authority Contested along Jurisdictional Boundaries: Qing Legal Policy towards the Mongols in the 17th and 18th Centuries." *Max Planck Institute for Social Anthropology Working Papers*, No. 138, (Halle/ Saale, 2012), p. 1-23.

Jia, Jianfei. "Horse Theft, Law, and Punishment in Xinjiang during the Qianlong Reign." *Ming Qing Yanjiu,* 20:1 (Mar 2017), pp. 135-164.

Kim, Ho-dong. *Holy War in China: The Muslim Rebellion and State in Chinese Central Asia.* Stanford, California: Stanford University Press, 2004.

Ma, Haiyun. "*New Teachings and New Territories: Religion, Regulations, and Regions in Qing Gansu, 1700-1800.*"

Ph. D. Dissertation, Washington D.C.: Georgetown University, 2007.

Millward, James A. "A Uyghur Muslim in Qianlong's Court: The Meaning of the Fragrant Concubine." *The Journal of Asian Studies*, 53:2 (May 1994), pp. 427-458.

——. *Beyond the Pass: Economy, Ethnicity, and Empire in Qing Central Asia, 1759-1864*. Stanford, California: Stanford University Press, 1998.

——. "'Coming onto the Map': 'Western Regions' Geography and Cartographic Nomenclature in the Making of Chinese Empire in Xinjiang." *Late Imperial China*, 20:2 (December 1999), pp. 61-98.

Perdue, Peter. *China Marches West: The Qing Conquest of Central Eurasia*. Cambridge, Massachusetts: Harvard University Press, 2005.

Rawski, Evelyn S. "The Qing Empire during the Qianlong Reign." In Ruth W. Dunnell, Mark C. Elliott, Philippe Foret, James A. Millward eds, *New Qing Imperial History: The Making of Inner Asian Empire at Qing Chengde*, pp. 15-21. New York: Routledge, 2004.

Schluessel, Eric T. "Muslims at the Yamen Gate: Translating Justice in Late-Qing Xinjiang." In Ildikó Bellér-Hann, Birgit Schlyter, and Jun Sugawara, eds., *Kashgar Revisited: Uyghur Studies in Memory of Ambassador Gunnar Jarring*, pp. 116-138. Leiden: Brill, 2016.

——. "The Muslim Emperor of China: Everyday Politics in Colonial Xinjiang, 1877-1933." Ph. D. Dissertation, Cambridge, Massachusetts: Harvard University, 2016.

Sommer, Matthew. *Polyandry and Wife-Selling in Qing Dynasty China: Survival strategies and Judicial Interventions*. Oakland, California: University of California Press, 2015.

Von Le Coq, Albert. *Buried Treasures of Chinese Turkestan*. Translated by Anna Barwell. Oxford: Oxford University Press, 1985 [1928]. Reprint, with introduction by Peter Hopkirk.

[日]羽田明，〈異民族統治上から見たる清朝の回部統治政策〉，收入東亞研究所編，《清朝の辺疆統治政策：異民族の支那統治研究》，東京：至文堂，1944。

[日]佐口透，《18-19 世紀東トルキスタン社會史研究》，東京：吉川弘文館，1963。

——，《新疆ムスリム研究》，東京：吉川弘文館，1995。

杜文秀與清末咸同年間雲南大理「白旗」政權的「清真教門」與「民族」論述*

馬健雄

一、背景：明清時期的雲南回民、「礦爭」及大理「白旗」政權的建立

回民在雲南定居和伊斯蘭教的發展，可追溯自 1253 年忽必烈率蒙古軍隊佔領大理國時從中亞遷徙而來的回回人、探馬赤軍等群體及其後裔。[1]隨後，從明至清，仍不斷有回民隨軍或經商遷入雲南，逐漸在雲南形成了相對聚居的回民聚落。[2]目前雲南省回族人口約 69.8 萬（2010），[3]在中國回族人口（2010 年約 1058 萬）中位列前茅，建有 860 多座清真寺。[4]從元代回回人在雲南定居起，至明代和清代，雲南回民的群體身分建構和社群歷史經歷了很多變化，同時雲南回民與清真教門的發展，對於明清時期中國回民社群的形成和發展一直具有重要的影響力量。

明代初期，不少回民從內地省分遷入雲南，其中大多是跟隨衛所屯軍進入雲南的軍戶。從明初開始，許多原居雲南的回回人也逐漸改用漢姓，例如元代曾任雲南平章政事賽典赤之子馬速忽和納速剌丁等人的後代，在明初逐漸改姓馬、忽、速、納、丁等，也有越來越多的回回人家庭世代參與明朝的科舉考試。明代中後期，雲南回民社群逐漸隨著理學的發展而經歷了重要的變化，顯著的例子可見徐霞客在遊記中提到的保山城教門閃繼迪家族等。[5]根據勉維霖的研究，在明末各地回民清真寺的經堂教育

---

* 本研究獲得香港大學教育資助委員會研究項目"The Research Grants Council RGC General Research Fund Project No. 16655916"的資助，僅此致謝。

1 [明]宋濂等編撰，〈列傳十二賽典赤・瞻思丁〉，《元史》，冊七（台北：中華書局，1965），卷 125；佚名，《招捕總錄》，收錄於[元]劉郁等撰，[明]錢衡編，《西使記及其他三種》（上海：商務印書館，1936）。

2 楊兆鈞主編，《雲南回族史》（昆明：雲南民族出版社，1989），頁 52-103。

3 〈2010 年雲南省第六次全國人口普查主要數據公報（2011 年 5 月 9 日）〉，雲南省統計局，雲南省第六次全國人口普查辦公室，「國家統計局網站」，http://www.stats.gov.cn/tjsj/tjgb/rkpcgb/dfrkpcgb/201202/t20120228_30408.html（2017/9/10 檢閱）。

4 中國伊斯蘭教協會網站，http://www.chinaislam.net.cn/cms/news/media/201503/03-8001.html（2017/9/12 檢閱）。

5 [明]徐弘祖著，朱惠榮校注，《徐霞客遊記》，冊下（昆明：雲南人民出版社，1985），引用篇目如下：〈滇遊日記八〉，頁 1045-1046；〈滇遊日記十〉，頁 1114、1117、1121-1123、1128-1129；〈滇遊日記十一〉，頁

發展起來之前，元代以後，穆斯林的「番坊」制改變了，伊斯蘭教中的法官「噶最」、教法說明官「穆提夫」逐漸被淘汰。在明代相當長的時期內，中國各地回民社群中流行著世襲的「三掌教」制，即「伊瑪目」負責領導教眾禮拜，「海退布」負責講經布道，「穆安津」是宣禮員，負責按時召喚教眾到清真寺禮拜。明萬曆以後，隨著由陝西咸陽人胡登洲創立的「經堂教育」在全國各地的發展，回民社群中有影響的世襲「三掌教」制又逐漸被「開學阿訇」和「學東鄉老制」替代。一般而言，「經堂教育」一部分為「經文大學」，即教眾聘請「開學阿訇」在清真寺設立學校，學生在三至五年內，通過阿拉伯文、《古蘭經》、教法學、聖訓學、認主學等一系列課程修讀畢業，即舉行「穿衣、掛賬」儀式，畢業成為阿訇即稱為「穿衣」，具有在清真寺開學做阿訇的資格；另一部分則為「經文小學」，主要是為本地社群內的男女兒童提供基本的識字教育，並進行一般性的伊斯蘭初級常識課程和回民禮俗的教育。[6]不過，這僅是一般性的回民社群變化與概貌，具體到不同的省區，情況就要複雜得多。

就雲南而論，明中後期回回社群內部，實際上還經歷了因為風俗逐漸改變而部分地失去了伊斯蘭信仰（即當地語境中的「清真教門」）的過程，隨後在明末清初，又經過了馬注、賽璵、蔡璿等儒學士大夫或伊斯蘭經學家的不斷努力，特別是在清真寺公產制度逐漸建立之後，情況得以改觀，本地化的經堂教育體系也在雲南各地的清真寺中建立起來。經過經學家馬注等人的努力，通過編訂賽典赤家譜等一系列宗教和社群關係的重建措施，「清真教門」重新得以在不斷改革的過程中，在因應清朝國家政策改變的同時的宗教影響得以持續重建。[7]明末回民風俗改變的例子在文獻中屢見不鮮，例如根據明嘉靖時期的地方志《尋甸府志》中的記錄，尋甸知府曾經竭力禁止回民不用棺槨的宗教習俗：「色目人，頭戴白布小帽，不裹巾，身穿白布短衣，不緣領，性奸而險，多娶同姓，誦經以殺牲為齋，葬埋以剝衣為淨，無棺以送親，無祭以

1132、1153-1156。又可參見《乾隆騰越州志》，「又有默德那國，回回祖國也，地近天方。宣德時，其酋長遣使偕天方使入貢。相傳：其初，國王莫罕驀德生而神靈，盡臣服西域諸國，尊為別諳扶爾，譯言天使也。國中有經三十本，凡三千六百餘段。其書旁行，兼篆、草、楷三體，西洋諸國皆用之。其教以事天為主，而無像，每日向西虔拜。每歲齋戒一月，沐浴更衣，居必易常處。隋開皇中，其國撒哈八撒阿的幹葛思始傳其教入中國。有回回推步法，極精。迄於今其人遍天下，皆守教勿替。俗重殺，不食豬肉，常以白布蒙頭，去四方皆不易其俗。騰越多練此教最多，其中讀書入膠庠者自有儒生氣象，此外並其立教本意。而先亡之，竊盜打降，半出於中。律例特嚴，治之有以也。滇多教門，附記之」。[清]屠述廉纂修，〈雜記〉，《乾隆騰越州志》，卷11（南京：鳳凰出版社[據清光緒23年（1897）刻本影印]，2009），頁167。

6　勉維霖，《寧夏伊斯蘭教派概要》（銀川：寧夏人民出版社，1981），頁42-44。

7　Jianxiong Ma, "Re-creating Hui Identity and the Charity Network in the Imperial Extension from Ming to Qing in the Southwest Chinese Frontier," in Rajeswary Ampalavanar Brown and Justin Pierce ed., *Charities in the Non-Western World: The Development and Regulation of Indigenous and Islamic Charities* (New York: Routledge, 2013), pp. 147-170.

享親，及塋，丟棄土坑，以有無聲為吉凶兆，傷化敗倫莫此為甚。嘉靖二十八年（1549），知府王尚用為廣咨詢，以共圖治理事議呈，痛革前弊，於是始有棺槨衣衾以塋親矣」。[8]王尚用為了在當地推行儒家教化，特別指出回民士大夫亦「借口教門，死無棺槨，丟棄荒坑。雖青衿之家亦或不免」，他認為「夷民夷俗，一時固難以卒化，竊惟漢人者，夷人之觀望；青衿者，庶民之表率也。若坐視其薄惡，而不為之一正，似非有政教之責者所宜忍耐也。合無准令，本府出示禁諭，開導其良心，曉之以禮儀，使漢人有所向化，夷人之所觀望，天理民彝之良未必無感動者」。[9]其後，雲南蒙化府（今巍山縣）的回民馬逸、馬易從、馬民從、馬經邦、馬崟等一家四代都先後考取舉人功名，志書褒揚他們世代「精易經，子弟從學者無遠不至」，即便後來馬注將他們都納入《咸陽家乘》，顯然他們在明末的學術旨趣與追求，跟後世從經堂教育發展起來之後的清真教門對穆斯林的要求，仍有很大的距離。[10]簡言之，追溯雲南回民的歷史，我們可以看到，作為具有共同的身分認同的「族群」，與作為信仰伊斯蘭教的穆斯林，並不是一以貫之、始終如一的過程。從元代、明代至清代，隨著國家體制的變化和胡登洲創立的以漢語教學的伊斯蘭經學體系在各地的發展，回民作為穆斯林和作為「回族」或被誣為「回匪」，總是基於當時候的地方社會語境和塑造族群現象的政治經濟環境。因此，有的時候在蒙化府這樣的回民穆斯林聚居地區，也有像馬逸一家四代這樣的理學士大夫家族發展起來，他們的後代隨著清朝時期伊斯蘭經學的發展，又轉市成為伊斯蘭經學家，這一狀況說明，回民作為政治性的族群和回民作為「清真教門」的發展和維護者，也隨時在應政治條件的改變而起伏變化。不過總的來說，自元代以來，回民社群面臨的「教」與「族」的糾葛、分合、動員與衝突，就始終是中國各地回民不得不面對的問題。

　　萬曆以降，特別是明清轉變之後，隨著清真寺經堂教育在雲南各地的發展，尤其在清朝康熙時期開始實施「攤丁入地」政策之後，雲南各地清真寺積累的公共財產逐

8　[明]王尚用修，陳梓、張騰纂，〈風俗〉，《嘉靖尋甸府志》，收入《天一閣藏明代方志選刊》，冊 67 卷上（上海：上海古籍出版社[據上海古籍書店影印浙江寧波天一閣藏明嘉靖二十九年（1550）刻本重印]，1982），頁 19b-20a。

9　[明]王尚用修，陳梓、張騰纂，《嘉靖尋甸府志》，收入《天一閣藏明代方志選刊》，冊 67 卷下（上海：上海古籍出版社[據上海古籍書店影印浙江寧波天一閣藏明嘉靖二十九年（1550）刻本重印]，1982），「附錄」，頁 62a-62b。

10　[清]蔣旭纂，《康熙蒙化府志》，卷 5（康熙三十七年，1698）（芒市：德宏民族出版社[據清康熙三十七年（1698）刻本影印]，1998），「舉人」，頁 48、144、148。《賽典赤家譜》（馬尚文藏本），收入雲南省編輯組，《雲南回族社會歷史調查（二）》（昆明：雲南人民出版社，1985），頁 25。（《賽典赤家譜》原名《馬氏家乘》）

漸增加，由教眾捐贈到清真寺來由寺裡的鄉老、掌教組成的執理會負責管理的田產越來越多，也就更加鼓勵了越來越多的回民將土地捐給清真寺為常住田，由清真寺代理向政府完納糧稅。這一變化，使得越來越多回民能夠從農業生產的束縛中抽身出來，投入到馬幫運輸和遠距離貿易的流動性經濟活動中。同時，也有越來越多回民的貧民勞動力成為銀、銅礦山開發的礦工主力，即「砂丁」，民諺稱之為「窮走夷方急走廠」；另一方面，就回民社群內部社會機制的發展而言，由於經堂教育的迅速擴展，原來居住在不同地方的回民子弟，也能夠到外地清真寺學習，因為經堂教育體系主要依賴於本地清真寺的執理會來管理公產，並以合同制聘請有學問的開學阿訇來支持教學，學生的學習開支均由辦學清真寺公共財產的收益金來支付。客觀上，這也促進了回民社群之間的聯繫不斷緊密並日益強化，回民聚居區之間遠距離的通婚網絡和商業貿易網絡也因之不斷擴展，甚至從雲南擴展到緬甸、暹羅、越南。回民社會內部的這些變化，主要發生在清代康熙、雍正、乾隆時期，隨著雲南各地的礦業和貿易經濟的變化而迅速發展起來，並且在嘉慶、道光時期隨著銀銅礦的深入開採和運輸業的發展達到了高峰；可是，隨之而來的礦產資源萎縮導致的礦業衰敗和嚴重的礦爭，又使得回民成為清朝的西南邊疆由於社會經濟衰敗而引發的政治衝突中的犧牲者。[11]明清之際國家體制的轉變，促使雲南各地的清真寺由明代里甲體系下世襲掌教控制的「回回堂」，[12]逐漸因清政府推行的「劃衛歸州」、「攤丁入地」新政策及雲南礦業的發展，加之以馬注、蔡璿、賽嶼為代表的伊斯蘭經學家和儒學士大夫的推動，清真寺經堂教育隨著清真寺「公項」下公共財產的積累而迅速發展起來，因伊斯蘭經學網絡的發展而迅速興起的回民與採礦業、運輸業網絡及商業資本，使得回民成為清初至清中期雲南礦業經濟快速發展過程中特別突出的受益者，也為後來的社會衝突、礦工仇殺與族群動員，釀下禍根。

　　清康熙二十一年（1682）以來，雲南省政府大力鼓勵民間集資開採銀銅礦，特別是銅礦，官府可以從開礦獲利中抽取 20%的稅；隨後在康熙四十四年（1705），清政府為了鼓勵鑄幣用銅料的生產，實行由政府向礦商和工人預先借給工本，之後政府以官價收購的政策，推行「放本收銅」。經過這些努力，到乾隆三十八年（1773）前後，雲南每年的銅產量達到 1200-1300 萬斤，其中超過 60%直接運往北京，其餘供給

---

[11] Jianxiong Ma, "Re-creating Hui Identity and the Charity Network in the Imperial Extension from Ming to Qing in the Southwest Chinese Frontier," pp. 147-170.

[12] 「王虞虞父子，蓋王亦劉戚也，家西南城隅內。其前即清真寺，寺門東向南門內大街，寺乃教門沙氏所建，即所謂回回堂也」，見[明]徐弘祖著，朱惠榮校注，〈滇遊日記八〉，《徐霞客遊記》，冊下，頁 995。

各省採買，以備鑄幣之需。[13]雲南作為清代中國最大、最集中的銀銅礦產地，越來越多的各省礦工雲集各大礦區，其中回民礦商和礦工就佔了很大的比例。而且，從雲南各大城鎮通往礦區的馬幫運輸，支撐著礦山社會的物資供應及物流暢通，雲南回民經營的馬幫運輸業在其中也起到了至為重要作用，無論在銀礦或銅礦區，通常都建有清真寺。相對於銅礦，銀礦生產的利潤較高，而且銀礦大多分佈在中緬邊疆各土司轄區的深山之中，政府更不願向銀礦投資商借出工本，於是，廣佈於滇緬邊境山區的各大銀礦，從其開辦之初就以「合股礦權」的方式集資開採，初始礦工先以勞動力入股，與礦商分擔開採初期的投資風險，待生產正常之後按比例分利。這樣，通常在銀礦山，初始礦工與礦商和礦師（採、煉工程師）共同擁有礦硐股權，礦硐因而成為礦山的生產和組織單元，礦山工人以同鄉會館或清真寺為單位，依據秘密會社的組織原則（即「拜香把」），組成為不同的地域幫派，但只有回民礦工，無論其地域籍貫差別，都因為飲食和宗教的原因而組成回民幫派，使得回民在礦山社會中成為非常與眾不同的一群。這樣，當各銀礦區的礦脈資源經過長期開採之後逐漸萎縮枯竭時，就會發生整體上的礦硐幫派之間對剩餘礦脈的競爭和爭奪，並逐漸演變為礦工幫派之間因礦脈資源競爭而形成的聯合與分化；當這樣的衝突因突發事件而趨向惡化之時，衝突慢慢演變成礦山的非回民幫派結成同盟來共同攻擊回民幫派的「礦爭」，例如嘉慶五年（1800）發生的耿馬悉宜廠回漢械鬥案，隨著礦工的流動，衝突又延伸發展為道光元年（1821）的雲龍州白羊廠案，及更大規模的咸豐七年（1956）南安州（今南華縣）石羊廠的回漢衝突等。[14]

　　遠離城市的礦山的礦工幫派之間的衝突和回漢械鬥，到了道光二十五年（1845）已經隨著銀礦的枯竭和礦山封閉，逐漸由礦區蔓延到雲南中西部交通沿線城鎮和鄉村，演變為更為普遍的回漢之間的社群械鬥。這一年，永昌府城保山發生了城外團練進城屠殺回民數千人的保山屠回案（即「永昌案」），保山金雞村秀才杜文秀因家人被殺，隨同馬行雲、丁燦庭、木文科等人到北京控告保山團練首領沈聚成等人「香匪串謀，滅殺無辜」，[15]道光皇帝任命林則徐為雲貴總督，到雲南處理永昌案。道光二十七年（1847），林則徐責令變賣保山清真寺公產，將保山屠回事件中倖存的回民遷

13　馬健雄，〈失業礦工與地方軍事化：清中期雲南西部銀礦業衰退與回民的族群動員〉，《民族學界》，期 34（台北，2014），頁 67-104。

14　馬健雄，〈失業礦工與地方軍事化：清中期雲南西部銀礦業衰退與回民的族群動員〉，《民族學界》，期 34，頁 67-104

15　[清]林則徐，〈丁燦庭等兩次京控案審明定擬摺〉（道光 28 年 6 月 13 日），收入中山大學歷史系近代史教研組、研究室編，《林則徐集・奏稿》，冊下（北京：中華書局，1965），頁 1049-1055。

往環境惡劣、瘧疾流行的怒江河谷官乃山安置。林則徐的處理方式引來更多回民的不滿，保山各地的回民難民流亡到蒙化府的回民村落中聚集，隨後咸豐六年（1856）發生了省城昆明的滅回事件，雲南西部（滇西）各地回民首領於是聚集大理府城，宣佈反清起義，以白色旗幟為號，建立了大理「白旗」政權，保山難民、回民秀才杜文秀既是穿衣畢業的阿訇，又曾經到北京告狀，被推舉為回民政權的首領，自稱「總統兵馬大元帥」。回民起義抗清至同治十三年（1873），大理城被清軍攻破、杜文秀服毒投降，在大理城外五里橋村被清軍首領楊玉科殺害。大理城被清軍攻陷前後，滇西各地回民即遭到大肆屠殺，大理一帶各城鎮及回民聚居村落中倖存者寥寥可數。[16]

二、「對聯」作為一種文本：大理政權面臨的政治民生問題

　　王柯在近年討論中國近代的「民族」與「民族主義」的產生時，確定無疑地指出，「中文的『民族』一詞，就是在近代借自於『同文』之國的日本」，[17] 王柯認為，「民族」最初是由 nation 而並非 ethnic group 而來，「已經足以說明漢字的『民族』一詞，是誕生於具有強烈的單一民族國家思想、認為『民族』即『國民』的日本」。[18]儘管王柯也解釋道，他在此所指的「民族」是「國民」意義上的「民族」，而且是出現在「戊戌變法」失敗後梁啟超等大量留學生赴日之前的 1896 年。關於梁啟超留日時期所受到的影響，杜贊奇在 1996 年已經有不少討論，但是，是否「民族」概念的產生完全是因為中國在民族國家的建設問題上受到日本的影響，還需要大量深入細緻的研究。在滇西回民白旗政權建立過程的案例來看，清中後期雲南發生的族群衝突和社會動員，實際上已經發展出了另一種指向的民族論述與政治訴求，這與近代不同時期的清朝中國所面臨的社會變化有關，但是雲南的少數民族抗清問題，也與其它同一時期的社會政治運動大不相同，例如與大理「白旗」政權與「太平天國」的政治訴求就很不一樣。咸豐六年（1856）至同治十三年（1873），在杜文秀領導下建立的大理「白旗」政權，就將其反抗清政府的政治努力指向建立一種以「上古三代」為假想的「各民族同起同坐」的國家政治，因為「滿人奪我中夏，主政二百餘

---

[16] 王樹槐，《咸同雲南回民事變》（台北：中央研究院近代史所，1968）；荊德新編著，《杜文秀起義》（昆明：雲南民族出版社，1991）；馬誠，《晚清雲南劇變：杜文秀與大理政權的興亡（1856-1873）》（成都：四川大學出版社，2012）；David G. Atwill, *The Chinese Sultanate: Islam, Ethnicity, and the Panthay Rebellion in Southwest China, 1856-1873* (Stanford: Stanford University Press, 2005).

[17] 王柯，《民族主義與近代中日關係：「民族國家」、「邊疆」與歷史認識》（香港：中文大學出版社，2015），頁 61。

[18] 王柯，《民族主義與近代中日關係：「民族國家」、「邊疆」與歷史認識》，頁 68。

年，視人民如牛馬，以性命為草木，傷我同胞，滅我回族，是以用彰天討，罪有應得」，[19]杜文秀關於「回族」、「民族」的論述與政治實踐，或者被視為「回亂」遭到長期冷藏，或者又被後來的「階級鬥爭」和「農民起義」話語所遮蔽。究其原因，長期以來在雲南迤西與迤南的回民社群及政治精英之間，因馬如龍投降清政府引發的政治立場差異，對回民的「族」與「教」的關係意見分歧，以及民國以降雲南各地漢、回士紳因杜文秀政權的失敗而涉及的回民被沒收的「叛產」問題的爭議，[20]諸多原因使得學界對於大理白旗政權的研究多集中在晚清政局腐敗、內憂外患、農民起義等問題，從地方社會生活日常的脈絡下探究杜文秀本人的生活經歷、思想和具體的政治論述與策略的討論則較為少見。[21]

　　王柯也提到，在出任清朝駐日本公使、回民楊樞的支持下，1906 年留日回民學生組織了「留東清真教育會」，雲南人保廷梁為會長、趙鍾奇擔任會計。他們創辦《醒回篇》雜誌，反對將回民視為「民族」，強調中國才是回民穆斯林的祖國，反對將「回民」與「漢人」分為兩個不同的、單一民族國家概念下的民族或國族，這又與馬安禮翻譯的馬德新《朝覲途記》所稱的教門祖國的概念有所不同。[22]這裡，我們需要回到杜文秀領導建立的雲南大理「白旗」政權前後的諸多歷史事件的社會脈絡之下，來理解「漢」與「回」或「少數民族」的二元對立在政治上的危險性。趙鍾奇的前輩即是道光二十六（1846）駐守瀾滄江永平霽虹橋的清朝守備趙發元，因為拒絕與反清的回民礦工首領張富等人合作被殺，趙發元家族因而得以在大理回民「白旗」政權失敗後倖免於難。[23]馬安禮翻譯出版馬德新《朝覲途記》的時間為咸豐十一年（1861），非王柯所言之 1871 年，距離馬德新於道光二十八年（1848）朝覲回國已經十餘年，該書出版時雲貴總督徐之銘作序，此時馬如龍、馬德新剛剛結束對昆明的軍事圍困，總督徐之銘正竭力招撫馬如龍、馬德新。馬德新所言之「回回祖國」，顯

---

[19] 參見[清]杜文秀，〈帥府佈告〉：「竊聞文能安邦，武將定國，五帝憑禮樂而有封疆，三王用征伐而定天下。事分順逆，人能（有）良能。此次出師，純為滿人奪我中夏，主政二百餘年，視人民如牛馬，以姓（性）命如草木，傷我同胞，滅我回族，是以用彰天討，罪有應得。今統十萬之眾，假以北（東）伐。凡大兵所到時，但有錢糧軍器馬匹夫役，一律應付。倘有抗令不遵，仍蹈前車（轍），大兵一至，螻蟻不存。故茲佈告，宜（各）凜遵」。收入白壽彝，《回民起義》，卷 2（上海：上海人民出版社，1952），頁 123。

[20] 馬健雄，〈民國時期雲南回民精英關於杜文秀大理政權的「革命」歷史論述與收回「叛產」活動〉（中山大學嶺南文化研究院、香港科技大學華南研究中心主辦「民國時期少數民族歷史文化的主位書寫」學術研討會會議論文，2019 年 4 月 20 日）。

[21] 王樹槐，《咸同雲南回民事變》，第一章、第二章；荊德新編著，《杜文秀起義》，頁 61。

[22] 王柯，《民族主義與近代中日關係：「民族國家」、「邊疆」與歷史認識》，頁 125。

[23] 馬存兆，《大理市芝華回族史稿》（大理：大理市芝華清真寺管理委員會，2000），頁 14。

然與前述之地方脈絡中「其教傳入中國」之「天方國」屬同一語境。[24]

杜文秀政權失敗後第二年，雲貴總督岑毓英藉口「杜逆本馬德新傳教門徒，雖割據迤西，仍受其指使，書信往來不絕」，將馬德新處死。[25]三十多年後，當趙鍾奇、保廷梁等雲南留日學生討論國家與民族問題之時，他們的家庭和個人生活經歷距離戰爭與殺戮並不遙遠。[26]在這種情況下，作為瞭解雲南回民遭遇的留日學生，趙鍾奇等人當然對於如何界定什麼樣的人算是新中國的「人民」、什麼樣的人要被排除，顯得非常小心謹慎。也就是說，自從 1850 年代以來，對於「民族」與「國家」這樣的問題，不同的政治力量已經經歷過長期的競爭，留日學生也從中汲取了不少經驗教訓，這並非只因為趙鍾奇這樣的學生因到日本來學習，一下子就吸收到了新政治觀點那麼簡單。另外，既然界定「民族」在十九世紀末、二十世紀初有其特殊政治背景，將「民族」一詞的產生貿然歸結為必然等同於「國族」，斷非因「族群」發展而來，那麼，我們就以雲南回民在十九世紀的遭遇作為歷史經驗的切入點，可以更清楚地回應杜贊奇（Prasenjit Duara）所指出的，現代性的表徵之一，即民族國家體系及由民族主義的意識形態所代表的新型身分認同的發展，其實是經歷了較長時期的競爭、協商和集體性的合作達成的後果，[27]不是簡單以日本作為一個標本而已。此外，從儒家倫理的「天下」宇宙觀所代表的文化主義，逐漸轉向民族國家的政治體制的訴求，也不僅僅是留日學生代表的一小部分知識分子的想法；在十九世紀後期至二十世紀初期的中國，社會大眾還經歷了數十年的反帝國主義運動和對文化與政治共同性的重新定義的長期努力，而且，這些討論早在二十多年前，就已經在學術界引起了廣泛的迴響，[28]也並非王著所稱「（中國）為什麼會在『近代』選擇一條與傳統『天下』思想截然相反的、按照『民族』的範圍確定國家疆界的道路」，「這是一個顯而易見的問題，本來早該為學界所發現和重視，然而遺憾的是，我們卻一直未能看到闡述這一問題」。[29]

---

[24] [清]屠述廉纂修，〈雜記〉，《乾隆騰越州志》，卷 11，頁 167。

[25] [清]岑毓英，〈搜殲首要逆黨遣散降回摺〉（1874 年 4 月 22 日），收入[清]岑毓英撰，黃振南、白耀天標點，《岑毓英集》（南寧：廣西民族出版社，2005），頁 146。

[26] 王連芳、趙澤光、張世厚編，《趙鍾奇將軍傳》（昆明：編者自印，1993），頁 11-33。趙鍾奇在家鄉大理市鳳儀芝華村清真寺題有一幅對聯：「誠正修齊治平，學庸一書孔教中已傳厥旨；念禮齋課朝覲，天命五事穆聖後責在吾人」，亦可見楹聯在滇西回民生活中的普及性及日常性。

[27] Prasenjit Duara, "De-Constructing the Chinese Nation," in Jonathan Unger ed., *Chinese Nationalism* (Armonk, New York: M. E. Sharpe, 1996), pp. 31-55.

[28] 沈松僑，〈我以我血薦軒轅——黃帝神話與晚清的國族建構〉，《台灣社會研究季刊》，期 28（台北，1997），頁 1-59；James Townsend, "Chinese Nationalism," in Jonathan Unger ed., *Chinese Nationalism,* pp. 1-30.

[29] 王柯，〈前言〉，《民族主義與近代中日關係：「民族國家」、「邊疆」與歷史認識》，頁 xi。遺憾的是，王著並沒有在書中回應過杜贊奇（Prasenjit Duara）和 James Townsend 等人早在 1996 年即已經提出的討論。

針對這一問題，本文討論的 1856-1873 年間在雲南大理建立的杜文秀領導下的回民「白旗」政權，重點分析其所實踐的「民族」政策和相關論述，尤其以杜文秀本人對「民族」問題的看法、以大理回民政權領導人物們所追求的推翻滿清、恢復「上古三代」之治的國家政治理想作為論述的中心，作為對王柯提出的「日制漢詞」之「民族」的回應。因此，本文力圖從地方社會的層面而非精英知識分子之思想史角度來切入討論，重在介紹近代以來不同的政治力量、尤其是少數民族建立的政治體系以及他們所追求的現代國家建構的不同類型的歷史事實，這應該理解為另外一種追求各民族（族群）之間的政治平等的、「現代性」指向的國家理念與實踐。假如沒有這些前輩政治領袖的努力和他們的失敗經驗，像趙鍾奇這樣的雲南回民留日學生是不會憑空發展出他們在《醒回篇》中的那些有關「民族」、「革命」、「國家」的思考與討論的。

　　2012 年，筆者見到一份大理學者楊士斌先生收藏的《杜文秀「對聯集成」》手稿，整部手稿共 97 頁，封面題籤「杜文秀三十五年，對聯集成，壬申年二月十八日」，以棉線訂為一冊，收藏者按頁碼順序進行了標示。這份文稿書寫在上下寬度相同（26 厘米）、左右幅長不一（多為 49 厘米，少量為 15、19、21 厘米）的棉紙上，訂為一沓。可以判斷，這些冊頁書寫的時間先後不一，所用棉紙也都屬比較常見的書寫用棉紙，毛邊，無折頁，並可判斷書寫時為單頁單張，其中除幾批集中抄寫、分別題為「晏旗廠對聯」、「大理對聯」、「教門對聯」、「普通對聯」的對聯集之外，其餘不同主題的對聯寫成或抄錄的時間跨度較長，最早題籤為丙辰年（1856）、最晚壬申年（1872），跨度為十三年。書寫字體大多規整，間有零星增刪修改和字跡潦草之處，整部文稿共收錄了 289 副對聯，其中收錄的對聯最早可追溯到道光二十五年乙巳（1845）九月永昌案發生後，杜文秀撰寫的貼在自家門口的門聯。整冊手稿共 97 頁，首頁從右至左以上下行題籤落款「杜文秀三十五年」、「對聯集成」、「壬申年二月十八日」三行。整部手稿中，前後可見共有三處落款「杜文秀」，全文中還可見有十五出處鈐有中阿文合體的「杜文秀」條形私章。綜觀整冊文稿，杜文秀使用過的印章有兩款，一款為方形篆書漢字印，僅見於首題壬申年籤頁；另一款即為漢字及阿文合體條章，在裝訂騎縫或頁腳落款處不時見到。這兩款私章非常難得，可以看出，杜文秀常以私章作為落款題籤。在全部多達二百八十多副的對聯中，少量為杜文秀抄錄，絕大多數為杜文秀自己創作、並隨時手錄存檔的冊頁，最後才將冊頁、單張合訂為一冊。在文稿中，一部分對聯後有落款或加注，所見不同年代的落款或年代追溯，按順序可見乙巳年九月（1845）、丙辰年（1856）五月四日、庚申年（1860）二月及七月九日、戊午年（1858）冬、戊辰年（1868）六月十七日、壬申年（1872）

等。就對聯所涉及的地點，提到的地名相繼有：博南老街、曲硐、金雞村、宴旗廠、天主堂、塘子口、小西門、大西門、三月街廟門、北花廳、明經館、黑龍橋、麗江黑龍潭、昆明大板橋等，提到的人名有黃成源、李芳園、馬名魁（奎）、段國瑞、吳興邦、李學泰、陳渺、劉為焱、阿九哥、馬復初、吳鳳書、袁彬、徐之銘、蘇譚等。

圖一｜《杜文秀「對聯集成」》手稿

　　為了查證這份手稿的真實性，筆者與收藏人楊士斌先生隨後花費數年時間，在雲南各地訪查杜文秀手書碑刻遺留，希望輔以其他物證比對，將杜文秀手跡和其他同時代的歷史遺物進行比較，尋找能夠與對聯內容和手稿本相關的交叉證據，以鑑別手稿的歷史價值與真偽。2013 年春，我們找到了一批收藏於雲南省雲縣文管所的杜文秀手書蔡發春家族墓地碑銘，並將碑文與杜文秀手稿比對，就手稿的書寫紙張、年代、字體風格、印章題款等等不同內容進行了研究鑑別。本文依據杜文秀對聯文稿的分析，從「對聯」作為清代滇西地方社會一種流行的文告式文體及民眾日常的文本樣式入手（通常對聯與節日、公共建築、公開性儀式性的聚會場合、文學或書法文字的宣示等書寫目的相關），參照其他地方文獻，我們可以從日常生活與公共空間的視角，對大理白旗政權面臨的政治及民生問題進行觀察，這些問題也與杜文秀生平、杜文秀的政治軍事思想密切相關。有趣的是，從中我們可以看到，除了官、私文檔中白旗政權的「總統兵馬大元帥」或者造反的英雄人物之外，杜文秀也往往以一個回民阿訇和樂於向普通民眾展現其讀書人的秀才身分的語氣，將他的對聯創作，設定在本地日常

生活的語言環境中，因而顯得頗有人情氣息和日常生活意味。不過，更為特別的是，在大理「白旗」政權建立前後，特別是在自稱為「總統兵馬大元帥」的十八年間，杜文秀也竭力以「對聯」這樣的文宣形式，來闡釋他的伊斯蘭教門思想和他「以儒詮經」的思想方法。

　　大體上，這份收錄了 289 副對聯和若干說明和註釋的《杜文秀「對聯集成」》手稿，可分為四個部分：第一部分是一些具體的說明，包括一份說明李維述攻打晏旗廠之後失落的晏旗廠舉義時用到重要物品，這些物品對於當時（戊辰年，1856）的大理政權而言，具有重要的歷史價值，杜文秀希望將來能夠把它們找回來。這個問題似乎說明，杜文秀將大理政權的成立，直接追溯到蒙化晏旗廠「九條龍」在帥堂結拜的事件；另外文稿中還加注了一些具體的說明，例如在一副對聯的註釋中，杜文秀說明這兩副描寫麗江玉龍山和黑龍潭的對聯是蘇譚所作，蘇譚是博南縣（今永平縣）蘇屯街漢人，道光年間獲得舉人功名，己巳年（1869）在大板橋戰役中遇難，時年 58 歲。杜文秀認為他「是一位黃忠式的老將」，為此非常傷心。後來杜文秀從民情訪查收集的對聯中發現了蘇譚作的這兩副對聯，專門抄錄以為懷念。這樣的有關對聯的註釋說明還有一例，杜文秀將吳鳳書參加「白旗」政權前後所作兩副對聯抄錄作對比，從「綠皮烏龜打黃傘、空心光棍戴白頭」到「小鳥唱起喧天曲，老杜帶來滿園春」，杜文秀認為吳鳳書對杜文秀自己的看法，前後有了巨大的轉變。此外還可見到一些零星的註釋，說明他對法國天主教堂的態度和對歐洲人侵略中國的野心的瞭解和憤懣，這樣的註釋和說明通常是針對某些對聯所做的引申和發揮。

　　第二部分，是按照歷史事件順利排列的一些對聯的合集，這些對聯曾經張貼在一些重要地點、而且對宣傳大理政權的政治主張而言非常重要，另外以白旗政權建立之後帶來的社會變化為主題的對聯，也歸入此類。例如晏旗廠帥堂、帥府大門、旗桿、鎖金橋、榆城、出征的儀式等等，這批對聯主要歸入「晏旗廠對聯」和「大理對聯」兩個類別中，主題多以政治、軍事和民生為中心。從中我們看到，杜文秀非常重視以對聯的形式進行政治宣傳，多寫對聯、把對聯寫得朗朗上口、讓對聯能夠為廣大民眾所熟悉、瞭解並能夠在民間廣為流傳，這也因為杜文秀看到對聯也是清代滇西地方社會非常有效的一種社會傳播媒體，這也是為何杜文秀留下了那麼多的對聯的一個重要原因，這也是過去的研究忽略的問題。因此，對於研究大理白旗政權的歷史而言，這些對聯是非常重要的文獻，是從大理政權內部去瞭解它的政治立場、宣傳手法和與民眾的關係的基礎性歷史材料。

　　第三部分是宣傳教門的對聯，這是大理白旗政權的一個特別之處。杜文秀領導的大理政權是以回民為主、聯合不同的民族反抗清政府的一場規模宏大的社會革命，但

其中主要的領袖人物都是回民。杜文秀自己是穿衣阿訇，他自述十五歲穿衣、中秀才，又特別強調青年人的「讀書、唸經、當兵三門課堂」，因此瞭解杜文秀和他領導的白旗政府是如何看待回民與清政府、與儒家文化的關係、如何理解伊斯蘭教、乃至杜文秀本人的諸多社會文化理想與政治追求等問題，這些對聯都是不可多得的材料。最後的第四部分，主要收錄與杜文秀自己的家庭關係、杜文秀所觀察瞭解的社會民生和日常生活有關的一些對聯，其中包括風景描述、節慶、婚喪嫁娶、廟宇、社會風尚、市場與各行業的實用對聯等等，可謂包羅萬象。以下就上述幾類對聯的內容試舉例說明。

圖二｜教門對聯

　　首頁題籤「杜文秀三十五年」，是指杜文秀原名楊秀，他的父親是一位姓楊的馬鍋頭（即雲南馬幫趕馬人中的頭目），娶杜姓女為妻，但因楊、杜兩家馬鍋頭為世交，楊秀後來改姓杜。從楊秀改名為杜文秀的那一年起，至 1872 年為第 35 年。杜文秀成年之前名楊秀，如果以杜文秀 1827 年出生來計算，1837 年前後，楊秀在約 10 歲時改名為杜文秀，在清真寺學習畢業「穿衣」時為十五歲，當在 1842 年即道光 22 年前後。[30]杜文秀撰寫的對聯也有一部分同他的家庭生活和自己的身世有關，例如，

30　王樹槐，《咸同雲南回民事變》，頁 165。關於杜文秀的身世，參見張世爵、趙大宏、歐陽常貴編注，〈杜文秀自傳〉，上卷《杜文秀帥府秘錄》（成都：四川人民出版社，1995），頁 20；林則徐在奏稿中也提到杜文秀的家庭遭遇，見[清]林則徐，〈丁燦庭等兩次京控案審明定擬摺〉（道光 28 年 6 月 13 日），收入中山大學歷史系近代史教研組、研究室編，《林則徐集・奏稿》，冊下，頁 1051。

「杜仲籽落楊柳樹，金雞窩在板橋街」（頁 4，本文中以後附數字標記頁碼）、「遍地芳草，兒童跳出水溝外；滿天瑞雪，學院蹲在火龍邊」。此聯註釋為：「楊秀」，即撰此聯時杜文秀仍名為楊秀。另外一聯「金雞村戲台：不大點地方可國可家可天下，這個腳色能文能武能聖賢」（3）。此聯註釋為：「十五歲穿衣、中秀才時，漢人朋友搭戲台祝賀時寫。庚申年二月（1860）再抄」。在杜文秀的祖父杜鍋頭墳前題有一聯：「趕馬行腳跋山涉水千里外，殺頭害命刮身流血萬代仇」（3）。在父親楊鍋頭墳前，題有「當家理務辦教門，三全具美；盤田趕馬訓兒孫，五代齊名」（3）。有一副對聯撰於永昌案後，「自家門口對聯：殺人成堆流血成河楊鍋頭馬鈴更響，逍遙不斷；縱火發威掠貨發財杜文秀毛筆飛舞，剋劇無情」（4）。該聯註釋為：「乙巳年九月（1845）全家被殺後」。

在大理帥府政權建立之前，杜文秀曾撰寫一副對聯明志：「博南：老街不老青松翠柏中林園培育若干英雄兒女；曲硐（一個回民聚居村）雖曲智水仁山地方上成長起無數志士豪傑。註：戊午冬（1858）在老街」（4）。另一副對聯也描寫了滇西交通要道上的博南縣老街（今永平縣城）鎖金橋：「銀江水清澈碧玉四季長流悉盡宏塵開覺宇，鎖金橋高掛浮雲八方通暢遠送才童競沖天」（5）。大理政權建立以後，對聯主要展示了的新政權的政治信心：「榆城（即大理城）：靠蒼山面洱海兩關屏障綠洲豐盈足有古都氣勢；賞白雪棹玉水四維峻峭秀士來儀真正南國風威」（8）。「蒼山雪宮十九座銀脊銀瓦，洱海波瀾三千樓珠廉珠窗」（11）。在一系列帥府對聯中，有幾副傳抄比較廣的著名對聯，旨在宣示大理政權的政治主張，其一，「帥府大門（一）：虎賁三千掃除幽燕之地，龍居九五挽回堯舜之天」（34）。其二，「帥府大門（二）：為國家抱緊漢回苗夷各支兄弟共同雪恨，復山河磨快刀斧鐮矛劍幾宗武器一舉衝鋒（7）。辛酉年（1861）除夕」（8）。其三，「本人客堂門：提三尺劍以開基推心置腹重見漢高事業，著一戎衣而戡亂行仁講義儼然周武功勳」（35）。「帥府大門（三）：傚法三皇恐未能，惟剪除奸妄，矢志繼逢唐虞盛世；兵吞六詔猶豫事，願選擇賢良，白旗帶領龍虎風雲」（35）。其四，「議事堂正門：本聖賢學道愛人，功不成利不謀，日霽風清，允矣群黎遍德；大經濟隨時救世，思其艱圖其易，雲油雨沛，勃然萬象更新」（35）。

就大理白旗政權的具體政策而言，杜文秀特別強調了不同少數民族之間和漢人與少數民族之間要講求平等，「太子、公子、王子，軍紀之中平等禮；回人、漢人、夷人，法律面前一樣高」（12）。其二，「殺盡回子、白子、苗子，滿家一統天下，是夢；剿滅漢人、夷人、土人，清朝萬壽無疆，迷魂」！（13）。針對清朝政府的腐敗，杜文秀也在對聯中抨擊：「外辱頻繁、民衍積憤、國庫空虛，咸豐皇帝雞嘴打得

鴨嘴扁；內訌時起、官吏浮華、臣僚貪婪，朝廷宰相狗頭不有豬頭長」（14）。就慈禧太后垂簾聽政的時政，「挪拉國母珠簾後面努努嘴，同治皇帝龍案前邊點點頭」（15）。「善良儒子宰相骨頭叫花命，邪惡官僚聖賢嘴巴鉤子心」（16）。相反，大理政權的建立伴隨著新的景象：「大理，理大義大地方大，文明威武之風操大滿天下；古都，史古物古城郭古，勤勞智慧有德才古傳人間」（20）。這些對聯很明顯在大理政權的政治宣言中佔有重要的地位，杜文秀花費大量精力來撰寫對聯，說明大理白旗政權是將對聯當做一種重要的宣傳媒體和政治文體，其對象主要是滇西一帶的民眾，這是一種在當時、當地「人民群眾喜聞樂見」的宣傳手段、文體和語言。

　　在這些對聯手稿中，不同時間抄錄的對聯雖然大體上可以分為晏旗廠、大理、教門、普通等幾大類，有的對聯是集中抄錄的，例如教門對聯四十副，已經按順序編錄，有的是零散或主題相對集中的對聯，雖然沒有編錄順序，但是在整套對聯集成中顯然佔有重要的地位，主要是一些針對西方傳教士的對聯、特別是針對大理城中的法國傳教士的對聯：「遠洋而來漂洋而去，滿載而歸，黃毛狗休猖狂，猖狂臭屍丟何處；有寶則取，無寶則探，肥裕則回，中國人質問你，問你橫行能幾時」（26）。「朝廷官兵逢賊盜，一伸一縮搖小腿；滿家君臣見洋人，三揖三拜磕響頭」（32）。這裡杜文秀註明：「庚申年七月初九日，書為大幅漢字對聯貼於北門天主教堂大門，被其牧師中主司撕下送回法國。我等再貼，以示抗議洋人侵略」。「此為第三聯，亦被其主司者撕下送回法國。庚申年七月十四日，杜文秀自抄」。

　　此外，具有明顯的地方生活特色的還有一批題籤為「普通對聯」的，其內容主要是杜文秀撰寫的有關讀書、人倫說教、日常禮尚往來的生活實用性對聯：「好事場中（即回民念誦《古蘭經》舉辦宗教儀式的場合）口靈舌便知多少，實業頭上弓響箭到能幾時」（31），為勉勵年輕人唸經做事須努力爭取優秀；「三月街廟門：三月街花布圍腰草帽，三月街藥材木器牛羊；老蒼山白雪青松雲霧，新蒼山米麥肉菜油糖」（36）。同時，杜文秀還將各民族的平等與做生意的公平視為同樣重要的問題：「大西門：十九峰前十九個民族平起平坐，二八街上二八成商買實價實銷」（38）。除了強調「十九個民族平起平坐」的平等政策之外，從另一個側面可以看到杜文秀的重商思想；在社會風尚方面，杜文秀雖然是一個穿衣阿訇出生的秀才兼政治領袖，既然代表了「白旗」政府，他也需要宣示對於不同宗教的持平態度：「將軍洞：白王公主陵，東南西北十方婦女來掃墓；李宓將軍洞，前後左右四邑農民去燒香」（45）。「阿九哥口述：敢下地獄唱小調，要上天宮使大錘」（48）。此外，杜文秀撰寫的對聯也顯示出他個人性情與風趣：「兩娘母趕街：穿紅作綠擦脂摩粉扭腰甩手小妖怪，哀聲歎氣背米提籃蓬頭垢面大姨媽。註：母年老操勞過分，女年青少壯而游手好閒，

心中不平，作出一聯，讓世人熟讀而諷之」（49）。儘管如此，杜文秀也以對聯來展示自己領導下的帥府政權和自己的領導能力的信心：「四時讀書，心隨文路千里遠；五爺當家，手抹桌子一般平」（51）。這裡杜文秀自稱「五爺」，是因為在晏旗廠拜帥時，杜文秀位列「九條龍」中第五，「宴旗廠帥堂：回、漢、夷三教一把香同生同死永不渝，風雲雨五氣九條龍行仁行義盡靠蒼山豪俠。註：馬天有、馬名魁、馬金保、李芳園、黃成源、趙建廷、段國瑞、左標、杜文秀，號稱『蒙化九條龍』，此聯書於晏旗廠叫拜樓外，亦書於白沙井帥旗兩旁」（5）。另外在幾副有關婚慶的對聯中，我們既可以看到杜文秀作為帥府領袖參與民眾的日常活動的態度和情緒：「迎親：紅梅吐蕊此時鴛鴦對舞，翠柏生芳今日鸚鵡雙飛」（56）。「老五爺來你家賀喜，小兩個在明日成婚」（57）。從中可見，杜文秀喜歡別人稱他「老五爺」：「一盤喜果待客不必花多少銀子，兩杯香茶迎親何消用幾吊銅錢」（58）。「是兩棵教門玉柱，成一對愛國金剛」（58）。仔細閱讀這些對聯，我們不難感受到一個在日常生活中以平常說話的態度，以日常生活的語言來表達他的情緒、態度和情懷的杜文秀。

三、杜文秀的「清真教門」思想與儒生理想

在整冊對聯手稿中，除了對「民族平等」的政策宣示之外，最應引起注意的是杜文秀還有關教門的諸多對聯中表達的自己對伊斯蘭教義的理解、大理政權對教門的看法和他的政策解釋。杜文秀所表達的清真教門思想，強調「教門功修」與儒家正統的統一。一位回族學者指出，杜文秀所領導的政權從沒有稱王的政治意義：「下令蓄髮，並換上明代衣冠。此中可看出杜文秀強烈的儒家正統觀念和熾熱的愛國主義情懷。我們試看看太平天國時期的各地各族起義，有幾個不是稱王割據的，而杜文秀正是用自己的實際行動，維護了祖國的大一統」。[31]羅爾綱認為，「文秀下令迤西全境蓄髮，恢復中華古代衣冠。在大元帥之下，分設大司、大將軍、大都督、大參軍、將軍、都督、參軍、中郎將，冠軍、監軍、統制、指揮、先鋒等官職，次第設立，進一步標誌著推翻清朝的革命行動。其後兵威所至，共克復 53 城，西達四川會理等州，東至貴州興義各屬，都蓄髮易服，同奉文秀號令。文秀熱愛祖國，竭誠擁護祖國統一，反對清朝統治者民族壓迫，反對外國侵略，他直到城破悲壯犧牲時，始終還只稱總統兵馬大元帥，不肯從下屬的請求進位稱王」。[32]在咸同時期的清朝雲南邊疆，英

---

[31] 馬穎生，〈杜文秀大理農民革命政權的歷史貢獻〉，《回族研究》，2010：1（銀川），頁46。

[32] 羅爾綱，〈杜文秀〉，《回族研究》，2010：1（銀川，2010），頁30。

國正逐步由仰光向曼德勒步步推進，法國也在尋找進入越南的機會，杜文秀獲得緬王支持，在曼德勒建立了辦事機構，即今天曼德勒的清真寺，他對當時的世界局勢有直接的瞭解，跟駐紮大理的法國傳教士有很多接觸，1868 年，法國派人到大理城，試圖透過在大理的神父與杜文秀接觸，結果不但不獲接待，更接到通知，大理政權正宣判了十四名歐洲人死刑。[33]不過，杜文秀並沒有建立一個伊斯蘭國家的藍圖，這是顯而易見的。儘管如此，大理政權仍然非常重視經堂教育和年輕阿訇的培養，也注重推進民間的伊斯蘭教育，因此杜文秀主持刻印出版了《寶命真經》，這是第一部在中國以雕版印刷出版的《古蘭經》。杜文秀以「革命滿清」為旗幟，號令不同民族平等團結來建立反抗清政府的政權的同時，也在積極推進回民中的伊斯蘭教教育、扶持回民清真教門的發展，從這些對聯中能看到什麼？一些新的線索與問題，對於推動我們就「民族」、「革命」以及對伊斯蘭教的中國化的理解，是非常有幫助的。

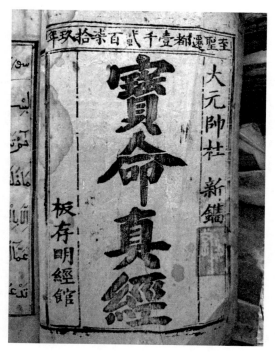

圖三｜杜文秀主持刊刻的《古蘭經》，題名《寶命真經》

[33] Louis De Carné, *Travels on the Mekong: Cambodia, Laos and Yunnan: The Political and Trade Report of the Mekong Exploration Commission (June 1866-June 1868)* (Bangkok: White Lotus, 1995), pp. 324-325.

　　首先，杜文秀對清真教門的理解、思考和解釋，是基於他對道光、咸豐、同治時期處於激變當中的中國社會和世界大勢的理解。他將清真教門與他所理解的世界形勢並置分析，將伊斯蘭看做是一個世界性宗教，其教義需要回民信奉和遵行。不過，杜文秀認為，教門的實踐，還必須服務於政治形勢和實際生活的需要，即「立足實境、眼觀實事」，從生活日常中來實踐伊斯蘭的信仰。就在手稿中我們看到，他撰寫一幅流傳很廣的對聯，也留下了修改的痕跡：先寫下「一部古蘭一體穆民信奉，五時功課五洲百姓尊行」（66），又再斟酌修改為「一部天經一體穆民信奉，五時功課五洲教徒遵行」，將「古蘭」改為「天經」，將百姓改為「教徒」，使得邏輯更加準確嚴密：「百姓」是個政治概念，而「教徒」則是宗教概念，因此杜文秀認為，宗教不能超越政治。筆者見到，這副對聯至今還一直懸掛在緬甸瓦城（曼德勒）的雲南回民清真寺大殿的門上。另外，我們看到杜文秀對世界的局勢是有所瞭解的，知道當時「五洲」的大勢。進而，杜文秀就教門實踐又認為需要「念天經尊天命服天使了天職，做聖節講聖訓述聖史效聖行」（66），他強調了「述聖史」的重要性，顯然這是有所針對的。在大理政權後期，帥府領導群分化為以楊榮等大理回民為核心的「江內派」，和以杜文秀等瀾滄江以西各地回民為核心的「江外派」，兩派在一些政策上有分歧。因此杜文秀將對教門的態度與大理政權內部的團結與政權的合法性統一起來，特別針對大理「白旗」帥府政權內部團結的問題意有所指：「天經不許暴政虐民肥自己，聖人禁止結黨營私鬧分裂」（67），他借教門的道理來勸誡內部的不同派系。

　　其次，具體而言，杜文秀延續前輩學者馬注等人「以儒詮經」的教門傳統，將「禮」、「念」，與「體」、「身」、「心」總結和闡發：「禮在於體，念在於舌，體舌一致禮念圓滿；功出乎身，修出乎心，身心兩舉，功修維成」（67）。就日常教門功修的日常實踐而言，杜文秀試圖兼以儒生和穿衣阿訇的「經書兩全」角色，進一步詮釋他所理解的清真教門。這是兩副看似簡單的對聯：「認主先從自身起，靈魂存在形體生」（66）、「一切非主唯有真主才是主，萬物尋根追溯原根總歸根」（65），如果理解滇西地方礦業發展歷史脈絡中的社會組織傳統，可以看到杜文秀也在借用「尋根」和「歸根」的概念，這顯示了背後複雜的政治背景。滇西礦區和城鎮各地的工礦業、運輸業的發展和清初以來秘密社會組織的發展密切關聯，例如礦山社會流行的「歸根教」、「拜香把」也與大理白旗政權有著密切關聯。雲南回民受惠於清初以來銀、銅礦業的發展，同時也是其中的受害者。包括杜文秀在內的「九條龍」在蒙化結拜兄弟，並樹立代表回民的「白旗」掛帥反清，也被杜文秀與他對清真教門的宗教詮釋結合在一起。他的原則，即用民眾聽得懂的概念和簡單的語言來宣傳教門

思想和政治意圖，這也是地方文化和社會情境使然。總體而言，杜文秀擅長以對聯來「講經」，結合大理政權的實際情況，既為了強調團結，也為了從實際出發，其宣傳重點在如何服務於現實，「知理要知真理，求學務求實學」（69），「口念真經，心存真教，頭叩真主，五體投地唯向址；腳立實境，手抄實錄，眼觀實事，十指朝天入拜功」（69）。就宗教實踐方式上和對「清真」的解釋來說，杜文秀主張「信仰真假就看你一個禮字，遵守好壞全在我五時功夫」（70），「教由清起，幾遭反覆，始終保持清字；道自真來，屢次曲折，到底維護真操」（70），「學在於用，學深學廣用也容易；修為了養，修成修透養則斯文」（71）。在這裡，杜文秀將「學」與「用」、「修」與「養」的辯證關係和與之相關的概念進行分析和解釋，在他看來，就教門而言，穆斯林（穆民）既需要深入學習教門知識，也需要學習如何將教門知識和功修廣泛應用到生活中，這樣，宗教功修在「養」的過程中，又被提升到「斯文」的層面。杜文秀的這一理解顯示，他所解釋的儒家理想和清真教門，需要在日常生活中相輔相成地實踐。也就是說，杜文秀試圖以儒者和阿訇的雙重身分，實踐長期以來雲南回民宗教精英所追求的清真教門儒學與經學並重的「經書兩全」的社會宗教理想。因而，儒生所追求的「斯文」，杜文秀認為是能夠從清真教門的功修來達成的。在此基礎上，他以「用」與「養」的現實性和宗教昇華之間的關係，勸導回民如何將「用」與「養」落實在日常生活中：「頌經聲、贊聖聲，聲聲震動天地；講學處、交易處，處處周濟錢糧」（71）。在生活當中，宗教的學習和日常的功修與具體的生活場景相互需要結合交融的，不分彼此。就這一認識論而言，「錢糧」不僅是大理政權的物質基礎或政治基石，同時也是穆民的伊斯蘭教門實踐，更是大理政權的一個重要的意識形態支柱。總而言之，物質上的錢糧與教門的功修，都不能夠脫離日常生活的具體實踐，這樣，功修仍然可以在「交易處」這樣的生活情境中獲得不斷提升，以達致「斯文」之境，這是杜文秀論述大理政權所依賴的政治宗教關係的一種理論宣示，同樣也從另一個側面解釋了大理政權所追求的「社會平等」理念的意識形態基礎。

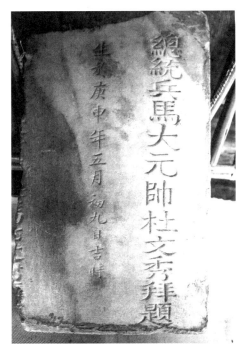

圖四｜杜文秀題寫的蔡發春家族墓碑殘片

　　從上述理念出發，杜文秀也就非常重視教門的教育和教職人員的修養，「穿衣後不能撇拜，成學前即早研」（75）、「綠衣在身，替聖位守口如鍘；冠帽上頭，品賢儒以身作則」，這樣才能夠做到「國土上前程無限，教門中後繼有人」（75）。這裡，杜文秀及大理政權將阿訇與儒生視為一體兩面的重要社會根基，建立了培養阿訇的「明經館」，其中一幅對聯說：「學道德、講道理方為英俊，說黃話、做黃事不算聰明」。似乎有感而發，杜文秀在甲子年四月十一日（1864），還錄寫了一副對聯，「以此為忘恩負義之回民之病症：白嘴鸚哥，病在床中、落在難中，聲聲哀求真主開解，康復禮拜；錢到手頭、福到家頭，洋洋得意背道而馳，加倍狂妄」。文稿的最後，杜文秀還收錄了一些常用的和勸善性的對聯，從一個方面反映了那個時代的社會生活。例如，「慈母終言留千古，家父遺書潤百年」（85）、「蠻憨之徒不信教典，愚劣小丑斥論天經」（86）；對酒、鴉片煙、賭的勸誡：「出門去三五吊油鹽錢，回家來一兩個土酒壺」（87），「煙毒染咳病，吃煙來止，邊止邊咳；酒火燒蓑衣，用酒去潑，越潑越燒」（92），「賭錢有癮生竊計，輸到無法便是賊」、「題旅館：遠近進退速通過，道達連還遍逍遙」（94）等等。

四、滇西地方社會與「白旗」政權及相關文獻

　　理解杜文秀對聯手稿所表達的思想觀念及其反映的大理政權所面對的社會、宗教與政治挑戰，我們首先要理解 1840-1870 年代清末滇西社會的政治經濟變化和杜文秀領導下的大理政權所面臨的問題。一方面，杜文秀領導下的「白旗」政權於倉促間建立，大理政權內部需要不斷整合不同派系的勢力，需要在回民領導層內部不同人士所代表的集團和地方利益取得一致；另一方面，大理政權自從建立的那一天起，就需要恢復和維持社會秩序、解決大量的社會民生方面的困難，例如財政、軍備、稅收，以及與不同政治勢力的競爭和與清政府的軍事周旋。歷史機遇讓杜文秀有機會來實踐他的政治和宗教理念，但是，如果不理解當時的歷史背景，不理解創作、運用和解讀這些對聯的滇西民眾日常生活的語境，我們就很容易誤讀與我們慣常使用的官方文檔非常不同的文獻。對大理杜文秀政權的研究已經有很多，但是從杜文秀的思想觀念、他對清真教門的看法和作為政治領袖是如何看待日常生活經驗中的政治實踐，這樣的問題就需要切入到咸同年間滇西一帶的社會生活脈絡才能更好地理解和解釋，這方面的研究和討論就非常有限，資料的匱乏也是原因之一。不過，將這批對聯視為一種政治文書、作為一種文本過程來解讀，我們還是能夠盡量地從杜文秀個人的角度來瞭解他的行動意圖、思想理念和政治追求，這就需要盡量將這樣的文本從它們所產生的社會生活語境中來理解。

　　儘管從日常生活的角度而非宏大的政治軍事過程來理解大理政權很重要，這一類歷史資料又非常有限，但是陸陸續續，近年來我們還是發現了一些新的史料。例如，從越來越多的英國、法國傳教士記錄和英國政府檔案中，仍然可以找到一些新鮮的資料，也有一些舊有的資料可資利用，這就需要換個角度來看問題。其中，一份難得的旁證材料即張銘齋〈咸同變亂經歷記〉，[34]可以幫助我們瞭解杜文秀在日常生活中的一個側面。張銘齋也是保山金雞村人，與白旗軍將領董飛龍是親戚，同治九年（庚午，1870）紅旗軍（清軍以紅旗為標識）圍困永昌城，年輕的張銘齋投效紅旗軍，聽命於楊玉科的部下李二，做了一名小弁，駐杉陽辦理糧務。同治十年（辛未，1871）底、十一年（壬申，1872）初，董飛龍率白旗軍與紅旗軍在杉陽、曲硐、漾濞一帶拉鋸，雙方呈膠著之勢。張銘齋受命潛入大理城，借與董飛龍的親戚關係探究虛實。也就是

---

[34] [清]張銘齋，〈咸同變亂經歷記〉，收入荊德新編，《雲南回民起義史料》（昆明：雲南民族出版社，1986），頁 82-112。

在這一年的二月，杜文秀將我們見到的這些對聯手稿整理成冊。這一年的六月八日至十日，董飛龍從趙州經下關進入大理城，見到杜文秀本人；壬申年十二月即陽曆 1873 年年初，大理城被圍困，杜文秀服毒後在大理城外五里橋村被清軍首領楊玉科斬首。

這一年（壬申）八月初六日，張銘齋與董飛龍從下關騎馬，帶同百餘人經觀音堂、五里橋到大理，沿途見到這些村落據點都有白旗軍駐紮，防禦嚴密。進城後，張銘齋到衛門口拜訪堂兄張伊緘，這位堂兄也是金雞村人，杜文秀禮聘他在大理城裡教民間織布。也就是說，漢人張銘齋、他的堂兄張伊緘這樣的金雞村同鄉，包括董飛龍、李芳園，儘管回漢不同教，而且張家與杜家在道光年間永昌案期間還有仇隙，但杜文秀並未以前嫌為意。六日當晚，董飛龍請張銘齋等人到帥府看戲，慶祝當天下關一仗楊榮獲勝。張銘齋的堂兄解釋說：「儘管去，大人不計小仇，況且他已身為元帥；你既是董大人的表親，杜元帥當然器重你，他倒來找你，若不去豈不掃了他的皮嗎」？[35]進了帥府，二三十個人在坐，杜文秀對永昌的近況非常關切，「他又問沈聚成及地方間有關紳士的後人情況，余無法掩飾，只好照實說了。杜文秀聽了，似乎表示惋惜，說當日的事，完全只怪一堂文武官及林則徐不善處置，弄到這步田地，只要今後回漢能化除成見，便是大家子子孫孫之福了」。[36]「大黑龍、老節臣坐了第二、三座，我坐了第四座，堂兄坐了第五座，杜文秀對面坐了主席。斯時台上已出戲，首一場演《二進宮》。吃的是回席，因無酒，不時就吃畢了。我一面聽戲，一面在燈光之下端詳，杜氏品貌到（〔倒〕作者按）也不凡，兩撇短髭，年在五十上下」。[37]杜文秀聽說張銘齋會唱戲，據說金雞村的人個個會唱戲，楊榮於是「像呂奉先提紀靈一般，一把將我拉出來，那時不由我不登台了。我便扮演了一場《取高平》」。[38]第二天一早，杜文秀請張銘齋早餐，送張離開，第三天張回到趙州。這一段描述，是我們從文獻中從白旗軍的對立面看到的對杜文秀的描述，也是歷史檔案中極為少見的直接接觸到杜文秀本人的記錄。撇除交戰雙方的一面之詞，從文獻記錄的實事中還是可以

---

35 [清]張銘齋，〈咸同變亂經歷記〉，收入荊德新編，《雲南回民起義史料》，頁 102。
36 [清]張銘齋，〈咸同變亂經歷記〉，收入荊德新編，《雲南回民起義史料》，頁 103。沈聚成原是從湖南到雲南礦山做工的一名礦工（砂丁），後來在順寧府寧台銅廠任課長。礦廠關閉后，來到保山金雞村組織團練，成為團練的首領。他帶領團練進城屠殺回民，發生了「保山屠回案」。杜文秀等人向道光皇帝「叩閽」控告，這次「京控」引起了道光皇帝的重視，雲貴總督林則徐受命到永昌處理屠回案，將沈聚成等首要人物抓獲並處死。見[清]張銘齋〈咸同變亂經歷記〉，收入荊德新編，《雲南回民起義史料》，頁 82-84；[清]林則徐，〈保山案要犯金混秋審審明定擬摺〉（道光 28 年 4 月初 3 日），收入中山大學歷史系近代史教研組、研究室編，《林則徐集‧奏稿》，冊下，頁 1022。
37 [清]張銘齋，〈咸同變亂經歷記〉，收入荊德新編，《雲南回民起義史料》，頁 103。
38 [清]張銘齋，〈咸同變亂經歷記〉，收入荊德新編，《雲南回民起義史料》，頁 103。

看到，在大理政權最後失敗的半年之前，大理政權內部運作有序，杜文秀重同鄉情誼的感情、對時事的判斷和反應，從清朝政府的官樣文章中是很難看到面貌更為清晰、作為金雞村的秀才和阿訇的杜文秀。但是杜文秀對聯手稿提供了一種個人生活和思考的角度，來看清代後期待急劇變化的多民族邊疆社會的歷史側面。

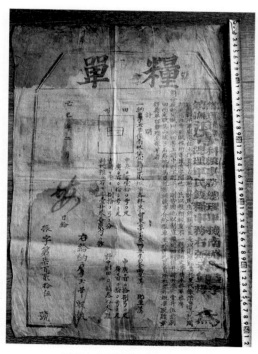 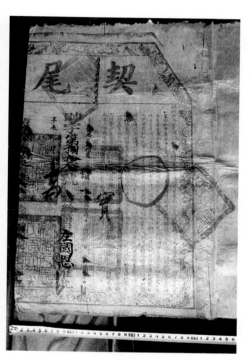

圖五｜大理政權頒發的糧單　　　　　　　　　圖六｜大理政權頒發的契尾

　　因此，杜文秀對聯手稿正好補缺了官方史料所缺乏的日常生活的視角，特別是從中可窺見的歷史人物對時代變遷的理解和他們情感的湍流與社會能動者的行動意圖。從杜文秀本人的立場來暸解作為儒生兼阿訇的杜文秀，他的思想及其在地方社會生活中的傳播方式，他寫作的對聯確實給了我們很多意外的觀察。秀才出生的杜文秀，其作品在文學上很難說有什麼精緻複雜的用典和構思精妙的藝術造詣，書法水平也不高，但是作為領導大理政權與清朝政府對抗了十八年的統帥，從對聯中我們發現了他作為政治領袖的文韜武略之外，還一身兼備穿衣阿訇的角色在詮釋清真教門，這是一直以來我們對杜文秀和大理政權暸解不足的地方，其中我們看到一個因為失敗而湮沒在歷史中很久的、日常生活中的杜文秀。

五、總結與討論：另一種「現代性」

　　通過對聯手稿的分析並參考相關文獻，我們看到杜文秀用到了兩個極易引起今天的學者們誤會的概念，即「民族」與「革命」。假如王柯所言，「民族」這個名詞完全是從日本引進到中國來的日語漢詞，是隨著歐洲的「民族國家」體制在日本影響而在日本產生的政治概念，而且是僅僅只能等同於「國族」的術語，特別是根據王柯的解釋，1887 年以後由於受到法國和德國的國民國家體制的影響，日本才開始使用「國民」一詞；直到 1889 年以後，「民族」一詞才開始在日本流行，指示「民族國家」意義上的民族、作為國家政治主體的人民。大約十年之後，「民族」這一概念才開始通過《時務報》等雜誌和梁啟超等學者的傳播，並在中國流行開來。[39]然而，杜文秀所討論的民族，卻在一種遠離中國精英知識分子階層的邊疆少數民族反清革命的語境之下得到廣泛傳播，更加彰顯了「民族」這一概念與民族國家建構的競爭性話語不同的、以追求民族平等為核心的現代性指向的地方性邊疆政治意涵。「十九個民族平起平坐」顯然不會僅僅是精英知識分子的想法，而是清代雲南不同族群的普通民眾所遭遇的無休止的殺戮和長期政治衝突的歷史經驗，這樣的歷史經驗讓普通民眾和他們的政治領袖都憧憬一個停止殺戮、各民族能夠實現平等的社會，這也是杜文秀們所實踐的政治追求及其社會政治主張的論述主體。顯然，在這裡「民族」一詞，是從作為文化和政治共同體的「族群」意義上來使用的概念，而非「國族」意義上的「單一民族國家」概念或相關範疇。杜文秀雖然沒有去過日本，但是他對東南亞的局勢和歐洲人在緬甸的擴張和對雲南的影響都有深入瞭解；他也曾到北京參與京控，對清朝的國家政治也有很深的體認；作為倖存者，他的家人都在「永昌案」中被團練屠殺，他對清朝政府的管制失效和長期的社會動亂給民眾帶來的傷害認識尤深。不過，他們在蒙化聚義堂與眾人結拜、豎旗時，日本的明治維新都還沒有發生。王柯也承認，至少在 1830 年代，「民族」就作為「部族」的概念在中國被使用過。[40]我們認真檢討杜文秀所稱的「民族」，明白其用法略同於今天的學術語境中指稱的「當地不同的少數民族族群」，不是指今天民族國家意義上的「國族」。在當時當地的社會脈絡中，杜文秀所談的「民族」是從少數民族的文化、宗教的角度，拒絕使用清政府所稱的「蠻夷」、他們要反抗的是清政府和地方官吏視回民為「回匪」的污蔑，更希望正名為

---

[39] 王柯，《民族主義與近代中日關係：「民族國家」、「邊疆」與歷史認識》，頁 59-63。
[40] 王柯，《民族主義與近代中日關係：「民族國家」、「邊疆」與歷史認識》，頁 61。

「回族」。自然地，杜文秀和帥府政權反對的是清朝官方的「漢」、「夷」二分概念，堅持以「民族」概念來描述或特指某一個或一群少數民族群體，這既是當時的社會現實，也是杜文秀領導下的大理政權爭取平等、反抗清政府的革命性之所在。在這裡，「革命」又是另一個需要釐清的概念。杜文秀提出「革命滿清」時，要比孫中山早數十年，而且，正如馬穎生、羅爾綱等研究者指出的，杜文秀要「行仁講義」，以儒家思想為核心，憧憬建立一個繼承唐、虞、上古三代以來的傳統的儒家中國，[41]因此杜文秀於咸豐十一年辛酉（1856）宣佈次年開始改制，蓄髮易服，祖述於唐堯、虞舜，開始了推翻滿清王朝的抗爭。[42]從這一角度而言，杜文秀領導的大理政權是以推翻清朝為目標的社會革命，其革命理念較同時期的「太平天國」有很多不一樣的地方，但是其中也還有一項重要的政治訴求，即追求各民族的平等，反抗清政府鎮壓少數民族的政策。因此，杜文秀所提出的「民族」的概念，雖然我們今天僅僅是在對聯這樣的地方性日常生活文本樣式中發現的，這更是一個不能忽視的重要歷史。以此而論，將「白旗」回民政權簡單視為對清政府「漢奸」政策的政治反應而建立的伊斯蘭政權，無疑是對杜文秀的「經書兩全」的清真教門理念，以及大理政權總體上的政治訴求及杜文秀起事發生時期的社會脈絡的誤解。[43]

　　為便於我們更深入瞭解大理「白旗」政權的基本面貌，現將另一幅近年發現的歷史地圖附後。該地圖是法國人偵查大理政權的軍事部署後繪製的，在巴黎印製出版，原圖藏於越南國家圖書館的舊法國殖民地檔案中，近年被芬蘭學者彼得（Peter Michael Nyman）發現並贈送筆者。從圖示可見，繪圖人根據另外一份已經完成的地圖為法國人複製了該圖，因複製者不熟悉當地情況，誤將今彌渡縣的一個地名「紅巖」錯抄為「江巖」。從這幅地圖透露的信息可知，第一，大理政權將洱海周邊的回民聚居村落都經營建設成為堅固的軍事堡壘。第二，洱海作為軍事屏障，佈防周密；上、下關作為重要隘口，已經建設成為非常牢固的多層次的水陸堡壘。第三，從軍事防禦的角度來看，大理城周圍屬核心防禦圈，第二層防禦圈則由城外各回民村落、洱海各碼頭和上、下兩關組成；第三層防禦圈是鄧川、趙州、漾濞、賓川等城市和回民村落組成的防禦網，拱衛、保護著洱海的外圍地區。傳統上，這樣的防禦方式也是以大理為中心的滇西基本軍事防禦格局。不難想像，自南詔、大理國以來，蒼山、洱海周邊核心地區不同社群之間的關係的形成，與這樣的政治軍事格局密切相關，這一格

[41] 馬穎生，〈杜文秀大理農民革命政權的歷史貢獻〉，《回族研究》，2010：1，頁 44-50。
[42] 羅爾綱，〈杜文秀〉，《回族研究》，2010：1，頁 28-43。又參見[清]杜文秀，〈帥府佈告〉，前引註 19。收入白壽彝，《回民起義》，卷 2，頁 123。
[43] David G. Atwill, *The Chinese Sultanate: Islam, Ethnicity, and the Panthay Rebellion in Southwest China, 1856-1873*, p. 52.

局有助於我們理解元代以來的回回軍佈防及回回村落的分佈，也有助於瞭解明代以來衛所的設置與洱海區域的交通網絡與地理空間的關係，以及大理壩子、山區及交通沿線各地，長久以來形成的不同少數民族群體之間的相互關係的空間格局。到了清代，回回村落和明代的衛所軍戶後裔村落，仍然直接控制著聯繫洱海沿岸各碼頭和陸上道路交通的重要聯結點。

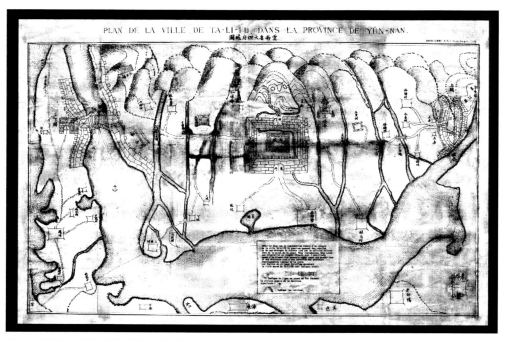

圖七｜雲南省大理府城圖（越南國家圖書館藏舊法國殖民地檔案，由芬蘭學者 Peter Michael Nyman 複製）

徵引書目

中文資料

[明]王尚用修，陳梓、張騰纂，《嘉靖尋甸府志》，卷上，收入《天一閣藏明代方志選刊》，冊 67，上海：上海古籍出版社[據上海古籍書店影印浙江寧波天一閣藏明嘉靖二十九年（1550）刻本重印]，1963。

[明]宋濂等編撰，《元史》，冊七，台北：中華書局，1965。

[清]岑毓英撰，黃振南、白耀天標點，《岑毓英集》，南寧：廣西民族出版社，2005。

[明]徐弘祖著，朱惠榮校注，《徐霞客遊記》，冊下，昆明：雲南人民出版社，1985。

[清]杜文秀，《杜文秀「對聯集成」》手稿本，無出版資訊。

[清]屠述濂纂修，《乾隆騰越州志》，南京：鳳凰出版社[據清光緒 23 年（1897）刻本影印]，2009。

[清]張銘齋，〈咸同變亂經歷記〉，收入荊德新編，《雲南回民起義史料》，昆明：雲南民族出版社，1986，頁 82-112。

[清]蔣旭修，《康熙蒙化府志》，芒市：德宏民族出版社，1998。

《賽典赤家譜》（馬尚文家藏本，原名《馬氏家乘》），收入雲南省編輯組，《雲南回族社會歷史調查（二）》，昆明：雲南人民出版社，1985，頁 13-44。

佚名，《招捕總錄》，收錄於[元]劉郁等撰，[明]權衡編，《西使記及其他三種》，上海：商務印書館，1936。

中山大學歷史系近代史教研組、研究室編，《林則徐集‧奏稿》，冊下，北京：中華書局，1965。

王柯，《民族主義與近代中日關係：「民族國家」、「邊疆」與歷史認識》，香港：香港中文大學出版社，2015。

王樹槐，《咸同雲南回民事變》，台北：中央研究院近代史研究所，1968。

王連芳、趙澤光、張世厚編，《趙鍾奇將軍傳》，昆明：編者自印，1993。

白壽彝，《回民起義》，卷 2，上海：上海人民出版社，1952。

沈松僑，〈我以我血薦軒轅──黃帝神話與晚清的國族建構〉，《台灣社會研究季刊》，期 28（台北，1997），頁 1-59。

勉維霖，《寧夏伊斯蘭教派概要》，銀川：寧夏人民出版社，1981。

馬存兆，《大理市芝華回族史稿》，大理：大理市芝華清真寺管理委員會，2000。

馬健雄，〈失業礦工與地方軍事化：清中期雲南西部銀礦業衰退與回民的族群動員〉，《民族學界》，期 24（台北，2014），頁 67-104。

──，〈民國時期雲南回民精英關於杜文秀大理政權的「革命」歷史論述與收回「叛產」活動〉，廣東佛山：中山大學嶺南文化研究院、香港科技大學華南研究中心主辦「民國時期少數民族歷史文化的主位書寫」學術研討會發表論文，2019 年 4 月 20 日。

馬誠，《晚清雲南劇變：杜文秀與大理政權的興亡（1856-1873）》，成都：四川大學出版社，2012。

馬穎生，〈杜文秀大理農民革命政權的歷史貢獻〉，《回族研究》，2010：1（銀川），頁 44-50。

荊德新編著，《杜文秀起義》，昆明：雲南民族出版社，1991。

雲南省少數民族古籍整理出版規劃辦公室編、楊兆鈞主編，《雲南回族史》，昆明：雲南民族出版社，1989。

羅爾綱，〈杜文秀〉，《回族研究》，2010：1（銀川），頁 28-43。

英文資料

Atwill, David G. *The Chinese Sultanate: Islam, Ethnicity, and the Panthay Rebellion in Southwest China, 1856-1873.* Stanford: Stanford University Press, 2005.

Carné, Louis De. *Travels on the Mekong: Cambodia, Laos and Yunnan: The Political and Trade Report of the Mekong Exploration Commission (June 1866-June 1868).* Bangkok: White Lotus, 1995.

Duara, Prasenjit. "De-Constructing the Chinese Nation." In *Chinese Nationalism,* edited by Jonathan Unger, pp. 31-55. Armonk, New York: M. E. Sharpe, 1996.

James, Townsend. "Chinese Nationalism." In *Chinese Nationalism,* edited by Jonathan Unger, pp. 1-30. Armonk, New York: M. E. Sharpe, 1996.

Ma, Jianxiong. "Re-creating Hui Identity and the Charity Network in the Imperial Extension from Ming to Qing in the Southwest Chinese Frontier." In *Charities in the Non-Western World: The Development and Regulation of Indigenous and Islamic Charities,* edited by Rajeswary Ampalavanar Brown and Justin Pierce, pp. 147-170. New York: Routledge, 2013.

網路資源

「中國伊斯蘭教協會網站」，http://www.chinaislam.net.cn/cms/news/media/201503/03-8001.html（2017/9/125 檢閱）。

〈2010 年雲南省第六次全國人口普查主要數據公報（2011 年 5 月 9 日）〉，雲南省統計局，雲南省第六次全國人口普查辦公室，「國家統計局網站」，http://www.stats.gov.cn/tjsj/tjgb/rkpcgb/dfrkpcgb/201202/t20120228_30408.html（2017/9/10 檢閱）。

民國時期有關「回族界說」的爭論
與中國回回民族的最終形成*

華濤

　　1951 年上海東方書社出版的《回回民族底新生》是白壽彝先生 1949 年以後的第一部著作，他在書的「題記」中說，這本小冊子缺乏「深入而全面的分析」，甚至算不上「一本回回民族簡史」。但是 2003 年白先生在《中國回回民族史》[1]中卻稱它是「回族史研究進入新時期的標誌」（頁 45）。這樣的高度評價當然符合歷史事實，因為這本小冊子成為此後白先生本人以及中國幾乎所有回族和非回族學者敘說回族歷史的框架。不過在這個框架中建構的回族知識，不僅限制了人們對白先生 2003 年論斷的認識，也限制了白先生本人對其意義的闡述。而這個敘述框架的核心是關於回族的形成。

一、關於回族形成的討論

　　學術界公認，中國回回的先人既有唐宋來華的大食人，更多的是蒙元時期大量東來的色目人中的「回回」。目前中國學術界關於回族形成的基本研究路徑是圍繞著「回回」一詞的產生與演變，探尋這一指稱是如何以及何時從泛指中亞、西亞穆斯林各個群體轉變為專指中國境內一個獨特的族類群體，這個稱謂是如何從「他稱」向「自稱」轉變的。這種研究視角強調了回族形成中的客觀條件和外在表徵，[2]即便提到心理條件，也強調的是在「共同文化」上的表現。總之這種研究路徑著眼的是從歷史材料中尋找回回已經成為一個比較固定的族類群體的特定表徵，追溯這一群體某種可以累世傳承的核心的形成。

　　這樣的一種論述模式在二十世紀七、八十年代受到了西方人類學的挑戰，挑戰的

---

*　本文是對華濤、翟桂葉，〈民國時期的「回族界說」與中國共產黨《回回民族問題》的理論意義〉的修改，收入《民族研究》，2012 年第 1 期（北京），頁 12-24、108。

[1]　白壽彝主編，馬壽千、李松茂副主編，《中國回回民族史》（北京：中華書局，2003）。

[2]　達力紮布主編，《中國民族史研究 60 年》（北京：中央民族大學出版社，2010），頁 352。

代表作是杜磊（Dru C. Gladney）關於中國回族的研究。[3]杜磊認為中國的回族是在帝國向民族國家轉變的過程中被締造出來的。他承認「現代稱之為『回族』的群體，是7-14世紀定居於中國以及與當地非穆斯林婦女通婚的阿拉伯、波斯、蒙古、突厥穆斯林商人、軍士和官吏的後裔」。但是認為「在1950年代國家識別以前，回回還不是一個現代意義上的『民族』」。「在中國，直到1950年代，『伊斯蘭』一直作為『回教』被熟知──伊斯蘭的信仰者就是回教信仰者，直到那時，任何信仰伊斯蘭教的人都是『回教徒』。……隨著本世紀上半葉清帝國的覆滅和民族主義的興起，回回作為幾個急需承認的民族之一出現了。經過自我檢視與國家確認的對話方式，回回在國家對其制度化之後，最終以一個民族的身分出現。這種確認有助於將回族的民族性具體化。這並不是說回回以前沒有民族意識，而是說在國家確認之前，回回的民族意識是地方化的，並且缺乏充分條理化的。回回，是作為同道穆斯林，而不是『民族』，彼此相關聯。既然回回的民族身分被國家正當化並合法化，回族開始在相互參照的民族術語之下，具體化其民族性，並思考他們自己以及彼此間的關係」。[4]

　　杜磊的研究「在極大程度上揭示出過去一向為中國學者所普遍忽視的那一個層面的現象」，即主觀歸屬感或民族認同意識在回族形成中的作用和意義。他的重要貢獻被認為在於指出，「在中國被長期沿用的斯大林主義關於民族的界定，帶有濃厚的『原基論』的傾向，即按若干『共同』特徵（一般概括為四個或五個『共同』）來規定一個民族的存在，而很少或者幾乎不關注該共同體成員自身對其集體身分的意識狀況。這種原基論的立場很容易把一個在很長時期的變遷過程中產生的歷史結果非歷史地倒追到該過程的開端階段去」。[5]

　　不過杜磊雖然敏銳地發現了中國學者研究中存在的問題，但是他的研究路徑是通過當代中國四個回族聚居地的調查，用其差異特別是認同差異，反推1950年代以前的民國甚至清代回回的狀況，缺乏令人信服的歷史過程。[6]姚大力為了克服杜磊的缺

---

[3]　Dru C. Gladney, *Muslim Chinese: Ethnic Nationalism in the People's Republic* (Cambridge, Massachusetts: Harvard University Press, 1991).

[4]　Dru C. Gladney, *Muslim Chinese: Ethnic Nationalism in the People's Republic*, pp. 96-97.（姚大力首先討論了這一段內容，見姚大力，〈「回回祖國」與回族認同的歷史變遷〉，收入《中國學術》（北京：商務印書館），2004年第1輯（總第17輯），頁90-135，《北方民族史十論》（桂林：廣西民族大學出版社，2007），頁65-67。

[5]　姚大力，〈回族形成問題再探討（報告稿）〉，收入姚大力，《北方民族史十論》，頁123。

[6]　杜贊奇對杜磊該書的書評，見 Prasenjit Duara, "Muslim Chinese: Ethnic Nationalism in the People's Republic," (Book Review) *Journal of Asian Studies*, 51:3 (Aug 1992), pp. 644-646。杜贊奇既肯定了該書的貢獻，也指出，「在不否認1949年以後變化的重要性的同時，重要的是認可群體認同已長期存在於中國的許多層面：無論過去或現在，自我族類認知同時（儘管這麼說有些大膽）存在於地方和整體的層面上。本書的缺陷之一，就是杜磊的概念工具在解釋回回是如何跨越這個令人尷尬的障礙的問題上，力道有些不足」。台灣學者謝世忠對杜磊

陷，考察了回民群體內部的自我歸屬意識的歷史狀況及其演變，[7]發現「在晚明中國，內地回回群體內民族意識的形成，端倪於『回回祖國』觀念的流行，而後又為明末清初中國伊斯蘭教的經堂教育和以儒釋教運動所促進」。[8]他還進一步指出，「如果上面的討論可以成立，那麼『回回祖國』觀念在移民中國的回回人群體中的確立，就應該看作是他們對於本群體出自共同血統這樣一種觀念的初步表達。隨著此種觀念的進一步發育，在中國的回回人群體作為一個民族也始而成型了」。[9]

姚大力的研究既補充了杜磊的對中國學者的批評，也支援了回族形成於晚明的觀點。但是即便如此，我們還是不能闡釋白壽彝 1951 年小冊子的「標誌性」，因為晚清民國時期回民社會關於「回族界說」的討論沒有得到應有的重視。

二、「回族界說」的提出和不同看法

中國回族歷史編纂的現代篇章開始於 1927 年陳垣先生在北京大學演講的〈回回教入中國史略〉。幾年以後，回族學者金吉堂在北京成達師範學校講授「中國回教歷史問題」，並集結成《中國回教史研究》（1935 年）一書出版。[10]「回族界說」一詞第一次出現在金吉堂的書中：

> 自有漢、回、滿、蒙、藏五族之說，而回族界說之爭議起。或以為唯聚居回疆者為回族，而居內地者實漢人而信回教。或以為回疆各部固屬回族，然居內地者又何莫非西北之移民而回紇之子孫?!于是回族說與漢人回教說，聚訟紛紜，二十年來，迄未解決。[11]

五大或六大民族之說在晚清已不少見。[12]金吉堂告訴我們，從那時起回族界說「爭議」就已產生，而辛亥革命後的 20 年中更加「聚訟紛紜」；爭議雙方都承認新

缺陷的忽視和張中復對杜磊缺陷的猶豫，另文討論。
7 姚大力，〈「回回祖國」與回族認同的歷史變遷〉，收入姚大力，《北方民族史十論》，頁 64-109。
8 姚大力，〈「回回祖國」與回族認同的歷史變遷〉，頁 94。
9 姚大力，〈「回回祖國」與回族認同的歷史變遷〉，頁 84-85。
10 金吉堂的著作，見中國伊斯蘭百科全書編委會編，《中國伊斯蘭百科全書》（成都：四川辭書出版社，1996），頁 747-748。本文所談及的回族學者生平與著作，均可參見此書。
11 金吉堂，《中國回教史研究》（北平：北平成達師範出版部印行，1935），頁 24-25。
12 參見黃興濤，〈現代「中華民族」觀念形成的歷史考察——兼論辛亥革命與中華民族認同之關係〉，《浙江社會科學》，2002：1（杭州），頁 168-170。

疆回部為回族；但是有的人認為內地回民是信仰回教（伊斯蘭教）的漢人，不是回族；相反的觀點認為，內地回民是回族，因為他們也是從西北遷居內地的回紇後代，應該與新疆回部同種。當然金吉堂的敘述也清楚表明，爭議的核心問題是關於內地回民的界說（定義），即界說為信教的教徒，還是不同於漢人的另一「民族」。

金吉堂在書中明確地認為內地回民應被界定為不同於漢人的「民族」。他次年在《禹貢》上發表〈回教民族說〉[13]進一步闡述說，「直接言之，今日回民之祖先，原來為外國人。若分析言之，有敘利亞人、小亞細亞人、伊拉克人、伊思巴罕人、各部波斯人……此等龐雜不同，風俗習尚，語言文字，服色，飲食，面貌，骨格，都不同之外國人，因有共同之目的，相率來中國居住，又因同屬一教，信仰相同，對於教條之遵守罔不一致，然後經過長期間之結合，同化，蕃殖生息，而成回族。質言之，回族者，回教教義所支配而構成之民族也」。對於當時一些人「信回教而成回族，何以信佛教者不稱佛族」的觀點，金吉堂反駁說：回教不僅是信仰，而且「實包有組織社會之一切制度，如經濟，婚姻，喪葬等」。「此特點之有無，即信回教者能構成民族，與信他教者不能構成民族之絕大原因」。金吉堂還說遵照《古蘭經》的訓示，信回教可以成為民族；若以三民主義所講的構成民族的要素「血統、生活、語言、宗教」為標準，信回教即是回族，而回民的「姓氏」、歷史事件和某些習慣用語也說明回民不是信回教的漢民。和金吉堂一樣思考「回族界說」的還有當時「北平伊斯蘭學友會」的成員，該會會刊《回族青年》上的不少文章都有類似的觀點。

金吉堂還在書的首節「回回迴（回）紇辨」中用了相當篇幅辯駁了「歷來言回教者，自顧炎武《日知錄》始，每以今之回回，為唐代迴（回）紇之後裔，率以謂此教由迴（回）紇人傳來此間」的說法。他指出，唐代的回紇與元明的畏兀兒「自人種言，實同源而異流，同為迴（回）紇之裔」；他們已在明代「改宗回教」，「Uighur 畏兀兒也，其人改信回教仍存故名」；他們「與內地回回之關係，在未奉回教之前，可謂絕不相通，及奉回教後，或因信仰相同，而發生血統關係」（頁 1-24）。雖然金吉堂明顯和在《禹貢》同號上發表〈回族回教辯〉的王日蔚[14]一樣，對內地回民與新疆維吾爾的異同有比較清楚的認識，沒有對（當然也無法對）「因信仰相同，而發生血統關係」的邏輯做進一步的解釋，但是《回族青年》上類似觀點的作者則宣稱「回族就是伊斯蘭族」。[15]

---

[13] 金吉堂，〈回教民族說〉，《禹貢半月刊》〔回教與回族專號〕，5：11（北平，1936），頁 29-39。
[14] 王日蔚，〈回族回教辯〉，《禹貢半月刊》，5：11〔回教與回族專號〕（北平，1936），頁 41-48。
[15] 參見達烏德（薛文波），〈關於「回族」與「漢族信仰回教」問題〉，《回族青年》，1：2（北平，1933），頁 9-14。

　　在辛亥革命後五族共和的框架中，「回族」一詞不僅常見於公眾言說，還有各地穆斯林以「回族」為旗幟的各種政治活動。突出的例子是民國初年李謙以新疆回部八部王公全權代表的身分，呼籲北洋政府在國會議員選舉中，給予回部和蒙、藏、青海一樣的單列代表名額；雖然初期請願僅指新疆「回部」，但很快引發內地回民的響應。[16]從李謙編寫的《回部公牘》看，[17]當時內地回民組織和個人的不少函電使用「回族」一詞，許多小標題也加上了「回族公民」字樣。

　　但是，雖然有金吉堂那樣公開宣稱內地回民是「民族」的學者，有李謙那樣將新疆「回部」和內地「回民」混為一個「回族」的活動家，有內地回民社會基層對「回族」的使用，但現存多數民國回民書刊認為，只有新疆的回教徒（維吾爾）是回族，而內地回民是一個信仰「回教」的群體，與「族」並沒有多大關係。

　　關於「回族界說」的這種看法，早在清末中國留日穆斯林學生組織「留東清真教育會」的出版物《醒回篇》[18]上就可以看到。這個團體於光緒三十三年（1907 年）在日本江戶川亭成立，宗旨是聯絡同教情誼，提倡教育普及和宗教改良。雖然《醒回篇》只出了一期（1908 年），但作為 20 世紀第一份以「回」為標識的報刊，影響很大。不過關於《醒回篇》的現有研究大多忽視了其中多處表達的對「回族界說」的看法。[19]在該刊上，[20]趙鍾奇在〈中國回教之來歷〉中說，「近人概分中國民族為五，回教居其一。閒嘗索其論據而不得。既而知近人所言者，乃新疆之回教也。夫新疆籍中國不久，劃為一族，於理固當。但散處中國各省之回教，人數之多，倍於新疆，而其智識程度亦大非新疆回教可及」。他在討論關於回族來源的各種說法（如唐代留居中國的回兵）後說，「吾人於此敢為推測的論斷曰：今日中國之回教，除新疆一省外，來自他處者少，為中國民族轉成者多」。「然則，散處中國各省之回教，非單純之民族，乃合成之民族。若以近世文明各國之法律例之，直不成其為民族，不過教徒而已」。而黃鎮磐在〈論回民〉中更進一步說：「回以名教，非以名族也。而論者往往以回民稱推求其故，僉謂回教傳至回紇，或者謂新疆列回部一域，而因以回名族

16　參閱方素梅，〈從〈回部公牘〉看民國前期回族的政治參與活動〉，《民族研究》，2010：1（北京），頁 84-94。

17　參見李謙（編），《回部公牘》（上海：中國印刷廠排印，無排印年份）。按，北京國圖書目註為 1924 年，但書中康有為題詞為「乙丑二月」，1925 年是乙丑年。

18　留東清真教育會編，《醒回篇》，第 1 號（東京，1908），北京國家圖書館藏本。

19　如馬廣德，〈關於《醒回篇》中回族自我認識的思考〉，《回族研究》，2000：4（銀川），頁 56-59；黃成俊，〈喚醒回眾，共圖國強─讀留東清真教育會編《醒回篇》〉，《回族研究》，2002：2（銀川），頁 88-91。還可參閱劉莉，〈近 20 年來回族報刊研究述評〉，《回族研究》，2010：2（銀川），頁 100-104。

20　此處趙鍾奇和黃鎮磐的文章分別見《醒回篇》，第 1 號，頁 61-64；48-50。

耶」。他認為就算回民是唐朝來自大食的三千回兵的後代，但經過上千年的同化，「早化為同種也久矣，夫安得指為異族也哉？」。由此可見，早在晚清幾大民族言說流行之時，中國回民知識精英就對其中的「回族」是否包括自己，自己是否適合被界定為一個「民族」有所思考。

而進入民國以後，特別是在李謙等人以「回族」的名義廣泛開展活動之後，內地回民社會反對使用「回族」名稱的呼聲更高。北京上海的回民精英不僅在回民報刊上頻繁發文，如上海的《中國回教學會月刊》及北京的《月華》刊物上著書立說，傳統先更在《中國回教史》（1937 年）一書中設專節「回教非回族」，[21] 批評「今日之回教徒談中國回教時，每喜以回教與回族相混。有人甚至於費盡精力以種種考據結果證明中國之回教徒非漢族而為回族」。傳統上的觀點可以綜合為：回教（伊斯蘭教）是世界性的宗教，信仰回教的有不同民族的人，因此穆斯林不都是一個民族（種族）；新疆的回族（維吾爾族）是一個民族的原因不是伊斯蘭教的信仰，他們原來就是一個民族；中國內地回民是信仰者（回教徒），而不是與漢人不同的回族。傳統先還進一步強調，「再由民族之實質而言，中國之回教徒，並無同一獨創之語言」，「中國回教徒之血統尤為混雜不一。有來自阿拉伯人者，有來自波斯人者，有來自小亞細亞諸國者，亦有漢人之改奉伊斯蘭者。由是而知中國回教徒有同一血統，毫無根據」。他的結論是：「今日中國之回教徒，係中華民族之信奉伊斯蘭者，或為阿拉伯人、土耳其人、波斯人及其他民族僑居中國而其一般之生活習慣已為漢人或未為漢人所同化之伊斯蘭教徒」。

回民政界人物馬鴻逵和白崇禧也對此公開表達了看法。馬鴻逵 1934 年就曾發文說：「甘青甯的回教同胞，和新疆的纏頭，絕不相同，並且宗教是宗教，民族是民族，不能混為一談。中國的人民，因信仰自由，信仰了回教，仍然還是中華民族，並不因信教而變為阿拉伯民族……」。[22] 而白崇禧則在 1939 年中國回教救國協會第一屆全體會員代表大會上的講話中明確地說，「過去常有一部分人認為中國回教人可以單獨構成一個民族，其實這是很錯誤的，因為世界上無論哪一種宗教，都是要普及於全人類的，而並沒有民族或國家的畛域之分……即回教流傳至今，全世界大多數民族間亦都有他的信徒，以中國而論，全國各地信教的漢滿蒙回藏都有，如青海是種族最複雜的省份，也是各方回教人薈萃的地方，那裡的回教徒有西藏人，有新疆人，有蒙古人，有漢人，還有少數滿洲人，可以說五族俱備了。如果把回教，看為是回族，不

21　傳統先，《中國回教史》（北平：商務印書館，1940），頁 10-11。
22　馬鴻逵，〈西北之兩大問題〉，《西北問題季刊》，1：1（上海，1934），頁 6。

僅不合邏輯，而且也把回教的精神，縮小成太狹窄了……」。[23]雖然政界人物言論的著眼點更多的是政治形勢，甚至當時被回民青年批評為「是為了討蔣介石的好，昧著良心這樣說」，[24]但他們的表態正說明問題受到關注。

這裡需要強調，不論是主張「民族說」還是「非民族說」，也不論各方辯辭的學理瑕疵大小，各階層回民對「我群」與周圍漢人為主的「他群」的實際界限不僅很清楚，而且民國間回民的新文化運動、爭國會議員名額行動、反侮教鬥爭等，都表現回民在「第一次」、「在政治上有同等地位」的時代群體意識之強化。所以後來在制憲中政府不允許使用「回族」甚至「回民」的情況下，為爭取 1947 年國民大會更多回民議員名額，回民代表創造出「內地生活習慣特殊之國民」的說法。[25]那麼關於「回族界說」的討論對他們到底有什麼意義呢？

1930 年留學土耳其的北京回民學者馬宏道在給國內回民同胞的一封長信中全面表達了非常關心「回族界說」討論的原因。[26]馬宏道的意思非常明確：「回族界說」就是「正名」，而「正名」關係到回民群體「現在及將來」的命運。正是馬宏道說的這種關於「命運」的重要意義，決定了大多數內地回民精英不僅關注「回族界說」的討論，而且主張「回教非回族」觀點。而要理解他們的這種主張，就不能不探究近現代中國社會的「民族」概念的發展和變化。

三、「民族」概念內涵的近現代發展

「回族界說」討論的背景是中國大社會「民族」概念內涵的近現代發展。

一般認為，「民族」不是中國古代漢語中關於族類劃分的固定詞彙；雖然早在1830 年代中國第一份中文雜誌即傳教士辦的《東西洋考每月統計傳》中就出現了頗具近現代意義上的「民族」一詞，[27]不過中國人「對『民族』對應的西文 nation、volk 及其含義的理解，無疑主要來自日本翻譯的西學著作」，[28]而 1898 年戊戌變法

---

23 白崇禧，〈白理事長第一次大會致詞〉，《中國回教救國協會第一屆全體會員代表大會特刊》，1：1（重慶，1939），頁 10。

24 薛文波，《雪嶺重澤》（蘭州，准印證：甘新出 001 字總 1674 號（99）135 號），卷 1，頁 101。

25 孫繩武，〈「內地生活習慣特殊之國民」的釋名〉，收入孫繩武，《回教論叢》（台北：中華文化出版事業社，1963），頁 141-144。（感謝張中復先生提示）。

26 〈土耳其馬宏道君來函〉，原載《雲南清真鐸報》，期 13（昆明，1930），轉引自馬建釗、孫九霞、張菽暉主編，《中國南方回族社會團體資料選編》（成都：四川民族出版社，2003），頁 216-217。

27 黃興濤，〈「民族」一詞究竟何時在中文裡出現？〉，《浙江學刊》，2002：1（杭州），頁 169-170。

28 郝時遠，〈中文「民族」一詞源流考辨〉，《民族研究》，2004：6（北京），頁 60-61。

失敗後逃亡日本的梁啟超在這個知識傳播中發揮重要作用；1900 年後「民族」一詞的使用「井噴」式的急遽增加。[29]

　　本文不準備討論西方語境中的"nation"和中文語境中「民族」的複雜含義及歷史發展，只想強調說，儘管從時人對「民族」二字的使用看，中國傳統「族類」概念與現代「民族」概念自始就混雜交錯，[30]但是在那個時代的普遍理解中，來自歐洲的「民族」概念蘊含著「一個民族形成為一個民族國家」的內涵。具體而言，不論是辛亥革命前的五大或六大民族，更不用說辛亥革命後五族共和中的「民族」，都是帶有明確的「民族國家」意義上的概念。因為只有這樣的「民族」觀念，才能與激發「反滿革命」的民族主義相吻合。同樣值得注意的是，雖然辛亥革命後革命黨不再像之前那樣表示任由漢族以外的民族離開中國，而是提出了各民族共和的原則，但其中的各非漢「民族」都被視為是具有現實的或潛在的「民族國家」訴求的群體。不僅 1924年國民黨一大宣言對「中國以內各民族之自決權」的承認（由孫中山提交）和當時中共關於民族自決的觀點，是很好的證明，1939 年傅斯年、顧頡剛的「中華民族是一個」也是例證。

　　顧頡剛於 1937 年盧溝橋事變前夕離開北平，輾轉西北各地考察，1938 年秋到昆明，12 月在昆明《益世報》上創辦《邊疆週刊》。1939 年 2 月 7 日傅斯年寫信給他，[31]「規勸其在此少談『邊疆』、『民族』等等在此有刺激性之名詞」，因為日本等外國勢力正在利用中國的民族問題侵害中國，「（《邊疆週刊》）登載文字多分析中華民族為若干民族，足以啟分裂之禍」（顧頡剛日記語）。「則吾輩正當曰『中華民族是一個』耳」。傅斯年還說，「猶憶五六年前敝所刊行凌純聲先生之赫哲族研究時，弟力主不用『赫哲民族』一名詞。當時所以有此感覺者，以『民族』一詞之界說，原具於『民族主義』一書中，此書在今日有法律上之效力，而政府機關之刊物，尤不應與之相違也」。傅斯年這裡說的是孫中山在《民族主義》一書中對「民族」的解說，即和一些多民族國家不同，中國自秦漢以後都是一個民族，因此「民族就是國族」。[32]

---

[29] 金觀濤、劉青峰，《觀念史研究：中國現代重要政治術語的形成》（北京：法律出版社，2009），頁 242。

[30] 參閱梁啟超在〈中國歷史上民族之研究〉所談到的古今中外、各種各樣的「民族」，見吳松、盧云坤、王文光、段炳昌點校，《飲冰室文集點校》，第 5 集（昆明：雲南教育出版社，2001），頁 3211-3232。1942 年白壽彝先生的〈元代回教人與回教〉，收入白壽彝，《中國伊斯蘭史存稿》（銀川：寧夏人民出版社，1983），頁 170-215，也有類似用法。

[31] 傅斯年致顧頡剛信和傅斯年（關於此事）致朱家驊、杭立武信，均見歐陽哲生編，《傅斯年全集》，卷七（長沙：湖南教育出版社，2003），頁 205-207。顧頡剛的記載，見《顧頡剛日記》，卷四，收入《顧頡剛全集》，冊 47 中（北京：中華書局，2010），1939 年 2 月 7 日至 28 日有關內容。

[32] 參閱廣東省社會科學院歷史研究所等（合編），《三民主義·民族主義》，收入《孫中山全集》，卷九（北

傅斯年接著說，「今來西南，尤感覺此事政治上之重要性。夫雲南人既自曰：『只有一個中國民族』，深不願為之探本追源；吾輩羈旅在此，又何必巧立各種民族之名目乎！」。對於蕃夷，「務於短期中貫徹其漢族之意識，斯為正途。如巧立名目以招分化之實，似非學人愛國之忠也」。學者「更當盡力發揮『中華民族是一個』之大義，證明夷漢之為一家，並可以歷史為證」。顧頡剛「讀到這位老友懇切的來信，頓然起了極大的共鳴和同情」，第二天一早就支撐病體，扶杖到書桌前寫出文章〈中華民族是一個〉。[33]文中稱「中國之內決沒有五大民族和許多小民族，中國人也沒有分為若干種族的必要」，「我們從今以後要絕對鄭重使用『民族』二字，我們對內沒有什麼民族之分，對外只有一個中華民族！」。[34]傅斯年和顧頡剛的觀點「得到大多數人的首肯」，[35]反映了中國主流社會面對國家被分裂甚至被滅亡的危機，斷然放棄使用具有「國家訴求」張力的民族概念來「界說」中國少數民族，改為將「民族」等同於「國族」，更不用說傅斯年實際上將「中華民族」等同於「漢族」。在新的「民族界說」中，「中華民族」各組成部分不再被界說為各個「民族」，漢、滿、蒙、回、藏（有時還會加上「苗」或「夷」等）不能再稱為「漢民族」、「藏民族」、「回民族」等，只能是一個「民族國家」內的組成部分。[36]雖然學術界（如吳文藻、費孝通等）還有不同意見，在民族大義面前，只能不再說話。[37]

　　總之，至少從 19 世紀末梁啟超開始，中文語境中的「民族」帶有來自近代歐洲「民族」概念蘊含著的「一個民族形成為一個民族國家」的內涵。而這種「民族」概念的濃重內涵，挑戰了內地回民在中國的基本生存策略。這個生存策略可以用「爭教不爭國」來概括。

京：中華書局，1986），頁 183-254。

[33] 顧頡剛，〈中華民族是一個〉，載《益世報‧邊疆週刊》，期 9（昆明，1939），略改後又刊於《西北通訊》，期 1（西安，1947）。見顧頡剛，《寶樹園文存》，卷四，收入《顧頡剛全集》，冊 36，頁 94-106。

[34] 顧頡剛先生的相關文章有：〈「中國本部」一名亟應廢棄〉、〈我為什麼要寫〈中華民族是一個〉〉、〈再論「本部」的意義和中國邊疆問題〉、〈續論「民族」的意義和中國邊疆問題〉等，均見顧頡剛，《寶樹園文存》，卷四，收入《顧頡剛全集》，冊 36，頁 88-93；109-116；117-122；123-140。

[35] 顧洪在編輯〈中華民族是一個〉後的〈跋〉中指出，「『中華民族是一個』，作為口號提出，是不完善的……卻得到大多數人的首肯」。見顧頡剛，《寶樹園文存》，卷四，收入《顧頡剛全集》，冊 36，頁 106。

[36] 〈回人應稱回教徒，不得再稱回族，行政院即通令全國改正〉，《中央日報》，1940 年 9 月 16 日，第 2 版，提及關於「聞行政院……擬即通令全國，以後對於回人，應一律稱為回教徒，不准再稱為回族」的報導，應該也與此有關。感謝匿名審查委員提示。

[37] 參見費孝通，〈顧頡剛先生百年祭〉，收入《費孝通文集》，卷十三（北京：群言出版社，1999），頁 26-27。關於這場學術爭論可以參看周文玖、張錦鵬，〈關於「中華民族是一個」學術論辯的考察〉，《民族研究》，2007：3（北京），頁 20-30；趙志研，〈「中華民族是一個」？─追記抗戰初期一場關於中國是不是多民族國家的辯論〉，《中國民族報》，2008 年 12 月 26 日，第 7 版。

四、回回民眾在中國的生存策略：「爭教不爭國」

　　明確的「爭教不爭國」言說最早見於 1908 年《醒回篇》上的文章〈論回民〉。[38]
黃鎮磐在文章中分析內地回民與「回紇」及新疆「回部」的不同後說：「嘗見時人政
論，輒以漢、滿、蒙、回、藏、苗相提並稱，儼然以六大民族標榜之。藏、蒙、苗無
論已。夫神州大陸，中原雜處，惟滿、漢久分門戶。所謂回者，廁列其間，相安無
事。聞之父老，有所謂爭教不爭國者，殆即回回入中國傳教之宗旨也耶。近人不察，
每以回民目之，且有謂為回族者，則是滿、漢之外，又樹一民族之敵。吾恐同種相
殘，互相吞噬，不數百年，黃人掃迹，則世界盡化為深目高鼻、赤髮碧髯兒也。豈不
大可哀哉」。和《醒回篇》其他作者一樣，黃鎮磐這裡強調了對國家和全體人民的認
同，同時他也表達了不希望內地回民因為自稱為一個單獨的「民族」而被視為滿漢之
外一個「異族」。作為「回回入中國傳教之宗旨」的「爭教不爭國」，在黃鎮磐的文
章裡沒有「自視為外人，而感覺與國事無關」[39]的意思；也不能簡單地看作是對政治
的避而遠之，[40]因為整個《醒回篇》的主旨是一再強調回民對中國的責任。同時，清
代咸同回民起事被鎮壓之後，若干回民將領在清廷的安排下走上政治舞臺，甚至逐步
成為西北重要勢力，不能說與政治無關。後來回民學者謝松濤對此的解釋為：「喊出
爭教不爭國的口號，意思是回民在中國是沒有政治野心的，但是最低限度的信教自由
是要保守的」。而較早薛文波更清楚地解釋為：「苟侵害乎我之信仰者，誓以全力排
除之。『若爭天下』『作皇帝』非我回族所希冀者，當不參與之」。[41]如果說在王朝
時代回回沒有爭做皇帝爭天下的企圖，那麼在反滿革命走向高潮的年代，就是要表達
一種完全不同於辛亥革命前中國社會流行的「民族國家」的思想，不同意當時激進民
族主義者廣泛宣傳的一個民族必須建立一個自己國家的理論。「爭教不爭國」明白宣
示講漢語的中國回民沒有建立獨立於中國之外的「國」的訴求。當然，獨立的「國」
不要，與伊斯蘭「教」相關的東西卻不能不爭，因為那是回民立身之本。

---

[38] 黃鎮磐，〈論回民〉，《醒回篇》，第 1 號，頁 48-50。

[39] 見陳紅梅，〈近代回族政治意識與國家認同淺論——從「爭教不爭國」到「興教救國」〉，《西北民族研究》，2010：3（蘭州），頁 103。

[40] 龐士謙在 1946-1947 年從埃及返回中國的日記《埃及九年》中說：「在（清代）回民失敗以後，都消極不問國事，於是才有『回民愛教不愛國』的說法」。見龐士謙，《埃及九年》（北京：中國伊斯蘭教協會出版，1988），頁 69。

[41] 謝松濤，〈建設中國回教文化〉，《月華》，12：22-27（北平，1940），頁 5；達烏德（薛文波），〈「爭教不爭國」解〉，《回族青年》，2：4（北平，1934），頁 1-3。

為什麼會樹立「爭教不爭國」的策略？謝松濤的解釋是：「愛國屬於回民的信德，保衛祖國是伊斯蘭教生的精神，唐宋元明以來豐功偉烈，不乏回教人士，自滿清當國在西北西南各地，屢次演出回漢仇殺事件，回民處此淫威之下，於是喊出爭教不爭國的口號」；是「遭受不良政治的摧殘，逼出了『爭教不爭國』的口號」（頁 4-5）。薛文波則更明確說是因為「朝廷不容，他族嫉視」（頁 2）。所以「爭教不爭國」策略的形成，是對於在大社會身上體現出的封建王朝的「淫威」，特別是協同鎮壓的「淫威」不得不有所屈服。《醒回篇》中留東清真教育會會長保廷樑將此稱之為「即求合於所遇之境，以衛族存種而已」。[42]總之，在封建時代強權壓迫下，「爭教不爭國」和「求合於所遇之境」明確表達了一種「不反體制」的生存策略。如果說明末清初王岱輿、劉智等是從文化上表達了保持信仰的前提下融入體制的思想，那麼「爭教不爭國」則代表了「不反體制」的政治立場。鑑於清代遭受的鎮壓，在辛亥革命前反滿革命的激進民族主義氣氛中，內地回民小心翼翼地維護自己在漢人汪洋大海中的生存之道，避免將自己界說為一個可能被認為自外於中國的獨立「民族」。

辛亥革命開始了中國的新時代。革命原則的激勵，孫中山的期盼，使回民社會受到極大鼓舞。各地回民的積極參政（《回部公牘》記載），1920 年代開始的此起彼伏的反侮教事件，更不用說抗戰勝利後制憲和國民大會一事中回民社會的抗爭，也反映了民國期間回民群體意識的加強和對社會地位、群體權益的追求。但是「爭教不爭國」的「宗旨」沒有被放棄。

辛亥革命後中國的政治環境複雜多變。國內政治可能使人落入陷阱（如袁世凱稱帝時拉攏回民擁戴），國際政治則更加險惡。當時日本人佐久間貞次郎在中國各地活動，並且逐步將主要精力放在煽動中國內地回民身上。1924 年他在上海創辦了光社（英文名"International Moslem Association"）的雜誌《回光》（Light of Islam）。在第 2 卷第 1 號（1925 年 1 月）上的〈中國政局與回教徒〉中，[43]佐久間貞次郎（署名「東山」）公開號召中國回族奮起爭取獨立：

> 回顧自辛亥革命以來，吾回族雖被承認為民國政治團體中之一團體。然除仍受宗教團體待遇外，對於政治上吾回族並未享受何等權利。苟民國果能完全

---

[42] 見保廷樑，〈勸同人負興教育之責任說〉，《醒回篇》，第 1 號，頁 41-48。要注意保廷樑雖然承認中國多「種族」的觀念，說「中國人民種族大抵可分為滿漢回藏及夷苗等」，但是他又說，「吾教除新疆外，非純然為一種族。其由滿漢蒙藏諸夷苗奉教者，指不勝屈」。

[43] 東山（佐久間貞次郎），〈中國政局與回教徒〉，《回光》，2：1（上海，1925），頁 2-9；英文版見同刊，頁 10-14。

建設，無內憂外患，實行統一，則我回民尚無須急於求政治之活動，寧肯退守宗教之生活，用全力以振興我教務，較為妥當。……況民國成立十餘年以來，政局變之遷，儼如走馬燈，令人不可思議。且當此群雄割據，匪徒橫行，生民塗炭，已達極點之秋。若仍單從事於宗教團體之活動，以遵從教祖之遺訓而不知屬行救國濟民之壯舉，恐亦難免受冒瀆真主之咎。（頁 5-6）

　　……吾人姑且不因蒙古之獨立、西藏之自治、滿洲之離叛，對於此有名無實且日形解體之共和國家，勢不能不提倡我回族之獨立。（頁 4）

　　日本學者松本真澄指出，讓中國回族感到特別憤怒的，是佐久間貞次郎宣稱說回族會認同他的使用暴力、爭取獨立的觀點，因為這完全否定了回族作為中國的少數群體，為了生存不反體制、做良好國民的行動和思想，而且，這也讓他們想起清代被安上的慣於叛亂謀反的烙印。[44]正是這種擔憂，促使《中國回教學會月刊》在「爭教不爭國」的既定策略下，明確表達對「回族界說」的態度。

　　前引尹伯清的〈回教回族辨〉，就是《中國回教學會月刊》主編沙善愚在北京王夢揚推薦下刊登的，目的是「破我國同教誤以回族自稱者之惑，誠有功我國社會」。而該刊前一期上天真（伍特公）的〈明道達變說〉[45]更明確表達了這種宗旨。天真說：「我華伊斯蘭教中人多稱教外華人為漢人。此實大誤。我教信徒之祖先固有來自西域者，然漢人奉回教者實居多數。且入居中國之信徒既在中國千百年，除宗教外，已與漢人同化。祇有宗教之差異，而無種族之分別。記者甚願我國內同教勿妄稱回族，徒滋紛擾」。如果說「滿清當國時」欺壓回民的淫威「逼出了『爭教不爭國』的口號」（謝松濤前引文），那麼在辛亥革命後混亂局面中，在日本人號召回民利用中國的混亂局面爭取獨立之時，「甚願我國內同教勿妄稱回族，徒滋紛擾」就是回民學者一種合理的反應。考慮到中國政治環境中「民族」理論的發展，在中國社會尚缺乏真正民族平等的情況下，採用這樣的生存策略是可以理解的。當然我們也注意到，回民政治人物白崇禧 1942 年在〈中國回教與世界回教〉[46]中稱，中國回教救國協會 1938 年奉命成立以後，將「糾正爭教不爭國的誤解」作為協會的中心工作之一，說

---

[44] 松本真澄，〈佐久間貞次郎對中國伊斯蘭的「活動」和上海穆斯林——圍繞這一個亞洲主義者的考察〉，收入《文化理解與文化對話的百年進程——第四次文明對話國際學術研討會論文集》（南京：南京大學—哈佛燕京學社，2010），頁 249-282。參閱王柯，〈日本侵華戰爭與「回教工作」〉，《歷史研究》，2009：5（北京），頁 87-105。

[45] 天真（伍特公），〈明道達變說〉，《中國回教學會月刊》，1：3、4 合刊（上海，1926），頁 1-7。

[46] 白崇禧，〈中國回教與世界回教〉，《月華》，14：11、12 合刊（北平，1942），頁 3-6。

「我們回教自遭滿清摧殘之後，有不敢過問政治的趨勢，所以有些回胞抱爭教不爭國的觀念，這是錯誤的見解」。白崇禧接著明確說，「必須要使每個教胞都知道，有國家才有宗教，所謂『皮之不存毛將焉附』，國家主權不能獨立，宗教也就失去了保障」；「現在已不是滿清專制時代」，「我們應該當一個好的穆斯林，更應該當一個好國民」。仔細體會，白崇禧這裡談的「國」是「中國」，與《醒回篇》「爭教不爭國」中的「國」（回回自己的「國」）是有區別的。這實際上是在中華民族危機的背景下，用另外一種對「國」的解釋，表達回族不反體制的生存策略。當然，生存策略可能是一種被動的策略，而當時回民社會的熱血抗日則是一種積極的愛國宣示。

五、中共的民族理論與回回民族的最終形成

　　民國期間主流社會採取否認少數民族是「民族」的觀點，加上大多數回民精英甚至在晚清既已鑑於大的政治環境而在「回族界說」問題上持「非民族說」立場，那麼後來在 1950 年代推行「民族識別」並確認回族是一個獨立民族的中共，在民國期間是如何面對「回族界說」問題的呢？

　　李維漢在晚年的《回憶與研究》中說[47]：「黨中央轉移到陝北以後，為了阻止敵寇進入西北，並在西北建立鞏固的革命大本營，極其注意爭取和團結西北地區少數民族的工作」（頁 451），而中共「系統地研究國內少數民族問題並開展少數民族工作則是從西工委開始的」（頁 452）。西工委是中共六屆六中全會以後於 1939 年成立的中央西北工作委員會的簡稱。西工委設立的民族問題研究室為中共中央起草了《關於回回民族問題的提綱》（1940 年 4 月），「西工委的大多數委員都參加了討論，洛甫、李富春、王若飛、高崗等在討論中講了話」，毛澤東也提了意見（頁 454-455），編輯出版的《回回民族問題》「是大家集體研究，由劉春執筆編寫的」（頁 454），1941 年以「民族問題研究會」的名義出版。此外，西工委的李維漢（羅邁）和劉春還以個人名義發表了關於回族等少數民族的文章。[48]

　　非常值得注意的是，「回族界說」問題在這些中共文件和相關文章中佔有非常重要的位置。《關於回回民族問題的提綱》和《回回民族問題》都明確聲明中共承認中

---

[47] 本段均參考、引自李維漢，〈中央西北工作委員會和少數民族工作〉，收入李維漢，《回憶與研究》，下冊（北京：中央黨史資料出版社，1986），頁 451-455。

[48] 李維漢（羅邁）和劉春的相關文章見中共中央統戰部，《民族問題文獻彙編》（北京：中共中央黨校出版社，1991）。以下簡稱《彙編》。〈抗戰建國中的回回民族問題〉原署名「羅霄」，據柏為劉春。參閱敬鵬，〈慶民大六十華誕、懷奠基師長劉春〉，http://bbs.tiexue.net/post2_5122895_1.html（2011/7/6 檢閱）。

國內地回民是一個獨立的民族。《回回民族問題》[49]甚至在第七章〈回回問題是民族問題〉中稱，「本書的全文都是把回回當作一個民族，把回回問題當作民族問題來論述的；並且本書的主要任務，也正在於說明回回是民族，回回問題是民族問題」（頁97）。

　　但是中共不是簡單表達對「回族界說」的態度，它有自己的分析邏輯和目標。這裡以最具代表性的文件《回回民族問題》為例。《回回民族問題》共 9 章，約 9 萬字的全文可分為三個層次。第一個層次談回回的歷史和宗教（第一至第四章）。文章通過歷史考證說，「由此，我們可以作出大致正確的（我們只說『大致正確的』，因為對這個問題還有進一步研究的餘地）結論：中國回回民族的組成部分，主要的是元時來中國的回回人及其後裔，其次為漢人，此外，還可能有回紇回鶻人」（頁 14）。在介紹伊斯蘭教的歷史（第三章）之後，文章（第四章）還討論了伊斯蘭教與回族形成的特殊關係。這樣關於回回歷史和宗教的論述雖然沒有什麼特別出彩的地方，如果對比費孝通對「中華民族是一個」的理論批評，[50]還可以看出《回回民族問題》在「民族界說」理論上的薄弱，有些問題也難以有明朗的回答（如回回中的漢人成分），但文章採用了以材料說話的態度（包括多種中外史料），措辭比較謹慎，結論比較平實。

　　第二層次是討論回回在當時國內國際政治中的狀況。第五章試圖說明，回回不僅在清代受到壓迫、打擊並起而反抗（第二章），而且進入民國之後，雖然有所謂的「五族共和」，中國的大漢族主義仍然欺壓回回民族，「由於民族壓迫的繼續，回、漢兩族人民之間的成見與隔閡，也仍然存在並繼續下去。一方面大漢族主義者，另方面回族中的狹隘的民族主義者，雙方都時常為著自己的利益，而在這種成見與隔閡上面『火上加油』，這樣，就使得回、漢兩族人民之間，相互存在著深刻的不信任甚至仇視心理」（頁 72）。第六章說明，日本等帝國主義正是利用這種民族間的不信任甚至仇視心理，利用「民族自決」、「民族獨立」等口號，拉攏滿、蒙、回等少數民族，分裂中國。對於這裡提到的回漢間的不信任和隔閡以及日本對中國民族隔閡的利用，顧頡剛在西北考察中也深有體會。[51]在這個共同感受和焦慮的基礎上，一種思路

[49] 本文使用的是劉春（執筆），《回回民族問題》，收入《清真大典》，《中國宗教歷史文獻集成》（合肥：黃山書社，2005），第 24 冊收錄的 1941 年本（有缺頁）；另外參考《彙編》（頁 861-933）收錄的 1946 年的版本。

[50] 費孝通，〈關於民族問題的討論〉，原載《益世報・邊疆週刊》，期 19（昆明，1939），見顧頡剛，《寶樹園文存》，卷四，收入《顧頡剛全集》，冊 36，頁 133-140。

[51] 參見顧頡剛，〈我為什麼要寫「中華民族是一個」〉，原載《益世報・邊疆週刊》，期 20，（昆明，1939）收入《寶樹園文存》，卷四，收入《顧頡剛全集》，冊 36，頁 109-116，特別是其中的頁 114-116。

是否認中國回回等少數民族是「民族」，強調中國只有一個民族「中華民族」，或者叫「中華國族」，以此對抗日本的「民族」政策；而另一種思路是中共《回回民族問題》第三層次展示的分析邏輯。

第三層次（第七、八、九章）討論中共的「回回政策」。文章指出，不承認回回是一個民族，「正是沒有認清日寇對於回回民族的陰謀的深刻性，沒有切實看到其中的危險。日寇是最歡迎大漢族主義者不以民族去看待回族的，因為這更便利於『日本幫助回族獨立自治』的挑撥」（頁 104）。具體原因很清楚：「因為一方面日寇既然利用了回、漢民族在歷史鬥爭中所遺留到現在的深刻的成見與隔閡，來分裂與破壞回、漢之間的抗日團結，來誘惑回族『獨立自治』，而另一方面大漢族主義者卻一手抹煞回族是一個民族，否認回、漢之間有民族問題，那麼大漢族主義者的行動就無異於在客觀上替日寇分裂回、漢的煽動造成有利的藉口和條件了。事實上大漢族主義者否認回回是一個民族的說教，在漢人輕蔑回民與回民仇視漢人雙方所給的影響，正如『火上加油』，而日寇正利用機會煽動這個火焰以達到他自己的目的」（頁 104-105）。需要強調的是，這些論述的前提表面看是回回原本是一個民族，被否認的話會給日寇提供藉口；但實際上的潛台詞是，即便回回原本不是一個獨立的民族而只是一個獨特的信仰者群體，日寇也可能利用「民族」的概念鼓動回族爭取成為一個「獨立」的「民族」，更不用說在民族主義的時代，民族主義和民族國家概念的內在張力對多民族國家內某些少數民族的誘惑以及由此給外部勢力提供的利用空間。

因此按照《回回民族問題》的思路，真正能夠解決中國回回問題的原則應該是：一方面因為民族壓迫和民族矛盾的存在，「這便必須大漢族主義者放棄民族壓迫政策，實行民族平等，才能有力的揭露與粉碎敵人的陰謀，真正團結回族一致對外。另一方面，因為回族是受壓迫的，並且有日寇分裂陰謀的進攻，（回族）便更必須積極參加抗戰建國事業，在這一過程中來爭取民族地位的平等；參加抗戰建國不僅是為了驅逐日寇出中國，並且也是為了回族自身的解放，否則回族的解放，也是不可能的。這就是抗戰中回回民族問題癥結所在」（頁 100）。這樣的分析確實抓住了問題的癥結，因為不僅指出了中國的大民族必須實行民族平等政策，而且也指出了中國少數民族必須和國家榮辱與共，而且只有在榮辱與共中才可能「爭取」到民族地位的平等。

但是大民族如何才能真正實現民族平等的承諾呢？主要受到俄國特別是列寧的影響，中共從建黨開始對這個問題的回答是支持中國少數民族的「民族自決」，按照1931 年 11 月 7 日中華蘇維埃第一次全國代表大會通過的〈中華蘇維埃共和國憲法大綱〉第十四條的說法，就是「中國蘇維埃政權承認中國境內少數民族的民族自決權，

一直承認到各弱小民族有同中國脫離，自己成立獨立的國家的權利」。[52]為什麼民族平等要與「民族自決權」聯繫起來？列寧的解釋是，「我們要求民族有自決的自由，即獨立的自由，即被壓迫民族有分離的自由，並不是因為我們想實行經濟上的分裂，或者想實現建立小國的理想，相反，是因為我們想建立大國，想使各民族接近乃至融合，但是這要在真正民主和真正國際主義的基礎上實現；沒有分離的自由，這是不可想像的」。[53]本文不討論列寧「民族自決」原則的俄國歷史背景及其後在蘇俄的發展和命運，只想強調這種原則的理論邏輯曾對中共的影響非常之大。雖然早就對無條件支持少數民族的民族自決權有所思考，[54]但是一直到長征後期甚至到達陝北後相當時間，支持中國少數民族「民族自決」、「民族獨立」仍然是中共的政策和口號。[55]但是「九一八事變」的發生，特別是盧溝橋事變後的民族危機，日本對中國民族矛盾的利用，滿洲國的建立、內蒙古德王與日本的合作、日本對「回回」的拉攏，以及全國上下奮起抗戰的群情，促使中共不僅以具體實踐爭取少數民族參加抗日戰爭，如在陝甘邊區倡建清真寺，組建、改編回民抗日武裝，更在學理上思考自己的民族理論和政策。[56]非常可貴的是，中共沒有採用「中華民族是一個」的思路，沒有否認具有歷史、文化、地域、語言甚至血統等族類特性的中國少數民族特別是滿、蒙、新、藏等北方民族是「民族」，而是一方面批評中國始終存在的大漢族主義，用民族平等承諾和在根據地的具體實踐來凝聚中國少數民族，另一方面則用「民族自治」取代了「民族自決」，修正了自己的理論和口號。雖然「民族自決」與「民族自治」在中共文獻中並存了一段時間，但 1938 年中共六屆六中全會被視為一個根本性的轉折，會上毛澤東提出的「允許蒙、回、藏、苗、瑤、夷、番各民族與漢族有平等權利，在共同對日原則之下，有自己管理自己事務之權，同時與漢族聯合建立統一的國家」原則，[57]成為此後直至今天中共民族政策的核心方針。六中全會後成立的有關機構和制訂的有關文件，就是中共在回回和蒙古（內蒙古）兩個少數民族身上具體落實這一既定方針的努力。

---

[52] 中共中央統戰部，《彙編》，頁 166。

[53] 列寧，〈革命的無產階級和民族自決權〉，中共中央馬克思恩格斯列寧斯大林著作編譯局編譯，《列寧全集》，27（北京：人民出版社，1990，第 2 版），頁 85。

[54] 參閱郝時遠，《中國的民族與民族問題》（南昌：江西人民出版社，1996），頁 71。

[55] 如〈中共中央關於抗戰中地方工作原則指示（摘錄）〉，1937 年 8 月 12 日，收入《彙編》，頁 551。

[56] 當然，中共民族政策的改變及統一大背景下將「回」界定為「民族」，不僅有中共在陝甘寧生存的政治需求，而且有共產國際和蘇聯因素。感謝匿名諸審查委員對此的提示。鑑於本文此處的主旨是從學理上分析這一政策的轉變，故上述兩點不另做開展。

[57] 毛澤東，〈論新階段（摘錄）〉，1938 年 10 月 12 至 14 日，《彙編》，頁 593-597。參看江平寫〈前言〉，收入《彙編》，頁 1-12，和上引郝時遠，《中國的民族與民族問題》，頁 85-86。

　　就「回族界說」問題來說，《回回民族問題》不能說有非常深刻的理論闡述，它對中共抗日根據地以外的回民和非回民大眾及政學各界的影響也應該有限。但是《回回民族問題》沒有走扭曲學理的思路，沒有否定中國多民族國家中少數民族的「民族身分」，相反正視這種「民族身分」在民族主義時代對多民族國家的挑戰，提出「反對與肅清大漢族主義政策及其傳統」，「中國境內各民族一律平等」的原則，同時提出糾正少數民族中的「狹隘民族主義」、「民族排外主義」，少數民族必須融入「中華民族解放運動的總潮流」，「與漢民族彼此接近聯合起來」的要求。[58]在這樣的理論思辨之下，中共不僅適時修正了自己的民族理論，從支持少數民族的「民族自決」、「民族獨立」改為民族平等下的「民族自治」，在學理上確立了多民族國家中真正實行民族平等政策的理論基礎；同時為早已形成為一個「民族」（或者叫「前現代民族」）並且在民國期間為自己的權益多所抗爭、群體意識大為強化的中國內地回民，指出了一條不必否認自己「民族身分」的發展道路。雖然當時回民社會對此並不一定清楚，但這種思辨的理論力量，加上 1949 年以後由「民族識別」表現出的政府行政安排，不能不深刻感染了回民社會，使「回族」或者「回回民族」成為回民自己的族類群體認同標誌，中國的回族由此完成了民族形成的最後一步。而在 1939 年曾經公開表示贊同「中華民族是一個」的白壽彝，也同時完成了對回族歷史敘說框架的重構：白先生在 1951 年 7 月寫成的《回回民族底新生》（上海：東方書社，1951）中完全採用了《回回民族問題》的理論和措辭來敘說中國回族的歷史。雖然他在書的「題記」中說，這本小冊子缺乏「深入而全面的分析」，甚至算不上「一本回回民族簡史」，但實際上它成為此後白先生本人以及中國幾乎所有回族和非回族學者敘說回族歷史的框架。今天，民國期間的「回族界說」已經不再為人注意，但它在中國回族形成史以及中國民族理論發展史上的角色，不能忘記。

---

[58]　此處《清真大典》本的《回回民族問題》缺頁，文字見《彙編》本，頁918-919。

徵引書目

中文資料

[日]松本真澄，〈佐久間貞次郎對中國伊斯蘭的「活動」和上海穆斯林——圍繞這一個亞洲主義者的考察〉，收入《文化理解與文化對話的百年進程——第四次文明對話國際學術研討會論文集》，南京：南京大學—哈佛燕京學社，2010，頁 249-282。

〈土耳其馬宏道君來函〉，收入馬廷釗、孫九霞、張菽暉主編，《中國南方回族社會團體資料選編》，成都：四川民族出版社，2003，頁 216-217。

〈回人應稱回教徒，不得再稱回族，行政院即通令全國改正〉，《中央日報》，1940 年 9 月 16 日，第 2 版。

中共中央統戰部，《民族問題文獻彙編》，北京：中共中央黨校出版社，1991。

中國伊斯蘭百科全書編委會編，《中國伊斯蘭百科全書》，成都：四川辭書出版社，1996。

天真（伍特公），〈明道答變說〉，《中國回教學會月刊》，1：3、4 合刊（上海，1926），頁 1-7。

方素梅，〈從《回部公牘》看民國前期回族的政治參與活動〉，《民族研究》，2010:1（北京，2010），頁 84-94。

王日蔚，〈回族回教辯〉，《禹貢半月刊》〔回教與回族專號〕，5：11（北平，1936），頁 41-48。

王柯，〈日本侵華戰爭與「回教工作」〉，《歷史研究》，2009：5（北京），頁 87-105。

白崇禧，〈白理事長第一次大會致詞〉，《中國回教救國協會第一屆全體會員代表大會特刊》，1：1（重慶，1939），頁 7-11。

——，〈中國回教與世界回教〉，《月華》，14：11、12 合刊（北平，1942），頁 3-6。

白壽彝，《回回民族底新生》，上海：東方書社，1951。

——，〈元代回教人與回教〉，收入白壽彝，《中國伊斯蘭史存稿》，銀川：寧夏人民出版社，1983，頁 170-215。

白壽彝主編，馬壽千、李松茂副主編，《中國回回民族史》，北京：中華書局，2003。

列寧，〈革命的無產階級和民族自決權〉，中共中央馬克思恩格斯列寧斯大林著作編譯局編譯，《列寧全集》，27，北京：人民出版社，1990，第 2 版，頁 77-85。

李維漢，〈中央西北工作委員會和少數民族工作〉，收入李維漢，《回憶與研究》，下冊，北京：中央黨史資料出版社，1986，頁 451-471。

李謙（編），《回部公牘》，上海：中國印刷廠排印，無排印年份。

周文玖、張錦鵬，〈關於「中華民族是一個」學術論辯的考察〉，《民族研究》，2007：3（北京），頁 20-30。

東山（佐久間貞次郎），〈中國政局與回教徒〉，《回光》，2：1（上海，1925），頁 2-9。

金吉堂，《中國回教史研究》，北平：北平成達師範出版部印行，1935。

——，〈回教民族說〉，《禹貢半月刊》，5：11〔回教與回族專號〕（北平，1936），頁 29-39。

金觀濤、劉青峰，《觀念史研究—中國現代重要政治術語的形成》，北京：法律出版社，2009。

保廷樑，〈勸同人負興教育之責任說〉，留東清真教育會編，《醒回篇》，第 1 號（東京，1908〔北京國家圖書館藏本〕），頁 41-48。

姚大力，〈「回回祖國」與回族認同的歷史變遷〉，收入姚大力，《北方民族史十論》，桂林：廣西師範

大學出版社，2007，頁 64-125。

孫繩武，〈「內地生活習慣特殊之國民」的釋名〉，收入孫繩武，《回教論叢》，台北：中華文化出版事業社，1963，頁 141-144。

留東清真教育會編，《醒回篇》，第 1 號（東京，1908），北京國家圖書館藏本。

郝時遠，《中國的民族與民族問題》，南昌：江西人民出版社，1996。

──，〈中文「民族」一詞源流考辨〉，《民族研究》，2004：6（北京），頁 60-69。

馬廣德，〈關於《醒回篇》中回族自我認識的思考〉，《回族研究》，2000：4（銀川），頁 56-59。

馬鴻逵，〈西北之兩大問題〉，《西北問題季刊》，1：1（上海，1934），頁 3-7。

梁啟超，〈中國歷史上民族之研究〉，收入吳松、盧云坤、王文光、段炳昌點校，《飲冰室文集點校》，第 5 集，昆明：雲南教育出版社，2001，頁 3211-3232。

陳紅梅，〈近代回族政治意識與國家認同淺論──從「爭教不爭國」到「興教救國」〉，《西北民族研究》，2010：3（蘭州），頁 102-108。

傅統先，《中國回教史》，北平：商務印書館，1940。

費孝通，〈顧頡剛先生百年祭〉，收入《費孝通文集》，卷十三，北京：群言出版社，1999，頁 26-32。

黃成俊，〈喚醒回眾，共圖國強─讀留東清真教育會編《醒回篇》〉，《回族研究》，2002：2（銀川），頁 88-91。

黃興濤，〈「民族」一詞究竟何時在中文裡出現？〉，《浙江學刊》，2002：1（杭州，2002），頁 168-170。

──，〈現代「中華民族」觀念形成的歷史考察─兼論辛亥革命與中華民族認同之關係〉，《浙江社會科學》，2002：1（杭州），頁 128-140。

黃鎮磐，〈論回民〉，留東清真教育會編，《醒回篇》，第 1 號（東京，1908〔北京國家圖書館藏本〕），頁 48-50。

達力紮布主編，《中國民族史研究 60 年》，北京：中央民族大學出版社，2010。

達烏德（薛文波），〈「爭教不爭國」解〉，《回族青年》，2：4（北平，1934），頁 1-3。

──，〈關於「回族」與「漢族信仰回教」問題〉，《回族青年》，1：2（北平，1933），頁 9-14。

趙志研，〈「中華民族是一個」？─追記抗戰初期一場關於中國是不是多民族國家的辯論〉，《中國民族報》，2008 年 12 月 26 日，第 7 版。

趙鍾奇，〈中國回教之來歷〉，留東清真教育會編，《醒回篇》，第 1 號（東京，1908〔北京國家圖書館藏本〕），頁 61-64。

劉春（執筆），《回回民族問題》，收入《清真大典》，《中國宗教歷史文獻集成》，第 24 冊，合肥：黃山書社，2005。

劉莉，〈近 20 年來回族報刊研究述評〉，《回族研究》，2010：2（銀川），頁 100-104。

廣東省社會科學院歷史研究所等合編，《孫中山全集》，卷九，北京：中華書局，1986。

歐陽哲生編，《傅斯年全集》，卷七，長沙：湖南教育出版社，2003。

薛文波，《雪嶺重澤》，蘭州，准印證：甘新出 001 字總 1674 號（99）135 號。

謝松濤，〈建設中國回教文化〉，《月華》，12：22-27（北平，1940），頁 4-6。

龐士謙，《埃及九年》，北京：中國伊斯蘭教協會出版，1988。

顧頡剛，《顧頡剛全集》，冊 36、47，北京：中華書局，2010。

英文資料

Duara, Prasenjit. "Muslim Chinese: Ethnic Nationalism in the People's Republic." (Book Review) *Journal of Asian*

Studies, 51:3 (Aug. 1992), pp. 644-646.

Gladney, Dru C. *Muslim Chinese: Ethnic Nationalism in the People's Republic.* Cambridge, Massachusetts: Harvard University Press, 1991.

網路資源

敬鵬，〈慶民大六十華誕，懷奠基師長劉春〉，http://bbs.tiexue.net/post2_5122895_1.html（2011/7/6 檢閱）。

「坊」之解體與回民認同的維繫：
阿訇、清真寺與寺管會的權力互動*

崔忠洲

　　在形容中國族群／民族[1]分佈的時候，有一個短語常被提起：「小聚居、大雜居」，或簡單謂之「散雜居」。雖然許多少數族群或多或少符合這樣的特徵，比如滿族，但回族的散雜居特徵是其中最為明顯的。回族因為其獨特的信仰與民俗，與比鄰而居的主體族群漢族相映成趣。回族的小聚居，一般都是圍寺而居——凡有清真寺的地方，必是回族相對集中的居住區。這樣的聚集區，回族稱之為「坊」，而圍寺而居的居民也往往被稱為「坊民」。這種居住格局的形成，既有歷史的原因，也是現實生活中實踐信仰的需要，是穆斯林族群認同的空間基礎。由此，或可設想，如果這種圍寺而居的空間格局瓦解了，則坊民的族群認同是否會受到影響？如果是，具體表現如何？其中具有核心地位的清真寺及其主持者阿訇，在這種瓦解的過程中會扮演怎樣的角色？以及，作為一個常設的回民組織，清真寺民主管理委員會（簡稱「寺管會」），在其中又會扮演怎樣的角色？阿訇或/和寺管會有否在這個過程中做一些努力，以期挽回居住格局變化帶來的負面影響？如果不是，即回族的認同沒有因此而削弱，甚至得到了加強，那麼，這與阿訇或/和寺管會的努力，以及傳統意義上的清真寺的中心地位有多大的相關性？

　　概言之，以上問題之核心，是關於特定的「坊」空間中阿訇、清真寺及寺管會在坊民中的實際地位與影響。目前大多數有關回族和中國伊斯蘭教的研究，甚少涉及與阿訇相關的內容。但這並不意味著此研究缺乏意義。相反，因為回族認同的核心價值來自於伊斯蘭教，因此，該宗教的從業者（神職人員）和宗教活動場所的狀況具有關鍵意義，對其的瞭解，無疑會有助於人們彌補缺失，獲得全景式的認知。

---

*　本文在會議上得到了香港科技大學馬建雄、台灣國立政治大學張中復和中央民族大學祁進玉等教授的批評指正，以及南京大學華濤教授提供的部分文獻與指點；該論文還得到了趙樹岡教授的悉心指導。這些意見對本文的修改完善有極大裨益，在此一併致謝。但限於水準，文中不完善之處，均由本人負責。

[1]　針對回族的特殊性和中文語境中「民族」的複雜性，本文不刻意對族群和民族進行區分，在多數情況下，二者指代的內容是一致的。

一、回族的宗教性民族認同

對於一個因為宗教信仰而形成的族群／民族來說，宗教場所和宗教領袖的存在既具有象徵意義，又具有實在意義。當政府規定傳教只允許在宗教場所和家裡進行時，宗教場所和宗教領袖的重要性更凸顯無疑。

人類歷史上有很多民族/族群的形成都與宗教有很深的淵源，這在以猶太教和伊斯蘭教為信仰基礎的族群中體現的尤為明顯，這樣的族群認同，一般謂之為宗教性族群認同（ethnoreligious identity）相關的研究已經有很多，如 Monika Edelstein 關於衣索比亞猶太人遷移以色列後的認同問題，[2] Karpov 等人關於俄羅斯宗教性族群的研究，[3] Tabitha Frith 關於馬來西亞的研究，[4] Tahir Abbas 關於英國穆斯林族群的研究，[5] Daniel Agbiboa 關於尼日尼亞國家認同構建中的族群宗教衝突研究。[6]這些研究表明，在今天的社會中，宗教性族群認同仍然是較為常見的現象，雖然有的是因為宗教信仰而結成特定族群，有的是後來才凝聚或皈依到一定的信仰。不過，以上研究中所涉及的案例，其宗教性族群認同所發生的社會環境都與中國大陸官方號稱的「共產主義」、「無神論」信仰理念有很大的不同，甚至是有著根本性的衝突，在可預見的未來，中國亦無可能走向「伊斯蘭」國家。處於絕對少數的伊斯蘭族群，很難不被相對邊緣化，以至於在認同上更易形成高度敏感的防禦性（defensive），尤其是主體民族的主流價值觀[7]似乎不太能接納伊斯蘭信仰的時候。

就「宗教性族群認同」而言，二者何為核心與重點，不同的 ethnoreligious 族群應該有所不同。例如，Agbiboa 所提到的尼日尼亞那幾個 ethnoreligious 族群中，族群本身更具意義。就回族而言，情況很大程度上是相反的。回族的認同無疑是以宗教為核心的，在被強制劃分、並冠以特定的民族之前，「回族」作為「民族」的身分，並

---

[2]　Monica D. Edelstein, "Lost Tribes and Coffee Ceremonies: Zar Spirit Possession and the Ethno-Religious Identity of Ethnopian Jews in Israel," *Journal of Refugee Studies*, 15:2 (2002), pp. 153-170.

[3]　Vyacheslav Karpov, et al. "Ethnodoxy: How Popular Ideologies Fuse Religious and Ethnic Identities," *Journal for the Scientific Study of Religion*, 51:4 (2012), pp. 638-655.

[4]　Tabitha Frith, "Ethno-religious Identity and Urban Malays in Malaysia," *Asian Ethnicity*, 1:2 (2000), pp. 117-129.

[5]　Tahir Abbas, "Ethno-religious Identities and Islamic Political Radicalism in the UK: A Case Study," *Journal of Muslim Minority Affairs*, 27:3 (12, 2007), pp. 429-442

[6]　Daniel Egiegba Agbiboa, "Ethno-religious Conflicts and the Elusive Quest for National Identity in Nigeria," *Journal of Black Studies*, 44:1 (2012), pp. 3-30.

[7]　關於「主體民族」及「主流價值觀」，都是有爭議的話題，尤其漢族的多樣性是眾所周知之事。

不為人們熟知；「回回」、「回民」則是更為普遍的稱謂。

　　有關中國宗教的研究，根據 Yoshiko Ashiwa 和 David L. Wank 的總結，[8]學術界已經形成了幾個二分法框架（dichotomous frameworks）。在他們看來，第一個二分法框架是當前中國對宗教的管理是中國歷史上國家對宗教控制的再現，第二個框架則是執政黨為了持續控制迅速擴大的宗教活動而不停努力的結果，第三個框架是在國家構築的有關民族、科學和發展等的「現代」強勢話語（hegemonic discourses）情境下國家（state）與宗教的衝突。而兩位作者則與該書的其他作者一起，建構了另一個框架，他們稱之為「體制性框架」（institutional framework）。體制性框架拋棄了二分法的做法，認為是國家與宗教中相關眾多參與者（actors）共同構築了宗教認同。其中，既有宗教與國家（state）的相互構建，也有「個體信仰」在「民族－國家」形成過程中的諸般起伏，更細分了國家強制與正常法治體系所自然形成的體制性路徑。

　　但上述三個二分法框架以及 Yoshiko Ashiwa 和 David L. Wank 等人所構建的多元參與框架，並沒有把與宗教有關的更多元素包含進去，例如民族/族群。較早認識到中國回族獨特性的杜磊（Dru C. Gladney）使用了一個新術語，即「宗教性族群認同」（ethno-religious identity）。[9]這一術語，隨之在西方話語中成為一個時髦的詞彙，用以描述宗教與族群交織的複合狀況。但這種認識，早已是中國回族研究者的自覺。雖然作為一個單獨的「民族」而與其他穆斯林民族區分開的歷史並不長，但自從「民族認定」之始，回族的民族性與宗教性的伴生特徵就已經成為共識。在所有的有關回族的研究文獻中，基本上都將二者並置，無需作專門的說明。二者的並置，並不是指它們是占比不同的兩樣元素，而是說，二者是相互修飾、相互補充的關係。其中，民族性是區分其他民族所展現出來的族性（ethnicity）屬性，而構成這個民族性的核心則是其宗教性。

　　於是，這種認識就形成了一種偏向，即學者們在討論回族的認同時，給予其核心的宗教性內容以更多的關注。然而，在實踐上，這一偏向卻很少涉及到其中的具體元素——阿訇與清真寺，以及獨特的管理機構寺管會。單一的介紹與討論伊斯蘭教，或者有中國特色的伊斯蘭教，以及回族特徵、形成歷程、民族處境等等的論文可謂汗牛充棟。而關於這幾個具體元素之間的互動，則少有涉及，遑論這樣的互動對回族的民族認同的影響，這些正是本文試圖要呈現的內容。

8　Yoshiko Ashiwa & David L. Wank, "Making Religion, Making the State in Modern China: An Introductory Essay," *Making Religion, Making the State: The Politics of Religion in Modern China* (Stanford: Stanford University Press, 2009), pp. 1-21.

9　Dru C. Gladney, *Muslim Chinese: Ethnic Nationalism in the People's Republic* (Cambridge: Harvard University press, 1991/1996), p. 134.

二、「坊」的管理體制的演化

恰如有學者所言，「凡是真切瞭解回教的人，都知道一般回胞的觀念視清真寺重于衙門，阿衡重于官吏」。[10]歷史上坊民回回的認同，基本上都是在回民坊中發生的，這一過程的核心就是清真寺及其掌教者施加的影響。雖然各個時期掌教者的角色有所變化，權威有高有低，但這並不能否定回民坊的存在對於回回認同構建的根本性作用。

自有蕃坊以來，回回集中居住在相對固定的區域，其生活的方方面面，如個人層面的洗禮、結婚、無常（老死）等生命過程中各個階段，以及信仰上如聚禮禮拜的培養、天課的收取；和集體層面中回民內部矛盾糾紛的調解，與外部其他民族的衝突的調和等，都需要依賴掌教的主持才一一達成。在蕃坊內，掌教阿訇的權威性遠遠要高於國家行政力量。這種情況，至今在許多回民坊中仍然有較為明顯的表現（如西北許多地方回民在結婚時，取得阿訇證詞的必要性要遠高於政府部門的結婚登記）。所以說，「它不僅僅是為了凝聚回回力量、認同一體化的象徵性體系，也是回回基於共同的利益對外協作、相互間互助而依附、順從國家認同等社會事實的一種文化方式的演繹」。[11]

宗教上的共同信仰，通過回民坊中的清真寺和掌教阿訇，逐步形成了相對統一的組織指令與服從，從而構建了回回的認同基礎。其中，阿訇的影響力不可低估。所以，龐士謙[12]等人早就認識到，「元明時代回教對於文化武功的貢獻，有清一代國民之屢次革命，大都皆出於阿衡之手」。這也就印證了，歷朝歷代統治者為什麼都想要有效控制掌教阿訇的影響力。

由此，我們有必要首先瞭解「回教」管理體制的形成和演變。

（一）「坊」的形成

「坊」的形成有著悠久的歷史，最早可追溯到唐初的「蕃坊」。不過，唐時的蕃坊，其中的居民並不僅僅是穆斯林，甚至宋、元時期仍是如此，比如，宋代規定蕃客

---

[10] 澂波，〈寺政教育之重要〉，《月華》，14：9-10（桂林，1942），頁 3。轉引自胡雲生，〈河南回族掌教制度的歷史變遷〉，《回族研究》，期 1（銀川，2004），頁 55。

[11] 胡雲生，〈河南回族掌教制度的歷史變遷〉，頁 55。

[12] 龐士謙，〈全國清真寺海里法教育改良芻議〉，《月華》，16：4-6（1929），頁 7。轉引自胡雲生，〈河南回族掌教制度的歷史變遷〉，《回族研究》，頁 55。

原則上不得與「華人雜處」，蕃坊內還有其他外國人居住於其中。[13]另外，在唐朝時，蕃坊可能並不是一個常設的地方行政區域，而是非常設性的臨時外事機構。[14]到宋朝時，蕃坊逐漸演變成了有相對固定區域的、常設性的行政社區。[15]此時及以後，蕃坊內修建清真寺（或曰禮拜寺）才逐漸成為常見的現象。

元朝前期基本上沿襲了宋代的蕃坊制度，在各地設立回回哈的所或哈的司。「哈的」應該是元朝時對判官卡迪（Cadi 或 Qadi）的音譯。哈的所是一個相對「自治」的穆斯林聚集區。[16]但到元朝中後期，致和元年（1328 年）八月文宗降旨，「罷回回掌教哈的所」，區域的行政司法管理歸地方政府管轄，蕃坊失去相對獨立的地位。

明朝時期，回回被納入坊、廂、里甲管轄體系之中，相對穩定的生活也導致以清真寺為中心的區域的坊開始穩定成型，並且明朝也就此設立坊廂這樣的基層行政管理單位。自此，回民的聚居和雜居狀態就成為其最為明顯的族群居住特徵，並在全國各地生根發芽。

（二）阿訇地位的崛起

但是，管理回民聚集區的最高領袖，最初並不是阿訇。在唐朝時期，「蕃坊」內可能並未設置有專門的管理機構，所謂的「蕃長」可能只是商隊的首領，順帶著處理一些蕃坊的內部事務。[17]

設置專門的「藩司長」的「蕃坊」到宋代時期才真正出現，[18]並且在功能上也更為全面，「番長不只是番商居留地之行政上的領袖，並且是法律上宗教上的領袖」。[19]

元朝前期沿襲宋制，不過，由坊內穆斯林推舉、並由皇帝或委託地方官予以任命的蕃長並未掌控一切，而是主要掌管行政；司法則有「判官」即「哈的」來掌管，具

---

[13] 參見胡雲生，《傳承與認同──河南回族歷史變遷研究》（銀川：寧夏人民出版社，2007），頁 194；劉莉，〈試論唐宋時期的蕃坊〉，《中央民族大學學報（社會科學版）》，期 6（北京，1999），頁 54。

[14] 胡雲生，《傳承與認同──河南回族歷史變遷研究》，頁 137。

[15] 李興華等，《中國伊斯蘭教史》（北京：中國社會科學出版社，1998），頁 42；胡雲生，《傳承與認同──河南回族歷史變遷研究》，頁 137-8。

[16] 胡雲生，〈河南回族掌教制度的歷史變遷〉，頁 49；丁明俊，〈論我國清真寺管理模式的歷史變遷〉，《回族研究》，期 2（銀川，2012），頁 81；邱樹森，〈元「回回哈的司」研究〉，《中國史研究》，期 1（北京，2001），頁 99。

[17] 胡雲生，〈河南回族掌教制度的歷史變遷〉，頁 49。

[18] 李興華，《中國伊斯蘭教史》，頁 42；胡雲生，〈河南回族掌教制度的歷史變遷〉，頁 49；邱樹森，〈從黑城出土文書看元「回回哈的司」〉，《南京大學學報》，期 3（南京，2001），頁 152-9。

[19] 白壽彝，〈番長司與懷聖寺〉，頁 8；楊懷中，《回族史論稿》（銀川：寧夏人民出版社，1991），頁 51-81；胡雲生，〈河南回族掌教制度的歷史變遷〉，頁 49。

體負責回回的「刑名、戶婚、錢糧、詞訟」等。同時，這二者還負有宗教的責任。比如，哈的就有「掌教念經」的責任，包括在會禮時候的領拜、講經佈道等，而職責相當於宋代「蕃長」的攝思廉（又稱「謝赫・伊斯蘭」）總管回回人的一切事務。相比之下，禮拜寺裡一些專職的宗教人員，則只能算是清真寺裡面的「職員」而已，專司領拜、宣諭、召禱等具體事務，[20]並不具有任何實權。

這些專職的宗教人員，在元朝前期大體上分為三類：「益綿（伊瑪目）、哈悌卜（海推布）、謨阿津（穆安津），分別執掌禮拜全過程中的三種儀式：禮拜儀式、宣教儀式和宣禮儀式。這就是明清時期的三掌教制的雛形，亦稱之為『三道掌教制』。但在元代前期，這並非伊斯蘭教的教階結構……[這三類人]應當是哈的和攝思廉的輔助性人員」。[21]

到元朝中後期，由於哈的司被罷免，行政管理權歸地方政府，哈的的權力逐漸被限制在日常生活領域，如飲食、證婚、喪葬等，而原來的宗教專職人員則逐步走向前台。

這種現象，到明朝的時候更為明顯。[22]清真寺的伊瑪目取代原來的哈的，成為清真寺的實際控制者。原有的三掌教的地位與職能也發生相應變化。伊瑪目統領行政和掌教全權；海推步則置於伊瑪目之下，稱為二掌教或副教長，協助伊瑪目或受委託處理一部分教務；穆安津相應地也就成為了三掌教，其職能仍保持為宣禮。這種職權劃分，在馬注的《清真指南》和劉介廉的《天方典禮》中均有提及（不過後者稱二、三掌教分別為「諭教」和「贊教」）。從職權的劃分中我們可以看出，這種「三道」掌教制，實際上是伊瑪目的掌教制，或者說以伊瑪目為首的三道掌教制。

這種以伊瑪目為首的掌教制度，在明朝中後期就發展成為了世襲的制度，子承父業的現象比較普遍。其結果就是掌教的素質越來越低，「其理藝難傳，旨義難悉，故時代無一二精通教理之掌牧」，[23]清真寺的宣教工作，變成了一種刻板的儀式，其後果「經文匱乏，學人寥落，既傳譯之不明，復闡揚之無自」。[24]伊斯蘭教呈現式微趨向，「以致多人淪落迷途，漫漫長夜而甘醉夢之不覺也」。[25]鑒於此，有清真寺就在三掌教制外增設「設教」一職，專司教學，這些人也因此被稱之為「開學阿洪」。至

20　胡雲生，《傳承與認同──河南回族歷史變遷研究》，頁139。

21　胡雲生，〈河南回族掌教制度的歷史變遷〉，頁140。

22　華濤，〈明末清初中國回回坊間教爭研究〉，《民族學界》，期34（台北，2014），頁3-32。

23　（清）趙燦著，楊永昌，馬繼祖標注，〈序〉，《經學系傳譜》（西寧：青海人民出版社，1989），頁1-2。轉自胡雲生，〈河南回族掌教制度的歷史變遷〉，頁51。

24　馮增烈，〈《建修胡太師祖佳城記》碑敘〉，《中國穆斯林》，1981：2（北京），頁25。

25　（清）趙燦，同注23。

此，回族的經堂教育也隨之興起。

據胡雲生考證：

> 「阿洪」來自波斯文的 Aykhun 一字，釋意為王子，首領，雅典城長官，長老，東方基督教中主教之稱和東方基督教徒的稱呼，元亡後，一些皈依了伊斯蘭教的基督教徒，便把這個詞輸入了回族伊斯蘭教，作為對回族伊斯蘭教學者，教師的稱呼，他們一般不擔任宗教職務，也沒有被政府委派為宗教官員。他們多散佈民間，業餘獨自進行宗教學說的研習。他們雖非教職人員，但他們有知識，學問，受到穆斯林的尊敬，明代後期，他們或設學於家或於館，類似於漢族的私塾。[26]

　　需要略加說明的是，漢語中的「阿洪」、「阿訇」、「阿衡」等均是上述詞語的不同譯法，都是指伊斯蘭教的精神領袖，或者說教學上的導師。不過，伊斯蘭教裡不同派別中阿訇的地位是不一樣的，比如，在什葉派中，其有十二大伊瑪目[27]的說法，因而 imam 具有很崇高的地位；而遜尼派則一般是指在前面領拜的人，其重要程度要小很多。不過，當伊斯蘭教傳入中國後，在中國的政治環境下不斷演化，其含義也在不斷地發生變化。

　　自此，開學阿洪及其弟子海里凡，逐漸成為清真寺裡的常設常在的人員，並且隨著權威日隆，阿訇在清真寺的管理系統中的地位開始真正崛起。

（三）清真寺雙軌管理體制的形成與變遷

　　上述清真寺教育模式的推廣，一個直接的後果，就是改變了傳統的掌教體制。教坊清真寺改為掌教和掌學並行的雙軌制。其中，傳統的三道制，即伊瑪目、海推布、穆安津主要是本坊人擔任，胡雲生稱之為是清真寺的「主位結構系統」；以「開學阿洪」及其弟子「海里凡」組成的系統，則稱之為「客位結構系統」，這是一個宗教教育系統，並不具有主位結構系統的統攝一切的權力，而且是根據學識的高低、由主位系統決定是否聘用。每個聘期大約 2-3 年。[28]

　　經過經堂教育嚴格訓練的阿洪，無論是知識上還是在操守上，都超過世襲制下的

---

[26] 胡雲生，〈河南回族掌教制度的歷史變遷〉，頁 51。

[27] 英文中，伊瑪目與阿訇的譯均為 imam，我懷疑，中國對伊瑪目和阿訇的區分，是基於不同的語言詞源的不同，然後基於漢語的不同而強行做了區分。

[28] 胡雲生，〈河南回族掌教制度的歷史變遷〉，頁 50-51。

伊瑪目三掌教，並且逐漸成為傳教的中堅力量，乃至最終阿訇掌教制取代了伊瑪目三掌教制。或者說，主位系統與客位系統逐漸合一，並發生了一定的功能轉化。其中，開學阿洪從簡單的經堂教師身分，上升為擁有全面的宗教和行政權力的人，可以說是教坊的「總掌教」。有穆斯林尊稱之為「阿洪老人家」，而官方又賦予了「教長」的稱號，如同實銜。而伊瑪目雖有掌教之名，但只是因襲舊的稱呼而已，實際已經退居為二掌教。這一過程完成的時間，在全國各地並不完全相同，間隔相差頗大，自明中後期到民國時期都有。

　　清真寺裡除了上述宗教、行政領袖的漸次演變之外，還有另外一個管理組織也有類似的變化，這就是由本坊居民代表組成的「鄉老社頭」們，他們從一般的輔助管理的角色逐漸演變成可以限制掌教阿洪與伊瑪目權力的重要力量。

　　「鄉老社頭」始設立於明朝，其主要職責是為了配合伊瑪目處理宗教民政事務，處於從屬的地位。明清以來的伊瑪目掌教制和阿洪掌教制的更替過程中，鄉老社頭逐漸掌控了政務方面的權力，甚至可以制約伊瑪目的選舉和開學阿洪的聘任，成為清真寺範圍內不可忽視的權力組成部分。特別是清代西北回民起義後，清政府開始有意限制掌教與阿洪的權力，提升鄉老地位，實行鄉約制，鄉老社頭隨之逐漸成為坊中的統治階層。

　　民國時期，鄉老地位又得到進一步提升。[29]依據成立於民國 27 年（1938）的「中國回教救國協會」的規定，全國的清真寺要成立「董事會」，一般由 3-7 人組成，大的清真寺還有可能成立 3 人組成的常務董事。其選舉或改選在每年開齋節期間舉行，由協會選派人員監督。董事的任期為一年，可以連任，但常務董事的連任以三次為限。清真寺董事會管理該清真寺的一切事宜，包括「清真寺教長之聘請或解聘、寺產之購置或出售、寺款之動支存放或募集，以及各種寺務興革事項非經董事會會議通過不得舉辦」，「清真寺董事會每月舉行會議一次，由董事輪流主持」。[30]鄉老的權力由此可見一斑。清真寺的董事會制度一直延續到 1958 年在大陸全境實行的宗教改革。

　　至此，清真寺的權力運行，由伊瑪目掌教制和開學阿洪掌教制的雙軌制，逐漸變成了由鄉老或董事會控制的行政與阿洪掌握的宗教權力並行的雙軌制。如果說，前者

---

[29] 丁明俊，〈論我國清真寺管理模式的歷史變遷〉，頁 83；胡雲生，〈河南回族掌教制度的歷史變遷〉，頁 52-53；王建平，〈清末上海清真寺董事會的內外關係、樣板作用及借鑒意義〉，《世界宗教研究》，期 1（北京，2007），頁 88-97。

[30] 〈清真寺董事會組織通則〉，《月華》，13：4-9（桂林，1941），頁 19-23。轉引自胡雲生，〈河南回族掌教制度的歷史變遷〉，頁 53。

的雙軌制是相對平衡的，那麼後者的雙軌制已經有了主次之分，不再是簡單的功能與職責上的區分。

如果用圖示來表示唐宋以來至民國時期的伊斯蘭教管理體制，則如圖 1 所示：

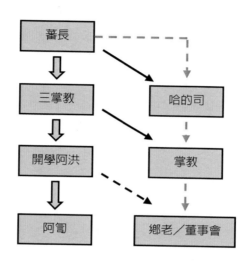

圖 1｜1949 年前清真寺管理上的雙軌制

如果說，唐宋時期的蕃長同時具有宗教和行政上的權威，那麼，元朝時期哈的司的設置則表明，這兩個方面的權威已經分離，正式形成雙軌制。但這種雙軌制並不一以貫之，而是每個時期都會略有不同。例如，元末明初形成的宗教上的權威的三掌教制度，隨著世襲等現象的出現，其宗教上的權威慢慢降低，淪落到純粹的管理機構，從而成為後來的鄉老集團出現的前身，與同時期聘請的開學阿洪分享清真寺裡的行政與宗教權力。自明朝後期以至民國時期，阿訇的宗教性權威幾乎全面掩蓋鄉老的威望。稍有不同的是，明後期的開學阿洪並沒有全部轉化為後來的鄉老或董事會成員，後者主要是由本地有威望的穆斯林組成。所以上圖的分化演示箭頭變成了虛線。

三、1949 年後的清真寺管理體系

在 1949 年之後，大陸的共產黨政權需要解決的問題很多，宗教工作就是其中之一。與基督教略微不同，中國伊斯蘭教與外部的聯繫沒有那麼頻繁和緊密，也不虞為所謂「外部勢力」所利用。所以，與「新中國」一成立後就立即發動的「三自愛國運

動」不同，[31]中國伊斯蘭教的動作要略慢，在前者達到高潮後的兩年，1953 年 5 月 11 日方在北京成立中國伊斯蘭教協會，作為中國穆斯林的最高領導機構。隨後，多數省市、乃至縣級紛紛成立了伊斯蘭教協會的分支機構，接受前者的領導和監督。而中國伊斯蘭教協會又接受國家宗教事務局和民政部的監管。

於是，中國伊斯蘭教就被置於新的不同於以往的管理架構中。

與唐宋以來的情況略有不同，從性質上來劃分，新時期的伊斯蘭教最高權力機構中國伊斯蘭教協會，是「黨和政府與各族穆斯林之間……溝通的橋樑」，[32]但並不具有官方性質，而是一家民間組織機構，或至多是一個半官方的機構。這個機構擁有對阿訇的認定和管理的權力。傳統上，作為學徒的海里凡通過穿衣掛幛，便具備了受聘為阿訇的資格。但根據最新的〈宗教事務條例〉[33]和〈宗教教職人員備案辦法〉，[34]所有的宗教人士都須取得「教職人員資格認定」及「阿訇證書」，[35]否則不可以擔任阿訇一職。

除了上述宗教上的管束之外，還有一個持續了許久的力量，那就是鄉老社頭，或者另組的董事會。這個制度並未因為宗教上的改革而徹底廢去。根據 1982 年 3 月頒佈的《關於我國社會主義時期宗教問題的基本觀點和基本政策》，「一切宗教活動場所，都在政府宗教事務部門的行政領導下，由宗教組織和宗教教職人員負責管理。」清真寺的事務中，教務歸阿訇，寺務則歸寺管會。

寺管會的全稱為「清真寺民主管理委員會」，也有坊民稱之為「清真寺寺產管理委員會」。根據 2006 年 5 月頒佈的〈清真寺民主管理辦法〉，寺管會被定義為「寺坊穆斯林的群眾組織」，並非是官方指定組織的機構。其成員由「愛國愛教、遵紀守法、辦事公道、熱心為穆斯林群眾服務、具有良好宗教操守和一定伊斯蘭教知識及工作能力的本寺坊穆斯林」組成。寺管會設主任一名，副主任若干名，每屆寺管會任期三到五年，寺管會主任任期一般不得超過兩屆。寺管會成員須報所在地縣級人民政府宗教事務部門備案。寺管會的職責包括九個方面，如清真寺的維護與修繕、組織培養經堂學員（海里凡、滿拉）、搞好民族團結、建立健全財務制度等。

---

[31] 三自愛國運動 1951 年即達到了高潮，不過「中國基督教三自愛國運動委員會」是 1954 年才成立。

[32] 陳廣元，《新時期阿訇實用手冊》（北京：東方出版社，2005），頁 224。

[33] 最新《宗教事務條例》是 2004 年 11 月 30 日中華人民共和國國務院令第 426 號公佈，2017 年 6 月 14 日國務院第 176 次常務會議修訂通過，2018 年 2 月 1 日正式實施。其第五章專門對宗教教職人員進行了規定。

[34] 〈宗教教職人員備案辦法〉已於 2006 年 12 月 25 日經國家宗教事務局局務會議通過，現予以發佈，自 2007 年 3 月 1 日起施行。

[35] 可參考中國伊斯蘭教協會的「教職人員資格認定辦法」http://www.chinaislam.net.cn/cms/jwhd/jzry/201205/23-214.html（2018/07/25 檢閱）。

　　值得注意的是：其一，上述管理辦法是遲至 2005 年才頒佈的。長久以來，清真寺管理的方式基本上都是沿襲自明清已降的鄉老社頭制度。這個制度，同樣毫不意外地，在多地也出現了之前有關掌教世襲操控的情況。基於此，在新頒發的管理辦法中才規定了任期年限以及屆數年限。但具體執行的如何，則另當別論。其二，上述管理辦法的第一條規定：「負責教職人員的聘任」。這一點即表明，寺管會具有凌駕於坐位阿訇的權力，即，當寺管會覺得阿訇是符合自己要求的時候，阿訇才能被聘任和續聘，才能就任相應的位置；否則，阿訇隨時可以因為寺管會的喜好而被辭退。從這個意義上來說，阿訇變成了一個職業，而非具有相對神聖意義上的崇高的宗教領袖。現實的情況，也佐證了這一點。

　　由此，我們可以看到，阿訇已經被置於不同於 1949 年以前的雙軌制管理結構中。如圖 2 所示：

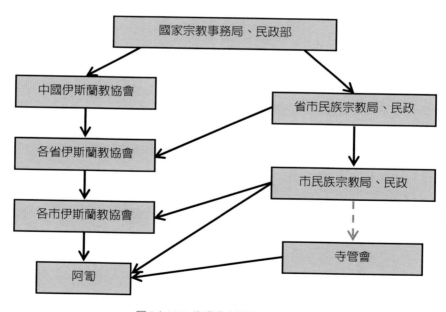

圖 2｜1949 後清真寺管理上的雙軌制

　　上圖表明，國家宗教事務局、民政部為最高直接領導機構，其下轄兩個體系，分別構成了雙軌制的兩條路徑：左邊的是宗教體系，中國伊斯蘭教協會為最高領導機構，然後到相應省、市級伊斯蘭教協會（有些市級可能沒有成立）、再至阿訇（包括海里凡等）；右邊的則是行政管轄體系，由各省市級宗教局、民政部門分別對相應級

別的省市級伊斯蘭教協會以及各清真寺的阿訇、和相應的寺管會進行分層直接管轄，而寺管會也會對阿訇進行管轄（包括協助）。這樣，作為宗教領袖的阿訇，反而是處於多種管理機構的最底層。

在這樣的結構中，其一，右邊的行政機構不受左邊的宗教體系約束；其二，形式上右邊的管理機構與左邊的相應級別的協會是同級的，實際上要略高半級，即二者是管理和被管理的關係，而非相互管理與監督的關係；其三，按照規定，寺管會屬於民間組織，並不直接受行政機構的管轄，所以行政體系中的最後一級的聯線是虛線。

四、Z 城坊內的權力互動

圖 2 所展示的是一般情況下，圍繞著清真寺而構建的權力關係。在具體實踐中，這種結構也會有其它的變化，尤其是寺管會與阿訇之間。我們現在以 Z 城四個清真寺裡的情況作具體的分析。

（一）田野點：Z 城概況

Z 城居於安徽省的北部，與回族分佈較為密集的河南、山東相鄰。據記載，該地回民的來源中，也主要是從這相鄰的省份遷徙而來；其清真寺的阿訇，也經常從這兩地聘請而來。兩地的文化對 Z 城的影響較深。比如，Z 城居民聽的戲劇主要是豫劇和山東梆子，極少有人聽黃梅戲或盧劇。[36]人們乘坐飛機外出時，往往會優先選擇鄭州而非合肥的機場，儘管兩地距離差不多。

Z 城有悠久的歷史，最早可以追溯到商湯時代，在後來的三國、唐、宋、元、明、清時代，都有重要的歷史地位。作為中原文化傳承之地的一部分，漢族傳統文化在當地有著深遠的影響。比如，該城有早期的四大佛教戒律寺院之一，同時該地也是相傳的道家發源地之一。

在民族構成與人口方面，Z 城主體居民為漢族，回族人口佔比較少。在該行政市約 166 萬[37]的人口中，少數民族人口僅只有 6.7 萬多，[38]其中絕大多數（98.5%）都是回族。不過該區已經是安徽省回族最為集中的城市了。另外，在核心城區，回族的人

36　盧劇又稱小刀戲，地方劇種，主要流行於以合肥為中心的江淮之間。

37　該市《2017 年國民經濟和社會發展統計公報》：http://www.bzqc.gov.cn/content/detail/5ae18d084d4a13982100002c.html（2018/6/30 檢閱）。

38　據該區「政府網站公佈的統計資料」，http://www.bzqc.gov.cn/content/channel/574ce3b0ceab062e762e48ce/（201806/30 檢閱）。

口約有 3.4 萬，[39]而漢族的總人口也不超過 30 萬。所以，在城市中隨處可見那標誌性的回族白帽。

　　Z 城的穆斯林傳承同樣也有很悠久的歷史。相傳唐宋時代就是自揚州至洛陽、長安的必經之地，也有記載表明此地有回回參與宋末的戰爭。[40]元、明時期就是極為重要的商業中心，自北京和南京而來的穆斯林眾多，以至分別捐建了 B 寺、N 寺。[41]而城中最為古老的清真寺，應當不遲於元至正 4 年（西元 1345 年）[42]就已經建成。根據有限的記錄，該地的回族有兩個主要來源分支，一個為山東的老鴰巷（元朝時期），另一個為河南開封等地（尤其是明清時期）。[43]其中後者應該構成了現在的回族人口主體。

　　遷徙而來，以及後來與當地漢民通婚後的回民，在元朝後興建了 14 座清真寺，僅在城區就有六座清真寺。[44]至 1949 年，全區清真寺有十六方，文革時十六方清真寺全部遭到破壞，至 1990 年前後，收回 9 方，後來又陸續重建或新建，至 2003 年，全區共有 17 座清真寺。

　　其中，在城區，1950 年代有 A 寺、B 寺、N 寺、C 寺、清真女寺、A 寺女寺。不過 A 寺女寺附屬於 A 寺，而清真女寺則為 B 寺的附屬寺。1958 年宗教改革和後來的文化大革命期間，則只保留了 B 寺，但亦改建為冶鐵工廠；最古老的 A 寺則被改造成造紙廠，後又變成小學，不復為宗教場所。[45]

　　文革後，B 寺最早得以恢復重建（1980 年），其次 A 寺和 A 女寺（1981 年），其他寺廟則略遲，如 C 寺（1987 年），清真女寺（1988 年）等；其中，N 寺再沒重建，目前僅僅保留了一個名字，原有的地產、房屋在收回部分後，都劃給了 B 寺管轄。另在穿城而過的一條河的北岸新建了一座清真寺（2000 年）。[46]也就是說，除了兩座各自附屬的女寺外，城區的清真寺有四座：A 寺、B 寺、C 寺和河北岸的 D 清真寺。

39　據該區「政府網站公佈的統計資料」，http://www.bzqc.gov.cn/content/channel/574ce3b0ceab062e762e48ce/（2018/6/30 檢閱）。
40　李華成，《Z 城少數民族宗教志》（未出版，2003），頁 9。
41　其中，N 寺已經拆除，或者說文革後再沒有重建。
42　這是根據當地傳承的拳譜推算的。另有考證，該寺應該始建于元仁宗延佑四年，即西元 1317 年；而另一座寺廟 B 寺則建於元至正元年（1341）。參見李華成，《Z 城少數民族宗教志》，頁 52。
43　李華成，《Z 城少數民族宗教志》，頁 10-12。
44　李華成，《Z 城少數民族宗教志》，頁 10。
45　李華成，《Z 城少數民族宗教志》，頁 52。
46　李華成，《Z 城少數民族宗教志》，頁 53。

（二）四大清真寺阿訇更替狀況[47]

根據宗教管理規定，清真寺的阿訇一般是有任期限制的。但實際情況卻要複雜的多。

城區四座清真寺坐位阿訇的更替，主要是指 1980 年以來的情況。更為早期的，已經難以查明。當然，近 40 年發生的情況也最為頻繁；1980 年以前的紀錄相對比較簡單，但資料的可靠性很難保證。

在上述四座清真寺中，1980 年「落實政策」以來，C 寺和 D 寺阿訇的更替要簡單的多。C 寺是 2000 年正式恢復重建，當時聘任的阿訇至今仍然在位，即並未發生阿訇的更替。[48]而新建於 2000 年的 D 清真寺，第一任阿訇自聘任起，直至 2011 年 9 月被強行辭退。後第二任李阿訇也僅僅擔任了一屆，2014 年接受回民最為集中的鄉鎮清真寺的聘請而在那裡做阿訇。現在的阿訇為第三任，是從外地聘任而來。

最為複雜的阿訇更替情況，則無疑屬於兩座年代最悠久的清真寺。其中，B 寺有相對完整的紀錄，包括自 1930 年代以來歷任阿訇的順序，不過缺少具體的時間階段。據李華成記載，1930 年以來的教長共有 16 位。其中，本文所涉及的李 ZG 為第 12 任阿訇，洪 BM 為第 14 任阿訇，第 16 任為白 QSH 阿訇，[49]白阿訇在 2015 年離任後，現在又新聘了一位阿訇。

1、A 寺阿訇的更替

A 寺阿訇的更替情況，沒有相對完整的紀錄。只知道 20 世紀 30 年代的教長曾為白三省、50 年代的阿訇為馬敬吾，這兩位都是當時全國知名的伊斯蘭教阿訇。後來，1956 年李 ZG 被聘為教長。該阿訇一直擔任教長一職，包括文革期間該清真寺被拆、變為工廠和小學時，李也是工廠的廠長。1981 年該寺被批准恢復重建和開放，他又被聘為坐位阿訇，一直持續到 2002 年。接替他的，則是當時的二阿訇白 XQ。白阿訇的任期應該是三年，但由於遭遇到一些困難，他於 2004 年就離開教長職位轉而受聘於河南某清真寺。在白阿訇離開後，教長一職實際上空缺，因為當時有兩位二阿訇都在主持工作，這種狀況持續了 3 年。2007 年的時候張 YB 阿訇被聘為教長，他在位 3 年多，後來決定不再受聘而離開。繼位者是此前提前離任的白 XQ 阿訇，並

---

[47] 需要特別說明到是，本文所涉及到的阿訇更替情況均截止到 2018 年；2019 年城區四座清真寺的阿訇有很大變動，此處不增述相關內容。

[48] 據 2018 年最新的情況，該阿訇已經離開該寺。

[49] 李華成，《Z 城少數民族宗教志》，頁 57。

從 2011 年一直持續到今天。[50]

以上是 A 寺阿訇大體的更替概況。發生更替的原因及其過程則頗為複雜。

自 1950 年代以來，對 A 寺影響最為深遠的人，無疑是李 ZG 阿訇了。他在 1955 年完成西北經學院的學業、穿衣掛幛後，首任的阿訇職位就是在 B 寺。次年他才被聘為 A 寺阿訇。他在歷次政治運動中站位「正確」，並在文革期間先在 B 寺成立了鞋靠廠，職工達 300 餘人，他擔任廠長；後又在 A 寺成立了宗教造紙廠，前後分別擔任了車間主任、廠長等職，他因此被評為「新時期的優秀阿訇」。[51]後來他擔任 A 寺的教長職位，持續了 21 年（1981-2002），可謂相當漫長。2002 年出現變故後他就沒有繼續再當阿訇了，一直到 2013 年 2 月 1 日歸真之時，他一直賦閒在家。

李阿訇家住 B 寺的坊上，但長期在 A 寺當教長。在兩座寺廟都享有較高的威望。他在該地區成立的第一屆伊斯蘭教協會的選舉中，被推選為伊協副會長。在 1994 年去沙烏地阿拉伯朝覲之後，他的威望達到了頂點，儼然成為四寺、乃至全區 19 座清真寺之首。但在此之前，他的聲望尚不及 B 寺的洪 BM 阿訇，一方面洪 BM 阿訇比李阿訇出名更早，影響力更是從西北一直到安徽的蚌埠，也曾經在蚌埠當過相當長時間的阿訇，甚至 1954 年的時候就當選為蚌埠市政協委員。雖然在反右和文革中遭遇到打壓，但 1980 年平反後，很快就當選為蚌埠市人大代表、省六屆人大代表、省伊協委員等，在安徽省伊斯蘭教界具有極高的威望。他 1988 年回到 Z 城的時候，立即被聘為 B 寺坐位阿訇。並且在他的推動下，Z 城 1989 年成立了伊斯蘭教協會，他理所當然地被選為會長。在朝覲上他也比李阿訇更早（1990 年）。所以，由於他的存在，任何其他阿訇或寺管會主任想同時控制這兩座最重要的清真寺，都是不可能的。

不過，李阿訇對城裡清真寺的掌控超過了 20 年之久。他能在穿衣掛幛後很快被城裡清真寺聘為教長，跟他的父親不無關係。他的父親原來是清真寺的社頭，有「五翻乃瑪子不脫」之謂，[52]極為虔誠，在當地威望頗高。在反右和文革中，李 ZG 阿訇又善於把握政治局勢，贏得了政府的信任，所以在 1980 年後，他很快就可以再任清真寺的教長之職。當然，他在許多事情的處理上，能夠做到持重平衡，較為妥善地做好政府與回民利益的協調者，特別在幾次大的回漢衝突的處理中，[53]都起到了恰當

---

[50] 已於 2018 年 4 月離任。

[51] 李華成，《Z 城少數民族宗教志》頁 94-5。

[52] 李華成，《Z 城少數民族宗教志》，頁 94。

[53] 李華成，《Z 城少數民族宗教志》，頁 105。另，根據我看到的 1992 年事件的原始卷宗，李 ZG 阿訇的確在其中辛苦斡旋，解決問題，出力極多。

的、舉足輕重的作用。

　　但是在 2002 年他在處理一次回漢衝突中，意外被一漢族魯莽青年襲擊了頭部，導致腦震盪，當時就被送往醫院。這一行為當然引起了軒然大波，一時回漢關係極為緊張，連市政府也被鬧的「很憋屈」。好在李阿訇並無生命之虞，在略微恢復後，基於大局考慮，他主動要求帶頭「鬧事」的一個寺管會主任停止了後續動作，這才逐漸平息下來。至今，這個事情在當地仍是諱莫如深，各方都不願意談及此事。

　　此事的直接後果就是導致了李阿訇教長任職的終結。這對他的打擊比較大，畢竟在他看來，他一輩子都奉獻給了清真教門。如此退位，頗不光彩。

　　他的繼任者二阿訇白 XQ 原來算是跟在他後面的半個弟子，對他甚是尊敬；可是在繼位後，白阿訇發現他做事處處掣肘，很少有人聽他的號召，甚至有禮拜的回民直接頂撞他，說要請老阿訇回來。這後面是否有人授意，不得而知。總之，白阿訇感到比較憋屈。所以，儘管一屆任期未滿，當在得知有其它清真寺需要延聘阿訇時，他就決定立即離開 A 寺。

　　不過，白阿訇的離去，並沒有解決根本問題。清真寺裡剩下的幾位阿訇，雖然都想成為坐位阿訇，但都不敢輕易走上前臺。形式上一位金姓阿訇成為主要阿訇，但有些鄉老並不承認他為教長；另外一位阿訇也曾在西北經學院畢業，並有諸多翻譯作品出版。相對而言，這個時期清真寺還是維持了一個相對平和的局面。

　　眼看著清真寺沒有坐位阿訇的情況持續下去，會對教坊的維繫很不利，該寺的寺管會主任就請前一任的白 XQ 阿訇推薦他認可的阿訇朋友來任職。白阿訇於是就推薦了名叫張 YB 的阿訇。但後來發現，這位張 YB 阿訇並不是白阿訇熟悉的那位朋友，而是與他同名同姓的阿訇。但寺管會主任已經發出了邀請、並且對方已經答應，寺管會主任也就沒有再反悔。於是，新一任阿訇在 2007 年底、2008 年初的時候來到清真寺就任教長。

　　新阿訇是一位直爽、善良、外向、但較為謙遜的阿訇，任職時也只有 34 歲，年富力強。其善良和謙遜可以從後來其他阿訇對他的評價看出來一些端倪，如：在一群人中，他比較喜歡禮讓其他人，自己則走在最後。但這一點為其他阿訇所詬病，認為他的領袖魅力不足，「我們需要一個領導者。他自己搞的跟一個跟班的一樣。」而說其外向，是因為他比較喜歡結交朋友，對於來訪的客人，尤其是國外的穆斯林，給予非常熱情的招待。在面對馬來西亞穆斯林來訪時，他力有不逮，立即讓當時在 Z 城的我去幫他翻譯。

　　但作為一個外地來的阿訇，他很難掌控清真寺，儘管當時寺管會主任對他比較支持。他不止一次跟我慨歎：做阿訇，最重要的是能力，而不是宗教知識與修養。至於

他說的「能力」指的是什麼？他也不願意多說，但意思比較明顯，即周旋於各種力量之間的能力。同時，他做阿訇所得的報酬有限：民政部門有 400 多元的補貼（按照低保比例），以及出乜貼[54]後寺管會返還給一點錢，總數一個月一般不足 2000 元。這個收入，要養活其一家三口有點困難。迫於生計，也迫於工作上的無奈，他在阿訇到期後，選擇了離開，並且沒有繼續再做阿訇了。

張阿訇退位有 5 個月後，寺管會才重新找到新的阿訇。這次邀請的新阿訇，並非別人，而是幾年前無奈離開的白 XQ 阿訇。據他所說，寺管會主任在找到他時，他有些猶豫，因為他擔心再次陷入無所作為的境況，畢竟老阿訇的影響還沒有完全消失掉；但他又有些不甘心，當時的離開顯得有點狼狽，他很想證明自己是有能力振興教門的。所以，在猶豫了一段時間後，他還是答應了寺管會主任的邀請。不過，他同時提了兩個要求：其一，實行工資制，他一方面不想不明不白地接收乜貼，另一方面不想收入沒有保障。工資的標準是他每個月不低於 2000 元，他的夫人，一位女阿訇同樣不低於 2000 元。這個收入，再加上政府給的低保補貼，基本上夠一家四口的日常開銷了。其二，必須把原來破舊不堪的南廂房翻修一下，否則沒法住人。這兩個條件，寺管會全部答應了。於是 2011 年 9 月，白阿訇再次回到清真寺。並且一直連任到 2018 年 4 月。

2、B 寺阿訇的更替

上述提到的 B 寺的完整的阿訇更替順序，並不能清楚地看到 B 寺的複雜情況。B寺的大殿嚴格意義上是當地現存最古老的建築。A 寺其實是後來翻修重建的，原有的「八十一間大殿」在文革中被毀。但鑒於其首坊——最重要的、核心的回民坊——的地位，當地回民一直理所當然地視之為最為重要的清真寺，B 寺的地位反而被有意無意地貶低了。B 寺在 1980 年是首先被授權重新開放的清真寺，李 ZG 阿訇立即先聲奪人，被聘為教長。但當首坊的清真寺開放後，他立即放棄了 B 寺的教長位置，轉而主持那邊的工作。B 寺的教長位置就讓給了後來聘請的王姓阿訇。鑒於洪 BM 阿訇德高望重的地位，所以當洪 BM 從蚌埠退位後，B 寺立即就聘請他為教長。這一舉措也被證明是非常英明的，也正是在他的推動下，Z 城的伊斯蘭教協會才真正成立起來，並且協會主要的活動地點是在 B 寺，而非另外幾座清真寺。洪 BM 因為身體原因退位後，寺裡就聘請了另一位王姓阿訇，但無論是前一任的王阿訇還是後來的王阿訇，在任上時，都有點束手束腳，工作開展的不太順利，所以，當有別的地方聘任他

---

[54] 乜貼意思多元。這裡意指阿訇為回民服務時，回民給予的不定額的回報。

們的時候，他們都立即離開了 B 寺。

在他們之後，B 寺則是從河南聘請了白 QSH 阿訇。白阿訇保持了與寺管會主任王 AM 高度合作的關係，兩人聯手想再造良好的清真氛圍，比如，用半脅迫的方式讓回民參加週五的主麻聚禮，在清真寺裡開辦回民知識培訓班等。在他們的努力下，清真寺禮拜的景象有所改善，一度有超過首坊 A 寺的勢頭，直至發生李 ZG 阿訇被襲擊的事情後，這一趨勢才緩和了下來。這是因為，在處理李 ZG 阿訇被襲擊事件中，以 B 寺寺管會主任王 AM 為首，到市政府要「公道」，帶人沖到市長辦公室。迫於形勢，市政府不想將事件擴大，所以盡可能滿足王 AM 等提出的條件，加上李阿訇顧全大局，並沒有提出過分條件，這次阿訇被襲擊風波才逐漸平息。但王 AM 在這件事情上所起的作用，引起了官方的重視。終於，在 2006 年的時候，公安部門以他欺行霸市、破壞市場秩序的罪名（確有其行為，他採取非法手段壟斷 Z 城的漁業市場，甚至有傳言他將與其競爭的妹妹的腳筋給挑了），將其逮捕，判刑 8 年。至此，以他為首的強勢的鄉老集團瓦解，回民們又恢復到完全靠自覺、自律來參與清真寺禮拜的狀況中。不過，在王 AM[55] 入獄期間，沒有任何人敢站出來提議重新組建寺管會，更沒有人說，寺管會的主任需要改選。

（三）寺管會的強與弱

B 寺的寺管會是強勢的，牢牢控制著清真寺，特別是在王 AM 擔任寺管會主任一職時。同樣強勢的寺管會還有 A 寺，以及後起的 D 清真寺。而 C 寺的寺管會卻形同虛設，完全受控於寺裡的阿訇。

B 寺的寺管會可以追溯到清朝乾隆年間。但最新一次選舉，則是 1988 年 6 月 12 日。當時共有 15 人組成。至 2003 年的時候，其中的十一人都已經去世。而王 AM 則是後來替補上來的，並迅速成長為寺管會的主任，成為 B 寺坊的實際話事人。

A 寺的寺管會何時成立，報導人都說的不太清楚，到目前為止我也未查到可靠的材料。現在的寺管會主任為任 WW。他的父親據說也是寺管會的社頭。在他父親去世後，基於他的威望，未經正式推選，大家就認定他為寺管會的主任。因為他在政界和經濟界的特殊身分──如，自該市第二屆（2006 年）[56]人民代表大會（簡稱人代會）之後即是人大代表，如今他是人大常委會委員、人大經濟委員會委員；他同時是當地一家銀行的行長──所以，他雖然並不常駐清真寺，但掌握著清真寺的最高話語

---

[55] 他在 2019 年又再次因「涉黑」而被捕入獄，並牽連到阿訇們。

[56] 該市是 2000 年新設立的，故而人代會的屆數不高。

權。白 XQ 阿訇在答應應聘之前，主要是跟他談妥條件。

另外，由於得到他的支持，C 寺的阿訇沙 QM 被屢次選為政治協商會議的委員。相反，作為首坊的 A 寺的阿訇張 YB、白 XQ，卻並未獲得此項「殊榮」。對此，A 寺的這先後兩任阿訇在提及此事的時候，多是搖頭：「到底誰是首坊？首坊阿訇居然不是政協委員，這怎麼能夠服眾?!」不過這種私下裡的不滿，並不能改變狀況。

當時在位的阿訇中，C 寺的沙 QM 無疑是地位最穩的一位。他自 2000 年 C 寺開放以來，一直擔任阿訇一職，所謂的寺管會幾乎不管什麼事務，因為寺管會的社頭忙於做生意，無暇顧及清真寺的狀況；同時，C 寺在沙 QM 的管理下，儼然成為在 Z 城行走的西北穆斯林的主要禮拜清真寺。可見沙阿訇地位之顯赫。為了能夠參與到 Z 城的政治生活中，他在得到任 WW 的承諾後，很早就把他自己的戶口從山東遷移了過來。

隨同他遷移過來的還有他的弟弟，如今也是一位阿訇。不過，他的弟弟喜歡以回族人集體的名義行動，包括之前有關李 ZG 阿訇的事件，他實際上也可能參與了推動。總之，他的存在給 Z 城公安部門造成了不少麻煩，以至於公安部門勒令他 24 小時離境，否則立即予以逮捕。他在離開後，應聘到相鄰的河南某鄉村的清真寺，距離 C 寺比較近，可以乘巴士當天來回。他們兩兄弟阿訇，與 B 寺的寺管會主任王 AM 一道，被許多讀書不多的回族青年視為靠山和保護傘，自認為「很回民」、很「清真」，能夠維護回民的利益，所以他們隱隱成為回族與漢族對抗的領軍人物。只是隨著王 AM 被捕、沙阿訇弟弟被明令離開 Z 城之後，沙阿訇也變得低調起來，逐步走向與政府表面上愉快合作的路徑，於是，隱隱欲起的回漢對立狀況逐漸消弭於無形。

最後一個清真寺 D，其寺管會主任對於自己權力的意識和運用，可謂後知後覺，但也不容置疑。該清真寺自 2000 年新建以來，所聘用的吳姓阿訇一直做到 2011 年，直至寺管會馬主任認為吳阿訇已經不能代表穆斯林的形象，「不像個阿訇的樣子」，於是召集一些鄉老，直接辭退了該吳姓阿訇。馬主任之所以這麼說這個阿訇，是因為在他看來，這位阿訇對於寺廟的照看並不周到，在寺廟裡養家禽來賣，甚至在集市上脫下阿訇長袍，公開兜售東西，可是他的長鬚的形象太過明顯，無法隱瞞其阿訇的身分，而且作為宗教領袖的阿訇，認識他的回漢群眾本來就很多。另外，在清真寺後面，他不知道從哪裡籌集了錢，蓋起了一棟數層的漂亮樓房，甚至高過前面的清真寺。難免有回民對阿訇的收入抱有疑問：如果不是清真寺有許多隱性的收入，為什麼有些阿訇佔據一坊教長的位置而不願意離開？「清真寺就是一塊肥肉，什麼人都想從中撈一點」。一位年逾古稀的回民夫婦這樣感歎著。D 清真寺的寺管會主任正是基於類似的考慮，召集寺管會，罷免了這個阿訇的傳教資格，轉而去聘請了另一位農村清

真寺的阿訇。

新的阿訇李 HS 比較年輕，且曾是伊斯蘭教協會最年輕的發起人，與諸位有重要影響的鄉老社頭和教長阿訇都保持了良好的關係，他也多次被推選為市政協委員。對於這樣的人選，基本上無人可以站出來挑剔。不過，顯然，這件事並未贏得吳姓阿訇的認同，甚至也沒有贏得 B 寺寺管會主任王 AM 的認同。在阿訇更替前最後一次過乜貼[57]中，這三個人都同時到場。三個人之間基本上沒有相互說話。李 HS 阿訇似乎是做錯事的孩子一樣，表現的極為低調，以免觸怒他人、或者起碼不願意讓吳姓阿訇感覺到尷尬。好在雙方都控制的不錯，沒有發生任何正面的衝突。四大清真寺的坐位阿訇全部出席，也是有送一程吳阿訇的意思。

當然，這次的過乜貼也顯得異乎尋常，除了上述的略帶尷尬的原因之外，另一個就是王 AM 的出席。當看到大名鼎鼎的王 AM 時，我驚詫無比。因為，根據判決，他尚有約 3 年才能出獄，為何提前出來了？不過，當時我無暇、也不好直接訪談他，直至後來才有機會對他進行了細緻的訪談，才知道是因為他在獄中表現好，且身體有恙，以假釋和看病的名義提前出獄。當然作為假釋犯人，他必須在特定的範圍內活動，在固定的時間向管制機構報到。他提前出獄的事情不僅讓我感到驚訝，當年判決其入獄的法官也是同樣如此！甚至因為沒有回民在場的情況下，他表現的尤為誇張，強烈的表示不信。不過，在隨後預約的訪談中，他好像完全忘了這回事，表現的淡定無比，表示他相信監獄機關的判斷，當然當年的判決也是有理有據的。

（四）清真寺與阿訇：「鐵打的營盤流水的兵」？

那麼，對於這樣紛雜的狀況，一個疑問自然而然地產生：誰真正掌控清真寺？並且，不僅外來者會有這樣的疑問，本地的回民同樣如此。

理論上說，對於廣大穆斯林而言，清真寺是他們的「精神家園」，是他們產生認同的標誌性地點。而清真寺的寺管會本應該是德高望重的鄉老們為了維護清真寺、維持信仰的延續而建立的組織，也應該是阿訇的助手。

實際上，阿訇演變成了寺管會的雇員，受後者的轄制，並沒有多少實權，反而成為了一個職業性的選擇。甚至有阿訇不止一次地感歎，「我們是打工的，給這些穆斯林打工。」很難看到他們高高在上的「領袖」之優越感。

相反，在我所見到的阿訇中，幾乎很少看到他們情緒高漲的時候。而且，特別是那些年富力強的阿訇，往往坐位時間越久，面部表情越經常出現凝重的樣子。有阿訇

---

[57] 「過乜貼」指的是有些穆斯林會邀請阿訇和德高望重的鄉老去聚餐，參加者就說是「過乜貼」。

直接說，「阿訇是廣大穆斯林的僕人」。特別是在齋月期間。本地回民有在齋月期間走墳的習俗。而齋月時候白天需要不吃不喝，還得不停地東奔西跑，應回民的邀請去念經。這對阿訇是一個極大的精神和體力的雙重挑戰。所有念經的阿訇在齋月結束後，都要瘦掉好幾斤。這種應回民的任何要求都需要去想方設法滿足的狀態，讓阿訇覺得自己某種程度上就是回民們的僕人。

另外，大多數阿訇都是從外地聘請而來，並非是本地人。阿訇是有任期的。所以，他們更像是「鐵打的營盤，流水的兵」，無法紮根於某地，除非原來就是本地人。作為外地人，想要在新的地方產生根本性的影響，無疑是很難的。甚至，外地的阿訇經常會被當地回民或寺管會故意刁難，難以開展工作，當地回民甚至將這種行為視為測試阿訇能力的一部分，通不過的阿訇自然很難在一個地方待長久。阿訇當然也覺得自己會比較憋屈。所以，如同 C 寺阿訇那樣，完全遷入該地，成功地變成了「本地」阿訇，在今天的阿訇雇傭制下，是不多見的。

其結果，在許多穆斯林心目中，覺得清真寺已經與自己沒有太大關係了，只不過是偶爾去禮拜的地方，或者在自己遇到問題、想找阿訇幫忙時，很容易就知道的阿訇所在之地。大多數坊上穆斯林都清楚，清真寺是由寺管會控制著的。所以有許多時候，回民們會直接來找寺管會而非阿訇來解決問題，特別是需要利用自己的民族身分與政府打交道的時候。

五、受影響的回民認同

以上四座清真寺阿訇的更替，基本上都是在與寺管會的直接博弈中發生的。不過，顯然，阿訇與寺管會博弈的本錢並不多。如果遇到一個強勢的——且可能性很高的——寺管會（主任），那麼，阿訇的「職業」性特徵就更為暴露無疑，其傳統的不可被挑戰的宗教信仰領袖的形象和地位就很容易受挫。同樣，如果阿訇勢強、寺管會勢弱，如 D 清真寺開始的情況，則阿訇的形象同樣有可能會受挫。無論哪一種情形的出現，都很難避免因為清真寺與阿訇的因素，而對回民的民族宗教認同產生影響。

（一）清真寺門口的吵架

有一天中午，在即將舉行晌禮禮拜的時候，A 寺的門口傳來爭吵聲。阿訇趕緊中斷與我的談話，走到清真寺門口去查看。原來，清真寺為了擴大影響，讓更多人聽到邦克（召喚之意）聲，就把原先安排在院子裡的高音喇叭，移安在大門口的上方。正對著清真寺正門的一家回民開的早餐店不幹了，吵到清真寺，要求立即拆除。早餐店

的女主人是一位回民，本應該知道清真寺、禮拜、阿訇等在回民中的地位。但當牽涉到自身利益的時候，她完全顧不了，直接吵上門。這件事情，在西北回民坊是不可想像的，沒有一個回民敢因為邦克的「雜訊」而要求清真寺拆除喇叭。但對此，阿訇卻毫無辦法。一個年老的鄉老前去講道理，但毫無作用。這個時候當然也不會有寺管會主任前來「主持公道」──其實，除了開齋節那一天之外，寺管會主任基本上不進清真寺的，儘管他的家就住在清真寺前面大約 20 米遠的小巷子裡。沒有人支持的阿訇迫於無奈，最後答應立即拆除喇叭，方才息事寧人。轉過身，阿訇一臉怒其不爭的口吻跟我說：「這就是這些回民的信仰」！

（二）「不要去清真寺，那些人都壞到根子了」

　　阿訇對回民有不滿，回民也有對阿訇和清真寺不滿的。我的房東的父母是老一輩回民，當時已經快 80 歲了。他們 28 年前就搬離了清真寺，在距離清真寺約 1 公里的地方安家落戶。在把四個孩子拉扯大之後，因為一些原因，後又搬遷到 2 公里外的菜市場後面租房子住。

　　房東一家的伊斯蘭教淵源很深。房東的爺爺曾是著名的鄉老，在當地是唯一一位可以閱讀漢、阿、英三種語言《古蘭經》的人。可惜房東的爸爸並沒有學到這個本事。房東的媽媽，那位回族老太太極為善良，她用祖傳的推拿技藝為兒童治病，卻從未收過一分錢。在得知我經常往清真寺那邊跑，她就告誡我：「不要去清真寺，那些人都壞到根子上了」。我不知她所指，就不停地追問。老人家不願意多講那些是非。最後給我透露的一點是：清真寺實際上為一小撮人所控制，用來牟利，很不乾淨。所以，他們在搬離清真寺之後，就再也沒有回過清真寺。但對於清真寺裡的阿訇情況，她知道的比較清楚。她對當時的坐位阿訇白 XQ 以及之前的張 YB 阿訇的印象，都非常好。

　　利用清真寺來牟利，比如最有可能的一個方式是：有些人貪墨阿訇在念經時從回民家裡拿回來的「份子錢」[58]。Z 城回民的習俗，但凡有紅白喜事，主家會在地上放一塊布，凡是來參加婚禮或者葬禮的，紛紛向那塊布上扔錢，多少不計。由於沒有統計，所以具體這個錢有多少，沒有任何人清楚。阿訇會在離開的時候，一把將紅布摞起來，紮好，等回到清真寺後再上繳給寺管會。阿訇是不應當中途打開，也不應當私自從中取錢，更不能完全貪墨。但除了信仰的力量之外，任何外人都不能保證，阿訇是否會動這個錢。[59]更為重要的是，寺管會到底會怎麼處理這個錢？既然阿訇也應該

58　當地又曰「麥子錢」，即台灣漢人習稱的紅白帖。

59　正是基於此，D 清真寺的人懷疑阿訇建樓的錢來自於那裡。

不知道這個錢的總數，所以寺管會接收後如何避免任何人從中占一點便宜，其他人也不清楚。是否會有寺管會成員乘機截留一點，肥了自己，外人同樣不敢亂說。但無論如何，絕大多數回民都不相信，這個錢沒有任何人截留。所以，是否真有人私自截留已不重要，回民的懷疑，必然會有損阿訇的威信和寺管會的榮譽，從而導致自身的信仰有可能打了折扣。

清真寺裡的收入，還有一部分是來自於房產、門面房的出租。同樣，這個錢也歸寺管會收取和管理。還有一些收入，則是開齋節時大家出的天課、份子錢等，則有明確帳目，可以查詢，並且清真寺一般也會公佈收支的狀況。這部分錢往往根據穆斯林「天課」義務，用來立即幫扶那些貧困戶。

此外，清真寺還能零星得到一些鄉老的捐款，特別是在「動土木」的時候，有一些較為富裕的鄉老或者主動捐款，或者清真寺從別處募集資金。

所以，即便不包括那些用來修葺、擴建清真寺的大筆主動捐款，[60]清真寺是有一些收入的。這些錢如果處理的不透明，難免會造成回民對清真寺、尤其是對寺管會的不信任。

（三）「我們看著他穿開襠褲長大的」

本地阿訇是否比外來阿訇一定有優勢？這一點很難說。比如，有些人就喜歡跟清真寺裡另外一位馬姓阿訇開玩笑。按照他們的解釋，馬姓阿訇生性活潑，比較幽默，大家喜歡與他相處；但同時街坊居民還會強調另外一點，即許多人是看著他「穿開襠褲長大的」，人們難以抹除一個印象：當年調皮搗蛋的人現在一轉眼成為阿訇了，需要我們尊敬了?!有些人在情感上難以接受，沒法像對待其他阿訇那樣給予同樣的尊敬。

這種知根知底的感覺，無論對回民還是對阿訇，都有可能產生負面的影響。某些阿訇的品性如何，許多人自小就看在眼裡。此外，本地年輕的阿訇還不得不面對年長者的挑戰，不僅有可能阿訇的話沒有人願意聽取，甚至年輕阿訇反過來可能會受到長輩的呵斥。此時，外地阿訇反而更有可能建立權威感。

（四）搬離清真寺

當然，有些回民搬離清真寺，並不僅僅是因為上述的原因；一個很重要的條件就是經濟狀況的改善。從外觀上看，如今城市裡的老回民坊，幾乎成了貧民窟的代名詞：街道狹窄，路面崎嶇不平，房屋低矮，衛生狀況很差等等。尤為關鍵的是，每次

---

[60] 如 A 寺曾經接受過一筆總額為 13 萬的回民捐款以重修大殿。參見李華成，《Z 城少數民族宗教志》，頁 104。

市政府在規劃城區改造時，當遇到回民坊，都往往要繞開。因為，凡是牽涉到回民的
問題，都有可能變成所謂的「民族問題」，容易引起群體性事件，一般政府官員不會
主動「多事」的。

　　政府官員的回避當然是不作為的表現之一。不過，這種表現一方面很普遍，另一
方面也的確有原因。國家政策上，凡是遇到有關民族的事務，都容易成為敏感問題。
在處理相互之間的利益衝突時，負責調節的官員也往往都是大事化小小事化了，甚至
很多時候都秉著「漢族吃一點虧算了，回族很難纏」這樣的心理。這種做事方式，當
然不利於雙方問題的真正解決。由此可以理解，為什麼在訪談許多漢民時，讓他們談
一談對回民的感覺，他們立即就閉口不談，或者簡單回答道：他們不好惹。

　　因此，回民坊的改造比許多城區的棚戶區的改造要複雜。那些不堪忍受回民坊破
落無序的、已經富起來的回民，就紛紛搬離回民坊，住到寬敞明亮的現代公寓。而
留下來的，大多數是年紀大的、行動不便的老年人，或者窮困、無力購置新公寓的
回民。

　　當然回民坊裡也有一些早年就致富的回民家庭，他們在裡面蓋了相當豪華的住
宅、洋樓。面積寬敞，他們很不喜歡公寓式的房子，不願意搬遷。

　　不過，最近幾年，A 寺所在的回民坊開始拆遷了。那裡的回民終於也覺得無法忍
受相對生活品質要低一些的生活，嚮往高樓大廈式的公寓。當然，拆遷前夕瘋狂偷蓋
房屋、增加建築面積的事情，是避免不了的，而且城管也不敢管的太嚴。將來新建的
社區會對清真寺以及回民坊有怎樣的影響？還有待後續的研究。

六、現實與虛擬「坊」的再構建與解體

　　面對如今的局面，胸懷壯志要再次證明自己的 A 寺白阿訇，當然不甘於無所作
為、坐以待斃了。

　　自 2011 年任職以來，他積極開展的活動很多，以期扶大廈於將傾。在他看來，
回民信仰的墮落是不可挽回的，「我們努力的程度，無論如何也趕不上他們墮落的速
度；我們僅僅是盡一些人事，以免他們墮落的太快。」所以，一方面他在兢兢業業地
做事，另一方面他身上卻時時刻刻透露出一股悲涼之意。這種矛盾情感在他身上始終
有所體現。

　　他在履職以來所做的第一件大事，就是想辦法勸說坊民去參加週五的主麻聚禮。
他用了各種辦法，包括挨門挨戶地去拜訪，在送補助給窮苦人家的時候進行苦口婆心
地勸說，聯合其他寺廟的阿訇進行臥爾茲集體宣講，組織暑假和寒假培訓班，免費為

大人和小孩傳授教門知識，以及專門請我去跟他講解社會學、人類學的知識，想知道這些學科對於宗教的看法，也請我教他怎麼做 PPT，以改進臥爾茲時展示的生動性，等等。他的這些行動，收效是明顯的：他剛剛回到清真寺時，主麻禮拜不足 30 人，短短 3 個月後，禮拜人數就到達了 80 人以上，在最高峰的時候，大約有 200 人左右。這是以前的阿訇所不敢想像的成績。

他所進行的第二件大的標誌性事情，就是應王 AM 的要求，聯合所有阿訇，以及各個寺管會，拆除違反清真戒律的假「清真」商業招牌。Z 城也是著名的酒鄉。所以許多掛著清真牌子的飯店門頭招牌，同樣也在上面印著白酒的瓶子。而伊斯蘭教對於飲食的禁忌，酒是排在第一位的。在 Z 城，無論回漢，都有好飲之風。這讓阿訇很尷尬。所以，他一方面重新草擬了清真飯店公約，由 C 寺的阿訇負責到各個清真飯店張貼，另一方面由寺管會出面，把所有違規的清真牌子給拆掉，由此前出資為這些飯店樹立看板的白酒生產廠家再次出資，[61]給他們重新做牌子。這些店家如果要掛清真牌子，堅決不能在牌子上有任何違反伊斯蘭教飲食禁忌的其它內容。這項行動，同步在網路社區圖文直播，以致於引起了連鎖反應，多地回民坊都掀起了類似的淨化飯店清真標誌的活動。一時之間，圍繞著 A 寺，頓時有一種信仰回歸的燎原之勢。

與此同時，他的哈倆里（配偶），即同時擔任 A 寺附屬的清真女寺的阿訇，開始重新拾起她曾經在穆斯林虛擬網路上的活躍身份，在當時中國最大的穆斯林社區——中國穆斯林網（簡稱「中穆網」）——建立了 Z 城的分社區，成為該網路虛擬社群中的 52 個城市社區之一。她具有很好的文學天賦，曾經與新一代頗有影響力的一些穆斯林青年，於九十年代中的時候在北大旁聽，因而結識了許多穆斯林的知識分子，在思想上也極為有時代感，所以曾經在穆斯林網路社區擁有很高的號召力。結婚後，她退出了網路社區，專心致志撫育兩個孩子。當她的丈夫決定重新回到曾經失利的清真寺做阿訇時，她覺得有必要、有義務也做一些努力，來襄助她的丈夫。

以她為中心，Z 城所有回民坊的中青年阿訇和大量的青年穆斯林，尤其是一些原本默默無聞的女性穆斯林，都紛紛地加入了這個虛擬社群。以社區為基礎，他們舉辦了大量的活動，包括組織多個層次的虛擬交流群組，如 QQ、微信、公益等等。其活動的豐富性、多樣性，以及參與人數的頻次、收到的效果，都超出了社區所有人的想像。在社區建立不足一年的情況下，2012 年秋進行的全國穆斯林社區評比中，Z 城社區就名列第十名！在社區成立第二年（2013）更獲得了全國參評的五十二個社區中的

61　有回民組織去該廠家的門口舉著橫幅，抗議他們資助樹立那樣的看板。該廠家為了避免矛盾激化，主動承諾出資來拆除舊的牌子、樹立新的牌子。

第一名！超過了傳統的強勢社區如西寧、蘭州、西安等。而以女阿訇為中心組織的眾多活動，也切切實實地深入到廣大回民青年心中，甚至包括許多漢民的心中，因為他們在做公益幫扶的時候，並不是依據民族身份，而是依據是否需要幫助的標準而來。因此，無論回漢，受助之人對她的感激和尊敬之情，都是無以言表的、真摯的。她的影響力，甚至已經隱隱超過了四座清真寺的所有阿訇。

　　不過，木秀於林，風必摧之，這個道理也適用於阿訇群體，尤其是當女性阿訇的威望超過了所有男性阿訇的時候。這種情況無疑讓男性阿訇們感到難堪。甚至，包括一開始非常支持她的哈倆里，也慢慢不怎麼熱情。並且，對她有微詞的不僅僅是本坊的穆斯林，還包括組建中穆網社區的人，以及一些其它社區的領導者，都對她取得的成績持懷疑態度。再加上有些阿訇對社區的合作人之一進行了威脅（也有說沒有威脅，僅僅是他想離開 Z 城去別的地方發展生意；不過他在辭職時發的牢騷顯示，他的離開是迫不得已的），於是，在 2013 年優秀社區評選之後，她和另外兩個主要負責人，在完全沒有徵兆的情況下，突然宣佈退出虛擬社群。她除了保留了一個公益的微信群的群主[62]外，再沒有保留任何其它群或虛擬社群的負責人位置。當時她給出的理由是太疲憊了，無法照顧好孩子。

　　於是，一時紅火的該城虛擬穆斯林社區，頓時冷清了下來。曾經有一條消息高達 1 萬多的點擊率，到後來零星出現的消息，往往只有個位數的點擊率。直至 2015 年的時候，整個中穆網社區被徹底關閉。而她自己也轉而做起了微商，推銷某個品牌的化妝品，雖然該品牌在穆斯林群體有相當高的受歡迎程度。曾經圍繞著這個社區和眾多青年穆斯林，更準確地說，是圍繞著這位女阿訇而形成的社區凝聚力，就此消解於無形。那些本來逐漸形成的影響力，尤其是對於青少年穆斯林的吸引力，也逐漸失去。雖然在徹底離開之前，女阿訇每年仍然堅持在清真寺裡舉辦穆斯林基礎知識假期培訓，但再也難以形成燎原式的效應，僅僅只是一些效果單一的教育活動而已，與此前的影響力完全不可同日而語。而白阿訇曾經辛苦付出努力而產生的影響，雖不至於完全化為烏有，但也僅僅維持在低層次的、區域層面上；週五禮拜的人中，仍然是老年人和少量兒童的身影為主。而隨著社區改造的推進，有時候禮拜的人數還不及其任職之前。而在其任職的最後一段時間，由於被刻意地置於某些矛盾之中，他的影響力更是被限制到極低的程度。最終，他在任期未到來之前，決定主動辭職，離開了這次為之服務了 7 年（2011-2018）的清真寺。

---

[62] 該微信群如今已被解散。

七、結論

　　通過對 Z 城四座清真寺阿訇更迭史以及與寺管會之間互動關係的考察，我們發現，中國東部阿訇的權力與權威受到了很大的限制。這些限制性力量，在不同的歷史階段有所不同，既有宏觀體制上的，也有微觀個體層面的。宏觀上，也是歷史上歷屆政府共同的做法，就是刻意地將教權與世俗權分離，以降低宗教領袖的影響力，方便政府的統治管理。雖然各時期統領宗教權力和世俗權力的角色有所變化，但實質是一樣的。其所謂的雙軌制或者三階管理制度（三阿訇制度），並沒有把兩種權力統合起來，在實踐上是分權的。

　　到了近現代中國，尤其是當前的管理體系下，宏觀體制性的（institutional）控制並沒有根本的變化，甚至因為有了伊斯蘭教協會的存在，又多了一股管控力量。畢竟，所有的有資格執業的阿訇，都需要通過資格考試，同時需要在伊斯蘭教協會備案的。在這個意義上，Yoshiko Ashiwa 和 David L. Wank（2009）所總結的第一個二分法框架——即這種管理體制是中國歷史上國家對宗教控制的再現——是有道理的，不過，這個框架無疑難以盡述當前社會的複雜性，以古喻今的框架缺乏足夠的說服力，因為就伊斯蘭教而言，寺管會的力量在歷史上存續並不明顯，更遑論其它狀況的存在，如虛擬社區。以至於，這種狀況又把二人所總結的第二個框架——執政黨為了持續控制迅速擴大的宗教活動而努力——統合了進來。

　　至於其所總結的第三個框架——在國家構築的有關民族、科學和發展等的「現代」強勢話語情境下國家與宗教的衝突——則成為總體的背景。在這個背景下，民間信仰與制度性宗教（institutional religions），一起被冠以「封建迷信」、「精神鴉片」等惡名，且被認為終將消亡在科學的逐漸昌明之中（類似的論述可見 Duara 1995，[63] Feuchtwang 2000，[64] Gillette 2000[65]），儘管這個敘事始終都沒有真正徹底進行下去，非「科學」的各類信仰如縷不絕。

　　阿訇的宗教核心地位，是需要與行政管理力量配合，才能得以完美體現的。正是

---

[63] Prasenjit Duara, *Rescuing History from the Nation: Questioning Narratives of Modern China* (Chicago: University of Chicago Press, 1995).

[64] Stephan Feuchtwang, "Religion as Resistance," edited by Elizabeth J. Perry and Mark Selden, *Chinese Society: Change, Conflict and Resistance* (London: Routledge, 2000), pp. 161-77.

[65] Maris Boyd Gillette, *Between Mecca and Beijing: Modernization and Consumption among Urban Chinese Muslims* (Stanford: Stanford University Press, 2000).

在這個意義上，任何不利於二者配合的機制，或者具體的行為、事件，都會降低阿訇的權威地位。在當前的中國，造成二者不能合一的因素很多，簡單地說，首先即是政治或曰政權的因素，這是根本性的力量，是宏觀結構的限定，正如前面第二和第三個框架所言；其次，就是小範圍的內部關係的調適，即微觀層次的互動，這也是Yoshiko Ashiwa 和 David L. Wank（2009）所總結的「多元參與者」（multiple actors）所形成的「體制性框架」（institutional framework）。

由於體制上刻意地將兩種權力加以區分，也由於人性對權力、金錢等難以遏止的欲望，以及許多時候居高位者能力不足的原因等等，宗教權力和世俗權力的分立和爭奪，是不太可能避免的。在這個意義上說，阿訇核心地位的喪失是必然的，只是程度的不同而已。尤其是隨著個人主義（individualism）對青年人的影響越來越大，網路技術和資訊傳播技術的發達，人們往往通過自主學習的方式來維護、發展、審視自己的信仰，一個教育水準不高[66]的清真寺阿訇是難以讓一些信眾信奉追隨的。那麼，以阿訇和清真寺為中心的「回民坊」在回民心目中的核心地位，也就難以為繼。

也就是說，當結成「坊」的核心的存續力量已經問題重重，而且在物理上，因為社區的改造而讓原先的坊改頭換面，甚至許多人員都紛紛離開了清真寺周圍，那麼，這種空間結構上的離散，表明傳統意義上圍寺而居的「坊」就等於解體了；當精心構築的虛擬「坊」社區再遭遇到毀滅性的打擊時，即是說回民認同的外在機制（mechanisms）已經難以再持續發生作用，認同中心的形成就會遭遇困難。這個時候，基於物理區域形成的「坊」，無論是現實的還是虛擬的，其解體儼然成為不可避免的事實。

但坊的解體並不意味著族群認同的消失。原先的基於傳統的「坊」而建立起來的宗教性族群認同（ethnoreligious identity），當依託基礎或者說認同機制的逐步喪失，一些新信仰形式必然會被發展出來。隨著現代媒體手段的豐富、人們識字率的增長、可接觸的宗教性讀物的增多等因素的存在，回民、尤其是年輕一代的回民，可以通過其它的管道構建有歸屬感的新「坊」。當然，這種「坊」在物理上往往是無比分散的，其空間結構不再是基於、或起碼不限定於特定的物理地域。

於是，回民對族群的認同和對信仰的嚮往逐漸成為**個體**的訴求，原有的**集體**形式很難繼續重現；或者，如果新形式的信仰可以再次結成某種集體性的力量，那應該是基於個體性力量的成長，然後在另一個層面凝聚成「坊」。這個「坊」將不同於女阿訇所努力構建的基於地域的虛擬「坊」，而是去地域化的。相應的，這樣的「坊」

---

[66] 很多阿訇的常規教育水準都在高中以下，少數阿訇接受過高中教育。

將具有很強的區隔性與排他性，非穆斯林群體將更難以認識和瞭解這樣的「坊」內情況。

　　同時，應當看到，無論是白 XQ 阿訇，還是女阿訇，以及寺管會主任王 AM，作為代表性人物，都在努力挽救日益衰頹的「教門」、甚至想恢復「歷史上」[67]理想中的「坊」那種教門興盛的狀況。只不過三者努力的方式不一樣，期望也不完全一樣。白阿訇採取的主要是傳統宣教的方式，希望通過個人的努力來喚回普通回民對信仰的虔誠，但對恢復到理想的狀態並不抱樂觀；女阿訇的思想無疑更為現代，她採取現代的媒體手段和組織方式，也更傾向於與年輕的、受過一定教育的回民接觸，她所需要面對的已經超越了簡單的世俗化與宗教「復興」的矛盾，更有伊斯蘭教中對於女性地位的傳統與現代之爭，以及具體的家庭生活中丈夫與妻子關係的爭論。[68]她對老年群體幾乎不抱什麼希望。而王 AM 採取的方式相對較為簡單粗暴，以壓迫性、強制性的方式讓回民「回到」有信仰的狀況，是三人中效果最差的，無論是對於回民、還是對漢民和地方政府而言，他都製造了一定程度上的對立。但他是三人中對恢復「教門」期望最高的人。

　　這三種方式的後續狀況如何，都值得進一步觀察與分析，並且在過去的兩年中，已經發生了一些新的變化。是否可以用 Yoshiko Ashiwa 和 David L. Wank 的「體制性框架」來描述 Z 城複雜的宗教性族群認同，或可商榷，但多重參與者（multi-actors）共同參與——無論是主動的還是被動的——并相互發生作用，從而形成特定區域的回民認同，則無疑比任一二分法的解釋框架更具說服力。

---

[67] 歷史上是否存在這樣理想的「坊」，尚有待仔細研究。
[68] 限於篇幅與主題，此問題將作另文探討。

徵引書目

中文資料

丁明俊，〈論我國清真寺管理模式的歷史變遷〉，《回族研究》，期2（銀川，2012），頁79-87。

王建平，〈清末上海清真寺董事會的內外關係、樣板作用及借鑒意義〉，《世界宗教研究》，期1（北京，2007），頁88-97。

李華成，《Z城少數民族宗教志》，未出版，2003。

李興華等，《中國伊斯蘭教史》，北京：中國社會科學出版社，1998。

邱樹森，〈從黑城出土文書看元「回回哈的司」〉，《南京大學學報》，期3（南京，2001），頁152-159。

劉莉，〈試論唐宋時期的蕃坊〉，《中央民族大學學報（社會科學版）》，期6（北京，1999），頁53-58。

———，〈元「回回哈的司」研究〉，《中國史研究》，期1（北京，2001），頁93-102。

胡雲生，《傳承與認同——河南回族歷史變遷研究》，銀川：寧夏人民出版社，2007。

陳廣元，《新時期阿訇實用手冊》，北京：東方出版社，2005。

華濤，〈明末清初中國回回坊間教爭研究〉，《民族學界》，期34（台北，2014），頁3-32。

楊懷中，《回族史論稿》，銀川：寧夏人民出版社，1991。

英文資料

Agbiboa, Daniel Egiegba. "Ethno-religious Conflicts and the Elusive Quest for National Identity in Nigeria." *Journal of Black Studies*, 44:1 (2013), pp. 3-30.

Ashiwa, Yoshiko & David L. Wank. "Making Religion, Making the State in Modern China: An Introductory Essay." *Making Religion, Making the State: The Politics of Religion in Modern China*, pp. 1-21. Stanford: Stanford University Press, 2009.

Edelstein, Monica D. "Lost Tribes and Coffee Ceremonies: Zar Spirit Possession and the Ethno-Religious Identity of Ethnopian Jews in Israel." *Journal of Refugee Studies*, 15:2 (2002), pp. 153-170.

Feuchtwang, Stephan. "Religion as Resistance." Edited by Elizabeth J. Perry and Mark Selden, *Chinese Society: Change, Conflict and Resistance*, pp. 161-77. London: Routledge, 2000.

Frith, Tabitha. "Ethno-religious Identity and Urban Malays in Malaysia." *Asian Ethnicity*, 1:2 (2000), pp. 117-129.

Gillette, Maris Boyd. *Between Mecca and Beijing: Modernization and Consumption among Urban Chinese Muslims*. Stanford: Stanford University Press, 2000.

Gladney, Dru C. *Muslim Chinese: Ethnic Nationalism in the People's Republic*. Harvard: Harvard University press, 1991/1996.

Karpov, Vyacheslav et al. "Ethnodoxy: How Popular Ideologies Fuse Religious and Ethnic Identities." *Journal for the Scientific Study of Religion*, 51:4 (2012), pp. 638-655.

Prasenjit, Duara. *Rescuing History from the Nation: Questioning Narratives of Modern China*. Chicago: University of Chicago Press, 1995.

Tahir, Abbas. "Ethno-religious Identities and Islamic Political Radicalism in the UK: A Case Study." *Journal of Muslim Minority Affairs*, 27:3 (12, 2007), pp. 429-442

網路資料

中國伊斯蘭教協會，「教職人員資格認定辦法」http://www.chinaislam.net.cn/cms/jwhd/jzry/201205/23-214.html（2018/07/25 檢閱）。

該市 2017 年國民經濟和社會發展統計公報：http://www.bzqc.gov.cn/content/detail/5ae18d084d4a13982100002c.html（2018/06/30 檢閱）。

該區「政府網站公佈的統計資料」，http://www.bzqc.gov.cn/content/channel/574ce3b0ceab062e762e48ce/（2018/06/30 檢閱）。

該區「政府網站公佈的統計資料」，http://www.bzqc.gov.cn/content/channel/574ce3b0ceab062e762e48ce/（2018/06/30 檢閱）。

索引

史地傳記類　PC0936　讀歷史 131

隱藏的人群：近代中國的族群與邊疆

主　　編 / 黃克武
編　　校 / 趙席夐
責任編輯 / 鄭伊庭
圖文排版 / 楊家齊
封面設計 / 蔡瑋筠

發 行 人 / 宋政坤
法律顧問 / 毛國樑　律師
出版發行 / 秀威資訊科技股份有限公司
　　　　　114 台北市內湖區瑞光路 76 巷 65 號 1 樓
　　　　　電話：+886-2-2796-3638　傳真：+886-2-2796-1377
　　　　　http://www.showwe.com.tw
劃撥帳號 / 19563868　戶名：秀威資訊科技股份有限公司
　　　　　讀者服務信箱：service@showwe.com.tw
展售門市 / 國家書店（松江門市）
　　　　　104 台北市中山區松江路 209 號 1 樓
　　　　　電話：+886-2-2518-0207　傳真：+886-2-2518-0778
網路訂購 / 秀威網路書店：https://store.showwe.tw
　　　　　國家網路書店：https://www.govbooks.com.tw

2021 年 4 月　BOD 一版
定價：880 元
版權所有　翻印必究
本書如有缺頁、破損或裝訂錯誤，請寄回更換

國家圖書館出版品預行編目

隱藏的人群：近代中國的族群與邊疆 / 黃克武主編. -- 一
版. -- 臺北市：秀威資訊科技, 2021.04
　　面；　公分. -- (史地傳記類)
BOD 版
ISBN 978-986-326-898-7(平裝)

1. 民族史　2. 民族研究　3. 邊疆民族　4. 中國

639　　　　　　　　　　　　　　　　110004391

讀 者 回 函 卡

感謝您購買本書，為提升服務品質，請填妥以下資料，將讀者回函卡直接寄回或傳真本公司，收到您的寶貴意見後，我們會收藏記錄及檢討，謝謝！
如您需要了解本公司最新出版書目、購書優惠或企劃活動，歡迎您上網查詢或下載相關資料：http:// www.showwe.com.tw

您購買的書名：＿＿＿＿＿＿＿＿＿＿＿＿＿＿＿＿＿＿＿＿＿＿＿＿

出生日期：＿＿＿＿＿年＿＿＿＿＿月＿＿＿＿日

學歷：□高中 (含) 以下　　□大專　　□研究所 (含) 以上

職業：□製造業　□金融業　□資訊業　□軍警　□傳播業　□自由業
　　　□服務業　□公務員　□教職　　□學生　□家管　　□其它＿＿＿

購書地點：□網路書店　□實體書店　□書展　□郵購　□贈閱　□其他

您從何得知本書的消息？

　　□網路書店　□實體書店　□網路搜尋　□電子報　□書訊　□雜誌
　　□傳播媒體　□親友推薦　□網站推薦　□部落格　□其他＿＿＿＿＿

您對本書的評價：（請填代號　1.非常滿意　2.滿意　3.尚可　4.再改進）

　　封面設計＿＿＿　版面編排＿＿＿　內容＿＿＿　文／譯筆＿＿＿　價格＿＿＿

讀完書後您覺得：

　　□很有收穫　□有收穫　□收穫不多　□沒收穫

對我們的建議：＿＿＿＿＿＿＿＿＿＿＿＿＿＿＿＿＿＿＿＿＿＿＿＿

＿＿＿＿＿＿＿＿＿＿＿＿＿＿＿＿＿＿＿＿＿＿＿＿＿＿＿＿＿＿＿＿

＿＿＿＿＿＿＿＿＿＿＿＿＿＿＿＿＿＿＿＿＿＿＿＿＿＿＿＿＿＿＿＿

＿＿＿＿＿＿＿＿＿＿＿＿＿＿＿＿＿＿＿＿＿＿＿＿＿＿＿＿＿＿＿＿

11466

台北市內湖區瑞光路 76 巷 65 號 1 樓

秀威資訊科技股份有限公司　　　收

BOD 數位出版事業部

....

（請沿線對折寄回，謝謝！）

姓　　名：_____　年齡：_____　性別：□女　□男

郵遞區號：□□□□□

地　　址：_____

聯絡電話：(日) _____ (夜) _____

E-mail：_____